主な出来事（第二次世界大戦後の日本の金融史）

年代	出来事
1946	新円切り替え（敗戦処理とインフレ抑制）
1953	大蔵省資金運用部設置（財政投融資＝政府系金融機関システムの確立）
1965	証券不況（山一證券の経営危機）
1965	戦後初めて国債発行
1972	沖縄、日本復帰 居住者外貨預金開始（金利自由化、金融の国際化のスタート）
1975	銀行の貸出金利自由化
1971	預金保険機構発足 ニクソンショック（変動相場制への移行スタート）
1976	国債の現先取引スタート（短期金融市場の金利自由化の始まり）
1983	銀行による公共債（国債等）の窓販開始（銀行、証券の相互乗り入れ開始）
1985	東京証券取引所で国債先物取引開始
1989	日経平均株価史上最高値（年末　38,915円）
1991	預金保険を初めて発動
1994	都内2信組、経営破たん（平成金融危機の始まり） 預金金利自由化の完成（当座預金の付利禁止のみ残存）
1996	日本版金融ビッグバン開始
1997	北海道拓殖銀行、山一證券破たん
1998	日本銀行法改正（法的な独立性の強化） 日本長期信用銀行、日本債券信用銀行破たん（一時国有化）
2000	金融庁発足（旧大蔵省からの金融行政権限の分離の完成）
2001	日本銀行、量的緩和政策を導入
2005	郵政民営化決定（ゆうちょ銀行、かんぽ生命の発足へ）
2010	日本振興銀行破たん（預金保険制度発足後、預金カットを伴う初の破たん処理）
2013	日本銀行、2％のインフレ目標導入
2016	日本銀行、マイナス金利政策、長短金利操作を導入

令和金融論講座
~ビットコインからマイナス金利まで~

田邉 昌徳 [著]

武蔵野大学出版会

はじめに

　本書は、著者の経験に照らして、金融機関あるいは金融業務に関わるに当たって必要な金融の基本をひと通り解説したものである。

◆ 想定する読者

　本書を世に問うことにした直接的な動機は、著者が客員として教鞭をとっている武蔵野大学での講義用メモを一冊の本としてまとめたいと考えたことである。「主要金融経済指標」の図表A、Bのグラフからも明らかなように、在学中の学生たちは、生まれてからこれまで、「ほぼゼロ成長」、「ほぼゼロインフレ」、「ほぼゼロ金利」の環境の中で育った人たちである。金融政策面でも、量的緩和政策、マイナス金利政策など前例のない展開が続いている。教員としては、この三つのゼロと非伝統的な金融政策しか経験していない若者に対して伝えるべき普遍的な金融の知見、つまり「正しい先入観」を「ゼロ」から構築せざるを得なかった。この作業は、金融論として様々な場面で語られている諸説のうち、著者自身の経験や知識に照らして、時代環境を超えて堪えられそうなものは何かということを特定していくことであった。本書は、その作業の結果報告でもある。

　著者としては、学生やこれから金融に関係した職業に就こうと考えている人たちだけではなく、既に金融に携わってきている人たちにとっても、この本が有用であることを期待している。実際、「ビットコイン」や「マイナス金利」、さらには「ソーシャル・レンディング」に象徴される最近の金融の変化は、「マネーとは何か」、そして「金融とは何か」という根源的な問いかけをしている。それに対して正しい理解を得るには、改めて基本に立ち返ってみることが必要である。

◆ 本書の視座

　本書の内容は著者の個人的体験に基づくところが大きい。著者は、昭和の最後の10年と平

成の30年間の通計40年以上にわたって様々な立場から金融に関わってきた。結果的に、この40年はわが国の金融の歴史の中でも、大きな変化の時代であった。具体的には、「自由化と危機の時代」であった。自由化という面では、1970年代までの政府や日本銀行によって隅々まで規制された金融制度は、1983年に設置された「日米円ドル委員会」[1] と1996年の「金融ビッグバン」[2] の開始という二つの節目を経て金融システム全体が大きく変容した。

金融危機という面では、平成という30年間の時代は結局「金融危機の時代」であった。「平成金融危機」の過程で、1000以上あった預金取扱金融機関は、約600にまで整理、淘汰、統合された。当時の当局者がおそれた本格的な金融システムの倒壊こそ免れたかもしれないが、活力を無くした日本の金融システムは、「失われた20年」を日本経済にもたらす結果となった。この20年は、1979年にエズラ・ボーゲルが著した「ジャパン・アズ・ナンバーワン」[3] に象徴される日本型経済運営の終焉の局面でもあった。

そのような金融における「自由化と危機」の過程のほぼすべてについて、著者は当事者ないし関係者として関わった。その過程において、関係者間で交わされていた議論は、なるほどと思える議論ばかりではなかった。その時は自分としても何が問題なのか曖昧なことも多かったが、時を経て何が正しかったのかという整理が自分なりに付いてきたところもある。

そうした過程で得た大きな教訓は、「理論」、「歴史」、「制度」、「政策」の4つの観点のどの一つを欠いても金融に関する適切な理解は得られないというものである。すなわち金融は、金融危機などの現実の事態の展開とその時々の政治情勢がぶつかったところで、政策と制度が形成される。端的に日本銀行の役割や金融機関の業務範囲は平成金融危機の前と後では大きな変容を遂げた。他方、金融は市場で行われるものであって、個々の主体にとって、ひとつひとつの取引の損益が客観的に計算できる「論理優位」な分野でもある。また、金融は日々繰り返される膨大な実務の上で成立している。このような様々な側面に目を配っていないと金融は理解できない。

---

[1]「日米円ドル委員会」は、1983年11月から1988年4月まで設置されていた日米両国の蔵相を共同議長とする協議機関である。当時深刻化していた日米間の対外収支不均衡の解決を金融システム面からアプローチするために設けられた。協議の成果は、「円ドル委員会報告書」（1988年5月）として公表された。それを踏まえた国内の政策対応は「金融の自由化及び円の国際化についての現状と展望」として発表され、その後の金融行政の指針となった。基本的には、金融規制を抜本的に緩和することを打ち出したものであった。

[2]「金融ビッグバン」とは、1996年の橋本龍太郎内閣の発足とともに打ち出された「金融システム改革」を総称した言葉である。日本版ビッグバンというネーミングを最初に提案したのは著者である。1980年代後半にサッチャー政権下で実施されたロンドン証券取引所改革に範をとったものである。当時、橋本総理の下で金融改革プランのとりまとめ役であった国会議員塩崎恭久氏（筆者とは日本銀行の同期入行）と筆者が相談して練り上げたのがこのプランであった。日本の活性化のためには市場の活性化が必要であること、不良債権処理のために金融機関の収益基盤を強化する必要があることから、金融の自由化が有効であるというのが著者の考えであった。

[3] エズラ・ボーゲル（1930～）は米国の社会学者。日本経済の1970年代までの高度経済成長の要因を中央官僚による規制を含めた日本的経営に求めたことで知られる。

◆ **本書の特徴**

いま述べた観点を踏まえ、本書を執筆するに際しては、特に次のふたつの視点を重視した。

第一に、一貫性あるロジックの重視である。

金融は、確かに非常に複雑、多様でつかみどころがない。著者はわが国の中央銀行である日本銀行に30年間（うち2年間は当時の大蔵省の金融監督部局に出向）、金融全体のセイフティーネットである預金保険機構に10年間、その後4年間、生命保険、損害保険、資産運用会社の経営に携わってきた。しかし、正直に言って金融全体を俯瞰し、基本的なメカニズムを自分なりに体感できるようになるまでに随分時間がかかった。

そのうえで、実際には、金融は明快なロジックと利害関係の中で展開されているものであって、底流にある金融の筋道はシンプルであるということも徐々に理解できた。具体的には、マネーの生成と循環、そして金融市場におけるリターンの追求である。また、それらをコントロールしようとする、金融当局の活動である。それにもかかわらず、自分自身が大学や大学院で金融論を学んだ際には、金融論は捉えどころのない科目であるとの印象が強かった。その後、金融に関わる仕事に従事する中で読んだ文献についての感想も同様であった。その理由のひとつは、金融論の書籍の多くは、マネー、金利、金融政策といった基本概念について様々な切り口が名所案内のように都合よくアドホックにピックアップされており、ロードマップが明確でなく全体的なロジックの一貫性を実感できないことにあると思う。したがって、本書ではなるべく一貫したロジックとストーリーで金融全体を俯瞰していくことを目指した。

20世紀を代表する金融経済学者であって、同意するかどうかは別にしても、今でもその考え方が学会や政策当局者の間で大きな影響力を持っているM.フリードマン[4]は、半世紀前の1969年に出版した論文集「最適通貨供給量」(Optimum Quantity of Money)の巻頭言の中で、「金融理論は日本庭園のようなものである」と述べた。彼はその理由を次のように説明している。「日本庭園は、色々な要素がひとつの簡素な風景の中に盛り込まれている。それらの要素のひとつひとつを楽しむこともももちろんできる。しかし、その美しさを本当に理解するためには、様々な角度から鑑賞して多様性の中にある統一的なものを探し当てることが必要である」

この本でも、金融というものをできる限り一貫性のある形で解説してみたいと思う。

---

[4] M.フリードマン（1912～2006年）は、シカゴ大学を拠点に活躍した米国のノーベル賞経済学者。新自由主義、マネタリズムの理論的、精神的支柱となって、多くの後進を育てた。その考えは、マネーストックの成長率を一定とするいわゆる「k％ルール」に象徴される。財政政策を中心とする裁量的なマクロ経済政策を提唱したJ.M.ケインズ（第一部の注6参照）と鋭く対峙した。その対立軸は、その後の経済、金融理論の論戦の中心的なテーマであり続け、今でもその基本的な構図は変わらない。

第二は、制度や政策展開の背後にある歴史の重視である。

　金融を正しく理解するには、その実践の場である金融制度を知っていることが不可欠である。さらにその内容を深く理解するためには制度が形成されてきた経緯を知っていることが非常に有益である。人類は近代の市場経済の成立とともに、金融危機の発生⇒危機対応のための金融緩和⇒再発防止のための規制強化⇒危機の後遺症が癒えた時点での規制緩和⇒そして次の段階の危機というサイクルを繰り返してきた。こうした循環的な様相は、自然科学との比較では言うまでもないが、社会科学の中でも特徴的である。そうしたことを実感していないと、金融に対する理解がなかなか深まらない。著者がまとめた巻末と表紙裏の金融史年表からも明らかなように、人類は少なくとも金融に関しては、同じ過ちを繰り返してきた。実際、1990年代の日本の金融危機を間近に見てきたはずの主要国の当局者ですら、2006年以降のサブプライム・ローン問題、その後のリーマン・ショックの発生は防げなかった。状況判断と対応にも時間を要し過ぎた。そうした揺らぎと失敗を繰り返しながら、金融制度、政策は変化を続けてきた。金融において歴史を知ることは決定的に重要である。そのことが、先に述べた一貫性のある金融の理解にも繋がっていく。

◆ 本書の構成

　本書では、最初に第一部でマネー、物価といった基本的な概念を説明する。また、本書を通じてのテーマであるマネーと実体経済の関係についての概念的な整理とともに経済学史上の永遠のテーマともいうべき、古典派ないしマネタリストとケインジアンの対立軸についても説明する。本書のこの問題に関する立ち位置は基本的に中立的である。様々な金融事象についてはマネタリストに豊富な知見があるように見える。一方、マクロ政策論としてはケインジアンの方がより現実的で豊かな指針を与えてくれるという立場である。

　第二部では、マネーの生成、金融商品の組成にかかわる論点をテーマとする。具体的には、金融システムや決済システムを取り上げ、金融の最大の問題である危機が生じる理由について説明する。

　第三部では、マネーや金融機関、金融市場の歴史をかいつまんで説明する。日本だけではなく、世界の金融史にも相応の紙幅を割いた。巻末には、金融の歴史に関して簡潔にまとめた年表を用意した。また表紙裏には、さらに絞り込んだ金融史を掲載した。

　第四部では、マネーや金利に関して、その後の説明の基盤となる概念を整理する。例えばマイナス金利の理解に役立つ「自己利子率」について一定の紙幅を割いて説明する。また、金融の大きな特徴であるリスクの問題に焦点を当て、資産選択、情報の非対称性の下での銀行貸出の問題などを取り上げる。

第五部では、企業金融とリスクマネジメントについての基礎的な事項を整理する。特に現代の金融取引の柱となっている派生取引についてやや詳しく説明する。また、現実の金融機関の現場で活用されている投資やリスク管理の基礎的な方法を紹介する。この分野は、金融の中で明確に進歩を遂げてきた人類の財産とでも言い得る部分である。

　第六部では、金融を支える金融機関の法的な位置付けや業務の内容について、様々な角度から説明を行う。

　第七部では、金融取引についてひと通りみていく。また、金融機関と家計・企業・国などの接点である金融市場について説明する。

　第八部では、金融システムに関する公的関与について説明する。つまり、金融に関する諸規制、政府が自ら行っている金融事業、そして金融危機への対応について説明する。一般的には「金融行政」、「プルーデンス政策」といわれている分野である。

　第九部では、中央銀行に焦点を当てて、その成り立ち、機能を説明した後、マクロ金融政策について、近年の実情とともに、理論的な整理を行う。特に、IS・LMモデルについては標準的モデルに加えて、より実態に即した修正モデルの構築を試みる。

◆ 感謝の言葉

　最後に、学生時代に金融が苦手だった著者に金融の手ほどきをして頂いた日本銀行の諸先輩をはじめ、これまでお世話になった方々に、この場をお借りして感謝を申し上げたい。また、著者は平成金融危機の過程で、金融機関、その取引先、そして政策当局の人たちの苦しみに接する場面を多く経験した。そのような経験をゼロ成長、ゼロインフレ、ゼロ金利しか経験していない世代に伝える責任を果たしたいという思いもある。武蔵野大学で金融論の教鞭をとる機会を与えられたことで、その思いが増幅された。その意味で、本書を著者と同時代を生きてきたすべての金融関係者に捧げたいと思う。このような執筆の機会を与えて頂いた武蔵野大学出版会に感謝する。

　また、東京大学の学部ゼミで人生と経済学の手ほどきを受けた故宇沢弘文先生、米国コーネル大学博士課程で指導教官になって頂いたM.ガートラー教授、故S.C.ツィアン教授の影響は本書のいたるところにみられると思う。そんなことを教えた覚えはないとのお叱りを頂くのではないかとおそれるが、少しでも先生方への恩返しになれば幸いである。

　最後に、本書の執筆に当たって著者が会長を務めてきたアクサ生命のファンナンス部門の松山明弘、木村貴寿のご両人にはグラフの作成に加え、有益なコメントを頂いた。また、多くの匿名のアクサ生命、日本銀行、預金保険機構の元同僚からも個人的に沢山の貴重なコメントを頂いた。この場を借りてお礼を申し上げたい。もちろん、残っている誤りは著者の責任である。

目次

はじめに……………………………………… 1
主要金融経済指標（A〜J）…………………… 10

第一部　基本的な概念 …………………………………………………………… 15

第1章　マネー……………………………… 18
①マネーという言葉………………………… 18
②マネーの機能……………………………… 19
③マネーの保有動機………………………… 21
④マネーの定義……………………………… 22
⑤マネーの定性的なタイプ分け …………… 26

第2章　信用取引…………………………… 28
①決済と信用取引…………………………… 30
②実体経済取引と金融取引………………… 33
③マクロ的にみた実物取引と金融取引の関係… 38
④実物資産と金融資産……………………… 41

第3章　リターンとリスク………………… 49
①リターン…………………………………… 49
②リスクと不確実性………………………… 55
③リスク・プレミアム……………………… 58

第4章　金融の機能………………………… 60
①資源配分のサポート……………………… 60
②所得・消費パターンの自由度の拡大…… 61
③リスク・プロファイルの変更…………… 63
④金融の特性………………………………… 65

第5章　物価と金融………………………… 70
①マネーの価値と物価……………………… 70
②物価指数と基準時点……………………… 71
③物価指数の対象…………………………… 73
④経済取引における量と価格……………… 74

第6章　マネーと実体経済………………… 85
①古典派……………………………………… 85
②ケインズの考え方………………………… 88
③マネタリズムの台頭……………………… 89
④ニュー・ケインジアン…………………… 93
⑤リアル・ビジネス・サイクル…………… 94
⑥非二分法的な考え方……………………… 96
⑦マネーと実体経済の関係を決めるもの（まとめ）
　…………………………………………… 100

第二部　金融システム …………………………………………………………… 103

第1章　日本で実際に使われているマネー … 106
①銀行券（日本銀行当座預金）…………… 107
②貨幣………………………………………… 108
③預金マネー………………………………… 109
④プリペイド・カード……………………… 110
⑤クレジット・カード……………………… 110
⑥小切手、手形……………………………… 111
⑦ビットコイン……………………………… 113
⑧マネーストック統計……………………… 118

第2章　決済システム……………………… 120
①送金システム……………………………… 120
②日銀ネット………………………………… 122
③手形交換…………………………………… 122
④でんさいネット…………………………… 123

第3章　金融システムの枠組み…………… 125
①取引の対象………………………………… 125
②取引の内容………………………………… 126
③取引の主体………………………………… 128
④金融インフラ……………………………… 131
⑤金融システムの機能……………………… 133

第4章　金融商品の主な種類……………… 134
①確定利回り、実績配当、条件付き債権… 134
②デットとエクイティ……………………… 135
③指名債権と有価証券……………………… 136
④現物、先渡し、先物……………………… 136
⑤原資産とファンド………………………… 137

第5章　金融システムの特徴……………… 139
①金融システムの下では誰でも対等である … 139
②金融システムは市場の中で成立する…… 139
③社会的共通資本としての金融システム… 140
④金融システムが適切に機能するための条件… 140

第6章　金融システムのリスク…………… 145

①システミック・リスクとは……………145	②バブルと金融危機………………………151
②システミック・リスクの背景…………145	③バブルと経済政策………………………152
③システミック・リスクへの対応………147	第8章　金融システムの二つのタイプ……154
④その他のマクロ的なリスク……………148	①金融ビッグバン以前の日本の金融システム…154
第7章　金融危機とバブル……………………150	②リーマン・ショック前の米国の市場型システム…156
①バブルとは………………………………150	③金融システムの移行……………………158

第三部　金融の歴史 … 159

第1章　社会、政治体制の変遷と金融………161	②金融危機の類型…………………………175
①契約の拘束力……………………………161	③主な金融危機……………………………178
②政治体制と金融…………………………161	④金融危機はなぜ繰り返すのか…………183
③日本の郵政民営化………………………164	第4章　日本における金融システム改革……187
第2章　技術革新とマネーの変容……………167	①金融システム改革進展の背景…………187
第3章　マネーとガバナンスの歴史…………171	②金融システム改革の主要事項…………189
①マネーに関するガバナンスの展開……171	

第四部　マネーと金利 … 191

第1章　マネー需要……………………………193	第4章　金利と実体経済………………………249
①マネーと信用……………………………193	①金利と個人消費…………………………249
②マネー需要の種類………………………193	②主体間の異時点間取引モデル…………254
③マネーの入手経路………………………199	③金利と設備投資…………………………258
第2章　マネーの供給…………………………201	第5章　不確実性と金融………………………266
①現金………………………………………201	①実体経済における不確実性の扱い……266
②マネタリーベース………………………201	②資産選択理論（平均分散アプローチ）の基本…271
③預金マネー………………………………204	③効率的フロンティア……………………281
④マネタリーベースと預金マネーの関係……206	④資産選択とリスク・プレミアム………289
第3章　金利……………………………………213	⑤金利変化が資産選択に及ぼす影響……290
①様々な利子率……………………………213	⑥インフレの資産選択に及ぼす影響……292
②貸出金利…………………………………215	第6章　不確実性下でのマネー供給…………294
③信用取引の構造…………………………216	①信用供与のコスト………………………294
④リターンの決まり方……………………218	②信用割当…………………………………297
⑤金利の期間構造…………………………221	第7章　外国為替………………………………306
⑥割引現在価値……………………………225	①外国為替制度の変遷……………………306
⑦割引現在価値の応用例…………………229	②外国送金の決済メカニズム……………307
⑧自己利子率………………………………234	③実質為替レート…………………………309
⑨時間選好率………………………………243	④外国為替レートの基本的な決定メカニズム…310
	⑤外国為替レート決定の複雑さ…………318

第五部　企業金融とリスク・マネジメント … 321

第1章　企業金融とは…………………………323	③資金調達手段の選択……………………326
①資金調達の基本類型……………………323	第2章　デットとエクイティ…………………332
②資金調達の相手先………………………325	①デットとエクイティの基本的な性格……332

②デット、エクイティの返済順序 ………… 335
　第3章　企業金融と株主利益率 …………… 337
　　①株主利益率の計算 ………………………… 337
　　②株式の利益率の解析的な表現 …………… 342
　　③資金調達と企業価値（モディリアーニ・ミラーの命題） ………………………………………… 345
　　④企業価値と負債、資本の割引現在価値 … 347
　第4章　株式の理論価格と指標 …………… 350
　　①株式の理論価格 …………………………… 350
　　②税と倒産リスク …………………………… 352
　　③株主利益率とリスク・プレミアム（CAPMとβ）… 352

　　④株価の指標 ………………………………… 356
　第5章　リスクの取引 ……………………… 359
　　①金融派生商品 ……………………………… 359
　　②オプション取引の基本 …………………… 365
　　③オプションの様々な活用法 ……………… 377
　　④オプションの利益率の性質 ……………… 380
　　⑤デリバティブを活用した様々な取引 …… 381
　第6章　リスク・マネジメント …………… 385
　　①バリュー・アット・リスク（VAR）とRAROC … 385
　　②ALM（asset liability management）…… 388

第六部　金融機関と金融商品 …………………………………………………………………………… 397

　第1章　金融機関の業態 …………………… 399
　　①業態の区分 ………………………………… 399
　　②業態を規定するもの ……………………… 401
　第2章　預金取扱金融機関 ………………… 403
　　①預金と銀行の定義 ………………………… 403
　　②主な預金の種類 …………………………… 404
　　③預金保険 …………………………………… 406
　第3章　貸出業務 …………………………… 407
　　①貸出と金融機関 …………………………… 407
　　②貸出の種類 ………………………………… 408
　　③銀行取引約定書 …………………………… 409
　　④信用リスク軽減のための仕組み ………… 409
　　⑤資産査定 …………………………………… 411
　　⑥貸出に関する規制 ………………………… 412

　　⑦銀行の収益構造 …………………………… 415
　第4章　金融機関の種類と業務 …………… 417
　　①銀行 ………………………………………… 417
　　②協同組織金融機関 ………………………… 424
　　③貸金業者 …………………………………… 425
　　④決済事業者 ………………………………… 426
　　⑤保険会社 …………………………………… 428
　　⑥金融商品取引法 …………………………… 434
　　⑦証券会社 …………………………………… 441
　　⑧金融商品取引所 …………………………… 443
　　⑨投資者保護基金 …………………………… 444
　　⑩銀行子会社、持株会社 …………………… 444
　　⑪政府系金融機関 …………………………… 446

第七部　金融取引と金融市場 …………………………………………………………………………… 449

　第1章　金融市場とは ……………………… 451
　　①金融市場の特徴 …………………………… 451
　　②一次市場と二次市場 ……………………… 451
　　③金融取引の種類と転売可能性 …………… 452
　　④二次市場の機能 …………………………… 456
　　⑤二次市場と信用創造 ……………………… 456
　第2章　短期金融市場 ……………………… 459
　　①金利決定ネットワークの構造 …………… 459
　　②短期金融市場の機能 ……………………… 460
　　③短期金融市場の歴史と金融危機 ………… 461
　　④短期金融市場の種類 ……………………… 463
　第3章　債券市場（長期金利市場）……… 468
　　①債券市場の概要 …………………………… 468

　　②国債 ………………………………………… 469
　　③地方債、政府保証債 ……………………… 471
　　④社債 ………………………………………… 471
　　⑤金利スワップ ……………………………… 473
　第4章　貸出市場 …………………………… 474
　　①当初貸出 …………………………………… 474
　　②債権流動化市場 …………………………… 476
　第5章　株式市場 …………………………… 481
　　①上場、増資のプロセス …………………… 481
　　②流通市場 …………………………………… 483
　第6章　外国為替市場 ……………………… 486
　　①外国為替市場とは ………………………… 486
　　②取引の概要 ………………………………… 486

③ジャパンプレミアム ················· 487

第八部　金融システムに関する公的関与　　　489

第1章　公的金融機関と財政投融資 ······ 491
　①財政投融資の枠組み ················· 491
　②主な政府系金融機関 ················· 493
第2章　金融規制 ······················ 497
　①金融規制の特徴 ····················· 497
　②金融行政 ··························· 499
第3章　決済政策 ······················ 506
　①決済の重要性 ······················· 506
　②決済リスク ························· 507
　③決済の効率性 ······················· 508
　④決済システムの改善 ················· 509
第4章　プルーデンス政策 ·············· 517
　①プルーデンス政策とは ··············· 517
　②プルーデンス政策の問題点 ··········· 519
　③ミクロ・プルーデンスとマクロ・プルーデンス ··· 523
　④平時の対応 ························· 525
　⑤平成金融危機の展開 ················· 531
　⑥危機初期の対応 ····················· 534
　⑦危機の頂点（クライマックス）での対応 ···· 540
　⑧証券会社、保険会社のセイフティー・ネット ··· 545

第九部　金融政策　　　549

第1章　マクロ経済政策 ················ 552
　①金融政策と財政政策 ················· 552
　②金融政策発動の場面 ················· 554
第2章　中央銀行設立の経緯とガバナンス ··· 558
　①日本銀行 ··························· 558
　②米国連邦準備制度 ··················· 562
　③欧州中央銀行 ······················· 566
第3章　中央銀行制度の論点と変遷 ······ 568
　①金融調節から金融政策へ ············· 568
　②中央銀行の独立性の強化 ············· 570
　③物価の安定へのコミットの強化とインフレ・ターゲットの導入 ··· 571
　④決済システムへの関与 ··············· 574
　⑤金融危機対策、プルーデンス政策面での役割の強化 ··· 576
第4章　金融政策のツール ·············· 577
　①日本における政策の枠組みの変遷 ····· 577
　②当座預金残高と金利のコントロール ··· 584
　③金利政策 ··························· 587
　④量的政策 ··························· 591
　⑤信用政策 ··························· 594
　⑥期待に働きかける政策 ··············· 595
第5章　簡単なモデルを使った政策対応の整理 ··· 599
　①標準的なIS・LMモデル ··············· 599
　②総需要・総供給曲線（AD・AS曲線） ··· 610
　③修正IS・LM曲線 ····················· 617
　④マクロ経済の状況と政策対応 ········· 635
　⑤期待インフレを明示的に導入したIS・LM分析 ··· 637
　⑥マンデル・フレミングモデル ········· 641
　⑦（付）短期金利低下の影響の概念図 ··· 652

あとがき ······························ 654

（付属資料）金融史年表 ············ 658
1．世界の金融史（日本を含む） ········ 658
2．日本の金融の歩み（第二次世界大戦中〜日本版金融ビッグバン） ··· 670
3．日本版金融ビッグバン開始後の金融システム改革 ··· 674

項目索引 ······························ 676

人名索引 ······························ 687

主要金融経済指標

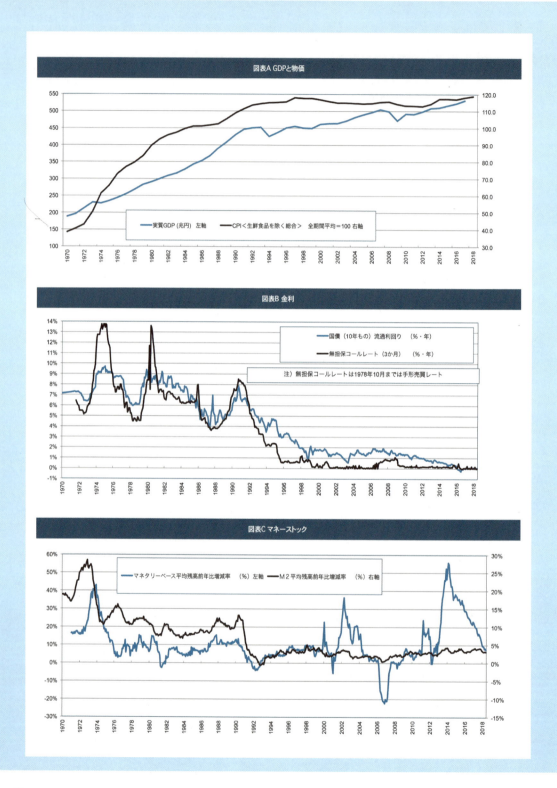

主要金融経済指標

図表J 対外収支

出所	
実質GDP	内閣府ホーム > 統計情報・調査結果 > 国民経済計算（GDP統計）
土地を除く非金融資産	1956〜1994：1968SNA
株式を除く金融資産（貸出+債券）	1995〜2003：1993SNA
土地	2004〜2016：2003SNA
株式	URL：http://www.esri.cao.go.jp/jp/sna/data/data_list
日本の実質GDP成長率	/kakuhou/files/files_kakuhou.html
財貨サービスの純輸出	
海外からの所得の純受取	
国債（10年もの）流通利回り	日本銀行 時系列統計データ検索サイト
無担保コールレート（3か月）	URL：http://www.stat-search.boj.or.jp/index.html
マネタリーベース平均残高前年比増減率	
M2平均残高前年比増減率	
地価（市街地価格指数、全国、全用途）	日本不動産研究所 市街地価格指数
株価（東証株価指数）	ブルームバーグ
円/米ドル	
米国の実質GDP成長率	
米国CPI＜食料、エネルギーを除く＞	
米国 国債（10年もの）流通利回り	
日本CPI＜生鮮食品を除く総合＞	総務省 統計局 e-Stat 消費者物価指数

主要金融経済指標

第一部

基本的な概念

Introduction

第一部では、「マネー」をはじめとして、金融の基本的な概念を説明する。ここでのポイントは、「金融は実体経済との関係の中で成立しているものであって、金融が単独で成り立つことはない」ということである。つまり、よい金融は経済を支えるし、よい経済の下でこそ金融も力をよりよく発揮できるということである。

そこで、実体経済(real economy)と、金融(monetary economy)の関係からみていくことにしたい(図表1-1)。

実体経済活動とは、土地や環境などの自然資産、人々の労働、建物や機械などの設備を使って、日々の生活に不可欠な、あるいは生活をより豊かにするために必要な財(コメや自動車など、モノ)やサービス(運輸、医療など、役務)を生産することである。また、そのようにして供給された財・サービスを消費し、次の生産活動に役立てるための投資を行うことである。

一方金融とは、「お金」、つまりマネーを創出し、やり取りし、あるいは加工して金融商品を創出して、それを取引することである。このうち、マネーを創出することを「信用創造」、

図表1-1 実体経済と金融

	経済活動	
	実体経済活動	金融
活動の対象	・財 ・サービス	・マネー ・金融商品
活動の内容	・財・サービスの生産 ・財・サービスの販売(所得) ・財・サービスの購入(支出)	・マネーの創出(信用創造) ・マネーの取引(決済、信用取引) ・マネーの加工(金融商品の創出) ・金融商品の売買、貸借、管理

創出されたマネーを貸し借りすることを「信用取引」という。また、マネーや信用取引を売買可能な形に変換したものを「金融商品」と呼ぶ。金融商品の創出、売買も金融の機能である。

　実体経済活動や金融のために必要となるマネーの受け渡しのことを「決済」という。「決済」も金融である。

　マネーや金融商品はそれ自体が人々に豊かさをもたらすものではない。端的にいって、マネーは食べられない。しかし、金融が円滑に機能すれば、人々は行動の選択肢を拡大できるし、効率化もできる。もっとも、金融機関が次々と破たんし金融全体が機能不全となる「金融危機[1]」になれば、実体経済活動の足を引っ張ることになる。金融というものをよく知り、うまく使いこなすことは人々の生活を豊かで安定的なものにするうえで、非常に重要な条件である。

　ほぼすべての人々が日々「マネー」を渡したり、受け取ったりしながら生活している。多くの人は、クレジット・カードや住宅ローンなどで借入も行っている。しかし、このように日々使っている「マネー」は誰によってどのような仕組みで創出されたものなのか、その社会全体の流通量やそれを使うことのコスト（金利）はどのように決定されているのか、それらをコントロールすることはできるのか、できるとすればその適切なコントロールはどのようなものであるべきか、等々を正確に理解することは容易ではない。実際、「マネー」の量や価格（金利）のコントロールの可否、適否を巡っては、現代においてもなお、経済学者や政策当局者の間で論争が繰り返されている。

---

[1] 経済や金融の「危機」と類似の用語として「恐慌」を使うことも多い。特に日本の1927年（昭和2年）の「金融恐慌」や1929年以降の米国発の世界金融危機である「大恐慌」、さらにはそれが日本に波及した1930年以降の「昭和恐慌」など、第二次世界大戦以前の金融危機の場合は、恐慌という用語が一般的に用いられてきた。なお、英語では小規模の危機や預金取付けのことをpanic、市場の大きな動揺のことをcrash、大規模な金融、経済危機のことをcrisisと呼ぶことが多い。

第1章
マネー

　以上のことを念頭に、分かっているようで分かっていないことの多い、マネーとは何かということから話を始めよう。

①マネーという言葉

　金融はマネーに始まりマネーに終わる。マネーとは、端的に「おかね（お金）」のことであるが、日常生活において、「おかね」という場合、二つの意味がある。ひとつは「現金」のことであり、もうひとつは「財産」という意味である。「おかね持ち」とは財産をたくさん持っている豊かな人であって、必ずしも「現金」だけをたくさん持っているわけではない。

　金融論で問題にするおかねとは、お札や硬貨などの現金、あるいは銀行の普通預金のように現金と同等の機能や価値を持っているもののことである。つまり、財やサービスなどの対価として、あるいは借金の返済の手段としてどこでも、何にでも、いつでも、いくらでも、誰に対しても使える「万能の決済手段」のことを「おかね」と人は呼んでいるわけである。

　そのような「おかね」として、具体的にどのようなものが現に日本で存在しているだろうか。まず法律的に定められている「通貨」として[2]、日本銀行券（お札）と貨幣（硬貨）がある。そのほか、銀行などの預金取扱金融機関が創出している預金のうち送金などができる普通預金や当座預金（決済性預金、あるいは預金通貨という）もおかねとみなし得る。また、新世代のおかねともいわれる、ビットコインなどの「仮想通貨」[3]も限定的な通用力しかないとはいえ、一定の「おかね」らしさを備えている（だからこそ、法律上「仮想通貨」と呼ばれている）。そうした様々な「おかね」の総括的な呼称として、そのまま「おかね」でもよいのではあるが、

---

[2] 国のお金に関する最も基本的な法律は、「通貨の単位及び貨幣の発行等に関する法律（通貨法）」である。そこで通貨とは、日本銀行が発行する銀行券と貨幣と規定されている（貨幣とは硬貨のことである）。また、通貨の単位が円であること、その下に銭、厘を設けることも定められている。
[3] ビットコインなどの仮想通貨は、法律的には「資金決済に関する法律（資金決済法）」において、WEB上で移転できる財産的価値で決済機能を持っているものと定義づけている。

金融関係の書籍では学術的なニュアンスのある「貨幣」という用語が使われることが多い。ただ、「貨幣」には硬貨と紙幣というやや限定的なニュアンスもあるため、その表現は必ずしも適切ではない。したがって、以下この本では、万能の決済手段である「おかね」のことを「マネー」という用語で統一したい。

なお、「おかね」はもともと金や銀などの金属貨幣の丁寧語に由来する表現であることは自明であろう。一方、マネー money はローマ時代の貨幣が鋳造された神殿の名前 Moneta（さらにその語源は、警告という意味を持つ女神の名前）に由来しているとの説が有力視されている。またマネーの別名はカレンシー（currency）であるが、それは current of electricity といえば電流という意味があることからも想像できる通り、もともと「流れ」を意味していた。神聖であり、流通するというマネーに対する人類の理解が感じられるのではないだろうか。

②マネーの機能

さて、あるものがマネーと呼ばれるための条件は何だろうか？　つまり、マネーの定義は何だろうか？　先ほどは、差し当り「万能の決済性」を有するモノをマネーであると仮置きしたが、もう少しきちんと定義づけておこう。

これまで経済学者の間で定着してきた考え方[4]は、「マネーとは、次のような機能を持っているもののことである」というものである。

（イ）価値表示基準

車が1台200万円、JRの初乗り運賃が130円、10年もの国債の償還価格（元本）が100円というように、財やサービスのほか、マネー自体を商品化した媒体、つまり金融商品の価格を表示する機能が価値表示基準である。価値尺度ともいう。また、1米ドルが110円というように、他国の通貨も自国からみればひとつの金融商品でもあって、日本のマネーの単位である円は、外貨の価格を表示する機能もある。この価値表示基準は、マネーが持つ機能のうち本源的かつ絶対的な機能である。

（ロ）支払い手段

支払い手段となるためには、財、サービス、金融商品の対価物として認められるものでなければならない。また、既存の債務の返済のための対価として認められなければならない。つまり、

---

[4] ここで述べているマネーの3つの機能について、例えばK.ヴィクセル（スウェーデンの経済学者、1851～1926年。自然利子率の研究などで知られる）は、主著「国民経済学講義」（堀経夫・三谷友吉訳　1938、1939年　高陽書院）において、価値尺度、価値貯蔵物、交換手段をもってマネーの定義としている。注46も参照。

第一部　基本的な概念

通用力がなければならない。通用力のことを決済機能ともいう。この機能はマネーの機能として最も現実的に意味のある機能である（だからこそ、万能の決済手段として仮に定義したのである）。もっとも、現実的に通用する範囲はマネーの種類、つまり現金なのか、預金あるいは仮想通貨なのかによって幅がある。このため、価値表示基準に比べれば、相対的なものであって、あるかないかというような絶対的なものではない。

(ハ) 価値の保蔵

　マネーが持つべき次の機能は、価値の保蔵機能である。受け取ったマネーの価値が短時日のうちに減価してしまうということになると、そもそも受け取って貰えないであろう。逆に、長期に安定した価値が見込まれるということであれば、財産の保蔵手段として利用されるであろう。

　もっとも、この機能も、（イ）価値表示基準と比べれば、相対的な機能であって、絶対的な機能ではない。例えば、卵はどうだろうか？　日本で生卵の賞味期限は一般的に2週間であるが、実際には管理がよければ2か月近くはもつそうだ。とはいえ、（他に正当なマネーのある）日本では現実に卵がマネーとして使われることはない。しかし、2018年2月7日付けの米国紙ウォールストリート・ジャーナル等の記事によれば、経済混乱の中でハイパーインフレーション（超高率の物価上昇）の状態にある南米のベネズエラでは、法定通貨の価値が不安定なため、卵が実際に決済手段として使われることがあるそうだ。また、第二次世界大戦中ドイツ軍の捕虜となったある英軍人の記録によれば、捕虜収容所にはパン、肉などの食料のほか、タバコなどが支給されていたが、それぞれ嗜好が違うため物々交換が行われるようになり、最終的には、タバコを吸わない人を含めてタバコを媒介物として効率的に交換するようになった[5]。タバコは卵よりも賞味期限がおそらく長いため、差し当り捕虜生活期間という前提では十分な期間であったのであろう。後で述べるように、マネーの本源的な性格は、コミュニティーの中での受容性にあるので、そうした合意があれば、卵もタバコも臨機応変にマネーになり得る。

　なお、（ロ）支払い機能は一回ごとの機能であるのに対し、（ハ）価値の保蔵機能は持続する機能である。そのことを、「決済機能はフローの機能」、「価値の保蔵機能はストックとしての機能である」と表現することがある。マネーの機能は、フローとストックの二つの側面を持つということである。そのうえで、フローとして使用するためには予めストックとして手元になければならないので、マネーに対する需要という意味ではストックとしての需要というべきである。

---

[5] 元英ケンブリッジ大学生であったR.ラザフォードは、1943～45年に独の捕虜収容所で、そのような経験をした。その記録が残っている（'The Economic Organization of a P.O.W Camp' Economica Nov.1945）。

③マネーの保有動機

では、マネーはどのような理由で保有されるのであろうか？　もちろんマネー保有の動機は、機能と密接に関係している。しかし、現代のマクロ経済学の創始者であるJ.M.ケインズ[6]はマネーの保有動機を敢えて「流動性選好（liquidity preference）」と名付けたうえで、その目的を次の3つに特定した。つまり、ケインズは、それをもってマネーの定義としたのである。

（イ）取引動機

経常的な経済活動のためのマネー需要であって、「決済需要」ということが多い。先に説明したマネーの支払い手段に対応する。

（ロ）予備的動機

資産総額のうち一部をマネーで持っておき、予定外の支払い需要に備える需要。決済のために予め価値を保蔵しておくもので、支払い手段と価値の保蔵機能の両方に関連する。

（ハ）投資的動機

ケインズ自身は投機的動機（speculative motive）としたが、投資的需要（investment demand）と言い換えられることが多い。各主体の予想に基づき市場での債券売買などで利益を得る目的でマネーを保有するものである。典型的に金利の上昇（債券の値下がり）を予想した場合には、債券を保有するのではなく（価格変動の無い）マネーを保有しておけば、安値で債券を買い入れることができるかもしれない。そのような動機のことである。この投機的な動機をもってマネーを特徴付けたことがケインズの新しい着眼点であった。

ケインズが以上のように整理した流動性選好と、それ以前から定着してきたマネーの3機能の関係をどのように整理するかについては学者の間でも議論がある[7]が、伝統的な理解は一般的なマネーの機能を述べているのに対し、ケインズはマネー需要、特に金利変動との関係に着目した投資的需要の重要性を強調したと理解できる。つまり、ストックとしてのマネー需要に

6）J.M.ケインズ（1883〜1946年）は、英国の経済学者であり、主著「雇用、利子及び貨幣の一般理論」（塩野谷九十九訳　東洋経済新報社　1941年）、原題'The General Theory of Employment, Interest and Money'（1936年）はマクロ経済学の事実上の出発点となった古典。単に「一般理論」と呼ばれることも多い。失業が存在する中での均衡があり得ること（有効需要の原理）を明らかにしたほか、マネーのストック需要（流動性選好）を説いたことで知られる。ケインズの考えに賛同する人たちのことをケインジアンと呼ぶ。不況下での財政政策の有効性を強調したことから、財政政策によるマクロ経済政策を重視する立場をケインズ主義ということもある。
7）例えば、J.ヒックスの「貨幣理論」（江沢太一、鬼木甫訳　1972年　東洋経済新報社）の冒頭の第1章を参照。そこでは、「2つの分類に正確な対応を付けることを期待すべきではない」などとしている。J.ヒックス（1904〜1989年）は、ケインズとも親交のあった英国のノーベル賞経済学者で、第九部で説明するIS・LM曲線の発案者としても知られる。

着目したといえよう。なお、マネーの需要や供給に関しては第四部で説明する。

④マネーの定義

　以上、マネーを巡っていくつかの議論を紹介したが、ビットコインなどの仮想通貨や先に述べたベネズエラにおける卵の例を念頭に、それらもマネーとしてある程度機能しているという立場に立つと、上記の3つの機能や、3つの動機は必ずしも現代において妥当性の高い定義とはいえない。むしろ、次のように考えてはどうだろうか。つまり、マネーとは、
「あるコミュニティーの中で購買力の証（あかし）として受け入れられている、分割・移転可能で、かつ劣化しないモノや記録」である。
　この定義の具体的な意味は次の通りである。

(イ)「あるコミュニティー」

　日本円であれば、日本国内ないし日本国民である。また、仮想通貨はWEBのネットワーク上に存在し、流通しているのでWEBネットワークの参加者がコミュニティーである。米ドル札はほぼ全世界で通用する最も通用性の高いマネーであるが、それでも日本国内では日本銀行券の通用力には及ばない。先に例として挙げたタバコは捕虜のコミュニティーの中で成立しているマネーである。現代において、マネーは国などのコミュニティーの中で「法律」、「権威」あるいは「信用（多数による実質的な認定）」によってマネーと認められたからマネーなのである[8]。あるいは、WEB上でそのプロトコルが事実上すべての参加者によって容認されているから、ビットコインはマネーとしての性質を持つに至っているのである。

(ロ)「購買力の証として受け入れられている」

　財やサービスなどの対価として、あるいは債務の解消手段として、（そのコミュニティーの中でなら）普遍的に通用することである。単に「購買力」ではなく、その「証」としたのは、マネーが通用力を現実的に発揮するためには、それが人々に実体のある「モノ」として受け入れられ、やり取りされることが必要だからである。「証」として認められる重要な条件は、本物証明、二重発行の防止と信認である。

---

8) それ自体は効用をもたらさないマネーというものが経済活動にとって不可欠な存在になっている。このような性質がマネーを他の財やサービスとは全く異質なものにしている。マネーは、人々が誰でも日々使っているものであって、それがどのようなものかは実感しているにも関わらず、多くの学者が改めて「マネーとは何か」ということについて論じている理由は、この「異質性」にある。例えば19世紀ドイツで活躍した哲学者G.ジンメルの「貨幣の哲学」（新訳版　居安 正訳　白水社　1999年）では、貨幣の機能や意味について社会分業と個人の価値観の関係を軸に600頁にわたって詳細に論じている。

a. 本物証明、二重発行の防止

　貴金属のようにそれ自体が効用価値を有していることを根拠にマネーとして機能するケース（金属マネー）は別として、それを別の財、サービスや金融商品の対価として受け取って貰うためには、それが本物であって（偽札ではない）、二重払いでもない（本物が二つあって、自分が真の保有者であると主張する第三者がいない）ということが確保される必要がある。

b. 信認

　また、マネーがマネーとして信認されるためには、そのマネーの素材自体が市場価値のあるものでない限り、マネーの発行体（中央銀行〈銀行券〉、民間銀行〈預金マネー〉など）が信認されていなければならない。そうしたマネーの発行体ないし管理者が信認される条件としては、次のようなものがある。

- 法律的に信認が与えられていること

　日本の紙幣である日本銀行券は日本銀行法により、無制限の強制通用力が与えられている。なお、硬貨は種類ごと20枚までに限定された強制通用力が通貨法により定められている。

- 実体的に信認があること

　法律的に信認が付与されていても、発行体（中央銀行など）が見合いの資産を保有していなければ紙幣は単なる「紙」であるので、信認されない可能性がある。現在の日本銀行券の見合い資産は国債である。国債に対する信認が失われれば、日本銀行券に対する信認が得られなくなる可能性がある。また、ビットコインなどの仮想通貨も、そのプロトコルを管理している発行管理主体が誠実さを欠いた行動を取れば、信認が損なわれ、通貨として機能しなくなる。実際、ベネズエラでは「ボリバル」が法律的には通貨として認定されていても、ハイパーインフレーションの下で通貨としての信認を失ってマネーとしての通用力を喪失したのである。

　逆に、実体的に信認があれば、法律的な信認がなくとも、マネーとして通用する。例えばビットコインが幅広く信認されれば、法律的な信認はなくとも、マネーとして通用することになる。

(ハ) 「分割・移転可能」

　分割可能とは1円といった単位を持っており、例えば1万円を1円単位で自由に構成できることである。これは価値の表示基準機能の前提条件でもある。

　移転可能とは、マネー自体の所有権を動かしたり、貸し借りしたりできることを意味している。あるモノがマネーとして機能するためには、紙幣や硬貨のように、実際に利便性を持って受け払いできなければならない。しかし、巨額の取引を行う場合には、紙幣や硬貨でも大量に必要となり、利便性が大きく損なわれる。このため、実際には預金がマネーとして用いられる。

有名なヤップ島のストーンマネー（フェイと呼ばれている）は、真ん中に穴の開いた巨石であって、数百年以前から使用が始まり、今でも冠婚葬祭などの際に使用されているそうであるが、巨石を受け払いするのは不便であるので、巨石は移動せずいわば帳簿上の所有権の移動という形で工夫されている。その意味では、預金と同様の性格といえる。

　預金やフェイのように、最終的な価値の拠り所（原資産）を元に、その所有権を表象するモノ（派生資産）を生成し、原資産の受払を伴わずにそうした派生資産を受け払いすることで、効率的に原資産の受払と同じ効果を持たせることができる。原資産を細分化することが物理的に無理である場合でも、派生資産化すれば、細分化した取引も可能となる。

(二)「劣化しない」

　その分量、例えば重さが変わらないこと、またその質が変わらないことである。水はマネーとして認められることがあるかもしれないが、氷がマネーとして認められる可能性はないだろう。卵は劣化するが、劣化のスピードが遅いため一定の期間マネーとして通用する。紙幣や硬貨は重さも量も変わらない。しかし、債券は一般に満期に近づくにつれて、表面価格（償還価格）に近づいていくため、価値が変動する性格を持っている。このため、国債、特に長期国債はマネーになり得ない。紙幣は満期がなく無利子であるので、価値が変わらない。普通預金は、若干の利息が付されるがいつでも銀行券に交換できるので価値が銀行券に連動している。なお、日本銀行券＝紙幣は徐々に紙質や印刷の鮮明度が劣化していくため、日本銀行は古くなったお札を新券と無料で交換している。

　ところで、スタンプマネーといわれるものがある。これは、ドイツの経済学者S.ゲゼル[9]が考案したもので、紙幣の券面上に一定期間ごとにスタンプを押されていないと通用しないというものである。つまり、時間とともに減価していくマネーである。通常マネーには利息が付かないが、逆にマイナス金利を人為的に付することによって、人々がマネーを退蔵しないようにする、つまり景気を刺激するためのものである。日本のデフレ脱却の方策として注目されたことがある。このような劣化するマネーは、一時的には通用するかもしれない。しかし、そのうちに、他のモノ（例えば米ドル）が取って代わるであろう。価値が変わらないものと比較すると減価するマネーは機能が劣るからである。ベネズエラの卵マネーのようなものだと思うかもしれないが、ベネズエラの法定マネーよりは、卵の方が相対的には劣化しないのである。また、このようなスタンプマネーは、そのスタンプの正当性を厳格に維持する必要があることから、それをどのようにして行うのかという問題もある。ただし、仮想通貨の場合は、タイムスタン

---

9) S.ゲゼル（1862〜1930年）は、ドイツの経済学者。主著「自然的経済秩序」において、減価する通貨を提案した。減価するマネー（スタンプマネー）は、ドイツの一部地域などで現実に導入されたことがある。
10) WEB上の取引について、取引時刻を正確に記録する技術のことを「タイムスタンプ」という。ビットコインの基盤技術であるブロックチェーンにおいても活用されている。

プ[10]の活用により対応できるかもしれない。

(ホ)「モノや記録」

　日本銀行券や硬貨といった物理的に移転可能なマネーでなくとも、普通預金や当座預金のように個々の名義人の残高が帳簿上に記録されていれば、マネーとして機能する。ビットコインなどの仮想通貨も、WEB上のブロックチェーンにそれまでの取引履歴と（匿名のアドレスによる管理とはいえ）所有者別の現在高が記録されている。なお、手形は企業間決済に用いられている一種のマネーであるが、紙の上ないし（でんさいネットの場合）WEB上に数量と所有者ならびに過去の転売履歴が記載ないし保存されているという特徴があって、この点ではビットコインと類似している。

（素材が先か、信用が先か）

　以上の議論のうち特に（ロ）「購買力の証」に関連して、マネーの起源についての近年の問題提起に触れておこう。伝統的な理解では、マネーの進化は、「物々交換」⇒「貴金属などの素材貨幣」⇒「紙面上に価値を記載した紙幣」⇒「預金などの帳簿紙幣ないし信用貨幣」の道筋を辿ったとされてきた[11]。しかし、最近の問題提起は、もともとマネーは歴史的にみても、理念的にみても「信用」から生じているというものである。つまり、素材貨幣や紙幣が存在しなくとも、財やサービスの「人別貸し借り帳」があれば、経済活動は可能であって、実際人類の歴史において「人別貸し借り帳」、つまり信用を供与した証というものが最初にあり、それを合理化、分権化するものとして素材マネーが登場してきたという考え方である。ヤップ島のストーンマネーであるフェイもそのことを示唆している。また、信用取引がマネーとしての機能を持つに至った典型的な例として「手形」がある。手形の創出者（振出人という）は一方で何らかの財、サービスの提供を受けており債務がある。しかし、その手形を財、サービスの提供者である債権者に手渡すことで、ひとまず決済は完了する。そして、その手形が第三者に手渡されれば、それをさらに別の決済に用いることができる。もっとも、期日には元々の手形の振出人は、手形の最終的な保有者に当座預金を届けなければならない。つまり手形は、信用取引と決済が

---

11) マネーは素材（生活物資、金属）から出発したという考え方は非常に古く、紀元前4世紀の古代ギリシャの哲学者アリストテレスは、「政治学」の中で、そのような議論を展開している（山本光雄訳　岩波文庫　1961年　第一巻第九章〜第十一章）。一方、マネーよりも前に信用というものが存在していたとの説は、英の元外交官で経済学者のM.イネス（1864〜1950）による複数の論文のほか、S.ホーマーとR.シリアの共著'A History of Interest Rate'（1963年）などで展開されている。その後、こうした議論は、米国のエコノミストであるF.マーティン「21世紀の貨幣論」（遠藤真美訳　東洋経済新報社　原著2013年）や米国のジャーナリストであるK.セガール「貨幣の新世界史」（小坂恵理訳　早川書房　原著2015年）に受け継がれている。また、M.フリードマンは「貨幣の悪戯」（斎藤誠一郎訳　三田出版会　1993年、原著1992年）の第一章でヤップ島のフェイについて紹介しつつ、信用マネーがいかに根源的なものであるかを論じている。

同時に履行されるのである。このことからも明らかなように、債務が返済されるという一定の信用があれば、その債務はマネーとして通用するのである。

　しかし、第三部（金融の歴史）でみるように、マネーが素材や情報通信技術の発展に沿って形を変えてきた流れがあることは動かない歴史的な事実である。太古の貝、石、布、穀物、塩、貴金属などの財、そして貴金属や紙に記載された記号（硬貨、紙幣）、銀行の債務である預金、そしてビットコインのような「仮想通貨」に至るまで、マネーは素材や情報通信技術の発展とともに形を変えてきた。また、信用取引の全てがマネーとして使われてきたわけではない。つまり、マネーには食料、貴金属など素材から出発したケースもあれば、債権から出発したケースもある。いずれにせよ、素材が先か、信用が先かという議論は一般的な通用力のあるマネーが一旦創出された後は、有益性に乏しい。もちろん、戦争や極端なインフレ下でマネーが通用力を失う局面では、貴金属などの実物貨幣による決済や信用取引が復活する可能性はある。

⑤マネーの定性的なタイプ分け

　以上、マネーの機能や成り立ちについてみてきた。現代の日本におけるマネーや決済システムの詳細については第二部で説明するが、この段階でマネーの類型を簡単に整理しておきたい。

（イ）素材マネーと信用マネー

　素材マネーとは、食料や貴金属などのようにそれ自体に価値や効用があるモノである。現在では、ほとんど実例はないが、記念硬貨に関して、偽造を防止するため金の含有量を額面価値に近づけたケースもある。また、国際的な公的決済においては、貨幣用金が用いられることがないわけではなく、日本銀行は外貨準備の一環として金地金を保有している。信用マネーとは、銀行券や手形のようにそれ自体に価値や効用が本来はないが、法律、権威、（債務者の）信用によってマネーとして認められているものである。ビットコインも信用マネーである。

（ロ）現金、債務マネー、派生マネー

　かつての貴金属貨幣のようにそれ自体に額面と同等の市場価値があるか、現代の銀行券・硬貨やビットコインのように、それ自体に効用価値はないとしても、法律、権威、信用、あるいはプロトコルによって実体的にそれ自体がマネーとして認められているモノが「現金」である。

　現金以外のマネーとしては債務マネーと派生マネーがある。債務マネーとは、普通預金のように将来「現金」を引き渡すという約束（債務）が価値を認められて、新たなマネーとして機能するものである。派生マネーとは、債務かどうかではなく元になるマネーが別途あって、そこから生成されたモノかどうかという切り口でみたものである。債務マネーも派生マネーのひとつである。

預金（債務）は、銀行券の引渡しを約束した債務マネーであると同時に、銀行券という現金から派生したマネーでもある（ヤップ島のフェイは債務マネーではない派生マネーである）。

(ハ) オフラインマネー、オンラインマネー

銀行券は、物理的な受け渡しで移転するオフラインマネーであるが、預金マネーやビットコインはサーバーやインターネット上で受け渡しされるオンラインマネーである。

(ニ) 中央銀行との関係

上記の観点とは異なる政策的な観点からのタイプ分けである。日本銀行当座預金は、第四部、第九部でみるように、オペレーションによって事実上その残高を日本銀行が決めることができる中央管理型マネーである。一方当座預金の引出しによって発行される銀行券は、日本銀行が直接管理しているようにみえるが、当座預金からの引出し依頼があれば拒むことはできないので、日本銀行が発行量をコントロールしているわけではない。

民間銀行の預金、つまり預金マネーは、発行量や条件を直接決めるのは銀行と預金者（借入によって預金を得た者も含む）であって、日本銀行が直接コントロールすることはできない[12]。しかし、金利コントロールなどの金融政策を通じてある程度影響を与えることはできる。

一方、手形は取引当事者が（一定の上限内で）自主的に生成するマネーであって、手形用紙を発行している銀行が直接影響を与えることはできない。もちろん日本銀行は直接関与する余地がない。さらにビットコインなどの仮想通貨は、合意されたルール（プロトコル）に基づき発行され、中央銀行や民間銀行を含め誰も残高を意図的に増減できない[13]。

---

[12] 民間銀行の預金は銀行券の派生マネーであって、直接的には日本銀行の負債ではない。しかし、スウェーデン中央銀行などが検討している構想、つまり中央銀行に直接個人、企業などが口座を持って、それをデジタル化して各人が保有し決済に用いるといった構想が実現すれば、中央銀行の負債マネーとして機能することになる。もっともその場合には、現在の中央銀行の当座預金と異なり、個人、企業の預金の量をコントロールすることはできないであろう。個人や企業に中央銀行が直接信用供与することはないと考えられるからである。例えば、信用供与は民間銀行が預金マネーの供給という形で行い、それを何らかの方法で中央銀行の預金に振り替えることになろう。

[13] 詳しくは第二部第1章を参照。ビットコインの供給量は、予めプロトコルで定められたプロセス、スピードでのみ変化（増加）する。スウェーデン中央銀行などでは、注の12)にある当座預金口座の個人、企業への提供だけではなく、仮想通貨を中央銀行自身が発行することも検討している。その際のポイントになる認証については、いくつかのバリエーションがあるが、中央銀行自身が認証するタイプの仮想通貨を発行する場合は、マネーとしての信認は中央銀行の権威に基づいている。その場合、中央銀行の権威を必要としないビットコインとは性質が全く異なる。つまり、12)の中央銀行が当座預金口座を個人、企業に開放するタイプのものと本質的には変わらない。

第2章
信用取引

　マネーの次に、「金融とは何か」ということを具体的にみていこう。一般に「金融」という言葉から多くの人は、「サラ金」や「住宅ローン」などを思い浮かべるのではないか。銀行などの金融業務に従事する実務家の間でも、消費者金融、住宅金融、事業金融などという用語が「貸出」の種類分けとして一般的に使われている。銀行が個人や企業を「信用」して「マネー」を一時的に提供することが「金融」という理解である。実際、「貸出」のことを「信用供与」ということもある。例えば、消費者金融、住宅金融、事業金融と同じ意味で、消費者信用、住宅信用、事業信用という言葉を用いることも少なくない。金融においては、「信用」ということが本質的に重要と理解されているからである。そのことを踏まえて、ここでは貸出などマネーの貸し借りを「信用取引」と呼ぶことにしよう[14]。また、融資のほか、貸出、信用供与、ローンといった用語は、前後の言葉との組合せの慣用、あるいは金融機関の提供するサービスのブランド名などの理由で使い分けられているが、基本的に同じ意味である。以下では、原則として貸出という用語で統一する。なお、貸出は、貸付けと割引に分かれる。貸付けは借金証文（貸付証書）に基づいて元本と利息の受払を行う取引であるが、割引は手形を額面より安く買い取ることによって信用供与する方法である（もっとも貸付けにも利息前払いの取引があるので、両者に本質的な差はない）。

　マネーは、借り手に「信用」があれば、物理的には容易に貸し借りができる。取引に手間はかからない。そこが、財やサービスと大きく異なるところである。サービスが貸し借りされることは現代ではほとんど例がないし、モノが貸し借りされることは、賃貸住宅のほか、レンタカー、建設機械やパソコンのリースなど決して例外的ではないが限定的である。「マネー」は、「信用」さえあれば、巨額であっても、遠隔地であっても、WEB上であっても簡単に貸し借りができる。

---

14) 金融取引、特に株式取引において無担保の貸借取引を「信用取引」ということがある。文字通り、信用のみに基づいて取引を行うことである。
15) 債権・債務関係には、貸出・借入のほかに、債券の発行（資金の調達）・引受がある。貸出・借入は基本的に転売できない一方、債券は転売を前提とした商品性を持っているという点では異なるが、マネーの受払の権利・義務という基本的な関係においては両者は同質である。

なお、信用取引の中には債権・債務関係[15]ではない取引もある。それは出資、すなわち典型的に株式会社の発行する株式の引受である。相手方を信用してマネーを提供し、その見返りに収益を求める点では貸出も出資も同じである。しかし出資は債権でも債務でもないので、返済義務がない。利息や元本という概念もない。あるのは、株式保有シェアに応じた株式会社の資産に対する請求権、つまり持分権だけである。なお、同様の概念として「信託」もある。これらについては、第六部「金融機関と金融商品」で改めて詳しく解説する。

図表1−2　決済と信用取引

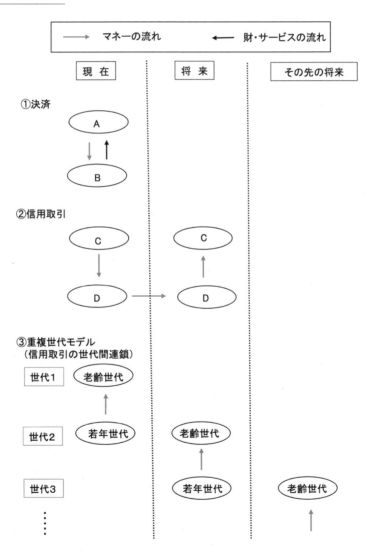

①決済と信用取引

(イ) 決済と信用取引の違い（図表1-2）

　金融取引は大きく信用取引と決済に分かれる。決済は現在という同時点での、マネーと財・サービスの交換である（図表1-2のAとBの関係）。一方、信用取引は現在の時点で、誰か（Cとしよう）が、取引相手（D）に対してマネーを供与し、将来時点でDに返済を求めるものである。つまり、信用取引とは、将来の返済主体（D）を信用してマネーを今供与する、異時点間の取引である（図表1-2の②）。

　ここで重要な留意点がある。それは、マネーの提供である信用取引にも、その履行にはマネーの受け渡し、つまり決済が必要だということである。信用取引を開始する時、終結する時のいずれの時点でも決済が必要となる。信用取引を開始するときにマネーが受け払いされなければ、そもそも信用取引は開始しない。

(ロ) 信用取引と金融商品

　金融取引には、信用取引と決済のほかに、もうひとつの概念として金融商品の売買もある。金融商品とは、マネーを商品化したモノのことであるが、預金（このうち決済性預金はマネーでもある）、貸出、債券、株式、投資信託など数多くの種類がある。しかし、その源泉はいずれも信用取引であって、その権利・義務の内容を取引できる形にしたものが金融商品なのである（そのような行為を権利・義務を「化体（かたい）」するという）。その意味では、信用取引とは金融商品の創出だということとなる。例えば貸出は、貸出債権という金融商品の購入によるマネーの供与で

図表1-3　取引の類型

×：該当する取引なし

引き渡し＼受け取り	財・サービス	金融商品 （預金マネーを除く）	マネー （預金マネーを含む）
財・サービス	●（物々交換）	×	○財・サービスの売却 ＝実体経済取引の 「決済」
金融商品	×	×	金融商品の売却 ＝借入などマネーの調達 （信用取引）
マネー	○財・サービスの購入 ＝実体経済取引の 「決済」	金融商品の買取 ＝貸出などマネーの供与 （信用供与）	両替・外為取引

あり、逆に借入は貸出債権（借入債務）という金融商品の創出・売却によるマネーの調達と捉えることができる。さらに、貸出などの信用取引を一旦金融商品とみれば、その転売もイメージしやすい。実際、貸出（債権）は市場で転売されることもある。実際に、そうした転売可能性を当初から意識した貸出の契約形態もある。もちろん、金融商品の創出、転売にもマネーの受け渡し（決済）を伴う。

様々な経済・金融取引のパターンを整理したのが、図表1－3である。表の行は引渡しの対象物、列は受取りの対象物を示している。財・サービスを引き渡して、別の財・サービスを受け取るのが物々交換であって●で示されている。✕で示したのは、金融商品で財・サービスや（他の種類の）金融商品を売買することであるが、それはできない。一方、マネーを媒介する取引のうち、マネーを渡して財・サービスを手に入れるのが通常の実体経済取引の決済であって、○で示されている。次にマネーを渡して（入手して）金融商品を入手する（渡す）のが、金融取引であって、青の網掛けをした部分である。さらに、マネーで（他の種類の）マネーを手に入れる、つまり交換するのは、両替や外為取引である。

このように、現にマネーを手元に持っている人が財やサービスの対価として支払うだけではなく、今マネーが手元にない人も「信用」を基に万能の決済手段であるマネーを借りて使える、さらにその権利・義務を移転できるということが金融を経済活動の中で、特別なものにしている。「かねは天下の回りもの」（英語では、Money is a great traveler in the world）というが、マネーは1か所に滞ったりするのではなく、財やサービスの取引の連鎖とともに流れていき、さらに「融資」を通じてよりダイナミックに人々の間を巡ってこそ、本来の意義がある。ちなみに「金融」、「融資」、「融通」の融には、「通る」という意味があって、巡るというニュアンスが込められている。欧米の金融論の教科書の書名や科目名が"Money and Credit"（おかねと信用）"であることが少なくないことも、人々のこうした認識を示している。

(ハ) 決済に関する留意点

以上を前提としたうえで、決済について、二つの重要な留意点を急いで付け加えておこう。

- **決済に時間差がないわけではない**

決済とは基本的に時間差のない取引であるが、厳密には時間差が生じる。例えば、銀行に送金を依頼したとしても、実際に送金相手にマネーが届く（預金口座に記帳される）までに数時間を要することがある。その間は、銀行は送金依頼者に対して取引を履行する義務（決済債務）を負っている。そのため、リスク（決済リスクという）が生じている。決済リスクは本来顕現化することがあってはならないものであり、決済リスクをゼロにすることは重要な課題である（詳しくは第八部第3章決済政策を参照）。もっとも、基本的には同時点で行われる決済と、常に異時点、場合によっては住宅ローンのように10年以上にもわたる長期の取引となる信用取引では、その性格が根本的に異なっていることはいうまでもない。

- 決済の対象物の受渡しの時間差にも要注意

　決済取引にはマネーの移転だけではなく、その対価として財・サービスの提供はもちろん、例えば国債といった金融商品の移転（モノの決済）も並行している。また、信用取引にはマネーの供与だけではなく国債や株式の貸出といった金融商品の短期の貸借取引も含まれる。財の借入と異なって、国債や株式を借りることによって、それを売却、換金することは容易であるので、国債などの金融商品を借り入れることは、マネーを借り入れるのと類似の効果がある。このため、マネーを引き渡したが、金融商品を受け取れないというリスクが強く意識される。これに対しては、金融商品の決済を待ってからマネーを受け渡しする、ないしは金融商品とマネーの同時決済（DVP；delivery versus paymentという）といった工夫が行われている。いずれにしても、決済債務と同様、こうした金融商品の貸借取引はごく短期間の取引であって、時には長期にわたることのある貸出などとは根本的に性格が異なる[16]。

（二）マネーなしの決済は可能か？

　以上では、マネーの存在を前提に決済や信用取引を定義してきたが、マネーの存在なしに現代の社会において決済や信用取引を行うことは本当にできないのであろうか？　思考実験をしてみよう。

　マネーがなければ、物々交換か信用（貸し借り）で取引することになる。信用のみで取引するためには、すべての取引ごとに、取引対象者、対象となった財貨、サービスを記録する必要がある。そして、対価との交換（決済）のためには、将来のどこかの時点で、同種同量のものか、他の財・サービスと一定の交換比率で交換することを予め約束しておくことになる。つまり、巨大なサーバーによって誰が誰にどのような債務（財、サービスを受けて、まだその見返りを支払っていない状態）を負っているのかを、整理・記録することができれば（「人別、財・サービス別貸し借り台帳」があれば）、マネーなしに決済や信用取引をすることが不可能とまではいえない。ヤップ島のストーンマネーは、マネーではあるが、ほぼここで想定した「すべての取引を記録しておく」に等しいことを行っているようにもみえる。

　マネーのない世界をある程度実感できるのは、「ツケ」（帳簿にツケておく）の世界である。行きつけの商店やレストランで、商品を入手するとか食事をしたその場で、帳簿にそのことを記録しておく。ただし後日、例えば月末に、まとめてマネーで決済するのである。

　いずれにせよ、財、サービスの種類が巨大に拡大した現代社会においては、いかに高性能のものであっても、中央サーバーで全てを記録、計算することは不可能である。マネーの意義とは、そうした中央サーバーで行わなければならない記録、計算を分散処理することによって、サー

---

[16] 国債などの換金性の高い金融商品について、3か月、6か月といった期間、それを貸し出す取引がある。短期金融市場での国債貸借取引がそれであって、事実上短期のマネーの調達とみなされる取引である。

バーを不要にできることである。しかし、将来情報通信技術がさらに進化すれば、一定のコミュニティーの中で、WEB上でマネー代替システムを構成することは、不可能でないかもしれない。

②実体経済取引と金融取引

これまでマネーや信用取引などの基本的な概念をみてきた。次に、実体経済取引と金融取引の関係についてみていこう。

（イ）派生金融取引

およそ世の中の経済取引はマネーの受払を伴う。つまり、

経済取引＝実体経済取引＋金融取引

である。これらは全てマネーの受払を伴うので、

経済取引額＝マネーの受払額

となる。この関係は、家計や企業などの個々の経済主体についても、また国全体でみても成立する。しかし、これらの取引額がすべて付加価値の生産や所得となるわけではない。生産には原材料の調達などの中間投入（中間消費ともいう）が必要となるからである。決済される金額のうち、生産（付加価値）はそのうちの所得に繋がる部分である。具体的には、

決済額＝生産額＋原材料仕入れなどの費用

であって、例えば自動車販売店が200万円の自動車をある家計に販売しても、その仕入れなどの費用に180万円かかったとすると、利益すなわち付加価値は20万円である。しかし決済額という意味では、支払いが仕入れ額の180万円、受取りが200万円の売上の合計の380万円となる。さらに、仕入れ元の自動車メーカーがこの自動車を製造するのに鋼材などの原材料費、従業員の給与、さらには工場設備の購入などで150万円の費用がかかっていたとすると、自動車メーカーのマネー受取額は180万円である一方、鋼材メーカーなどへの支払額は150万円、その差額の利益は30万円ということになる。以上の取引事例を整理すると、次のようになる。

鋼材メーカー・従業員・工場設備会社

↓　150万円

自動車メーカー

↓　180万円

販売店

↓　200万円

家計

この場合、自動車生産・販売に携わったメーカーと販売店の利益の合計（最終需要額）は

200万円であるが、決済額は150万＋180万＋200万円＝530万円となる。ここでのメーカーや販売店の利益を集計すると、国民経済計算と呼ばれるマクロ経済指標の中で、国内総支出ないし国内総所得あるいは国内総生産、つまりGDP（gross domestic product）の概念にほぼ一致する。一方、決済額は、この例のような仕入れなどを含めると、その何倍もの、あるいは数十倍、数百倍もの規模になると考えられる。以上の点を一般的なパターンで示したのが、図表1－4である。

また、この自動車の購入者が自動車ローンを借りていたとすると、そこに信用取引が発生する。さらにこの自動車メーカーが原材料費用の調達などに当たって手元資金だけでは不足している場合には、外部からの借入によってマネーを調達しなければならない。仮に、家計は自動車購入代金の全額200万円をローンで、また自動車メーカーは費用の半分に相当する75万円を借入に依存したとしよう。このような実体経済取引に伴って発生する金融取引を実体経済取引から派生している取引であることから、「派生金融取引」と呼ぶことにしよう。注意すべきは、これらの信用取引の実行にもマネーの受払、つまり決済が必要となることである。このことを念頭に、ここでの事例を改めて整理すると（以下、万円を省略）、

- 決済額＝200＋180＋150＋200＋75＝805
- うち実体経済からの派生金融取引（ローン）に伴うもの＝200＋75＝275
- この一連の取引で得られた所得＝200

となる（ここでは金融取引によって生じる利息所得などは省略している）。

以上の例から、次のことが明らかになる。

図表1－4　中間投入が多段階ある場合の生産、決済取引、派生金融取引

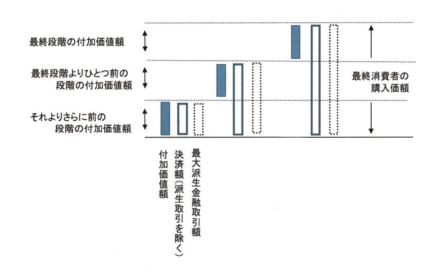

- 各段階での付加価値（売上−中間投入〈原材料仕入れなど〉）を累計していくと、その金額は消費者に販売された金額200万円に近づいていく（付加価値の合計が最終段階で消費者が支払った金額を超えることはない）。
- 中間投入の段階でも決済は必要であるので、決済額の合計は必ず膨らんでいく。
- 中間投入の段階で原材料手当て等のために借入が行われることがある。つまり、派生金融取引が膨らんでいく可能性がある（ただし、通常は売上に計上された段階で借金は返済され、最終的段階での売上に対応する借入だけが残る。ここでの例では200万円の自動車ローンだけが残る）。
- 中間投入の段階の数が増えるほど（分業が進むほど）、また生産期間が長くなるほど（在庫保有期間が長くなるほど）決済の回数や決済金額の滞留期間が大きくなるため、決済額は拡大し、派生金融取引が膨らむ可能性がある。

なお、ここでは簡単のため信用取引は貸出・借入だけとして、必要な外部資金は全て借入で調達する前提であったが、実際には企業が設備を増強するとか、あるいは新規に事業を立ち上げるといった場合には、株式を発行して（エクイティ・ファイナンス）、事業資金に充てることも少なくない。リスクの高いプロジェクトについては、返済義務がなく実績に応じて配当するエクイティーの方が適しているからである。こうしたエクイティ・ファイナンスによる資金調達も「派生金融取引」の一環である。

（ロ）純粋金融取引

金融取引の中には、実体経済活動とは別の動機で行われる取引もある。所得の一部を預金することもあろうし、預金を引出して現金で保有しておくこと、また預金の一部を送金して株式を購入するといったこともあろう。こうした取引、つまり実体経済取引と直接関連付いていない取引のことを「純粋金融取引」と呼ぶことにしよう（なお、以下では実体経済取引のことを

図表1−5　経済取引の分解

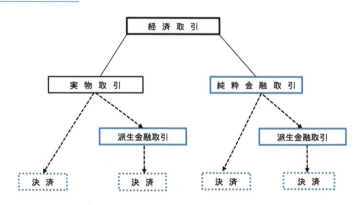

実物取引と略する）。この場合、貸出を受けて債券や株式を購入するといった投資的、ないしは投機的な取引も決して例外的ではない。このように純粋金融取引を行うために行う借入などは、純粋金融取引から派生した金融取引と整理できる。もちろん、このような派生取引にも決済は必要である。これらを整理したのが、図表1－5である。式で書けば、次の通りとなる。

　経済取引＝実物取引＋金融取引
　金融取引＝(実物取引) 派生金融取引
　　　　　　＋純粋金融取引＋(純粋金融取引) 派生金融取引
　　決済＝実物取引決済
　　　　　＋派生金融取引決済（実物取引、純粋金融取引）
　　　　　＋純粋金融取引決済

これらは、取引の種類に応じて概念的に分類したものであるが、数量としても成立する式である。つまり、

　経済取引額＝決済額＝実物取引額＋金融取引額（派生、純粋）　　　　　　　　…式1－1

としても成立している。

　なお、先ほど自動車販売の事例から、決済の規模は実物取引を大幅に上回る規模となる可能性が高いことをみた。この点を少し補足すると、実際に近年の日本において、銀行送金などの主な決済システムでの決済金額合計は1日当たり200兆円といった規模であって、2～3日分の決済額が1年間のGDPの規模に相当する。しかも、実物取引の規模（決済額）は経済成長率とほぼ同じスピードで拡大していくが、純粋金融取引はそれを上回るスピードで増大していく。なぜなら、経済成長とともに富＝資産の蓄積が進み、その大半は金融資産に形を変えるからである。つまり、金融資産の残高規模のGDPに対する比率が、経済成長とともに上昇する（主要金融経済指標図表AとDを比較してみよ）。そして、より高い収益率と安全性を求めて、金融資産の異なる種類の間での取引が増大していくからである。富の蓄積の少ないその日暮らしの経済では純粋金融取引を行う余地はないが、富の蓄積の進んだ経済では資産投資の収益率の持つ意味が、フローの所得であるGDPと比べて相対的に重要となるのである。

(ハ) 実体経済取引と金融取引の関係

　物々交換が行われていないマネー社会においては、実物取引は必ず決済取引を伴う。また、実物取引は派生金融取引の後押しがなければ、大きな制約を受ける。現実には派生金融取引がなければ、現代の実体経済活動は成立しない。例えば、住宅ローンがなければ住宅を購入することは若い世代にとっては非常に困難であり、住宅需要は激減するはずである。

　一方、純粋金融取引については、それがなくても実体経済活動や、派生金融取引が成立しないとまではいえない。しかし、現実には株式の売買や国債や社債の売買といった純粋金融取引がなければ、あるいはそれらを取引する場である証券市場がなければ、派生金融取引は成立し

にくい。なぜなら証券市場と派生金融取引は表裏の関係にあって、派生金融として生成された債券は、証券市場で転売できる。転売できる市場があれば、万一資金の出し手自身が資金繰りに困ってもそこで転売して、自分の資金繰りを付けることができるからである。このように、純粋金融取引は、実物経済を間接的にサポートしている。

　しかし、ときに厄介な問題が生じる。すなわち、金融バブルの生成と崩壊による金融危機の発生である。実体経済の状況から乖離して金融取引が膨張し、関連した金融資産、さらには不動産などの資産価格も全般的に急上昇、それが何らかの事情で反転し、価格が急落することがある。そうなると、大きな損失を被る主体が金融機関を含めて続出し、倒産が相次ぐといった事態になる。これが金融危機といわれるものである。

　金融取引と実物取引の間の関係は、取引の種類によって濃淡がある。この点を図示すれば次の通りである。金融危機の背景となる可能性が高いのは、実体経済との関係が相対的に薄い純粋金融取引である。

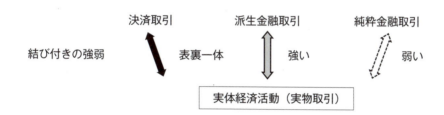

(二) 金融機関

　金融の機能や実体経済との関係について、さらに議論を深めていくが、この段階で金融機関の存在を明示的に導入しておこう。現代の金融は、マネーの最終的な出し手と取り手が直接交渉し、金利や期間などの条件を決めることは少なく、通常は専門業者である金融機関、具体的には銀行、証券会社などが仲介機能を果たしている[17]。また、マネーの主体である預金マネーの創出を担っているのは金融機関であるし、金融取引の大宗を占める純粋金融取引、典型的に金融商品の売買を担っているのも金融機関である。つまり、金融機関は次のような機能を果たしている。

- マネーと信用の供給：自ら預金マネーを創出し、借り手にそれを提供（信用供与）する

---

[17] もっとも、ごく最近の状況としては、金融機関を経由せずに取引当事者（貸し手と借り手など）が直接に（peer to peer：P2P）、WEB上のインフラを使って取引を成立させることが増えている。特に多くの個人から出資を募って新たなプロジェクトの実行に必要なマネー・信用を調達するクラウド・ファンディング（crowd funding）やソーシャル・レンディング（social lending）といった取引が台頭してきていることは見逃せない大きな変化である。クラウド・ファンディングの詳細については、第六部注12を参照。

- 信用仲介：マネーの不足主体から余剰主体へマネーの流れを仲介する

　金融機関の業務内容などについては、第六部で詳しく述べる。ここでの説明は、次のテーマである実物取引と金融取引の関係を考察するのに必要な、以上の範囲に止める。

③マクロ的にみた実物取引と金融取引の関係

　現代の経済は、大きくみると家計、企業、政府、海外セクター、そして今述べた金融機関から構成されている。以下そうした経済主体ごとに、所得・支出とマネーの出入り（入出金）の構造をみていこう。なお最初の段階では、純粋金融取引の存在は無視して議論を進めよう。

（イ）実物取引と資金余剰・不足

　純粋金融取引を捨象して実物取引（ないしは実物取引の決済）だけに着目すると、入出金の差（ネット・キャッシュ・フローという）は所得と一致する。つまり、

　　各主体の黒字＝収入－支出
　　　　　　　　＝マネーのネット入金（マイナスならネット出金＝赤字）

が成立する。この枠組みの下で、各主体の黒字額を具体的に表現していくと、次の通りである[18]。

- 家計の黒字＝賃金－家計支出（消費、住宅投資）－税
　　　　　　＝貯蓄

　…家計は、労働によって賃金を得て、家計支出と税の支払いに充てる。残余は貯蓄となる。

- 企業の黒字＝売上（個人消費・住宅投資・設備投資・財政支出）
　　　　　　－原材料仕入れ等の生産費用－賃金－設備投資
　　　　　＝営業利益－賃金－設備投資
　　　　　＝利益留保（ストックである内部留保の増加）

　…企業は、原材料を仕入れて、従業員を雇用し、生産活動を行って利益を得る。また、将来のために設備投資を行う。このうち、営業利益（営業余剰ともいう）は付加価値であって、その合計額はマクロ的な生産＝所得、つまりGDPと概念的にはほぼ一致する。なお、設備投資を（営業利益－賃金）以上に増大させると利益留保額がマイナスあるいは借入増となる。

- 海外主体に対する黒字＝輸出－輸入＝ネット輸出

　…国内企業は、輸出によってマネーを得る一方、マネーを支払って輸入する。その差額は貿易黒字として対外資産の増加となる。

---

[18] ここでは経済構造を極端に単純化し、法人税、在庫、株式配当といった項目を捨象している。また、金融機関は表面には登場しないが、マネーのやり取りの担い手として背後に存在している。

- 政府の黒字＝税収－財政支出＝財政黒字
   …政府は税を徴収し、支出を行う。

　以上では、第一次段階として各主体の赤字、黒字をみたが、現実にはそれをそのまま放置できるわけではない。各主体が債務不履行とならないためには、赤字分はツケ（当事者同士の貸し借り）が利かないとすると、金融機関からの借入（派生金融取引）で穴埋めして帳尻を合わせなければならない。その意味で、金融機関が赤字主体と黒字主体の仲介の役割を担っている[19]。

（各主体の合計）
　以上の各経済主体の入出金額を合計すると、
- 国全体の収入合計＝賃金＋営業利益＋輸出＋税収
- 国全体の支出合計＝家計支出＋税＋賃金＋設備投資＋輸入＋財政支出

となる。ここで、国全体の黒字額＝収入－支出は、賃金が家計と企業で両建てになっているので相殺されることに留意し、また

　税収－財政支出＝財政黒字
　輸出－輸入＝ネット輸出

と書き換えると、
- 国全体の黒字額＝営業利益＋ネット輸出＋財政黒字－家計支出－設備投資

となる。国全体では、必ず収入＝支出となっているので、黒字額はゼロであって、
- 0＝営業利益＋ネット輸出＋財政黒字－家計支出－設備投資

となる。さらに、各企業の営業利益の合計額＝GDPであることに留意すると、
- GDP＝家計支出＋設備投資＋ネット輸入（－ネット輸出）＋財政赤字（－財政黒字）　　…式1－2

となる。つまり、GDPが家計支出、設備投資、ネット輸入、財政赤字に支出・配分されることが確認できる。なお、この式1－2は、GDP統計（国民経済計算）の構造を表す最も基本的な式である。

　また、各主体の黒字額（収入－支出）を合計すると、

　貯蓄＋利益留保＋貿易黒字＋財政黒字＝ゼロ　　　　　　　　　　　　　　　　　…式1－3

あるいは、

　貯蓄＋利益留保＝貿易赤字＋財政赤字

となって、貯蓄と利益留保によって、貿易赤字と財政赤字がファイナンスされる姿になる。

---

19) J.Gガーレイ＆E.S.ショー「貨幣と金融」（櫻井欽一郎訳　至誠堂　1963年）では、各主体が赤字額に見合うマネーを調達するために発行した債務証書のことを「本源的証券」と呼んだ。それを金融機関に持ち込んで見返りに得た債務証書（預金証書など）のことを間接証券と呼んだ。さらに前者の金融の形を「直接金融」、後者の金融機関が仲介役として機能する金融を「間接金融」と名付けた。

(ロ) 金融取引を加えた場合の各主体の収支

　以上では、実物取引のみをみたが、実際には各経済主体は、金融取引も併せて行っている。それも含めた各経済主体の入出金はどのようになるであろうか。それは、単純にマネーの出入りないし金融商品の売却・購入を入金・出金の両サイドに同額加えたものであって（両建て計上）、ネットベースでは、各主体の勘定としても、国全体としても実物的な収支に影響しない。なぜなら、例えば借入（金融商品の売却）を行うと、その瞬間に、見返りとして同額の預金が増加する（金融商品の購入）からである。その預金で国債を購入したとしても、その見返りに預金が減少するため、結果的には借入の見返りが預金から国債に替わっただけとなる。この場合、金融機関を明示的に導入すると、金融機関は、貸出の実行を借入者の銀行口座への入金という形で行う一方、預金という債務の増加と見合う。つまり、金融機関は、本来赤字主体でも黒字主体でもなく中立的な存在であって、その上に債務と債権が同額上乗せされる形となるわけである。

　念のため、各主体別に金融商品の売買（派生金融取引＋純粋金融取引）を含めたネット・キャッシュ・フローを具体的にみると、
- 家　　計：<u>貯蓄</u>＋金融商品の売却－金融商品の購入
- 企　　業：<u>利益留保</u>＋金融商品の売却－金融商品の購入
- 海外主体：<u>貿易黒字</u>＋金融商品の売却－金融商品の購入
- 政　　府：<u>財政黒字</u>＋金融商品の売却－金融商品の購入
- 金融機関：金融商品の売却（預金の受入れなど）－金融商品の購入（貸出など）

となる。ただし、これら主体別のネット・キャッシュ・フローを統合すると、下線を引いた項目だけが残る。つまり、国全体では、金融商品の売却はマネーの調達である一方、金融商品の購入はマネーの支払いであるので、国全体ではマネーの受取り＝支払であることに留意すると、

　　統合ネット・キャッシュ・フロー＝貯蓄＋利益留保＋貿易黒字＋財政黒字＝ゼロ

という元の式（式1－3）に戻る。

(ハ) 日本の各主体の収支状況

　以上のような枠組みで、実際に各主体の黒字/赤字はどのようになっているのかをみると、近年、企業の財務体質強化の傾向（内部留保の増加）の一方、財政赤字の大幅な増大（社会保障関連支出の増大、リーマンショック後の景気刺激策）といった変化が顕著である。[20]
- 家計：基本的に黒字主体。ただし、1990年においては、家計の黒字額はGDPに対して、10％を超える水準であったが、その後傾向的に低下し、2015年度では1％程度の黒字にとどま

---

[20] ここで用いたデータは、政府作成の「国民経済計算（GDP統計）」の中で「制度部門別所得支出勘定」として示されている部門別純貸出・純借入によった。なお、日本銀行が作成している「資金循環統計」（マネーフロー表ともいう）の金融取引表に記載されている資金過不足のデータもあるが、本質的に両者は同じである。

っている。
- 企業：かつての高度成長期から平成金融危機（1990年代）までは赤字基調であったが、金融危機後において企業の財務体質改善、投資抑制から、その後は黒字に転じ、2015年度ではGDP対比で5％近い黒字となっている。
- 海外：基本的に貿易黒字（ネット輸出）の状態が継続している。最近でもこの状況に変わりはない。
- 政府：1990年頃には黒字を記録していたが、近年赤字幅が膨張し、特に平成金融危機のピーク時（1998年度）においては、10％を超える赤字となった。最近ではやや改善しているが、それでも、2016年度でみると2％を超える赤字となっている。

一般に黒字のことを資金余剰、赤字のことを資金不足という。また、資金余剰主体、資金不足主体という表現もよく用いられる。その意味では、家計は基本的に資金余剰主体であるが、企業は資金不足主体から資金余剰主体に転換したということになる。この間、政府と海外は一貫して資金不足主体である。

資金黒字主体から資金赤字主体に資金（マネー）を移転するのが派生金融取引であり、それを担っているのが金融機関である。また、純粋金融取引についても、金融機関は非金融機関の主体のニーズに応じてマネーの創出、金融商品の売買の相手方として機能しているほか、自らも積極的に金融商品の売買を行っている。そうした活動を通じて金融機関も利益を獲得している。もっとも、ここでは、金融機関は第一義的には生産活動を行っておらず、赤字も黒字も本質的には生じない主体であって、自身は中立的な存在と想定している[21]。こうした金融の姿を「間接金融」という。逆に、銀行預金・貸出を経由しない金融のことを「直接金融」という（注19参照）。

④実物資産と金融資産

以上フローの面から、実体経済と金融をみてきた。次に、ストックにテーマを移そう。まず金融あるいは実物取引におけるフローとストックの関係について説明しよう。そのうえで、マクロ的にみた実物資産ストックと金融資産ストックの関係を整理してみよう。

---

[21] もちろん、金融機関は実際には決済、資金の仲介、資産管理といったサービスを提供し、その対価として営業利益を得ている。GDPデータ（経済活動別）をみると、2017年度でGDP全体の4.2％を構成している。

(イ) 金融におけるフローとストック

これまでみてきた金融取引は、一定の期間に区切って（例えば1年間）、その期間内の取引をみたものであった。そして、最終的には次のような式に集約された。

　金融取引額＝派生金融取引額＋純粋金融取引額

こうした一定の期間中の取引のことをフロー（flow）、ないしフロー取引という。資金余剰、不足といった概念もフローの概念である。各々のフロー取引の結果、その期間の最後（年末）には一定の残高が残る。こうした取引の期末残高のことをストック（stock）という。つまり、金融資産に関して、

　残高（ストック）＝期初残高（ストック）＋'ネット'の期中取引額（フロー）

となる。ここで、ネットの期中取引とは、貸出の実行と返済を例に取ると、実行額から返済額を差し引いた金額（貸出純増額）のことであって、それが期末の貸出残高の増加額となる。そうした新規取引とストックの関係を、所有権者の移転を除いた形で（国全体で）、金融取引の種類ごとに整理すると、次の通りである（贈与は、ここでは無視している）。

a. 既存金融商品の売買

ストックの残高に変化は生じない。所有者が移転するだけである。

b. 貸借、出資

典型的に預金、貸出、株式発行などであって、契約に規定された取引満了日まで、権利・義務が継続する（ストックが増加する）。

c. 運用委託

もともと創出されていたマネーや金融商品の所有者ないしは管理者が、信託契約などによって移転するだけであるので、原資産のストックの量が増加するわけではない。しかし、運用委託によって新たに金融派生取引を創出しているため、金融派生取引の残高は（委託残高と受託残高が両建てで）増える。

d. 決済

決済結了とともに、権利・義務は消滅しストックとしては残らない。ただし、決済の約定後、結了まで一時的に債権・債務関係が残存する場合がある（そうした債務を「決済債務」と呼ぶ）。

以上をまとめると、取引が契約され実行された後、ストックの増加分として計上されるのは、結局のところ貸借、出資と運用委託取引である。

(ロ) 金融商品の種類と満期の概念

　金融商品には、満期つまり取引の終了期限のあるものとないものがある。ストックとしての性格がある預金、貸出のいずれであっても、満期という概念があるものと、ないものが存在する。典型的には定期預金には満期があるが、普通預金には満期がない。また、貸出は満期があることが多い（例えば住宅ローン）が、満期のない当座貸越（一定の上限内で借入が随時可能な取引）といったものもある。一方、株式は企業の永続性を前提にしているので満期という概念がない。現金（銀行券、硬貨）は金融商品ではなく、マネーであるが、いうまでもなく満期という概念はない。現金、普通預金、株式などは、発行体（現金は日本銀行、預金は銀行、株式は発行会社）が買い戻して償却しない限り、残高は残り続ける。逆に、満期がある金融商品は満期が到来した時点で、自動的に消滅する（ストックのリストから消える）。

　こうした中で、貸出と預金については特に留意を要する。仮に銀行からの期間6か月の貸出があったとしよう。この貸出は6か月後に返済されることになるが、それは借り手の預金口座から貸出元本相当額を引落とすことで処理される。すると、それまで存在していた銀行預金も同時に消滅する。つまり、銀行貸出は、債権（貸出）と債務（預金）が常に併存している。さらに、そうした貸出をもとにして、（派生取引の派生取引、つまり高次の）派生取引が行われていた場合には、満期時点において、派生取引と原取引が多段階で同時に消滅する。第四部でみるように、マネーと信用が併存するという現代の信用創造の特殊性がここに現れている。なお、仮に預金マネーではなく現金（銀行券など）で貸出が返済されたとすると、現金自体は返済という行為によって消滅するわけではなく所有権が移転する（ただし、現金で債務の返済を行うケースは限定的である）。

(ハ) 金融におけるストックの重要性

　以上、金融におけるストックについて詳しく説明してきた。それは、金融においてストックが実体経済ないし実物取引とは異なる、特に留意すべき事情があるからである。

a. 金融におけるストック需要

　もともと金融に対する需要は、ある期間の決済に必要なマネーを調達するフロー需要だけではなく、期末においてマネーや預金、債券、株式などの一定の残高を維持するための投資的な需要、つまりストック需要がある。その中には債券や株式の将来の値上がり益獲得を主目的とした投機的なものも含まれる。また、貸出についても一定期間借り続けることに目的があることから、残高＝ストックに対する需要と考えられる。

　実体経済においても財に対する需要がストックへの需要の形をとっていることは多い。個人の住宅や企業の設備のほか、自動車などの耐久消費財はストックである。しかしストック自体に対する需要というよりは、そのストックから生み出されるサービス、例えば住環境や、生産

力を享受している。この点で、ストック自体に対する需要という側面の強い金融商品と異なっている。ただし、実物取引においても販売好調を見越して在庫を積み増す（前向きの在庫投資）といった目的の場合に限っては、そこからサービスを得るのではなく、直接的にストックに対する需要である。

b. 資産の転売市場

　金融商品には流動性の高い売買市場がある（金融商品が生成される場のことを一次市場、その転売市場のことを二次市場と呼ぶ。詳細は第七部で説明する）。もちろん、不動産のほか、自動車のような耐久財であっても、それらを転売する二次市場がある。しかし金融取引の場合、特に債券や株式では、ストック市場（二次市場）の規模は新たに金融商品を生成するフロー市場（一次市場）の規模をはるかに上回っている[22]。なお、そうした二次市場での取引も当然決済を伴うものであり、このこともGDP規模に比べて決済金額が大きく膨らむ理由である。

c. 金融における一次市場と二次市場の関係

　二次市場の存在は、一次市場での取引を円滑にしている。このことは金融において顕著である。貸出を例にとると、流動性のある二次市場があることで、貸し手は新規の貸出に取り組みやすくなるだろう。資金繰り面のリスクが緩和されるからである。

　また、債券や株式のように二次市場での取引額が大きい場合は、二次市場での価格が一次市場の価格を決定する力を持っている。例えば、国債の新規発行条件（発行金利など）は、二次市場（既発債市場という）での金利とほぼ同等に設定される。

d．価格上昇とキャピタル・ゲイン

　二次市場で取引される金融商品は、既に保有している金融商品の価格が上昇した場合、売却によって売買益を実現することができる。また、実際に売却をしなくとも市場価格で評価した（時価ベースの）残高は増加する。このため、先ほど述べた、

　　金融資産残高（ストック）＝期初残高（ストック）＋'ネット'の期中取引額（フロー）

という式は、

　　金融資産残高（ストック）＝期初残高（ストック）＋'ネット'の期中取引額（フロー）
　　　　　　　　　　　　　　＋期末評価益（前期末との比較）

と修正する必要がある。この点は、後ほど金融資産の価格と量の分解をテーマに改めて議論する。

---

[22] 株式についてみると、近年新規株式発行（増資など）は年間数千億円から２兆円程度であるのに対し、株式売買額は１日当たり約３兆円といった規模になっており、違いは明確である（後掲の図表７－２も参照）。

(二) 実物経済のストック取引

次に、実物ベースでのフローとストックの関係についてみておこう。実物取引は、式1−2でみたように、生産によって生み出された所得が、家計支出と企業の設備投資に支出され、またネット輸入や財政赤字をファイナンスする構造となっている。

　GDP＝家計支出＋設備投資＋ネット輸入（−ネット輸出）＋財政赤字（−財政黒字）

…前掲式1−2

ただし、こうした項目の中身は、財とサービスに分かれる。このうちサービスは、ストックとして残るものではない。また、家計支出は消費と住宅投資の合計であるが、財のうち消費については、その時点で消滅するので、結局、

- 住宅投資と企業の設備投資のみが、ストックとして翌期に引き継がれる[23]。

つまり、住宅と企業の設備が、実物ストックとして「純資産」あるいは「正味資産」を形成していく。「純資産」という用語は企業会計に関して使われることが多く、国全体については「正味資産」あるいは「国富」と呼ぶのが一般的である（国のマクロ経済統計の基本である「国民経済計算」では家計、企業等を問わずに正味資産で統一している）。

なお、先ほど金融における一次市場と二次市場の関係に触れたが、実物取引においても、一次市場と二次市場の関係が重要な意味を持つこともある。例えば、既存の実物資産ストックが新たに生産する場合よりも安価な場合、例えば建設用のブルドーザーなどの重機を二次市場で買えば新たに重機を購入するより安い場合には、中古の重機を買おうとするであろう。その場合は、重機の需要があってもGDPの増加に繋がらない。逆に中古品が高ければ新規の需要が促される。また、ある企業Aが新分野への進出を検討しているときに、別の企業Bがその分野での実績を持っている場合には、Aは自ら設備投資をする代わりにBという会社をまるごと買収するかもしれない。この判断の基準はBの株価と新分野進出にかかる費用の相対関係である。Bの株価が高ければ、Aは自ら新規の設備投資をする方向に傾く。この観点から、金融商品特に株式の二次市場での価格を金融政策によって上昇させることができれば、金融緩和が設備投資を促すひとつの要因となる（もちろん、金利低下による借入コストの減少も効果を持つ）。これが、トービンのq理論[24]といわれる設備投資理論のエッセンスである。

---

[23] 厳密には、家計の耐久消費財（自動車など）、企業の原材料や製商品の在庫もストックであり、実際に国民経済計算ではこれらもカウントされているが、ここではそれらを捨象している。

[24] J.トービンは（1918〜2002年）は米国のノーベル賞経済学者で金融分野での業績が多い。ケインジアンを代表する存在として知られる。トービンのq理論のほか、第四部で学ぶ資産選択理論が有名である。qとは既存資本ストックの価格を新規資本構築コストで除した数値で、これが1を上回っている場合には、新規に資本を構築、つまり設備投資をする方が有利となる。この理論は、"Journal of Money, Credit and Banking" 1968年所収のJ.トービン "A General Approach to Monetary Theory" で紹介された。その中で、一般物価水準に対する既存実物資産価格の比率をqという記号で示したため、トービンのqと呼ばれるようになった。

（ホ）マクロ的にみた金融ストックと実物ストックの関係

　企業のバランスシートを例に取ってみていこう。企業のバランスシートは、図表１－６の②のように、資産サイドには工場設備などの実物資産、（預入）預金などの金融資産が計上される。右側の負債・資本の部には、（金融）負債と資本が計上されている。この場合、資本とは左側の資産から右上の負債を差引いた残余であって、これが企業の正味の価値＝純資産を示している。その中身は、資本金だけではなく、それまでの留保利益の蓄積（内部留保＝剰余金）も含まれている。このように、一般に個別主体のバランスシートは、次の式で表すことができる[25]。

　　純資産＝資産－負債
　　　　　＝実物資産＋金融資産（現金・預金＋貸出＋保有社債＋保有株式）
　　　　　－金融負債（現金・預金＋貸入・発行社債）

この間、純資産それ自体の中味は、発行株式＋剰余金　である。

　個別主体のバランスシートはこのようなものであるが、すべての企業、さらに個人、政府まで全部統合すると、金融負債は他の主体の金融資産と見合っている。例えば、貸出は貸し手の資産であるが、借り手の負債である。預金は預入者にとっては資産であるが、銀行にとっては負債である。結局、国全体のバランスシートは図表１－６の⑤のように株式を含めて金融資産と金融負債が同額計上され、資産サイドには実物資産が計上される。資産と負債の差額として算出される国富（正味資産）は実物資産と同額である[26]。

　実際に、国民所得統計によれば2017年末時点の国全体のバランスシートは図表１－７のようになっている。この表では国内のほかに海外との取引が明示されている。資産サイドには、輸出から得られた金融債権のほか、マネーの輸出ともいえる対外貸出などがあり、負債サイドには輸入と海外からの借入れなどがあって、その差額は対外純資産と呼ばれる。対外純資産を明示的に導入すると、国富（正味資産）は非金融資産と対外純資産の合計となる。つまり、国全体のバランスシートは、実物と金融に二分された形になっているのである。

---

[25] この式を取得原価ないし帳簿価格（「簿価」）で捉えるか、その時点での市場価格（「時価」）で評価するのかという問題がある。結論としては、資産およびそこから算出される純資産の価値は時価で捉えるのが正しい。実際に、図表１－７で示した国民経済計算では、そのような時価ベースで評価されている。

　企業の資産を時価評価すると、株式の発行体企業の純資産と、それに対する持分権である株式の価値、つまり時価総額を同一視できる。この場合、株価は企業の既存の簿価ベースの留保利益だけでなく、全体の企業価値すなわち将来の留保利益見通しも反映するものとなる。その上で、国全体のバランスシートにおいては、時価ベースの発行株式と保有株式が見合うことになる。

図表1-6　各経済主体のバランスシートの構造

①家計

資産	負債、資本
実物資産 ・住宅など	負債 ・借入（住宅ローンなど）
金融資産 ・現金（日本銀行券、貨幣）、預金 ・保有社債、株式、国債	純資産 ・正味資産

②企業

資産	負債、資本
実物資産 ・工場などの不動産 ・機械などの設備	負債 ・借入 ・社債
金融資産 ・現金（日本銀行券、貨幣）、預金 ・社債、株式、国債	資本（純資産） ・資本金（株式）、正味資産（剰余金）

③金融機関

資産	負債、資本
実物資産 ・店舗不動産など	負債 ・預金 ・日本銀行、他の金融機関からの借入
金融資産 ・日本銀行当座預金 ・貸出、社債、株式、国債	資本（純資産） ・資本金（株式）、正味資産（剰余金）

④中央銀行（日本銀行）

資産	負債、資本
実物資産 ・店舗不動産など	負債 ・日本銀行券 ・当座預金
金融資産 ・貸出 ・社債・株式、国債	資本（純資産） ・資本金（出資証券）、正味資産（準備金）

⑤国全体

資産	負債、資本
実物資産 ・不動産、設備など	国富（＝実物資産） ・正味資産
金融資産 ・現金（日本銀行券、貨幣）、預金 ・貸出、社債、株式、国債	金融負債（＝金融資産） ・現金（日本銀行券、貨幣）、預金 ・借入、社債、株式、国債

図表1-7　日本の期末貸借対照表（2017年末）

単位・兆円

資　産			負債・資本	
非金融資産		3055	正味資産（国富） （対外純資産を除く）	3384
	生産資産 （固定資産、在庫）	1850		
	非生産資産 （土地、鉱物）	1206		
金融資産		7838	負債	7181
	（保有）現金・預金	1971	（発行）現金・預金	1959
	貸出	1423	借入	1453
	保有債券	1277	発行債券	1434
	（保有）株式	891	（発行）株式	1182
	保険、年金	549	保険、年金	550
	金融派生商品	58	金融派生商品	64
	その他（海外投資等）	1669	その他	539
			対外純資産	328
総資産		10893	総負債・正味資産	10893

データ出所：内閣府HP（国民経済計算）
（注）評価の基準となる価格は、基本的に（取得価格＜帳簿価格＞ではなく）、市場価格（時価）である。

26）注25で触れたように、資産を（したがって純資産も）時価評価すると、株式保有者の資産価値と企業の純資産価値が一致する筋合いとなる。株式は負債ではなく経営に参画する権利を持つ持分（持分権）であるという本質的な違いがあるが、時価評価することによって、マクロ的なバランスシートの上では同額の株式の持分権が資産サイドと負債サイドの両方に計上される。つまり、あたかも債権と債務の関係とみなすことができる。

こうした金融資産・負債としての株式の計上の背後には、企業の保有する実物資産、つまり工場設備などの固定資産があって、それは資産サイドに計上されている。そして、その反対側には見合いとなる資産、つまり正味資産（国富）がある。また、家計については、株式を発行しているわけではないので、住宅などの実物資産と正味資産が直接バランスしている。

第3章
リターンとリスク

次に金融が経済全体の中でどのような機能を果たしているのかという観点から、金融の中身を掘り下げていこう。その前提として、ここで金融取引における最も基本的な概念である、リターン（return）とリスク（risk）について説明しておこう。

①リターン

（イ）リターンの源泉とバブル

リターン（return）とは、金融取引によって得られる利益率のことである。利回りともいう。金融では、利益とはマネーを一定期間手放すことによる不便や様々なリスクとの見返りと考える。この点を強調して、見返りという意味のある「リターン」という言葉が使われる。典型的な例として、預金であれば預金利回りということになる。一般にリターンは、一定の期間（実務ではすべて年率に換算[27]）に実現した、投入元本に対する運用益の割合（％）で表現される。

リターンの内容としては、預金利息、貸出利息、株式の配当、信託の分配金などのほか、市場で取引される金融商品のキャピタル・ゲイン（capital gain；売買価格差）もある。ただし、そうした利益の真の源泉は実体経済活動以外にない。そして、金融が実体経済に貢献した範囲で応分の報酬を受け取るというのが基本的な姿である。その貢献とは何か？　それが金融の機能であって、具体的には決済システムなどの効率的なインフラの提供と、融資や預金によるリスクを取った信用の最適配分である。つまり、金融の役割は実体経済活動を支えることである。そうである以上、実体経済が挙げた成果以上の分け前を取ることはあり得ない。端的にいえば、金融取引から得られる利益を全て足し上げても、GDPを超えることはないはずである。

---

[27] 金融においては、金利あるいは、リターンの標準的な単位として1年当たりの利率を採用している。契約期間が10年であれ、3か月であれ、期間は1年に引き直している。つまり、10年で元本の20％分の利息や配当が得られるのであれば、単利でみると年利は20÷10＝2％となることから、単に利率2％という。3か月間で1％なら、12か月＝1年間では4％となる。

この点を先ほどの図表1－7で示した日本全体を統合したバランスシートでみると、利益の源泉は正味資産の中身である非金融資産、とりわけ生産資産であって、それに原材料、労働などを投入して具体的な生産物（GDP）が生み出されることがイメージできる。そのGDPの一部が金融資産を保有した場合のリターンとして支払われる。そう考えると、国全体のバランスシートにおいて、実体経済活動から生成されたストック、つまり国富（正味資産）から得られる収益以上の収益が金融資産から得られることはないはずである。もちろん実際には、金融資産・負債の残高が非金融資産や国富（正味資産）の規模を上回ることは当然ある。実体経済から派生した金融取引は中間投入に対しても必要であることに加え、純粋金融取引は実体経済の規模の制約を受けないという事情があるからである。もっとも、金融資産・負債の規模が膨らめば、その分収益率の分母が拡大するため、利益率は低下する筋合いとなる。しかし、この基本的な関係が壊れるケース、つまり不動産や金融資産の価格が実物取引と離れて、一時的とはいえない期間、自己増殖的に高騰する（その後、収縮する）ことがある。それが、バブルの生成と崩壊といわれるものである（第二部で詳細に説明する）。

　金融から得られるマクロ的な収益（利息、配当のほか、値上がり益）を適切に表すデータはない。そこで、やや荒っぽいが、その代理変数として、金融資産の評価額の前年に対する増減額をみてみよう（図表1－8）[28]。金融資産の残高の増加額は、1980年代前半まではGDPの80％程度で安定していたが、80年代半ばになると、金融資産の増加額がGDPを上回る事態となっていた（図の青の部分）。金融資産と類似の性格を持つ土地についても、バブル生成期においてはやはりGDPを上回る増加となっていた。土地と金融資産を合算すると、1985年からGDPと逆転していた。上述の通り金融資産から得られるリターンは本来実体経済活動から得られる所得を上回ることはないのであって、それが逆転することこそが根拠のない資産の増加、つまりバブルということになる。もちろん、金融資産の評価は先々の所得の増加の見通しを織り込んだものであるので、経済の成長が見込まれるときに一時的に、金融資産の評価額の増分がGDPを上回ることはあり得るが、当時においてはGDPがそこまでの高い伸びを示す見込みはなかった。

　この間、金融政策の動きをみると、金融収益が名目GDPを遥かに凌駕するようになった1986年度末近く（1987年2月）になってもなお、金融をさらに緩和する政策がとられた。こうした政策対応がバブルの拡大に拍車をかけ、逆にその後は性急なテンポでの引き締めへの転

---

[28] 金融資産の評価額は、理論的には将来の金融収益フローの割引現在価値である。当然、評価額の増加額は将来の金融収益フローの増加額の割引現在価値となる。そのような数値と、現在時点でのGDPを直接比較する根拠はない。しかし、将来の金融収益フローが仮に毎年のGDPと同額とすると、先々のGDPのフローの割引現在価値が金融資産の評価額となる。また、GDPの先々のフローの割引現在価値は観念的には実物資産から生み出されるものである。その実物資産と金融資産を比較することができるとすれば、それぞれの増分を比較することはGDPと金融資産の評価額の増分を比較することと、パラレルであるといえなくもない。もちろん、極めて荒っぽい見方であるが、実際に金融資産の増加額がGDPを上回った1986～1989年の期間は資産バブルが膨張したとされる時期である。

図表1-8　平成バブル期における資産の増減とGDP

・青の部分は、名目GDPよりも土地、金融資産の増加が多い年。
・黒の部分は、土地、金融資産、貸出の減少年。

単位・兆円、政策金利は年・％

年度・年度末	名目GDP	政策金利	土地資産の増減額（実額水準）	金融資産の増減額（実額水準）	銀行貸出の増減額（実額水準）	銀行預金の増減額（実額水準）
1983	288	↓5.0	37　(940)	232 (2084)	40　(415)	27 (356)
1984	308	→	35　(976)	244 (2328)	45　(460)	33 (389)
1985	330	↓4.0	83 (1059)	264 (2592)	56　(517)	35 (425)
1986	342	↓2.5	276 (1336)	428 (3020)	82　(600)	46 (471)
1987	362	→	415 (1752)	414 (3435)	90　(690)	62 (534)
1988	387	→	188 (1941)	517 (3952)	91　(782)	71 (606)
1989	415	↑5.25	325 (2266)	574 (4527)	134 (916)	79 (685)
1990	451	↑6.0	210 (2477)	−71 (4455)	86 (1002)	40 (726)
1991	473	↓4.5	−182 (2294)	163 (4618)	18 (1021)	14 (740)
1992	483	↓2.5	−217 (2076)	−7 (4611)	20 (1041)	8 (748)
1993	482	↓1.75	−93 (1983)	176 (4787)	−6 (1035)	12 (761)
1994	489	→	−60 (1923)	184 (4972)	−16 (1019)	14 (775)
1995	497	↓0.5	−85 (1837)	162 (5135)	1 (1020)	14 (790)
1996	509	→	−35 (1802)	114 (5249)	−11 (1008)	9 (800)
1997	513	→	−38 (1763)	102 (5352)	29 (1038)	27 (827)
1998	503	→	−70 (1693)	61 (5413)	20 (1058)	0 (828)
1999	499	→	−72 (1621)	273 (5686)	−109 (949)	12 (840)
2000	504	↓0.25	−79 (1542)	−50 (5636)	−21 (928)	8 (848)
2001	493	↓0.1	−88 (1454)	−88 (5547)	−20 (907)	24 (873)
2002	489	→	−84 (1369)	−81 (5466)	−24 (883)	0 (873)
2003	493	→	−75 (1293)	79 (5545)	−15 (867)	16 (890)
2004	498	→	−53 (1239)	137 (5683)	−13 (854)	13 (903)

（注）
・データ出所：日本銀行HP、内閣府HP（2000年基準　国民経済計算）
・政策金利は、2001年1月までは、いわゆる公定歩合。それ以降は日本銀行の基準割引率/貸付利率。
・貸出、預金は民間金融機関。預金にはデータ上の制約から現金を含む。
・増減額は原計数により算出（四捨五入の関係で表上の計算と一致しないことがある）。

換が行われ、バブル崩壊の谷を深くした。そのような政策展開の下での、民間金融機関からの貸出の動きをみると、1980年代前半までは年間数十兆円の増加となっていたが、1980年代半ばからは一気に100兆円近い増加を示すようになり、バブル崩壊の直前の1989年においては134兆円の増加にまで膨張し、翌年以降は急ブレーキが掛かり、1993年から2年間は貸出回収超となった。特に1999年には、100兆円以上の貸出しの減少となった。つまり、長く続く金融緩和政策に背中を押された銀行貸出がバブルの生成を支えたことは明らかである。

　一方、民間金融機関の預金をみると、貸出と同様の動きを示している。すなわち、1980年代前半までは、30兆円前後の年間増加額であったが、1980年代半ばからは70兆円台まで拡大し、その90年代に入ると1992年では8兆円の増加にとどまるなど、預金の膨張はほぼ止まった状態になった。もっとも、貸出と異なり減少することはなかった（貸出は焦げ付きによって減価することがあるが、預金は基本的に減価しない）。

（ロ）金融商品のリターン

　一般に、リターンは次のように算出される。

　　リターン＝利息ないし配当＋元本の売買損益

10年物利付国債を例に取って説明しよう。ある人がある年の年末に償還価格（額面ともいう）100円、毎年の利払い額（クーポンという）2円の10年物国債を100円で買ったとしよう。そして1年後にその国債の価格が101円に値上がりした時点で売却したとしよう。この場合リターンは

$$\frac{2}{100} + \frac{(101-100)}{100} = \frac{3}{100}$$

となるので、年3％のリターンが得られたことになる。このうち利息（この例では2円）ないし配当のことを「インカム」（income）といい、元本の値上がり益（この例では1円）のことを「キャピタル・ゲイン」（capital gain）という。つまり、

　　リターン＝インカム＋キャピタル・ゲイン

このように、通常金融商品は二つの要素を持っているが、インカムだけの場合もある。一方、キャピタル・ゲインだけの場合もある。例えば預金はインカムだけである。一方、先物取引と呼ばれる取引を例に取ると、そこではインカムはない。対象となる国債先物や株価指数（日経225など）の将来の価格を予想し、買入れないし売却を行うのであるが、買入れの場合は値上がりすれば利益が得られ、売却の場合は値下がりすれば利益を得ることができる。つまりキャピタル・ゲインだけである。また、金融商品ではないが、ビットコインなどの仮想通貨も投機的な取引が行われることが往々にしてあるが、インカムはなく専らキャピタル・ゲイン狙いである。外貨のキャッシュや金についても同様のことがいえる。

（ハ）純粋金融取引におけるインカム

　金融取引の中で、安定してインカムの得られる金融商品は基本である。そこで、インカムについてもう少し具体的にみてみよう。インカムには、大きく次の2種類がある。

- 確定利回り（＝フィクスト・インカム；fixed income）

　預金、貸出、債券などの金利のことである。これらのインカムは、契約時に確定している。中途解約や転売しない限りキャピタル・ゲインないしロスは生じないので、リターンも契約時に確定する。これらの商品を確定利回りないし確定利付という。

　なお、こうした確定利回り／利付商品には、元本保証がある。つまり、利息などの他に満期日における償還額も確定している。一方、株式は元本という概念がなく持分権の割合（出資比率）しかない。満期という概念もないので、満期日等に元本を返済するという概念がないことから、元本保証はない。信託契約は、貸し借りではないので、基本的には元本保証がない。ただし、元本保証はその金融商品の供給元、つまり債務者が行うものであって、仮にその発行体が倒産すれば、元本保証は履行されない。つまり、結果として元本は保証されないこともある。

- 配当

　運用実績に応じて支払われるリターンであり、事前にはリターン＝配当率が確定していない。株式のほか、多くの信託商品が該当する。実績配当ともいう。

（ニ）調達コスト

　以上では調達コストを無視していたが、最終的なリターンを算出するには当然調達コストを考慮する必要がある。つまり、
　　リターン＝インカム＋キャピタル・ゲイン－調達コスト
である。例えば、債券保有から得られるリターンは
　　＝債券の利回り＋売買差益損－そのために借入れたマネーの調達金利
この場合、現実にマネーを借り入れておらず、手元にある現金（タンス預金）で債券を購入する場合は、その調達コストは差し当たりゼロである。しかし、その現金を普通預金、定期預金などに預入した場合には一定の利息が得られることから、その場合との差額をコスト（機会費用）と捉えるのが正しい。また、インカムのパターンと調達コストのパターンの違いも留意を要する。例えば双方が固定金利ないし変動金利であれば、金利変動に伴うリスクは回避できるが、固定金利で運用し変動金利で調達すると、市場金利が上昇した場合には逆ザヤとなることがある。

（ホ）リターンを得る取引の二つのパターン

　以上を念頭に、純粋金融取引における取引動機の異なるパターンを説明しよう。

a．裁定取引

　アービトラージ（arbitrage）ともいう。端的に言えば市場の歪みを利用してリスクなしに利益を得る取引である。もともとは同じ商品が異なる価格で（異なる）市場で供給されている場合に、手元にマネーがあれば（あるいは採算の取れる借入が可能なら）、リスクなしに安く買って高く売ることで利益を得る行為をいう。異なる価格についての裁定を価格裁定、異なる金利についての取引を金利裁定と呼ぶ。

　裁定取引は、市場に歪みがあればそれを是正する重要な役割を果たしている。例えば中央銀行による金融政策の有効性は、金融政策の発動によって、ある種の歪みが政策的に作り出された場合に、裁定取引を通じて政策効果が実現されるとみてよい。中央銀行がその時の市場金利よりも低い金利で金融機関にマネーを供給すると宣言すれば、金融機関は市場の高い金利での調達から中央銀行の提供する低い金利での調達にシフトすることになるが、そうしたことによって市場金利の誘導ができる。

b．投資的取引、投機的取引

　インカムのほかに、キャピタル・ゲイン、つまり売買益も併せ狙う動機で行う取引を一般に投資的取引と呼ぶ。あるいは、極端なケースとしてインカム・ゲインだけでは逆ザヤになるが、期待キャピタル・ゲインまで考慮すれば、利益が得られるのではないかと判断して行う取引もある。こうしたインカムを期待せず専らキャピタル獲得を狙う純粋金融取引を、ここでは「投機的」金融取引と呼ぶことにしよう（前掲の図表１－８で示された平成バブル期の人々の行動パターンはそのようなものであった）。

　こうした専らキャピタル・ゲインを狙う取引は、価格・金利変動リスクが大きいだけでなく、流動性リスクも取ることになる。具体的には、投資や投機の元手が借入であって、購入した金融商品を売却して返済する計画であった場合、市場で売買が細って希望するタイミングで処分できないため借り入れを返済できないといったことがあり得る。

　もちろん、投資的取引と投機的取引の線引きは各主体の主観によるため、必ずしも明確ではない。また、一概に投機的な金融取引が悪いというわけではない。十分な資産や収入が別途あって、その個人や法人の経済活動の一部として投機的取引を行う場合は、その取引に限っていえば大きな損失を被ったとしても、全体として倒産の危険に直面するわけでもない。資産全体を視野に入れたリスク管理の問題となる。また、ある金融商品を価格が安い時に買って、高い時に売るといった行為自体は、市場の安定化に繋がることもある。さらに、投機は時に市場の構造的な歪みの是正を促進する働きを持つこともある。例えば、1971年のいわゆるニクソン・

ショックによって円が切り上げられた際には、その前の段階で円買いドル売りの大量の投機的売買が行われた。当時の情勢として円が過小評価されていたことが明白な中にあって、円相場を固定的に維持することはもともと無理であった。このため、市場の圧力で変動相場制への移行が早まったといえよう。

しかし、これまでの金融の歴史をみると、過度に投機的な取引が大きな「バブル」を生成し、それが維持できずに崩壊することが深刻な金融危機の原因となってきたことは事実である。

②リスクと不確実性

これまで、説明なしに「リスク」という言葉を用いてきた。一般に、リスクとは、「将来に対する不確実性、特に、不都合なことが起こる可能性」のことである。しかし、金融においては、リスクという用語がかなり限定的な意味で使われることが多い。

（イ）リスクと不確実性

一般には、リスク（risk）とは不確実性のことであるが、不確実性には次の3つのタイプがある。しかし、金融においては通常タイプ2の不確実性のことをリスクと呼んでいる。

a. タイプ1の不確実性＝事前的に予測できる不確実性

例えば、サイコロを振った時に、1の出る確率は6分の1であるということは、事前的に明確に分かる。

b. タイプ2の不確実性＝統計的に予測できる不確実性

人間の平均余命のように多数のデータが蓄積され、データの範囲が一定の幅に明確に収まる（現実的に200年生きる人はいない）場合には、確率分布をある程度特定でき、平均（期待値）や分散（バラツキの期待値）なども計量的にある程度正確に把握できる。株式の場合主要な銘柄については、上場後の日々の値動きのデータがよく整備され利用可能となっているため、そうした株式の価格変動については、平均や分散、さらには確率分布の形もある程度は想定できる。銀行は、貸出に当たって中小企業向け融資や住宅ローンのような多数の借り手がいる場合には、過去のデータから回収できない可能性（信用リスク）をある程度推測することができる。そのような場合には、融資判断や融資条件を合理的に設定しやすい。保険会社が提供している多くの商品、すなわち生命保険や火災保険などは統計データに基づき、一定の期間を取れば、ほぼ確実に将来の事故発生率やそのときの損害額を推計できる（大数の法則）。だからこそ、営利企業の事業として保険は成立するのである。

c. 真の不確実性

　タイプ1や2と違って、先験的な推論もデータも存在しない真の不確実性（uncertainty）もある。例えばFacebookやTwitterといったSNS事業などの革新的な事業の場合には、リターンに関する先験的な確率や過去のデータがない。それにもかかわらず、時代の流れに対する洞察などから、ある種の確信をもって起業する場合もある。このような場合では、将来の所得に関する平均や分散は計算のしようがない。ケインズはこのような真の不確実性があってもなお起業家精神で新たな事業展開を行う行動をアニマル・スピリット（animal spirit）と呼び、それが経済成長の原動力であると主張した。

　以上のような異なるタイプの不確実性について本質的な議論を最初に行ったのは、F.H.ナイト[29]である。ナイトは米コーネル大学での学位論文"Risk, Uncertainty and Profit"で次のような議論を展開した。ナイトによれば、「上記のタイプ1や2のように平均や分散などを明確に把握できる不確実性と平均や分散を予め特定できない真の不確実性を峻別する必要がある」。ナイトは、前者をリスク、後者を不確実性と呼ぶ。本書でも基本的にこの考えに従うこととする。

(ロ) リスクの分類

　一般に意識される金融におけるリスクとしては、金融システム全体に関わるマクロ的なリスクと、個々の主体が直面する個別リスクの2種類がある。マクロ的なリスクは、第2章金融システムで取り上げることとして、ここでは個別リスクについて説明する。

　金融、特に信用取引は、基本的に時間差を伴う取引である。すなわちある時点で契約を締結し（契約時）、その後のある時点でマネーを供与し（取引開始）、一定期間経過後（取引終了＝満期）マネーの返還を受ける。このため、取引開始から取引終了までの間に損益が当初の見込みから下ブレするリスクがある。このようなリスクの大きな背景は、「情報の非対称性」である。金融取引において対象となる商品の品質が外形から判断しにくく、事後的に商品性が悪化する可能性があるからである。そのような事情が具体的にどのように、どのような形で顕現化するかという観点から、リスクの種類を次のように整理できる。

a. 信用リスク

　金融における代表的なリスクである。クレジットリスク（credit risk）あるいは、債務不履行のことをデフォールト（default）ということが多いため、デフォールト・リスクともいう。典型的には、金融機関が行う貸出において元本や利息が支払われないリスクである。債券、預金などを含め、全ての信用取引が直面するリスクである。取引期間が長いほど単位金額当たり

---

[29] F.H.ナイト（1885～1972年）は、米国の経済学者であってシカゴ学派の創始者的人物である。マネタリズムの中心的存在となったM.フリードマンなどを育てたことでも知られる。

のリスクは大きくなる（ただし、期間が2倍になったからといって2倍になるわけではなく、2倍よりは小さいことが多い）。

　このリスクを回避するために、特に金融機関が融資業務を行う際に取ってきたのは、「審査」である。審査とは、融資実行段階での借り手企業の実態を調査し、焦げ付く危険性がないかどうかをチェックするものである。このほかに、担保、コベナンツ（契約上の条件）、格付け、債務者の履歴情報（ブラックリスト）などがある（第4章④金融の特性の項を参照）。

　なお、債務者が国の場合の信用リスクのことを、特にソブリンリスク（sovereign risk）という。

b. 価格変動リスク

　市場で取引される株式や債券などの金融商品の価格が、当初の買入れ価格よりも値下がりするリスクである。一般に、金融商品の価格変動は、上述の信用リスクの状況による。すなわち信用リスクが増加すれば当該借り手の発行する株式や債券の価格は低下する。しかし、価格変動リスクの変動要因には、信用リスクだけではなく、市場金利の変動も影響する。なぜなら、およそ金融商品の（理論）価格は元本の返済を含めた先々の収入の割引現在価値であり、その場合の割引率は金利をベースに決定されるので、金利が上昇すれば基本的に金融商品の価格は下落するからである。このことは、個々の借り手や発行体の経営状態とは別の問題である。

　ここで重要な留意点がある。それは、償還価格あるいは元本という概念のある債券、預金、貸出などの場合は、満期が到来する前の時点で中途解約や転売を行えば価格変動リスクに直面するが、満期まで保有すれば元本の返済が行われるということである。その意味では、価格変動は、あくまでも期中の問題である。しかし、償還価格や元本という概念のない株式はそうした保証は全くなく、価格は状況に応じて大きく変動する（逆に値上がりのチャンス〈「アップサイド」という〉があるともいえる）。

c. カウンターパーティ・リスク

　信用リスクのうち、金融機関同士が取引する場合の信用リスクのことを特にカウンターパーティ・リスク（counterparty risk）という。金融商品を売買する場合、相手方の経営が急に悪化し、契約を履行できないといったリスクがあることは、個人や一般企業の場合と同様であるが、金融市場では多くの金融機関が巨額、多種類の取引を行っているため、このリスクが表面化した場合の影響は非常に大きくなる。このため、本来金融機関が破綻して契約を履行しないといったことはあってはならないこととされている。その意味で、金融機関の信用リスクのことを特にカウンターパーティ・リスクという。

d. 流動性リスク

　信用リスクや価格変動リスクがない場合でも、市場の状況次第では、株式や債券を希望するタイミングで希望する金額を売却できないこともある。市場がカウンターパーティ・リスクに過度に敏感になった場合には、取引自体が成立しにくくなる。その場合には、予定していた金額やタイミングで金融商品の売却・換金ができなくなる。こうしたリスクが流動性リスクである。なお、価格変動リスク、カウンターパーティ・リスク、流動性リスクを総合して、「市場リスク（あるいはマーケット・リスク）」という。

③リスク・プレミアム

　以上のような様々なリスクは個々の取引に当たって当然考慮される。この点をやや具体的にみていこう。

（イ）リスク・プレミアムとは

　取引に当たって、金融商品の買い手は同じ価格や金利ならリスクの小さい借り手や発行体の金融商品を買おうとする。したがって、信用リスクが低いとされる債務者、発行体は有利な条件で金融商品を発行できる（マネーを調達できる）一方、リスクの高い債務者や発行体は不利な条件で取引することになる。このような上乗せ金利や価格のディスカウントのことをリスク・プレミアムと呼んでいる。つまり、

　（高リスクの）借り手の借入金利＝一般的な貸出金利＋（高めの）リスク・プレミアム

となる。第四部で詳しくみるように、個々の金融商品の理論値＝時価を算出する際には、現在価値と将来価値を関係づける金利に相当するもの＝割引率を設定する必要がある。そこで、リスク・プレミアムは重要な意味を持つ。すなわち、

　割引率＝一般的な市場金利＋リスク・プレミアム

となる。

（ロ）リスク自体の取引

　リスクとその対価が明示的に取り扱われるのが、金融の特性である。さらに信用リスクや価格変動リスクそれ自体を売買する取引もある。例えば、ある個別の金融商品を予め決められた条件で将来取引する権利を売買するオプション取引、また信用リスクが顕現化した時にそれを肩代わりする金融商品（クレジット・デフォールト・スワップ）などである。

（ハ）リスク管理の重要性

　以上のように、金融においてはリスクを巡って様々な対応が行われている。しかし、今述べ

たのは、あるひとつの取引のリスクであって、複数の金融取引を行っている主体にとっては、それらを統合して自身の直面しているリスクの全体像を把握する必要がある。同時に、自身の財務体力を把握し、リスクの許容限度（リスク・アピタイト；risk appetite）を定量的に決めておく必要がある。

　ただし、どこまでリスクを取るべきか（リスク・テイク）は、リスクに対する価値観にも依存する。企業の場合には、基本的にはリスクに対して過度に挑戦的でもなく、過度に慎重でもないリスク中立的な場合が多いと考えられる。倒産するのはその企業であって、株主や従業員ではないからである。しかし、個人の場合はリスク管理能力に限界があるほか、破たんということになると企業の破綻以上に個人の経済生活へのダメージが大きいため、一般にはリスク・テイクに対してはより慎重である可能性が高い。

　こうしたリスク管理の方法については、従来から研究、工夫が重ねられてきた。例えば様々な金融商品の平均や分散が統計データとして利用可能である場合に、どのようにそれらを組み合わせればより低いリスクでより高い収益率を実現できるかを解析した資産選択理論がある。また、それを応用し個別株式のあるべきリスク・プレミアムを計算する資本資産価格理論（CAPM；capital asset pricing model）も実用化されている。さらに、リスク管理の一環として、リスクへのバッファーとしてどのくらい資本を持っておけば倒産を回避できるかといった計算を行うバリュー・アット・リスク（VAR；value at risk）、リスク調整後利益率（RAROC；risk adjusted rate on capital）、経済資本（economic capital）などの様々な概念が導入されてきた。これらについては第五部で詳しく述べることにする。

第4章
金融の機能

　以上、金融の基本的な機能とリスクについて説明したが、次にそうした機能を使って人々の生活にどのような便益を与えることができるのかについて説明しよう。

①資源配分のサポート

　天然資源、生産設備、土地、労働といった限られた資源を経済のどの分野にどのくらい配分するのか、その工夫によって経済全体のパフォーマンスをいかに高めていくかは、いつの時代でもどこの国や地域でも最も基本的な経済の課題である。

　この点に関する経済学の基本的な考え方は、価格メカニズム、すなわちA.スミス（後掲注38参照）のいう「見えざる手」がその問題を解決するというものである。すなわち、人々の価値観とコストが相対価格体系に反映されることから、生産者はそうした価格体系の中で自分にとって有利な財、サービスを提供すれば、社会全体として最適な結果が得られるというものである。

　しかし、まだ市場に提供されていない財、サービスについては、シグナルとなるべき市場価格が存在していない。その場合は各々の財、サービスを提供した場合の「期待収益率」が価格としての役割を果たすことになる。そして設備などの調達を行い当該財、サービスの供給体制を構築する。そうした新たな資源の調達にはマネーの調達、すなわち信用取引が必要となる。その場合マネーの配分は通常の価格メカニズムに準じて、供給者（貸し手）からみた条件（金利水準、返済可能性＝信用リスク）が有利な案件から順に融資を行うことになる。もちろん借り手は逆の立場から、貸し手を選択することになる。

　利益率の当座の見通しだけではなく、やや長い目でみてその時代の要請に合致した案件かどうかも重要である。典型的な例は、ESG投資である。ESGとはenvironment；環境、society；社会、governance；企業統治の頭文字であって、環境問題に配慮した事業展開を行っているか、社会的に意義があるかどうか、きちんとした意思決定プロセスに基づいているか、といった価値観に基づいて投資を行うというものである。ポイントは、社会倫理に合致しているということではなく、そうした社会的要請に前向きに応えることのできる企業の業績は安定している傾向が

あり、結果として有利な運用対象になっているということである。

　もうひとつ、グラミン銀行の例を取り上げてみよう。グラミン銀行とは、ムハマド・ユヌスという人物が1983年にバングラデシュで設立した小口融資専門の金融機関であって、農村の貧困層向けに特化した営利銀行である。コミュニティーに密着した審査基準に基づく融資が成功を収め、ユヌスとグラミン銀行は2006年にノーベル平和賞を受賞した。こうした融資手法は「マイクロ・ファイナンス」と呼ばれ、新しい金融のあり方のひとつのモデルとなっている。

　さらに、最近では事業者、特に起業者が初期資金の調達のためWEBを使って広く拠出を呼びかけ、それが一定の金額以上になれば事業化するといった手法、「クラウド・ファンディング」や「ソーシャル・レンディング」が普及してきている（注17参照）。このメリットは、投資の可否を専門家に委ねるのではなく、多様な価値観を持つ投資家に広く呼びかけることで、その事業の成否を適切に判断できることにある。支持が少なく一定金額以上の出資や融資が集まらなければそのプロジェクトは開始されないので、リスクは小さくなる。

②所得・消費パターンの自由度の拡大

　金融は、貸出や債券の引受けといった形で一定の期間マネーの保有者を変更する機能をもっているが、そのプロセスの中で、家計や企業の経済行動の選択肢を拡げる効果がある。

　単純な例として、ある人が今年の所得はゼロだが、来年は1000万円の所得が得られる見通しであるとする（図表1－9参照）。その場合、蓄えがなくともこの人が一定の信用のおける人物だとすると、今期例えば500万円の借入を行って、来期は利息分（例えば10万円）を差し引いた490万円消費することができる。そのような極端なケースでなくてもある人の今年の所得が少なめで、来年が多めの見込みであった場合には、借入によって比較的平準化した消費パターンを享受できる。住宅ローンを借りて住宅を購入し、先々の所得で返済していくことなども典型的な金融のメリットである。一般に、同じ財やサービスであっても、今年の消費と来年の消費では今年の消費の方が満足度は高い。したがって、借入（利息を支払い）あるいは貯蓄（利息を受け取り）のパターンを自分の満足度が増すように変えることができる。これが、金融の重要な効果のひとつである。

　もうひとつ、私的年金の例を考えてみよう。国の年金の場合の財源はその時々の税収も含まれるが、私的年金の場合は、一定の年齢に至るまで積み立てて、それを老後に年金という形で返済を受けるわけである。この場合、個人の生涯の所得パターンを年金という金融商品を使って、満足度を高めている。この点をやや掘り下げてみるために、重複世代モデルといわれるものを考えてみよう。分かりやすくするためにすべての個人は2期間の人生を送るものとしよう。働いて所得を得て老後のために貯蓄をする第一期（若年期）と、老後になって貯蓄を取り崩して生活する第二期（老齢期）の2期間である。個々の個人にとっては、時間差で貯蓄⇒消費となる。

図表1−9　信用取引による消費パターンの自由度の拡大

（問題）
- 家計にとって、現在と将来の２時点間で、どのように消費、貯蓄のパターンが可能か。

（前提）
- 金利はi、消費はC、所得はYとする。ただし、添字0は今期、1は来期。
- 今期の所得Y^0はゼロ、来期の所得Y^1は正の値とする。
- 借入のために、金利iがかかる。今期に１円を借り入れると、来期には$1+i$円返済しなければならない（これが、今期の消費と来期の消費の交換比率、図の青線の勾配である）。

（結論）
- 信用取引（預金、貸出・借入）によって、選択肢は、下記のグラフの●のひとつの点から、右下がりの線分全体に拡大する。
- 信用取引がなければ、今期は消費を享受できない事態となる。

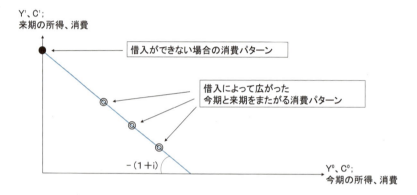

　ある時点をとってマクロ的にみると、第一期の人（若年者）と、第二期の人（老齢者）が半数ずついる（人口の増減がないと仮定）として、若年者が老後に備えて行う貯蓄は、金融機関などを経由して最終的には同時期の老齢者の貯蓄の払い戻し⇒消費というマネーの流れになる。このように重複世代モデルではマネーの価値の保蔵機能が発揮され、各世代の生涯マネーの時間的配分の最適化が図れる（図表１−２−③参照）。

　高齢化が進む日本では、各時点で共存している世代を合計してもマネーの最適な時間配分ができない。つまり、高齢化の過程では貯蓄し、実際に高齢になった場合にはそれを取り崩していくことが必要になるが、国内だけでは問題が解決できない。このため、高齢化が進行する過程では海外資産に投資しその後国内にマネーが還流する投資計画を考える必要がある。そうしたマネーの国際的な異時点間の配分も大きな意味で金融の役割である。

「無私の日本人」（磯田道史著　文藝春秋2012年）に取り上げられた「穀田屋十三郎」は興味深い事例を提供している。映画「殿、利息でござる」で広く知られることになった江戸時代仙台藩吉岡宿を舞台とした実話である。困窮した宿場に安定した収入源を作るため、篤志家が集まり宿場全体のために資金を工面し、それを藩に貸し付け、毎年安定した利息を得ることで宿

場全体の生活の安定を図ったという話である。個人ではなく宿場というコミュニティーが当事者であるが、構造としては年金と似た事例ともいえる。

このように、金融には消費・貯蓄の時間的なパターンの変更を可能とする効果がある。

③リスク・プロファイルの変更

　リスク・プロファイルとは、信用取引、つまり金融商品の売買に当たって、前提となる予想収益率（期待収益率という）とそのバラツキ＝分散の組合わせのことである。端的にいえば、金融商品の商品性である。平均的なリターンは低いがバラツキは小さい「ローリスク・ローリターン（low risk & low return）」な商品（預金など）がある一方、それとは逆に「ハイリスク・ハイリターン（high risk & high return）」な商品（株式など）もある。仮に、商品Aという典型的にハイリスク・ハイリターンな商品と、Bという典型的にローリスク・ローリターンな商品があったとすると、両者が完全な正の相関関係にない限り、AとBを組み合わせてミドルリスク・ミドルリターン（middle risk & middle return）な商品を作り出すことができる。これを示したのが、図表1－10－①である。

　金融商品の中には、損失は一定限度（ただし大きめの損失の可能性大）までしか生じないが、利益は上限なく大きくなる可能性があるといったものや、逆に損失は限度なく生じる可能性があるが、利益は一定水準（ただし高め利益の可能性大）までしか確保できないタイプのものがある。つまり、バラツキを分散というひとつの統計量でみれば同じであるが、確率分布が左右対称ではなく、平均の右ないし左に偏った形でバラツキが大きい場合がある。例えば、図表1－10－②の商品A（黒の実線）と、商品B（黒の点線）は、同じ平均、同じ分散であるが、リスクの様相は全く異なる。なお、こうした偏りがある分布のことを、ロングテール（long tail）やファットテール（fat tail）といって、金融取引において特に注意が払われるリスク・プロファイルである。典型的には、株式の信用取引のようなものである。株式の信用取引の買いの場合は、手元に資金がなくても借入によって株式を買うことができる。この場合には、株価は上限がない一方、ゼロ以下にはならないので、（手元の資金で現物を保有しているのと同様に）投資額以上の損失は生じない。一方、株式の空売り（からうり）と呼ばれる、株式を借りてきてそれを市場に売却し、後日株価が下がれば、そこで買入を行うことによって、安く買って高く売ることを狙った取引手法がある。この場合には、その株式が値上がりすればするほど損失は無制限に拡大する一方、株価はゼロ以下にはならないので、利益には上限があるが、損失は無制限に生じ得る。この場合にも、仮に両者が独立（無相関）であれば、両者を半々にミックスすることによって損失と利益の限度を抑えつつ、ある程度の利益が見込める新たな商品（図表1－10－②の青線）を作り出すことができる。

　さらに、異なるリスク・プロファイルを持つ商品AとBの様々な組合わせを考えてみよう（図

図表1-10　確率分布とリスク・プロファイル

①ハイリスク・ハイリターンとローリスク・ローリターン（左右対称のケース）

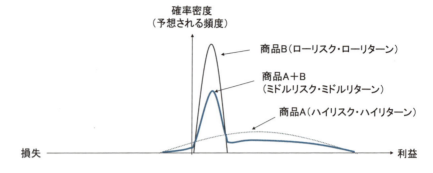

②ハイリスク・ハイリターンとローリスク・ローリターン（左右非対称のケース）

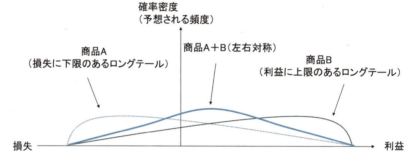

（注）　分布の中心（平均）が、縦軸のゼロの位置よりも右側にあるのは、通常、金融商品の平均的なリターンはプラスであるため。

図表1-11　様々な相関の下でのリスクプロファイルの再構成

- 商品AとBを半々にミックスしたケース（C^1、C^2）を例示。
  ○は完全な逆相関、✕は完全な相関のケース

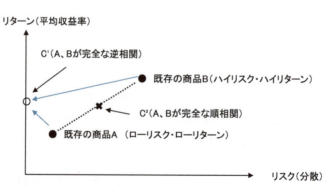

表1−11参照）。簡単にするため、ここではバラツキが左右対称なケースを想定している。そのうえで、仮に商品Aが値上がりした場合には、いつもBが値下がりするといった、完全な逆相関のケースを考えてみよう。その場合に、AとBを半々にした資産構成（ポートフォリオ；portfolio）とすれば、そのポートフォリオのリターンはAとBの平均であるが、バラツキ、つまりリスクはゼロになる。逆に、両者が完全に相関している、つまりいつも同じように上下している場合には、二つの商品を半々にした商品の収益率、バラツキともAとBの平均となる。一般には、完全な相関でも逆相関でもなく、その中間である。この性質を利用すると、異なる商品のミックスの割合を変えていくことで、様々な新しいリスク・プロファイルを構築することができる。このような手法は、資産選択（ポートフォリオ・セレクション；portfolio selection）と呼ばれ、その理論は金融の重要な柱となっている。実際に、金融機関はそのような新たなリスク・プロファイルを持つ商品を合成、創出して販売している（第四部で詳しく説明する）。

　逆に、最初にミドルリスク・ミドルリターンの商品Cがあったとして、それを商品Aのようなリスク・プロファイルを持つローリスク・ローリターンの商品と、商品Bのようなハイリスク・ハイリターンのリスク・プロファイルを持つ商品に分解することも可能である。

　AとBからCを構築することをバンドリング（bundling）、CからAとBに分解することをアンバンドリング（unbundling）という。この用語を使えば、金融の効果のひとつはバンドリングとアンバンドリングによって様々なリスク・プロファイルを構成し人々の所得、資産状況や人々の選好、つまりリスクに対する感覚に合わせた金融取引を選択できる状況を作り出すことだといえる。

④金融の特性

　金融が本来的に持つ様々な機能を円滑に発揮するためには、いくつかの重要な条件がある。それは、個々の金融取引が公正、透明かつ安定的に行われることである。取引のプロセスで、虚偽の表明がある、情報が当事者のどちらかに極端に偏っている、権利・義務にアンバランスがある、技術的、手続的な事情で取引に制約があるなどの問題があれば、円滑な金融取引が成立しないことは明らかである。

　もちろん、そうしたことは金融に限られるわけではない。市場経済における取引全般に当てはまることである。しかし、金融の場合そうした条件が特に重要となる理由がある。このような金融の特性について次にみておこう。

（イ）取引される金融商品のクオリティー

　金融は、取引される金融商品のクオリティーが、その提供主体の信用力によるという大きな

特性がある。しかも信用は外形的に見えにくい。

例えば自動車やレストランでの食事といった場合には、消費者は自身の五感やデータで明確に性能や出来具合を確認できる。しかし、金融特に信用取引の場合、典型的な金融商品は期日にマネーを受け取れるという権利すなわち債権である。その真の返済可能性は債務者でないとわからない、あるいは返済を誠実に履行するかどうかは債務者の裁量による。このため、外形的に同様にみえる金融商品であっても、返済可能性が異なる。このように「商品の質＝信用力」が外形的にみえないことから生じる問題が「情報の非対称性」である。金融以外でも、例えば住宅の場合、実際に買ってみたら欠陥住宅だったということもあり得るが、それは綿密に調査すれば事前に把握できることが多い。しかし、金融の場合は、事前調査によって債務者の返済能力と返済意思を明確に把握することは容易ではない。

(ロ) 情報の非対称性

今も述べたように、金融取引の場合、供給される商品のクオリティーが供給サイドにしか分からないという本質的な問題がある。では、具体的にどのように問題が展開していくのだろうか。

経営が悪化し資金繰りが苦しくなった企業があったとすると、その企業は苦境を乗り越えるためにマネーを金融機関から借り入れたいと考えるであろう。その場合、経営実態を楽観的に説明しつつ、高めの融資金利を受け入れることがあり得る。金融機関サイドも様々な手段で実態を把握しようとするが、限界がある。なぜなら、高い金利なら貸してもよいと考える、よりリスク・テイクに積極的な金融機関が現れれば、その金融機関が貸し応じるからである。こうした状態は、本来選択されるべき質のよい主体（誠実な借り手）が選択されず（生き残れず）、質の劣後する主体（ハイリスクな借り手）が選択される（生き残る）ことを意味している。こうした状態を、「逆選択（adverse selection）」という。[30]

逆選択に対するひとつの対策は、格付けである。専門の格付け機関[31]が返済可能性に関する情報を収集し、返済可能性について数値的に評価し、それを貸し手などに提示するのである。そうした専門家による評価を市場で共有することによって、情報の格差をある程度小さくすることができる。実際に、一定以上の格付けのランクでないと、社債発行の場合の金利が高めになるだけでなく、発行自体ができないことも多い。また、金融機関が共同で返済履歴のよくない債務者のリスト（ブラックリスト）を共有することもある。金融機関は、そのリストを参照し、

---

[30] 初めてこうした状況を分析したのは、米国の経済学者G.アカロフ（1940～）である。その際に対象としたのは、「中古車」市場（market for 'lemon'）であった。中古車は事故履歴など売り手にしか把握できないクオリティー情報がある。一方、買い手は安い中古車を選ぶであろう。結果的に、質の劣る売り手が選択される、逆選択の状況が生じる。アカロフは、この分析でノーベル経済学賞を受賞した。

[31] 具体的には、金融庁に登録されている次のような専門機関である。
日本格付研究所（JCR）、ムーディーズ（Moody's）、スタンダード＆プアーズ（S&P）、格付投資情報センター（R&I）、フィッチ（Fitch）。

そこに掲載されている債務者からの借入申し込みを拒絶する可能性が高い。

（ハ）事後的な商品性の変化

　金融商品の特性のひとつは、クオリティーが事後的に変化することである。引き続き、借り手が融資を受けるケースを考えてみよう。その借り手は、融資を受けるまでは慎重な経営計画を提示し、貸し手を安心させたかもしれない。しかし、貸出実行後は大胆にリスクを取って賭けに出るかもしれない。返済金額は固定されているため、利益が上振れれば借り手の取り分が増えるからである。

　この場合、事後的に返済されないリスクが増えることになる。そうした状態がリアルタイムで把握（モニタリングという）できれば、問題は少ない。しかし、実際には貸し手は様々なモニタリング努力をしても、借り手が真実を明らかにしない限り、大きな限界つまり前述した「情報の非対称性」の問題がある。こうした状態をモラルハザード（moral hazard）という。また、自動車の損害保険を例に取ると、事故を起こしても保険会社が損失を負担してくれることになると、運転が慎重でなくなる可能性もある。これもモラルハザードである。モラルハザードという言葉は、倫理の欠如という意味であるが、金融ではより限定的に契約締結後に信義に反する行為を行うという意味で使われることが多い。こうしたモラルハザードを、特に融資取引に関して防止するため、様々な工夫が行われている。代表的なものは、「コベナンツ」と「担保」である。

a. コベナンツ

　コベナンツとは、貸出実行時に貸し手が借り手に対して求める契約上の条件である。例えば、経営上の重大な問題が発生した場合には、借り手はその情報を提供するという「情報開示義務」、またそれに違反した場合には貸出の早期返済を求めることができるといったことである。他に手許資産を担保に提供しないこと（ネガティブ・プレッジ；negative pledgeという）や譲渡しないことといった禁止事項、さらには事業継続や一定の経営指標を維持する努力をすることを借り手が貸し手に誓約することもある。

b. 担保

　担保とは貸出実行の際に、借り手が「返済できなかった場合には、当該財産を貸し手の一存で売却処分し返済財源に充当されても異議を述べない」というもので、典型的には住宅ローンの場合の居宅を担保に取ることである。担保は貸し手からみた場合、万一の場合の経済的な損失を埋め合わせるという意味だけではなく、返済が滞れば居宅を処分されることから、返済を誠実に履行するインセンティブを生じさせる意味がある。ときに、「担保偏重主義」といわれることがあるが、これは、担保さえ取っておけば借り手の状況をきちんと審査しないまま安易に

融資に応じることがあるということ、逆に設立間もないが将来性のある企業などに対する貸出について慎重になり過ぎることを戒めた言葉である。日本では1990年代のバブル経済の時代、不動産価格の高騰を背景に「担保偏重」が横行し、結果的に不動産価格が急落したため貸出が広範に焦げ付く結果となり、最終的に多くの金融機関が破たんする金融危機を招来した。

　コベナンツや担保は貸出実行後、返済までの期間中ずっとモラルハザードを抑制する効果がある。また、「格付け」は貸出実行時に特に有効であるが、常時見直されるため、格付けが下がらないよう、借り手が健全な経営に向けて努力することを促す効果もある。

(ニ) プリンシパル＝エージェント問題

　これも「情報の非対称性」のひとつの現れである。プリンシパル (principal) とはもともとの権利者（原権利者）、あるいは依頼者であり、エージェント (agent) とは原権利者の依頼に基づいて、原権利者に代わってその利益のために行動するべき立場にある者、つまり代理人のことをいう。原権利者は代理人が原権利者のために、明示的な契約あるいは一般的な規範に基づいて、誠実に行動すること（受託者責任＝フィデューシャリー・デューティ；fiduciary duty）を求める。しかし、代理人が本当に誠実に依頼者の利益に沿って行動しているかを確かめることは困難な場合が多い。代理人の行為に関しては、原権利者の持っている情報と代理人自身が持っている情報に格差、つまり情報の非対称性がある。その場合、代理人は、原権利者＝依頼人の利益を損なう行為をする可能性がある。例えば、会社は誰のものかといえば、本来は株主、経営者、従業員によって連帯的に構成されていると考えるべきであるが、経営状況の良し悪しの影響を最も直接的に受けるのは、資本を出してその見返りに配当を受取り、また市場での売買で損益が発生する株主である。その意味で株主は原権利者であって、経営者や従業員に対して事業の遂行を依頼した依頼人ともいえる。経営陣や従業員が常に会社の利益のために誠実に尽くしているかどうかのチェックは、様々な手段を工夫していくしかない。

　このような問題が生じる背景には、情報の非対称の問題に加え、契約の完備性 (completeness) の問題もある。完備性とは、契約締結後に生じる可能性のある環境変化を全て予想し、その場合ごとに対応を決めておけば、情報の非対称性の問題が生じないことをいう。しかし、現実にはそのような完備性を確保することはできない。あるいは、そうした事態が生じた都度、交渉し直すのも現実的ではない。したがって、金融においては情報の非対称性の問題は、本質的に重要であると同時に、解決の困難な問題でもある。

(ホ) 裁定取引（アービトラージ）の重要性

　金融取引は、刻々と変化する状況の下で、短期間に巨額の取引が可能であるという大きな特徴がある。例えば、自動車生産やレストランでの食事の提供の量を1日で何倍にも増やすことは、物理的に不可能である。しかし、金融取引の場合は、例えば株式売買を例に取ると、取引額を

2倍にすることは困難ではない。さらに、購入した株式をその日のうちに売却すれば、決済に必要となるマネーは損益部分のみであるので、信用があれば手元にあるマネー残高を大幅に上回る日中取引量が可能である。実際、株式市場では毎日数兆円に上る取引が東京証券取引所で行われている。

　こうした金融の特性自体は、ネガティブなものではない。むしろ、様々な新しい情報を市場での価格形成に織り込んでいく機能を支えるものである。もちろん虚偽の情報発信や優越的な立場の利用によって、取引の公正性が失われることがあってはならない。このため、利用者保護を規定した法律、「金融商品取引法」によって、インサイダー取引規制をはじめ様々な規制が課されている。インサイダー取引とは、典型的にはその会社の決算内容を事前に知り得る立場にある役員などが、市場予想より好決算ならば予め当該株式を買っておき、決算発表が行われ株価が上昇した時点で売り抜けるといった行為であって、当局（証券取引等監視委員会）によって厳しく監視されている。

(ヘ) 期待の重要性

　金融取引の根幹である信用取引（融資や債券・株式投資など）は、将来に対する見通し、つまり期待をもとにして行われる。その企業は成長しそうかどうか、日本経済は今後どの程度の成長を維持できるのかといった見通しが重要な役割を果たす。一方、金融商品以外の財・サービス、例えば自動車やレストランでの食事は、見通しではなく、現実にそこにある品質で評価され、価格づけが行われる。財・サービスと金融商品の需給関係の大きな違いがここにもある。

　端的に、成長が見込まれる会社の株式は買われる。もちろん、人々の期待は様々である。それがすり合わせできるのが金融市場であって、会社の将来に対する見方が、株価という指標に集約される。また、金融においてマネーの価格の役割を果たす金利は、株価と同様に、ある債務者に関する将来の見方を集約したものである。先々経済が拡大し、設備投資などが増加していくとの見方が増えれば、マネーに対する需要が増大し、金利が上昇するであろう。マネーに対するそうした人々の期待がどのように形成されているかを知ることは、時々の金融の状況を理解するうえで重要である。特にマネーの量や金利のコントロールを課題としている金融政策の運営にとっては決定的に重要であって、期待が大きな意味を持つという点は、例えば医療や教育あるいはそれらの政策のあり方と比べた場合、大きな違いである。

　以上金融の機能や特性をみてきた。では、金融が適切に機能する条件は何だろうか。この点は、視野を「金融」から金融取引が実際に行われるインフラである「金融システム」に広げたうえで、第二部で改めて考察しよう。

第5章
物価と金融

ここでは、マネーの価値、すなわち物価についてみていこう。物価は金融と実体経済を結びつける架け橋である。

①マネーの価値と物価

　一般に、金融は名目、実物経済は実質であるといわれる。実物経済について、自動車を例にとれば、ある車種の車が1万台生産され、1万台売れた、といったことである。このように実物取引には、それぞれの財・サービスごとに台数などの固有の単位がある。しかし、金融にはそうした単位が基本的には存在しない。100万円の預金や貸出、100万円の出資、100万円の保険など、単位は円しか存在しない。これが、金融は名目、実体経済は実質という意味である。

　しかし、物々交換でない限り、実体経済の取引も量に価格を掛け合わせた金額、つまり名目値で契約され決済される。逆に、名目取引額は量と価格に分解される。この場合の価格とは、自動車の場合、高級車1台500万円、ないしは軽自動車1台150万円といった表示であって、それらの値段の比較のために用いられる価格、すなわち「相対価格」である。一方、マネーの価格とは何だろうか。マネーには円という均一的な品質しかないため、常に1円は1円であって価格は変化しない。つまり、量と価格に分解できない。

　そこで、マネーの価格をマネーの価値と言い換えて考えてみよう。マネーはどのような財、サービスとも交換できるので、自動車やタクシーのような個々の財・サービスではなく、それらを合成した一般的な財・サービスの組合せ（バスケットという）を想定するしか方法がない。そのバスケットを買うのにいくらの円が必要なのかということが円の価値を表す。そのようにして算出したバスケットの名目金額が「一般物価（水準）」と呼ばれるものである（実際にはある時点での名目額を100としてその後の時点の名目額を指数化したもの、つまり「物価指数」を用いる）。そしてマネーの価値とは1円でそのようなバスケットがいくつ買えるかという数値であるので、一般物価水準の逆数となる。つまり

$$\text{マネー（1円）の価値} = \frac{1}{\text{物価指数}}$$

である。なお、物価指数の（年間）上昇率を「インフレ率」と呼ぶ。

物価が毎日のように上昇する極端な物価上昇のことをハイパーインフレーション（hyperinflation）と呼ぶ。近年でも、2000年代のジンバブエでは、波状的なハイパーインフレーションに見舞われ、2008年には一時「垓」（兆、京のさらに上）の単位の驚異的なインフレ率を記録した。このため、政府は100兆ドル札の発行、その後のデノミネーション（通貨単位の切り下げ）によって対応したが、それでもすぐにはマネーに対する信認が回復せず、隣国の南アフリカの通貨ランドや米ドルによる決済を容認せざるを得なかった。ハイパーインフレーション下では、決済に必要なマネーの量が1～2日で倍増するといった状態にもなる。そうすると、相対価格もよくわからなくなるうえ、誰もマネーを保有しようとせず、購買力の保全のために何らかの財に替えようとするので、さらに物価が上昇することになる。第1章で取り上げたベネズエラで卵がマネーとして使われたのもこの種の例である。このように、マネーの価値の安定つまり一般物価の安定は、経済の安定にとって決定的に重要である。

一般物価ないしはマネーの価値を以上のように規定すると、すべての財やサービス、さらには金融商品に至るまで、その実質的な価格ないし価値は、「名目値を一般物価で除して（実質化して）」評価できる。特に、生産に投入される単位当たり労働力の価格、つまり名目賃金の実質価値を測るには名目賃金を一般物価水準で割って算出した実質賃金を用いる。実質賃金はマクロ経済において非常に重要な変数である。金融商品については、例えば期間10年、金利5％の1000万円の住宅ローンの借入があったとする。途中で一般物価水準が上昇すると、マネーの価値が下がるので返済すべきマネーの実質量が減少し、（実質賃金が不変なら）元利金返済の実質負担は小さくなる。逆に一般物価水準あるいは資産価格が下落すると、実質的な返済負担は増加する。これがバランスシート問題といわれるもので、1990年代から20年以上にわたって続いた日本経済の長期停滞要因となってきた。

②物価指数と基準時点

マネーの価値を測る一般物価の指標としては、GDPデフレーター、CPI（consumer price index；消費者物価指数）などが代表的な指標である。物価指数を巡る議論のポイントを紹介しよう。

（イ）財・サービスのバスケット

物価指数を計算するには、対象となる財・サービスなどのバスケットの内容を定める必要がある。CPIは消費者が購入する財やサービスを対象にしているが、企業の設備投資などの対象

となる財、サービスが含まれない。GDPデフレーターは、GDP全体を対象のバスケットとしている、つまり国内で生産された全ての財、サービスの付加価値を対象にしている。しかし、GDPデフレーターは原油などの輸入品の物価は部分的、つまりネット輸出の部分しか反映されない（CPIは、消費者が購入するのであれば、輸入品も全て対象となる）。

(ロ) 基準時点

物価指数は、ひとつの時点（基準年）を決めて、その時点での経済全体の取引や消費の対象となった財やサービスの品目ごとのウエイトを固定し、そのウエイトで対象となる時点（基準年から3年後、ないしは3年前）からの品目ごとの価格上昇率を加重平均したものである。CPIの場合は、過去の消費者のバスケット（項目別支出額）で過去と現在の一般物価水準を算出している。一方、GDPデフレーターは現在のGDPの支出ウエイトで過去の支出額を逆算して、その金額の推移をみている。CPIのように過去の時点を基準とする指数をラスパイレス型、GDPデフレーターのように最近時点のウエイトで固定する指数をパーシェ型と呼んでいる。一般に、相対価格の変動があれば消費者は割高なものの支出を控え、割安なものにシフトする。しかしラスパイレス型は固定支出ウエイトであるため、そうした消費者行動が反映されないことから、一般には物価指数が高めに出る傾向（上方バイアス）があるとされている。

一方、GDPデフレーターのようなパーシェ型指数の場合、割安化し消費が増えたものの支出ウエイトは、割安になる以前はもっと低かったはずであるが、最近時点のウエイトを取っているため、ウエイトが高めに設定されることになる。つまり割安化したものに対する支出が多めに評価されるため、現在の物価が相対的に低めに評価されるという下方バイアスがあると考えられている。この点を示したのが、図表1－12である。まず①のケース、つまり割安、割高に敏感に反応して支出行動を変えるケースでは、全く同じ価格・消費パターンであっても、ラスパイレス型の指数では物価上昇、パーシェ型の指数では物価下落となることが分かる。ただし、消費行動が価格変化に敏感でない場合には、ラスパイレス型の指数が逆に下方バイアスを持つことがある（②のケース）。このように、ラスパイレス型とパーシェ型指数は、それぞれ一長一短がある。このため、その両者の（幾何）平均を算出するほか、最近では、基準時点を固定しないで次々と見直していく「連鎖方式」が導入されている。なお、個々の財・サービスの価格の変動のバラツキが少ない場合には、方式による指数の出方の違いは限定的である。

しかし、ひとつの指数で複雑な物価状況を精密に表すことはいずれにせよ困難である。近年の金融政策の運営においては、第9章で詳しく述べるように、インフレ目標をCPI上昇率2%に設定することが世界標準となっているが、本当にそのようにひとつの指数にこだわって唯一の基準にすべきかについては、疑問の余地がある。

図表1-12　物価指数の算出方法（ラスパイレスとパーシェ）

①ラスパイレス型指数がパーシェ型指数よりも高めとなるケース

	基準年（第1期）			現在（第2期）			騰落率	
	数量	価格	金額	数量	価格	金額	ラスパイレス型指数（第1期のウエイトを採用）	パーシェ型指数（第2期のウエイトを採用）
商品A	20	3	60	5	6	30	＋100%	
商品B	20	2	40	70	1	70	－50%	
合計支出金額		100			100		＋40%	－5%

②ラスパイレス型指数がパーシェ型指数よりも低めとなるケース

	基準年（第1期）			現在（第2期）			騰落率	
	数量	価格	金額	数量	価格	金額	ラスパイレス型指数（第1期のウエイトを採用）	パーシェ指数型（第2期のウエイトを採用）
商品A	10	6	60	8	8	64	＋33.3%	
商品B	20	2	40	36	1	36	－50%	
合計支出金額		100			100		±0%	＋3.3%

③物価指数の対象

　マネーは最終的に、財やサービスに転換されて初めて意味があるものなので、マネーの価値としてCPIやGDPデフレーターを使うことは合理性がある。

　しかし、それらの指標に含まれていない財があることをどう考えるべきか。まず、中古住宅などの不動産、中古自動車などの中古財といった実物資産ストックが入っていない。また、債券や株式などの金融商品も取引価格が形成され、マネーで決済されているにもかかわらず、CPIやGDPデフレーターでは対象になっていない。確かに実物資産ストックや金融商品それ自体は、マクロ的に新たな価値を生み出してはいないが、経済取引の対象であり、現実にマネーを使って決済される。したがって、これらの価格が上がればマネーの価値は下がっている[32]。

32）例えば住宅に関しては、家賃相当額がGDPやGDPデフレーター、あるいはCPIに算入されている。しかし、中古住宅が売買された時にその本体価格はこれらには直接的には反映されない。

そのうえで、実物資産ストックや金融資産は、付加価値の増加がない中でその価格が上がれば所有者が利益を得る一方、買い手はコストが増加するという「ゼロサム」の状態であることから、国全体としては価格上昇が持つ意味は相殺されることになって、中立的である。また、ストック取引は取引量の変動が大きいため、適切なウエイトを設定することは困難である。こうした理由により資産ストックや金融資産は一般物価からは除外すべきである。
　もっとも、ゼロサムだからといって経済の動向に影響がないわけではない。
- 資産価格の上昇は、名目資産価値を増大させるため、支出増加の効果がある。また、金融機関からの借入に際して担保価値が上昇し、借りやすくなる効果もある。
- 既存の財などを取引するストック市場と新たに生産されるフロー市場の間に、密接な関係のある取引がある。典型的には債券や株式などの金融商品であるが、不動産でも既存ストックの価格が大きく上昇すれば新たな不動産開発プロジェクトの実行を促すことになる。また、自動車でも中古車価格が上昇すれば、新車価格を押し上げる要素になり得る。

④経済取引における量と価格

(イ) 経済取引の内容

　以上のようにマネーの価値をみる場合に、資産取引や金融取引は除外して、新規に生産された付加価値（生産）の価格を用いるべきとの結論となった。しかし、その際の留意点として、実物資産ストックや金融商品の価格が実体経済と関係がないわけではなく、新規の生産との関係があると述べた。この点は、マネーの量をコントロールする金融政策の効果を考えるうえで重要なポイントとなる。そこで、物価と経済取引の関係についてもう少し議論を深めよう。
　まず、改めてマネーと経済取引との関係をマクロ的に整理してみよう。これまでの議論から、経済全体を視野に入れたときのマネーの受払額とは決済額であり、経済取引額でもあって、

a. 実物取引

b. 純粋金融取引

c. それらから生じる派生金融取引

の総合計つまり、a.＋b.＋c.の合計であると理解できよう。すなわち、次のような構造をしている。

　　総経済取引額＝総決済額
　　　　　　　＝「新規」実物取引＋実物「資産」取引
　　　　　　　　＋「新規」純粋金融取引＋純粋金融「資産」取引
　　　　　　　　＋「実物取引」派生金融取引＋「純粋金融取引」派生取引
　　　　　　　　　　　　　　　　　　　…式1－4（前掲の式1－1を参照）

この式の右辺の変数は、取引の種類分けとして、新規か（既存）資産か、実物か金融か、原取引か派生取引かという組合せに応じた分類となっている。そこで、これらの変数を量と価格に分けることを検討してみよう。その場合、次の2点に留意する必要がある。

- 「新規」実物取引は、付加価値産出の過程での取引であって、中間投入も含まれているため、GDPよりも大きくなる。しかし、中間投入のGDPに対する比率が一定（例えば、中間投入比率がGDPのz倍）であるとすると、それで割り戻した計数がGDPとなる。つまり、

$$実質GDP = \frac{「実質新規実物取引」}{(1+z)}$$

また、平均取引価格は最終価格Pの2分の1であることから、

$$名目取引額 = \frac{P}{2} \times 実質新規実物取引$$

図表1-13　中間投入とGDPの関係（量と価格）

（仮定）
・生産のプロセスをイメージ。
・生産の始まりから最終段階に至るプロセスで、量、価格いずれも定率で拡大する。
・最終段階での量、価格は、それぞれP、Qとする。

① 中間投入とGDPの関係（量と価格）

・中間投入量の合計は、▲ の面積に一致する。ここでは、それを実質GDP、Qのz倍と仮定。
・中間投入と最終段階の量の合計は、Q×(1＋z)

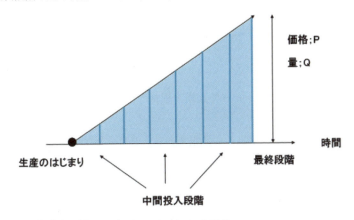

② 中間投入価格と一般物価（GDPデフレーター）との関係

・中間投入価格の平均は、▲ の高さの平均であるので、P/2.

③ 名目取引額

・①、②から、名目取引額は、$P \times Q \times \frac{(1+z)}{2}$ となる。

$$= \frac{P}{2} \times 実質GDP \times (1+z)$$

となる（図表 1 － 13 参照）。
- そのほかの項目をみると、「派生」という言葉が付いている項目はマネーが手元にないために借入れ等を通じてマネーを調達する需要である。つまり、信用取引である。

以上を踏まえると、式 1 － 4 は次のように書ける。

$$名目総決済額 = \frac{P}{2} \times 実質GDP \times (1+z) + 実物資産取引 + 純粋金融取引 + 信用取引$$

…式 1 － 5

ここで、総決済額に見合うマネーの量は、期中（例えば 1 年間）に受払するマネーの量、つまりフローである。具体的には、期初に保有されていたマネーストックの量をMとして、それが何回受け払いされるかという計数（マネーの流通速度という）をV（velocity）と置くと、

$$MV = \frac{P}{2} \times 実質GDP \times (1+z) + 実物資産取引 + 純粋金融取引 + 信用取引 \quad \cdots 式1-6$$

となる。マネーに対するフロー需要は、GDPのほか、実物資産取引、純粋金融取引、信用取引によって構成されるということである。

（ロ）経済取引の量と価格への分解

式 1 － 6 をもとに経済取引、つまり決済額の量と価格への分解を試みよう。

a. フィッシャーの交換方程式

ここで念頭にあるのは、「フィッシャーの交換方程式[33]」として知られる次のような式である。

$$MV = PQ$$

Qは実物的な財・サービスの量、Pはその価格である。また、Vはマネーの流通速度（期間中の利用回数）と呼ばれる定数である。一般にこの式はQを実質GDP、PをGDPデフレーターとするイメージで解釈されている。この式は、後でみるケンブリッジ方程式（M＝ｋPY：ｋはマー

---

[33] I.フィッシャー（1867〜1947年）は米国の経済学者。当時の古典派経済学の重鎮でマネーや金利などについての数多くの著作がある。フィッシャー自身は、
MV＝P′Q′＋P″Q″＋P‴＋Q‴＋　・・・（ただし、それぞれ異なる財を表す）
という形で経済における交換額を定式化し、さらにPやQの平均をどう計測するかという議論を行ったうえで、最終的にMV＝PQという式にまとめている（"The Purchasing Power of Money, Its Determination and Relation to Credit, Interest and Crises" Macmillan 1911年）。

シャルのk、Yは実質GDP）とならんで、マネーと物価やGDPと結びつける有名な式である。しかし実際には、上の式1-6から明らかなように、フィッシャーの交換方程式やケンブリッジ方程式のように単純化するには、次のような大きな前提が必要である。
- GDPを構成する新規実物取引とその決済以外に、経済取引は存在しない。特に実物資産取引が存在しないほか、純粋金融取引も存在しない。実物取引から派生する信用取引は無視する[34]。

こうした単純化は、例えばマネーが増えたときに、実物取引以外の取引が増えている可能性を無視している点で、大きな問題を含んでいる。

ここでは、フィッシャーの交換方程式やケンブリッジ方程式を念頭に置きつつ、実物資産取引や金融取引を排除しないで、上記の式を量と価格に分解するアプローチを試みよう。

b. 実物取引の価格と量への分解

上述の通り、「新規」実物取引を価格と量に分解すると、次のように書ける。

$$新規実物名目取引額 = \frac{P}{2} \times 実質GDP \times (1+z)$$

また、「実物取引」派生金融取引は、実物取引から派生しているので（財・サービスの種類によって需要者の借入依存度が変わらないと仮定すれば）、そこで使われるべき価格は実物価格＝一般物価水準そのもの、つまりPである。

ただし、実物資産取引については、取引対象が不動産や設備などであって、新規実物取引で取引対象となっている財・サービスとは大きく異なる。このため、その価格は一般物価水準Pと大きく異なることがある。そこで、以下ではPとは別のP_Sと書くことにしよう。

c. 金融取引の量と価格への分解

金融取引は基本的に、量と価格に分解することは一般的には困難である。しかし、次の点を考慮すると、金融取引にもある種の価格と量への分解を想定できる。
- デット（貸出など）は価格変化が少ない

貸出については、一旦取引が成立すると、元本が債権として売買の対象となり、転売される際には価格が付く。しかし、満期日においては元本（当初貸出金額）に戻る。債券も、通常は額面＝償還価格＝100円を1単位とし、単位当たりの値段は償還期日に至るまで日々変動している。しかし、償還時には価格は100円に必ず戻る。

つまりデットについては、価格変動の余地が限定的である。
- エクイティ（株式＝持分権）は価格変化が大きい

---

[34] 中間投入を含め、売上代金で支払いに充当するとすれば、しかも在庫が存在しないとすれば、売上金を回収するまでのごく一時的な信用取引で十分である、という理由付けは不可能ではない。

株式については、単にマネーの提供だけではなく、経営権としての価値があり、その各株主の権利の大小は資本の持分権シェアに比例している。持分権の合計は発行株式全体（総発行株数）であり、通常取引単位は1株ないし100株といったところである。株価は日々変動しており、通常1株の価格で表されている。つまり、実体経済で取引される自動車などと異なり、自然な単位は存在しないが、ある種の人為的な単位が存在し、少なくとも個々の株式については持分権当たりの価格は日々成立している。デットと異なり満期概念がないため、価格変動に関してマイナスにならないこと以外に制限はない。いずれにしても、デットとエクイティでは価格の様相が全く異なることに留意する必要がある。

- 新規純粋金融取引と純粋金融「資産」取引の価格は同じ

金融取引は実物資産と異なり品質が経年劣化しないので、デット、エクイティいずれについても、新たに生成された新規金融取引と既存の金融商品資産の間で質や価格に違いがない。もちろん「純粋金融取引」派生金融取引の価格も、新規に創出された金融商品、既存の金融商品資産の価格と同様である。

d. 決済額の価格と量への分解

以上の議論を踏まえると、次のように決済額を表現することが許されるであろう。

名目総決済額＝新規実物取引（J）＋実物資産取引（S）
　　　　　　＋デット取引（D）＋エクイティ取引（E）　　　　　　…式1－7

また、量と価格への分解という意味では、金融取引全体を対象にした（GDPデフレーターやCPIのような）明快に取引金額を量と分離できるような価格指数は存在しないが、先ほどの議論を踏まえると、次のように表現することは許容されるのではないか。すなわち、それぞれ量をQ、価格をPとし、式1－7のカッコ内の記号を使って添え字とすると、

名目総決済額＝ $P_J \times Q_J + P_S \times Q_S + P_D \times Q_D + P_E \times Q_E$

と表現できる。ここで、新規実物取引の価格 P_J は、一般物価水準Pではなく、中間投入段階を含めた概念であるが、先の議論からPの定数倍と想定できるので、単位の調整により P_J は、Pに置き換えることができる。また、Q_J も中間投入を含めた数量である。しかし、同様に、単位の調整により Q_J は実質GDPと想定できるので、単にQと表現することにしよう。すると、式全体を次のように書き換えることができる。

$$MV = PQ + P_S Q_S + P_D Q_D + P_E Q_E \qquad \text{…式1－8}$$

フィッシャーの交換方程式　MV=PQは、この式の右辺のうち、PQのみを捉えているということになる。すなわち、フィッシャーの交換方程式では、「MVが増加しても実物資産や金融資産の価額（価格×ストック量）の増加にとどまり、GDPデフレーターや生産が増えない可能性」を捨象している。

フィッシャーの交換方程式から、マネーの物価と量への分解に関するもうひとつの有名な方

程式、ケンブリッジ方程式を導出しよう。

$$M = kPY$$

これは、名目所得PYのうち、マネーの保有のために割当てる比率をkとして、マネーストックの需要額を示したものである。この式は、フィッシャーの交換方程式のVを右辺に移項して得られる

$$M = \frac{PQ}{V}$$

のうち1/Vをkという別の定数に置き換えたものとみることもできる。つまり、フィッシャーの交換方程式のQを付加価値（＝実質所得）とみて、1/v（流通速度の逆数）を名目所得に対する保有マネーストックの割合（＝k）と読み替えたものがケンブリッジ方程式である。ここでの重要な前提は、フィッシャーの交換方程式の前提と当然ながら同じであって、金融取引を無視していることである。また、ケンブリッジ方程式はストックとしてのマネー需要に着目していることから、この問題に正面から取り組むには、ストックの概念でマネーを捉える必要がある。なお、このkは、19世紀後半を代表する経済学者で長く英国ケンブリッジ大学の教授を務めたA.マーシャルがこの種の分析を進めたことから、マーシャルのkと呼ばれる。また、この式をケンブリッジ方程式と呼ぶのもそうした経緯からである[35]。

(ハ) 金融資産残高のマクロ的な整理

ストックとしてのマネーという側面をみていくために、第2章でみた個別主体のバランスシートを確認しておこう。すなわち、

純資産＝実物資産＋金融資産（現金・預金＋貸出＋保有社債＋保有株式）
　　　－金融負債（現金・預金＋貸入＋発行社債）

である。また、これをマクロ的に統合すると、債権と債務が相殺され、

国富（正味資産）＝実物資産（非金融資産）

となることをみた。しかしマクロ的に統合した場合には、金融を含まないシンプルな形となって、金融の役割を明示することはできない。金融は常に株式を含めて資産・負債の両建てだからである。そこで、相殺前のバランスシートに着目してみよう。総資産をAとおくと、

A＝実物資産＋現金・預金＋貸出＋保有社債＋保有株式

となる。ここで、先のデットとエクイティの議論を念頭に、ストックの変数は小文字に替えて（ただしMはもともとストックと定義したので大文字のまま）、金融商品をデット（d）とエクイテ

---

[35] A.マーシャル（1842～1924年）は、英国ケンブリッジ大学の経済学正教授であって、市場における需要・供給の分析、需要の限界効用や価格弾力性などの今では経済学の共有財産となっている諸概念を体系化した。主著は「経済学原理」である。なお、彼自身はマネーストックに対する需要について、当時としては異例に決済需要と資産保有の両方の観点から分析している。

図表1－14　金融取引におけるフローとストックの関係

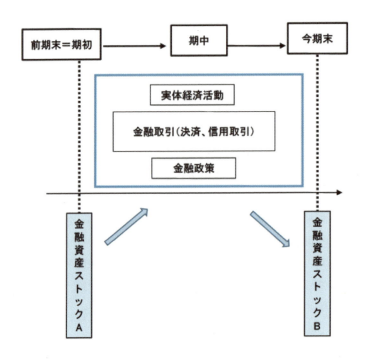

ィ（e）に再分割し、また実物資産残高をsと書き換えると、

　A＝s＋M＋d＋e

となる（ここでは、すべて名目残高と整理している）。この式は、総資産の構成がどのようになっているのか、という資産選択の観点から理解することができる。すなわち、ある期間（例えば1年）をイメージすると、フローとストックの関係は図表1－14のように整理できる。つまり、

- 今期初のストックAは合計額、内訳とも前期末の時点で既に決まっている。
- 今期の期中において、様々な経済活動（実体経済活動、金融取引、金融政策など）が行われる。
- その結果として、期末＝来期初の金融資産残高Bが他の実物取引の変数と同様に決まる。なお、金利や配当については、期中に決まった値によって算出された金額が今期末（翌期初としても同じ）に支払われる。期末の金融資産残高の合計額Bは、次のような形で決められる。

　B＝A＋新規貯蓄（所得－消費。あるいは設備投資）＋ネット信用取引

このBが期末に（ないしは翌期初に向けて）s、M、d、eに再配分される。ただし、実物資産は減少しない（マクロ的には、実物資産を金融資産に振り替えて消滅させることはできない）。つまり設備投資によって残高を積み増していくことしかできない一方、マネーを含む金融資産については、新規発行、償還によって残高を大きく変動させることができる。このことを念頭に、マネーのみを取り出して表記すると（mは総金融資産ストックに対するMの比率）、

$M = mB$

となる。ところで、このBはどのように量と価格に分解できるであろうか。上では実物資産ストックは減らすことはできないとしたが、価格が下がって、名目価値が減少することはあり得る。また、金融資産、中でもエクイティは大きく価格が変動する。そうした価格の変動をどう考えるべきであろうか。まず、金融商品については、フローの価格とストックの価格が同じである。しかし一般物価の対象となる財・サービスについては、そのうちの、サービスはそもそもストックできない。また、財のうちストックとしての性格の強い設備投資財に限っても、フローの価格がストックの価格と異なることはある。例えば、実物資産価格（例えば既存工場）がフローの価格（新たに建設される工場）の価格を上回れば、フローの需要が増えるといった重要な効果がある（トービンのq理論[36]）。そこで、価格については実物資産のみ新規の生産価格と既存資産ストック価格が異なることに留意して、先ほどの同じ記号法を用いると、今期末の資産の内訳を次のように書ける（実物資産の価格P_sの添え字sのみ小文字、つまり新規生産価格と異なるストック価格である）。

$B = P_sQ_s + M + P_DQ_d + P_EQ_e$ 　　　　　　　　　　…式1-9

この間、

$M = mB$ 　　　　　　　　　　…式1-10

であった。ここで重要なことは、Bが形成される過程（前期末の資産Aに貯蓄とネット純粋金融取引が加わる）と、Bを実物資産、マネー、デット、エクイティに分散投資する行為とが相まって、P_s、P_D、P_Eが決定されていくということである。例えばある資産の価格が将来上昇するとみれば、価格が実際に上昇し、その資産のウエイトが高くなるであろう。

こうした議論の文脈で、先に触れたケンブリッジ方程式

$M = kPY$

を改めてみよう。これは、マネーストックの名目保有額は、名目所得（一般物価×実質所得；PY）の一定割合（k）と表現できるというものである。つまり、名目所得はマネーストックに正比例するということになる。しかし、上の議論を踏まえると、このケンブリッジ方程式が成立するためには、PYは、Bとパラレルに増減する前提を導入する必要がある。つまり、αを定数として、

$PY = \alpha B$

この式が成立すると、式1-10

---

[36] 注24を参照。なお、新規に生産された財と実物資産ストックの価格が同じという前提が成立するには、既存の資本ストックをあたかも粘土のように小分けしたり、合体させて売買できること（可塑性という）が必要である。フリマ、メルカリといった中古品の市場がすべての財について存在していることを前提にしているともいえる。この仮定は、価格メカニズムがすべての財・サービスについて機能し、個々の財の最適な生産量の決定が行われる、つまり既存の資本、労働、技術の下で実現可能な最大GDP（潜在GDP）を実現できるという古典派の主張に繋がるものである。

$M = mB$ から、

$PY = \alpha \times \dfrac{M}{m}$　となるので、

$M = \dfrac{m}{\alpha} PY$

となる。ここで、$\dfrac{m}{\alpha} = k$ とおくと、

$M = kPY$

が得られる。kは、「資産ストックの中でのマネーのシェア（m）」を「名目所得の資産ストックに対する比率（α）」で割った係数である。つまり、ケンブリッジ方程式は、フィッシャーの交換方程式の前提である「金融取引がない」ことに加えて、所得と資産がパラレルに動くという前提も含意している。しかし、このケンブリッジ方程式は、金融特にマネーと実体経済あるいは物価との関係を単純明快に整理しているため、大きな影響力を持ってきた。いわゆる物価の貨幣数量説である[37]。これが、次の第6章のテーマであるが、その前に、ここでの議論をまとめておこう。

（二）資産ストックの配分

　フィッシャーの交換方程式、ケンブリッジ方程式のいずれも、本来は恒等式であって、因果関係を主張しているわけではない。しかし、実物資産取引や金融取引を捨象することでひとつの主張を持つことになる。マネーの供給量によって一般物価水準が決まるという「貨幣数量説」の主張である。つまり、ケンブリッジ方程式

$M = kPY$

において、Mを中央銀行等が決めることができれば、そしてYが別途与えられたとすれば、さらにkが安定した定数であるとすれば、一般物価水準Pは、マネーストックに比例する。

　この考え方と、金融取引を捨象しない元の式1-9

$B = M + P_S Q_s + P_D Q_d + P_E Q_e$

とでは、大きな違いがある。本来は、この式のようにマネーストック以外の資産、つまり既存の実物資産、デット、エクイティも視野に入れなければならない。そして、それらの予想収益率に基づいて、各資産への配分が意思決定されるであろう。

　以下、これらの式の意味合いについて、ポイントをみていこう。

---

[37] このような貨幣数量説を早い段階で最も明快に述べている文献のひとつが英国の政治哲学者D.ヒューム（1711～1776年）による「貨幣について」という論文である。そこでは、「（貨幣量が増えても）その効果はあたかもわずかな数の記号しか必要としないアラビヤ数字を使う代わりに、多くの数の記号を必要とするローマ数字を使った場合に、帳簿の記述が変わるのと同じである」と述べている。なお、D.ヒュームは近代経済学の祖とされるA.スミス（1723～1790年）とも親交があったことで知られる。

- 期末ストックBはどのようにして決まるか

    期末の資産残高Bは、期初の資産残高Aをスタート台として

    　B＝A＋新規貯蓄＋ネット信用取引

    によって定義された。期初の資産残高は所与であり、貯蓄はその期の所得水準を最も重要な要素として決定されるであろう。ネット信用取引の総量は、民間金融機関の信用供与スタンスや中央銀行の政策によって決定される。差当りはMの形を取って増減する。

- 期末ストックの配分はどのように決まるか

    新規貯蓄やネット信用取引は、当初はMの形をとる。その後、一部はそのままMとして残り、その他は実物資産あるいは金融資産となる。例えば、借入によって得た預金マネー（増加記帳された預金残高）で機械設備を購入するかもしれないし、新たに発行された株式を引受けるかもしれない。この間、借入金を返済したとすると（金融機関の保有する債権と）、預金マネーが同額消滅する。

- マネーストックMはどのようにして決まるか

    Mは、中央銀行の政策や民間銀行による信用取引によって決まるものである。この点は、金融論全体の大きなテーマであって、第四部マネーと金利、第九部金融政策で詳しく述べる。

- 一般物価水準Pと実物資産価格P_Jの関係

    実物資産に関しては、製品価格が高くなれば収益率が向上し、既存資産（工場設備など）に対する需要は高まるであろう。また、既存資産の価格の（新規に生産される）設備投資財の価格に対する比率がトービンのqであった（注24参照）。qが1を超えて高くなれば、設備投資が刺激される。実物財、特に投資財の場合は、同じ財であっても新規に生産された財と既存ストックの価格が異なり得る点が特徴的である。既存ストックは、既に様々な機器などが建物の中で有機的に固定化され経年劣化も生じているので、それを分解して売買することができないからである。

- 金融資産の選択はどのように行われるか

    実物財と同様に、金融商品についても高い収益率の期待できる資産が買われ、そうではない資産は売られる（ただし、実物財と異なり新規に創出された金融商品と既存資産とは常に同じ価格である）。また、当面の価格見通しだけではなく、その金融商品が本来持つ性格、つまりハイリスク・ハイリターンなのかどうかといったリスク・プロファイルに応じて、具体的な商品選択が行われる（この点は第四部第5章の資産選択理論のところで詳しく説明する）。

(ホ) マネーと価格の関係（まとめ）

　以上のように、本来はマネーのほか様々な実物・金融資産が選択、取引される中で、各々の価格や残高が形成されていく。フィッシャーの交換方程式やケンブリッジ方程式のようにマネーストックと一般物価水準が単純に正比例するとみるには強い仮定が必要である。全ての実体

経済取引はマネーとリンクしているが、全てのマネーが実体経済取引とリンクしているわけではないからである（純粋金融取引だけにリンクしているマネーがある）。

　もっとも、物価とマネーストックの関係を歴史的にみると、第一次世界大戦後のドイツで生じた事例、つまり物価が前年比で数千倍にもなるようなハイパーインフレーションの状況においてはマネーストックの量と物価水準がほぼ正比例の関係にあったという事実がある。また、16世紀前半のヨーロッパではいわゆる「価格革命」が起きたとされる。価格革命とは、当時マネーの素材である金や銀の産出量の多かったインカ帝国をスペインが植民地化し、本国に大量の金銀を流入させたことが、ヨーロッパにおける価格水準の高騰を招いたことをいう。また江戸時代の日本で繰り返された金貨や銀貨の金銀の含有量を減らし金貨、銀貨の発行を増やしたこと（改鋳）が物価の高騰を招いたという説は一般的に受け入れられている。

　経済学史を振り返ってみると、長期的にはマネーストックが一般物価水準を決めるということが有力視されてきた。あるいは、実質GDPの水準は、マネーストックの量とは無関係に決まるものとの考え方は経済学史の底流に存在し続けている。そこで、マネーと実体経済の関係に関する考え方の変遷、あるいは対立の構図を概観しておこう。

第6章
マネーと実体経済

　金融と実体経済、特にマネーと実体経済の問題は、金融論の枠にとどまらず、マクロ経済学にとって最も基本的なテーマといえるものである。出発点は「古典派」の考え方である。

①古典派

　古典派とは、ケインズが「一般理論」の中で批判の対象として名付けたものであって、当時の主流派経済学のことである。A.スミス、D.リカード、J.S.ミル[38]、A.マーシャルといった18〜20世紀初頭にかけて活躍した偉大な経済学者に共通する考え、ないし立場である。そうした古典派と称される人々の取り上げたテーマは非常に多岐にわたり、かつ内容が豊富であって簡単に要約することはできない。しかし、伸縮的な価格がシグナルとなって、様々な財・サービスの需給量、価格が市場で適切に調整・決定されるという見方は共通している。このことは、様々な財・サービス間の裁定を通じて、マクロ的に最適な資源配分と、それに応じた生産の最大化が実現するとの主張にも繋がっている。特に、マネーと実体経済との関係については、「二分法」、「マネーの中立性」、「貨幣数量説」といった概念に集約できる。

a. 二分法
　所与の資本、労働、技術の下で、実質生産＝所得は、市場メカニズムを通じて一義的に決まる。

---

[38] A.スミス（1723〜1790年）は、英国（スコットランド）の経済学者。主著「国富論」（1776年）は、経済学の中でも最も重要な古典のひとつである。国富論のテーマは多岐にわたるが、分業の重要性から説き起こし、マネーの機能、自然価格（適正な利益率を約束する価格）と市場価格（需給に応じて実際に市場で成立する価格）の関係などについても詳しく述べている。また、すでにイングランド銀行が設立されていたことから、市場価格の安定のためには、銀行券の兌換性の確保の重要性などを強調している。D.リカード（1772〜1823年）は、英国の経済学者で、主著「経済学及び課税の原理」（1817年）では、財政に関する論考（課税と税収の中立性を説いた「中立性命題」など）のほか、金本位制の堅持による物価の安定の必要性を強調した。J.S.ミル（1806〜1873年）は英国の政治、経済学者。経済学の分野での主著「政治経済学原理」（1848年）では、経済分配、富の格差などにも強い関心を寄せるとともに、生産、分配、成長といった経済学の枠組みを体系立てた。マネーについては、兌換性の確保の重要を説いている。A.マーシャルについては、注35を参照。

第一部　基本的な概念

つまり、資本、労働がフルに活用された実質GDPが達成される（そのような実質GDPは、潜在GDPといわれる）。この過程で、金融取引やマネーが関係する余地はない。つまり、実物経済と金融が二分されて交わらないのである。

b. マネーの中立性

そのような形で完全雇用GDPが決定され、実現するので、マネーストックが生産＝所得に影響を与えることはあり得ない。特に金融政策によってマネーストックを増やしても、一般物価が上昇するのみであって、実質GDP水準には影響しない。

c. 貨幣数量説

マネーストックが決めるのは、一般物価水準である（相対価格にマネーストックが影響することはない）。この考え方を典型的に示しているのが、ケンブリッジ方程式

$$M = kPY$$

である。

こうした二分法、マネーの中立性、貨幣数量説の3つの概念は厳密にいえば異なる。とはいえ、同じ方向の主張に繋がるものであって、古典派経済学を特徴付けている。基本的に、これらの背後には価格の伸縮性＝価格メカニズムに対する信頼があるといえよう。このような古典派の理解に立つと、実質GDPはその経済社会に存在する資源・技術によって一義的に決定され、マネーストックの量や一般物価水準とは独立である。そして、マネーストックの量が一般物価水準を決定することになる。

d. 貨幣錯覚

ところで、第5章で述べたようにマネーが交換媒体として使われる経済社会においては、マネーベースの名目値と（一般物価水準の変化を織り込んだ）実質値を峻別することが重要である。例えば賃金については、物価上昇分だけ実質価値が減価していることを意識する必要がある。名目賃金が上昇しても物価が上昇しマネーの実質価値が低下すれば、獲得した賃金の実質価値は低下している。しかし、人々は名目値で判断する傾向がある。I.フィッシャーは人々のこうした行動様式を「貨幣錯覚（money illusion）」と呼んだ。あるいは、そうした錯覚を排除して実質値をみることの重要性を主張する表現として、「マネーは実体を覆うヴェール（veil）であって、それを取り払って実体を見る必要がある」（マネー・ヴェール観）という言い回しもしばしば目にする[39]。

---

[39] 例えば、D.H.ロバートソンの「貨幣」（安井琢磨、熊谷尚夫訳　岩波書店　1956年）では、「経済学の研究者としては、はじめから、大多数の実務取引を含む貨幣のヴェールをつきぬけて、実質的な財貨やサーヴィスのかたちで何が起こっているかをみようとする必要がある」と述べている。

このようなマネー錯覚と古典派の経済学における貨幣数量説は同一視されることが少なくないが、貨幣錯覚は実質値の重要性を説いたものであって、マネーの量と一般物価水準の関係について、何らかの主張をしているものではない。経済活動の最終目標は実物の消費の享受にある以上、実質値で考えるべきことはいうまでもない。このことは、古典派的な考えに立つかどうかとは別の問題である。

e. ヘリコプター・マネー

M.フリードマンが著書「貨幣の悪戯」(注11参照)の中で、マネーの中立性を説明するために用いた例え話である。もちろん、古典派の時代に書かれたものではないが、古典派の二分法、マネーの中立性、貨幣数量説を明快に説明しているのでここで紹介しておこう。ある日、非常に安定し定常的な経済状態にあるコミュニティーに1機のヘリコプターが飛来して、それまでのマネーストックと同量のマネーを空中からばら撒いたとしよう。すると、人々はそれまでよりも多くの現金を手元に保有することになるので、その一部は消費に回すであろう。

個人としては、それによってそれまでよりも多めの財・サービスを入手できそうであるが、コミュニティー全体としては資源や技術が不変である以上、実物的な財・サービスの供給量は不変である。したがって、どの程度現金保有を減らすかによって状況は変わるが、物価が何がしか上昇することは間違いない。これが1回限りと分かっている場合には、現金保有をどこまで減らすかはその人の残りの人生の長さにもよるであろう(名目生涯所得〈恒常所得という〉は2倍にはならない)。しかし、ヘリコプターによる現金のバラマキが、それまでのマネーストックの10%分、毎年繰り返されると分かっているとすると、物価は毎年10%ずつ上昇するであろう(名目恒常所得は、所得が毎年10%ずつ増える前提で計算される)。

この例え話から、マネーストックが増えても実物的な生産量が不変である以上、物価が上昇するだけで終わることが分かる。つまり、実物経済とマネーは二分され、マネーストックの量

図表1-15 古典派とケインジアンの対立軸

○：容認ないし、積極的に主張　×：非容認ないし、積極的に反対

	古典派、マネタリズム、新古典派	ケインズ、ケインジアン
価格の伸縮性	○	×
二分法	○	×
フィリップス・カーブの存在	×（短期のみ容認）	○
貨幣の中立性	○	×
貨幣数量説	○	×
合理的期待形成	○	× ○（ニュー・ケインジアン）
金利はどこで決まるか	投資(I)と貯蓄(S)の均衡	マネーに対する需給

は生産に影響を与えず、物価が上昇するというわけである。

②ケインズの考え方

こうした古典派の考え方に対して、価格メカニズムの非伸縮性を梃子に反論したのがケインズである。ケインズの主張も多岐にわたるが、ポイントは次のような点であろう（図表1－15）。

a. 有効需要の原理

古典派では、各財・サービスの需給が（相対）価格の調整機能によって、需給が常に均衡し、供給超過や需要超過は生じない。したがって、（非自発的）失業は生じず、利用可能な資源はフルに活用されている。

これに対して、ケインズは、需要と供給が一致することを保証する価格が十分な伸縮性を持っているとは限らないと主張する。そうした非伸縮的な価格メカニズムの下では、需給量が均衡するとは限らない。生産しても売れ残れば在庫として抱えざるを得ず、生産と所得は一致しない。価格が速やかに低下して、需要が喚起されればそのような問題は生じないが、賃金は頻繁には改訂されないといった制度的な制約がある。そうした制約の下で現実に所得の裏づけのある需要のことを「有効需要」という。特に短期的には、そのような需要不足＝過剰供給の下での価格下落⇒需要回復のメカニズムが機能しない可能性がある。つまり有効需要が不足する事態があり得る。その場合に、マクロ経済政策の意義が出てくる。不況期には、中央銀行によるマネー供給の増大による金利低下政策＝総需要拡大政策が有効性を持つ。不況が深刻で金利も限界まで低下している場合には、独立的な（所得や金利に依存しない）支出の増加が必要であって、それは財政政策に他ならないと主張する。このため、「ケインズ政策」という言葉が、「財政支出拡大政策」と同義で用いられることも少なくない。

b. 流動性選好

マネーに対する需要には、決済需要以外の需要、つまり流動性選好があるという主張である。先にみたように、古典派ではマネーの需要を実物取引の決済需要に限定しているため、マネーの需給で一般物価水準が決まる。これに対して、ケインズの主張は、マネー需要は所得に依存する決済需要のほかに、金利に依存する投資的需要も重要であって、マネーストックに関する需給で決まるのは、（物価ではなく）金利だとする（後掲図表1－17－④の図を参照）。

では、古典派では金利はどこで決まるのであろうか。古典派では、設備投資Iと貯蓄Sが均衡する水準、つまり実物的な貯蓄と設備投資を等しくするように金利が決まるとみる（後掲図表1－17－①）。ケインズの場合は、上述の通りマネーストックの需給で金利が決まるので、その金利が実体経済の均衡（貯蓄投資/ISバランス）を実現するものかどうかはわからない。

図表1−16　フィリップス・カーブ

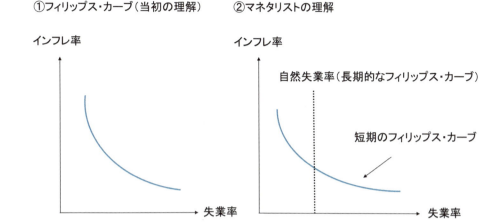

c. フィリップス・カーブ

　フィリップス・カーブとは、インフレ率と失業率のトレードオフの関係を示したものである（図表1−16−①）。つまり、インフレ率が高い時には失業率が低い（あるいは現実のGDPと潜在GDPのギャップが小さい）という関係を示したもので、インフレ率を高めることによって、失業率の低下を実現できるというインプリケーションを持つ。もともとニュージーランド出身、英国で活躍した経済学者A.W.フィリップスが1862〜1957年の英国の賃金上昇率と失業率のデータをもとに発見した長期的な関係である。1958年に発表した論文で明らかにした。ケインズの一般理論が公表されてから随分後のことであって、フィリップス・カーブをケインズ自身が取り上げたわけではない。しかし、多くのケインジアンによって、拡張的なマクロ経済政策⇒物価上昇⇒失業率の低下という形での裁量的なマクロ経済政策の有効性の根拠とされてきた。

③マネタリズムの台頭

　ケインズないしケインジアンによるこうした考え方は、経済学、ないし政策当局者の間で第二次世界大戦後広く共有された。しかし、1970年代になると原油価格の高騰（第一次、第二次石油危機）を契機として世界的にスタグフレーション（インフレ下の不況）が進行する中で様相は大きく変化する。フィリップス・カーブが成立しないという状況はケインジアンにとって深刻で、裁量的な金融政策や財政政策の効果が疑問視されるようになった。代わって台頭した

---

40) R.ルーカス（1980〜）は、米国のノーベル賞経済学者。F.キッドランド（1943〜）、E.プレスコット（1940〜）の二人は共同研究で知られる米国のノーベル賞経済学者。彼らは、二分法的な考え方に基づいて、裁量的な政策の限界を強く主張したことで知られる。

のが、M.フリードマンをリーダーとし、その考えに共感するR.ルーカス、F.キッドランド/E.プレスコット[40]などのいわゆる「マネタリスト」の人たちである。マネタリストにとって軸となる概念は、伸縮的な価格メカニズムを大前提としたうえで、「合理的期待形成」が行われる場合のマネーの中立性であるといえよう。

マネタリズムは古典派のリバイバルという側面が強いが、「マネタリズムないしマネタリスト」と称される理由は、M.フリードマンが繰り返してきた主張、すなわち、「生産の増加ペースよりも速いペースでマネーストックの量が増えたときにのみ、作り出されるないしは作り出され得るという意味で、インフレはいつでもどこでもマネタリーな現象である」という言い回しからきていると思われる（前掲のフリードマン「マネーの悪戯」の中の一節）。

この文章はしばしば後半だけが取り上げられるが、ここで明らかなようにM.フリードマンは、インフレの必要条件としてマネーストックの過大な増加を指摘しただけであって、マネーストックの増加が常にインフレをもたらすとはいっていない。またマネーの適切な供給が重要だとも主張していて、1930年代の大恐慌が深刻化したのは当時の連邦準備制度がマネー供給を不適切に絞ったのが原因であるとしている（A.シュワルツとの共著 'A Monetary History of the United States, 1867-1960'）。

基本的にマネタリズムとは、古典派の延長線上の考え方であって、二分法、マネーの中立性、貨幣数量説を軸としているが、元の古典派との比較では次のような特徴を持っている。

a. 自然失業率の概念の導入

M.フリードマンは、インフレ率と失業率の負の関係を示すフィリップス・カーブは長期的には成立しないということを論理的に説明した。つまり、フィリップス・カーブは垂直であると主張した（図表1－16－②、この点は第九部で詳しくみる）。

そのために、自然失業率という概念を強調した。自然失業率とは、潜在GDP（現存する資本、労働等をフル稼働させた場合のGDP）に対応する失業率であって、短期的には所与である。このため一時的には潜在GDPを上回る生産活動を行うことができたとしても、長期にわたってそのような生産水準を維持することはできない。一般的には自然失業率に見合う潜在GDPが実現しているとは限らないが、価格が伸縮的で価格メカニズムが機能しているという古典派の前提に立てば、自然失業率は常に実現しているはずである。その場合には、金融緩和などの拡張的なマクロ経済政策は、失業率を一時的に引き下げる効果しかなく、一般物価水準を引き上げるだけの効果しか残らないというのが、マネタリズムの考え方である。

実際に1970年代主要国経済では、原油価格の高騰などから執拗なスタグフレーションに見舞われ、インフレ率と失業率の安定的な関係を見出せなくなっていた。結局スタグフレーションは、時に強硬な金融引き締めも行いつつ、長期間をかけて痛みを伴って、しかも最終的には原油価格の落ち着きによってようやく克服されたといえる。もっとも、各国中央銀行が原油価

格の高騰といった事態に適切に対処するには、コスト増加以上のインフレ期待が膨らまないよう、早めの金融引締めが有効であるという教訓を得た。その結果1980年代の原油価格高騰（第二次石油危機）においては比較的上手に対応できたと評価されている。

b. 合理的期待形成の導入

以上のような自然失業率の議論を精緻化する役割を担ったのが、合理的期待形成という考え方である（第九部第4章⑥で改めて取り上げる）。合理的期待形成とは、過去の情報や自身の行動様式にとらわれずに、その時点で利用可能な情報をフルに活用して、自身の行動の最適化を図るという考え方である。合理的期待形成は、もともと米国の経済学者J．ミュースが1961年に農産物価格の予測に関して発表した考え方であったが、マネタリストを代表するノーベル経済学者であるR．ルーカスなどによって、1970年代にマクロ経済モデルや政策に適用された。合理的期待形成の下では、政策当局者の行動様式も合理的に予測され、それを踏まえて各主体が振る舞いを変更することがあり得る。その場合、もともとあった経済構造自体が変容することになって、狙いとした経済政策の効果が想定通りにはいかないことがあり得る。こうしたR．ルーカスの主張は「ルーカス批判」として知られることになった。

つまり、一時的に採用されても継続しない政策、いわゆる裁量的政策は（例えば一時的な需要底上げのための短期マクロ政策）は、そういうものとして経済主体によって合理的に予測される。この場合、合理的な経済主体にとって、そのような短期の裁量的政策によって自身の行動を変化させる意義は極めて限定される。例えばマネーストックを短期的に大幅に増やして物価を上昇させる政策は、一時的には「貨幣錯覚」つまり名目賃金の上昇が労働供給＝生産増加の効果を持つかもしれないが、一般物価水準の上昇が確認され、実質賃金が上昇していないことが判明した時点で、生産量は元の水準に戻り物価上昇だけが残る結果となる。

なお、合理的期待形成の核心である、「経済主体は、利用可能な情報を駆使して、最適行動をとる」というテーマは、1960年代にE．ファマ[41]が打ち出した「効率的市場仮説」と共通する部分が多い。「効率的市場仮説」とは、市場には様々な情報が持ち込まれ、評価されて、価格形成が行われる。逆にそのような価格には、すべての意味のある情報が集約される。したがって、新たな情報が持ち込まれたときにしか、価格は変化しないというものである。

このような「合理的期待形成」の下では、人々が政策変更によって行動を変えるとすれば「合理的に予想できない事態」が生じたときだけということになる。つまり、政府がそれまでの行動様式を突然変更して市場や企業・個人を騙したときにのみ効果を持つことになる。政府が、常に正しい判断を行い、その政策が迅速に想定通りの効果を持てば、市場を騙すことも許容されるかもしれない。しかし、実際には政府自身が経済情勢を正しく把握するまでに時間を要す

---

[41] E．ファマ（1939年〜）は米国のノーベル賞経済学者。金融市場に関する分析で知られる。

ること(認知ラグ)、あるいは判断が正しくても政策を発動し、効果が出るまでに期間がかかり過ぎること(政策ラグ)によって、政策が効果を持つ前に経済情勢が変化し新たなフェイズに入ってしまうこともあり得る。結果として、景気変動をより大きくするだけになるかもしれない。フリードマンをはじめマネタリストの人たちは、裁量的な政策よりも市場や価格メカニズムにより大きな信頼を置いているため、そうしたタイムラグを厳しく批判する。そうである限り、例えばマネーストックの増加率を毎年コンスタント、例えばk％に維持する方が望ましいことになる(M.フリードマンによるk％ルール) [42]。

　以上のような論理展開を補強しているのが、次の二つの理論である。

(M.フリードマンの恒常所得仮説)

　M.フリードマンが1950年代に打出した消費理論であって、人々の時々の消費水準は、その時々の所得ではなく、その人が先々得られ続けられるであろうと予測する所得(恒常所得)に依存するというものである。例えば低所得者がたまたま高額の宝くじに当たった場合、それを直ちに消費に回すわけではなく、自身の生涯所得を勘案しながら決めていくであろう。恒常所得仮説によれば、マクロ経済政策によって一時的に所得が増大したとしても、それが直ちに消費の増大には繋がらないことになる。つまり、長期的な経済成長の持続が展望されない限り、短期的なマクロ経済政策だけでは限界があることを意味する。恒常所得仮説自体は、論理的に正しいものとして、ケインジアンを含め多くの経済学者に受け入れられている。ただし、金融危機などのショックによって将来所得の見通しが大きく下振れたときには、その時点での所得制約から消費を抑制し、結果として潜在GDPを下回ることがあることを否定するものではない。

(政策の時間的不整合)

　F.キッドランドとE.プレスコットが1970年代に打出した考え方であって、政策当局はその時々の経済状況に応じて短期マクロ政策を打ち出そうとするが、ひとたびその政策が奏功すればその政策を撤退させる。人々は、そのような政策当局の意図、行動原理を理解しているため、当初に打ち出された政策自体の効果が大きく減殺されるというものである。例えば、何らかのショックで不況に陥った経済において、政策当局が金融緩和や財政支出の増大、あるいは減税などによって需要を喚起する政策を採るであろうが、やや長い目でみるとそうした政策はそれを打ち消すような政策を事後的に採らざるを得ないはずである。金融緩和は、いずれ中立的な金融政策に戻されるであろうし、財政政策も長い目でみれば財源確保の観点からいずれは緊縮

---

[42] k％ルールが望ましい結果をもたらすためには、政策当局がマネーストックの成長率をコントロールできること、マネーストックの成長率によって例えば名目GDPといった変数に安定的に効果を持つことが必要となる。現実には、マネーストックの供給は民間金融機関の信用供与スタンスによって左右される。さらに第5章で詳しく述べたように、マネーストックの増加の影響は金融資産保有の増加にとどまるかもしれない。

方向に是正されるであろう。そのような状況であるとすると、人々は当初から政策に対して懐疑的になって効果がない。むしろ、不必要な政策変動による経済の不安定化の方が問題となるという考え方である。なお、最も典型的な時間的不整合は、プルーデンス政策の問題で現れる。すなわち、金融システムの安定を維持するためには（その政策がプルーデンス政策と呼ばれる）、日頃から民間金融機関がディシプリンの効いた経営を行うことが必要であって、そのために当局は「経営が破綻したら自己責任で処理する」と宣言しているが、実際に影響の大きい金融機関が破綻した場合には救済せざるを得ないというものである（もっとも、2008年以降の世界金融危機後の議論では、この問題を回避するため予め救済政策発動の条件や対象先などを決めておく工夫が行われている）。

　この問題の本質は、「政策当局が当初言明、実施していた政策をずっと継続することは困難であって、いずれかの時点で修正を迫られる」問題、つまり政策の「時間的な不整合」の問題と整理されている。そうした時間的な不整合の問題をクリアーするためには、当初から政策を機械的なルールで運営し、それを遵守することが適当であるというのが、キッドランドとプレスコットの主張である。完全に機械的なルールを適切に設定できるのかという本質的な問題はあるが、裁量的なマクロ政策が時間的不整合という問題を常に内包しているということは重要な事実として広く受け入れられている。

　以上のような「合理的期待形成」は、当初「仮説」とされていたが、その後ケインジアンを含め経済学者の多くが認めるところとなった。人々の合理性を前提とする限り、期待形成について合理的でないことを仮定することは妥当とはいえないからである。

④ニュー・ケインジアン

　そこで、ケインジアンの人たちの間から、合理的期待形成を取り入れつつ、ケインジアンの主張、つまり少なくとも短期的にはマクロ経済政策は十分有効であるということを理論的に示す努力が重ねられてきた。典型的には、「メニューコスト」理論などによって価格の固定性を合理的に、つまりミクロ経済学的な根拠を持って示すことであって、そうした一連の考え方を採る人たちは、自らニュー・ケインジアンと称することが多い。もちろん、ニュー・ケインジアンの中にも様々な理論的、政治的な立場があって、一律にネーミングすることは適当ではない。しかし、基本的に価格の固定性を根拠にマクロ経済政策の有効性を前向きに捉える立場の人たちのことをニュー・ケインジアンと呼ぶことは一般的である。

　今言及した「メニューコスト」理論は、供給価格を本来は変更すべき事情、例えば原材料価格の上昇などがあっても、それが小幅である限り、供給価格の変更（メニューの変更）を行うことはかえってコスト増につながることから、一定の範囲で供給価格を固定しておくことが合理的であると主張する。メニューコストという呼称は、やや限定的な響きがあるが、原材料コ

ストの変動が直ちに供給価格の変動に繋がらないということは極めて一般的に観察される。例えば、賃金の改定頻度が年1回ということは少なくないほか、政府の最低賃金規制の改定はもっと頻度が低い。エネルギー価格の値決めは、市場価格が日々変動しているにもかかわらず、長期契約によってある程度固定されていることが多い。また、価格の固定性の背景として、市場における寡占的供給体制の下での競争制限（高めの価格と低めの供給）を挙げる考え方もあるが、この主張は、1940年代にケインズと親交のあった英国の経済学者J.ロビンソンがケインズの一般理論の補強のために提起した論点と類似しており、目新しいものではない。

また、ニュー・ケインジアンの人たちの間では、「古典派やマネタリストはマネーを交換手段としてだけ捉えていることが二分法に繋がっている」との考えから、マネーの価値の保蔵手段としての機能を理論的に補強するために、重複世代モデルを使ってマネーの意義を再評価する試みも行われている。その考えのポイントは、「現役世代は老後のためにマネーを入手し、それを老後に使用する」そして「そこで使用されたマネーは次の世代によって入手され、その人たちの老後に使われる」（図表1－2－③を参照）ということになる。そのような連鎖は永遠に続くとして、マネーの価値保蔵機能の根拠を補強することになると主張している。しかし、親子間ならともかくとしても、一般に不特定多数の人々から構成される世代間でなぜそのような社会的（かつ暗黙的な）契約が成立するのかについては説得力を欠いている。

以上のように、ニュー・ケインジアンと呼ばれる人たちは、様々な側面から短期マクロ経済政策の有効性をミクロ経済学的な、つまり人々の合理的な行動原理に基礎を置いた形で証明しようと努力してきている。それに対して、マネタリストの人たちの再反論も行われてきている。その代表的なものが、リアル・ビジネス・サイクル理論である。

⑤リアル・ビジネス・サイクル

ケインジアンに対するマネタリストからの反論の中心は、価格が伸縮的である限り、金融政策などのマクロ経済政策は、少なくとも永続する効果はなく、そうである以上経済政策の発動は最小限にすべきというものであった。その意味で、マネタリストというネーミングからくるニュアンスよりも、かつての古典派経済学の再来という側面が強いため、マネタリストという言葉に代えて「新古典派」という言い方が一般化している。一方、ケインジアンは、価格は実際には伸縮的ではなく、そうである以上マクロ経済政策は短期的には一定の効果を発揮するという立場である。そのようにみれば、両者の見解の相違は、理論的なロジックの展開という面だけではなく、そもそも経済や市場の在り方、さらには政府による市場経済への介入についての価値観の相違という面が強いといえる。

新古典派の典型的な主張がリアル・ビジネス・サイクル理論である。リアル・ビジネス・サイクル理論とは、R.ルーカス、F.キッドランド、E.プレスコットといった「新古典派」を代表

する学者の人たちが主張する議論であって、合理的期待形成とマネーの中立性を前提とすると、すべての景気変動（潜在GDPの周りでの現実のGDPの変動）は、何らかの事情による供給関数の変動によってしか生じないという議論である。さらに、そのような生産面のショックに対して、マクロ経済政策を発動することは、不必要な一般物価水準の変動をもたらすだけで適当とはいえないという結論を導くことになる。つまり、非自発的失業や不況という概念自体が否定されるに等しくなる。したがって、GDPの変動を人為的な対策によって抑え込もうとするマクロ政策は、無意味あるいは不適切という結論になる。しかし、1990年代の日本の平成金融危機や2008年以降のグローバル金融危機は、供給サイドの事情で生じた経済変動ではなく、金融面、つまり需要面から生じた経済変動であったことは疑いの余地がなく、そうしたリアル・ビジネス・サイクル理論は現実的妥当性において大きな限界がある。

しかし、リアル・ビジネス・サイクル理論は、ミクロ的な基礎（つまり個人の最適化行動）を前提に、マクロ経済モデルを構築し、データからパラメーターを推計し、政策効果をみるという一般性のあるフレームワークに基づいていた。これに新古典派的な前提を置いたのが、R.ルーカス、F.キッドランド、E.プレスコットによるリアル・ビジネス・サイクル理論であって、異なる前提を置けば異なるインプリケーションを持つことになる。例えば、情報の非対称性、価格の硬直性、労働市場における摩擦的失業などを、この手法に導入すれば、ニュー・ケインジアン的なインプリケーションを持つことになる[43]。

実際にニュー・ケインジアンの立場から、政策当局の最適化された行動指針を得る目的で「動学的確率的一般均衡モデル（DSGEモデル：dynamic stochastic general equilibrium model）」といわれる、リアル・ビジネス・サイクル理論の方法論を活用したモデルが開発されてきた。これは、代表的な個人を分析の中心に据えて、その個人の異時点間の最適な消費・貯蓄行動（ラムゼイモデル）[44]と、政策当局の行動関数（テーラー・ルール）[45]から、経済の運行をモデル化しようとする試みである。政策当局の行動原理を明示的に導入し、政策を内生化させて分析できる（つまりルーカス批判に対応できる）うえ、最適な政策が解として得られることから、多くの政策機関でこのモデルが活用されることになった。当然であるが、このようなモデルは、個人や政策当局の行動原理としてどのようなパターンを仮定するかによって結論が大きく異なる。経済の構造を決める重要な要素を欠いていれば、そのようなモデルを活用しても、金融危機のような事態は予測できない。おそらく信用の問題、つまり銀行によるマネー供給の重要性

---

43) このような立場からの議論については、加藤涼「現代マクロ経済学講義」（2007年　東洋経済新報社）を参照。
44) ラムゼイモデルとは、英国の哲学・経済学者F.ラムゼイ（1903～1930年）が金利、所得、選好が与えられたときの個人の最適な貯蓄・消費計画を数学的に解析したもので、第四部で説明するオイラー方程式がその中核にある（第四部の注20参照）。ラムゼイモデルでは、供給サイド（労働供給）は捨象されている。
45) テーラー・ルールとは、米国の経済学者J.テーラーが中央銀行の金利政策の最適な運営ルールを定式化したもので、各国の中央銀行で活用されている（第九部第4章③を参照）。

が軽視されていることが原因であろうが、現実に2008年の世界金融危機を的確に捉えることができなかった。

⑥ 非二分法的な考え方

　以上、古典派とケインジアンの比較を軸に、実体経済と金融、あるいはマクロ経済と物価やマネーストックの関係について説明してきた。両者の考え方の基本には、価格の伸縮性に関する理解の違いがあることも理解できたであろう。

　しかし、単純な古典派VSケインジアンの対立軸を超えて、非二分法的な考え方を独自に展開してきた人々も存在する。具体的には、K.ヴィクセルの自然利子率、D.H.ロバートソンの貸付基金、バーナンキ・ガートラーの金融乗数（Financial Accelerator）、H.ミンスキーの金融膨張などの主張である。これらは、マクロ経済モデルという形をとっていないため、一般にはマクロ経済理論とは位置付けられていない。しかし、金融についての重要で間違いのない知見を含んでいる重要な議論である。

（イ）ヴィクセルの自然利子率

　K.ヴィクセル[46]は、マネーがないとした場合に成立するであろう実体経済的な均衡、つまり貯蓄と投資のバランスが維持できる状態を自然状態と定義づけたうえで、そこで成立するであろう利子率を自然利子率と定義付けた。この自然利子率は古典派が想定している市場での均衡利子率と同じである（図表1－17－②）。そのうえで、実際に市場で成立している利子率を市場利子率と呼んで、二つの利子率の関係を分析した。ヴィクセルの自然利子率に関する議論で特徴的なことは、それが市場利子率と同じ水準になるまで、インフレないしデフレ的な状態が続くという不均衡状態を明示的に表現したことである（ヴィクセルの累積過程）。例えば、市場利子率が自然利子率を下回った場合には、投資が貯蓄を上回る状態となって、マクロ的には需要超過となることから、価格（一般物価）が上昇する。需要超過が解消するまで物価の上昇が続く。一般的な古典派の理解では、そうした超過需要は伸縮的な価格メカニズムによって直ちに解消するが、ヴィクセルの累積過程ではそうした不均衡状態がしばらくの間継続するのである。言い換えると、ヴィクセルの場合、純粋金融取引も含めたマネー需要によって決まる市

---

[46] K.ヴィクセル（1851～1926年）は、スウェーデンの経済学者で、J.M.ケインズにも影響を与えた。「一般理論」でも、ケインズは自然利子率に言及している。もっとも、ケインズは自然利子率をひとつに限定せず、貯蓄＝投資バランスをもたらす複数の自然利子率があって、その中で潜在GDPを実現するのが「最適利子率」であるとの議論を展開している。現在多くの経済学者や政策当局者は、短期的な貯蓄＝投資バランスをもたらす「短期自然利子率」と人口や技術進歩率から決まる「長期自然利子率」を区別している。ケインズの最適利子率は「長期自然利子率」に近い概念である。

図表1-17　利子率決定に関する異なる見解

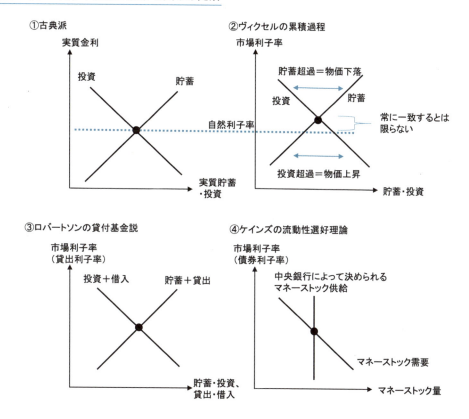

場利子率と、実物取引のみで（仮想的に）決まる自然利子率が一致する保証はないということを明示したものであって、画期的である。金融政策の具体的な在り方を考えるうえで明快なロジックを提示していることから、多くの経済学者や政策当局者の間で広く共有されている。実際、主要国中央銀行では標準的作業として自然利子率の計測を行っている。

自然利子率は、様々なインプリケーションを持つ概念であって、金利と成長率の関係、およ

---

47) D.H.ロバートソン（1890～1963年）は、ケインズと同時代に活躍した英国の経済学者。マネー需要を巡って、ケインズの「流動性選好」と対立する概念である「貸付基金」説を唱え、激しい論争が繰り広げられた。一般的には、「流動性選好」はストックの概念である一方、「貸付基金」はフロー需要と解されている。もっとも、ロバートソンの直弟子にあたるS.C.ツィアン（1918～1993年、中国出身の米国経済学者）は、マネーを保有するためには貯蓄だけではなく借入によって支払手段を予め用意しておく必要（finance demand for money）があって、その需要をマネーのストック需要に含めて考えれば、両者に決定的な違いはないと主張している。さらに、ケインズは一般理論後に発表したいくつかの論文やロバートソンに当てた手紙において、そのことを認めていると主張している。ここでは、ツィアンの理解に基づいて議論している。なお、著者は米国コーネル大学大学院で指導教官であったツィアンから直接その話を聞いている。また、次に述べるガートラーも同時期に著者の指導教官であった。両者は、こうしたテーマについて当時議論していた間柄である。

び金融政策との関係で重要な視点を与えてくれる。これらの視点については、第四部および第九部で説明する。

(ロ) D.H. ロバートソンの貸付基金説

　D.H. ロバートソン[47]は、ケインズと同時代に活躍した英国の経済学者で、古典派に属する学者である。しかし、投資と貯蓄の均衡からのみ金利が決まるという伝統的な古典派と一線を画して、マネーの需給に信用取引を明示的に取り込んだ（図表1－17－③）。つまり、ロバートソンは、どのような財・サービスであってもそれを購入するためにはマネーが予め用意されていなければならず、古典派の想定するように貸し借りに依存しないで手元のマネーの使い回しだけで対応することは不可能とした。また、ケインズのようにマネーストックが中央銀行によって一義的に決定されることもないとした。つまり、ロバートソンは、銀行などによって供給される信用を「貸付基金 (loanable fund)」という言葉で言い換えて、その需給で金利とマネー供給が決まるとしたのである。このような貸付基金説は、金融機関の実際の取引の実感に合うことから、実務関係者の間で広く共有されてきている。

　もっとも、貸付基金説で念頭に置かれているマネー需要の中身は、実体経済取引のために必要な派生金融取引に限定されており、純粋金融取引までは視野に入っていない。つまり、金利は派生金融取引だけでなく純粋金融取引を含めたマネーの需給で決まるところまでは見ていない。しかし、銀行などの預金取扱金融機関による信用の創出の重要性を強調した点は重要である。なお、現実に銀行が貸出を量的にどれだけ実行するかは、借り手の信用度、銀行の自己資本の状況、法律上の金利制限などにも左右される。

(ハ) バーナンキ・ガートラーの金融乗数理論

　銀行による信用創造を重視し、それが実体経済に大きな影響を及ぼすとの考え方を打ち出したのが、B. バーナンキとM. ガートラー[48]の金融乗数理論 (financial accelerator) である。金融乗数理論は、貸付基金説の延長線上にあるともいえる考え方であって、信用供与と実体経済が互いに相互依存している点を強調する。具体的には、借り手と貸し手の間には情報の非対称性があることから、貸し手は借り手企業の経営の健全性、とりわけ自己資本比率や担保余力を重視する。そして、借り手の健全性がマクロ経済全体の状況とパラレルに動くとすると、経済が停滞した場合には企業の財務内容が悪化し、貸し手の融資態度が慎重化し、さらに経済の

---

48) B. バーナンキ（1953年～）は、米国の経済学者であって連邦準備制度理事会の第14代議長を務めた。量的緩和の信奉者とされ、日本の金融危機後の金融政策について、緩和政策が不十分であるとの厳しい批判を展開したことで知られる。M. ガートラー（1951年～）は、米国の経済学者で、バブルの生成、崩壊への政策対応に関して、資産価格高騰に対して事前的に金融政策で抑制することは不適切であって、バブル崩壊後に思い切った緩和政策を行うことが適切との議論を提起して有名になった。なお、著者の米国コーネル大学博士課程の指導教官である。

停滞を長引かせることになる。つまり、信用供与と景気循環が順相関となって、経済変動が増幅される。

なお、デット（融資）の場合、そのような情報の非対称性の影響が大きいが、エクイティー（持分権）の場合は経営に参画できることに加え利益から配当を受けることができるので情報の非対称性の影響は少ないということが導かれる（もっとも、完全に情報の非対称性がなくなるわけではなく、「プリンシパル・エージェント問題」が残る）。その結果、企業のマネーの調達コストはエクイティの方が相対的に低いことになる。そのように考えると、第五部で詳述するモディリアーニ・ミラーの定理（マネーをデットで調達してもエクイティで調達しても企業価値には中立的との主張）は、成立しないことになる。

（二）H. ミンスキーの金融膨張論

H. ミンスキー[49]は資本主義経済（市場で財、サービス、金融商品の需給が決定される経済）においては、リアル・ビジネス・サイクルのように外的なショックだけで経済変動が生じるのではなく、経済に内在する不安定性が経済変動の主因であると主張する。彼の主張は1980年代に発表されていたが、当時は注目されなかった。しかし、2007年以降のサブプライム問題、世界金融危機の過程で再評価されている。ミンスキーの理論は、非二分法に基づいており、先に説明した式１－９

$$B = P_s Q_s + M + P_D Q_d + P_E Q_e$$

において、金融商品の価額（$P_D Q_d + P_E Q_e$）が増大した後、それが維持できなくなって反落したときに、全体の資産ストックBが収縮し、それが実物資産ストック$P_s \times Q_s$の下落をもたらし、さらにそれがトービンのq効果を通じてフローの生産額（GDP）の縮小に繁がるといった負のスパイラル効果を強調している。なお、金融商品の価額が維持できなくなるのは、その収益率が実物取引の収益率を上回る状態になったときである。そのときには、金融商品の収益の源泉である実体経済活動から得られる収益を超えているので、金融商品に収益をもたらすことができなくなっているからである。

ミンスキーは、そうした金融取引特に信用取引を次の３つのタイプに分類したうえで、それらが膨張⇒縮小していくプロセスについて次のように整理している。

a. ヘッジ金融
　保有資産のキャッシュ・フローから負債の返済を確実に賄える取引

b. 投資的金融
　負債の返済をインカムに依存している取引であって、インカムが減少し負債元本が返済でき

---

[49] H. ミンスキー（1919〜1996年）は、米国の経済学者。自ら（が本来の）ケインジアンと称し、「ケインズ理論とは何か─市場経済の金融的不安定性」（堀内昭義訳　岩波書店　1999年）ほか、同種のテーマの著書がある。

なくなった場合には、借入の期限延長（ロール・オーバーという）で対応することが必要となる。

c. ポンジー金融

　ポンジー（Ponzi）金融とは借り入れたマネーで負債の返済や配当に回す詐欺的な取引である[50]。

　ミンスキーはさらに金融膨張が金融危機に繋がる道筋について、次のように説明する。
- 金融緩和政策が行き過ぎると、投機的な金融取引で利益を得やすくなる。つまり、実体経済の実力と離れた金融取引の自己増殖が始まる。人々が資産価格の上昇を確信し、投機的金融取引が成功し始めると、そうした投機的な金融取引に対して貸し応じる金融機関が増える。このように、投機的な金融取引は、自己増殖する傾向がある。
- 何らかのショック（典型的に金融政策の転換）があると、一部の投機取引が破たんし、それが市場心理を急速に悪化させ、投機的な金融取引の自己増殖の逆回転が始まる。
- そのため投機的な金融取引が全般的に不採算となり、「借金返済のために借金をせざるを得ない＝債務が自己増殖する」状況、つまりポンジー金融化の状態になるが、そうした主体に信用供与をする者はいなくなる。このため、保有資産を投げ売りして資金繰りを付けざるを得なくなる。これがさらなる資産価格の下落を招き、状況はスパイラル的に悪化する。結局、投機的金融取引を行っていた主体は、あるいはそこに融資していた金融機関も破たんせざるを得なくなる。

　ミンスキーは、こうした負債の自己増殖の危険性を早くから指摘したことで知られている。このため、「借金で借金を返済せざるを得なくなる段階」のことを「ミンスキー・モーメント」ということがある。

⑦マネーと実体経済の関係を決めるもの（まとめ）

　以上のように、金融と実体経済の関係については、マネーを軸として様々な研究が行われてきた。そこでの中心的な問題は、マネーの需給がどのように決定されるのか、そしてそれがGDPとどのような関係にあるのかということである。

　マネーの需要面については、取引需要を重視する古典派、投資的需要を重視するケインズの流動性選好についてみてきた。そのうえで、より一般的な枠組みとして、派生取引、純粋金融

---

50) ポンジーは1920年代の米国で悪名高い金融詐欺師の名前である。その名前を冠した手口は高利を謳って集めた資金を投資には回さず、他の人たちから集めた資金を元の出資者への配当に充てる連鎖的な取引を繰り返すものである。わが国では「ねずみ講」とか「無限連鎖講」といわれるものであって、1978年以降法律で禁止されている。当初は資金が回転するが、そのうちに限界が来て必ず破たんする。類似の取引は、わが国では、1960年代に100万人を超える被害者を出した「天下一家の会」事件がよく知られている。

取引といった形で再整理を行った。

一方、供給面では、貸付基金説や金融乗数、さらにポンジー金融の議論をみてきた。これらは、マネーが銀行などの金融機関によって内生的に供給されるという枠組みを前提としている。この考えは、古典派やケインズとは異なっている。一般の古典派やケインジアンは、端的に言えば、外部マネーによるマネー供給を念頭に置いていた（図表1−17−④）。つまり、当局は政策的にマネーストックの供給量を一義的に決定できるとの考え方である。かつては、国王や江戸幕府といった中央政府が自らマネーを発行し、コントロールしていた（金属貨幣の品位を落としてマネー供給を増やしたことは典型例である）。しかし、現代においてマネーの中心は預金であり、預金は銀行等の金融機関からの信用創造によって創出される、いわば「競争的信用マネー供給システム」である。このため、マネーが外生的に与えられることはなく、内生化されている。

貨幣数量説が通用するのは、典型的に金本位性の下での金貨であって、その供給量は政策的に決定されることから、外部マネーであった。古典派のマネー・物価理論の中核である貨幣数量説の根拠となったのは、16世紀にスペインが南米から大量に持ち込んだ金銀が欧州でマネーとして流通し、物価が高騰した（価格革命といわれる）という歴史的事実である。その後、19世紀までにD.ヒュームやJ.Sミル[51]などによって理論的な精緻化が図られた。ヒュームは最も明快に「商品の価格は常に貨幣の量に比例する」と述べている。また、J.S.ミルも「貨幣量が倍になれば価格も倍になるであろう」としている。そのような、外生的なマネー供給の典型例は、フリードマンの「ヘリコプター・マネー」である。その後、「ヘリコプター・マネー」は元英国の金融庁長官のA.ターナーなど著名な金融当局者を含めて、不況期に内生的なマネー供給が過小となりがちな時に、政府や中央銀行がマネーを各経済主体に対価なしに配ることによってデフレを脱却できるとの提言を行ったことで有名になった（もっとも、多くの支持を得るには至らなかった）。

こうしたヘリコプター・マネーのような外部マネーの供給が必ず物価上昇をもたらすかどうかは、実は分からない。なぜなら、先にみたように（式1–8）、

$$PQ = MV - (P_S Q_S + P_D Q_D + P_E Q_E)$$

において、マネーストックMを仮に外生的に増やしたとしても、それが実物取引PQに向かわずに、金融資産取引の$P_D Q_D$や$P_E Q_E$に向かうのみかもしれないからである（一旦は実物資産ストック$P_S Q_S$に向かった後、トービンのq効果を通じてPQに向かうかもしれないが、その保証があるわけではない）。

このような金融と実体経済の関係は、その時々の情勢によって変化する。

---

[51] D.ヒュームやJ.S.ミルの論説を含め貨幣数量説の発展については、平山健二郎「貨幣と金融政策」（東洋経済新報社、2015年）が詳しい。ここでの記述もこの本の説明によるところが大きい。

(イ) 短期か長期か

　財やサービスなどの実体経済取引の需給と、金融商品の需給関係の構造的な違いを考えてみよう。特に、供給面では明らかな差がある。

　まず実体経済取引において、財やサービスの生産を短期間に大きく増減させることは容易ではない場合が多い。典型的には、住宅、オフィスビルや工場設備を生産するには相当の期間を要する。一方金融取引においては、例えば貸出の場合は借り手の信用状態の把握のためのプロセスが必要ではあるが、融資の実行自体にさほどの時間は要しない。また、実体経済の対象となる財、サービスと異なり、金融商品には既存のストックの取引市場が整備されている。このように、短期的には実物的な取引と金融取引の取引に要する時間の差が大きいことから、金融状況と実物的な状況の差が生じることがある。例えば、金融政策を緩和に転じたとすると金融市場には直ちにその影響が及ぶが、実物市場にはその影響はすぐには及ばない。すると、金利はすぐに低下し、おそらく金融商品の価格も速やかに上昇するが、財やサービスの生産量や価格がすぐに反応することはない。このため、例えば名目金利だけでなく、実質金利も低下することとなり、その後の投資需要の活発化に寄与する。しかし、長期的には実物的な財、サービスの生産も金融の状況に反応できるので、例えば金融緩和の場合、その効果は長期的には物価の上昇⇒名目金利の上昇＝実質金利の元の水準への回帰となって、金融の状況が実体経済に及ぼす影響は中和されていくかもしれない。つまり、金融政策の効果は短期の方が有効であることが多いと考えられる。

(ロ) 物価上昇の状況

　二分法の考え方、つまり物価とマネーストックの量が正比例するとの考え方は、物価上昇率が非常に高いハイパーインフレーションの場合には、決済に必要なマネーの量がインフレ率に比例して増大するため容易に成立する。しかし、物価上昇がマイルド、例えば1〜2％上昇率の場合は、マネーの量とインフレ率との関係はそれほど決定的ではない。実物取引の決済需要への影響が相対的に大きくないからである。

(ハ) 平時か危機時か

　マネーの供給が安定的に行われている場合（平時）には、マネー供給の変動が実体経済に及ぼす影響も安定的なものとなる。しかしマネーを供給すべき金融機関が次々と破綻するような事態（金融危機）になると、内生的なマネー供給体制が機能しなくなる。端的に実物派生金融取引に対して十分貸し応じることができないことが多くなる。この場合、金融が実体経済活動を大きく制約することになる。そこで、次の第二部では内部マネーの供給体制、つまり金融システムについて説明していく。

第二部

金融システム

Introduction

第二部では、金融取引のプラットフォームである金融システムの基本的な構造や特徴についてみていく。第一部でも強調したように、金融は単独で存在することはなく、家計、企業、政府などの経済主体が様々な経済活動をする中で、初めて意味を持つものである。よく使われる比喩でいえば、金融を人間の血液の循環に例えると、血液が心臓や血管を経由して人間の体の中をくまなく巡っていくのと同様に、金融システムにおいては、マネーが個人、企業、政府などの経済主体を巡っていく。血液が単独で存在することはなく、骨や筋肉、脳や臓器があって初めて血液の役割が意味を持つのと同様に、経済システムがあってはじめて金融や金融システムが意味を持つ。

金融システムは、何を（マネーや金融商品）を、どのように（取引の形態）、誰が（取引主体）取引するのかによってその基本的な構造が規定される（図表2－1を参照。内容は第3章で説明）。金融には決済と信用取引があるので、金融システムは決済システムと信用システムに分かれる。もっとも、信用システムのことを単に金融システムということも多い。

以下では、マネーと決済システムについて詳しくみた後、金融システムの構造を概観するのに必要な範囲で金融機関や金融商品について説明する（金融機関や金融商品の詳細については改めて、第6部で詳しく説明する）。次に、金融システムは、その性格が財政制度などの他の経済システムあるいは、司法システムなどとどのように異なるのかという点を検討する。また、金融システムが適切に機能するための条件は何なのかについてもみていく。その後、金融システムが内包する大きなリスクであるシステミック・リスクないしは金融危機について、バブルとの関係を念頭に説明する。最後に、金融システムの典型的なタイプとしてリーマン・ショック直前の米国型とビッグバン以前の日本型システムを対比したうえで、金融システムがどのような状況下で変容するのかについて説明する。

図表2-1　金融システムの構造

①取引対象

マネー	現金（銀行券、硬貨）		預金マネー
金融商品	デット	確定利回り	
		実績配当	
		保険	
		派生商品（オプション、スワップ、スワップション）	
	エクイティ	株式	

②取引形態

決済	金融商品の売買	信用取引（金融商品の生成）

②' 売買取引の形態区分：取引の場

相対取引	市場取引

②" 信用取引の形態区分：仲介の仕方

間接金融	直接金融

③取引主体

顧客 （個人、企業、国等）	金融機関（仲介業者）	中央銀行

④インフラ

契約関係の法律	監督行政・中央銀行制度	情報・通信ネットワーク

第1章
日本で実際に使われているマネー

まず、現代の日本におけるマネーの実態からみてみよう（図表2－2を参照）。

図表2－2　現在日本で使われている決済手段

		通用範囲	取引金額の制限	信認の源泉	債務性	何かの派生物か（何かを受取る権利か）
マネー	銀行券（紙幣）	無限定	無制限	法律	日本銀行の債務？	それ自体が原資産
	日本銀行当座預金	金融機関間	無制限	日本銀行の信用力	日本銀行の債務	銀行券・貨幣の派生物
	貨幣（硬貨）	無限定	法律上は20枚まで	法律	債務ではない	それ自体が原資産
	仮想通貨（ビットコイン）	合意が得られた範囲	合意が得られた範囲	WEB上のプロトコルに対する信頼	債務ではない	〃
	決済性預金（預金マネー）	ほぼ無限定	無制限	預入金融機関の信用力	預入金融機関の債務	銀行券・貨幣の派生物
デビット・カード		合意が得られた範囲	預金残高ないし、合意が得られた範囲	〃	〃	預金マネーの派生物（即時支払指図）
プリペイド・カード（Suicaなど）		〃	指定上限の範囲内	発行体（JRなど）の信用力	発行体（JRなど）の前受金	預金マネーの派生物（前払い）
クレジット・カード		〃	〃	カード会社の信用力	利用者のカード会社に対する債務	預金マネーの派生物（後払い）
手形		都度確認	個別商取引金額の範囲内	振出人、引受人と支払銀行の信用力	振出人の債務	〃

（参考）国際的に中央銀行間で用いられているマネー

貨幣用金		中央銀行間（上限なし）	なし	それ自体の価値	なし	それ自体が原資産
SDR（IMF特別引出権）		政府間	合意の範囲内	IMFに対する信認	あり	「自由利用可能通貨」＝ドル、ユーロなどへの請求権

①銀行券（日本銀行当座預金）

銀行券の2018年末の発行残高は110兆円、日本銀行当座預金残高は389兆円である（図表2－3）。

銀行券は、貨幣（硬貨）と並んで法定通貨つまり、「現金」のひとつである。紙幣、お札とも呼ばれ、物理的には日本銀行券と印刷された紙切れにすぎない。しかし、「通貨法」により、「通貨」と法定されているうえ、日本銀行法により日本銀行によって発行され、「無制限に通用する」ことが保証されている。しかも偽造防止対策（透かし技術など）と記番号管理（異なる銀行券には異なる記番号を付番）によって、偽札と二重発行の可能性が排除された通用力と信用力の高いマネーである。

日本銀行はモノとしての銀行券を製造原価で政府から購入し、額面金額で発行する。銀行券の発行は、金融機関が日本銀行に保有している当座預金を引き出したときに実行される（それまでは、単なる紙である）。日本銀行当座預金は、日本銀行が取引先金融機関から国債などの金融商品を買い取る対価として、あるいは日本銀行から金融機関への貸出によって創出される。逆に金融機関が既発行の銀行券を日本銀行に再び持ち込むことによって、当座預金は増加する。金融機関は当座預金を用いて他行への対価の支払いや負債の解消、つまり他の金融機関との決済に用いることができる。その意味で、基本的には銀行券と日本銀行当座預金は物理的な受け渡しの方法が違うのみでマネーとしての価値は同等である（ただし、日本銀行当座預金は法律で直接、無制限の通用力が保証されている訳ではない）。

また日本銀行が民間金融機関に対して開設している日本銀行当座預金は、金融機関から引出し依頼があれば、日本銀行は直ちに銀行券を支払わなければならない義務を負っている。したがって、日本銀行当座預金は、日本銀行にとって資産ではなく、負債である（図表2－3参照）。しかし、銀行券は、日本銀行として銀行券の保有者に対して何ら契約上の義務を持たないので、厳密には日本銀行の負債とはいい難い。もっとも、日本銀行の信用がなくなり、民間金融機関

図表2－3　日本銀行のバランスシート

〈　〉内は2018年末残高、単位・兆円

資産	負債・資本
貸出債権（対金融機関）〈46〉	負債＝当座預金、政府預金等〈430〉
有価証券（国債など）〈473〉	日本銀行券＝負債？広義資本？〈110〉
その他（金地金、信託など）〈33〉	狭義資本＝資本金＋剰余金等〈12〉

が日本銀行に当座預金を預けなくなってしまえば、当座預金と等価の銀行券もマネーとしての通用性を実質的に失う。この点については、「準備預金制度に関する法律」により一定額以上の当座預金を日本銀行に預入することが義務付けられていることから、当座預金に対する信用が法律によって補完されている。

（兌換銀行券）

銀行券の性質については、以前の銀行券制度、つまり金本位制下での「兌換券（だかんけん）」制度を理解しておくことが有用である。兌換券とは、銀行券を日本銀行に持ち込めば銀行券の券面に表示されている量の金貨が交付されるという制度である。日本銀行からみると、銀行券を持ち込まれれば金貨を渡さなければならない義務を負っている。その意味で、兌換券は日本銀行の負債であった。しかし、金本位制度ではない現在の通貨制度（管理通貨制度）の下では、そのような兌換制度は意味がないことから、銀行券の負債としての性格もなくなった。銀行券について多くの識者が日本銀行の負債であると理解しているのは、こうした歴史的な経緯と（銀行券と同等な）当座預金の負債性を重視した考え方であって、今では銀行券を負債としてみる必然性はない。むしろ、銀行券の発行権は日本銀行に与えられた特権であって金融機関から金融商品を制限なく入手できる「資本」と考える方が適当かもしれない。資本と観念しても、銀行券の見合いの資産として国債等の優良な資産が保有されていなければ、債務超過となって日本銀行に対する信用がなくなることに変わりはない。

②貨幣

貨幣（硬貨）は、通貨法により額面の種類などとともに、「額面金額の20倍までを限り法貨として通用する」とされており、日本銀行券に比べ強制通用力は弱い。銀行券と異なり、日本銀行が政府から額面金額で買い取った時点で発行となる2018年末の流通高は、4.8兆円である。

銀行券、日本銀行当座預金と貨幣は、一旦手渡されると、完全に取引が完了し取り消されることがない。こうした最終性のことをファイナリティ（finality）ということがある。これに対して、例えば手形の手交による決済の場合は、最終的に支払いサイドの当座預金から引き落とされるので、残高が不足すればその決済は取り消されてしまう。このため、ファイナリティはない。なお、かつては銀行振込による送金は、依頼した銀行が破たんすると預金がカットされ全額送金できない場合もあり得たが、最近では預金保険制度によってこうした振込は保護されているので、事実上ファイナリティがある。

図表2-4　主な預金の種類

	期間、利率	送金	付帯的なサービス	備考
当座預金	・随時預入、随時引出（流動性預金） ・無利息	・可能 （決済性預金）	・小切手帳の交付 ・審査の上、当座貸越契約（一定額まで、預金を上回る小切手の振出が可能）	・預金保険制度により全額保護
普通預金 （円の他に外貨もある）	・随時預入、随時引出（流動性預金） ・有利息（ただし、金利は定期預金より低め）	・可能 （決済性預金）	・自動引落、自動振込、自動受取りが可能	・無利息普通預金は、預金保険制度により全額保護
貯蓄預金	・随時預入、随時引出（流動性預金） ・金利は普通預金よりも高めであるが、基準残高を下回ると、普通預金並みの金利となる	・可能 （決済性預金）	・自動引落などはできない	・1か月間に無料で払戻できる回数が制限されることがある
定期預金 （円の他に外貨もある）	・通常は1か月から10年 ・中途解約すると低金利が適用される	・不可能	・預金を担保に貸出が受けられる	・定期積金は、信用金庫、信用組合などが提供する、毎月積立型の預金 ・外貨預金や仕組預金がある
譲渡性預金 （CD = certificate of deposit）	・通常1年以内 ・通常5000万円以上の高額であり、定期預金よりも高めの金利	・不可能	・第三者に譲渡可能。ただし、債券と異なり指名債権であって、銀行への通知が必要	

③預金マネー

　当座預金、普通預金、貯蓄預金はいつでも、ほぼ誰にでも（預金口座の保有者であれば）、送金することができるので、決済性がある。このため、これらの預金は、「決済性預金」、あるいは「預金通貨」と呼ばれる（図表2-4参照。2018年末の預金通貨の残高は672兆円）。実際に最も広く決済に使用されているマネーである。ただし、預金を預かった金融機関（預金取扱金融機関）は預金者から引出し依頼があれば、それに応じて銀行券を支払う義務を負っているので、負債である。また、銀行券から派生したマネーでもある。

　金融機関が破たんすれば、金融機関の負債である預金は毀損する。また送金依頼後で送金完了前の段階で金融機関が破たんすれば、送金が完了しないことになるが、預金保険制度により、

当座預金、および無利息普通預金は「決済用預金」という特別なカテゴリーに位置付けられており、金融機関が破たんしても毀損しない。なお、送金依頼済み未結了の送金も預金保険制度で保護されている。

　一方、定期預金などは満期があって、それを当座預金等に一旦変換しない限り決済には使用できないので、マネーではない。ただし、満期前でもペナルティーを払えば、引出は可能であるので、マネーではないが「準通貨」と呼ばれる。なお、ドルなどの外貨預金も、比較的容易に円に交換できるので準通貨と分類されている。

　預金はカードを使ってATMで簡便に銀行券に引き換えることができる。また、デビット・カードを使えば、指定された店舗などで買い物と同時に、預金口座から当該店舗の口座に送金し決済することができる。つまりデビット・カードは預金の派生マネー＝現金の二次派生マネーであり、金融機関の債務マネーでもある。

④プリペイド・カード

　広く小口の決済に利用されており、特に貨幣の代替的手段として定着している（金融庁の調べによると、2018年3月末の発行残高は約2.6兆円で、貨幣流通額の半分を超える規模に達する）。しかし、その構造は現金や預金とは根本的に異なる。

　Suicaや商品券などのプリペイド・カードは、JRやデパートなどの事業者が利用者から予め現金の払込（ないしは預金マネーからの移転）を受けて発行、補充され、利用の都度残高から引き落としていくものである。その意味ではマネーの前払手段である。通用範囲は、Suicaの場合JRの乗車サービスあるいは駅周辺の商業店舗やタクシー、商品券の場合はデパートでの買い物などに限定されている。JRやデパートなどは金融機関ではないので、預金として預かっている訳ではなく、あくまでも乗車料金や買い物代金などの前払を受けているだけである。金融機関のように顧客から現金を預かることについて、厳格な監督を受けている訳でもない。このため「資金決済法（資金決済に関する法律）」により、未使用残高の半分以上の金額を法務局（法務省の出先機関）などに供託しなければならないと定められている。

⑤クレジット・カード

　発行枚数は2018年3月末で2億8千万枚、ショッピング利用額は2017年中で58兆円に達す

---

1) クレジット・カード会社は、正確にはブランドを管理する「国際ブランド会社」、「カード発行会社（イシュアー）」と、「加盟店管理業者（アクワイアラー acquirer）」の3つに機能が分かれており、3社が別の会社であることが多い。この中で、実際のマネーのやり取りを行っているのは、アクワイアラーである。

る（日本クレジット協会調べ）。クレジット・カードは、数多くの店舗などで現金とほぼ同様の利便性と通用力を持っている決済手段である。しかも、海外でも使えるケースが多く、利便性が高い。しかし、その構造は現金や預金とは全く異なる。カード発行会社が契約した店舗などで買物等が行われると、クレジット・カード会社（正確にはアクワイラー[1]）が顧客に対して融資を行い、その融資代り金が店舗などの保有する銀行口座に振込まれて決済される（月2回程度）。後日、顧客はカード会社からの依頼に基づきカード会社に月1回程度入金する（実際には預金口座から引き落とされて、アクワイラーの口座に振込まれる）。要するに、クレジット・カードはマネーの後払＝消費者金融である。ただし、カード決済を受け入れた商店等から見ると、カード使用者に信用供与しているわけではなく、カード会社に対して信用供与しているので、マネーを入手できないリスクは小さい（信用リスクに直面しているのは、カード会社である）。

　こうした仕組みによって、カードは事実上マネーとして利用できるが、そのマネーとしての通用性、信認の元になっているのは預金である。つまり、クレジット・カードは預金の後払手段である。

⑥ 小切手、手形

　小切手、手形の決済システムである手形交換の統計でみると、2018年中の1日当たり平均流通枚数は21万枚、1.1兆円である。小切手も手形も企業が仕入れ代金などを直ちには現金で支払わずに（あるいは、後日送金といった手段ではなく）、その場では金額、支払日の記載された支払い証書（小切手）ないし借金証文（手形）を引渡して、とりあえず決済を済ます方法である（図表2－5、また第2章③手形交換を参照）。その意味ではクレジット・カードと同様、マネーの後払手段である。

　小切手を受け取った者は金融機関に提示して直ちに現金化できる。手形の受取人は、手形の取立を金融機関に依頼して、支払日に自分の預金口座に振込んでもらうことができる。なお、手形の受取人はその手形に裏書（手形の裏面に自分の署名と、第三者である受取人の宛名を記載）して、第三者に譲渡する（それによって支払に代える）ことができる。

　ここで重要な点は、小切手、手形の場合、支払期日において支払人の当座預金に支払額以上の残高が維持されている必要があることである。残高が不足していれば「不渡り」となって、最初の受取人に差し戻される。受取人はマネーを取りはぐれることになる。支払人が6か月以内に不渡りを2度連続すると銀行取引が停止され、事実上倒産することになる。そうした措置によって、手形が濫用されないように、また最終的な決済が決了するよう工夫されている。とはいえ、決済機能の安定性、効率性は、送金（振込や振替）に比べて劣後している。

　このように、小切手、手形は厳密には、クレジット・カードよりもリスクの高い信用取引であるが、それが決済と直結し、あたかも現金と同様のマネーであるかのような利便性が確保さ

図表2−5　小切手、約束手形、為替手形

①小切手

振出人である、りす山太郎が取引の相手方に渡したもの。受け取った人はいつでもペンギン銀行で250万円の支払を受けることができる（一覧払）。

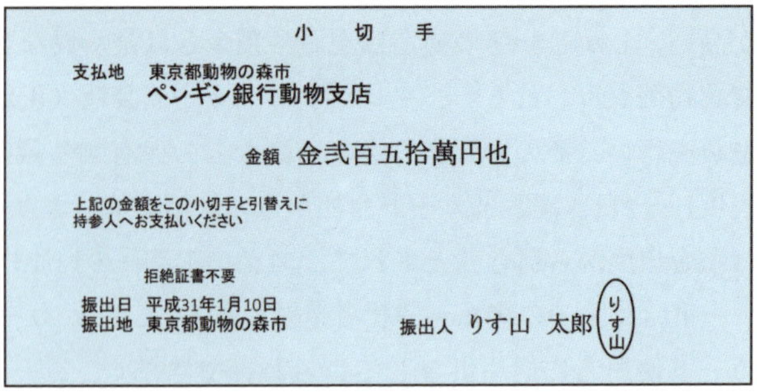
小　切　手
支払地　東京都動物の森市
ペンギン銀行動物支店
金額　金弐百五拾萬円也
上記の金額をこの小切手と引替えに
持参人へお支払いください
拒絶証書不要
振出日　平成31年1月10日
振出地　東京都動物の森市
振出人　りす山　太郎（りす山）

②約束手形

振出人であるキツツキ工務店が、受取人であるゴリラ木材に対して1000万円の支払を4月10日に行うことを約束した取引。ゴリラ木材は、4月10日に1000万円をペンギン銀行で受け取ることができるほか、第三者に譲渡して（裏書譲渡）自分の債務の決済に用いることもできる。さらに、取引先銀行に依頼して、利息を差し引いた残額を直ちに現金として受け取ることもできる（手形割引）。

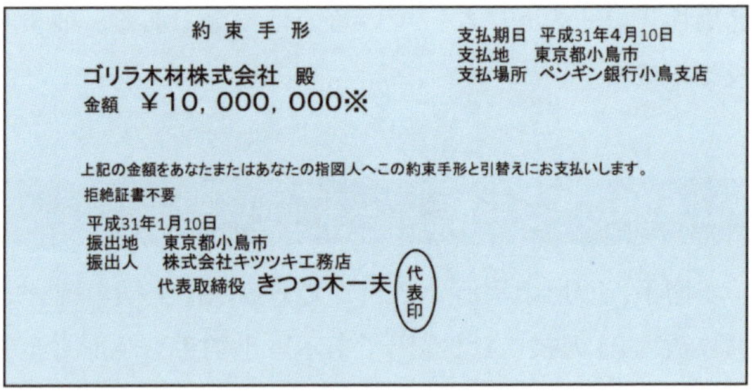
約　束　手　形
支払期日　平成31年4月10日
支払地　東京都小鳥市
支払場所　ペンギン銀行小鳥支店
ゴリラ木材株式会社　殿
金額　￥10，000，000※
上記の金額をあなたまたはあなたの指図人へこの約束手形と引替えにお支払いします。
拒絶証書不要
平成31年1月10日
振出地　東京都小鳥市
振出人　株式会社キツツキ工務店
代表取締役　きつつ木一夫（代表印）

③為替手形

振出人であるゴリラ木材がライオン商会に対してドッグ運送へ500万円を4月10日に支払うように依頼し、そのことをライオン商会も了承（引受）している取引。4月10日にドッグ運送が500万円を受け取ることができるほか、約束手形と同様に裏書譲渡や手形割引を依頼することもできる。実際にはドッグ運送が自身を受取人、支払人（引受人）をライオン商会として振り出して、ライオン商会からの500万円の取立に使うことが多い。

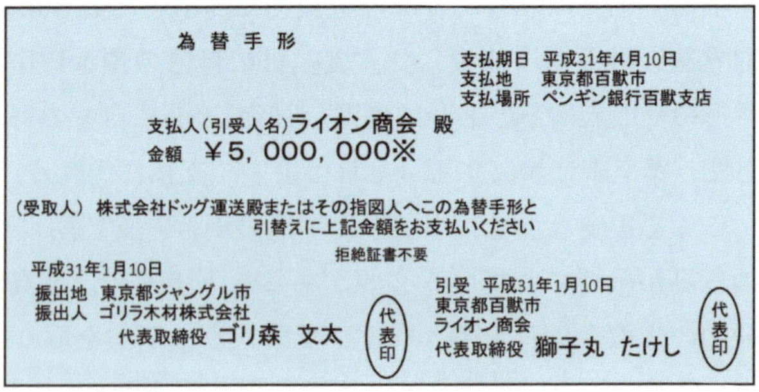
為　替　手　形
支払期日　平成31年4月10日
支払地　東京都百獣市
支払場所　ペンギン銀行百獣支店
支払人（引受人名）ライオン商会　殿
金額　￥5，000，000※
（受取人）株式会社ドッグ運送殿またはその指図人へこの為替手形と
引替えに上記金額をお支払いください
拒絶証書不要
平成31年1月10日
振出地　東京都ジャングル市
振出人　ゴリラ木材株式会社
代表取締役　ゴリ森　文太（代表印）
引受　平成31年1月10日
東京都百獣市
ライオン商会
代表取締役　獅子丸　たけし（代表印）

（資料出所）全国銀行協会のHPをもとに著者作成

れている特別な決済手段である。つまり、手形によって商品の購入代金という支払債務を手形債務という別の債務に置き換えているわけである。第一部でも述べたように、もともと歴史的にもマネーによる決済と信用取引のどちらが先に存在していたかというと、信用が先であったとの主張もあるように、信用と決済は表裏一体であることをよく示す事例であるともいえる。

⑦ビットコイン

ビットコイン（bitcoin）とはインターネット上に公開されている暗号化された取引履歴情報の塊である（図表2－6）。送金＝移転取引の都度、情報量が増え、ビットコインというマネーの量も増えていく。法律（資金決済法）上は仮想通貨と呼ばれる[2]。ビットコインという用語は、仮想通貨一般のことをいう場合と、特定のビットコインを指す場合とがある。後者は、サトシ・ナカモトという仮名の人物が最初に考案し、2009年に世界で初めて発行を実践したものである。なお、ビットコイン以外の仮想通貨のことをアルトコイン（alternative coin）という。以下、サトシ・ナカモトのビットコインについて説明しよう。2019年1月末時点でのビットコインの発行時価総額は7兆円、アルトコインを合わせた合計で13兆円となっており、日本の銀行券の12％程度に相当する。また、ビットコインの発行枚数は約1700万枚となっている。

（イ）経緯

2008年10月31日 Satoshi Nakamoto が、"A Peer-to-Peer Electronic Cash System" を匿名でWEBサイトに発表し、その論文に基づきナカモト氏及び周辺の人物がビットコインを翌年発行開始した。当初は一部でしか通用していなかったが、徐々に通用範囲が拡大していった。

（ロ）プロトコル

ビットコインの発行、送金に関するルール（プロトコル）が、インターネット上に公開されており、誰でもアクセスできる。このプロトコルがビットコインの全てを決めている。その概要は次の通りである。
- 発行量最小単位：
  0.00000001 ビットコイン＝「1 satoshi」
- 新規発行量＝マイニング報酬（後述）：
  0～21万ブロックまで：50ビットコイン＠1ブロック、以下21万ブロックごとに半減、マ

---

[2] 現在、国際的には「仮想（virtual）」ではなく「暗号（crypto）」通貨という呼ぶことが一般的である。さらに、暗号技術を使った資産全般を、crypto-assets（暗号資産）ということも多い（例えば最近のG7声明などでの表現）。こうした状況の下で、日本政府も暗号通貨の呼称を法律（資金決済法）上は「暗号資産」に変更するとともに、取扱業者に関する金融商品取引法上の規制を強化する法律改正案を閣議決定した（2019年3月）。

第二部　金融システム

図表2−6　ビットコインの仕組み

①ビットコインの発行
- 複数の送金取引をまとめて、新ブロック候補を作成
- 新ブロック候補が認証（プルーフ）を得ると、新ブロックが形成される（＝ビットコインの創出）
- 新ブロックが、既往ブロックの連鎖に加えられ、ブロック・チェーン（分散型台帳）がひとつ長くなる

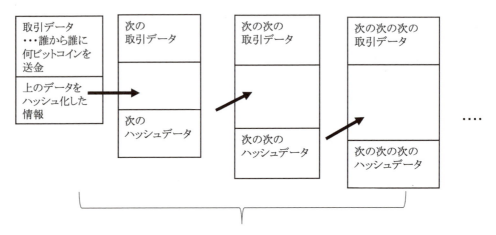

それぞれがブロックであり、これらの全体がブロックチェーン。

②ブロック・チェーン（分散型台帳）とは
- ブロックを繋ぐのはハッシュ関数（任意の情報を256桁の数列に変換）
- ハッシュの冒頭には任意の数のゼロが並ぶ（そのような数列＝ナンス；number used once）
- ゼロの数を増やすことによって、検証の難易度が上がる
- ブロックの情報量は最大1メガバイト
- タイムスタンプが押されている

③ハッシュとは

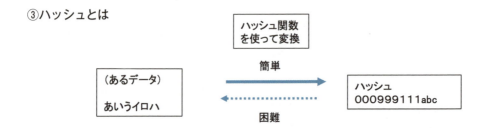

イニング報酬が最小単位を下回った時点（結果的に、2100万ビットコイン）で、発行打ち止め（2019年1月末時点ではおよそ1ビットコイン＝40万円で取引されている）。

ただし、こうしたプロトコルは時々変更される（分岐＝フォーク＝forkと呼ぶ）ことがある。その場合にはビットコインを運営する小人数の有識者グループが協議し、マイナー（後述）達の合意を得ることが慣行となっている（その仕組みについて、国の権力を背景にした法律的な有効性はなく、有識者の権威を根拠としている）。

（ハ）ブロックチェーン（分散型台帳）とマイニング

取引履歴の情報はインターネット上に公開されており、誰でもアクセスできるが、固有名詞ではなくコードネームが用いられ、かつ暗号化されている。新たな送金取引（トランザクションという）が行われる都度、その暗号を解いて、その内容（金額、支払人・受取人のコードネーム）を検証する作業（プルーフ・オブ・ワーク；proof of workという）が行われる。プルーフの作業自体はオープンで、能力があれば誰でもできる。これが、ナカモトがPeer-to-Peer（P2Pという）と名付けた理由であって、中央銀行の当座預金や銀行の預金のように中央のサーバーで管理されるものではない。このことがビットコインを、他の通貨とは全く異なる特別なものとしている。

実際にプルーフ・オブ・ワークを行うためには手間のかかる計算をしなければならない。プルーフ・オブ・ワークはいくつかの送金依頼＝トランザクションをまとめて、1メガバイトになったときに検証作業が開始される（概ね1ブロックの検証に10分程度の時間が掛かる仕組みになっている[3]）。最も早くプルーフ・オブ・ワークを成し遂げた者には、新たに創出されるビットコインが報酬として与えられる。そうした報酬目当てのマネーの創出をマイニング（mining〈発掘〉）、創出者をマイナーと呼んでいる。また、このような仕組みをブロック・チェーンという（「分散型台帳」とも呼ばれる）。

（ニ）現金性

ビットコインは、何か別のマネーから派生したモノでもなく、債務でもない。それ自体に効用価値はないが、マネーとして認知されることによって、マネーとしての機能を持ち市場ではドルやユーロと同じように、価格が形成されている。

ビットコインを最初に一般人が入手するには、両替業者（法律上は、「仮想通貨交換業者」。一般には取引所という）に口座を開設し、日本円を入金し専用のアプリを使ってビットコインに変換し、保存、管理、利用（送金）を行う（自らマイニングを行う必要はない）。

---

[3] もっとも、1ブロック内の個々のトランザクションは10分を待たずに＝プルーフ前に仮に送金されている。その後、プルーフされなかった場合には、組み戻しされることがあり得る。

なお、ビットコインは税法上、モノではなく決済手段として認知されているため、取引に当たって消費税の課税対象とはなっていない。

(ホ) 債務マネー化の可否

以下の事情により、ビットコインから（効率性の高い）債務マネーを創出することは容易ではない。

取引所業者からみると、顧客から預かったビットコインに関して、当該顧客から返還請求を受けたときには、預かったビットコインをそのまま返還するか、手元にある（別の顧客から預かった）ビットコインで支払うしかない。ビットコインの生成はあくまでもインターネット上で公開的に行われるマイニングによってのみ可能だからである（取引所は通常マイニングは行わない）。顧客からの送金依頼への対応についても、手許にあるビットコインを移転しなければならない。

これに対して銀行預金の場合は、もともと預かった現金（＝預金）を現金で返すということは、全体の取引の中ではごく一部であって、大半は他行への送金という形で処理される。他行への送金（仕向）も、他行からの送金（被仕向）と相殺され、ネットベースの決済となるため返還すべきマネーの総量は大きく縮小する。また、銀行は貸出の実行＝預金記帳によって自らマネーを創出する信用創造機能を持っているので、原資がないという理由で送金ができないということはない[4]。

さらに、ビットコインの場合には時折プロトコルの変更（フォーク）が行われるため、厳密な意味では同種、同質、同額のビットコインの変換（つまり消費寄託契約）は困難であって、その点について利用者＝受取人が了承している必要がある。もっとも、銀行券の場合も一枚一枚異なる記番号が付番されていることから、非常に厳密に言えば全く同じモノを払い戻している訳ではない。

(ヘ) 最適通貨圏

ビットコインは、デジタルな情報であってインターネット空間でのみ存在しているため、

---

[4] 正確にいえば、日本銀行に開設している当座預金口座の残高が確保されていることが必要である（この点は、第2章を参照）。
[5] 最適通貨圏とは、共通のマネーを使用することが合理的な地域のことであって、EUの共通通貨ユーロ導入が例として挙げられる（第三部第一章を参照）。
[6] マイニングに要する主要なコストはコンピュータを稼働するための電力コストである。このため実際マイナーの数が最も多いのは、電力コストの安い中国である。また、総発行量の増加ペースをコントロールするため、プロトコルによって1ブロックの処理（送金件数は複数）に10分程度かかるように敢えて調整されている。トランザクションの容量という意味では、クレジット・カードの場合1日当たり数億件のトランザクションがあるとされているが、ビットコインの場合は、1日当たり数万件が限界とされている。

WEB取引との相性がよい（対面で互いにスマートフォンなどを使って財やサービスとの同時交換はできるが、物理的に受渡ししているわけではなく、インターネット空間で取引をしている）。その意味で、ビットコインの最適通貨圏[5]はインターネット空間である。

(ト) ビットコインの将来

　ビットコインは、現時点では、送金処理のコスト[6]が過大であり、時間がかかるといった問題の指摘も多い。つまりマネーとしての使い勝手が不十分である。そうした問題を解決すべく様々な改善あるいは、新たなビットコイン（アルトコイン）の開発も次々に行われているが、問題の解決には至っていない。このため、現在のところビットコインはキャピタルゲインを狙った投機の対象（あたかも新興国通貨への投機）という側面が強く、決済手段としての機能は限定的である。

　また、主要国の中央銀行の中には、P2Pではなく中央銀行の権威を活用したWEBマネーの発行を検討している例もある（第一部注13参照）。他方では、マネーロンダリングに悪用されることを警戒し、金融機関のビットコインの取扱いを禁止する事例もある（中国の中央銀行である中国人民銀行）。また、P2Pのマネーとはいえ、プロトコルの管理を少数の関係者が運営している実態もある。こうしたことを考えると、仮想通貨間の競争、整理淘汰によって、仮想通貨のガバナンスや技術的な問題がクリアーされていかない限り、ビットコインが各国の預金マネーを脅かすような存在になるとは考えにくい。ただし、そのような可能性が長い目で見て全くないとはいえない。

　なお、ビットコインの基盤技術のひとつであるブロック・チェーンは、プルーフ・オブ・ワークに替えて、ある特定の管理者が認証するように変更することによって、マネーに限らず様々な分野への応用ができると期待されている。ただし、その場合には、P2Pではなくなり、クローズドな通用範囲となる（日本の大手民間銀行が発行を計画しているビットコイン類似のWEBマネーもこのような方法を採用している）。ブロック・チェーンに書き込まれた情報は、インターネット上で簡単に移転できる一方、情報の中身は暗号化されセキュリティーが確保されているため特定の相手にしかわからないような仕組みとなっているので、使い勝手がよい場合がある。既に、高額のダイヤモンドの個別認証や、不動産の登録管理などへの応用が始まっている。

(チ) Alipay/WeChatPay と QR コード決済

　こうした中で、決済関係で注目を集める動きが中国を中心に大きく台頭しているので簡単に紹介しておこう。中国では、わが国のように町中にATMが設置され、どこでもいつでも現金（銀行券）に替えて、決済に供するという状況にはなっていない。そうした中で、近年におけるフィンテックの発展をいち早く取り入れる動きが盛り上がっている。その具体例の代表的なものが、Alipay/WeChatPay と QR コード決済である。

AlipayやWeChatPayの場合は、もともとは中国の中央銀行である中国人民銀行の認可を受けて、WEB上で顧客の決済の代行を行う仕組みであるが、それがさらに発展し、彼らがポイントを発行し、そのポイントを使って買い物、旅行など日常の様々な場面での決済をスマートフォン上で完結させる形に進化したものである。それぞれユーザー数が数億人から10億人を超える規模になっているとされ、巨大なネットワークとなっている。

　QRコード決済とは、商店での買い物をイメージすると、商店サイド（受領者）がQRコードを店頭に掲示し、顧客（支払者）がスマートフォンでそれを読み取り、適宜の認証プロセスを経て受領者に送金し、受領者はその場で入金を確認するというものである。また、支払者が支払いの現場で（例えば1分間有効な）QRコードを生成し、それを受領者が読み取って、金額を入力、引落しを行い、直後に支払者がショートメッセージなどで取引の成立を確認するケースもある。もちろんそれらの背後には、通常の送金、Alipay/WeChatPayなどのポイントのやり取りなどの決済システムがある。

　中国の場合、経済規模が大きく、かつ成長率が高いこと、さらには世界中に膨大な数の海外在留者が存在し国境を超えた取引、送金が行われていることも、こうした決済の革新的な動きの背景にある。

⑧マネーストック統計

　日本銀行は、マネーに関する様々な統計を公表している。そうした中で最も重要なのは、マネーストックとマネタリーベースに関する統計である（マネタリーベースはベースマネーとも呼ばれる）。

　以下のようにいくつかの指標があるが、一般的に重視されているのはM3である。しかし、分析の目的によりM1あるいは、M3が使い分けられている。すなわち、決済需要についてはM1、ストック資産としてのマネーを重視する際にはM3を用いるべきであろう（以下の〈　〉は、2018年末の計数）。

（イ）M1；エムワン〈774兆円〉

　現金通貨（日本銀行券＋貨幣）＋預金通貨（＝要求払預金〈当座、普通〉）
の合計であって、対象金融機関は日本銀行、外国銀行、農協など全ての預金取扱金融機関となっている。要は、最もマネーらしいマネーの合計といってよい。なお、ここでの日本銀行券、貨幣は金融機関が保有している分は除外されている（実際に、金融システムには出回っていないという理解である）。

（ロ）M3；エムスリー〈1347兆円〉

　M1に、準通貨（定期預金＋外貨預金）とCDを加えたものである。マネーとマネーに簡単に変えられる預金を加えた計数である。

（ハ）M2；エムツー〈1014兆円〉

　かつて主な指標として用いられていたデータ（M2＋CD）との連続性の観点から特別に作成されている参考的な計数である。具体的にはM3の対象金融機関から外国銀行、ゆうちょ銀行、信用組合、農協などを除いたものである（預金の種類はM3と同じ）。内訳として、CDが別計上されている。

（ニ）広義流動性〈1793兆円〉

　金融機関が直接提供しているほぼすべての金融商品を網羅したもので、M3の他に信託や金融債のほか、国債なども含めている（社債は除かれている）。比較的簡単に預金通貨に変えられる金融商品の合計であって、マネーではないが、世の中の金融が緩んでいるのか引き締まっているのかを表す計数である。もっとも、株式などが含まれていないため、世の中の流動性の状況をこれだけで判断することはできない。

（ホ）マネタリーベース〈504兆円〉

　日本銀行が供給しているマネーのことである。具体的には、日本銀行券＋貨幣＋日本銀行当座預金である。マネーストック統計と異なり、日本銀行券、貨幣は金融機関保有分も含む。また、準備預金制度の対象となっていない日本銀行の取引先(証券会社など)の当座預金残高も含む(準備預金残高よりもその分大きくなる)。

第2章
決済システム

　決済システムとは、決済に必要なマネーを効率よく届けるネットワークのことである。もちろん現金の手渡しでもマネーを渡すことはできるが、物理的な手渡し、搬送は紛失、盗難リスクがある。隔地間の現金の移転となると、コストは大きく、利便性は低い。多数の先に同時にマネーを届けることも煩瑣（はんさ）である。現代では、現金の支払いは、単独、少額の決済に限定されており、ある程度の金額以上の決済は、「決済システム」を使うのが一般的である。現在、主な決済システムには、①全銀システム（送金）、②日銀ネット、③手形交換、④でんさいネットがある。これらを順次みていこう。

　なお、プリペイド・カードやクレジット・カードは、あたかもそれ自体がマネーとして機能しているようにみえるが、現金の派生マネーである預金をマネーとする決済システムと整理するのが正しい。実際、そうしたカードへの入金や最終的な決済は現金の受渡ないしは預金の送金（下に記載した全銀システム）で行われている。さらに、クレジット・カードの場合は、カード会社（アクワイアラー）からショップ等への立替払い（信用供与）を含んでいる。

　手形は、差し当たり手形のみを手交しておいて、後日マネーの受け渡しが、手形の受取人の口座への入金・振出人口座からの引落、そして銀行間の決済（手形交換）は日銀ネットで行われるので、全銀システムと日銀ネットの派生システムといえなくもない。

　なお、ビットコインなどの仮想通貨は、インターネット上でビットコインなどが受渡しされる。特別な決済システムが独立的に設けられているわけではなく、所有者の移転情報がインターネット上にアナウンスされ、それが検証されることによってビットコインの所有者が替わる。

①送金システム

　送金システム、すなわち全銀システムについて、日銀のHPに沿って説明しよう（図表2-7）。個人や企業が金融機関に送金（口座から口座への送金を特に振込という）を依頼した場合、依頼を受けた銀行（仕向銀行）は、振込先の口座のある銀行（被仕向銀行）に立替入金を依頼する。その入金が行われた後、仕向銀行は被仕向銀行に対してマネーを支払う必要がある。その支払

図表2-7　送金の仕組み

―送金依頼①からスタートして、送金完了⑥、銀行間決済の決了⑨までの流れ―

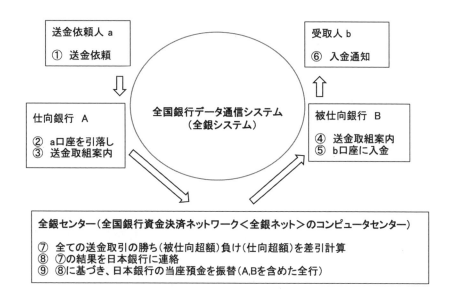

いは、日本銀行にある各銀行の当座預金口座の間の振替で行われる。こうした一連の仕組みを「全国銀行内国為替制度[7]」という。この制度は、全国銀行データ通信システム（全銀システム）を使って、全国銀行資金決済ネットワーク（全銀ネット）により運営されている。振込など金融機関の為替取引に関するデータの処理は、全銀システムのセンターを通じて行われる。このセンターでは、個々の送金金額（支払指図）を集計し、金融機関毎に受払差額（勝ち負け）を計算し、その結果を日本銀行にオンラインで送信する。この送信結果に基づき、当日の午後4時15分に、各金融機関と全銀ネットとの間で、日本銀行当座預金の入金または引落しを行うことにより最終的に決済される。

実は、このような仕組みでの為替取引は、1件1億円未満の小口取引に限られており、1件1億円以上の大口取引については支払指図毎に決済に必要な情報がセンターから日本銀行金融ネットワークシステム（日銀ネット）に送信され、日本銀行当座預金の振替によって処理される。

このように全銀システムは最終的には日銀ネットで決済されるので、日銀ネットの派生システムといえなくもない。

---

7) 為替とは、送金元、送金先の他にそれを仲介する業者（為替業者）がいる送金のことである。

図表2-8　日本銀行当座預金（日銀ネット）

- 日本銀行は、預かっている当座預金の中で、銀行Aの口座から銀行Bの口座に振替などを行う。
- そうした取引の連絡・処理は、オンラインで行っており、日銀ネットと呼ばれている。

日本銀行のバランス・シート	
資産	負債・資本
	民間銀行から預かっている当座預金 銀行A、B、C…の口座

A銀行（民間銀行、日本銀行当座預金先）のバランスシート	
資産	負債・資本
	受入預金
日本銀行当座預金	

②日銀ネット

　日銀ネットとは、日本銀行に金融機関が保有している当座預金の振替によって、マネーを移転する仕組みである（図表2-8）。かつては当座預金の振替に小切手を使うことが一般的であったが、現在ではネットワークシステム（日銀ネット）による振替がほとんどである。巨額のマネーを瞬時に安全に移転できるシステムであって、金融機関間の決済に用いられている。

　また、一般の送金についても、前述のとおり1億円以上の大口送金は、全銀センターを経由して日銀当座預金の直接的な振替によって処理されている（図表2-9）。なお、日銀ネットでは、リスク削減の見地からで即時グロス決済（RTGS）により処理される（こうした決済政策については、第八部で解説する）

③手形交換

　手形の決済システムが手形交換である（図表2-10）。財・サービスの対価として手形を受け取った人は、手形を銀行の店頭に持ち込んで期日前に利息に相当する割引料を支払って現金化すること（手形割引）もできるが、自分の取引先銀行に手形を提示して取立て依頼（期日での現金化）することが多い。取り立てに出された手形は、各地の手形交換所で銀行別に手形の持込み（取立て）金額と支払い金額がネットアウトされ、その差額が日銀ネット上で決済されている（実際には、手形交換所が各銀行との間で日銀ネット上で最終的に決済）。

　なお、送金（全銀システム）は送金サイドがマネーの移転を起動するのに対し、手形の場合は受取り側がマネーを取り立てることになる点が大きな違いである。

図表 2-9 送金における日銀ネットの役割

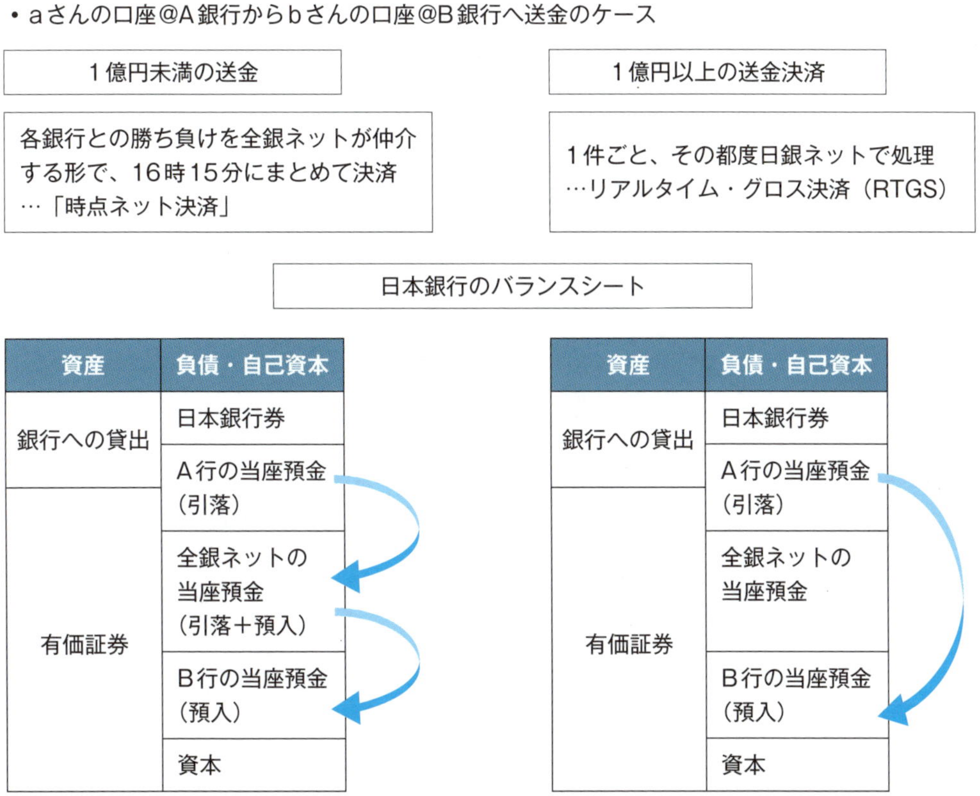

- aさんの口座＠A銀行からbさんの口座＠B銀行へ送金のケース

1億円未満の送金
各銀行との勝ち負けを全銀ネットが仲介する形で、16時15分にまとめて決済…「時点ネット決済」

1億円以上の送金決済
1件ごと、その都度日銀ネットで処理…リアルタイム・グロス決済（RTGS）

日本銀行のバランスシート

資産	負債・自己資本
銀行への貸出	日本銀行券
	A行の当座預金（引落）
有価証券	全銀ネットの当座預金（引落＋預入）
	B行の当座預金（預入）
	資本

資産	負債・自己資本
銀行への貸出	日本銀行券
	A行の当座預金（引落）
有価証券	全銀ネットの当座預金
	B行の当座預金（預入）
	資本

④でんさいネット

　でんさいネットは全国銀行協会が運営する、電子化した債権の登録、流通、決済のシステムである。様々な情報のやり取りはWEB上で行われる。基本的な情報の流れは、紙とインターネットの違いを除けば、手形と類似している。すなわち、商品の仕入れといった商取引が行われ、それが直ちには決済されず、債権として一定の期日まで決済が先延ばしされる。その情報は、取引先金融機関経由ででんさいネットに登録され、売り手（債権者）と買い手（債務者）の各々の金融機関が情報を共有しておく。そして期日になれば、自動的に資金の決済が行われるというものである。また、手形の不渡りによる銀行取引停止の仕組みとほぼ同様の仕組みが設けられている。手形との違いは、金額を分割して、複数の先に同時に譲渡できること（手形金額は原則として分割できない）、期日での決済しかできないこと（一覧払手形のような機能がないこ

図表2-10　手形交換の仕組み（図表2-5参照）

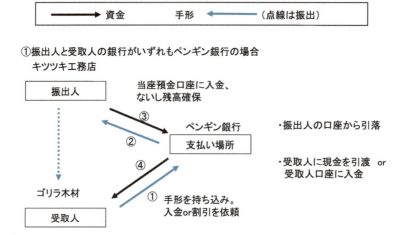

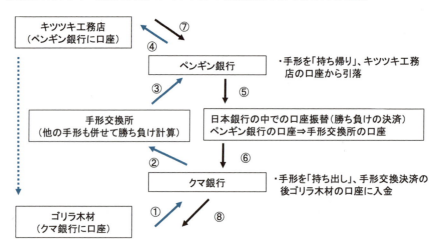

と）などである。

　さらに、でんさいネットはビットコインとの類似点もある。具体的には、手形の裏書譲渡は、取引履歴を随伴しながら譲渡されていくものであるので、ビットコインがそれまでの全記録を随伴した情報の塊をインターネット上でやり取りする姿と類似している。もっとも、ビットコインは永久に履歴の書き込みが続くが、でんさいネットは期日には消滅する。また、でんさいネットは手形と同様に、あくまでも最後は預金の支払い義務を負う債権・債務関係であるが、ビットコインはそれ自体に価値のある現金に近い性質を持っている。

第3章 金融システムの枠組み

　以上、マネーや決済システムについてみてきたが、次に信用システムを含めた全体像、つまり金融システムについて概観しよう。

　金融システムのことを金融制度と呼ぶこともある。ただし制度という言葉は、金融などの仕組みを静態的に、典型的には法律的な観点から捉える文脈で使われることが多い。一方、金融システムという場合、金融取引が実態的にどのように機能しているのかという動的な観点から捉えることが多い。例えば、金融が円滑に機能している場合は「金融システムは健全である」といい、逆に金融機関の破たんが続き、金融の機能が不全になっているような場合、「金融システムは脆弱である」とか「金融システムが機能不全になっている」という。そうした観点から、ここでは「金融制度」ではなく「金融システム」という用語を使うことにする。もっとも、「制度」を広義に解釈し、ヒト、モノ、カネといった基盤、あるいはその上で取引が行われる場合のルール、慣行などの総体を制度ということもある。その場合、「制度」と「システム」は同義である。

①取引の対象

　そこで、金融システムの構成要素を順にみていこう（前掲図表2－1）。最初に取引対象については、マネーと金融商品がある。マネーについては既にみたので、ここでは金融商品の金融システムの中での取引形態を中心に説明する。

（イ）マネー
　決済に使われるほか、融資などの「信用」取引＝マネーの貸し借りの対象となる。

（ロ）金融商品
　マネーを一時的に他者に委ねることによって成立する様々な権利と義務である。あるいは、それらを取引できる商品という形にしたものである。代表的な金融商品は、預金（当座預金等

はマネーでもある）、貸出、債券、株式などである。

②取引の内容

次に、取引の形態による区分がある。

(イ) 取引の形態による区分

a. 決済
送金などマネーを移転する取引である。

b. 売買
金融商品や外貨を売買、つまりマネーと交換する取引である。

c. 信用取引
金融商品を生成することである。信用取引には、貸出、預金、債券発行、債券引受、新株発行、株式引受などがある。

(ロ) 売買における取引当事者間の関係（相対取引と市場取引）

売買については、取引当事者間の関係による区分がある。つまり、相対取引と市場取引である。

一般に、金融取引の条件（数量、価格、実行日、期間）を1対1で決定するのが相対取引、それを不特定多数の売り買いの注文が交錯する中で、買い手と売り手の条件が折り合った時点で都度、条件決定されるのが市場取引である。この定義では、相対取引の典型例は預金や融資である。一方、市場取引の典型例は証券取引所における債券や株式の取引、短期金融市場におけるコール取引などである。

しかし、両者の中間形態の店頭市場（OTC；over the counter）というものがある。店頭市場は、完全に不特定多数の主体というわけではないが、かなり多くの数の参加者が金融機関を通して取引を行っている。例えば、発行量の少ない債券、株式のほか、外国為替やCD（譲渡性預金）などがそれにあたる。また、貸出や預金についても、金利などの条件は競争的に決まっているのが実態であるので、預金市場とか貸出市場という言い方をすることも多い。さらに、証券取引所で取引されている株式や債券についても、取引所での価格情報を勘案しつつ金融機関が相対で顧客と取引することも少なくない。このように、相対取引と市場取引の間に取引条件の違いはないと考えてよい。

ただし、相対取引は取引の当事者の一方が必ず金融機関である。金融機関同士の場合もある

ほか、金融機関と顧客との関係において、金融機関が売り手の場合も買い手の場合もある。一方、市場取引は金融機関、金融機関以外の主体が対等の立場で売り買いを行う。典型的な市場取引は証券取引所における取引やブローカーと呼ばれる取引仲介業者（短資業者や外為ブローカー）がいる場合であって、取引所やブローカーが取引のマッチングをおこなっている。

また、取引所取引は契約の締結や決済（モノとマネーの交換）に関するリスク（カウンターパーティ・リスク）がないという特別の意味がある。すなわち、成約後の取引は、市場参加者同士ではなく、取引所と参加者の間での決済になる（central counterparty）ところ、取引所は倒産しないこと、法令やルールに対して誠実に順守するという大きな信頼があるため、取引所取引は安全性が高い。

(ハ) 信用取引における金融業者の関わり方（直接金融と間接金融）

信用取引については、銀行などが預金・貸出業務として行う間接金融と、証券会社が単に取引を媒介する直接金融の二つのパターンがある（図表2－11。また、第1部の注19を参照）。

図表2-11 直接金融と間接金融

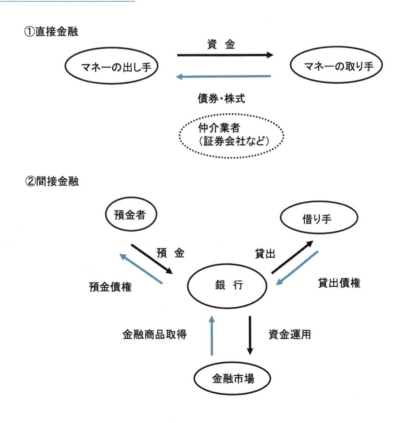

直接金融とはマネーの取り手が提示した条件に対して、マネーの出し手（貸し手、投資家）が直接的に取引に応じるものである。典型的には、株式や債券はこの形態で取引される。ただし、当事者が直接売買条件をすり合わせるのではなく、証券会社などが間に入って価格等の調整をすることが多い。仲介業者は、マネーの取り手と出し手の間に入って、取引をマッチングさせるだけであって自身のバランスシートにはマネーや金融商品は計上されない。もっとも、実際には証券会社は顧客の注文に迅速に応じられるよう商品在庫として、あるいは自己資金の運用のために金融商品を保有することは一般的である。ただし、その場合でも次にみる間接金融のように銀行が預金として長期に負債を自ら調達する状況とは根本的に異なる。

　間接金融では金融機関が預かった預金を、企業向け貸出や金融市場で運用する。一旦金融機関がマネーを受け入れて自己の判断でそれを運用する、つまりマネーの出し手からみると間接的にマネーを貸出し、運用していることになる。このため、間接金融と呼ばれる。銀行等の仲介業者のバランスシートに一旦債権・債務が計上される形となるため信用リスクを銀行などの仲介業者が取ることになる。

　しかしながら、間接金融と直接金融の境目は曖昧になってきているのが実態である。すなわち、近年銀行などが相対で実行した貸出を有価証券化するなどして投資家に転売する「債権流動化」や、ファンドという形で専門業者が多くの投資家からマネーを集めて貸出を含む多様な資産運用を行う「集団投資スキーム」という方法が活用されるようになっている。これらは、銀行やファンドのバランスシートに計上されるという意味では間接金融であるが、相対ではなく、多数の投資家からマネーを集めるという意味では市場型であるので、「市場型間接金融」と呼ばれている。

　なお、間接金融のひとつの形態ではあるが、マネーや金融商品を委託（信託）して、その運用を金融機関に委ねて、実績配当を受け取る取引、すなわち「信託契約」というものがある。信託契約では、信託銀行などの金融機関が顧客（委託者）からマネーや金融商品の運用を任され（受託者）、最終的には当該顧客本人あるいはその指定する第三者（受益者）に元本と運用益が与えられる三者間取引となる。

③取引の主体

　金融取引は、基本的に誰でも参加できるのが特徴である。すなわち、個人、家計、事業法人、公的法人、国・地方公共団体、海外主体などである。彼らは基本的に同じ取引ルールに従って、同じ場（市場）で対等に取引を行っている。

　しかし、金融取引を業務として行っている銀行などの金融機関と、マネーを発行し金融政策を遂行している中央銀行（わが国では日本銀行）は金融システムの中の特別な存在として、金融システムの基盤を支えている。また、金融機関は厳格な規制、監督に服しているが、それを

企画、実行している監督当局（日本では金融庁）が非常に重要な存在である。

監督という言葉は他の業種ではあまり使わない用語であろう。監督とは、supervisionの日本語訳であるが、通常の行政行為である、業界に対する規制の設定だけではなく、その運営を超えた内容を持っている。すなわち、単なる静的な制度の設計だけではなく、その時々の政策課題に応じたダイナミックな役割を期待されている。例えば、現在政府が進めている地方再生などへの貢献を地方の銀行に強く促していくといった取り組みなどである。また、業界に対する規制は他産業と比べて厳格である。かつてはそれが行き過ぎ、典型的に決算への介入、店舗の新設の制限（店舗行政）、四半期ごとの融資増加額の設定（日本銀行の窓口指導）などが強力に行われ、銀行の経営判断を行っているのは各行の経営者ではなく監督当局と揶揄された時代があった。そのような行政のスタイルは第二次世界大戦後1980年代まで続いた。その後、広範囲に規制緩和が行われたが、金融危機が勃発すると見直しが行われ、再び規制が強化されることとなった（2008年以降の世界金融危機後、危機の再発防止のため主要国は一斉に金融機関に対する自己資本規制などの強化に動いた）。

以下、金融システムの担い手について、具体的にみていこう。なお、民間金融機関の業務の詳細は第六部で説明するが、ここで大づかみに金融システムの中での役割をみておこう。

（イ）民間金融機関

金融取引を業務として行っている組織（株式会社、協同組織）であり、金融商品を売買したり、決済などの金融サービスを手数料を取って提供したりしている。民間金融機関には、概ね次のような種類（業態）がある。

a. 預金取扱金融機関

預金マネーを創出し、それを使って信用取引を行う業者である。銀行、協同組織金融機関（信用金庫、信用組合、農業協同組合・漁業協同組合）などがある（本書では、特に必要がない限り、預金取扱金融機関のことを「銀行」と総称する）。法律（出資法；「出資の受入れ、預り金及び金利等の取締まりに関する法律」）により、これらの業者以外は預金業務を行えない。これらの業者は監督当局から業務を行うために当局から「免許」を受けている。また、業務の継続に当たって、実地に経営状況を当局が調査する「金融検査」が行われる。

b. 証券会社

法律用語としては、「金融商品取引業者」という。株式会社が発行した株式や債券などの売買を仲介したり、新規に株式などが発行される際に一時的に株式を購入（引受）したりすることを業務としている業者である。市場取引が円滑に行われるようにすること（マーケット・メイク）が、本質的な機能である。基本的には自らの負債を商品とすることはなく、あくまでも第三者

である発行体が発行した金融商品を取り扱っている。

c. 保険会社

　予め保険料を徴収、プールしておき、一定の条件が成立したときに（保険事故の発生）、保険金を支払う業者である。免許制が取られ、厳格な規制に服している。生命保険、損害保険のほか、傷害・疾病保険などがある。

d. 貸金業者

　銀行などから融資を受けて、あるいは市場で債券等を発行し、それで得たマネーを顧客である個人や企業に融資することを業務としている。監督当局に登録する必要がある。必要に応じて「金融検査」が実施される。

e. 資金決済業者

　資金移動業者やプリペイドカード会社など、いくつかの形態があるが、マネーの移転を専門に扱う業者である。資金決済法などによる規制が課されている。登録制（金融庁）となっている。

　また、仮想通貨については「仮想通貨交換業者」としての登録（金融庁）が必要である。外国為替の両替については業務として行っても登録の必要はないが、1か月の取引合計額が100万円相当額を超えるときには事後報告（財務省）が必要である。

f. 信託会社

　委託者からマネーやモノの提供を受けて（受託）、契約に従って運用し、受益者にその成果を還元することを業務としている。免許制が取られ、厳格な規制に服している。銀行との兼営業者（信託銀行）のほか専門業者（信託会社）もある。

g. 取引所、全銀センター、手形交換所

　金融機関相互の決済を仲介する機関であって、多くは金融機関の共同出資によって設立されている。証券取引の仲介をする証券取引所のほか、送金を業とする全銀センターや手形交換を仲介する手形交換所などがある。

(ロ) 政府系金融機関

　日本政策金融公庫など、国の金融事業を行う機関である。株式等の資本の過半を政府が出資している。公共的、政策的な目的のために設立されている。原則としては、預金を受け入れず、貸出や出資を行っている。

(ハ) 金融機関の顧客

　個人、企業、国や地方自治体など全ての主体が金融機関の顧客になり得る。なお、金融機関同士も金融取引を行っているが、その場合は「対顧客取引」ではなく、「業者間取引」である。

(ニ) 政策当局、規制・監督当局、関係機関

　金融取引をコントロールする主体である。具体的には、金融システムに関連する法律を策定し、その適用（例えば銀行免許の付与など）を行う規制・監督当局のほか、中央銀行などの政策当局、金融取引のセイフティー・ネットである預金保険機構などがある。
　また、格付機関や信用調査会社なども、金融取引の円滑化に寄与している。

④ 金融インフラ

　金融取引を成立させ、その履行を確実にするための基盤である。具体的には、法律、行政庁による規制、取引参加者の間で形成されてきたルール（取引慣行）のほか、WEBなどのネットワークも重要なインフラである。

(イ) 法律

　基本的に商法などの取引法と銀行法などの業法の二つで構成されている。取引法は各主体共通の事項を定め、業法は各業態固有の規制等を定めている。

(ロ) 監督行政

　法律に基づいて業態ごとに監督体系を定め、それに従って、免許の付与、登録受付、検査などの具体的な監督を実行している。仮に経営が破綻した場合に、その認定（破綻認定）を行うのも、監督当局の権限である。

(ハ) ネットワーク

　金融機関は単独では、業務は円滑に行えない。典型的に決済業務においては、送金元と送金先の二つの金融機関が、情報通信網（文書の送付、WEBでの通信など）を通じて、連絡を取り合う必要がある。また、手形交換所や全銀システムなど、金融機関の間に立って取引を仲介する中央清算機関（CCP；central counterparty）もHUB（ネットワークの核となる存在）として重要な役割を果たしている。こうしたインフラの中には、安全に情報を伝達する暗号システムや最近普及が著しいブロック・チェーンなども含まれる。

（二）社会・政治体制

　金融システムは経済システムのサブシステムであって、経済システムは各々のコミュニティに固有の社会・政治体制の中で成立している。例えば、1980年代までの中国のような典型的、伝統的な社会主義体制においては、民間金融機関システムは成立しておらず、中央銀行が個人や企業に対して預金・為替・貸出業務を行っていた。また、ソヴィエト連邦でも同様の状況であった。

　さらに、イスラム圏では聖典コーランを踏まえた金融システムが確立されており、現在でも「イスラム金融」として、独自の体系を維持している。コーランには「アッラーは商売はお許しになった、だが利息取りは禁じ給うた」（「コーラン」牝牛二七六　岩波文庫　井筒俊彦訳　1957年）とあって、基本的に金銭の貸借に利息を付すことが禁止されている。これを受けたシャリアと呼ばれるイスラム教の教義では、利息の禁止に加え、投機も禁止されている。もっとも、無利息の預金は存在するし、事業に共同参画してその成果の中から配分を受ける仕組み（投資口座）もあって、ほぼ市場経済国の金融とパラレルな機能が体系化されている。実際、欧州においてはイスラム金融と通常の金融の両方の業務を併営している民間銀行もある。

　利息の禁止という意味では、古代ギリシャ時代においては、例えばアリストテレス「政治学」第一巻では、貨幣というものがいかに交換を便利なものにするかという議論を経たうえで、「（交換を伴わずカネがカネを生む）高利貸しは金儲けの中で最も自然の摂理に反したものだと言える」と述べている。また、旧約聖書では（申命記）、「外国人から利息をとってもよいが同胞から利息をとってはならない」との記述がある。また、14世紀にはそれまでの外国人に対する付利禁止の教えを強化し、教皇クレメント五世は利息の禁止を宣言するに至った。しかしその後のキリスト教教義に関する数世紀にわたる議論の過程で「リスクを伴う貸出に対する付利は認められる」との解釈が定着し、プロテスタント革命を経て付利は全面的に認められていく。また、ドイツ人金融家S.ゲゼルは、貨幣に付利されることが経済活動の停滞や貧富の差の拡大を生んでいるとして貨幣の通用価値が期間の経過とともに減価していく「スタンプマネー」を考案した[8]。この考え方は、倫理面からマネーに対する付利に対して懐疑的な立場を取るものであるが、最近の日本においてデフレ下におけるマイナス金利の有効性の議論から再評価する論者もいる。

　また、複利（利息の元本への組み入れ）は、多くの文化において禁止されることが多かった。実際日本の民法でも「利息の支払が一年分以上延滞した場合において、債権者が催告をしても、債務者がその利息を支払わないときは、債権者は、これを元本に組み入れることができる」（第405条）と規定し、それ以外の場合は特約がない限り単利とされている。

---

[8] 第一部注9及び対応する本文を参照。ゲゼルのこの考えは、ケインズの一般理論でも言及されている。ケインズはマネーの自己利子率がおよそ全ての財の中で最も高いこと（減価しないこと）を指摘しつつ、資産階級が高めの金利を享受することについて批判的な立場を取った。

このように、金融の基本である金利というものについても、哲学、宗教面を含め様々なルールが試行され、最終的に現代のほぼ自由な金融制度となっているといえる。

⑤金融システムの機能

金融システムは基本的にマネーの循環システムであることを念頭に、金融システムを機能面から分析してみよう。

（イ）マネーの創出
マネーを創出することは、金融システムの基本的な役割である。

（ロ）決済
マネーの移転、つまり決済も金融システムの基本的機能である。

金融を意味する英語はファイナンス　financeであるが、その語源は物事を最終化（finalize）することだという説がある。つまり、債権債務関係を解消し、契約を結了するというわけである。

（ハ）金融商品の創出
金融商品とは、将来マネーを受取る権利を化体したものである。金融商品の創出も金融システムの基本的な機能のひとつである。

（ニ）金融商品の流通
金融商品は、市場で売買することができる。もちろん個々の金融商品の性格により売買の手続きなどは異なるが、全体として金融商品を流通させ、値決め（プライシング）を行うことも金融システムの重要な役割である。

（ホ）金融商品の保有、管理
創出された金融商品を資産として保有することは、その見返りにマネーを一定期間供与し続ける＝信用を供与し続けることを意味している。金融機関に限らず、家計や一般の事業会社も当然、投資家として金融商品の保有主体となり得る。保有者は、様々な金融商品の組み合わせによって、なるべく収益率の変動＝リスクを小さくしながら、高い収益率（リターン）を目指す。一方、売り手は期限においてきちんと返済できるよう負債の期日管理のほか、なるべく低いコストで安定的にマネーを調達できるよう工夫する（企業財務＝corporate financeと呼ばれる）。

第4章
金融商品の主な種類

　次に、金融商品の種類、取引形態について説明する。第一部第3章では、リターンとリスクの関係を説明した。また、金融商品の詳細については第六部で改めて説明するが、ここでは、金融システムの機能という切り口から、商品ごとの本質的な性格の違いを整理しておこう。

①確定利回り、実績配当、条件付き債権

　金融商品の種類分けを考える際、最も基本となるのは、元本（当初の投入資金）と利回り（金利、配当率など）がどのように決められるかという観点である。

(イ) 確定利回り

　最も基本的な金融商品である預金や貸出が典型例である。利回りが予め、約束されている取引である。なお、変動金利は、金利が変動するという意味で「固定金利」ではないが、決められた参照金利（その時の市場金利など）に連動するという意味で「確定利回り」である。

(ロ) 実績配当

　運用の成績によって配当が決まる。代表例は株式や信託である。株式の場合は配当が実績によるだけではなく、元本自体が持分割合として決められるので確定していない。一方、投資信託やファンドについては、元本という概念があるが、実績配当である。

(ハ) 保険

　保険とは、保険事故が発生した時に、保険金を受け取る権利と保険金を支払う義務が発生する金融商品である。人の死亡、自動車事故、火災などの保険事故＝停止条件が成立しない限り、保険金の債権債務が確定しないことが特徴である。また、貸出などと同じく基本的に保険会社と保険契約者の間の1対1の契約ではあるが、大数の法則の下でのみ成立する。

　なお、生命保険の場合、基本的に保険金支払額は確定しているが、損害保険や傷害疾病保険

の場合は被った被害額や、結果的に確定する診療費に応じて保険金が決まるので、当初時点では債権額も確定していない。

(ニ) オプション（option）

オプションとはある金融商品（原資産）を将来取引（売買）する権利を取引するものである。派生取引ないし派生金融商品といわれる。当初の時点で、権利の実行日や価格（権利価格）を決めておくが、そうした取引を実際に行うか（権利行使をするか）どうかは、権利の実行日（満期日）にならないと決まらない性質がある。

保険と似ているが、保険の場合は保険金が支払われるかどうかは機械的に決定されるのに対し、オプションの場合はオプションの保有者が主体的に判断して決定する。

(ホ) スワップ（swap）

固定金利と変動金利、リスク・プロファイルの異なる商品、異なる通貨（円と米ドルなど）を交換する取引である。スワップを使えば、2度売買しなければならない取引を1回で済ませることができるので、効率的かつ、決済にかかるリスクを軽減することができる。

(ヘ) スワップション（swaption）

スワップする権利を売買するもので、最も高次の派生取引である。

②デットとエクイティ

デット；debtとは単純な債権債務関係のことであるが、それを借り手＝債務者からみた言い方、つまり借金のことである。預金や債券もデットである。

一方、エクイティ；equityとは持分権のことである。典型的な持分権は株式である。持分権を表象するものとして発行された株式は、事業の起業あるいは拡大のための元手＝資本となる。株式は、単にマネーの貸し借りではなく、事業の経営に参画しそこから得られる収益の分配を受ける。

デットは確定利回りであるのに対し、エクイティは実績配当である。また、エクイティは、通常は企業の永続性を背景に期限がないが、デットは期限付きである。

デットとエクイティを特徴付けるポイントは、企業が経営破たんした場合の、回収可能性である。経営破たんとは債務合計が債権を上回っている（債務超過）の状態のことである。その場合、デット保有者には優先的に弁済を受ける権利があるが、エクイティの保有者には経営参画権があることとの見合いで、すべての債務を弁済して残った資産（残余財産）から弁済を受ける。つまり、デットはエクイティに対して優先弁済を受ける権利がある。

③指名債権と有価証券

　貸し手と借り手が1対1で契約を締結する（オリジネート originateという）のが信用取引の本源的な形式である。こうした取引を貸し手サイドに立って、指名債権という（指名債務とはいわない）。そうした債権、つまり金融商品を転売するには、債務者への通知、債務者の承諾、それらの取引日付を示す証拠書類（確定日付のある証書）、登記など、特別な手続きを要する。

　しかし、オリジナルな債権を簡易に転売できれば便利である。債権保有者にとっては急な事情の変化で資金を早めに回収したいときに転売によって早期回収が可能となるほか、金融情勢の変化（例えば金利上昇）が見込まれた時に、早めに転売することで保有資産の値下がりリスクを回避することができる。

　このため、最初から転売を前提とした商品性を持つ金融商品、すなわち有価証券が工夫されてきた。最大の特徴はその券面に（最近ではWEB上に）基本的な商品内容が含まれているため、それ自体に価値が化体されている（有価）という点にある。有価証券の代表的なものは、手形、債券、株式である。

④現物、先渡し、先物

　金融商品の取引は、契約時点で、価格、数量、決済時点を合意し、決済時点において商品とマネーを交換する。

　全く同一の商品性を持つ金融商品を同じ価格で売買する場合であっても、例えば満期が今から10年後の債券を今直ちに決済する（債券を入手し、見返りのマネーを支払う）場合と、例えば3か月後に同じ債券を決済する場合とでは、リスクが異なる。契約時点で既に、価格と数量を合意してしまっており、それを事後的に変更することはできない。そのため、3か月後には市場での価格が上昇して得をするかもしれないし、価格が下落して後で購入した方が安く買えてよかったかもしれないからである。

　金融商品を契約後、直ちに売買することを現物決済ないしスポット取引という（その時の商品を現物という）。また、将来の時点で決済することを先渡し取引ないしフォワード取引と呼んでいる。ただし、先渡し取引の対象商品を外国為替市場などでは先物為替とか、ドルの先物などと呼んでいる。すなわち、証券取引所で取引される標準化された国債や株式指数の先渡し取引の対象となる金融商品も先物と呼ばれているが、外国為替市場での先物と意味が異なっている。

　なお、オプション取引は基本的に先渡し取引となる。その場で売り買いを実行するのであれば、権利を売買する意味がないからである。

　以上のような時間の経過と契約及びその実行の関係を整理すると次のようになる。

	契約実行（受渡し）	
	現在	将来
契約締結 （時点＝現在）	現物取引 （スポット）	先渡し取引 （フォワード）

⑤原資産とファンド

　異なる個性のある金融商品を組合せて、別の商品に仕立て直して、取引することは金融の重要な機能である。その上で、出来上がった組合せ金融商品を小口化すれば、多数の小口投資家から資金を集めることができる。

　小口投資家にとっては、こうした手法（ファンド）により例えば最低取引単位をクリアーし大口投資家と同様の銘柄を選択することができるほか、大きなファンドに参加することでプロの運用に委ねることも可能となる

　その場合、ひとつのポイントは、「倒産隔離」である。類似の取引であるローン・パーティシペーションでは、元の債権者（金融機関）が破たんするとその金融機関に対して債権を持っている者は当該債権のうち一定の一部を受取る権利が生じる。このため、債権の転売を受けた先は元の債権者の破たんの影響を受ける（「倒産隔離」されない）。このため、投資家にとっては本来望むところではない形でリスクを負うことになる。これを解決するためには、資金の出し手の権利について、倒産隔離を図ることが必要になる。

　商品性を再構成する機能を持つ金融商品には次のようなものがある。

（イ）投資信託

　投資ファンドの一種である。多数の投資家から資金を集め、それを様々な有価証券（デット及びエクイティ）に運用し、その投資収益を投資家に還元するために新たな金融商品を組成する。投資信託の用語のうちの「信託」とは、投資家の指示（指図という）に沿って、金融機関がプロとして資産運用するものである。元本及び運用益を得る権利（信託受益権）を化体した有価証券（受益権証券）を創出している。信託を使うと「信託財産」として「分別管理」されるため倒産隔離が可能となる。

（ロ）集団投資スキーム＝投資ファンド

　有価証券や指名債権をまとめて新たな金融商品に仕立て上げたものである。そのために民法や商法に規定する組合のほか、特別なスキーム（特別目的会社など）が用いられる。銀行等が

このスキームを使って貸出債権を転売することを「市場型間接金融」と呼んでいることは、前述のとおりである（また、債権や資産の現金化という観点から、第五部でも取り上げる）。倒産隔離のためには、投資ファンドの規約の中に、細かく条件を書き込む（コベナンツ）必要がある。

　投資ファンドは、借入を行って実質的に運用元本を増やす（レバレッジを利かす）ことができる。また、比較的均一な商品を集めてきて、それをハイリスク・ハイリターンの商品とローリスク・ローリターンの商品だけではなく、その中間のミドルリスク・ミドルリターン（中二階商品＝メザニンという）に分解し、それぞれリスク選好の異なる投資家に転売することもある。リスク・プロファイルの再設計あるいは、金融商品の要素分解（アンバンドル）、再構成（リバンドル）と表現されることも多い（後掲図表5－1参照）。

　こうした取引は、様々なニーズに弾力的に応えることができる一方、もともとの貸し手（オリジネーター）が本来果たすべき役割である借り手に対する資金繰りのサポートやモニタリングといった機能を放棄するものでもある。結果的に全体としてはリスクが高まることが多い。債券や単独の債権の場合は、市場で流通し債権者が順次入れ替わっても、債務者と債権者の1対1の関係は維持される。しかし、ファンドでは、そうした関係は崩れ、多数の原債務者と多数の投資家がファンドという箱の中でミックスされ、交錯した関係となる。この結果、投資家に売ることを優先して品質の低い債権を大量に創出する（originate to distribute）こともある。こうした問題が大きく表面化したのが、2007年以降大問題となった米国のサブプライム（sub prime）ローンである。

第5章
金融システムの特徴

　以上、金融システムの概要をみてきた。金融システムもひとつの社会インフラであって、行政、医療、教育などと同類の仕組みといえるかもしれない。そうした金融システムがどのような点で、他の社会インフラと異なるのか、あるいは共通なのかについて、簡単に整理しておこう。

①金融システムの下では誰でも対等である

　誰でも金融行為を現実に行っている。この点、医療や教育などは、専門家が他の者には提供できない特殊なサービスを一方的に提供し、利用者はそれを受容する。また、財政の行為は、税の徴収をはじめとして特別の権限に基づいて排他的に行っている。しかし、金融の場合は、誰でも預金の預入や送金を行っているほか、株式や債券投資を行っていることも多い。もちろん、専門業者である金融機関が行っている取引は、内容が高度であり多岐にわたるが、権限という意味では特別なものはなく、顧客と対等の立場に立って金融行為を行っている。中央銀行ですら、行っている業務の大半は民間金融機関と対等、同等の法律的な立場に立っている。

②金融システムは市場の中で成立する

　金融とよく比較されるのは、「財政」である。財政とは基本的に国が税を徴収し、それを道路等の公共インフラや社会福祉など様々な目的に沿って、支出することである。上で述べた通り、こうしたプロセスは国会が定めた法律などによって、つまり国家の権力によって実行されていくのに対し、金融の場合は、国家の権力は前提としない。マネーの借り手と出し手が、対等の立場で契約を合意し、それに基づいて互いに権利と義務が発生する。

　金融は、対等、独立の立場で、経済的な利益を追求する動機が折り合って、取引条件（契約）が決定され、それに基づき契約が履行される。つまり「市場経済」の中で成立するものである。古代社会のように、贈与、略奪といった対等の交渉に基づかない行為、あるいは共同行為が主体のコミュニティーの下では、基本的に金融のニーズはない。金融はあくまでも対等、独立の

立場での経済行為である。

③社会的共通資本としての金融システム

　以上のように、個々の金融取引は独立した個人が収益動機で行うものであるが、金融システムは社会インフラであって公共性の強いシステムでもある。その意味では、矛盾を内包しているシステムといえるかもしれない。すなわち、金融システムは、あくまでも市場経済の中の仕組みであって、贈与ではなく対価を伴う取引であるが、社会的な規範に従って、管理、運営されるべき性格を有している。その点では、無償ではなく有償の仕組みをとりながらも、きわめて公共性の高い内容を持っている、医療や教育などと同様の社会的共通資本[9]のひとつと位置づけられる。社会的共通資本は、参加者、特に職業的な参加者である金融機関の専門性と規範性が必要なものであって、単純に当局の規制だけでは適切に対応できない性格を含んでいる。

　こうした社会的共通資本としての金融システムという側面は、近年特に強く意識されるようになってきた。例えば、環境問題への対応を前向きに行っている企業の株式を高く評価する考え方（ESG投資のEはenvironment）は、単に規範として意識されているのではなく、環境に前向きに取り組んでいる企業の業績は長い目で見て相対的に良好だという判断ないし過去の統計に基づく投資手法であって、規範性と収益性の両立を図る考え方である。

④金融システムが適切に機能するための条件

　以上のような金融の特性を踏まえると、取引が公正、透明かつ安定的に行われることが重要である。やや具体的にいくつかの基本的な条件を整理する。

（イ）契約履行を保証する制度

　金融取引とは、マネーや金融商品を対象とする契約を当事者間で締結し、各当事者がその契約を履行することである。そのような金融取引が円滑に行われるためには、契約が確実に履行される必要がある。そのためには、契約の内容が誤解なく当事者間で理解されること、契約を円滑に履行する義務が当事者に課されること、仮に契約不履行があった場合に誰がどのような形で負担を負うのかといったルールが事前に広く知られていることが前提となる。

　これらの条件が確実に満たされるようにするためには、法制度が整備されている必要がある。

9）社会的共通資本とは、宇沢弘文（1928～2014年）が提唱した考え方で、もともとは環境のような保護すべき自然資本が念頭に置かれていたが、それが拡張され医療や教育のように公共性があると同時に、一定の価格メカニズムによる調整機能と専門性の必要な社会資本のことを意味するようになった。

特に、民法、商法、会社法、倒産法などの法律は、金融取引だけでなくおよそ経済取引全般が円滑に実行されるための基本である。こうした法律がなければ、安定性のある金融取引はできない。

民法は債権債務関係を規定している。また商法、会社法は事業を行う者を一定の制約下に置く。倒産法は、仮に企業が倒産した場合に、貸し手など利害関係者がどのような形で債務不履行から生じる損失を負担するのかということを規定している。このため、整備された倒産法は金融取引において必須である。

なお、金融は国内だけでも成立するが、国境を超えた経済取引の拡大に伴って、自然と国境を超えたマネーの移動が発生することがある。そうした国境を超える金融について法域（紛争の解決場所；jurisdiction）などの基本的なルールを予め定めておくことが必要である。こうした国際法も、金融にとって非常に重要である。

(ロ) 金融システムの健全性

金融システムが健全でないと、円滑な金融取引は行えない。健全な金融システムの条件を整理してみよう。

a. 金融業者の経営の安定

金融取引が契約通りに履行されるという当然の期待に対して、不安がないことである。つまり、金融業者や市場さらには金融システム全体が、いわゆる「信用不安」の状態にないことである。例えば、送金を依頼してもその依頼を受け付けた銀行が破たんして送金が正常に結了しないという不安があれば（預金保険制度で取引は保護されるとしても）、あえてそこを選んで送金依頼はしないであろう。そうした経営不安のある金融機関がそこだけであれば、その金融機関の業務が続けられないだけであるが、多くの金融機関が信用不安状態になると、金融システム全体が機能不全となる。そうした「おそれ」のことを「システミック・リスク」という。システミック・リスクの顕現を回避することは金融にとって極めて重要であり、監督当局や中央銀行にとって最も重要な課題である（詳細は、第6章、第7章及び第八部を参照）。

システミック・リスクが重大なのは、実体経済活動との連関があるからである。金融機関の体力の低下⇒貸出余力の低下⇒実体経済活動の鈍化⇒金融機関の体力低下という悪循環が生じた場合、どこかで断ち切る必要がある。

こうした観点から、万一金融機関が破たんしても一定の範囲で預金取引を保護する狭義の「預金保険」だけでなく、資本注入、一時国有化など金融機能を維持するための措置が用意されている。こうした仕組みのことを「セイフティー・ネット」という。セイフティー・ネットはこれまでの金融危機の都度、充実されてきている。この点は、第八部で詳しく説明する。

b. 金融監督とディスクロージャー

　金融商品は、非金融的な財、サービスと異なり、その品質が外形的に判断しにくい財務の健全性に依存している。このため、取引相手の経営の健全性に敏感である。上述のシステミック・リスクが問題になるのも金融のこのような性質によるところが大きい。自動車であれば製造者による質の差は、具体的に実感できる。また、いずれかのメーカーの自動車の品質が他のメーカーの品質に左右されることはない。メーカーの財務面の良否が品質に直接影響することもない。しかし金融の場合、例えば大手の二つの銀行、A銀行とB銀行の提供する金融商品は、使い勝手などの面ではそれほど大きな違いはない。基本的な品質は各々の契約履行能力、つまり信用の差によるところが大きく、それを一般の預金者が判断することは困難である。しかも、マクロ経済の良し悪しが、各金融機関の経営に直接影響を与えるため、金融機関の信用力と連動することが多い。

　このため金融機関は、自らの経営状態について積極的に情報開示（ディスクロージャー；disclosure）を行って、顧客からの信用を維持する必要がある。先進主要国の金融機関では、ほぼ四半期ごとに経営状態を明らかにすることが求められている。

　しかし、各金融機関が正確にディスクロージャーしているかどうかを一般の取引者は知ることができない。不正確なディスクロージャーをしているかもしれない。そうした事態を回避するための有力手段が政府や中央銀行による経営のチェックである。経営状態を正確にチェックするためには、その金融機関が対外的に明らかにしていないデータにアクセスする必要がある。そのための権限が政府（日本では金融庁による検査）や中央銀行（同じく日本銀行による考査）には、法律で特別に付与されている。その結果、問題があれば金融庁や日本銀行は是正を求める。このように、公的当局が市場参加者に代わって金融機関の健全性をチェックすることは、「金融監督」の基本的な機能であって、市場の健全性を維持するうえで有力な手段である。

c. 金融と会計

　企業の財務状況を正確、適切に反映するルール（会計原則）が確立していることも重要である。近年、会計の分野では時価会計の導入が大きな課題となっている。それを主導しているのは、会計士の団体と監督当局の混成組織である国際会計基準審議会（IASB；International Accounting Standards Board）であり、そこが作成する国際財務報告基準（IFRS；International Financial Reporting Standards）が事実上の世界標準となっている。金融機関については、バーゼル銀行監督委員会などの国際的な監督当局の集まりや各国の監督当局が、IASBの推奨する会計基準の採用を求めている。

　IFRSでは近年、資産特に金融資産の評価に関して、企業の財務体力を正確に把握するため、（取得価格ではなく）時価を基準に評価すべきであるとの考え方（時価会計）が徹底されている。さらに、ごく最近では負債も時価評価（実際には、割引現在価値法などを使った公正価値）す

べきであるとの議論も強まってきている。

d. インサイダー取引の排除

　当然のことであるが、取引は公正でなければならない。巨額の取引が短期間のうちに実行されることの多い金融においては、情報が市場に迅速かつ公平に共有されることが重要である。特に、いずれ公開されるべき真実の情報を一足早く入手した者が「抜け駆け」して、利益を得るようなことがあれば、市場は公正に機能しない。またそうした可能性が意識されると顧客は市場に参加しなくなる。

　そうした事態を回避するための措置がインサイダー取引の排除である。すなわち、内部者として情報を市場よりも早く入手した者は、その情報が公開されるまでの間、法律により取引自体が禁止され、違反があると厳しく罰せられる。

e. 競争的条件の確保

　一般的な経済取引と同様、特定の金融機関が高い市場シェアなどを背景に、自身に有利な価格・金利を押し付けるようなことがあってはならない。

　全ての経済取引は背後に金融取引を伴っているため、金融取引が公正に行われることは、様々な経済取引の公正性を確保するうえで重要である。また、金融市場で形成される価格（債券価格、株価、外国為替レートなど）や金利は、マクロ経済全体にとって様々な経済活動の前提となることから、価格や金利が公正に形成されることはマクロ経済の健全な発展にとっても重要である。

f. 金融倫理とガバナンス

　以上のような条件がすべて整っていたとしても、なお金融が円滑に機能するとは限らない。それは、人々の行動倫理の問題である。最近では、この問題は金融に限らずコンプライアンス（compliance）問題として広く認識されている。法令遵守だけではなく、より幅広い観点から、社会倫理に照らして問題がないように行動をコントロールするということである。そのための有力な手段は、金融機関が内外に行動倫理規定を表明し、それがキチンと実行される指揮系統の確保、つまりガバナンスである。そうした、行動倫理規定は、社会的共通資本の文脈では、フィデューシャリー・デューティー（fiduciary duty）という言葉で表現されている。

　フィデューシャリー・デューティーとは[10] 金融市場の担い手である金融機関が職業的な倫理に基づき、社会的な使命を果たしていく義務のことである。プリンシパル＝エージェント問題が生じないように、誠実に依頼者＝顧客の利益のために行動することと言い換えてもよい（第一部第4章④を参照）。

　例えば、銀行などの預金取扱金融機関は顧客から財産を預かり、それを可能な限り安全、有

利に運用し、顧客にその利益を還元するのが基本的な使命である。信託会社や信託銀行も同様の義務を負っている。また、保険会社は保険料を顧客から預かり、保険事故の際に保険金を支払う役割を担っているが、預金取扱金融機関と同様に、預かった保険料を安全有利に運用する使命がある。そうした活動を通じて、最終的には経済全体の安定と繁栄に貢献していかなければならない。こうした社会的使命を果たしていくフィデューシャリー・デューティーは、金融システムのような公共性と営利ビジネスが結びついた分野では非常に重要である。

　また、金融機関が取引の相手方、特に金融機関ではない一般の個人や事業法人に対して、例えば自らの利益を優先して自己勘定には利益率の高い金融商品を残し、顧客の勘定には利益率の低い金融商品を振り向けることや、過度に高い手数料を（開示することなく）顧客に課して販売するといったことがあってはならない。さらには、その顧客の財務状況に照らして過度なリスク・テイクとなる商品を売るといった行為があってはならない。これらも、フィデューシャリー・デューティーに明確に反する行為である。

　フィデューシャリー・デューティーは、主観的判断の入る領域であるため、法律や金融監督で直接規制することは難しく、金融機関の職業的な倫理に委ねざるを得ない面が大きいが、市場主義経済の中で健全な金融システムを確保するための重要な条件である。

10）もともとは、顧客から契約に基づき資産運用の委託を受けた金融機関などが、顧客の利益のために誠実に行動する義務のことをいう。特に米国では、1974年に制定された従業員退職所得保護法（Employ Retirement Income Security Act、通称ERISA法）第404条において、厳格なフィデューシャリー・デューティーを金融機関に課す立法が行われた。以後、フィデューシャリー・デューティーが重要視されるようになった。
　しかし、ここではもう少し広義に捉えている。つまり宇沢弘文氏の社会的共通資本の理念に基づいている。宇沢氏は金融も社会的共通資本のひとつであり、市場メカニズムを活用して、しかし同時に専門家の知見に基づき、倫理的に、つまりフィデューシャリー・デューティーに基づいて運営されなければならないとした。

第6章 金融システムのリスク

　第一部では金融を巡るリスクのうち、個々の取引に関するリスクをみた。金融においては、そうした個々の取引に関するリスクや個別の金融機関の経営問題だけではなく、金融システム全体に関わるリスクつまり、システミック・リスク（systemic risk）がある。金融において最も重大なリスクである。

①システミック・リスクとは

　システミック・リスクとは、金融機関の経営が全般的に弱体化し、金融システム全体として貸出などのサービスを十分に提供できなくなる恐れのことである。端的には金融危機になるリスクである。典型的な例としては、金融機関の連鎖的な破たんによって、預金者の信認が失われ、われ先にと預金の引出しに走る取付け（bank run）といった事態である。そうなると、金融機関は自身の資金繰りに追われ正常な金融サービスの提供ができなくなる。

　金融危機になると、金融部門や金融取引だけでなく、実体経済全体が大きなダメージを受ける。そのことが、今度は金融システムをさらに弱体化させ、実体経済と金融システムの間で悪循環が生じる（こうした問題にどのように対処するべきかという政策論は第八部で説明する。なお、過去の金融危機の例や、システミック・リスクの詳細については、後掲図表3－2及び8－4を参照）。

②システミック・リスクの背景

　このようなシステミック・リスクが生じる背景は何だろうか？　なぜ、他のシステムにはなく、金融システムについてだけ、そうしたリスクを問題にするのであろうか？　それは、次のような事情による。

（イ）金融機関同士が網の目のように互いに繋がっていること

　金融機関は、互いに日々巨額のマネーのやり取りをしている。単純な金融機関同士のマネーの貸し借りのほか、国債などの金融商品の売買などから、金融機関間の決済予定が日々めじろ押しになっている。顧客から依頼された送金も、最終的にはある金融機関から他の金融機関へのマネーの移転の形を取るため、金融機関同士の取引になっていく。そのような状況の下で金融機関は、マネーを受け取る予定を織り込んで日々の資金繰りの計画を立てている。特に、受け取る予定のマネーをあてにして、それを他の金融機関に送金する予定を立てている。しかし、仮にある金融機関が決済できない事態になると、その決済資金を受取れなかった金融機関が今度は自身の支払いができなくなってしまう。なお、こうした決済にかかるリスクを削減するのが、第八部でみる決済政策の目的である。

　また、一般的な企業に対する融資を考えると、通常はひとつの企業に複数の金融機関が貸出を行っている。仮にある金融機関の資金繰りが破綻し、予定していた企業への貸出ができなくなると、その企業の資金繰りが破綻しかねない。そうした状況では他の金融機関がその企業の資金繰りサポートのために貸出を肩代わりするだろう。しかし、そうした対応の余裕がない場合には、企業は資金繰り破綻から倒産に至る。そうなると、その企業に対して実行している貸出すべてが凍結され、すべての金融機関からの貸出が焦げ付く。要するに企業向け融資によっても、金融機関同士が繋がっている。

　網の目のように繋がっている、つまりネットワークを構成している金融機関のひとつが機能しなくなると、全体のネットワークが機能しなくなるおそれがある。規模の大きい金融機関は様々な繋がりが集中しているので、特に影響が大きい。このことは、WEBのネットワーク上でGoogleやFacebookが万一システムダウンしたときの影響を想像すると理解できよう。ネットワーク上で重要な役割を果たしている参加者をハブと呼ぶが、金融システムにおいても、ハブとなる金融機関が破綻した場合には、直ちにかつ広範囲に影響が及ぶ。そうした事態が典型的にシステミック・リスクの顕現化する事態である。そうした重要な金融機関は、しばしば「大きすぎて潰せない（too big to fail）」と表現される。

（ロ）金融機関の商品の品質が経営の健全性やマクロ経済の状況に依存していること

　金融機関の経営の健全性はまずは個々の経営陣の手腕によって左右されるが、金融機関の資産である貸出の品質は借り手の状況に依存しているので、マクロ経済の状況にも大きく影響される。例えば大きな災害があれば、その地域の企業、ひいてはそこに貸出をしている金融機関が大きな打撃を受ける。

　このように、金融機関の経営状態は、全体的な状況に左右されるため、同じことが同時に多くの金融機関に影響することになる（繋がりがさらにそうした状況に拍車をかける）。

　そうした事情から、金融機関のバランスシートは類似性が強い。このため、外部からは金融

機関の経営状態は同じように変動するようにみえる。このことはひとつの金融機関の経営の破たんがあると、他の金融機関も同様の状態にあるのではないかとの連想を呼んで、多くの金融機関が同時に顧客からの信認を失い、最悪の場合預金の連鎖的な引出し、つまり預金「取付け」といった事態を招くことになる。取付けになっても、経営が健全な限りにおいては、中央銀行のサポート（最後の貸し手機能；lender of last resort）によって、資金繰り支援を受けることができる。それでも、預金者が金融機関の窓口に殺到する事態になると、連鎖が連鎖を呼んで、事態の収拾は非常に困難となる。

　また、経営状態が悪化し資金繰りが窮屈化した金融機関は、多くの場合手元の資産を早めに処分して現金準備を増やそうとする。例えば破たんした借り手の担保不動産を急いで処分しようとする。また、自身の保有する有価証券の処分も急ぐかもしれない。その結果、売りが売りを呼んで、金融商品を含めた資産の処分価格が非常に低くなることがある（ファイアセール；fire sale 火事の後の資産処分と呼ばれる）。そうしたことも、金融機関全体の経営悪化に拍車をかけることになる。

③システミック・リスクへの対応

　このようなシステミック・リスクに対して、どのように対応するべきかということは金融当局にとって決定的に重要な課題である。この点は、第八部のプルーデンス政策のテーマであるので、詳細はそこで説明するが、危機が実際に勃発すると、最終的に税金の投入を含めた政府の介入が必要となる。金融機関のための税金投入は、多くの場合政治的に極めて不人気な政策であって、時のリーダーは国民への説明に腐心してきた。そこで、システミック・リスクの重大性について国のリーダーはどのように説明してきたのか、その点に絞ってここで説明しておこう。

（イ）米国ルーズベルト大統領の演説（1933年3月12日）
　……当時米国は、大恐慌の最中で、全国の銀行に取付けが広がり、一斉休業に追い込まれていた。その最中にルーズベルト大統領は、預金者に冷静な行動を求める趣旨の演説を行った。その後6月16日に、連邦預金保険公社（FDIC）創設のための法案に署名している。
「皆さんが銀行に預金すると、その銀行は融資や債券をはじめとして様々な金融商品に運用している。したがって、預金の大量の引き出しにはすぐには対応できない。しかし、ここ数日人々は預金を引き出して、現金や金に換えようと多くの銀行の窓口に殺到し、銀行システムを崩壊の恐れに立たせた。そのような銀行システムの安定にとって、現金よりも、金よりも、人々の信頼がもっと重要である」

(ロ) 米国オバマ大統領の演説（2009年9月14日）

……当時米国は、リーマン・ブラザーズ証券や、AIG保険会社といった巨大な金融機関の破たんを踏まえ、危機対策として大規模な公的資金を投入し、危機的な状況から何とか脱しつつあったが、そうした税金投入に対して厳しい世論が台頭していた。

「ある銀行が破たんし、それが他の銀行に波及するプロセスは連邦預金保険公社の仕組みによって阻止することができる。しかし、リーマン・ブラザーズ証券やAIG保険会社のような巨大で他の金融機関と深く繋がっている金融機関の破たんが、他の金融機関に波及することを阻止するための仕組みを我々は持っていないのだ」

(ハ) 小渕総理大臣の国会での所信表明演説（1998年8月7日）

……当時日本は、金融機関の破たんが相次ぎ、旧日本長銀信用銀行や日本債券信用銀行なども信用が低下し、金融システムは大きく動揺していた。その後1998年10月に一時国有化などを含む危機対応のための「金融再生法」が成立した。

「資金は社会の血液であり、その循環をつかさどる金融機関は、心臓の役割を担っております。このため、一部分の破綻が金融システム全体の危機を招くおそれがあります。私は、システム全体の危機的状況は絶対に起こしません。金融システムの再生のために公的資金を活用することとなりますが、その必要性について国民の皆様のご理解をいただけるよう、内閣を挙げて責任を持って取り組みます」

④ その他のマクロ的なリスク

金融システムに関わるリスクとしては、以上のシステミック・リスクが決定的に重要であるが、そのほかにも特に金融機関の経営陣が意識している社会的なリスクがある。そのうちの主なものをピックアップしておこう。

(イ) 天災リスク

金融取引で、個々の取引主体が相応の努力を行っても、回避し切れないリスクとして、天災（地震、噴火、台風）、疫病（インフルエンザ、特に鳥インフルエンザ）などがある。なかでも天災については、仮にそうした事態が生じれば契約締結後に契約の開始を破棄することができる旨の取り決めを行っておくことがある（ある株式銘柄の市場への大量売却、つまり売出におけるフォース・マジュール条項などが典型例である。その場合、天災があれば取引は中止される）。もっとも、天災については過去のデータがあることから金融機関、特に損害保険会社などは一定のロスを予め見込んで必要な資金をプールしている。実際、1000年に1度といわれた2011年の東日本大震災でも、損害保険、生命保険会社は契約通り保険金を支払った。

(ロ) 政治、行政リスク

　金融機関の経営者にとって政治や行政が金融問題に関してどのような方針で対処しようとしているのかは重大な関心事項である。金融の場合は、基本的に商品の個性の差が少なく、商品性が金融機関の経営の健全性のほか規制体系に左右される度合いが大きいため、規制体系が変更されると商品性や金融機関の業務が大きな影響を受ける。もちろん、本来こうしたことはリスクではなく、単に政策変更ないし政策対応であるが、金融機関の多くは、政治、行政リスクとしてこの問題を捉えているのが実情である。

(ハ) レピュテーション・リスク；reputation risk

　個別の金融機関の経営に関し、直接経営の健全性とは関係がない場合も含め、悪い評判（真実の場合も虚偽の場合も含めて）が広まることによって経営が悪化するリスクのことである。

　例えば、重大なハラスメントの発生や過大な残業依存といった評判が広まると、取引先ないし取引する可能性のある先からの評判（レピュテーション）が悪化し、顧客基盤が脆弱化するリスクがある。また、根拠がないにもかかわらず無責任な噂話が広まり、預金の取り付けといった事態を招くこともある。例えば、豊川信金事件として知られる1973年の事件では、列車の車内で女子学生が交わした会話が発端となって、誤解に基づく噂（伝言ゲーム）が拡散し、預金の取り付けという事態になった。最終的に日本銀行が会見で「同信金は経営に問題はない」と表明し、窓口に現金を積み上げて顧客にみせるといった対応によって、ようやく事態が収拾された。当時は、インターネットやSNSなどがなかったが、スマホでそうした情報が直ちに伝播する現代においては、さらに意識されるべき問題である（実際、2003年には、メールで根拠のない破たんの噂の広がった佐賀銀行が、大量の預金引出しといった事態に巻き込まれた）。

第7章
金融危機とバブル

　テーマを金融危機に戻して、その背景についてみてみよう。歴史的にみると、金融危機にはいくつかのタイプがあり、背景も様々である（具体的な事例は第三部金融の歴史で説明する）。しかし、銀行制度が成熟した現代において典型的な金融危機は、信用取引の膨張を背景にしたもの、つまりバブルの生成、崩壊によって生じるものである。ここではそこに絞って話を進めよう。

①バブルとは

　バブル（bublle）とは文字通りには泡であって、根拠なく膨らんだ泡のことである。また、バブルの崩壊とは、泡が突然破裂するように、膨張した経済が一転して収縮することである。典型的には、投機的動機によって株式や不動産などの資産価格が急上昇の後、急落する展開を伴っている。もっとも、投機の対象は株式や不動産に限らず、絵画などの美術品や骨とう品などが対象となることも少なくない。つまり、直ぐには供給の増えない財が対象になって、専ら需要サイドの要因で価格の高騰、暴落となることが多い。

　バブルの背景には、金融の膨張がある（前掲図表1－8参照）。金融の膨張がない限り、経済全体に及ぶバブルは生じようがない。価格の連続的な上昇によって価額が膨張していく不動産や株式などの対象物を買い続けていくには、信用取引の拡大によってマネーを連続的かつ追加的に入手していく以外にないからである[11]。

---

11) バブルは、時には個別商品の異常な価格の高騰、暴落という形を取る。チューリップ・バブルとして知られる17世紀のオランダにおけるバブルでは、チューリップの球根（当初は珍種、その後はもっと広範な品種に拡大）が投機対象となった。その際には、球根1個が数頭の牛や数トンのバターと等価になるといった異常事態になったとされる。もっとも、当時は銀行制度が未発達であって、信用取引の全般的な膨張はなかったようである。このため、社会全般を巻き込んだバブルではなく、チューリップという個別商品の価格変動という形にとどまったのではないかと考えられる。実際、バブルの生成、崩壊による金融危機の頻発は銀行制度が発達を遂げた19世紀以降である。

②バブルと金融危機

実際、こうしたバブルは、歴史上多くの金融危機をもたらしてきた[12]。

中でも、日本の1980年代の平成バブルは巨大であった。資産価格の高騰は人々の生活様式の変化までもたらした。建築物は一般の生活水準とは不釣り合いに豪華なものがもてはやされ、そうした豪華な建物は「バブリー」という半ば自嘲的な言葉で表現されていた。その崩壊による平成金融危機は、近年の日本の長期停滞、すなわち「失われた20年」の背景となった。

また、その後の米国の住宅バブル崩壊による2007年のサブプライム・ローン問題の発生とそれを契機とした2008年のリーマン・ブラザーズ証券の破たん、それ以後の「グローバル金融危機」（一般名詞ではなく、固有名詞としての危機の名称）も、バブルの生成、崩壊が金融危機に繋がった典型的な事例である。その際には、危機発生直前の2006年までの19年間にわたって連邦準備制度理事会議長を務めたA.グリーンスパン氏が主導してきた長期の金融緩和が背景にあったとされる（バブルが崩壊するまでは、グリーンスパン氏は名議長として高い評価を得ていたが、その後バブルの生成をもたらしたとする厳しい評価が増えた）。

バブルの生成とは、株式などの金融商品やそれと代替関係にある不動産などの資産価格が値上がり期待の膨張によって、均衡価格を大幅かつ急激に超えて上昇することにある。実力つまり将来の収益力に見合った資産価格の上昇は自然であり、安定性がある。しかし、経済全体の実力と見合わない資産価格の上昇は、いずれ破裂する。しかも多くの場合、そうした資産価格の膨張と破裂は金融機関の資産内容の悪化を通じて、金融機関の破たん、金融システム全体の機能不全を伴う。そして、金融の機能不全がさらなる経済の停滞を招いてきた。

資産価格の上昇の背景には、バブル下での取引を可能とする持続的なマネーの過大な供給（債務サイドからみると過剰な債務）があるが、それに加えて、そうした行動に踏み込んでいく人々の先行きに対する過度に楽観的な期待もある。

経済を拡大していくうえで、前向きな期待の果たす役割は重要である。そうした期待が具体的には金融取引に現れる。先々成長しそうな分野にマネーが優先的に供給されることや先々経済全体の成長が加速しそうなときにはそれを先取りした株価の上昇は自然なことである。しかし、それが根拠不十分なまま行き過ぎるとバブルといわれる状態になる。

---

12) 金融危機について歴史的な事実を踏まえて分析した名著として、米国経済学者C.P.キンドルバーガー「熱狂、恐慌、崩壊」（日本経済新聞社）がある。当初はキンドルバーガーの単著であったが、その後グローバル金融危機までをカバーする形でR.A.アリバーによる増補を得て版を重ねた。最新のものは第6版（2014年）であって訳者も変わっている（最新版は高遠裕子訳）。

C.P.キンドルバーガーは、この著書の第1章の標題を「金融危機；耐寒性の多年草（Financial Crisis：A Hardy Perennial)」と名付けた。つまり、繰り返し起きる厄介なものだということであろう。また、1980年代の日本のバブルが世界に拡散していったという厳しい主張もしている（第8章の標題は、Bubble Contabion：Tokyo to Bangkok to New Yorkである）。

では、正常なマネー供給や期待と、バブルといわれるマネー供給や期待とはどのように判別するのだろうか。

③バブルと経済政策

多くの政策当局者は、バブルのリアルタイムでの判定に悲観的である。典型的に、グリーンスパン氏は、「バブルかどうかはその時にはわからない。事後的にしかわからない。当局にできることは、バブル崩壊の後始末を迅速に行うことである」と発言している。しかし、こうした悲観論に対する異論も多い。第一部で紹介したH.ミンスキー、R.シラー[13]などのエコノミストや実務家、一部の中央銀行関係者の中には、よく見極めれば、バブルはリアルタイムで判断できるという見方や、実際にそうした警告を発していた人も少なくない。ただ、そうした論者も「株価、資産価格などの基本的な指標の動きから、バブルが発生しているかどうかは、十分感じ取ることはできる」との主張にとどまっており、何らかの数値的な判定基準を持っているわけではない。

しかし、第一部でもみたように実物経済から得られるリターンを超えたリターンを金融取引によって獲得できるという事態が長続きするはずがないことは確かである（改めて、前掲図表1－8を参照）。

このようにバブルの見極めについて議論が分かれていることは、バブルへの対応についての次のような考え方の対立にも表れている[14]。

（イ）FEDビュー

FEDとは、米国の連邦準備制度；Federal Reserve Systemのことである。バブルは外生的、確率的に生じるものであって、事前には見極められないことから、資産価格の上昇があっても当面は状況を見守り、実際にはそれがバブルの崩壊と判明してから、思い切った金融緩和によって対応する方がよいという考え方である。バブルである可能性を恐れるあまり金融の引締めが早過ぎ、経済を停滞させるリスクを重要視している。グリーンスパン氏やその後任の連邦準備制度理事会議長のバーナンキ氏など、FEDの人たちの考え方とされている。第一部で紹介したバーナンキ・ガートラーの金融乗数理論のひとつの帰結は、金融の引締めは一般に考えられているよりも大きな効果を持つということであって、そのことがこのようなFEDビューに繋が

---

[13] R.シラー（1946年～）は、米国のノーベル賞経済学者。「投機バブル　根拠なき熱狂」（初版邦訳　2001年）で、当時の株式バブル崩壊の危機を警告したことで知られる（原著第二版ではサブプライム・ローン問題を事前に警告し、さらに注目された）。
[14] こうした意見の対立については、翁邦雄「ポスト・マネタリズムの金融政策」（2011年日本経済新聞社）が詳しく論じている。ここでの説明にも参考とした。

っている可能性がある。

（ロ）BIS ビュー

BIS[15]とは国際決済銀行のことであって、主要国の中央銀行の集まりを主催するクラブ的な機能も持つ機関である。そこには、質の高い調査部門もある。彼らは、金融緩和の行き過ぎによる金融膨張、バブルの生成を事前に防止するため、潜在成長率を上回る成長率が続くような場合は、早めに金融の引締め方向での対応を取って、バブルの生成を予防すべきと考えている。バブル崩壊後の大胆な金融緩和といった変動の激しい金融政策ではなく、金融政策の調整機能を重視している。もちろん、早過ぎる金融引き締めへの転換は問題があることから、比較的マイルドで弾力的な対応、つまり「風にもたれかかる政策（leaning against the wind strategy）」を打ち出している。

（ハ）派生金融取引と純粋金融取引の中間的な取引

ところで、第一部では金融取引の類型として、派生金融取引と純粋金融取引について議論した。ここでみたバブルを巡る議論は、この類型を軸に考えると理解しやすい。

派生金融取引は、消費によって得られるその時の満足感（効用）や投資によって先々効用を獲得し続けるために必要な財、サービスを購入するためのマネーの入手であった。つまりバブルとは無縁である。一方、純粋金融取引は直接的な効用獲得ではなく、マネーのやり取りを通じて利益を得ること自体を目的としている。つまり、マネー獲得のためのマネー取引であるので、それが膨張するとバブルの可能性が高まる。

しかし問題は、派生金融取引と純粋金融取引の中間的な取引の存在である。実体経済取引であっても、対象となる財の転売が容易で、直ぐにマネーに転換できるようなもの、例えば、土地、美術品、金などの貴金属、原油・穀物などのいわゆる「商品」は、それを対象として市場が常設され、一定規模の取引が常時行われているため、換金が容易である。こうした取引は純粋金融取引と動機において近いものがあって、時に歯止めなく拡大することがある。

このように派生金融取引と純粋金融取引は両極端であって、実際にはその中間に様々な取引があるといえる。そのことが、バブルに繋がる金融膨張の見極めを困難なものにしている。

いずれにせよ、残念ながら人類は第三部「金融の歴史」でみるように、数々の手痛い経験をしてきたにもかかわらず、金融危機を繰り返してきたというしかない。この問題の対応については、第八部プルーデンス政策の章で詳しく説明する。

15）BISは、Bank for International Settlementの略である。もともと第一次世界大戦に敗戦したドイツの賠償金支払の管理を行う目的で設立された。スイスのバーゼルに本部があり、金融に関する様々な国際合意や、意見交換のための会議を主催している。国際的に合意された自己資本比率規制のことをBIS規制ないしバーゼル合意ということがあるが、それはこの規制がBISでの会議で合意されたからである。

第8章
金融システムの二つのタイプ

　金融システムの姿は、歴史的にも、各国の間でも様々である。しかし、近代以降の金融システムは典型的に次のような二つのタイプに分けることができる。ひとつは、1990年代の金融ビッグバン以前の日本の金融システムであって、当局によって細かく、かつ厳重に規制された「管理型システム」である（もちろん旧社会主義国における金融システムも極度に管理されたシステムであったが、日米欧の市場主義経済とはレジームが全く異なるので、ここでは日本のシステムを取り上げる）。もうひとつのタイプは、2008年のグローバル金融危機前の米国で実現していた、規制緩和が高度に実現した金融システムであって、管理型とは対極にある「市場型システム」である。

①金融ビッグバン以前の日本の金融システム

　日本の金融に関する規制緩和は、1980年代から始まり、1996年の日本版金融ビッグバンでほぼ完成した（経緯については、「はじめに」の注を参照）。そうした金融自由化の流れが始まる前、第二次世界大戦の開戦以降長く続いた[16]わが国金融システムは次のような特徴があった。それは、「護送船団方式」と呼ばれるものであった。

（イ）徹底したタテ割りの業態構成
　当時の日本の金融システムでは、銀行、証券、保険は原則として、相互乗り入れがなかった。また、銀行についても、普通銀行の他、長期信用銀行、信託銀行など細かく細分化されていた。

---

16) 正確には、第二次世界大戦中において、1942年頃に相次いで各業態ごとに統制会が設立され、それらを統合するものとして全国金融統制会が成立した（1942年5月）。この過程で、縦割りの業態構造が強化された。全国金融統制会を母体に、戦後1946年4月金融団体協議会が結成された。金融団体協議会は、1946年8月に経済団体連合会（今の日本経済団体連合会の前身）が設立された際の中心的な団体のひとつであった。
　なお、全国金融統制会は、1942年12月戦時下での銀行業務の効率化を打ち出した政府の要請に応じて「内国為替共同決済制度」の設立を答申し、1943年8月、内国為替集中決済制度が日本銀行によって開始された（現在の全銀センターの前身にあたる制度）。

普通銀行は社債を発行できなかったが、長期信用銀行は基本的に社債（金融債という）で資金を調達していた。こうした中で、特に都市銀行（都市部を中心に営業基盤を持つ大手の普通銀行）のプレゼンスが非常に大きく、国内の資金の流れの大宗は都市銀行を経由していた（典型的な「間接金融」[17]優位のシステムである）。

その後、規制緩和が進展し子会社方式などによって業態の垣根はかなり低くなってきている（詳細は第六部第４章⑩を参照）。

（ロ）金利や手数料の規制による固定化

預金金利は、長く公定歩合（日本銀行が民間金融機関に貸出を行う際の基準政策金利）に連動して整然と体系的に決められていた。１年未満の貸出金利のベースとなる短期プライムレートは公定歩合に連動し、１年以上の貸出金のベースとなる長期プライムレートは５年物金融債の発行金利（表面利率）に0.9％上乗せした水準となっていた。

また、株式の売買を顧客から依頼されたときに証券会社が取る手数料は業界内で一定水準に固定され、各社の裁量はなかった。

その後、金利や手数料の規制は基本的に撤廃された（巻末の金融史年表を参照）。

（ハ）窓口指導と店舗行政を軸とする、金融機関に対する徹底した行為規制

都市銀行を主たるターゲットとして、四半期ごとに貸出増加額の上限を日本銀行が個別に指示する規制（「窓口指導」という）が行われ、金利政策と同等かそれ以上に有効性の高い金融政策の手段とされていた。また、当時の銀行監督当局（大蔵省）は、各行ごとに店舗の出店を個別に厳しく規制する「店舗行政」を行っていた。さらに、不良債権を償却するには税務当局からその必要性を認めてもらう必要があるが、その実務は銀行監督当局が行っていた。こうした体系は、（イ）や（ロ）も含め、船団のスピードを最も低速の船舶に合わせることに例えて「護送船団方式」と呼ばれた。

なお、民間金融機関は1970年代頃以降金融庁発足までの間、行政の情報をいち早く入手するため、当時の大蔵省（MOF；Ministry of Finance）との窓口、折衝役となる専担の社員（MOF担といわれた）を配置するなどしていた。そうした官民の近密な関係が、その後大きな社会問題に発展した大蔵省、日本銀行に対する金融業界の過剰接待問題の背景となった。

窓口指導や店舗行政はその後徐々に緩和され、1990年代には完全に廃止された。

---

[17] 図表２−11を参照。「間接金融」とは、銀行が集めた預金を企業や個人に融資するマネーの流れのことであって、マネーの借り手は間接的に預金者からマネーを借りている形となる。これに対して「直接金融」とは、借り手が自ら有価証券（株式や債券）を発行して直接出し手からマネーを調達すること。

(ニ) 政府系金融機関の強い関与

　長期資金の供給は、当時の日本興業銀行（現在のみずほ銀行）、日本長期信用銀行（現在の新生銀行）、日本債券信用銀行（現在のあおぞら銀行）といった民間の長期信用銀行のほか、政府系金融機関である、当時の日本開発銀行（現在の日本政策投資銀行）、商工組合中央金庫、国民金融公庫・中小企業金融公庫・農林漁業金融公庫（現在の日本政策金融公庫）が低利の資金を供給し企業の長期資金調達の面で大きなプレゼンスを持っていた。その資金調達の柱は郵便貯金（郵貯）、つまり国営銀行であった。

　その後政府系金融機関の統合、郵貯の民営化などが進展したが、現在でもそれら機関が基本的には存続しており、そのあり方を巡って議論が続いている。

(ホ) メインバンク制

　企業は、ひとつの親密先銀行を決め、その銀行に決済を集中し、借入についても当該行のシュアを最大にして対外的にもそれが明らかになるようにしていた。また、多くの場合、当該行はその企業の株式を保有し、逆に企業サイドも同行の株式を保有していた（株式の持ち合い）。こうした特別な関係の構築により、その企業は経営難になった際にも支援融資を受けやすい一方、貸し手のメイン銀行は預金獲得のほか資金繰り情報を入手できるメリットがある。さらに当該銀行の行員が定年近くになって再就職する際の受け皿に当該借り手企業がなることが少なくなかった。

　平成金融危機以降、「メインバンク制」はかなり崩れてきているが、現在でも企業と特別親しい関係にある「親密先金融機関」は存在している。

② リーマン・ショック前の米国の市場型システム

　リーマン・ショック後の金融危機の背景には、「大手金融機関が体力を超えた投機的な取引を大規模に行っていた」ことがあるとの反省から、行為規制やセイフティー・ネットの強化が行われたが、それ以前は、規制緩和の徹底した金融システムが確立されていた。端的に言えば、上述のかつての日本の金融システムの正反対であった。その特徴は、次のようなものであった。

(イ) 直接金融と間接金融の並立

　信用力のある大企業は長期社債のほか、短期社債（コマーシャル・ペーパー）を市場で発行し、それを機関投資家に販売することによって、必要な資金を調達することが主流であった。したがって、銀行からの借入は重要な資金調達手段ではあったが、量的に絶対的なものではなかった。また、銀行は基本的に単一の免許であって、かつての日本のように長期信用銀行といった業態はなかった[18]。他方で、株式市場では個人の取引シェアが高く、銀行が貸出先企業の株式を保

有することはなかった。個人の金融資産の中に占める割合でみても、日本とは対照的に有価証券の比率が預金よりも高い。

　もっとも、銀行による証券、保険業務の解禁は欧州や日本の方が早くから進展しており、米国では1999年になってようやくグラム・リーチ・ブライリー法によってほぼ完全に銀行、証券、保険業務の相互乗り入れが実現した。それ以前は、1933年に制定されたグラス・スティーガル法によって、銀行による証券、保険業務は禁止されていた（同法は、1930年代の大恐慌の背景には銀行による投機的な証券取引があったとされた反省を踏まえて制定されたもの）。

(ロ) 金利や手数料の自由化
　1980年代までに金利や手数料はほぼ完全に自由化され、規制はほぼ皆無であった。

(ハ) 金融機関に対する直接的な行為規制はなし
　日本の窓口規制や店舗規制に相当する規制はなかった。もっとも、銀行による証券業務は長く禁止されていたほか、最低自己資本比率等の健全性規制が銀行には適用されていた。なお、ヨーロッパではドイツ、フランスなどにおいて銀行が株式を含め証券業を兼営することが伝統的に認められてきた。

(ニ) 住宅金融を除き政府系金融機関なし
　日本のような政府系金融機関はなかった。もっとも、重要な例外として民間金融機関が融資した住宅ローンを買い取ってリファイナンスする、公的な金融機関（政府抵当金庫＜通称ジニー・メイ＞、連邦住宅抵当公庫＜通称ファニー・メイ＞、連邦住宅金融抵当公庫＜通称フレディー・マック＞）が大きなプレゼンスを持っている（このうちジニー・メイは政府機関、他の二つは政府支援企業である）。なお、リーマン・ショックの際に、サブプライム・ローン問題から、これら機関は大きなロスを被り、政府からの支援を受けることになった。

(ホ) メインバンク制はなし
　資本関係、人的関係にまで及ぶ緊密な企業と銀行との関係はみられなかった。特に銀行による株式保有が制限されていたことから、株式の持ち合いはなかった。

---

18) ただし、監督当局については、OCC（Office of the Comptroller of the Currency、通貨監督庁）、連邦準備制度、州政府、FDIC（連邦預金保険公社）に分かれており、かつ重畳的である。そうした中で、連邦準備制度は大手銀行グループを主たる監督対象としている。

③金融システムの移行

　以上のように、ビッグバン以前の日本の金融システムと、リーマン・ショック以前の米国の金融システムは、規制の強さという意味において対照的であった。また、世界の金融システムの変化の方向は、旧日本型の規制されたシステムから米国型の自由な市場型のシステムへの移行という流れであった。ただし、その後日本の金融システムは自由化が大きく進展した一方、リーマン・ショック後の米国では行き過ぎた自由化が危機の背景となったとの批判を受けて2010年に成立したドッド・フランク法により規制が強化されている（もっとも、トランプ政権においては、これを再緩和する見直しが行われている）。

　一般に、規制が軽い方が経営の自由度と市場での競争性が確保されることから、重い規制は好ましくないとされる。また、個別性や裁量性の強い規制は、監督当局と業界の癒着を招きがちであるので、その面からも規制は望ましくない。しかし、基本的な問題は規制の内容が合理的で効果的であるかどうかである。現在世界的に、規制の中心は裁量性のある個別の行為規制ではなく、裁量性の少ない自己資本比率規制などに集約されており、規制はシンプルになっているようにみえる。しかし、自己資本比率の中身はかなり細かくなっており、巨大な金融機関については破たんした場合の影響が大きいことから重層的かつ個別に資本賦課が課されるなど、規制体系が以前よりも複雑なものになっているとの批判も少なくない。

　このように、規制のあり方や金融システムの制度設計は、時代環境などによって変化していくものであって、理想形として確立されたものがあるわけではない。また、ある規制体系の下で既得権益を有する参加者は、規制体系の変更に対して強く抵抗することが多い。このため、個別利害を超えた理念の下で制度変更を円滑に行う機会としては、金融危機の直後などのケースに限定されることが多い。つまり、平常時においては、制度の変更によって誰かが現状よりも不利になる状態（ナッシュ均衡ないしパレート効率的）になっていることから、何らかの事情や埋め合わせの措置がないと制度変更は困難である。この点については、第三部金融の歴史で、具体的に説明する。

　金融は過度に投機的になる要素を内在しており、それが行き過ぎると金融危機となって経済社会全体に大きな悪影響を及ぼす。そのため、規制がなくなることはないと考えられる。いかに合理的、公正かつ効果的な規制を当局が維持、運営するかは永遠の課題といえよう。

第三部

金融の歴史

Introduction

第三部では、金融の歴史について概観する。現代の金融を学ぶのになぜ歴史を知ることが必要なのかと思うかもしれない。しかし、今の金融を理解するのに、これまでの経緯、つまり歴史をある程度分かっていることは非常に役に立つ。何故かというと、金融を形作っている次の4要素、

- 歴史（制度、政策の経緯）
- 理論（金利や金融商品の理論価格、リスク管理など）
- 制度（金融取引、金融機関の業務など）
- 政策論（金融監督、マクロ金融政策など）

はそれぞれ互いに関係しあっているからである。このことを近年急速に普及した金融派生取引を例に取って説明すると、まず、金融派生取引が一般化したのは、その価格理論が確立されたことが背景にある（ブラック・ショールズの定式化。第五部注19参照）。そして実際にそれを取引する場を1982年にシカゴマーカンタイル取引所が提供し、取引規模が成長していった。また、オプション価格理論を使って市場価格からボラティリティなどに関する市場の見方を逆算できることになって、金融政策当局にとって有用な情報源ともなった。実は、金融オプション取引は先物と同様にわが国の江戸時代大阪堂島の取引所で取引されていたが、当時は理論価格が不明であったこともあって、賭博的な要素が強く、極めて不安定な取引であった。このため、十分な発展をみないまま、取引は江戸末期から明治初年に途絶えることになった。このように、金融において理論、制度、政策、歴史は互い強く関連している。

そこで、これまでの金融の歴史を概観しておくことにしよう。ここでの記述を含め、金融史の全体像については、巻末の「金融史年表」を参照されたい。また、表紙裏の「主な出来事」も参考にしてほしい。

金融の歴史の中で、現在の金融システムを形成する大きな背景となったいくつかの軸がある。具体的には、金融取引の基礎となる契約という概念の確立、社会、政治体制の変遷、素材、技術などである。そして、具体的に金融システムの形を作り、変化させてきた最も大きい要因は、人類がこれまで繰り返し経験してきた金融危機である。

第1章
社会、政治体制の変遷と金融

①契約の拘束力

　第二部（第5章④）で、「金融システムが適切に機能するための条件」として、「契約履行を保証する制度」を挙げた。金融取引の核心である信用取引の場合、交わされた契約が拘束力を持たないと取引そのものが成立しないからである。しかし、このことは当然すぎるほどに当然であって、太古以来人類は明確な法制はなくとも、そのような前提を満たしながら歩んできた。そのうえで、さらに整った法制度があれば、紛争があった場合に力による解決ではなく、公正に迅速な解決が図られる。このことは、金融取引の安定的な履行に繋がり、ひいては金融システム全体の安定性にもプラスになる。特に、取引の内容が複雑化すればするほど、この観点は重要になってくる。

　そのような法制度に関して人類は実は非常に長い歴史を持っている。実際、記録として残っている人類の最初の信用取引は、紀元前3000年頃のメソポタミアに遡るとされる。そこでは既に契約という概念があった。その後、紀元前1800年頃にはバビロニアにおいて、ハムラビ法典によって（現在の日本でも実施されている）法律による金利の上限規制が導入されていた。ギリシャ時代になると紀元前7世紀頃には奴隷を担保に取ることの禁止などの倫理的な概念が法制化されるに至っている。また、ローマ帝国は紀元前8世紀の都市国家ローマから始まり、紀元後486年の西ローマ帝国の滅亡、1461年の東ローマ帝国の滅亡までの非常に長い歴史がある。通常は西ローマ帝国の滅亡をもってローマ帝国の終焉とするが、金融法制の面からすると東ローマ帝国においてさらに整備が進められ、6世紀前半までにローマ法大全が編纂された。このローマ法大全が、その後の中世ヨーロッパだけでなく、現代の各国の金融法制の源流となったとされている。

②政治体制と金融

　一般に歴史学では、人々の歴史を政治、社会体制に着目して時代を区分して論じることが多い。

典型的にヨーロッパ史では、ギリシャ・ローマ時代の古代、ルネッサンスや大航海時代の中世、フランス革命、産業革命以降の近世、そしてベルリンの壁崩壊以降の現代といった時代区分がある。また、中東と並んで古い歴史のある中国については長江文明や黄河文明といった先史時代、その後の秦、漢、戦国時代、隋、唐、宋、元、明、民、清などの歴代王朝、そして近代の中華民国、現代に続く中華人民共和国などそれぞれ施政者の個性に沿って特徴ある時代を形成してきた。この間、わが国については、大和朝廷の成立までの古代、その後平安時代の荘園公領制を中心とする中世、明治維新までの江戸時代を中心とする近世、そして第二次世界大戦までの近代、その後の現代といった時代区分で語られることが多い。

金融も政治、社会体制の中で行われる行為であるので、当然こうした時代環境の影響を強く受ける。例えば、旧ソ連邦や改革開放政策前の中国などの典型的な社会主義体制の下では、私有制が制限され、自由な取引を行う市場は限定的であり、複数の金融機関が競争し合う産業構造ではなく、国の組織による独占が基本であった。このため、唯一の金融機関である中央銀行が企業融資などの民間金融機関の業務も兼業していた。また、金融取引が統制され、金利なども固定されていた。半面、例えば保険会社は存在しなかったが、これは金融の取引の多様化が遅れていたという面もさることながら、個人の生活を平等に保障することが国家の基本的責務とされていたため、保険が不要だったとも考えられる。

いくつかの政治の体制が金融のあり方に大きな影響を及ぼした事例をみておこう。

(イ) ブレトンウッズ体制

第二次世界大戦は米国の世界経済におけるリーダーシップを確立させた。敗戦国の日本、ドイツ、イタリアはもちろん、戦勝国のイギリス、フランスでも疲弊が激しかった。東欧諸国はソ連の社会主義体制の下で経済発展は遅れた。こうした中で、本土が無傷であった米国は世界経済の中で圧倒的な優位を確立した。国際通貨体制も米国中心、ドルを基軸通貨とする体制となるのは自然なことであった。その体制の骨格はまだ戦争中の1944年7月米国のニューハンプシャー州のブレトンウッズで開催された連合国44か国の通貨担当者の会合で合意された。すなわち、戦後はドルを基軸通貨とすること、世界通貨体制の安定を維持するための機関としてIMF（国際通貨基金）、世界銀行を設立することが謳われた。

米ドルを基軸通貨とする国際通貨体制とは、米ドルの価値を金1オンス（約31グラム）当たり35ドルに固定したうえで、さらに各国通貨とドルの交換レートを固定するものであった。もちろん、各国通貨の需給は時に変動し、均衡価格は変動したが、各国は為替介入（政府、中央銀行による自国通貨ないしはドルの買入または売却）によって、その固定相場を維持した。ブレトンウッズ体制と呼ばれたこの体制は、1971年8月のニクソン大統領による金とドルの交換（兌換）停止、いわゆるニクソン・ショックによって終結した。ブレトンウッズ体制の終結に至る一連の経緯の背後には次のような事情があった。

- 世界経済に対して世界通貨、つまりドルを供給するためには、米国が経常赤字国となってドルを供給する以外にない。
- 通常であれば、そのような赤字国は通貨の信認をなくし、資本の流出を招くことから長続きはしない[1]。
- しかし、西側世界における米国の圧倒的な政治、経済、軍事面での強さを背景にそのような混乱は生じなかった。
- その後米国経済の圧倒的優位性が揺らぎ始めるにしたがって、こうした構図は維持できなくなった。背景のひとつは、輸出拡大を梃子とした日本の経済発展であった。もちろん、欧州も戦後復興から経済発展の道を歩み始めていた。こうした中で、米国の対外赤字は放置できなくなり、ドル高修正、つまりブレトンウッズ体制の見直しが必要となった。

(ロ) 中国における金融改革

中国では、1949年に共産党の一党独裁社会主義政権が成立するまでは、市場主義経済体制下で多くの民間金融機関が営業していた。しかし、共産主義政権下で、中央銀行でもある中国人民銀行にすべての民間銀行が統合された。中国銀行が唯一外国為替専門銀行として形式的には別法人であったが、実質的には中国人民銀行ないし国務院（内閣）の完全な管理下におかれた。しかし1979年以降、改革開放政策の下で金融改革が実施され中国人民銀行から四大商業銀行（中国銀行のほか、中国工商銀行、中国農業銀行、中国建設銀行）が分離された。また、完全に政府の一部であった中国人民銀行は中央銀行として位置づけられることになった。近年さらに金融の近代化が図られ、2016年には預金保険制度も導入された。預金保険制度は銀行の民間経営を前提にそれが破たんした場合のセイフティー・ネットであり、預金保険制度の導入は自由な金融取引が行われることの証明でもある。

(ハ) EUの成立と単一通貨ユーロの導入

西欧では、古代以来近代に至るまで数えきれないくらいの数の紛争が国レベルで繰り返されてきた。こうした中で第二次世界大戦の最中から欧州統一の機運が台頭し、1950年にはシューマン宣言により軍事と経済の共同化が提案された。これが原動力となって、1952年には欧州石炭鉄鋼共同体、1958年には欧州経済共同体（EEC；European Economic Community）が成立した。その後さらに、1985年には人・財・サービスの移動を自由化し国境をなくしたシェンゲン協定、1993年には単一通貨ユーロの導入を含む欧州連合（EU；European Union）の成

---

1) 基軸通貨を固定した国際通貨システムは、十分な通貨供給と信認の維持という矛盾する要素を同時達成しなければならず、長続きしないことを明確に主張したのは、米国の経済学者R.トリフィン（1911～1993年）であった。このため、このような国際通貨体制の矛盾は、トリフィンのジレンマと呼ばれた。

立を謳ったマーストリヒト条約が制定された。

　マーストリヒト条約に基づき、1999年初めに計算単位としてのユーロが導入され、2002年初めには実際に現金通貨としてのユーロが流通を開始した。この間、統一通貨ユーロを管理する主体、つまり中央銀行として欧州中央銀行（ECB; European Central Bank）が設立された。なお、EUには2018年初期の時点で、既に離脱を決めている英国を含め28か国が加盟しているが、単一通貨ユーロを法貨とし、金融政策をECBに委ねている国（ユーロ圏）はそのうちの19か国である。英国やスウェーデンなどはEUには加盟しているが、ユーロは法貨ではない。なお、ECBの機能や権限は米国のFRB（Federal Reserve Systemを管理するBoard）や日本の中央銀行である日本銀行と同等あるいはそれ以上に強大であり、政治からの高度な独立性を付与されている。

（最適通貨圏の議論）

　ユーロの導入に関連して、1961年に米国の経済学者R.マンデルが発表した最適通貨圏の理論に触れておこう。最適通貨圏とは、一定の条件下では、ある地域において単一通貨を使用することが合理的であるという考え方であって、単一通貨ユーロ導入に理論的根拠を与えた（第二部ではビットコインの最適通貨圏はインターネット空間であると説明した）。一定の条件とは労働や資本の移動性が保証されていること（結果として価格の同一性があること）、経済活動を妨げる文化的な障壁がないことなどである。つまり、完全に政治的に同じ体制下になくても、ひとつの共同体としての共通性、同一性があることが条件となる。また、単一通貨の合理性とは、為替変動から人々の経済行動を開放することであって、リスクとコストの削減につながることである。逆に、異なる経済基盤、したがって異なる経済変動が存在している場合には、単一通貨はデメリットがある。なぜなら異なる経済状態の国を反映して、内外の経済状態の違いを中立化するメカニズムである為替レートの価格機能を失うことになるからである。この両者のメリットとデメリットのバランスによって、通貨の通用範囲が決まるといってよい。例えば、わが国では円という単一通貨を何の疑いもなく使用しているが、地方と東京で経済格差が生じている背景のひとつとして、共通の通貨を使っているため、生計費等のコスト差を製品価格差に反映しにくい。つまり地方通貨の為替レート安による東京への移出拡大ができないという問題を内包しているといえなくもない。

③日本の郵政民営化

　かつては、郵便局が業務の一環として預金為替業務を行うことは、世界的にみても一般的であった。郵便局のネットワークが金融取引に必要な情報伝達手段として機能し、範囲の経済が期待できるからである。しかし、世界的な流れとしては、情報通信業務の民営化の進展の流れ

や金融自由化の流れの中で、主要国は郵便局による預金業務を民間との公平な競争状態に置くため、郵便局による預金為替業務（郵貯）を民営化する方向となった（米国は1966年廃止。独は1995年民営化。英は国の直轄事業から独立行政法人に改組）。郵貯が集めたマネーは、多くの場合政府系金融機関の信用業務の原資となっていた。したがって、郵貯の民営化は必然的に公的な金融の流れ全体を民営化することになる。わが国も例外ではなかった。この間の経緯をみてみよう。

(イ) 郵便貯金、財政投融資の開始

1875年、前島密により、海外主要国の例に倣い政府の直轄事業として、郵便局が郵便のほか為替・貯金業務も兼業する体制が導入された。1878年には、集めた貯金を国債に運用する機能が大蔵省国債局に与えられ、1885年には大蔵省預金部として組織体制も整備された。

(ロ) 財政投融資体制の確立

第二次世界大戦に敗北したわが国の国土は荒廃し、産業の立て直し、公共的なインフラの再構築が急務となった。この課題を金融面からサポートするため、郵便貯金を原資として復興資金を供給する復興金融公庫が終戦直後の1946年に設立された。1953年には、大蔵省預金部は資金運用部として改組され、郵便貯金だけでなく、国民年金や厚生年金などの資金も含めて一元的に管理する体制が整えられた。この体制は、「財政投融資（財投）」と呼ばれ、住宅金融公庫（現在の住宅金融支援機構）、復興金融公庫の後進である日本開発銀行（現在の日本政策投資銀行）、中小企業金融公庫や国民金融公庫などの政府系金融機関（現在の日本政策金融公庫に繋がる）、日本道路公団（現在の東日本、中日本、西日本の各高速道路会社）などの政府関係の特殊法人のほか、地方公共団体にも長期資金を融資する巨大な金融組織体が形成された。なお、同様に戦後復興を目的として、民間資金による長期金融の強化のため、政府系の特殊法人であった日本勧業銀行（現在のみずほ銀行の前身のひとつ）と北海道拓殖銀行（現在の北洋銀行）の資本の一部を使って日本長期信用銀行（現在の新生銀行）が設立されたほか、日本の統治下で旧朝鮮の中央銀行であった朝鮮銀行の資本をもとに日本不動産銀行（後の日本債券信用銀行、現在のあおぞら銀行）が設立されるなど、平成金融危機が勃発する1990年代末に至るまで続いた日本型金融システムの原型が整備された。

(ハ) 財投改革

財投制度は、戦後復興に多大な貢献をした。しかしあまりにも巨大化し、民間の金融機関の経営を預金、融資両面で圧迫しているとか、財投資金に安易に頼る公的機関の不効率化を招いているとの批判が強まり、1990年代後半、郵便貯金だけでなく簡易保険（郵便局の兼営する生命保険業務）のほか、郵便事業についても民営化の方針が打ち出された。最終的に2005年には、

郵政民営化の是非を問う衆議院の解散、総選挙が断行され、これら郵政三事業の民営化が決定した（小泉総理大臣による「郵政改革」）。これに先立つ形で、資金運用サイドについても2001年の「財投改革」によって、これらの資金調達は郵便貯金などではなく、特別の国債（財投債）や政府保証のついた各機関の発行する債券（財投機関債）によることとなった。その過程で、政府系金融機関や特殊法人の民営化、日本開発銀行の日本政策投資銀行への改組（完全民営化の予定であったが、現在は停止中）などが実施された。

第2章
技術革新とマネーの変容

　金融取引をどのようにして、安全、迅速、正確に行うかは、人類が長きにわたって追求してきた課題である。基本的に、その時々の最新の素材、情報通信、情報処理に関連する技術を金融取引に応用してきた。特にマネーや決済関連は、技術革新の直接的な影響を受けてきた。具体的には図表3-1の通りであるが、そのポイントは次の通り。

　人々は、石、穀物、布、塩、貴金属など様々な素材のマネーへの応用を試み、実用化してきた。また、狼煙（のろし）、飛脚など様々な通信手段を金融取引に応用してきた（江戸時代の近畿地方のコメ市場では、異なる地域の取引所の価格差から利益を得るために狼煙が使われていた。また、紙の手形の迅速な運搬のため飛脚や早馬などが用いられた）。この過程では多くの試行錯誤が重ねられてきた。例えば、最初はプラスチックカードではなく、紙によるATMの利用が試みられたが、利便性のメリットは少なく普及することはなかった。また、初期の電子マネー（モンデックス；英ナショナル・ウエストミンスター銀行などが手がけた）はオフラインでの個人対個人の決済（P2P）も可能な画期的なものであったが、インターネットの普及が飛躍的に進む中で、WEB上の（つまりオンラインの）決済に主役の座を渡すことになる。ただし、これらの努力の上に利便性の高い現在の決済手段が開発されてきたことは間違いない。

　紙の発明は金融に革命的なコストの低下と利便性の向上をもたらした。紙のマネー（紙幣）や手形・小切手の歴史はいずれも11〜12世紀に遡る。近年急速にペーパーレス化が進展しているが、なお紙による決済は広範囲に残存している。このような長期間にわたって紙の使用が続いてきたことは驚異的である。それほど、紙の発明は革命的であった。

　紙の普及から1000年の時を経て、IT技術のブレークスルーにより、WEB、スマホ、磁気カード、ICカード、ビットコイン、ブロックチェーンなど、最新技術を活用した金融取引、マネーの創出、流通が急速に広まってきている。こうした金融とITテクノロジーの融合による新しい金融技術、インフラなどのことをフィンテック（FinTech）と呼んでいる。近年、金融機関によるフィンテック関連の投資額は著増している。また、フィンテックはWEB上での取引との親和性が強く、ネット通販をはじめ、カーシェアなどのシェアリング・エコノミーとの融合による新ビジネスの拡大に繋がっている。こうしたフィンテックも活用して、様々な経済活動を

総合的にIT化、ネットワーク化したビジネスの体系の構築が様々な事業分野で追求されている。こうしたビジネス体系のことを、生態系システムになぞらえてエコ・システム (eco-system) と呼んでいる。なお、フィンテックには、例えば資産運用にAI（人工知能）を活用してポートフォリオの効率的な構築を実現するロボアドバイザーといった仕組みも含まれる。

この点、米国の未来学者であるアルビン・トフラーは1980年、人類の歴史の中で、現在は第一の波（農業革命＝新石器革命）、第二の波（産業革命）に続く第三の波（情報革命）を迎えているとした。また、最近ではドイツ政府などが、第四次産業革命（インダストリー4.0）という言葉を使ってイノベーションを推進している。第四次産業革命とは、①水蒸気、②電気、③コンピュータに続く、④ビッグデータやIOTを活用した社会全体のIT化をさしている。金融も同様の流れの中にあると考えられる。

素材の進歩を含めて、技術革新がどのようにマネーの姿を変えてきたのかを整理したのが、図表3－1技術革新とマネーの歴史である。

図表3－1　技術革新とマネーの歴史[2]

項目	背景となる技術	金融の革新
貴金属マネー	・採掘、精錬の技術が徐々に進歩。 …天然資源であるので、量産には限界がある（そのために価値が維持される）。	・最古の金貨は紀元前3000年頃のエジプト、メソポタミアに遡る。 ・その後、欧州、中東、アジアに広がり、西欧による植民地支配の拡大に伴って世界に広がった。 ・古代から、現代に至るまで、人類の歴史とともに、マネー（素材）として用いられてきた。 ・現代に至るまで、その性能や品質に急激な変化はなく、紙幣や電子マネーに代替されてきている。
紙　幣	・105年、中国で官僚であった蔡倫により、麻を使った製紙技術が確立された。しかし、極めて高価であったため、急速な普及はなかった。その後徐々には普及したものの、3世紀の晋の時代にベストセラー本が出現し、「洛陽の紙価を高らしめる」といわれたように、なお高価であった。	

2) この資料作成に当たっては、C.イーグルトン、J.ウィリアムズ "Money A HISTORY" (The British Museum Press 1997 邦訳なし)、F.アレン、Gヤーゴ「金融は人類に何をもたらしたか」（藤野直明監訳　空閑裕美子訳　東洋経済新報社　2014年）のほか、第一部注11でも紹介したK.セガール「貨幣の新世界史」（小坂恵理訳　早川書房　2016年）などを参考にした。

項目	背景となる技術	金融の革新
紙幣	・10世紀頃までに、樹皮や竹を使って大量に紙漉きを行う技術が普及。 ・1450年頃、独グーテンベルクにより活版印刷が実用化され、英国などで17世紀初頭には水車を動力源とした大量印刷技術も普及。 ・1869年に米国でセルロイドが実用化されて以降、様々な種類のプラスチック（合成樹脂）が開発され、人々の日常生活に定着。	・1023年、中国、北宋において政府が銅銭との兌換性のある約束手形（交子　こうし）を発行した。世界初の紙幣とされる。しかも公的な紙幣であった。 ・12世紀頃までに、ヨーロッパ（イタリアなど）のほか、日本でも紙の手形による決済が普及。1610年、伊勢山田地域で商人によって山田羽書（やまだはがき）の発行が開始された（日本最古の紙幣とされるが、民間紙幣であった）。 ・17世紀の中頃には英、スウェーデンなどで公的紙幣（中央銀行券）が導入された。 ・1988年、オーストラリア中央銀行が、プラスチック（ポリマー）製の銀行券を発行。その技術は20か国に輸出されている。カナダでは現在すべての銀行券がプラスチック製である。メリットは偽造されにくいこと、デメリットは折りたためないことなどである。ただし、他の主要国では導入されていない。紙幣の普及に比べれば低い。
電子マネー	・米IBM社が磁気ストライプカードを発明。その後1960年代中頃から1970年代中頃にかけて、米国を中心に「磁気ストライプカード」が実用化。 ・日本を含む主要国で1960年代末から1970年代末にかけて、磁気ストライプカードにICチップを埋め込み、情報量、処理能力を飛躍的に向上させた「ICカード」の実用化が進展。	・1950年、ダイナースが世界初のクレジット・カードを発行。ただし、当時は紙製のチケットであった。 ・1967年、米バークレーズ銀行によって、ATMが実用化された。ただし、その時は特殊紙の小切手を使用した。 ・1960年代から70年代にかけて、欧米では磁気ストライプカード技術によるプリペイドカード（テレフォンカードなど）、クレジット・カード、バンクデビットカード（普通預金にリアルタイムでリンク）やATMキャッシュカードが実用化されていった。

第三部　金融の歴史

項目	背景となる技術	金融の革新
電子マネー（続）	…ICカードには、装置に接触させる接触型（クレジット・カードなど）と数十センチの距離で情報がやり取りされる非接触型（Suicaなど）がある。非接触型の典型的な技術はソニーのFeliCaである。もっとも、海外ではFeliCaとは異なる規格（NFCのType-A、Type-Bなど）が一般的である。これらの異なる規格を横断的に利用できる規格の開発も進んでいる。	・1990年代にオランダや英国でICカードに決済（オフラインでのマネー価値のやり取り）の機能を持たせた電子マネーと呼べるものが誕生したが、クレジット・カードの利便性、安全性を上回ることができなかった。結局、利用数が伸びずに失敗。 ・2000年代に入り、キャッシュ・カードやクレジット・カードなど様々なカードのICカード化が進展。
インターネット・バンキング（すべての親機、端末がネットワーク化）	・1969年、インターネットが実用化（米国、ARPANET）。 ・1988年、商用インターネットが開始。以後、情報通信の速度、量、安定性、コストが急速に改善。	・電話による送金依頼の進化形として、インターネットによる送金依頼などの取引（インターネット・バンキング）が1988年米国シティー・バンクによって開始された。 ・1990年代末頃、欧米で小切手を画像化しデジタル処理するチェック・トランケーション取引が開始された。わが国でも全国銀行協会が2001年に一度検討し、取りやめた経緯。しかし、インターネット・バンキングや、わが国独自の電子手形であるでんさいネットなどと比べ、将来性に限界。 ・1995年には、米国でインターネット専業銀行であるSecurity First Network Bankが営業を開始。 ・わが国では1997年住友銀行（現在の三井住友銀行）が初めてインターネットバンキングサービスを開始。
ビットコイン	・サトシ・ナカモトが2008年にビットコインの核となるアイデア（情報を広くかつ安全に伝達する「ブロックチェーン」、決済ごとにマネーが創出される「マイニング」）を発表。	・2009年初めから（狭義の）ビットコインを実際に発行開始。 ・その後、類似の仮想通貨（アルトコイン）が多数出現。

第3章
マネーとガバナンスの歴史

　以上のように、金融、特にマネーの歴史は大括りにみると、政治・社会体制と技術進歩の歴史である。しかし、マネーの歴史はマネー供給のガバナンスの歴史でもある。金融は誰でも行うことのできる取引であると同時に、社会のインフラとして適切に機能しなければならない。このため、その鍵となるマネーや信用の供給を誰がどのような権限でコントロールすべきかというガバナンスの問題は歴史的に常に重要な課題であったし、今後も重要な論点であり続けよう。

①マネーに関するガバナンスの展開

　マネー供給のガバナンスの歴史は、貴金属などの素材や小規模のコミュニティーの中での信用マネーから出発し、競争的信用マネー供給システムに変遷していく歴史であった。

（イ）競争的信用マネー供給システム以外の制度

　競争的信用マネー供給システムとは、現代の標準的なマネー供給システムであって、民間銀行による預金マネー供給システムである。また、預金マネーから派生する様々な派生マネーも合わせて全体が一体となったマネー供給システムを形成している。しかし、根本的には中央銀行の発行する中央銀行券の無制限の法的強制通用力が最後のよりどころになっているという意味では、中央銀行券本位制ともいえる制度である。そこに至る歴史では様々なガバナンス形態があった。

a. 為政者の完全管理下におかれたマネー

　中世における欧州の各王国のほか、日本の江戸幕府が管理発行していた政府管理の鋳造金属貨幣制度が典型である。貨幣の発行量や品質（金などの含有量。品位ともいう）が政府によって完全にコントロールされていた。人々は価値の高い通貨を手元に残して、価値の低い通貨を先に使用するため、全体的には貨幣価値の低下、つまりインフレーションに繋がる。「悪貨は良貨を駆逐する」という有名な言葉は、1560年に国王統治下の英国で貨幣の品位を落とす改鋳に

対する批判の一環として表現されたものであった。

　政府を経済主体としてみると、税の徴収主体であると同時に、財政支出（国王の支出）を行う主体でもある。厳格に、収支相償（財政均衡）を貫くことは、経済の変動が生じている中ではなかなか困難なことである。不景気の際には財政規模を維持するための財源すら確保できないかもしれない。為政者にマネー発行の権限が付与されている場合には、金属貨幣の品位の引き下げによって、マネーの増発、財源の確保が可能となる。

　もちろん、為政者都合によるマネーの増発は、金属貨幣に限らない。江戸時代の日本では、各藩が金属貨幣の原料の不足を補うため、また財源確保のためもあって「藩札」を発行した。また、第二次世界大戦中に旧日本軍は占領した各地において、「軍票」を発行して、支払いに充当した（海外現地での軍票発行は、日本政府の閣議で決定された）。もちろん、このような場合であっても発行者がディシプリンを確保していればマネーの過大な供給は回避されるが、そこが不十分な場合にはマネーの増発が単なる為政者への購買力の付与となって、民間需要の締め出し、ないしは需給ひっ迫によるインフレを招く結果となる。江戸時代元禄期の荻原重秀による改鋳など、幕府財政の悪化への対策として出目＜でめ；通貨発行者の得る通貨発行益＞獲得のための品位を落とす改鋳は度々行われた。元禄期の改鋳は、通貨の供給不足を補う目的があったが、基本的にはこのような財政赤字補てん策として行われた。もっとも、米ドルを基軸通貨とすることについての「トリフィンのジレンマ」と同様の矛盾が江戸時代の幕府発行の金貨についてもあったとはいえるかもしれない。つまり、中央銀行がない時代において、政府のみが発行するマネーの供給を増やすためには幕府は赤字でなければならない面もある。

b. 民間銀行券

　民間銀行券とは、現代の紙幣＝中央銀行券と異なり、民間銀行が発行する銀行券（金や預金の預かり証書）のことである。古代の両替商やギリシャの神殿が発行していた借用証書あるいは預かり・貸借帳簿も同様の機能を持つものと位置づけることができる。民間銀行券制度はうまく機能することもある。18世紀前半の中央銀行となる前のひとつの有力民間銀行にすぎなかったイングランド銀行が民間銀行のリーダーとしての責務という観点で行っていたマネーの管理はその好例である。また、米国ニューイングランド地方では、民間銀行が銀行券を発行し、その需給がサフォーク銀行という民間銀行によって適切に管理され、1819～1858年に至る40年間にわたって維持されていた事例がある（サフォークシステムと呼ばれる）。

　F.ハイエク[3]は「貨幣発行民営化論」において、「中央銀行は政府の管理下にあるため、政

---

3) F.Aハイエク（1899～1992年）は、オーストリア出身で英、米で活躍したノーベル賞経済学者。K.ヴィクセルの自然利子率と同様の議論を展開したことでも知られるが、中央銀行は不要という主張を「貨幣発行自由化論」（川口慎二訳　東洋経済新報社　1988年）で行った。その主張は「過去の循環的な恐慌に責任のあったのは『資本主義』ではなく政府介入であった」という同書の中の一文に集約される。

府の都合のいいようにマネーを過大に供給する可能性がある。マネーの過大供給はバブル経済を創出し金融危機のきっかけをつくる恐れが強い。マネー供給は民間銀行に委ねるべきと」という趣旨の主張を展開した。

しかし、他方で民間銀行の林立、ディシプリンを欠いた経営と民間マネーの過大供給という歴史が、日本の明治初期をはじめとして近代の各国が経験したことは事実である。

c. 金本位制

金本位制とは、中央銀行ないし民間銀行の発行する銀行券の総量を金の在り高と結びつけて制約を課したマネー供給管理システムである。そうしたルールがガバナンスを構成し、そのルールを順守している限り過大にマネーを供給することはない。逆に、マネー供給が過小になる可能性はある。実際、英国ではピール条例が金融危機の都度、一時的に棚上げされ潤沢なマネーの供給を可能とする措置が取られた。その意味では、マネーの過小供給に繋がるというガバナンスの問題がある。

ブレトンウッズ体制下でのドル本位制は、ドルと金の交換比率が固定されていたため、金本位制の一種とみることもできる（金為替本位制といわれる）。

d. 仮想通貨

典型的な例としてナカモトのビットコインでは、誰かが一元的にマネーの発行を管理しているわけではなく、ルール（プロトコル）だけが決まっていて、それにしたがってマネーの創出、送金などが行われる。ただし、プロトコルは時に変更されることがあり、その変更を企画し決定するのはごく小人数のプロトコル管理メンバーであって、そのメンバーが真に役割を誠実に履行しているかということ、つまりフィデューシャリー・デューティが順守されているかという点が重要である。

(ロ) 金本位制下でのガバナンスを巡る論争（通貨主義 vs 銀行主義）

金本位制の下での中央銀行のガバナンスの在り方を巡って、激しい論争が1830年代の英国で行われた。英国の中央銀行であるイングランド銀行は主として戦費調達の目的で1694年に設立され、その後唯一の兌換銀行としての地位は確立していたが、まだ中央銀行としての機能、ガバナンスは未成熟であった。こうした中で、1830年代前半の正貨（金貨）の海外流出、1839年の恐慌を踏まえ、イングランド銀行の通貨管理の在り方についての論争が繰り広げられた。この論争は、マネー供給の基本的な論点を含んでいたため、今もしばしば引用される有名な論争である。

a. 通貨主義

　論争の一方は、通貨主義といわれる考え方で、「イングランド銀行による銀行券の発行を正貨に紐づけて厳格に制限すべし」というものである。銀行券以外にもイングランド銀行の開設している預金、民間手形などの決済手段はあるが、銀行券が根幹であり、その供給をイングランド銀行の金の保有高ないしは保有国債などの優良資産に紐づけておくべきという考え方である。つまり、金本位制を純化しようという立場である。

b. 銀行主義

　他方の銀行主義は、銀行券以外にも、イングランド銀行の受け入れ預金、民間手形などの決済手段があり、そうした決済手段も重要な機能を果たしていると主張する。そのため、銀行券だけを規制しても意味がない、ないしマネー需要に適切に応じるためにもイングランド銀行による銀行券の発行を規制すべきではないという考え方である。

c. 決着とその後の経緯

　この論争は、根本的には中央銀行の機能やガバナンスをどう考えるべきかという論点に帰着する。当時の論争の結果としては、通貨主義に軍配が上がり、それに基づいたピール条例（1944年）が制定され、厳格な銀行券の発行限度が設けられた。しかし、その後頻発した金融危機の都度、（民間銀行への預金取り付けにより）銀行券が不足したため、一時的に発行限度を緩和する措置が幾度も取られた。そうした結果からみると、中央銀行のガバナンスやマネー供給を銀行券にポイントを当ててコントロールしようとしたことは適切ではなかった。

（ハ）日本銀行における銀行券の発行限度額

　日本銀行でも現在の日本銀行法（1997年6月公布、1998年4月施行）の前の日本銀行法（1942年公布）では、銀行券の発行限度額が当時の担当大臣（主務大臣という）であった大蔵大臣の権限によって決められていた（一時的に限度を超えて発行することはできたが、それも大蔵大臣の認可事項であった）。また、発行残高と同額の優良資産（国債、優良担保付き貸出、外国為替、金地金など）を保有することが同法で義務づけられていた。こうした定めは、金本位制の下での兌換銀行券の名残ではないかと考えられる。

　1998年の日本銀行法の改正によって、そうした銀行券の発行限度額に関する定めは廃止された。なお、2001年に日本銀行がゼロ金利政策と長期国債の買入額の増額を打ち出した際に、（金融政策のための）国債買入残高を銀行券の発行残高の範囲内に収めるという、いわゆる「銀行券ルール」を導入した。もっとも2013年4月に量的質的緩和という形で金融の大幅な緩和措置を決めた際に、この銀行券ルールは一時停止という措置が取られて現在に至っている。銀行券ルールは銀行券の発行限度とは逆に、銀行券を長期国債の保有残高以上に発行できるとすると

いう意味に解することもできる。

(ニ) 競争的信用マネー供給システムにおける金融監督

いうまでもなく、現代の金融においてマネーとしての機能を果たしている最も大きな存在は、銀行券ではなく民間銀行の預金である。したがって、日本銀行などの中央銀行のガバナンスもさることながら、民間銀行のマネー供給のガバナンスが重要である。

民間金融機関のマネー供給という意味では、次にみる金融危機の経験に基づいて、過大な供給が行われないことを主眼に様々な制度が構築されてきた。ひとつには政府による経営監視、つまり金融監督である。二つ目は金融機関が経営破綻した場合でもマネーたる預金を保護する制度、預金保険制度である。

日本で金融監督制度が整備されたのは、昭和の初めの金融恐慌によって多数の銀行が破綻した後のことである。その時に最低資本金制度の拡充、大蔵省検査・日本銀行考査（日本銀行が取引先に対して行う実地調査）などが導入された。また、預金保険制度については資本自由化による海外銀行の進出、それによる競争激化を控えた1971年に導入されたが、1990年代の平成金融危機の過程で抜本的に強化された。このようにマネーを巡るガバナンスの問題も歴史的な変遷を経て現代に至っている。そこで、次に金融危機についてみていこう。

②金融危機の類型

(イ) 近代以前の金融危機

銀行制度が整備される以前から金融危機は繰り返されてきた。その場合の金融危機の内容は、主として次のようなパターンである。近代以降の金融危機と比較するとその規模、影響の度合いは小さい。これは、経済取引の中で金融取引、とりわけ純粋金融取引が未発達であったことから、システミックリスクが大きくなかったためである[4]。

a. 債務不履行の広範化

銀行制度や通貨制度が整備される以前から、私的な融資は当然行われてきた。そうした中で、紀元前7世紀のギリシャや紀元前450年頃のローマ帝国では、過剰債務問題が発生し債務の切り捨て＝強制的な債務免除などの措置が取られたとの記録が残っている。

---

4) なお、第二部注11で述べたように、17世紀のオランダにおいて、トルコから西洋に伝わったチューリップが珍重され、その新種を巡って投機熱が高進した（チューリップ・バブル）。その後、価格は急落し、多くの投資家が巨額の損失を被ったとされる（世界で初めて生じた典型的なバブルとして有名な事例）。もっとも、経済の基幹商品でもなく、金融的な価値のあるものではないチューリップの球根であったため、バブルの崩壊が金融システムや経済システム全体を機能不全に陥らせることはなかった。

b. 私的通貨、ないしは国の通貨の乱発による混乱

　中世ヨーロッパでは、銀行の前身といえるような私的な振替業者が存在していたが、一部では手形（借金証文）を財務体力を超えて造成し、その決済ができない先もあった。15世紀初めイタリアのジェノヴァでは、こうした事態が時に広範化したことから、事態収拾のため、政府公認の銀行が設立された（世界初の公認銀行）。

　17世紀中頃のスウェーデンでは欧州初の公認銀行が設立されたが、その経営が緩に流れて行き詰まったことから、混乱収拾のため世界で初めて銀行券の独占的発行権を公認された銀行、つまり中央銀行の設立に至った。

　18世紀初頭のフランスでは、稀代の投機的銀行家として名をはせることになったジョン・ローが私的銀行を設立し、国王の銀行として公認される存在となったが、投機の失敗から破たんし経済全体を混乱させた。

　1870年頃、明治維新直後の日本では西南の役の戦費を賄うため、政府紙幣を乱発、インフレの高進を招いた。この事態の収拾のため、国の正式の通貨単位として両に代えて円を導入するとともに、最終的に中央銀行として銀行券の独占的発行権を持つ日本銀行の設立に至った。

（ロ）銀行危機、通貨危機、債務危機

　近代以降の金融システム、すなわち銀行制度や通貨制度がある程度整備された下での金融危機は、銀行危機と通貨危機に分けて考えることができる。また、途上国を中心に国際資本市場での信認低下に伴う債務危機のパターンもある。

a. 銀行危機

　金融危機の過程では多くの金融機関が破たん、つまり債務超過となって預金の払い戻しができない状態になり、また一般事業法人も金融面のサポートを失って苦境に立つことが多い。このことが、さらに金融取引と実体経済取引の悪循環を長期化させる。実際、わが国の平成金融危機では、もともと約1000あった金融機関のうち数年の間に180先が破たんし、その後10年以上わが国はその後遺症に苦しんだ。このような銀行の経営悪化、破たんが引き金になった金融危機のことを、特に「銀行危機」という。

b. 通貨危機

　一国の経済に対する信認の低下による通貨の対外価値の低下や資本の対外流出が引き金となる金融危機、つまり「通貨危機」もある。典型的には1990年代のアジア金融危機や1992年の英国ポンド危機である。通貨危機は必ずしも過度の投機的な取引の横行が原因ではない。海外投資家のある国に対する評価が急に低下し、資金を当該国から引き上げる動きが一気に生じるといったことが原因となることが多い。その結果として当該国の銀行の資金繰りが悪化し、経

営が困難化することも多い。

c. 債務危機

　一国の対外債務、特に国債などの公的な債務が返済できないため、国際金融資本市場で資金の調達ができないことから生じるタイプの危機、つまり「債務危機」もある。債務危機は、通貨危機や銀行危機に発展することが多い。最近の典型的な債務危機は2010年のギリシャ債務危機であるが、ギリシャはユーロ採用国であるので、通貨安に見舞われることはなかった。しかし、海外から資金を調達することができず、EUの支援を受けなければ年金や公務員の給与も支払えない危機の状態となった。

(ハ) 金融危機の頻度

　人類は有史以来、金融の混乱を経験してきた。古く記録に残っている事例としては、紀元前7世紀のギリシャ、紀元前450年のローマにおける過剰債務問題から、最近では1990年代後半のわが国における平成金融危機や2008年以降のグローバル金融危機、2010年のギリシャの対外債務問題に至るまで、これまで幾度となく数十年に1度あるいはそれ以上の頻度で金融危機を繰り返してきた。避けるべきことが明らかであるにもかかわらず繰り返しているという意味で、時に戦争に例えられることがある。しかし、金融危機は民族紛争や国境紛争など、そこに利害対立や紛争があるわけではない。それにもかかわらず、金融危機が繰り返されてきたのである。

　米国の有名な金融経済学者F.ミシュキンとE.ホワイトによる研究[5]では、大きな株価の下落を伴う危機は、20世紀中に15回、つまり7年に1回のペースで発生したとしている。

　また、IMFの調査によると[6]、1970～2011年の41年間を対象に世界のどこかの国で生じた金融危機の数は次の通りである。

　　a. 銀行危機　　146
　　b. 通貨危機　　218
　　c. 債務危機　　 66
　　d. 複合危機　　 76（うち銀行危機が絡むケース47）

　金融危機の範囲をどこまで広くとるかにより数は異なるが、いずれにしても近代においても、金融危機が繰り返されてきたことは、金融関係者の共通の理解である。これら3つのタイプの危機のうち、通貨危機や債務危機は発展途上国で生じることが多いが（1992年の英国ポンド危

---

5) ダラス連銀に提出された共著論文 "Unprecedented Actions: The Federal Reserve's Response to the Global Financial Crisis in Historical Perspective" による。F.ミシュキンは連邦準備制度理事も務めたことのある米国の金融経済学者。E.ホワイトも米国の金融経済学者。
6) IMFでは "Systemic Banking Crises Database" という形で、時々金融危機のリストを作成、更新している。

機は例外的)、銀行危機は先進国でも生じている。わが国の場合、これまで通貨危機や債務危機に見舞われたことはないが、銀行危機には明治維新以来、幾度となく見舞われてきた。米国などの主要国においても、事情は同様である。そこで、以下では主として銀行危機を念頭に話を進めよう。

③主な金融危機

有史以来危機を繰り返してきているが、近代において大きな危機は国際的には、1929年～30年代における「大恐慌」(Great Depression) と2008年からの数年間にわたる「グローバル金融危機」(Global Financial Crisis) である。また、わが国では、1927年の「金融恐慌」と1990年代から約10年間続いた「平成金融危機」である。平成金融危機以外は、固有名詞にもかかわらず、一般名詞のような名称で呼ばれている。このこと自体がこれらの危機がいかに深刻であったかを示すものである。古代以来の金融危機のリストについては巻末の年表を見てほしいが、この4つの危機について原因と対応のポイントを整理すると次の通りである（図表3－2参照）。なお、グローバル金融危機および平成金融危機における政策的な対応については第八部第4章プルーデンス政策で、詳しく説明する。

(イ) 大恐慌（米国⇒世界、1929年～1933年）

a. 原因と状況

銀行などの機関投資家、個人投資家による株式に対する過度に投機的な取引（バブル）の横行とその破裂が原因であるが、当時を代表する金融経済学者I.フィッシャーを含め多くの有力な経済学者が、バブルとの見方を否定していた。しかし、1929年8月の連邦準備理事会の金利引上げ決定を受けて、株価が大きく反落した。1929年10月24日（木曜日）には一日で12.8％の下げとなり、結局株価は数日で9月末の水準の半値以下に値下がりした。10月29日は、複数の自殺者がでるなど市場はパニックとなった。このため、暗黒の木曜日 (Black Thursday) と呼ばれる。なお、時代は下るが、1987年10月19日（月曜日）にはドイツの中央銀行の金利引上げがきっかけとなって、世界の主要市場で株式バブルが崩壊し、ニューヨーク市場では、一日の下げ幅としては暗黒の木曜日を上回る22.6％の下げ幅となったため、暗黒の月曜日 (Black Monday) と呼ばれることとなった。

こうした株価の下落は、銀行の資産内容を直撃することとなった。信用不安から、多くの銀行が取り付けに見舞われたことから、政府が全国一斉の銀行休業を宣言する事態となった。

b. 対応

政府や連邦準備制度理事会の危機発生直後の対応は、機敏ではなかった。このため、株価の

図表3-2　主要な金融危機の比較

	大恐慌	グローバル金融危機	金融恐慌	平成金融危機
国 時期	米国 ⇒他の先進国へ 1929年～1933年	米国 ⇒世界各国 2007年～2011年	日本 1927年	日本 1991年～2003年
基本的な背景	証券バブル	不動産バブル	第一次世界大戦及び関東大震災復興バブル	不動産バブル
破綻した金融機関	全国の預金取扱金融機関	欧米諸国の様々な形態の金融機関	全国の預金取扱金融機関	預金取扱金融機関、証券・保険会社
預金保険制度 付保範囲の一時的拡大	（存在せず⇒その後連邦預金保険公社設立）	拡大	預金保険制度存在せず	拡大
預金保険制度 不良資産買取り	×	△（小規模）	×	○
預金保険制度 資本注入	○	○	×（政策的に設立された昭和銀行が受け皿となった救済あり）	○
預金保険制度 一時国有化	×	○	×	○
預金保険制度 銀行休業	○	×	○	×
システミック・リスクの顕現範囲	世界に波及	世界に波及	国内にとどまる	国内にとどまる
実体経済への影響	極めて大（鉱工業生産が直前から30％程度下落）	短期的に大（2009年はIMFベースで、戦後初の世界経済マイナス成長）	一貫して増加していた鉱工業所得が1920年の戦後恐慌以来のマイナスに転落	長期停滞へ（90年代は平均1％成長に低下）
危機再発防止のための恒久的措置	・預金保険制度の創設 ・米国ではグラス・スティーガル法を制定（銀行による証券業務の禁止）	・主要国で預金保険制度の強化(証券、保険への適用) ・自己資本比率規制の国際合意に基づく強化	・銀行法を制定し、最低資本金の導入などを実施 ・一県一行主義に基づき、地方銀行の統合を推進	・預金保険制度の強化（資本注入制度の恒久措置化など） ・金融庁の設立、日本銀行の独立性の強化

×…実施せず　○…実施

下落⇒銀行資産の劣化・銀行倒産の増加⇒銀行貸出の慎重化⇒経済停滞の長期化という典型的な悪循環に陥った。

　最終的には、危機の最中に就任したF.ルーズベルト大統領によるニューディール政策（積極的な公共投資）によって経済は回復に転じた。

　危機の再発防止のため、①グラス・スティーガル法（銀行による株式投資を原則禁止）の制定、②連邦預金保険公社（FDIC）の設立（世界初の預金保険制度）を実行し、その後の世界の金融制度、規制に対して非常に大きな影響を与えた。

（ロ）グローバル金融危機（米国⇒世界、2008年〜2010年）
a. 原因と状況

　米国における金融緩和の過度の長期化による、投機的な金融取引の膨張とその崩壊が原因とされる。金融緩和の長期化は、2006年まで連邦準備制度理事会の議長であったA.グリーンスパンが、議長就任直後に2001年のインターネット・バブルと呼ばれるインターネット関連企業の株価バブルの崩壊の悪影響の大きさを体験したため、金融引き締めへの転換が遅れたことが大きな背景とされる。直接的な契機となった投機的な金融取引の対象は住宅ローンの中で返済能力の低い借り手向けの融資（サブプライム・ローン）であった。それを組み込んで新たな金融商品に仕立て直した派生金融商品やさらにそれを有価証券化した取引が膨張し、市場全体に拡散したのである。もともと、貸し倒れリスクの高いサブプライム・ローンであったため、自ずと取引規模の拡大には限界があった。それにもかかわらず無理な拡大を続けたため、多くの金融商品の元本償還が行われない事態となった。関連資産を多くの銀行、証券会社、保険会社などの金融機関が多額に保有していたため、巨額の損失から多数の金融機関が破たんに瀕することになった。

　このグローバル金融危機についての世界の監督当局の共通の理解は、「これまでの金融危機と異なり、預金取付け型ではなく、カウンターパーティ・リスクの顕現による金融市場の機能不全型」というものである。これまでの危機と比較して、そのような側面があることは事実である。しかし、その根底には銀行与信の持続的膨張が投機的な市場取引、とりわけ高次の派生取引を支えてきたことがあることは、見逃すべきではない。

　このような高次の派生金融商品は世界各国の金融機関が保有していたため、欧州を中心に米国の危機が波及することになった（なお、日本は直前の平成金融危機の経験から高リスクの取引を控えていたほか、不良債権の比率が非常に低く財務の健全性が確保されていたことから金融機関の破たんという意味での波及はなかった。この間、輸出の減退などから実体経済は大きな影響を受けた）。

b. 対応

　連邦準備制度理事会は市場に潤沢にマネーを供給し、市場の取引が滞ることを回避した。しかし、それだけでは多額のロスを被り債務超過となった金融機関の破たんが避けられなかった。政府は税金を使って体力の弱い金融機関や一部の一般事業法人に対して巨額の資本引受（資本注入）を行った。また、一時的に預金保険制度を拡張し、銀行が破たんしても、その預金の全額保護を実施した。

　危機の再発防止のため、国際的な合意に基づき銀行に課している最低自己資本比率（リスクで加重平均した資産に対する自己資本の割合）を引上げたほか、米国内では銀行による証券取引に制限を加えた。また、預金保険制度に、銀行だけでなく、証券会社や保険会社なども組み込む措置が、米国のほか、日本、アジア各国などで採用されることになった。

（ハ）金融恐慌（日本、1927年～1928年）
a. 原因と状況

　日本経済は、長期的な課題に直面していた。ひとつには第一次世界大戦による経済の拡大の反動が終戦とともに表面化したことである。もうひとつは1923年に発生した関東大震災の復興支援のために取られた日本銀行による救済支援（震災関連であれば無担保で巨額の低利融資が受けられる措置である「震災手形」）が必要以上に拡大し、その整理、回収が遅れていたことである。こうした中で多くの銀行がその資産内容の悪化に苦しみ、一部の銀行は破たんに瀕していた。特に当時の日本の統治下であった台湾の大銀行でかつ現地の中央銀行の役割を果たしていた台湾銀行が一部の事業法人（鈴木商店など）に多額の放漫融資を行っていたことが判明、そのことが明らかになる過程で、台湾銀行に預金取付けの動きが広がったことも、危機拡大の要因となった。

　こうした中で、震災手形の措置の延長を審議する国会審議の過程で当時の大蔵大臣であった片岡氏が「東京渡辺銀行が破たんした」との発言を行ったことから、一気に信用不安が台頭し、全国の銀行に預金取付けが発生し、多くの銀行が休業に追い込まれた。なお、その発言の対象

7）東京渡辺銀行が休業したのは、片岡失言の翌日1927年3月15日（火）であるが、それが直ちに他行に波及したわけではなく、その直後は比較的平穏だった。しかし、片岡失言を巡って与野党が紛糾する中で、他行の苦しい経営状況が明らかになるに連れて取り付け圧力が高まり、これに対処するため日本銀行は週末中にもかかわらず、かつ非取引先の金融機関に対しても巨額の特別融資（無担保貸出）を実施したが、それでも金融不安は収まらず、翌週の22日火曜日（月曜は祝休日）には全国に銀行休業の動きが拡大した。この動揺は銀行の営業時間の延長などの措置によって一旦収束する。しかし、翌4月中旬になると当時の日本の統治下にあった台湾の中央銀行である台湾銀行の経営行き詰まりが明らかになったことから株式市場が動揺し、それを契機に再び預金取付けの動きが全国に広がった。このため、政府は2日間の銀行の一斉休業とその後のモラトリアム（大口金銭債務の決済の猶予）に踏み切ることになって、危機は頂点に達する。そこで、金融界と日本銀行が打開策の切り札として打ち出したのが、本文にある「昭和銀行」であった。

となった東京渡辺銀行は結果的にその日は事なきを得て破たんには至らなかったため、片岡蔵相の発言は結果的には大失言となった（片岡失言）[7]。

b. 対応

日本銀行による無担保の巨額の支援融資（日本銀行特別融資）によって多くの銀行の救済を図った。また、そうした体力の弱い一連の銀行を統合し、そこに支援を行うといった構想も実施された（「昭和銀行」という名称の公的な受け皿銀行が1927年10月に設立された。役割を終えた後、安田銀行＜現在のみずほ銀行＞に引き継がれた）。

再発防止のため、銀行の最低資本金の金額を引き上げ体力の増強を図ったほか（1928年1月銀行法施行）、各県毎に一行の銀行しか認めない方針を国と日本銀行が策定し、統合を進めた（一県一行主義。現在、いわゆる地方銀行がほぼ一県一行となっているのはこの時の影響）。また、監督当局であった大蔵省の検査を強化したほか、日本銀行による検査（考査という）を導入した。

（二）平成金融危機（日本、1994年～2001年）

平成金融危機については、詳細は第八部第4章プルーデンス政策で説明する。ここでは背景を中心に説明しておこう。

a. 原因と状況

1980年代後半わが国は、波状的な円高の進行に直面した（1985年9月のプラザ合意を挟んで1ドル250円であった円相場は、1995年4月に一時80円割れ）。このため輸出不振、デフレを恐れた政府は日本銀行に対し金融緩和を要請、これに応じる形で金融緩和の強化、長期化の下で、過度に投機的な取引が、株式のほか、不動産、絵画などの文化財などにも及び第二部でも触れたように「バブリー」という言葉が自嘲的に人口に膾炙するまでになった。特に地価（東京都商業地、1平方メートル当たり）は、1983～1984年頃は111万円～133万円であったが、1985年189万円、1987年649万円と短期間に急騰した。また、株価（日経平均）も、1983～1984年頃には1万円前後であったが1989年末には38,915円という史上最高値を記録した。

こうした状況の下で、政府、日本銀行は特に地価高騰に危機を持ち、引締め政策に転じた。政府は銀行に対して不動産向け融資の総量を規制する「総量規制」に踏み切り、日本銀行は立て続けに政策金利を引上げた。このため、金融取引は一気に萎縮し、バブルが崩壊した。地価はピークには単価250万円を超えたが、2001年には60万円まで値下がりし、その後もほぼ一貫して低下を続けた。株価も、ピークをつけた1989年の翌年には半値に近い2万3千円台まで急落し、その後も長く低迷した。

バブル期の不動産取引には土地を利用せず、単に更地在庫としての値上がり益のみを狙った取引も少なくなかったため、不動産価格の値下がりは直ちに返済不能に結びつくケースもあっ

た。銀行および銀行の不動産融資専門の子会社（住宅金融専門会社；住専）の資産内容は、貸出の焦げ付き、担保としていた不動産価値の下落から急激に悪化した。このため、多くの銀行、信用金庫、信用組合が破たんした（平成金融危機を通した破たん数は、預金取扱金融機関については危機前の総数、約1000に対して180に及んだ。また、山一證券、三洋証券などの大手・中堅証券会社、日産生命などの中堅の生命保険会社も7先が破たんした）。

一般事業法人も不動産投資の不採算化から急激に業績が悪化した。この結果、国内総生産（GDP）は、1998年−1.13％、1999年−0.25％と、オイルショックによって戦後初めてマイナス成長となった1974年以来初めてのマイナス成長、しかも2年連続のマイナス成長となった。

b. 対応

金融緩和が強化され、日本銀行の政策金利であるO/Nレートをゼロにする「ゼロ金利政策」に加え、金利に代わってマネタリーベースを政策目標とする「量的緩和政策」が採られた。いずれも、世界で初めて本格的に採用されたものである。

戦後初めて多数の金融機関が破たんした金融危機であったため、このような事態に対応するための制度が極めて未整備であった。特に、預金保険制度は1971年にわが国にも導入されていたが、それまで発動されたことがなかった。具体的には、次のような問題があったことから、最初は危機対応のための時限措置として、そして最終的には恒久措置として危機の際には特別な措置が取れるように法律（預金保険法）が改正された。

- 定額保護（原則預金者1人当たり1,000万円まで保護）のみ
  ⇒危機の際には預金を含めてすべての債務を全額契約通りに返済。
- 破たんの防止のための資本増強の措置なし
  ⇒危機回避のための、金融機関への資本増強を可能とした。
- 巨大な金融機関の破たん処理の仕組みなし
  ⇒一時的に国有化し、営業を継続しながら再建していく仕組みを導入。
- 不良資産買い取り制度なし
  ⇒預金保険機構による買い取り制度を新設し、実務機関として整理回収機構を設立。

この間、預金者保護のための財源として預金者から事前に集めていた預金保険料だけでは財源が不足したことから、国は預金保険機構に対して10兆円を超える補助金を支出した。また、経済の落ち込みに対応して積極的な財政政策を採用したこともあって、国債発行残高は危機直前の1994年度では207兆円であったが、危機が一段落した2005年には527兆円まで膨張した。マクロ金融財政政策の運営において、金融緩和政策への過度の依存が金融緩和の行き過ぎた長期化を招いた、との批判に対応し、日本銀行の政府からの独立性の強化を軸とした日本銀行法の改正が行われた。また、旧大蔵省から金融監督部門を切り離して、金融庁が設立された。

図表3-3　金融危機の循環的なパターン

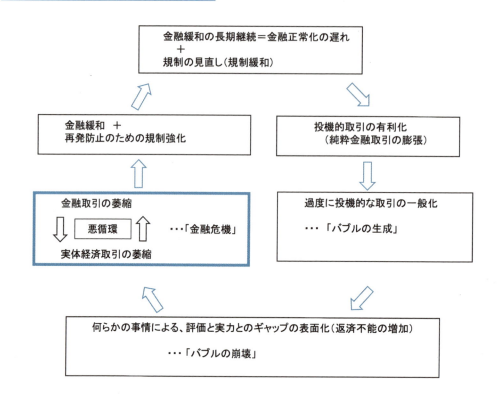

④金融危機はなぜ繰り返すのか

　以上みてきたように、人類は金融危機を繰り返してきた。その理由として、まず金融危機の前段となるバブルに対する人々の記憶が薄れるということがあるかもしれない。危機の直後には、金融緩和の過度の長期化や規制緩和の行き過ぎといったことに対する強い反省がある。実際、大きな金融危機の都度、危機の原因となることの多い過度に投機的な金融取引を防ぐため規制を（おそらく過度に）強化してきた。しかし、現実に危機の後遺症に苦しんでいる中にあっては、金融緩和は長引きがちであるし、危機の再発防止のための規制が自由な金融機能の発揮を阻害しているとの議論がそのうちに台頭し、規制が再び（おそらく安易に）緩和される傾向がある。そうしたことが結果として、次のバブルを生成する可能性は否定できない（図表3-3）。

　しかし、人々はやすやすと過去の苦い経験を簡単に忘れるわけではないし、手をこまねいてきたわけでもない。規制だけではなく、中央銀行の政策決定を最適化するための制度設計のほか、預金保険制度の拡充など、後戻りのない制度も新たに導入してきた。それにもかかわらず、なぜ金融危機、あるいはその前段のバブルの生成が繰り返されるのか。これについては、多くの

議論がある。主なものは次の通りである。

(イ) 投機的な取引の不可避性 (H. ミンスキー)

　第一部第6章でも説明したミンスキーの主張する資本主義の本来的な不安定性によるものである。ミンスキーによれば、自由な金融システムにおいては、短期調達、長期運用が可能かつ有利となることから、投機的金融への誘因が常に存在する。

(ロ) 金融緩和政策への過度の依存 (R. G. ラジャン[8]など)

　経済社会には様々な大断層 (Fault Line) が存在する。例えば、貧富の格差の拡大 (所得だけでなく住宅などの資産を含めて持てる者と持たざる者との格差) であるが、それを表面的に緩和するため、金融は緩和方向への政治的バイアスを持つ。それを一部の金融機関が利用し、さらに投機的な取引を拡大し、最終的に破たんに至る。こうしたプロセスに対して厳格に対応する仕組みを整備することは資本主義社会においては困難である。このため、さらに金融は緩和方向へのバイアスがかかる。それがバブルの生成、崩壊の基本的なメカニズムである。

　他方、中央銀行には引締めバイアスがあるとの指摘もある。例えば1929年以降の米国の大恐慌や日本の1990年代の金融危機後の金融緩和の不十分さないし緩和の性急な是正を問題視する見方は多い。

(ハ) 行動経済学的な視点からのアプローチ (G. エインズリー、N.N. タレブ、C.M. ラインハート & K.S. ロゴフなど)

　G. エインズリー[9]は、「人間行動は、経済学で一般的に想定されているよりも非合理的である。経済学では、例えば10年後と11年後の利益の主観的価値の変化率は今年と来年の変化率と同じ＝「指数割引」) という前提を置くことが多いが、実際にはこれは成立せず、人々は目先の利益 (リスク) を高く (低く) 評価しがち (＝「双曲割引」) である。このことが、目先の利益を先々の損失のリスクよりも極端に高く評価する行動を促す。このため、過度に投機的な取引は一般化すると主張した。例えば、喫煙について健康にとって有害だと分かっていても、目先の

---

[8] R. G. ラジャン (1963年〜) は、インド出身の米国で活躍する経済学者。インドの中央銀行の総裁を務めたことがある。
[9] G. エインズリーは1990年代に活躍した米国の精神科医、行動経済学者で、双曲割引の議論を展開した代表作は「誘惑される意思」(山形浩生訳　NTT出版　2006年) である。
[10] N.N. タレブ (1960年〜) は、もともとニューヨークで活躍したデリバティブトレーダーであったが、その後研究者に転身。代表作「ブラックスワン」(望月衛訳　ダイヤモンド社　2009年) は、サブプライム・ローン問題発生後、ベストセラーとなった。
[11] C.M. ラインハート、K.S. ロゴフは、いずれも米国の経済学者。共著「国家は破たんする」(村井章子訳　日本経済新聞社　2011年) で、過去800年間の各国の金融危機に共通する特徴を描き出した。

リラックスの効用を優先し、先々の罹患リスクを軽視する、つまり禁煙ができないことに繋がるというわけである。

また、N.N タレブ[10]は、人々は自身が直接経験していないことは、存在自体を軽視する傾向がある、そして初めて経験する事態が出現するとパニックになって冷静に対応できないとする。そして、このことが利益の出ている間はさらに投機的な取引を強め、損失が出始めると逆に極端にリスク回避行動をとること、つまり市場のクラッシュなどにつながるとする。彼は、人々が経験していないが実在する事象をブラック・スワン（黒い白鳥、Black Swan）と名付け、実際には黒い白鳥が存在するにもかかわらず、白鳥は白いものしかないと思い込むのと同様であると指摘した。

C.M.ラインハートとK.S.ロゴフ[11]は、「金融危機は金属貨幣の時代から改鋳などを契機に繰り返されてきた。それにもかかわらず人々は『今回はこれまでと違って（This time is different）』、構造的な変化の下で生じている資産価格の上昇、経済活動の盛り上がりであり、バブルではないと過度に楽観的な判断をしがちである。これが金融危機を繰り返す背景である」とする。

（二）政策当局の対応の遅れ

以上は、よく知られた議論である。しかし、このほかにも次のような事情がある。すなわち、一般に、政策当局は過去の政策や言明との連続性の過度にとらわれ、柔軟に新たな状況に対応することを躊躇しがちである。特に金融危機の場合は、背景に過去の政策の失敗があることから、それまでの金融規制や金融政策が間違っていたことを認めることになる。このため、仮に幸運な状況変化があれば、政策を変更せずにやり過ごせるかもしれないと考える。また、政策の方針を変える際には、なるべく完成度の高い政策体系を固めてから変更のアナウンスをしたいという考え方がある。それは無責任であるとの批判を避けると同時に、政策変更のショックを緩和する狙いがある。こうした事情から、時代は変わっても政策当局の対応は後手に回る傾向があることを否定できない。

第4章
日本における金融システム改革

　以上、金融危機についての歴史をみてきた。ここで、金融の歴史に関する説明の締めくくりとして、日本の戦後の金融制度の歩みをみておこう（巻末の金融史年表2.3.を参照）。

①金融システム改革進展の背景

　第二部で述べたように、戦後長きにわたって、日本の金融制度は業態縦割り、厳しい規制を軸とするシステムであって、近年の米国でほぼ完成されていた自由で市場重視の金融システムとは対照的であった。しかし、次のような事情から、1980年代以降日本の金融システムは急速に米国型に変化した。

（イ）戦後復興の完成

　大戦後の経済の立て直しが1960年代にほぼ完了し（1964年の第一回目の東京オリンピックの開催、東海道新幹線の開通は象徴的であった）、国際社会への復帰が大きな課題となってきていた。

（ロ）国際社会への復帰と経済の対外開放

　その後、1980年代になると、日本は経済大国としての地位の確立に成功し、金融、貿易面で対外開放していくことが課題となった。

　一方、1980年代米国は巨額の貿易赤字、特に日本との不均衡に直面していた。米国は、為替が円安であることに加え日本の過度な規制が米国企業の日本での事業展開を制約していると主張した。このため、「日米円ドル委員会」が設置され、そこで日本の金融規制も大きく緩和の方向に動くこととなった。

　日本ではこうした米国からの圧力は「外圧（ガイアツ）」と呼ばれ、政府、金融機関が抵抗する場面も多かったが、結局規制緩和は急速に進展した。具体的に、預金金利規制の緩和（金利自由化）、銀行による証券業務の拡大などの業態間の相互乗り入れ、医療保険などの新たな業務

の解禁などに繋がっていった。これらは米国の金融機関の日本への進出を直接的に後押しするものであった。ただし、金融自由化は避けられない時代の変化であって、もともと日本政府の方針として明確に打ち出されていたのも事実であり、ガイアツは自由化をスピードアップさせたと位置づけられる。

（ハ）国債の大量発行

　1973年に勃発した原油価格の急騰（第一次石油危機）は、日本経済に大きな打撃を与えた。それへの対応のため、政府は国債の大量発行に踏み切り、累次にわたって需要拡大を図った。この国債発行によって、国債市場が拡大し、その円滑な発行のために発行市場、流通市場の整備が行われた。特に、国債発行条件の弾力化が行われ、それを起点とした長期金利市場の自由化が進展した。

　なお、国際化と国債の大量発行は、当時「ふたつのコクサイ化」と呼ばれ、これらが自由化の原動力になったと広く受け止められていた。

（ニ）平成金融危機の勃発

　その後、日本は昭和の初めの金融恐慌以来の金融危機（平成金融危機）に見舞われた。この金融危機は金融システムを転換する大きな原動力となった。それには、次の事情がある。

- 平成金融危機の過程で、10兆円を超える規模の税金が投入され、また公的機関である預金保険機構による民間金融機関への資本注入が行われるなど、様々な危機対応が採られた。また、金融危機は実体経済を停滞させ、そのための対策として国債の大量発行を伴う巨額の財政支出が実行された。こうした公的な負担を繰り返すべきではないとの強い国民の批判に応える必要があった。
- 特に、金融監督のサイドにおいては、金融危機勃発後の初期対応、その後の抜本的な対応の遅れから、日本経済へのダメージを拡大してしまった。一方、日本銀行の金融政策は緩和の過度な進展、長期化がバブル生成の基本的な背景となったほか、その後のバブル崩壊の過程では当初は政府による不動産関連融資に関する量的規制ともあいまって日本銀行の性急な金利引上げがバブル崩壊の傷を深めた面がある。こうしたことから、金融関係当局のあり方の見直しが行われた。具体的には、当時の大蔵省の金融監督部門を独立させ金融庁を発足させたことである。もう一つは、政府による緩和方向へのバイアスのかかった日本銀行への政府からの圧力を抑止するための日本銀行の政府からの独立性の強化と、日本銀行の政策決定システムの改善（政策委員会の改組）である。このように、金融危機は、金融当局の再編にまで繋がった。また、当局の再編まで行われることとなったことは、民間金融機関の業態間の垣根の見直しを後押しすることになった。

②金融システム改革の主要事項

　金融ビッグバンと呼ばれた1997年以降の日本の金融システム改革の主な経緯は上述の監督体制や日本銀行の組織の見直しのほか、次のようなものも含んでいた（巻末の金融史年表3.日本版金融ビッグバン開始後の金融システム改革を参照）。

（イ）価格、金利、手数料の自由化
　日本における金利の自由化は、ビッグバンに先駆けて行われた。その内容は、公定歩合（日本銀行の民間金融機関向け貸出金利、当時の政策金利）と民間金融機関の貸出や預金の金利との連動を断つことであった。まず貸出金利の基準となる短期プライムレートは、当時は公定歩合と連動していたが、1989年に市場金利連動に変わった。また、預金金利については、1985年の大口定期預金金利の自由化からスタートし、1994年に流動性預金金利が自由化されたことで、すべての預金金利が自由化された。

（ロ）業務の自由化
　焦点は、銀行による証券業務の解禁であった。戦後まもなく、銀行による証券業務を禁止した米国のグラス・スティーガル法に倣って日本でも同様の禁止措置が取られた。その後、国債の大量発行もあって、1981年に銀行本体が国債等の公共債関連の業務を行うことが認められた。
　その他の証券業務については、1993年に業態別子会社方式による銀行、証券会社の相互乗り入れが解禁された。さらに1998年には金融持株会社の設立が解禁され、ひとつの持ち株会社の下で兄弟会社として銀行や証券会社が傘下に位置する形が一般化した。

（ハ）セイフティー・ネットの拡充
　自由化は競争を促すことになることから、金融機関の整理淘汰が進む可能性がある。このため、銀行、証券会社、保険会社（生命保険、損害保険）のセイフティー・ネットの拡充ないし、創設が図られた。また、1990年代中頃からは金融機関の破たんが広がりを持ち始めていた。このため、預金保険制度の担い手である預金保険機構（設立は1971年）については、1996年に専任理事長の任命（従前は日本銀行副総裁の兼務）をはじめとして組織の強化が図られた。証券会社については従来から設置されていた寄託証券補償基金を強化して、1998年に改正証券取引法に基づく日本投資者保護基金が設立された（2006年には、根拠法が証券取引法から金融商品取引法に移管）。保険会社については、1998年の保険業法の改正により本格的なセイフティー・ネットとして、生命保険契約者保護機構と損害保険契約者保護機構が設立された。
　以上のように、金融システム改革の内容は、自由化とセイフティー・ネット整備の並行的な推進であった。

第四部

マネーと金利

Introduction

第四部では、マネーの需要、供給のメカニズムについて説明する。マネーの基本的な概念については第一部で、またマネーの具体的な種類やその決済システムについては第二部で、さらにマネーを巡る歴史については第三部で説明した。ここでは、まずマネーに対する需要がどのようにして決定されるのかについてみていく。次に、マネーの供給が、中央銀行や民間銀行の活動とどのような関係にあるのかといった点について、踏み込んだ検討をしていく。ポイントは、中央銀行によるサポートを前提に、マネーの供給は民間銀行から非銀行部門への信用供与と同時に行われるということである。つまり、マネーの供給（信用創造）は銀行貸出によってのみ行われるということである。

そうしたマネーの需給メカニズムについてみた後、そこでの基本的な要素であるマネーの利子率、つまり金利について検討していく。金融は現在と将来を結ぶものであって、その関係を規定しているのが利子率である。利子率を使えば様々な金融商品の理論価値を計算することができる（ネット・キャッシュ・フローの割引現在価値）。また、利子率には、市場金利だけではなく、時間選好率や資本コストといった主観的な利子率の概念がある。さらに、マネーの利子率だけではなく、様々な財についての利子率、すなわち自己利子率という概念もある。むしろ、市場金利の背後には、そうした様々な異なる概念の利子率が存在していると考えるべきなのである。

金利は、金融と消費や設備投資などの実体経済活動とを結びつけるものでもある。そして、様々な金融商品を保有した場合に得られる利益率（リターン）の基準となる。いうまでもなく、金融商品には様々なリスクがある。そうしたリスクを踏まえつつ合理的にリターンの最大化を図るには様々な金融商品をどのように保有していくべきかということは金融活動の基本テーマのひとつであるといえる。そこで重要な手掛かりを与えるのが「資産選択理論」である。第四部では、この資産選択理論について詳細に検討するとともに、その応用として銀行の貸出行動、特に信用割り当てについてもみていく。

最後に海外通貨と国内通貨との関係、すなわち外国為替取引や外国為替レートについてみていく。そこでも金利は重要な役割を果たしている。

第1章
マネー需要

①マネーと信用

　最初にここで議論するマネーを定義しておこう。第一部でみたように、マネーには様々な種類がある。しかし、第二部でみたように現代の経済において現実的に通用しているといえるマネーは現金（銀行券、貨幣＜硬貨＞）と預金マネー（決済性預金）に限られている。一方、ビットコインなどの仮想通貨の通用性は限定的であるほか、Suica、クレジット・カードなどはすべて現金や預金マネーが一時的に形を変えたものである。つまり、この第四部以降の説明において、マネーとは第二部第1章で説明した日本銀行のマネーストック統計のM1（現金＋決済性預金）であるとしよう。

　次に、マネーと信用の関係について、改めて整理しておこう。マネーのうち、預金マネーは銀行（預金取扱い金融機関）の債務であって、その創出は銀行が自らの負債である預金を借り手に供すること（信用供与＝貸出＋金融商品の買取り）、つまり信用創造によってのみ行われる。また現金は、差し当たり預金とは独立の存在ではあるが、その入手は預金の引出しによってしか実現しない。そして、その預金は過去の信用創造によって創出されたものである。つまり、マネーは過去か現在かはともかく、例外なく銀行の信用創造によって創出されたものなのである。この点を意識しながら、マネーの需要についてみていこう。

②マネー需要の種類

　マネーの需要には、基本的に決済需要と投資的需要がある。それらの内容をみていこう。なお、「決済需要」と「投資的需要」の違いとして、前者は基本的にフロー需要、つまり最終的には期末残高をゼロに持っていく需要である一方、投資的需要は期末に残高を保有し来期に持ち越すことを目的としていることに留意する必要がある（図表1－14を改めて参照）。なお、決済需要と投資的需要のほかに、予備的需要もあるが、これは思わぬ物入りに備えるものであって基本的に決済需要である。こうした需要の種類と後で説明するマネーの入手経路を一覧にしたの

が、図表4－1である。

図表4－1　マネー需要の分類と入手経路

	保有動機	個々の主体にとっての入手経路	マクロ的にみたマネーの創出
決済需要（広義）	決済需要（狭義）	・所得 ・資産の売却・転換 ・借入（信用供与）	銀行等による、 ・貸出 ・有価証券等の買取り
	予備的需要		
投資的需要	金利変動リスク回避		

（イ）決済需要

まず、決済需要の枠組みから話を進めよう。マネーは第一部でもみたとおり、あらゆる決済に用いられる。つまり、最終需要（GDP）に直結する取引だけではなく、中間取引のほか、金融取引や不動産取引などの資産取引にも必要である。これを示したのが、次に再掲する第一部第5章の式1－8である（フィッシャーの交換方定式　$MV = PQ$ の元の形）。

$$MV = PQ + P_S Q_S + P_D Q_D + P_E Q_E$$

ただし、

M；マネーの量（ストック）、V；マネーのある期間における流通速度（逆数は、マーシャルのk）、P；物価水準、Q；取引量（中間取引を含む）。このうち、P、Qは、添え字なしの場合、P；一般物価水準、Q；実質GDP。また、添え字のある場合は、Sは実物ストック、Dはデット、Eはエクイティを示す。

ここで、添え字S、D、EのP、Qについては、それらを統合して、P'、Q'としよう。つまり、簡略に

$$MV = PQ + P'Q' \qquad \text{…式4－1}$$

としよう。左辺はマネーの総取引金額、右辺は新規生産に関わる取引PQと実物資産・金融取引P'Q'の合計である。

ここで、両辺をVで除すと、

$$M = PQ/V + P'Q'/V$$

となる。この式において、マネーストックMと流通速度Vが政策的にあるいは慣行から所与とすると、Mは新規生産PQと実物資産・金融取引P'Q'に使われる。そしてMの増大にPQが応じ切れない場合には、P'Q'が増大、つまり実物資産・金融取引の拡大となる。P'Q'、特にP'がPQの増大に結びつく場合（トービンのqを通じる効果など）もあるが、そうではなく、資産取引が単独で増大するだけの場合もある。典型的に、資産バブル期においては短期のキャピタルゲインを狙って高額で市場性のある資産（不動産、美術品など）に関連したマネー需要が拡大

する。実際、2013年4月の日本銀行の量的質的緩和によって、それ以降不動産、株式取引が増大したが、PQは期待したほどには増加しなかった。つまり、マネーの供給を仮に増やせたとしても、それがどの取引、需要に向かうかは各々の予想収益性やリスク、つまり、人々の将来に対する見方による。

経済が比較的安定している場合、つまり金利、物価、成長率に大きな変動がない場合には、新規生産に関わる取引額と、資産・金融取引はパラレルに動くであろう。その場合には、決済需要を念頭に置いたフィッシャーの交換方程式、さらには次のケンブリッジ方程式

$M = kPY$　あるいは

$M/P = kY$

が成立し、実質マネーストック需要M/Pは実質生産額Yに比例することになる。もっとも、そのマネーストックを期初に手当てしておく必要があるので、その期はマネーの金融資産への運用はできなくなる。このため、典型的に預金して得られたはずの利息を逸失することになる。その逸失額はマネー調達のコストであって、金利に比例する。また、マネーストックを手当てするために借入を行えば、直接的に利息の支払いが必要となる。つまり、決済需要は所得に比例し、金利とは負の相関関係にあるといえる。これらの直観をもう少し詳しくみていこう。

(ボーモル・トービンモデル)

ここで、1950年代にW.ボーモルとJ.トービンが各々相次いで発表し、ボーモル・トービンモデル[1]として知られる現金需要モデルを紹介しよう(図表4-2)。このモデルは、期初における普通預金を現金に換えて期中の決済需要に備える場合、最適な預金の引下ろしパターンはどのようなものかを検討したものである。

＜モデルの前提＞
- 期間中の支払い額の合計はCで、日々平均的に消費支出。
- 普通預金を期中N回引出して、それで得た現金を手元に保有し、そこから支出。
- 引出しの都度、交通費などの事務コストがかかる（引出し1回ごとにb）。
- 普通預金に対しては、平均残高（平残）に対して利率iの利息が支払われる。

＜モデルの検討＞
- マネーの平残はC/2Nである。それに金利を乗じたiC/2Nが、預金を引出さなければもらえたはずの利息額である。引出にかかる事務コストbNを合算すると、

---

[1] W.ボーモル(1922～2017年)は、米国の経済学者。J.トービンはトービンのqで知られる米国の経済学者(第一部の注24を参照)。

図表 4-2 最適な現金保有残高（ボーモル・トービンモデル）

①平均残高と引出し回数の関係

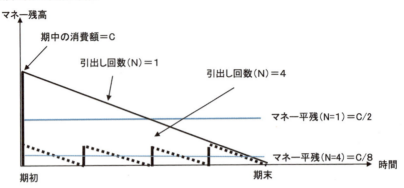

②最適な引出し回数

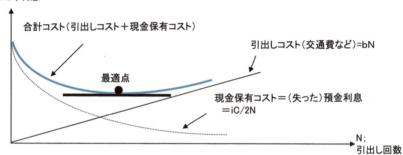

　総コスト＝$iC/2N + bN$

となる。この総コストの最小値を得るために、式をNで微分し、それをゼロと置くと（図の②を参照）

　$-(iC/2)(1/N^2) + b = 0$

が得られる。これを解いて得られるNが最適な引出し回数である。つまり、

$$N = \sqrt{\frac{iC}{2b}}$$

これを、マネーの平残額$C/2N$に代入すると、

　最適な現金保有額（平残）＝ $\sqrt{\dfrac{Cb}{2i}}$

が得られる。つまり、最適な現金保有額は、消費額の平方根に比例し、金利の平方根に反比例することが分かる。

なお、物価が上昇すれば必要な決済金額、したがってマネーの必要額も物価に比例して増えるので、その時に必要となる現金の量は実質値で考える必要がある。つまり、消費額C、1回あたり引出しコストのいずれもがP倍に膨らんだ場合の最適マネー保障額は、

$$\sqrt{\frac{(C \times p) \times (b \times p)}{2i}} = \sqrt{\frac{Cb}{2i}} \times p$$

で与えられる。

　以上の議論は、単純に普通預金を現金に換える場合であったが、定期預金など比較的利回りの高い金融資産に運用している資産を普通預金などの決済性のある預金に転換する場合にも応用できる。その場合、金利ではなく、金利差で考えればよいだけであって、最適な普通預金残高は、金利差と負の相関にあることは明らかであろう。このように考えると、ボーモル・トービンモデルは、（現金だけではなく）より一般的なマネーの決済需要にも応用できるのである。

（ロ）投資的需要

　次に、マネーを決済動機ではなく、投資的な動機でストックとして需要する場合について考えてみよう。ここでは、フローの決済需要に関する式4－1
　　$MV = PQ + P'Q'$
ではなく、期末の総資産Bのうちのマネーストックとして保有するマネーの割合という観点からマネー需要を示した式1－9、1－10
　　$M = mB = m (P_sQ_s + M + P_DQ_d + P_EQ_e)$
あるいは、
　　$M = (P_sQ_s + P_DQ_d + P_EQ_e)/(1 - m)$
を使ってアプローチする方が考えやすいであろう。では、なぜ資産の一部を投資的需要として利息のつかないマネーの形で保有しようとするのか。その理由は、次のようなことであろう。

- マネーは、経済変動や、金利変動による価格変動がないこと
　債券の場合は市場金利が上昇すれば債券価格が下落するので、直接的な影響を受ける。株式の場合も、経済の先行きが悪化するとの見通しが台頭すれば、価格が下がる。この点、マネーはそうした変動と無縁である。

- マネーはオプション性を有していること
　マネーは、いつでも、誰とでも、何にでも使えるという際立った万能性を持っている。このため、自由に他の財、サービスに替えることができる価値保蔵機能を有している。そうしたマネーが持っている、期限のない万能的な権利はマネー以外のすべての財、サービスさらには他通貨や金融商品をいつでもその時の時価で購入できるオプションと捉えることもできる。通常の金融オプションは、原資産、権利行使価格、期限が特定され、権利を実行するかどうかのみが自由である。一方、マネーの場合は特定されるものは何もない。取引に当たって、

オプション・プレミアムを明示的に支払うこともない。しかし、他の安全資産で運用した場合の逸失所得、典型的に預金利息（実質ベース）がオプション・プレミアムと考えてもよいであろう。

このようなマネーの投資的需要は、次のような局面で拡大する。

（金利の先高観が台頭したとき）

先にも述べたようにマネーにはキャピタルロスが発生しない。このため、キャピタルロスの発生が懸念されるとき、つまり金利が上昇するとか、企業収益の悪化が見込まれ始めたときにはマネーに逃避しておいて、次のチャンスを待つといったことがリスク・マネジメントの上で適切なことが多い。後でみるように、金利の先高観が生じるのは、市場金利が自然利子率を下回っているときと考えられる。そのときには、中央銀行が特に短期金利について格差を是正しようとするはずである。各国中銀が公表しているインフレ見通しも高めになるであろう。当然、中央銀行のコントロールが及びやすい短期金利だけではなく、そのコントロールが相対的に難しい長期金利についても、先高期待が生まれるであろう。その場合には、資産をマネーにして保有する需要が高まると考えられる。

（物価の下落傾向が予想されるとき）

マネーはインフレ下では減価するが、デフレ下では実質的に価値が増える。デフレが続いているときには、いずれ購入しようと決めていた財やサービスも少し後ずらしで購入することが有利になる。その場合に確実に購買力を保持できるのはマネー保有である。

マネーの投資的需要のポイントは以上である。しかし、より厳密、計量的な形で分析するにはリスク（金利、配当＜株式の場合＞、価格変動）を明示的に導入する必要がある。そのための分析に枠組みは、「資産選択理論（portfolio selection）」と呼ばれるものであって、第5章で説明する。

（ハ）予備的需要

明確な収益動機に基づくものではなく、将来マネーが手元にないとなると困る事態に備えて念のために保有する動機、一種の決済動機に基づくものである。例えば病気になる、急に遠隔地に出掛けなくてはならないなど、突然の支出に備えるものである。出費確率といった計算は不可能であるが、確かに多くの人は、平均的な支出額の一定割合を普通預金ないしは現金の形で確保しているであろう。

③マネーの入手経路

　マネーを保有する目的は、以上のように決済（予備的需要を含む）ないし投資に用いることである。しかし、マネーを入手するプロセスがその前に必要である。そこで、ある個人や企業を念頭に、マネーをどのように入手するのか考えてみよう。まず、今期得られた所得の中から支払いに充てることが考えられる。次に、自身が持つ資産の一部を売却してマネーにすることがある。さらに、3つ目のプロセスとして自身の所得や資産だけでは今期の必要な消費や投資を賄えない場合に、借入を行ってマネーを調達する、つまり信用を得てマネーを保有することが考えられる。

（イ）所得

　通常、給与その他の所得は、現金か決済性預金、つまりマネーで受け取るであろう。企業であれば、受取額と支払額の差額である利益は、マネーとして手元に残る。そうした所得の一部を使わないで、あるいは引出さないでおけば、残余はマネーとして保有できる。ただし、このことはミクロ的に、各個別の個人、企業には当てはまるが、マクロ的にみると、所得を支払ったサイドは、その分マネーの保有が減少しているので、各主体が得た所得からマネーが創出されるわけではないことに留意する必要がある。所得の支払いがマネーで行われる限り、それに見合う貸出がどこかで必要であって、むしろマクロ的には所得が増えればマネーに対する需要は、増加するはずである。

（ロ）現金化（資産のマネーへの転換）

　保有している実物資産や金融資産を処分して、その対価としてマネーを入手することである。もっとも、その相手方は、逆にマネーを手放すことになる。つまり、資産の売却では、マクロ的にはマネーの創出にならないのである。

　ただし、重大な例外がある。それは、銀行が相手方になった場合である。銀行が資産の買い手になった場合には、その対価として自らの負債である預金を即座に創出してその支払いに充てることができる。このため、銀行による資産の買取りは、マクロ的にみてもマネーの創出になる。なお、ある預金者が、ある銀行に預けている定期預金を引き出して普通預金などの決済性預金にすれば、それもマネーの創出になる。

　銀行がマネーと引き換えに債券を購入した場合には、銀行は資産の中にデットを持つことになるのに対し、株式を購入した場合にはエクイティを持つことになる。つまりエクイティ保有の（高めの）リスクが銀行に移転する。さらに、近年の日本銀行のように中央銀行が株式ないしそれに相当する金融商品を買い入れた場合には、エクイティ保有のリスクが銀行から中央銀行に移転することになる。

(ハ) 新たに信用供与を受ける

　手元に流動化できる金融資産がない状態で、例えば企業が設備投資を計画する場合には、信用供与を受ける必要がある。信用供与の具体的なルートは、個々の受け手からみれば銀行や貸金業者からの借入、社債や株式の新規発行ということになるが、マクロ的にみて新たな信用供与となるのは銀行が供与元となった場合だけである。なぜなら貸金業者は、銀行と違って自らマネーを創出することはできないため、銀行からの貸出や社債の銀行による引受などによって彼ら自身がマネーを調達しなければならないからである。

　以上のように、個々の主体にとってマネーの入手経路は所得、資産売却、借入の3つのルートがあるが、マクロ的にみてマネーの新たな創出になるのは、銀行からの借入か、あるいは銀行による資産買入（新規株式等の引受を含む）に限られるのである。その意味で、銀行は特別な存在である。その特別な地位の源泉は、自ら作り出した負債がマネーとして通用しているという点にある[2]。

---

[2] 銀行以外の何らかの主体が社会でマネーとして認められる何らかの（預金ではない）媒体を新たに創出することができれば、その主体は銀行と同様にマネーの創出主体となる。例えば、ビットコインの場合はマイニングによって新たなマネーが創出される。ただし、ビットコインは、今のところ銀行預金のように任意の金額のマネーを即座に創出できるわけではなく、預金マネーを代替するには至っていない。

第2章
マネーの供給

そこで、次に実際にマネーが銀行によってどのように供給されているのかをみていこう。マネーを現金、マネタリーベース、預金マネーに分けて考えてみよう。

①現金

現金には、日本銀行券と貨幣（硬貨）の2種類がある。硬貨は、財務省によって発行され、日本銀行が政府からそれを表記価値ですべて買取る（製造は独立行政法人 造幣局）。日本銀行券は、日本銀行により発行される（製造は独立行政法人 国立印刷局）。硬貨は日本銀行の負債ではないが、銀行券は日本銀行の負債とされる（第二部第1章①を参照）。

いずれも、日本銀行に当座預金口座を持っている金融機関、政府機関が、自身の口座から引下ろして、その代わり金として硬貨、日本銀行券を受取る。日本銀行は、その分負債（当座預金）が消滅する。世の中に、現金が供給されるルートはこれしかない。

②マネタリーベース

マネタリーベースとは、「中央銀行（日本銀行）」が供給する通貨」のことである。つまり、流通現金ないしそれに準じるものである。日本では、「日本銀行券発行高」と「貨幣流通高」に「日本銀行当座預金」[3]を加えたものである。

マネタリーベース＝「日本銀行券発行高」＋「貨幣流通高」＋「日本銀行当座預金」

マネタリーベースの現金は、マネーストック統計に計上される現金通貨と異なり、金融機関の保有分が含まれる。マネーストックが「非金融主体に対して供給されるマネー」であるのに

---

[3] 日本銀行券発行高と貨幣流通高は、発行高と流通高とに用語を使い分けているが、意味は同じである。ただし、銀行券は政府で製造されたものを額面より低い単価で購入し、日本銀行の当座預金の引出しと同時に額面発行されるが、貨幣は政府によって製造されたものを額面で購入しているという違いがある。

対し、マネタリーベースは「相手先が金融主体か非金融主体を問わず、中央銀行が直接供給するマネーと」いう概念であるためである。

では、具体的にマネタリーベースがどのように創出されるかみていこう。

(イ) 日本銀行当座預金の増減要因

日本銀行には、銀行や、証券会社などの金融機関のほか、国が当座預金口座を開設して、日々資金の出し入れを行っている。国（国庫金）を除いた当座預金保有者の預金残高は、次のように表すことができる。

当座預金残高（国を除く）の増減＝資金過不足（－）＋金融調節

資金過不足とは、日本銀行が民間取引先との間で貸出や国債買入れなどの取引（オペレーション）を行う前の段階での、民間取引先の当座預金の増減額のことである（資金需給ともいう）。準備預金制度の対象ではない証券会社や短資会社なども含まれる。

資金過不足は次の要因の合計である。

資金過不足＝銀行券要因＋財政等要因（＋過去のオペレーションの期日到来分）

銀行券要因とは、ネットベースでみて日本銀行の取引先が銀行券を引出していったのか（発行超）、それとも銀行券を持ち込んできて当座預金口座に入金したのか（環収超）という計数である。銀行券が発行超（増発）となると、その見合いに当座預金は減少する。資金過不足の算出上、銀行券の増発は資金不足の要因となる。

財政等要因とは、例えば国が民間金融機関に国債を引受けてもらったとすると、その代わり金が民間金融機関の口座から国の口座に移転する。つまり、資金不足要因となる。税金も同様である。他方、公共事業などの支払いが国から建設会社に行われると、その代わり金はまず民間金融機関の日本銀行当座預金に振込まれ、そこから民間金融機関にある各業者の口座に振込まれる。このため、公共事業の支払いは資金余剰要因となる[4]。

過去のオペレーションの期日到来分とは、日本銀行が以前に実行したオペレーションの反射的な効果（期日落ち）のことである。例えば国債の現先買入れ残高がある場合、その期日が到来した時点で、仮に日本銀行が何もアクションを取らなければその分資金不足幅は大きくなる。つまり、信用供与（吸収）の期日落ちは、資金不足要因（資金余剰要因）となる。日本銀行は先々の資金不足要因を見通したうえで、満期期日を資金不足ないし余剰の大きな日に設定しておくことも少なくない。このため、日本銀行の統計では（＋過去のオペレーションの期日到来分）

---

[4] 国債の発行がどのような形で行われるかによってマネタリーベースへの影響は異なる。まず、民間金融機関が引き受けた場合は、日本銀行当座預金の中で引き受けた民間金融機関の口座から国債発行代わり金が引落とされ、国の口座に振り替えられる。その分、マネタリーベースは減少する。これに対して、日本銀行が直接引受けた場合には、日本銀行の当座預金勘定の中で単純に政府の口座に発行代わり金が振り込まれる。この場合、マネタリーベースは減少しない（日本銀行が政府に対して信用創造を行ったことになる）。

の項目は、オペレーションに組み込んでいる。

（ロ）金融調節

　金融調節とは、資金余剰なら取引先金融機関の当座預金が減少するように対応（資金回収）し、資金不足なら当座預金が増えるように対応（資金供給）して当座預金残高の変動を中立化することである。ただし、銀行などの預金取扱金融機関は準備預金制度により一定額（所要額＝受入預金残高×準備率）を日本銀行当座預金に積立てなければならない（実際には、所要額＜法定準備＞を毎月16日から翌月の15日までの間に累計額＝積数として積立てなければならない）。このため、金融調節は単に資金の過不足を調節するだけでは足りず、必要な準備預金が積立てられるようにしなければならない。

　また、各々の金融機関からすると、日本銀行当座預金は日々の銀行間の資金のやり取りのための決済勘定として機能している（家計や企業が民間銀行に開設している決済性預金と同じ）。このため、一定の残高をやや多めにキープして不測の事態が生じても残高不足にならないように運営している（これも、家計や企業と同じ）。このように準備預金制度で求められている以上の残高をキープすることを「超過準備」と呼んでいる。

　問題は、個々の民間金融機関としては、多めに当座預金（準備預金）の残高を維持することができるとしても、民間金融機関全体としては資金過不足および金融調節に関して受け身であり、残高のコントロールができないことである（個別行ベースでは可能であったとしても、その分どこかの金融機関にしわが寄ることになる）。

　ところで、金融調節は次のような区分で行われる。

　　金融調節＝能動的な金融調節　＋　受動的な金融調節

受動的な金融調節とは、「成長基盤強化支援資金供給」や「貸出増加支援資金供給」など[5]、日本銀行が制度として民間金融機関に提供し、基本的に民間金融機関からの申し出金額をそのまま受入れて実行するものである。短期的には日本銀行に裁量の余地がない。他方、能動的な金融調節とは、日本銀行が自身の意図に基づいて実施する資金の供給ないし回収である。その方法は、大きくオペレーションと貸出に分かれる。オペレーションとは国債などの有価証券の売買であり、貸出とは通常優良な担保を取って民間金融機関に融資するものである。資金の供給は国債の買入れなどによって行われる。回収については、国債の売却などのほか、国債の売戻条件付買入の期限が到来した時点で資金が回収される場合もある。

　金融調節は以上のようなマネタリーベースの「量」のコントロールだけではなく、「金利」の

5）これらは、「貸出支援基金」と呼ばれるもので、マクロ経済政策の一環として行われる金融政策とは異なって、ミクロ的な観点、つまり銀行の貸出を促すための措置である。この措置は、臨時的なものであって、恒久的な制度ではない。

コントロールという重要な目的がある。この点については、その方法を含めて第九部金融政策で説明する。

③預金マネー

（イ）預金マネーの源泉と信用創造

預金マネー（当座預金、普通預金）は、預金取扱民間金融機関（銀行、信用金庫、信用組合、農漁協など。以下第四部において「銀行」という）によって供給される。預金マネーの供給は、銀行によって行われる。その場合、銀行は自ら預金を作り出す「信用創造」によって、預金マネーを創出し供給する。それ以外のルートは基本的に存在しない。この点を説明するために、一見したところ「信用創造」以外の源泉ではないかとみえる候補について検討してみよう。

a. 自行の自己資本

銀行の自己資本は、銀行設立時、その後の増資時に増加する。その自己資本を使って貸出を実行するということは観念できるが、貸出の実行は必ずその銀行の預金残高の増加の形を取るので、実際には信用創造も行われる。

b. 銀行間の相互融資

銀行間でお互いに融資し合うことがあるが、その実行は日本銀行の当座預金口座間の振替によって行われる。しかし、日本銀行当座預金の総量には変化がなく、日本銀行当座預金の名義人が変わるだけである。もちろん銀行の預金マネーにも変化はない。

なお、銀行間貸出が互いに保有しあっている口座への貸出・入金という形を取った場合には、通常の信用創造と同様に預金マネーの増加となる。

c. 他行預金からの振替

個々の銀行が融資資金の確保のために預金の増強運動等を行うことも少なくない。貸出を行わずに預金が増えることから、銀行の経営の健全性は向上する可能性が高い。そのような方針はミクロ的にみた銀行の経営方針としては正しい。しかし、銀行システム全体でみた場合には他行からの預金獲得ではマネーの総量は増えない。

d. 中央銀行から銀行への信用マネー供与

貸出、有価証券の買取によって、日本銀行当座預金の残高が増加し、マネタリーベースは増える。しかし、その限りでは、預金マネーには何の変化も生じない。もっとも、日本銀行当座預金、つまり準備預金の増加は銀行による信用創造を促す効果がある。顧客の預金が他行に送

金されても、自身の日銀当座預金口座には、送金先銀行に支払うべき資金的な余裕が十分確保されているからである。

(ロ) 信用創造（顧客向け貸出と当該顧客からの預金増加の同時進行）

　銀行からの貸出は、顧客の預金口座への入金記帳の形を取る。この事実が銀行による「信用創造」の核心である。現代の金融システムの根幹に位置するのは、この信用創造機能によるマネーの創出、つまり競争的信用マネー供給システムである。

　銀行貸出が行われる場面を想像すると、多くの場合借り手は他の企業などへの財、サービスの対価の支払いのために預金マネーが必要な場合であろう。すると、借り手は短時日のうちに他者に預金を振り込むことになる。さらに多くの場合その振込先の口座は他行の口座であろう。結局、ある銀行の貸出の実行は他行の預金マネーの増加をもたらす。その限りでは最初の貸し手の銀行の預金マネーはそれほど増えないかもしれない。また、貸出先が預金を引き出して現金に換えるかもしれない。しかし、銀行全体としては、間違いなく当初の貸出実行分に見合う預金マネーないし現金の増加がある。

　信用創造と銀行による貸出の関係については、いくつかの留意点がある。

- 貸出と銀行による金融商品買入の同一性

　銀行が貸出を実行しても、あるいは顧客から金融商品などを買い入れても、いずれも預金口座の増額記帳が行われ、必ず預金マネーは増加する。

- 貸出と銀行による金融商品買入の違い

　銀行が金融商品、例えば国債を顧客から買取った場合、顧客の資産の内訳が国債から預金に変化する。一方、貸出の場合は借入と預金が差し当たり両建てで増加する。この預金が他者に送金されて、当初の預金者の預金は減少しても、受取人の預金が同額増加する。つまり売買の場合は顧客サイドのバランスシートの大きさは変わらないが、貸出の場合は顧客のバランスシートが拡大する。

- 新発商品の買入と既発商品の買入の違い

　新発社債等を銀行が引受けた場合は、その時点で発行体の口座に預金マネーの入金が行われると同時に銀行のバランスシートの資産サイドに社債等が計上される。つまり、金融商品と預金マネーが同時に創出される。

　一方既発社債等を銀行が買入れた場合も、売手の口座に銀行から入金記帳が行われる。その限りでは新発債と変わらない。ただし、社債の発行残高は不変で所有者が銀行に替わるだけである。つまり、預金マネーのみの増加となる。

　以上のような形で銀行による貸出や金融商品の買取りによって預金マネーが創出されるとしても、その預金に見合う準備預金の確保が必要である。また、それが他行に送金されれば、その銀行間決済のための日銀当座預金の確保が必要である。要するに典型的な預金マネー創出の

ルートは、まず日本銀行がマネーを民間銀行の日本銀行当座預金口座に供給しそれが拠り所になって、融資⇒預金の同時創出のプロセスを辿ることである。このプロセスをやや具体的にみていこう。

④マネタリーベースと預金マネーの関係

マネタリーベースは、伝統的な金融論では、ハイパワード・マネー（high powered money）と呼ばれる。その理由は、マネタリーベースが増えると、預金マネーもほぼ機械的に増えるという関係にあって、マネタリーベースは預金マネーのもとだと理解されてきたからである[6]。その理解とは、次のようなものである。

- 最初にマネタリーベース（日本銀行当座預金）が増加したとしよう。
- それによって、銀行は準備預金制度において超過準備を持つことになる。
- 借入の需要がある限り、銀行は超過準備がなくなるまで貸出を増加させる。
- そうした貸出の増加は、預金の増加をもたらす（信用創造）。
- すぐには預金が引出されなければ、それを原資とした新たな貸出ができる（信用乗数プロセスの始まり）。
- その新たな貸出は、さらに新たな預金の創出を伴うが、それがすぐに引出されない限り、それらを貸出に回すことができる（信用乗数プロセス）。
- 信用乗数プロセスが終わるのは、最初のマネタリーベースの増加額を預金準備率で除した金額まで預金マネーが増えたときである（準備率＝準備預金÷預金であるので、預金＝準備預金÷準備率）。

もちろん、実際にはそのような単純な関係が成り立つ保証は全くない。例えば、銀行は超過準備を持つかもしれないからである。あるいは、貸出需要が弱くて貸出が増えないかもしれない。しかし、実はそれ以前の問題として、このプロセスは現実的ではない。というのは、通常企業などが融資を受けるのはそれで得たマネーを従業員や他の企業などへの支払い（振込み、送金）に充てるためである。振込みがすべて同じ銀行内の振替で行われるのであれば、先ほどの預金が引出されないケースと同じである。しかし、これは現実的ではない。通常は、支払先＝送金先は他行であって、その資金は最終的に日本銀行の当座預金の振替によって決済される。

この点を明示的に意識しながら、信用創造のプロセスをみたのが図表4－3である。結局、

---

6) さらに、もっと伝統的な理解では、最初に現金が銀行に預入され（本源的預金）、それが種となって貸出が行われることによって預金（派生的預金）が創出されることを信用創造と説明することが多い。しかし、このような本源的預金は、金本位制下で金貨が預入された場合に、それを兌換準備として貸出＝預金の創出ができるということを根拠にしている。現代の管理通貨制の下では、こうした議論は現実とかけ離れている。実際には、そもそも現金は預金の引出しでしか入手できない。

図表4−3　信用創造のプロセス

- 簡単のため銀行の現金保有も超過準備もゼロとする。
- ただし、最低自己資本比率5％、預金準備率10％とする。

⓪創業時（自己資本100とその運用手段としての国債100の現物出資で創業）。

資産		負債・資本	
有価証券（国債）	100	資本	100

①最初に中央銀行が、債券の買入れオペレーションを100実施。その場合、銀行の資産サイドでは、有価証券が100減少し、その代わり金として当座預金（準備預金）口座に100振り込まれる。

銀行Aのバランスシートの変化

資産		負債・資本	
有価証券	−100	資本	±0
準備預金	+100		

②銀行は資金繰りなどに余裕ができる（超過準備）ので、収益を求めて貸出を実行したとしよう。

銀行Aのバランスシートの変化

資産		負債・資本	
貸出	+100	預金	+100

③100の貸出を受けた借り手は、支払いのため他行（銀行B）にある受取人の口座に100振り込んだとする。最終的にこの決済は中央銀行にある準備預金の減少100という結果になる。

銀行Aのバランスシートの変化

資産		負債・資本	
準備預金	−100	預金	−100

④一方、銀行Bは預金100を得る（負債増）と同時に、準備預金の増加100となる。

銀行Bのバランスシート（銀行A以外は資本を省略）

資産		負債・資本	
準備預金	+100	預金	+100

⑤法定準備率が10％とすると、銀行Bは90の超過準備を持つ。

銀行Cのバランスシートの変化

資産		負債・資本	
準備預金	+90	預金	+100
	+10		

⑥収益を得るため、超過準備90全額を貸し出すことにする。

銀行Bのバランスシートの変化

資産		負債・資本	
貸出	＋90	預金	＋90

⑦一旦預金は90増えるが、今度は銀行Cに送金されると、預金と準備預金が90減る。

銀行Bのバランスシートの変化

資産		負債・資本	
準備預金	－90	預金	－90

⑧銀行Cでは、預金と準備預金が90増加。

銀行Cのバランスシートの変化

資産		負債・資本	
準備預金	＋90	預金	＋90

⑨銀行Cは超過準備81全額を貸し出すことが考えられる。

銀行Cのバランスシートの変化

資産		負債・資本	
貸出	＋81	預金	＋81

⑩一旦預金は81増えるが、今度は銀行Dに送金されると、預金と準備預金が81減る。

銀行Bのバランスシートの変化

資産		負債・資本	
準備預金	－81	預金	－81

・銀行A、B、C…のバランスシートの変化を統合すると、次の通り。

資産		負債・資本	
有価証券	－100	預金	＋100
準備預金	＋100		＋ 90
貸出	＋100		＋ 81
	＋ 90		………
	………		

・結局、100の日本銀行の国債買い入れにより、貸出と預金が並走して、
  預金増加額＝$100＋100*(1－0.1)＋100*(1－0.1)^2＋100*(1－0.1)^3＋\cdots$
  　　　　　＝$100/(1－<1－0.1>)$
  　　　　　＝1000
  　　　　　＝マネタリーベースの増加額÷法定預金準備率

つまり本文にある $\dfrac{\dfrac{C}{D}+1}{\dfrac{C}{D}+\dfrac{R_m}{D}+\dfrac{R_e}{D}}$ で $\dfrac{C}{D}=\dfrac{R_e}{D}=$ゼロ

と置いた場合の信用乗数倍の預金マネーが創出される。

図表4-4　信用創造の結果

①非銀行主体
　　（銀行、中央銀行を除くすべての主体
　　　＝国、事業法人、個人、金融業者＜銀行以外＞の統合勘定）

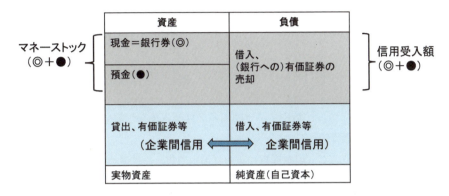

②銀行全体

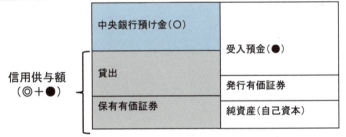

③中央銀行

　他行への送金という形で貸出によって作られた預金が他行に抜けていったとしても、貸出というものが預金の記帳で行われる限り、日本銀行当座預金の増加があれば、そして貸出の超過需要がある限り、預金準備率と自己資本比率で規定される一定の定数倍の預金マネーの創出が行われるのである。
　また、信用創造の結果として、企業・個人などの一般主体、銀行、中央銀行のバランスシー

トがどのように形成されるのかをみたのが、図表4－4である。ここでは、次の点に注目してほしい。

- 銀行ではない一般主体が保有する銀行券と預金の合計（マネーストック）は、銀行から一般主体への信用供与に一致している（図表4－4の◎＋●）。
- 非銀行主体から（別の）非銀行主体への信用供与は（企業間信用）、両建てとなっている。
- 現金（銀行券）は、（銀行の保有分を無視すると）中央銀行の発行額と非銀行の保有額が一致している（同図の◎）。
- 中央銀行の当座預金は、銀行からみると中央銀行への預け金である（同図の○）。

これらの点を意識しながら、預金マネー創出のプロセスをやや解析的に検討してみよう。

マネーストックの定義から

M（マネーストック）＝C（現金通貨）＋D（預金通貨）

一方、

B（マネタリーベース）＝C＋R（日銀当座預金）＝C＋R_m（法定準備）＋R_e（超過準備）

であるので、

$$\frac{M}{B} = \frac{C+D}{C+R_m+R_e} = \frac{\frac{C}{D}+1}{\frac{C}{D}+\frac{R_m}{D}+\frac{R_e}{D}}$$

となる。

これをMについて解くと、

$$M = \frac{\frac{C}{D}+1}{\frac{C}{D}+\frac{R_m}{D}+\frac{R_e}{D}} \times B$$

となる。つまり、Bが1増加した場合のMの増加額は、$\dfrac{\frac{C}{D}+1}{\frac{C}{D}+\frac{R_m}{D}+\frac{R_e}{D}}$ となることが分かる[7]。

それが、信用乗数である。

ところで、この信用乗数

---

[7] 無限等比級数の和の公式（αを初項、βを公比とすると無限等比級数の和は $\dfrac{\alpha}{1-\beta}$）から、この式は初項B、公比 $\dfrac{D-(R_m+R_e)}{D+C}$ とする無限等比級数の和と解釈できる。つまり、最初に預金がBだけ増加すれば、準備預金に吸収される分（R_m+R_e）を除いた純増分のマネーストックに対する割合の比率で、次々とマネーストックが増加するものと解釈できる。Bを本源的預金と解釈し直すと、この式は最も伝統的な信用創造の示すものとなる。なお、預金がC（現金）の形で引出されると、そこで信用創造の＝預金増加の連鎖が止まることになる。このことは、マネタリーベースの増加が現金の増加に代わっても同様である。

$$M = B \times \frac{\frac{C}{D}+1}{\frac{C}{D}+\frac{R_m}{D}+\frac{R_e}{D}}$$

のうち、右辺の項目を順にみていくと、$\frac{C}{D}$は銀行が保有する現金の預金に対する割合で、経験値として決まってくるもので安定している。$\frac{R_m}{D}$は預金に対する法定準備預金（日銀当座預金）の割合であって、法律に基づき、最低値は日本銀行が直接決めている。Bはマネタリーベースつまり C＋R（日銀当座預金）であるが、そのうち、Rは中央銀行が直接コントロールできる。また、Cは銀行券の供給であり、需要に受動的に対応する以外の選択はなく、直接コントロールはできない。しかし、そのコストである金利、特に短期金利は中央銀行がコントロールできるので、需要に働きかけることはできる。通常、$\frac{R_e}{D}$は極力小さくすることが銀行の収益上プラスになると想定して、ここではゼロと仮定しよう。

したがって、Bも$\frac{\frac{C}{D}+1}{\frac{C}{D}+\frac{R_m}{D}+\frac{R_e}{D}}$も中央銀行がコントロールできるので、マネーストックは中央銀行がコントロールできる。

また$\frac{\frac{C}{D}+1}{\frac{C}{D}+\frac{R_m}{D}+\frac{R_e}{D}}$の中で、$\frac{R_m}{D}+\frac{R_e}{D}$は、1よりも小さいので、全体としては1よりも大きい値となる。

つまり、マネタリーベースを1円増やすと、マネーストックは1円以上増えるということになる。これがマネタリーベースのことをハイパワー（high powered）マネーと呼ぶ理由である。

さらに、$\frac{C}{D}$および$\frac{R_m}{D}$、$\frac{R_e}{D}$に関する偏微分は、それぞれが1よりも小さい限り負となるので、現金比率が上昇しても、あるいは準備率が上昇しても信用乗数は低下する。特に、$\frac{R_m}{D}$預金準備率を引上げると（引き下げると）信用乗数は低下（上昇）し、マネーストックは減少（増加）する[8]。

（信用乗数の評価）

以上のような信用乗数は伝統的に金融論の教科書で登場してきた説明である。しかし現実に

---

[8] 信用乗数$\frac{\frac{C}{D}+1}{\frac{C}{D}+\frac{R_m}{D}+\frac{R_e}{D}}$を$\frac{R_m}{D}$で偏微分すると、$-\frac{\frac{C}{D}+1}{(\frac{C}{D}+\frac{R_m}{D}+\frac{R_e}{D})^2}$となって、これは負であるので、準備率の引上げは信用乗数を低下させることが分かる。

は信用創造のプロセスや信用乗数は不安定であり、実は現実性を欠いている。各国の中央銀行も信用乗数の安定性を根拠にした議論は行っていない。理由は次の通りである。

- 超過準備 $\frac{Re}{D}$ に関して、銀行が準備預金を保有する理由は、法律で定められた準備預金を積むことだけではない。先々の金利などの市場の情勢を踏まえた待機資金として、あるいは、多額の決済資金がやり取りされる中で、現実に必要な流動性として、主体的に積まれている。このことは個人や企業が預金マネーを時に多めに保有するのと同様である。特に、近年の日本では量的緩和政策の下で、大量の資金供給が行われているため、超過準備が法定準備をはるかに上回る状態となっている。特に、準備預金に付利される制度が日米欧で標準的になっているため、超過準備を持つことが収益的にマイナスではなくなっている。

- 銀行の現金保有比率 $\frac{C}{D}$ も状況によって大きく変わり得る。端的に毎月下旬の給料日ないしはボーナス支給日前には、銀行が顧客の引き出しニーズに備えて現金を多めに保有する。また、金融危機など信用不安が懸念されるときには、多めの現金を保有して、取付けなどに備えることもある。

  また、近年カードやWEB決済の増加に伴って、現金需要はトレンドとしては減少してきている。しかし、金利が低水準になると銀行、預金者双方にとって現金保有コストが減少するので、現金保有が多めになる。

- 実際、マネーストックのマネタリーベースに対する比率をみると、近年非常に不安定化している。あるいは、マネーストックはマネタリーベースの変動にもかかわらず安定している（主要経済指標図表C参照）。

金融システム全体へのマネー供給の核心は、銀行の信用供与（貸出、有価証券の買入れなど）であり、それがない限りマネタリーベースの増加は経済全体のマネーの増加には繋がらない。要するに、マネタリーベースの増加はマネーストックの増加にとって、必要条件にはなり得るが、十分条件では全くない。

そこで、信用供与がどのように決まっていくのかということになるが、これまで捨象してきた大きな要素がある。それは、金利である。そして、金利決定の背後には様々な要素がある。さらに、金利以外の要素、例えば情報の非対称性によって生じる金利の価格メカニズムの限界、つまり信用割当ての問題もある。こうした問題にアプローチするためには、リスクを明示的に導入し、その下での意思決定のメカニズムを理解する必要がある。そこで、次に金利やリスクについて様々な角度から理解を深めたうえで、改めて銀行による信用供与がどのように決定されるのかをみていくことにする。

第3章
金利

　金利については、第一部で現実論的な角度からみてきたが、ここでは金利に関する基礎的な概念を掘り下げていく。

①様々な利子率

　第一部において、マネーの機能や価値とは何かということを検討した。"ある時点"における"ストックとしてのマネーの価値"は、一般物価の逆数であった。では、"ある期間"マネーを保有した場合のコストはどのようなものだろうか。ないしはマネーを一定期間手放して金融商品を購入して得られるリターンは何だろうか。これが金利なのである。つまり、金利とはマネーのレンタル料である。

　1年定期預金を例に取れば、今後1年間のリターンは利息であり、1年後の満期時点での価値は元本に利息が上乗せされて価値が増加している。逆にマネーのまま保有した場合には、そうした利益を得られない。得られたはずのリターンを逃すことになる。これがマネー保有のコストということになる。預金者からみれば、1年間マネーをレンタルしたことの対価が1年定期預金金利である。

　金利はマネーのレンタル料であるが、一般にマネーに限らず様々なモノのレンタル料のことを利子率という。マネーの利子率が金利である。

(イ) 利子率の種類
a. 自己利子率

　自己利子率とは、あるものを今手放して（借りて）、それを将来返済してもらう（返済する）場合の、そのもので測った利子率のことである。その場合の対象物は、穀物、貴金属、石油など直ちに劣化しないものであれば、何でもよい。例えば1年間コメを貸した場合のレンタル料を、コメでもらった場合のそのコメの量のことである。自己利子率は、ケインズが一般理論の中で展開している概念であって、最も根源的な利子率の概念である。

b. 時間選好率

　あるものに関して、各個人が主観的に想定している現在と将来の交換比率である。個人ごとに異なる。

c. 割引率

　通常は現在の価値を1とした場合に将来の価値が$1+\alpha$になったときのαが金利であるが、逆に将来の価値を1とした場合の現在の価値を$1-\alpha$（≒$1\div<1+\alpha>$）とみたときのαを割引率という。

d. 自然利子率

　第一部第6章でも触れたように、マネーがない場合に成立するであろう実物的な財のバスケットの自己利子率である（K.ヴィクセルが概念づけたものである。第九部で改めて政策的な観点から取上げる）。なお、インフレ率を変動させない利子率のことを「中立利子率」と呼ぶが、この概念は基本的に自然利子率と同じである。

(ロ) 様々な金利

　マネーの利率である金利には、貸出金利から始まって様々な切り口、その中での種類がある。主要なものを以下にみてみよう。

a. 貸出金利、預金金利

　銀行が提示する金利のことである。なお、短期金融市場や債券市場で成立している金利のことを「市場金利」と呼んでいる。

b. リスク調整後金利

　契約金利から、予想し得るロス率を差引いた利子率である。そのロス率は、リスク・プレミアムと同じである。

c. 実質金利

　名目金利から予想インフレ率を差し引いた実質的な利子率のことである。

d. 短期金利、長期金利

　期間1年以上の金利が長期金利、1年未満が短期金利である。

e. 表面利率（クーポン）

債券の元本＝償還価格（100円）に対する毎年の支払利息の割合である。表面利率はその債券の市場価格が変化しても変わらない。

以下、これらについて説明していく。まず、典型的なマネーのレンタル料である貸出金利から始めよう。

②貸出金利

前章で述べた信用創造の分析は量的なものであって、そこには金利による信用量の調節の概念が入っていなかった。しかし、実際にはマクロ的にも、個別の貸出・預金についても、そこに金利の価格調整の機能が作用している。

まず、金利には二つの要素が入っていることをみよう。マクロの要素とミクロの要素である。

金利＝マクロの要素＋ミクロの要素

マクロの要素とは、GDP、物価といったマクロ的な経済状態が反映して形成される市場金利である（これを「ベース金利」と呼ぼう）。ミクロの要素とは、個別の債務者の信用力などに応じて決まってくる上乗せ金利である。つまり、リスク・プレミアムである。したがって、実際の貸出金利は、個別のリスクを調整した後の金利であって、次のようになる（図表4－5）。

リスク調整後金利　＝　ベース金利　＋　リスク・プレミアム

ここで、ベース金利はひとつであるが、リスク・プレミアムは個別に異なったスプレッド（spread；上乗せ幅）が適用される。ベース金利とは市場金利であって、それには、マクロ的な状況の不確実性から生じるリスク・プレミアムも織り込まれている。なお、個別のミクロ的なリスク・プレミアムは、単に個々の借り手の信用力だけでなく、担保の有無、さらには貸し

図表4－5　貸出金利の基本的な構造

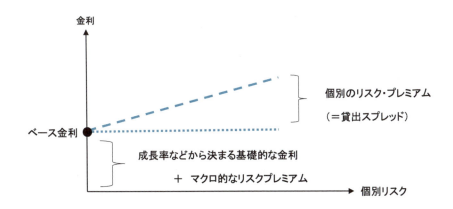

手サイドの事情（自己資本の状況や企業ごとの分散が確保されているかどうか）によって決まってくる。

ここで実際に問題となるひとつのポイントは、スプレッド（個々の借り手のリスク・プレミアム）が高い場合には、利息制限法などの金利の上限規制に抵触するため、金利ではなく量による調整、つまり信用割り当てとなり得ることである。

マクロ的なリスク・プレミアムの意味をさらに考察すると、それは、経済成長率や物価といったマクロ的な変数の振れ（分散ないしボラティリティ）、つまり潜在成長率とその時の成長率の乖離などによって生じるリスクと考えることができる。つまり、ベース金利は成長率などから決まってくる基礎的な利子率にマクロ的なリスク・プレミアムを加えたものである。この基礎的な利子率は、自然利子率と市場金利が一致した場合の、市場利子率と考えてもよい。

このような金利やリスク・プレミアムに関する議論と前章の信用乗数とはどのような関係にあるのであろうか。それは、信用乗数のうちの超過準備率が金利やリスク・プレミアムの影響を受けるということである。つまり、

$$信用乗数 = \frac{\frac{C}{D} + 1}{\frac{C}{D} + \frac{R_m}{D} + \frac{R_e}{D}}$$

のうち、$\frac{R_e}{D}$（超過準備率）は金利とリスク・プレミアムの関数、すなわち

$$\frac{R_e}{D} = \frac{R_e}{D}(i, j) \quad ただし、i：ベース金利 \quad j：マクロ的なリスク・プレミアム$$

ということである。

③信用取引の構造

預金や貸出に代表される信用取引の構造は、マネーの出し手からみると、
(イ) 当初：マネーを金融商品に転換
(ロ) 中間：金融商品からの収益（金利、配当）
(ハ) 最終：金融商品をマネーに転換
というパターンである。これらについて、貸出・預金、債券、株式を例に取りつつ、やや詳しくみていこう。

（イ）当初

a. 一次市場での購入（プライマリー市場、発行市場）

預金や貸出は当初の金額と返済額は同じである（元本という）。債券の場合は、発行時の金額と満期時の返済額（償還額）は同じとは限らないが、償還時の価格（償還価格ないし額面という）

は、100円としている。もっとも、この違いは技術的なものであって、債券の発行方式がまずクーポンを決めてから、最後に発行価格を決めるため、パー（＝償還価格＝100円）での発行とはならないからである。一方預金や、貸出の場合は、パー発行と決めたうえで、金利を直接決める方式である。株式の場合は、1株当たりの新規発行価格が都度決められるが、会社の存続期間という概念がないので、償還という概念がない。

b. 二次市場での購入（セカンダリー市場、流通市場）
　債券や株式は、二次市場で日々相場が成立しており、その価格で購入できる。預金や融資は譲渡しないのが原則ではあるが、個別に交渉して第三者が譲り受けることもある。その場合の価格は元本とは限らない。

(ロ) 中間
a. リターン（金利）が決まっているケース
　預金や債券は、元本や額面に対する利率、つまり金利が新規発行の際に決まっているので、それに従って利息が支払われる。ただし、二次市場で購入した場合には、利息額は決まっているが、価格が元本や償還価格とは異なる価格で購入するので、一次市場で購入した場合とでは分母が異なるため実質的な金利（リターン）が異なる。

b. リターンが未定のケース
　株式の場合は、1株当たりの配当金額が株主総会を経て決算期ごとに決定される。また信託契約は運用の成果次第で配当が決まる。これらの商品は、予め決まっている利率のようなものは存在しない実績配当商品である。

(ハ) 最終（満期償還ないし手仕舞い）
a. 元本償還
　預金や債券は、満期日に元本あるいは額面でマネーに変換される。

b. 時価での売却・払戻し
　債券や株式は、既発債券、既発株式が市場で日々取引されているので、市場で成立している価格で自由に売却（手仕舞い）できる。なお、商品性によっては、預金や貸出も相対で価格を取り決めて転売されることがある。また、信託契約においては契約終了日にその時の時価で資産を処分し最終配当の形でマネーに転換される（払戻し金額は運用の成果次第である）のが基本であるが、終了日にモノ（有価証券等）で返還されることもある。
　以上のように、およそ金融商品を購入した場合には、その金融商品に関して、当初、中間、

最終という段階でマネーの出入り、つまり入金（キャッシュ・イン・フロー）、出金（キャッシュ・アウト・フロー）がある。現実の投資は、こうした商品の複数の組合せによって、その時々の入金と出金のパターンが決まる。もちろん、満期日の到来に合わせて、次の金融商品への運用を計画することも一般的に行われる。最終的に重要なのは各期の入金額から出金額を差引いたネットの入金額であって、この計数はネット・キャッシュ・フロー（net cash flow；NCF）と呼ばれ、企業や個人の資金繰りの基本概念となっている。

④リターンの決まり方

第一部第3章でみたように、リターンとは、投資期間中の収益（インカム＋キャピタルゲイン）を当初の投入金額で割って年率換算し、％表示したものである。つまり、

$$\text{リターン} = \frac{収益}{投資額} \quad \text{あるいは} \quad \frac{\text{ネット・キャッシュ・フロー（NCF）の合計額}}{\text{当初の出金額}}$$

である。なお、期間について、投資主体がその金融商品を保有している期間に限って算出するのが所有期間利回り、あるいは保有期間利回りである。このほか、特に債券について転売等を行わないで満期まで保有した場合の利回りを最終利回りという。

そのようなリターンを予測・算出する際に留意すべき事項として、第一部で強調した確定利付（デット）と実績配当（エクイティ）といった基本的な区分のほかにも、次のようなものがある。

（イ）担保等の有無

信用取引には、債務者の信用力つまり返済能力を補完するものとして、担保（返済できない場合に処分、換金して返済原資にあてるもの）や、第三者による債務保証（債務者本人が返済できない場合に、肩代わりして返済）が付されるケースがある。必ずしも100％の保全効果があるわけではないが、実務において大きな役割を果たしている。

（ロ）期ごとの利息等の決まり方（元本に対する比率か、金額か）

預金は元本の変動がなく、当初の段階で預入した元本に対する利率（金利）で固定されている。基本的に転売もない。従って、預金設定後は金利も利息額も満期まで不変である。

一方、債券の場合は一次市場では、発行価格に関係なく額面（100円）に対する利率（表面利率あるいはクーポンという）で決められているが、それが転売されると価格が変わる（分母が変わる）ので、転売後は利率が結果的に変化する。ただし、転売後も当初の発行価格×発行利率（クーポンという）で計算された利息は不変である。その意味で、利率が固定されているのではなく、利息額が固定されている。

なお、1752～2015年まで英国で発行された永久国債（コンソル）は、毎年定額で支払われる利息の金額だけが決まっており、価格は市場で決まるという特徴がある（後掲注10参照）。

（ハ）期ごとの利息・利率や配当が変動するかしないか

　預金、債券は基本的に利率（少なくとも表面利率）が固定されており、期間中は変化しない。しかし、中には金利が期ごとにその時々の金利に応じて変動するタイプのものがある（変動金利；フローター、floater）。預金の場合は期間3年などで、その時々の店頭に表示されている6か月定期預金金利に連動して金利が変更されるものが販売されている。国債では、10年ないし15年の期間で半年ごとに金利がその時々の10年もの国債の新規発行金利に連動して決まるものが発行されている。

（ニ）単利か複利か

　一般の定期預金は、利息を期ごと（半年が多い）に受取るタイプのものである（単利）。しかし中には、期ごとの利息をその都度受け取らずに元本に追加（元加（がんか）という）、再運用され満期日に一括受取る、つまり孫利息が付くタイプのものがある（複利）。このような場合は、利息を受け取る都度金融商品の保有者が再運用の方法を考える必要がなく、商品性に組み込まれている。利息を再運用する金利も予めルール化されているわけである（図表4－6参照）。

　このように商品性自体が複利型とはなっていなくとも、受け取った利息（あるいは株式の配当でも）を何らかの別の金融商品に再投資することが一般的である。マネーの形で無利息のまま保有することが有利ではないからである。したがって、先々の財産の状況をみるうえでは、複利で評価することが合理的である[9]。この場合、再運用をどのように行うかは各々の経済主体の判断によるが、一般的には差し当たり市場で成立している半年程度の期間の国債金利などを使って計算するのが一般的である。しかし、現実問題としては、複利計算は煩雑である。また、商品間の比較をする場合には各々が単利、ないし複利で統一されていれば問題はない。さらに、金利水準が低くそれほどの長期間でない場合は、複利と単利の差はそれほど大きくないため現実には単利で済ましていることも少なくない。

　以上のような利回りを決定する要因の各々についてどのように選択するかによって、金融商品の商品性が決定される。そのパターンを整理したのが、図表4－7である。選択肢は、元本保証の有無、利息額が金利で決まるのかなく金額で決まっているのか、利率や利息額が固定されているのか変動するのかどうか、利息を次の期に再運用するかどうか（単利か複利か）、ということによって、8つのパターンがある。

---

[9] なかには、退職金を預金、債券、株式など運用して、利息などを日々の生活費に充当するため、利息などの再運用は行わないこともあろう。この場合は、単利で考えるのが合理的ということになる。

図表4-6　複利のイメージ（3期のケース）

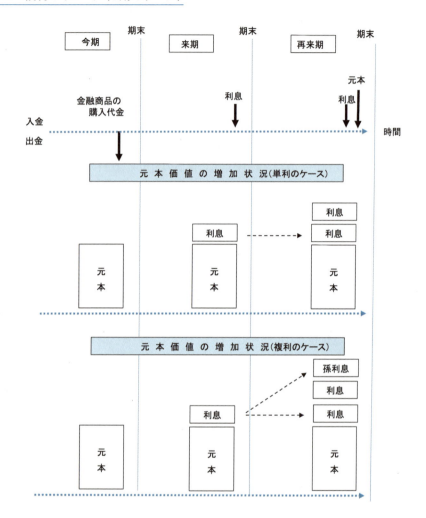

　このうち一般的に取引されているのは、固定金利の単利と複利（①および②）、そして固定額と変動額の単利（③および④）の4ケースである。
　そこで、今期に預入ないし投資をして、2期後の再来期に元本が返済される3期間（利払いは2回）のケースを念頭に置いて、具体例を示したのが図表4-8である。なお、ここでは現実に即して、償還差益（差損のこともある）を導入している。償還差益（差損）とは、債券の場合、購入価格と（常に100円と慣行で決まっている償還価格＝）元本との差額のことである。例えば購入価格が95円の場合には、100円−95円＝＋5円が償還差益となる（③のケース）。105円の購入価格なら−5円の償還差損となる。また、株式の場合には、価格（株価）が日々変動する一方、償還という概念はなく、市場で売却して取引を終了（手仕舞い）させる。例えば

図表4-7　利息、配当の表示・計算方式

―青の部分は、よく取引されている商品―

元本保証の有無	利率か金額か	固定か変動か	単利か複利か	複利の場合の再運用金利	事例　数字は図表4-8の算出例
有	利息を元本に対する比率（金利）で表示、計算	固定金利	単利		定期預金①
			複利	予め約定した金利	複利型定期預金②
		変動金利（時々の市場金利に連動）	単利		変動金利定期預金
			複利	都度決定（決め方は予めルール化）	複利型変動金利定期預金
	利息額（ないし配当額）それ自体を金額で表示	固定額（元本×表面利率で計算）	単利		債券③　なお、類似のものとして元利均等払い型住宅ローン（利息と元本の返済額は毎期異なるが、その合計額が一定になるように計算）。
			複利	時々の市場金利（商品自体は複利運用になっていない）	商品としては存在しない（債券運用の収益率を厳密に計算するときに適用）
無		変動額（実績配当型の商品）	単利		株式（配当）④　ただし、株式の場合は期限が不定
			複利	時々の市場金利（商品自体は複利運用になっていない）	商品としては存在しない（株式運用の収益率を厳密に計算するときに適用）

　950円で購入して1000円で売却できれば50円の利益（売買益＝キャピタルゲインという）を手にすることができる（④のケース）。逆に1050円で購入し1000円で売却した場合には50円の売買損＝キャピタルロスとなる。また、配当はその期の業績に応じて期ごとに変動する。図表4-8では、これらのパターンについて通期の収益率を計算している。このように様々なパターンについてリターンを算出することは、金融実務の基本である。

⑤金利の期間構造

　金利は、市場で期間ごとに成立している。一般的に、期間が異なれば金利も変わる。そこで、期間と金利の関係についてみていこう。

（イ）短期金利、長期金利

　先ほど、金融商品の商品性のパターンとして固定金利と変動金利があることをみた。変動金利は期ごとにその時々の市場で成立する金利が適用される一方、固定金利はある一時点で先々を見通して複数の期の金利が決定される。いうまでもなく、金利は本来、期ごとに変化する。

図表4-8　金利のパターン

- 当初元本＝100、固定金利＝5％、変動配当＝5＜来期＞、10＜再来期＞のケース
- NCF（ネット・キャッシュ・フロー）＝入金 − 出金　　▼は出金超、＋は入金超

		今期	来期	再来期	通期の収益率 （利回り＝リターン）
①固定金利で単利	入金		利息5	利息　　　　5 元本償還　100	$\left(\dfrac{5+5}{100}\right) \div 2$ ＝0.05 ＝5％
	出金	元本　100			
	NCF	▼100	＋5	＋105	
②固定金利で複利	入金		利息5	・前期利息の再運用分 　5×(1＋0.05) 　＝5.25 ・今期の利息　5 ・元本　　　　100	$\left(\dfrac{5.25+5}{100}\right) \div 2$ ＝0.05125 ＝5.125％
	出金	元本　100			
	NCF	▼100		＋110.25	
③固定額を単利で運用	入金		利息5	・利息5 ・元本償還100 ・償還差益100−95 　＝5	$\left(\dfrac{5+5+5}{95}\right) \div 2$ ＝0.0789＝7.89％ 通常、複利運用は想定しないで計算。
	出金	元本： 償還価格100 の債券を95で 購入のケース			
	NCF	▼95	＋5	＋110	
④変動する配当を単利で運用	入金		配当 50	・配当100 ・1050で売却のケース 　（売買益100）	$\left(\dfrac{50+100+100}{950}\right) \div 2$ ＝0.132 ＝13.2％ 通常、複利運用は想定しないで計算。
	出金	元本： 市場価格 950で購入			
	NCF	▼950	＋50	＋1150	

そのような金利をいかにして一定の固定的な水準、つまり長期金利として設定できるのであろうか？　そのような長期金利を、当初の段階で設定するには予測が必要であり、それがはずれるリスクがある。しかし、その際でも基本的に短期金利と長期金利に次のような関係があることが重要なポイントである。

　現時点、来期、再来期の3時点＝2期間でみてみよう。現時点から再来期までの（年平均）金利をi^{02}、現時点から来期までの金利をi^{01}、来期から再来期までの金利をi^{12}とすると（ここでは、1期間＝6か月とイメージしておこう。1年とすると、それ自体が長期金利となってしまう）、

図表4-9　短期金利と長期金利の理論値

		今期 ⇒ 来期	来期 ⇒ 再来期
		今期 ⇒ 再来期	
各期の金利…予測可能とする（短期金利）		5%	10%
長期金利の理論値 ＝通期の平均金利	単利＝単純平均	$(\frac{0.05+0.10}{2})=0.075=7.5\%$	
	複利＝幾何平均	$\sqrt{(1+0.05)\times(1+0.1)}-1=0.074=7.47\%$	

　単利方式では、3期後の元利合計が$1+i^{01}+i^{12}$となるので、それから元本1.0を引いて年平均にすると

$$i^{02}=\frac{i^{01}+i^{12}}{2}$$

となって、例えば来期の金利が5％、再来期の金利が10％なら、平均金利は7.5％となる（図表4-9参照）。

　複利方式では、利息を再運用するので、3期後つまり2期間経過した時の元利合計が

$$(1+i^{01})\times(1+i^{12})$$

となるので、それから元本1.0を引いて年平均を算出するのであるが、複利の場合は積で元利合計が得られるので、その平均は幾何平均（2期なら平方根）を求めることになる。つまり、

$$(1+i^{02})^2=(1+i^{01})\times(1+i^{12})$$ から

$$i^{02}=\sqrt{(1+i^{01})\times(1+i^{12})}-1.0$$

となって、例えば来期の金利が5％、再来期の金利が10％なら、通期の平均金利は

$$\sqrt{(1+0.05)\times(1+0.1)}-1=7.47\%$$

と、表面的に単利よりも幾分低めの金利にみえても、再来期の元利合計では孫利息が加わって7.5％の単利方式と同じ金額になる。すなわち、

$$0.05+0.10=1.0747\times1.0747-1=0.15$$

　ここで、仮に今期の金利が5％と分かっており、来期の金利が10％になるとの予測（金融では「期待」という）があれば、銀行は単利方式の定期預金では7.5％、複利方式の定期預金では7.47％の金利を提示すれば、公正な金利表示となる。

(ロ) スポット・レート、フォワード・レート

　金利と期間の関係について、さらに話を進めよう。通常、金利は現在から将来のある時点までの期間を前提にしている（例えば、今期から来期）。しかし、上の例にもあったように、ある将来時点からさらにその先の将来時点までの期間（例えば、来期から再来期）の金利という概

図表4-10　イールドカーブ（利回り曲線）

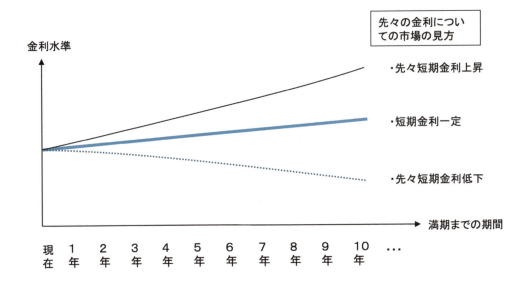

念も当然存在している。前者のように現在時点を起点とした金利をスポット・レート（spot rate）、将来時点を起点とした金利をフォワード・レート（forward rate）という。フォワード・レートは実際に、数日先スタートのこともあれば、3か月先スタートのこともある。

　長期金利と期間途中までのスポット・レートが与えられれば、当該期中から最終期日までのフォワード・レートが逆算できる。こうして得られたレートは現実に市場で成立している金利ではなく、計算上の金利であるので、インプライド・フォワード・レート（implied forward rate）と呼ばれている。しかし、市場が適切に機能していれば、そのインプライド・フォワード・レートを使って先々の期間の金融取引を行うこともできる。

　先ほどの例では、2期間の金利（複利ベース）が7.47％、今期→来期が5％と与えられれば、来期→再来期のインプライド・フォワード・レートは10％と逆算できる。

（ハ）長期金利の期間構造

　以上から推察できるように、長期金利は短期金利の合成である。正確には、人々の先々の短期金利（フォワード・レート）の予測値（期待値）の合成である。先々金利が上昇すると予想すれば、目先の短期金利よりも長期金利の方が高くなる。逆に金利が低下していくとの予想が強まれば、長期金利は目先の短期金利よりも低くなる。こうした状況を示すのがイールドカーブ（利回り曲線）と呼ばれる現在を起点に将来の異なる時点までの通期の金利を期間ごとにプロットしたグラフである（図表4-10）。金利の上昇予想があれば、イールドカーブは右上が

りになる。ただし、もともと期間が長いほど不確実性が大きくなるため、マネーを手放すリスクが単位期間当りでみても大きくなる。当然それに対する対価（流動性プレミアム）が上乗せされる。このため、短期金利が当面変化しないという見通しが強い場合でも、イールドカーブは若干の右上がりとなる。

(二) 変動金利と固定金利はどちらが借り手にとってメリットがあるか？

　一般的には、固定金利は満期まで金利が変わらないので、計画が立てやすいとしてこれを希望する家計や企業が多い。もちろん、これによって不確実性が除去されている面があるのは事実である。しかし、他方で変動金利だから不確実性が高いとばかりもいえない面もある。なぜなら、金利が高いときは経済が好調なときが多いからである。経済が好調なときは企業の収益がよく個人も所得が多めとなる傾向にある。このため、金利が高いときは返済能力も高いと考えられる。他方、金利が低いときには逆に返済能力も低下していることが多い。つまり、変動金利にはある種の自動調整機能がある。

　しかし、変動金利の場合は、予想外の高金利になることもあり得る。その場合には、契約により予め金利に上限（キャップ）を設けることもできる。これは第五部で解説するオプション取引を使った手法である。なお、同様の手法で変動預金金利に下限（フロアー）を設けることもできる。

⑥割引現在価値

(イ) 割引現在価値とは

　以上、現在保有しているマネーを一定の金利で運用して元本を増やしていく様々なパターンをみてきた。しかし、金利や利回りは現在から将来に向かって資産がどのように増えていくかという指標になるだけではなく、将来から現在へ資産規模を逆算する際に活用できる指標でもある。この逆算に用いる金利や利回りのことを、特に割引率という。また、逆算して得られた現時点での金融資産の価値のことを、「割引現在価値（net present value；NPV）」という。

　ただし、同じ元本でも得られるNCFが期間を通じて一定とは限らないのと同様に、金利や割引率も本来は期ごとに異なるとみるべきである。後でみるように、例えば人々は主観的な割引率をもっており、それは各期で一定とは限らないからである。しかし、金融の実務においては、一般的に割引率を一定と仮定している。この前提に従いつつ、割引現在価値を具体例で説明しよう。

　今100の元手があったとして、それは翌年には利息分＝元本×金利分が膨張しているので、

　　元手の来年における価値＝100×（1＋金利）

となる。このことは逆に

図表4-11　現在価値、将来価値、割引率の関係

- 今期→来期＝2期間（利払い1回）のケース
- 青の部分は、当初はそこの情報が不明であることを示す。

現在価値	利息（金利＝割引率）	来期の価値
100	5 (5%)	100×(1＋0.05) ＝105
100	105－100＝5 (5%)	105
$\frac{105}{1+0.05}=100$	5 (5%)	105

「来年の時点で100×(1＋金利)を現在時点で測った価値は100」
であることを意味している。

　また、再来年まで期間を延長すると、今年の100は来年には100×(1＋金利)となり、それが再来年にはさらに金利分膨張するので、

　　今年100の元手の再来年の価値 ＝ {100×(1＋金利)}×(1＋金利)
　　　　　　　　　　　　　　　　 ＝ 100×(1＋金利)^2

となる。逆に再来年時点で100×(1＋金利)^{2}の価値は、今年時点では100であった、つまり
　　100×(1＋金利)^2÷(1＋金利)^2＝100

　このように、割引現在価値を算出する際の基本的な計算方法は、将来価値を(1＋金利)の期間数の累乗で割ることである。このときに使う金利のこと割引率というわけである。

（ロ）割引現在価値の計算

　簡単な例で、割引現在価値、金利＝割引率、1年後の価値の関係をみてみよう（図表4－11）。図表の青の部分は、この3者のうちの不明な部分であるが、3者のうち、2つが分かれば残りの1つも決まるのである。最下段にあるように、金利＝割引率と来期の価値が与えられれば今期の時点での割引現在価値が分かる。また、将来価値と現在価値が分かれば、その間の金利＝割引率も分かる。

　次に、期間を拡張して3期間にしよう（図表4－12）。3期間になると、一般性において4期間あるいはそれ以上の長期と本質的な差はなくなる（本書においては、様々な例示において、3期間を基本としている）。2期間と3期間の違いは、3期間となると、2期目と3期目で一般にはNCF、あるいはその元本に対する比率、つまり金利が異なり得ることである。

　実際、これまでは元本に金利をかけたものがNCF＝利息としてきた（典型的に預金のケース）。また、金利を割引率と同一視した。しかし、一般的には利息ないしNCFは元本に単純に利率を

図表4-12 割引現在価値の構造

- 元本100、来期の利息5、再来期の利息10の債券をイメージした場合の元本、期中の利息、将来価値の関係（青の部分は、当初不明な部分）。

元本 （割引現在価値）	来期の利息 (r^1)	再来期の利息 (r^2)	将来価値＝ 来期の利息の再運用益 ＋ 再来期の利息 ＋ 元本償還	説明
100	5	10	115.5 （5×1.10＋10＋100）	・将来価値を算出。
100	?	?	115.5	・$r^1 \times (1+r^2/100) + r^2+100=115.5$ をr^1、r^2について解くことになるが、 $r^1=5$、$r^2=10$のほか、無数の組合せがあり得る。 ・ただし、$r^1=r^2$の場合は、 （r^1、$r^2>0$として） 7.47に確定。
$\dfrac{5}{1+0.05} + \dfrac{100+10}{1.05 \times 1.1}$ $=100$	5	10	115.5 （5×1.10＋10＋100）	・利息、償還価格を適切な割引率を用いて、割引現在価値を算出する必要がある。左の例は、利率（5％、10％）を割引率に用いたケース。 ・また、左の計算は期毎に割引現在価値を計算したが、将来価値を割引現在価値の積（1.05×1.1＝1.155）で、将来価値を除しても同じ答えを得る。
$\dfrac{115.5}{(1+0.0747)^2}$ $=100$	7.47	7.47	115.5 （7.47×1.0747＋7.47＋100）	・金利及び割引率が通期で同じ7.47％である場合。

かけたものになっている預金のようなケースばかりとは限らず、NCFの金額は期ごとに変動する（株式の配当のケース）。このように一般化すると、割引現在価値、NCF、割引率、将来価値のうち、3者が判明すれば残りのひとつも決まるということになる（図表4-12）。

そのように一般化された前提のもとに、図表4-13では今期に100を投資した場合に、先々得られる期ごとのNCFを一定の割引率を使って割引現在価値を計算するとどのような結果が得

図表4-13　NCF、割引率、割引現在価値の関係
―今期⇒再来期（3期間）のケース―

		今期	来期	再来期
ケース① 預金、債券のケース	NCF	元本を購入 100	5（利息）	5（利息） 100（元本償還）
	割引率	割引なし	5%	5%
	各期のNCFの割引現在価値	▼100	$\dfrac{5}{1+0.05}$ $=4.76$	$\dfrac{105}{(1+0.05)^2}$ $=95.24$
	各期のNCFの割引現在価値の合計	▼100＋4.76＋95.24＝<u>0</u>	―	―
ケース② 株式などのケース（キャピタルゲインがあるケース）	NCF	当初購入価格 ▼95	5（配当）	10（配当） ＋100（売却価格）
	割引率	割引なし	5%	5%
	各期のNCFの割引現在価値	（購入価格95）	$\dfrac{5}{1+0.05}$ $=4.76$	$\dfrac{110}{(1+0.05)^2}$ $=99.77$
	各期のNCFの割引現在価値の合計	▼95＋4.76＋99.77＝<u>9.53</u>	―	―
ケース①' ①で、割引率が10％に上昇したケース	割引率	割引なし	10%	10%
	各期のNCFの割引現在価値	▼100	$\dfrac{5}{1+0.10}$ $=4.55$	$\dfrac{105}{(1+0.10)^2}$ $=86.78$
	各期のNCFの割引現在価値の合計	▼100＋4.55＋86.78＝▼<u>8.67</u>	―	―

られるかということをみている。

　ケース①では、毎期5（元本の5％の金利）のNCFが得られるケースで、割引率も5％のケースである。この場合は、100を投資して得られる将来のNCFの割引現在価値が100であるので、100を使って100の価値のものに投資していることになる。つまり、当初の投資額をマイナスのキャッシュフローとみると（また今期の価値は割り引く必要がないことから）、割引現在価値はゼロとなって、この投資は損も得もしない投資ということが分かる。

ケース②では、来期に10という多めのNCFが得られるので、その分割引現在価値が膨らんで、有利な投資ということになる（割引現在価値は＋9.53）。

　しかし、割引率が高くなると（例えば5％⇒10％　表のケース①'）、割引現在価値が下がって、不利な投資ということになる（割引現在価値は－8.67）。

（ハ）割引率とリスク

　割引現在価値は、金融論において非常に重要な概念である。ほぼすべての金融商品は割引現在価値の概念を使って理論値を算出することができるからである。

　割引率として用いるべきリターンは、預金や債券の場合は利息が一定でかつ確定しているため、一般的な市場金利を用いることで問題はない。しかし、株式やあるプロジェクトの採算をみる場合、配当などは不確実である。このため、割引率として用いるべきリターンは、一般的な金利よりも高くないと割に合わないことになる。つまり、市場で成立している市場金利に個別のリスク・プレミアムを上乗せした期待リターンを割引率として使う必要がある。このため、株式の理論価格を算出する際には、投資家の目からみて業績や配当に変動リスクがあることから、期待リターン＝割引率を高めに(プレミアムを付して)設定する。その分、割引現在価値＝資本の理論価格は低めに算出される。そのような投資家の主観的な割引率のことを資本コストという（会社からみると、株主の期待する収益率であって、資本調達を行う際には、それを確保する必要があるため。こうした点については第五部でさらに検討を深める）。

　つまり、

　　割引率＝信用リスクのない金利＋リスク・プレミアム

あるいは第3章②貸出金利でみた用語を使えばリスク調整後金利、つまり

　　割引率＝ベース金利＋リスク・プレミアム

である。リスクのある貸出は金利が高めであるのと同様に、株式の場合はリスクが高いので高めのリスク・プレミアムを付けて割引くことになる。なお、信用リスクのない金利、例えば国債金利などは、リスク・フリー・レートといわれることも多い。

⑦割引現在価値の応用例

　割引現在価値の概念を使って具体的にマネーや金融商品の理論価格をみてみよう。ここでは、マネーである現金（銀行券）、債券で償還損益のある場合、永久債について確認しておこう。

（イ）現金

　今期から再来期までの3期間でみると、100円を二つの期末をまたいで保有することになる。それでも現金は3期目の価値は100のままであるので、仮に割引率を市場金利 i とおくと

$$\text{マネーの割引現在価値} = \frac{0}{(1+i)^1} + \frac{0+100}{(1+i)^2} = \frac{100}{(1+i)^2} < 100$$

となって、マネーの割引現在価値は、額面を割り込む価値しかないことになる。しかし現実にマネーは常に額面で取引されている。これをどのように理解すればいいのだろうか。マネーは、それと引換えにいつでもどのような財、サービス、金融商品を得ることができるほか、金融負債の解消にも使える、万能の決済手段であることがポイントである（オプション・プレミアムがつく）。つまり、上の一連の式では割引率をiとしていたが、実はマネーの場合にはリスク・プレミアムとは逆に流動性プレミアムがあるので、

　割引率＝一般的なリスク・フリー金利（国債など）＋ リスク・プレミアム

の式において、リスク・プレミアムは、リスク・フリー金利と同じ値（符号が逆）となって

　割引率＝リスク・フリー金利＋流動性プレミアム（マイナスのリスク・プレミアム）＝0

したがって、

$$\text{マネーの割引現在価値} = \frac{0}{(1+i-i)^1} + \frac{0+100}{(1+i-i)^2} = 100$$

と考えることもできる。

　あるいは、法律で強制的に無利息かつ額面価値が不変として、割引現在価値が変動しないようにしているとみることもできる。

　こうした議論を割引国債と対比することもできる。割引国債は、償還価格が100で、発行価格が割引現在価値（割引率は金利）、つまり額面よりも低い価格で発行されている。その価格差が利息となっている。マネーとの違いは、割引国債では物が買えないことである。その流動性プレミアムが、ちょうど金利と見合っていると理解できよう。

　もっとも、近年の日本のように金利がほぼゼロとなり、かつ割引国債がいつでも換金できる高い流動性がある場合には、マネーと割引債の差は事実上なくなる。つまり、割引債は既にマネーと同等になってしまっているので、マネーの供給をいくら増やしても割引債の金利は低下しない。これが、ケインズのいう「流動性のわな」という状態である。

(ロ) 償還差益のない債権（預金、貸出）の割引現在価値

　預金や貸出などの償還差益のない債権の割引現在価値は、当初は金利と割引率が一致している。つまり、当初の元本を100とすると

$$\text{預金・貸出の割引現在価値} = \frac{\text{利息}}{(1+\text{利率})^1} + \frac{\text{利息}+100}{(1+\text{利率})^2}$$

となるが、預金や貸出の場合は、利息は元本＝償還金額に利率をかけて算出するわけであるので、

$$\text{預金・貸出の割引現在価値} = \frac{100 \times \text{利率}}{(1+\text{利率})^1} + \frac{100 \times (1+\text{利率})}{(1+\text{利率})^2}$$

$$= \frac{100 \times 利率 \times (1+利率) + 100 \times (1+利率)}{(1+利率)^2}$$

$$= 100 \times \frac{利率 + 利率^2 + 1 + 利率}{(1+利率)^2}$$

$$= 100$$

となる。これは、満期まで保有して途中売却しない前提である。しかし、現実には急な物入りや金利の低下によるキャピタルゲインを確定させるといった目的で、満期前に解約することはあり得る。その場合には、償還損益が生じないという前提が崩れることになる。

(ハ) 償還差益（差損）のある債券の割引現在価値

一次市場（発行市場）でも発行価格は償還価格（常に100円とする慣行）を下回ったり、上回ったりする（100円を上回る価格のことを「オーバー・パー」、下回る価格のことを「アンダー・パー」という）。当然、二次市場（流通市場）で購入すれば価格は100円とは限らない。その場合、償還時において購入価格との価格差（償還差益、ないし差損）が表面化する（もっとも、その差益は実態的には償還の一時点で発生するわけではなく、既に期中で確定している）。

購入価格を$100 \pm \alpha$、毎期の利息額（100円×表面利率）をR、割引率をrとする。例によって3期間でみた（今期購入、再来期に償還）割引現在価値は、一般には

$$債券の割引現在価値 = \frac{R}{(1+r)^1} + \frac{R + 100 + (100 - \langle 100 \pm \alpha \rangle)}{(1+r)^2}$$

となる。例えば今期98円で毎期の利息額5円（100×表面利率5％）、割引率＝市場金利4％のケースでは、

$$債券の割引現在価値 = \frac{5}{(1+0.04)^1} + \frac{5 + 100 + (100 - 98)}{(1+0.04)^2}$$

$$= 4.81 + 98.93$$

$$= 103.74$$

となって、もともとの表面利率よりも市場金利が低くなった場合には、割引現在価値、そして結果的に市場価格が上昇するのである。逆に市場金利が高くなった場合には、市場価格は下がる。このように、債券価格と市場価格は逆に動くのである。

しかし、仮に割引率rが表面利率と同じかつ、償還差益$\alpha = 0$であるとすると、先にみたように

$$債券の割引現在価値 = \frac{100r}{(1+r)^1} + \frac{100r + 100}{(1+r)^2} = 100$$

となって、償還差益がなく、金利と割引率が同じ場合には常に、償還価格＝購入価格が割引現在価値となる。

以上が割引現在価値に関する議論であるが、リターンはどのようになっているのだろうか？

購入価格を$100±α$、毎期の利息額（100円×表面利率）をR、割引率をrとした場合のリターンについて、これまでと同様に3期（利払いは2回）で考えてみよう。

a. 単利の場合

$$リターン = \frac{収益}{投資額} の年平均率 = \frac{R+R+100+(<100±α>-100)}{100±α} の年平均率$$

98円で購入しクーポンが5円のケースで、リターンを求めてみると、

$$リターン = \frac{5+5+100+(100-98)}{98} の年平均率$$

$$= \frac{1.143-1.0}{2} = 7.2\%$$

となる。

b. 複利の場合

リターンは再運用を前提に計算するので、

$$リターン = \sqrt{1.143} - 1.0 = 6.9\%$$

となって、単利のケースよりも表面的には低利でも同じ将来価値、あるいは現在価値となる。

（二）永久債

永久債とは償還が（永久に）ない債券である。絶大な信用力がないと発行できないので、通常国債に限定される[10]。その割引現在価値は次のように算出できる。割引現在価値をNPV、毎期の利息をR、割引率をr（ただし、rは市場で成立している長期金利を使用）とすると、

$$NPV = \frac{R}{(1+r)^1} + \frac{R}{(1+r)^2} + \frac{R}{(1+r)^3} + \cdots \frac{R}{(1+r)^n}$$

$$(1+r)NPV = R + \frac{R}{(1+r)^1} + \frac{R}{(1+r)^2} + \frac{R}{(1+r)^3} + \cdots \frac{R}{(1+r)^{n-1}}$$

両者の差を取ると、

$$NPV - NPV(1+r) = -R - \frac{R}{(1+r)^{n-1}}$$

となる。nを無限大とすると右辺の第2項はゼロになるので、

---

[10] 英国で、1752年に発行された国債の例がある（債務をとりまとめる＝consolidate目的のために発行されたことからコンソルと呼ばれた）。その後も戦費調達などのため数次にわたって発行されたが、最終的に2015年に政府によって買入消却され、現在残高はない。

$$NPV(1-<1+r>)=-R$$

を得る。これをNPVについて解くと、

$$NPV=\frac{R}{r}$$

となる。つまり、永久債の割引現在価値は利息を金利で割ったものに等しくなるのであるが、この式を次のように書き替えると

$$NPV \times r = R$$

となって、元本に利率を乗じた金額が毎年の利息になるという直観的には自明なことが分かる。

(ホ) 将来キャッシュフローが不確定な場合の割引現在価値

　株式の場合、もともと実績配当であって、事前にコミットされたリターンはない。もちろん、翌年度の見通しを発行会社が公表するなどの一定の情報はリリースされているが、預金や債券とは次元が異なる不確実性がある。また、貸出については信用リスクを織り込んだうえで実行しているわけであるが、借り手の業績が予想外に悪化し利払いが滞るとか、最悪の場合倒産し元本が毀損することもあり得る。そのように将来のキャッシュフローが不確定な場合、割引現在価値をどのように判定していけばいいのだろうか。

　基本的なアプローチは次のようなものである。

　まず、将来キャッシュフローの平均的な姿を予想し、その値を用いる。つまり期待値を用いることである。そのうえで、期待値と実績値のブレについて一定の想定を置いて対処することである。具体的には、次のようになる（簡単のため現在、来期、再来期の3期を想定）。

$$期待値の割引現在価値 = \frac{E(R^1)}{(1+r+\alpha)^1} + \frac{E(R^2)}{(1+r+\alpha)^2}$$

ただし、$E(R^1)$は、来期の配当、利息等の期待値である。$E(R^2)$は、再来期の配当、利息等に、元本ないし株式の転売益を加えた金額の期待値である。また、rは一般的な割引率、αは期待値のブレ（分散）を考慮したリスク・プレミアムである。

　このアプローチは理念的には正しくかつ簡明であるが、現実的に応用するのは困難を伴う。このため、実務では次の方法を採用することも多い。

a. 株式の場合

　割引現在価値を当初の購入価格で除した値がリターンになるので、過去のデータを用いて統計的にその平均と分散を算出し、それと指標（ベンチマークという）になるような株価（例えば日経平均）との相関（ベータという。第五部で説明）を使って、リターン・リスクを想定することも多い。あるいは、第七部で説明するような様々な収益と株価との関係を示す指標を用いることも多い。

b. 貸出の場合

　貸出の場合は、個別の債務者に関する情報が豊富な場合が多いことから、返済見通しを具体的に予想することも可能である。また、割引率については同じクラス（業種、規模）の企業に対する平均的なリスク・プレミアムを用いる。これらによって、割引現在価値が具体的に算出できるので、それと当初貸出額との差額を引当てる（会計上予め損失に備えるための積立金）といった手法を取っている（ディスカウント・キャッシュフロー＝discount cash flow=DCF法）。

⑧自己利子率

（イ）自己利子率の考え方

　ここまで、金利について漠然とマネーを1年間金融商品に運用した場合の利益率あるいはレンタル料と考えてきた。また、マネーの割引現在価値という概念を使って流動性プレミアムがマネーの価値の源泉であることもみた。差し当たり、金融を実務的に理解するにはそれで十分であろう。しかし、ここではそもそも金利とはどのようなものかについて掘り下げてみよう。理由は、近年マイナス金利が政策的に導入されてきており、改めて金利とは何かということが問い直されているからである[11]。以下、自己利子率という概念を軸にこの問題を考えてみよう。自己利子利率の概念は、J.M.ケインズが一般理論の中で展開したもので、長らく注目されてこなかったが、マイナス金利の導入などから改めて注目されるようになった。

　自己利子率とは、マネーや金融商品を含めて、何らかのモノ[12]を1年間保有あるいは運用した場合のリターンである。ポイントは金融商品だけではなく、非金融財を対象にしていることである。例えば非金融財のコメは、田植え、収穫の作業を通じて一定のリターンを得ることができる。また、生産設備であれば原材料を投入して製品を生産しリターンを得ることができる。そうした活動から得られるリターンが自己利子率である。

　自己利子率の最大の特徴は、価値の単位である。いうまでもなく、金融商品の元本や利息の

---

[11] 金融関係の法律家や学者で構成される「金融法委員会」（事務局日本銀行）では、「マイナス金利の導入に伴って生ずる契約解釈上の問題に対する考え方の整理」（平成28年2月）を取りまとめて公表した。その骨子は、どのような契約を締結しようとそれは自由であるが、契約に明示的にマイナス金利が想定されていない限り、貸し手や預金者が借り手や銀行に利息を支払う義務はないというものである。

[12] サービスはストックとして保有できないので、自己利子率が生じるのは典型的には財だけである。しかし、サービスもそれを受ける権利として解釈すると（例えば、東京－大阪間を新幹線で往復する権利）、サービスについても、自己利子率をイメージすることができる。ただし、本文の（ロ）の議論からすると、サービスの場合は、それを一定期間保持する便益、コストとも非常に小さく、さらに流動性プレミアムも非常に小さいであろう。あえていえば、サービスを1年後に受ける権利が無効になる（相手方が契約を履行できない）リスクが残るかもしれない。近年経済活動の中で財のウエイトが減少していることが、在庫金融の意義の低下を通じて、マネーの自己利子率を低下させている可能性がある。

単位はマネーそのもの、つまり「円」である。金利5％の1年定期預金に100万円運用すれば、1年後に5万円の利息がつくといった具合である。この例では、マネーの自己利子率は、5％である。しかし、マネー以外のモノの自己利子率には、マネーを価値評価基準とするケースだけでなく、（マネー以外の）そのモノ自体を価値単位としてリターンを計算することができる。例えば、100kgのコメを使って、田植え、収穫を経て（さらに生活費や諸費用をコメに換算して支払ったとして）、手元に残るコメが3kgだとすると、コメの自己利子率は3％ということになる。原油でも、素材でも生産設備のような資本財でもそのような概念はあり得る。外国通貨も対象になり得る。

(ロ) 自己利子率の決定要因

引き続きコメを例に取って自己利子率について考えてみよう。今手元にあるコメを1年間自ら運用（栽培）した場合のリターン、あるいは（同じことであるが）そのコメを他者に貸出した時のレンタル料は次のように計算できる。

- 手元に100kgのコメがあったとする。
- それを種もみとして用いて、田植えをして収穫するとしよう。そして、100kgの種もみから10トン＝10000kgの収穫が得られる一方、農作業にコメ換算で9997kgのコスト（肥料、栽培者の食費など）がかかるとする。この農家は、100kgのコメを自ら栽培すれば、自身の生活費などを除いても3kgの利益（他に売却できる）を得られたはずであるので、このコメの所有者は、自己利子率3％でコメを貸出すかもしれない。しかし、本当にそうだといえるのであろうか。おそらく、そうではないであろう。

一つには、契約相手方が誠実に返済を履行してくれないリスクがあるので、そのリスクに見合う対価（リスク・プレミアム）を求めるであろう。あるいは、100kgのコメを手放さなければそれを食料にすることもできたし、あるいは何か別のモノ、例えば衣料に交換することもできたかもしれない。そのような何にでも使える自由を放棄し、リスクを取ることになるので、その対価つまり流動性プレミアムを求めるであろう[13]。それがコメで1kgに相当するとしよう。

以上をまとめると（記号はJ.M.ケインズの「一般理論」の例による）、次の通りとなる。
コメで測ったコメの利益率＝コメの自己利子率＝$q - c + \ell$
ただし、
　q：100kgの米がもたらす収穫（10トン）

---

[13] 理論的にいえば、マネーを保有することは、いつでも他の財やサービスに替えることができる権利（コール・オプション）を保有していることと同じである。コール・オプションにはプレミアム価値がある。これが流動性プレミアムである。

c：コメの生産に必要なコスト（9,997kg）

ℓ：コメを一定期間手放すことに伴う（食料を放棄するなどの）デメリットないしリスク＝流動性プレミアム＝1kg）

とすると、

自己利子率＝（q－c＋ℓ）＝(10,000－9,997＋1)＝4％（100kg当たり4kg）となる。

（ハ）マネーの自己利子率

以上のような一般的な財に関する自己利子率をマネー（現金）に適用してみよう。

q：現金の収益率（新たな付加価値を生むものではないので、ゼロ）

c：現金保有のコストないし減耗率（保管・搬送等の負担はあるが、品質が劣化しないので、小さい）

ℓ：現金を手放すことに伴う不便ないしリスク（大きい）

つまり、マネー（現金）の場合、無利息であるのでそれを持っていても得られる収益はゼロである。また、その保有コストは安全に現金を保管する金庫費用や安全に運ぶ輸送費用であって、それほど大きくはないがゼロではない。一方、マネーを手放すことによって生じる不便は大きい。例えば急な物入りに対応できないとか、金利や株価の動きに柔軟に対応できない（株価が一時的に下落したときに、チャンスとみて投資するなど）といった、不便が生じる。その不便に対する対価が流動性プレミアムである。マネーの場合、コメなどと違って、いつでもどこでも何にでも誰とでも決済手段として使える万能性がある。そうしたマネーを手放すデメリットないしリスクの大きさは他の財とは比較にならない。したがって、その対価（流動性プレミアム）も大きい。J.M.ケインズはこうしたマネーに特有な大きな流動性プレミアムのことを「流動性選好（liquidity preference）」と呼んだ。

（自己利子率の概念を使ったマイナス金利の理解）

こうした議論を踏まえると、近年の日本のマイナス金利（短期金利だけではなく長期金利もマイナス領域となる場面があった）の意味を理解できる。金利は、マネーの自己利子率であるので、上記のq－c＋ℓで表すことができるが、極端な金融緩和政策の下では、次のような状況になっている。

q：ゼロ

c：金庫や輸送費用は僅少ではあるが、ゼロではない

14）マネーの利子率（金利）をcの大きさを超えてマイナスにするためには、マネーの収益率qをマイナスにしなければならない。そのためには、マネーが時間の経過とともに減価していくメカニズムを導入する必要がある。その具体的なアイディアのひとつが、第一部第1章④で説明したゲゼルのスタンプマネーである。

ℓ：日本銀行が量的にも緩和政策を取っていることから、銀行は貸出に積極的であり、流動性を入手するコスト（流動性プレミアム）は極めて低水準（ただし、マイナスではない）

この結果として、qやℓがゼロになっている一方、cは明確にプラスであるので、全体としてマネーの自己利子率、つまり金利はマイナスになり得る。ただし、cの大きさを超えてマイナスになることはない。これが、マイナス金利政策の限界である[14]。

（二）二つの自己利子率

　自己利子率には二つの概念がある。ひとつは、それ自身を価値表示基準としたもの（先のコメの例）、もうひとつはマネーを価値表示基準としたものである。ただし、マネー自体の自己利子率の場合は、それ自身がマネーであるので、両者は一致している。実質利子率と名目利子率という観点からすると、マネーの自己利子率は名目利子率である。

　マネー以外のモノについてマネーベースの自己利子率を表示するには、そのモノとマネーを繋ぐ換算比率、つまり価格を導入する必要がある。さらに、q、c、ℓの概念はフローの概念であるので、今期の期末から来期の期末といった期間を導入しておく必要がある。その両方の要件を満たすのは、そのモノのマネーベースでの現在価格と将来価格（先渡し価格）の二つの価格である。

　この点を、マネーとそれ以外のモノとを比較しながらみてみよう。

a. マネーの自己利子率

（今期末）　　　　　　　　　　　　　　　（来期末）

マネー（現金）100万円
　　↓
1年物定期預金100万円　　　⇒　　　　105万円（満期解約）

この場合、自己利子率つまり通常の意味での金利は、5％である。

b. コメの自己利子率（コメを価値表示基準とした場合）

（今期末）　　　　　　　　　　　　　　　（来期末）

コメ100kg
　　↓　　　　　　　　　　　　　　　　　↑
貸出（借り手は1年で田植え、収穫）　⇒　104kg

この場合、自己利子率は4％である。このことは、現在のコメ100kgは将来のコメ104kgの価値があると言い換えてもよい。逆にいえば、将来のコメ104kgは現在のコメに引き直すと100kgに割り引かれることになる（割引現在価値の議論と同じ）。

c. コメの自己利子率（マネー表示の場合）

次に、マネー表示のコメの自己利子率をみてみよう。具体的に、次のようなケースを考えてみよう。

（今期末）　　　　　　　　　　　　　　　　（来期末）

コメ 1kg＝100円　　　⇒　　　　コメ 1kg＝107円

この場合、マネーベースのコメの自己利子率は、7％である。先ほどは、コメの自己利子率は4％であったのに、なぜここの例では7％となっているのか。それは、コメが他のモノに比べて相対的に3％（7％－4％）分、高く評価されるようになったと前提したからである。例えば経済活動の平均的な財の組合せ（以下バスケット、典型的にCPIの財別消費ウエイト。詳細後述）の価格と比べて、相対的にコメの価格が上昇したという前提を置いたからである。もちろん、バスケットに比べて相対的に価格が下がることもある。

いずれにしても、マネーで測ったコメの自己利子率はこれまでの説明では7％ということになる。しかし、ここで大きな問題がある。それは、価値表示基準であるマネーには金利がつく運用ができるということである。ここでは、仮に金利が5％であったとしよう。

この場合、コメで測ったコメの収益率、つまりコメのコメベースの自己利子率はどうなるであろうか。先ほどの図を応用すると次の通り。

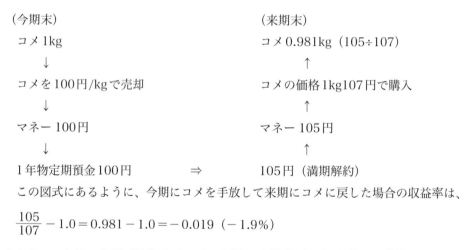

この図式にあるように、今期にコメを手放して来期にコメに戻した場合の収益率は、

$$\frac{105}{107} - 1.0 = 0.981 - 1.0 = -0.019 \ (-1.9\%)$$

となる。これは、金利（5％）からコメの価格の上昇率（7％）を引いた数値と同じである。

以上の計算は次のように考えても同じ結果となる。
- 今期コメ1kgで交換できるマネーの量は100円、すなわち今期1円で買えるコメは0.01kgである。また、来期は107円ないとコメ1kgを入手できない。すなわち来期の1円で買えるコメの量は1/107＝0.00935kgであって、今期に比較して0.935倍になっている。

- この間マネーの価額（金額）は1.05倍になっているので、それらを掛け合わせると
  $0.935 \times 1.05 = 0.981 \fallingdotseq -1.9\%$
  となって同じ結果（コメで測ったコメの価値の1.9％減価）が得られる。

（なぜ自己利子率がマイナスになったのか）

この計算と先ほどみたコメの自己利子率が例えば4％といったプラスのリターンが得られる場合との関係をどのように理解すればよいのだろうか。

そこで、先渡し価格が107円ではなく、101円のケースを考えてみよう。上の計算例から、101円の場合の自己利子率は、

$$\frac{100}{101} \times 1.05 = 1.04$$

つまり、4％となって、先ほどみたコメの自己利子率を再現できた。この検討から、先渡し価格があるとき、その自己利子率が高い（低い）ほど、先物価格が低い（高い）という関係にあることが分かる。理由は、それ自体のリターンが高いモノは、直物と先物の価格差が不利になっても、両者を合わせたトータルのリターンが十分確保できるからである[15]。今、トータルのリターンと述べた。その意味をみるために、先渡し価格が107円の場合、101円の場合について、それぞれのマネーで測ったリターン（マネー表示の自己利子率）を計算してみよう。

先渡し価格が107円の場合は、1＋自己利子率＝の0.981に価格107円をかけると、105円、つまり5％のリターンとなる。次に、先渡し価格101円の場合は1＋自己利子率＝1.04に101円をかけるとやはり105円となる。なぜこのようなことになるのか。これは、上述の一連の計算が直物と先渡し価格、それにマネーの利子率が与えられたときに、直先のスプレッド（価格比）がマネーの利子率＝金利と同じリターンとなるようなリターン（それ自身で測った自己利子率）を求めていたからである。実際には、それ自身で測った自己利子率がまず先に決まっているので、それが低い場合には先渡し価格が高くなることで、相対的なリターンの不利を補っている。さらに、現実的には他よりも低い自己利子率（リターン）は持続できないので、そのモノの生産が減少し、需給が引き締まる結果として先渡し価格が上昇する。つまり、結果的にマネーベースでのリターンがすべての財について等しくなるように需給が調整される。こうした状況はまさに古典派の経済学が想定していた姿であって、現実には価格がそれほど伸縮的ではないため、そうした裁定が実現するのには時間がかかる（その前に、新たな外的要因が加わり裁定価格自体が変化するであろう）。

---

[15] コメを外貨、例えば米ドルと読み替えると、ドルと円の金利を比較して、ドルの金利が高い場合には、ドルの先物がディスカウントになるのと同じことである（第7章④ 外国為替レートの基本的な決定メカニズムの（ヘ）金利裁定取引の項を参照）。

(自己利子率を求める公式)

先の計算過程から、一般にある財のその財で測った自己利子率rは、(直物⇒先渡し)価格上昇率をp、マネーの自己利子率(金利)をiとすると、

$$1+r = \frac{1+i}{1+p} \quad \text{あるいは、} \quad r = \frac{1+i}{1+p} - 1 = \frac{i-p}{1+p} \fallingdotseq i-p$$

で表すことができる[16]。つまり、その財で測った自己利子率は、マネーの利子率(金利)から価格上昇率を引いた値なのである。逆に、その財の来期の価格＝1＋pをかけると

$$(1+r) \times (1+p) = 1+i$$

となって、その財で測った自己利子率を物価調整したものが、マネーの金利そのものになるという上での議論を一般的に証明することができた。

d. バスケットの(マネー表示の)自己利子率

次にコメのような単一の財に代えて、一般物価の指数(GDPデフレーターないしCPI)に採用されている財、サービスの集合体＝バスケットに置き換えて考えてみよう。つまり、pを一般物価の上昇率とみなすのである。その場合の価格上昇率の意味は、先物価格ではなく、予想価格上昇率としておくのが自然であろう(ただし、実際にCPIの予想を元にした金融取引も存在している)。その背後には、バスケット自体が売買できるという仮定があって、現実の姿とは異なる。しかし、経済全体の活動を視野に入れれば、あたかもひとつの財のように様々な財、サービスが生産、売買されているという前提は、固定ウエイトで算出しているCPIと同程度の合理性はある。バスケットの自己利子率をバスケット表示で計算する過程は、コメをバスケットと呼び変えるだけであるので、先の例と同じ計数(先渡し価格107円)を使うと、

(今期末)　　　　　　　　　　　(来期末)

バスケット1　　　　　　　　　　バスケット0.98

---

[16] これから、一般に実質利子率は

$\frac{1+i}{1+p} - 1 = \frac{i-p}{1+p}$ と計算できる。しかし、一般には実質金利の定義は、名目金利iからインフレ率pを差し引いたi－pをもって、つまり分子のみをもって実質利子率としている。これはインフレ率が小さいときには近似として許容できるが、pが大きい場合には、実態と合わなくなる。例えば、金利が5％、インフレ率が100％(つまり2倍)のときに、名目金利からインフレ率を引くと－95％となって、実質利息は20分の1になる計算となる。しかし物価は2倍になっているだけであるので、正しくは元利合計1＋0.05＝1.05を1＋1＝2で割った－47.5％、つまりほぼ半減とみるのが正しいことは直感からも明らかであろう。

なお、やや簡略的に、名目利息－インフレによる(元本の毀損＋利息の目減り)と考えることもできるが、その場合でも、
＝i－(1×p＋i×p)
＝i－p－i×p

となって、本来はi×pという追加項があるが、これは小さい数同士の積であるので、インフレ率や名目金利の水準が低い場合には、非常に小さい値となることから無視すると、i－pとなる。

↓	↑ バスケット価格は107円なので、(105/107=0.98)
マネー100円	マネー105円
↓	↑
1年物定期預金100円　⇒	105円（満期解約）

　これを式で書くと、自己利子率は $\frac{1+i}{1+p} = \frac{105}{107}$ となる。すなわち、今期末で（名目）マネー100円分のバスケットで測ったリターンは、名目金利5％からバスケットの価格上昇率7％つまり、一般的なインフレ率の影響を除いた実質利子率と同じであることが分かる。なぜ、そうなるのかというと、バスケットで測るということは、一般的な購買力で測ることになるからである。

e. 名目マネーの（バスケットで測った＝実質）自己利子率

　今の点を明示的にみてみよう。

（今期末）　　　　　　　　　　　　（来期末）
マネー100円　　⇒　　マネー105円（1年定期預金の満期時の元利金）
　↓　　　　　　　　　・105円（＝名目マネー）で買えるバスケットは105/107
　　　　　　　　　　　　＝0.98（−2％）
バスケット1　　⇒　　1
（価格100円）　　　　（価格107円）

　なお、マネーを運用せずにそのまま保有した場合は、100/107＝0.93＝（−7％）となる。

f. 実質マネーの（バスケットで測った＝実質）自己利子率

　次に、実質マネーの自己利子率を考察してみよう。実質マネーと名目マネーの違いは、実質マネーの場合、物価上昇（7％）に合わせて名目マネーの量が増えることである。

（今期末）　　　（来期末）
マネー100円　　⇒　　名目マネー105円（1年定期預金の満期時の元利金）
　↓　　　　　　　　　×1.07（マネーの補てん）＝実質マネー＝112
　　　　　　　　　　　・112円で買えるバスケットは112/107＝1.05（5％）
バスケット1　　⇒　　1
（価格100円）　　　　（価格107円）

　つまり、実質マネーをバスケットで測った自己利子率、つまり実質マネーの利子率は名目金利と同じ5％である。
　以上の議論から、名目マネーのリターンは実質金利である一方、実質マネーのリターンは名目金利であることが明確になった。このことは、やや直観に反するかもしれない。なぜなら実質は実質、名目は名目で完結しているようにも思えるからである。

第四部　マネーと金利

(実質マネー残高のコストが名目金利であること)

　この点は重要であるので、別の角度からも説明しておこう（図表4-14）。先ほどマネー需要のところでも述べたように、今期の期初にはそのマネーが用意されていなければ、今期中にそれを利用することはできない。あるいは、今期末の段階で来期に向けてマネー残高を手当てしておかなければならない。今期末のマネー残高をM、来期の（予想）物価水準をP（今期は1）、今期中に決まる今期から来期にまたがる期間の金利を i とすると、このマネー残高は来期にはM/Pになると予想しているが、このMに係る金利コスト（利息額）は今期中にM×iと決定している（支払いは来期）。したがって、

　M/P の来期に支払う金利コスト＝M×i

つまり実質マネーに関する金利コストは、今期の名目金利によって規定される。一方名目マネー残高Mにかかるコストは来期になると物価が1からPに上昇しているので、

　来期に実際に支払う実質利息＝$M \times \dfrac{i}{p}$

となる。この式の右辺は、実質マネー残高（M/P）に名目金利（i）をかけた、あるいは名目マネー残高（M）に実質金利（i/P）をかけたもの、どちらとも解釈できる。これが、マネー残高とそのコストとの関係である。

　以上、自己利子率という概念を使って、実質利子率の概念を説明した。次に、その理解を前提にさらに掘り下げていこう。

図表4-14　マネー調達プランのイメージ
①今期中に減少したマネー残高を、来期初に向けて名目金利 i でマネーを調達し、残高を確保。
②期またぎで物価上昇を予想(1⇒P)
③物価上昇に合わせて多めにマネーを調達

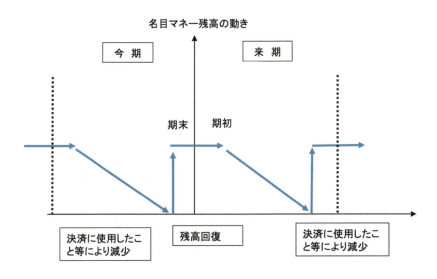

⑨時間選好率

(イ) 人々の効用

　企業が収益を最大化することが基本的な行動原理としているのとは異なり、個人は消費から得られる満足度を最大化する存在である。そうした満足度を計数化する道具が効用関数である[17]。

　金融は基本的に異時点間の計数的な比較を伴うので、消費を金融と関連づけて分析する場合には、こうした効用関数が必要となる。そして、現在と将来の効用を比較するためには、主観的な利子率（時間選好率）を導入する必要がある（図表4－15参照）。

(ロ) 効用の評価とマネーに関する様々な見解

　そこで、ひとつの問題はマネーの効用関数における扱いである。基本的に効用は財やサービスを実際に消費したときに得られる満足度を示すものであるので、効用関数に通常マネーは入り込まない。マネーは食べられないし、それを保有することから直接得られる効用は基本的にないからである。しかし、マネーがなければ現実に、財やサービスを入手できない。そこで、マネーから得られる便益を通常の財・サービスのように家計行動の中でどのように位置づけるか、言い換えればマネーの必要性をどのように金融分析に取り込んでいくかという問題がある。この点については、いくつかの見解がある。

a. マネーから直接効用が得られるとの考え方

　この場合、効用関数Uは次のように構成される。

$$U_t = u\left(C_t、\frac{M_t}{P_t}\right)$$

　ここで、Cは消費、Mはマネー残高、Pは物価である（添字tは時点を示している）。マネーが保有されていると、経済取引が円滑になることが期待されているところ、そうしたマネーを保有しているとそのようなメリットを今この時点で享受できるというわけである。M.シドラス

---

[17] 効用関数を巡る厳密な議論はここでは取り上げない。基本的なポイントのみを説明しておこう。効用関数の存在のためには、①完備性（任意のA、Bの消費パターンについて、効用の大小、同等がある）、②推移性（消費パターンAがBよりも効用が高く、BがCよりも高いのであれば、AはCよりも効用が高い）、などが満たされれば、効用の大小を占める序数的な効用関数が存在する。ただし、異時点間の比較をするためには、そこに時点の違いや不確実性が入ってくることから、効用の期待値を比較することができることが必要となる。具体的には、③連続性（効用関数は連続している）。④独立性（Aの効用はBと組合せた場合でも影響を受けない）、などの追加的な条件が整えば、将来の不確実な消費パターンについても、比較対照が可能となることが知られている。つまり、一定の条件の下で、その実現について不確実性のある消費パターンに対する効用の比較を可能とする「期待効用関数」が存在するのである（第四部第5章①で取り上げる）。こうした研究は、米国の数学者J.F.ノイマン（1903～1957年）と米国の経済学者O.モルゲンシュテルン（1902～1977年）がゲームの理論の研究を行う過程で生み出された（彼らのこの面での代表作は、「ゲームの理論と経済行動」1944年邦訳複数）である。

図表4-15 消費者の効用

(問題)
- 消費者の効用の高低はどのようになっているか。

(前提)
- 効用水準は、将来（来期）と現在（今期）の実質消費 c^1、c^0 によって決まる。
- 現在と将来の消費の内容は同じで、量のみが異なる。

(想定したい結論)
- 同じ効用水準の c^1、c^2 の組合わせは、原点に対して凸の曲線（無差別曲線）となる。
- 原点から遠いほど、消費量が多くなるので、効用水準は高い（ただし、効用の増加幅は逓減する）。
- この場合、無差別曲線の傾きはρを時間選好率とすれば、$-(1+\rho)$ である。

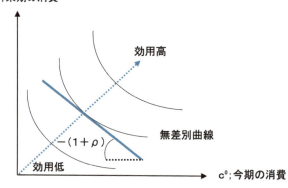

キー[18]らによって研究されたこのアプローチは一定の範囲でエコノミストが採用しているが、マネーがなぜ保有されるかという本質的な問題をスキップしている。

b. マネーから直接効用は得られないとする立場

この立場にはいくつかのバリエーションがある。

- 他の財と同様に扱う

  マネーを例えば電気や交通のように経済活動に不可欠な財と位置づける。他の消費財と区別しない点で、マネーを独立的に効用関数に取り込む考え方と相違している。この方法は、マネーの必要性を捉えてはいるが、マネーの特殊性（例外なくあらゆる取引にマネーが必要）を捉えることができない。

---

18) M.シドロスキー（1939〜1968年）は、米国の経済学者。
19) P.サミュエルソン（1915〜2009年）は米国のノーベル賞経済学者。世界的なベストセラーとなった経済学の教科書でも知られる。なお、重複世代モデルは、短期的に一般物価が上昇した場合に労働供給（GDP）を増加させるという、ニューケインジアンの主張のひとつの根拠ともなっている（第九部注27を参照）。

- 重複世代モデル

  ある経済社会に労働力世帯とリタイアした世帯が同時に存在していること、労働力世帯は老後のために貯蓄する一方、リタイア世帯は貯蓄を取り崩して消費するというモデルである。第一部の図表１－２で世代間の信用モデルとして紹介した。その信用の媒介を行うのがマネーという理論である。P.サミュエルソン[19]などによって研究された。いわば年金モデルであって貯蓄手段としてのマネーに着目しているが、マネーの決定的に重要な機能である決済機能を十分に捉えていない。マネーを効用関数に取り込むアプローチとの親和性は強い。

- サーチモデル

  貨幣は将来の消費のために今保有することによって、物々交換よりも財・サービスの需給がマッチする確率が高まることに着目した理論であって、決済機能と価値の保蔵機能の双方を原理的に説明している。しかし、マネーと物価の関係を分析し難いという欠点がある。

- 現金事前手当てモデル

  キャッシュ・イン・アドバンス（cash in advance）ともいわれるモデルで、どのような経済活動を行うにも、マネーを予め用意する必要があるというマネーの需要面のポイントを押さえた議論である。また、供給面でも、銀行による信用創造がなければマネーが創出できないという現代的な金融システムの構造に最もフィットした捉え方である。もっとも、なぜ予め現金が保有されるのか（都度調達することでいいのではないか）という点を原理的に説明していないという批判がないわけではない。

以上のようにマネーと効用の関係を巡って、様々な議論がある。マネーを直接効用関数に入れるアプローチと、それ以外の立場には本質的な違いがあるが、マネーが非常に有用であるということを主張しているという意味では大きな違いはないともいえる。しかし以下では、効用関数に直接マネーを導入するモデルは採用せず、効用はあくまでも財、サービスの消費から生じるものとしよう。

（ハ）時間選好率とは何か

時間選好率とは、人々の主観的な利子率のことである。ある人の今年の消費バスケット（どのような財、サービスを各々いくら消費するか）と来年の消費バスケットを（中身は同じと仮定）比較する場面で、今年の消費バスケットが１単位減ったとすると、来年の消費が何単位増えれば、消費の満足度は変わらないかという数値である（その比率を限界代替率という。図表４－15および４－16－①参照）。仮に今期の消費量を100として、同じだけの満足度（効用）を得るには、将来の消費が、ρだけ増えなければならないとする。すなわち、

$$100 \times (1+\rho)$$

ここで、ρが時間選好率である。

ポイントは、同じ中味の消費なら明日より今日、あるいは来年より今日の方が、効用が大き

い（限界代替率が1よりも大きい）と考えられることである。逆に、来年の消費を現在の時点で評価した場合の満足度は、

　　$100 \div (1+\rho)$

となる。これを割引効用（価値）と呼んでいる。

　ここで、効用が同じ水準という前提の下で現在消費と将来消費の組合せをプロットすると、原点に対して凸の曲線、無差別曲線が得られる。この場合、時間選好率は無差別曲線の接線の傾きとして表すことができる（図表4－16－②）。

　近年、こうした人間の行動に関する理論的、実証的な研究が進んでいる。例えば、今日、明日、明後日について、同じモノを同じだけ消費（例えば喫煙）した場合に、今日から明日にかけての効用の減少率は大きいが、明日から明後日にかけての減少率はさほどでもないといったこともあり得る。つまり先々の消費の効用が時間の経過とともに一定の比率で減少（指数割引）していくのではなく、減少率自体が時間とともに大きくなっていくケースもある（双曲割引という。4－16－③、第三部第3章④を参照）。

　異時点間の限界代替率がタイミング（現在、将来、遠い将来）には依存せず、比較する時点間の時間の長さのみに比例するのが指数割引である。指数割引の場合は将来の効用が $\frac{1}{(1+\alpha)^t}$（αは一定の時間選好率、tは第何期目かを表す数字）に比例する。つまり、金利が一定の場合の割引現在価値と同様の形となる。しかし、双曲割引の場合は $t^{-(1+\alpha)}$ となる。双曲割引の場合は、今日禁煙しなければ、明日も明後日もあまり効用の減少がないということになって、今日禁煙するインセンティブが少ないということになる。要するに、目先の消費に極端に大きな快楽を感じるので、禁煙できないということである。そのような人にとっては、当面の時間選好率が非常に高いこととなる。

　この問題については、人々の持つ様々な価値観をどう考えるかという本質的な困難さがある。このため、膨大な研究があるが、共有すべき確かな理論はまだ少ないと思われる。しかし、例えば不確実性の下では、将来の最低限の所得、消費を確保するため多めの貯蓄をすることはよく知られている議論である。その理由は、効用の水準は消費がゼロに近づくところでは、少し消費を増やせばその満足度は極めて大きいため、将来にわたって最低限の消費を確保しようとする行動に出るからである。また、先に例示した「双曲割引」は、直接的には不確実性とは別の観点、つまり確実であっても時間選好率は近い将来で高め、遠い将来で低めという議論ではあるが、不確実性が根底にあることは否定できない。人間は何時かは死亡するため、明日死亡するより、高齢になってから死亡する方が確率の高いことは自明である。このことが人間の将来所得を加速度的に低く評価することに繋がっているかもしれない。

　このように双曲割引は説得力のある議論である。しかし、ここでは簡単のため時間選好率を固定金利と同様に期を通じて一定との前提（つまり指数割引）で扱うこととする。

図表4-16　消費から得られる効用の差異（現在vs将来）

①消費経路と限界代替率

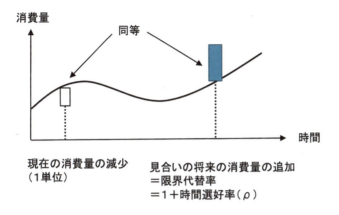

②無差別曲線上の時間選好率

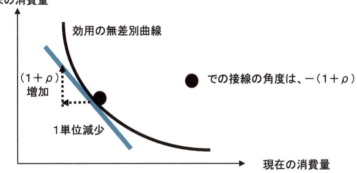

③双曲割引と指数割引

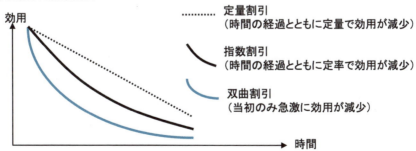

(解析的な解説)

ある個人について、次のような効用関数が存在すると仮定（添え字は時点）。

$U(C^0、C^1、C^2、C^3...)$

以下、簡単のため2期間とすると

$U(C^0、C^1)$

となる。ここで仮に、C^0 が少し減少したときに、C^1 がどのくらい増えないと効用水準が維持できないかということをみてみよう。そのため、U に関して全微分して、それをゼロと置く。

$0 = dC^0 \times \delta U/\delta C^0 + dC^1 \times \delta U/\delta C^1$

ここで、dC^0、dC^1 は、C^0、C^1 の変化額、$\delta U/\delta C^0$ は、C^0 が1単位変化したときにUはどのくらい変化するかという係数である（C^1 についても同じ）。これを解いて

$$\frac{dC^1}{dC^0} = -\frac{\delta U/\delta C^0}{\delta U/\delta C^1}$$

となる。つまり、C^0 が減少しても効用を維持するためには、C^0、C^1 の効用への貢献度の倍率に応じて C^1 が増える必要がある（増減の方向が違うため符号がマイナス）。この比率が（正確にはその比率から1を引いたもの）が時間選好率である。

以上の議論から、将来効用を現時点で評価するには、時間選好率を割引率として将来消費量を割引いておけばよいことになる。

第4章
金利と実体経済

　次に金利と実体経済の関係について、みていこう。ここでは、金利と消費や設備投資との関係を取り上げる。なお、一般に金融と実体経済の関係をみる場合、（金利だけではなく）マネー残高と消費や設備投資の関係も重要である。特に近年の主要国中央銀行が採用している中央銀行当座預金残高を拡大する量的緩和政策を念頭に置くと、量的緩和が消費や設備投資に与える効果がポイントとなる。しかし、個々の経済主体の行動についてみた場合、金利は個々の経済主体に直接影響を及ぼすのに対し、量的緩和は金融機関には直接影響を与えるが、個人や企業には直接的な影響を及ぼすことはできない。言い換えれば、量的緩和政策に関して、個別の経済主体ごとに最適化問題を解くような設定はできない。そうした観点からここでは、金融と消費、設備投資との関係に関して、金利を軸に取り上げる。

①金利と個人消費

（イ）金利が消費プランに与える影響
　まず、最も単純なケースでの家計の今期と来期の消費配分、つまり2期間の消費・貯蓄行動をみてみよう。図表4－17で示したように、今期と来期の所得が所与のときに、その2時点の消費をどのように配分するのが最適なのか、逆に今期の貯蓄をどうするのかという問題設定である。また、効用は財、サービスの名目的な消費金額ではなく実体的な消費数量で決まるので、物価上昇の影響を考慮しなければならない。
　最終的な答えは、時間選好率と実質利子率が等しくなるような消費と貯蓄の選択がベストということになる（図表4－18－①）。直観的には今期の消費を1単位減らしたときに、失う満足度（効用）と、消費繰り延べ（貯蓄）によって得られる利息分を含めた将来取り戻せる満足度が見合っていれば、その二つの行動はイーブンということになる。十分に取り戻せないとすると、消費繰り延べは不利益となる一方、おつりがくるのであれば消費繰り延べのメリットがあるということになる。

図表4-17　家計の予算制約

①インフレがない場合
（問題）
・所得が所与のとき、家計にとって現在と将来の2時点間でどのような消費、貯蓄のパターンが可能か。
（前提）
・金利はi、消費はC、所得はYとする。ただし、添え字0は今期、1は来期。
（結論）
・選択肢は、下記のグラフの右下がりの線分（予算制約線）の上にある。
　つまり、今期の消費を1減らせば、来期の消費を$1 \times (1+i)$増やすことができる。

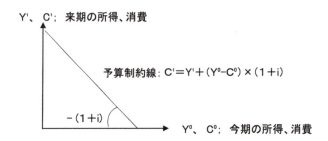

②インフレがある場合
（前提）
・①の前提に加え、インフレ率をpとする。来期の物価水準Pは、$1+p$となる。
（結論）
・予算制約線が、反時計回りにシフトする。

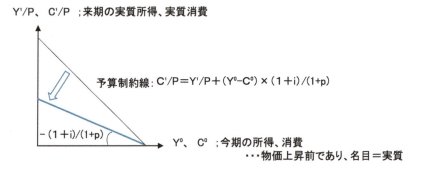

（時間選好率を用いた解析的な説明）
　同様の問題を割引効用という概念を使って考えてみよう。ここでは簡単のため、2期間を前提に、所得は今期の所得Y^1のみで来期の所得はないものとする。さらに、大雑把に今期の消費をC^1、それから得られる効用は$U(C^1) = C^1$、つまり消費量それ自体としてみよう。そして、インフレ率をpとし、来期の実質消費$C^1/(1+p)$から得られる効用はそれを時間選好率ρで割

引いた量としよう。すると、今期と来期の消費計画から得られる効用は次のように書ける。

$$U(C^0、C^1/(1+p)) = C^0 + \frac{C^1}{(1+p) \times (1+\rho)}$$

ところで、$C^1 = (Y^0 - C^0)(1+i)$ であるので、これを上式に代入すると、

$$U(C^0、C^1/(1+p)) = C^0 + \frac{(Y^0 - C^0)(1+i)}{(1+p) \times (1+\rho)}$$

となる。これをC^0で微分してゼロと置くと、効用が最大になるところでの状況が分かる。

$$\frac{dU(C^0)}{dC^0} = 0 = 1 - \frac{(1+i)}{(1+p) \times (1+\rho)} \quad \text{となって、これから}$$

$$\frac{(1+i)}{(1+p)} - 1 = \rho$$

を得る。左辺は実質金利であり、右辺は時間選好率である。

以上から、その時々の効用を時間選好率で割引いた割引現在効用が最大となるのは時間選好率と実質金利が等しくなるポイントであることが分かった[20]。この関係式はオイラー方程式と呼ばれている。

(ロ) 資産保有の問題

通常家計や個人は、住宅などの実物資産や預金、株式などの資産を保有している。上の例ではこうした資産保有を明示的に取り入れてなかったが、上の議論を大きく変えるわけではない。

---

[20] 本文では、割り切って各期の消費から得られる効用は、単純に時間選好率で割引いた消費量とした。しかし、本来は各期の消費Cとそれから得られる効用U(C)は単純な比例関係にはなく、U(C)をそのままにして議論を展開する必要があることはいうまでもない。また、来期も所得Y^1が得られるのが通常であるので、その点も考慮することにしよう。一方、簡単のために物価上昇はない($p = 0$)とすると、ここでの個人の最適消費、貯蓄行動は次のように定式化できる。すなわち、

$U(C^0, C^1) = U(C^0) + \frac{1}{1+\rho} \times U(C^1)$ とおいて、予算制約である$C^1 = Y^1 + (Y^0 - C^0)(1+i)$ の条件下で、$U(C^0、C^1)$が最大となるC^0とC^1の組合せはラグランジュの未定乗数法を使って、次のラグランジュ関数の最大化問題として解くことができる(λはラグランジュ乗数)。すなわち、$U(C^0) + \frac{1}{1+\rho} \times U(C^1) + \lambda(Y^0 - C^0 + \frac{Y^1 - C^1}{1+i})$ の式をC^0、C^1で微分しゼロとおくと、次の結果が得られる。

$$\frac{dU(C^0)}{dC^0} - \lambda = 0, \quad \frac{1}{1+\rho}\frac{dU(C^1)}{dC^1} - \lambda \frac{1}{1+i} = 0$$

この二つの式からλを消去すると

$$\frac{dU(C^0)}{dC^0} = \frac{1+i}{1+\rho} \times \frac{dU(C^1)}{dC^1} \quad \cdots \text{オイラー方程式}$$

となる。この式は、今期の消費の限界的な効用が、「来期の消費から得られる限界的な効用を金利で割り増しし、時間選好率で割引いた数値」と等しくなることが、今期と来期の消費から得られる効用の最大値をもたらす条件であることを示している。

図表4-18 家計の消費と貯蓄の選択

①基本的な構造(所得・消費とも実質ベース。②でも同様)
(問題)
- 最適点は、●のところである。
  そこでは、無差別曲線の傾き$-(1+\rho)$と予算制約線の傾き$-(1+r)$が等しい。
- 今期の所得が○の場合、今期の消費●との差が、今期の貯蓄となる。

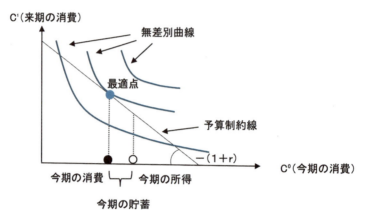

②実質金利rが上昇した場合
- 金利が上昇すれば、予算制約線の勾配が急になる。
- その結果、現在消費と将来消費の配分は現在から将来にシフトする(代替効果。ただし、金利上昇による所得効果もあるため、現在の消費の絶対額が減少するとは限らない)。

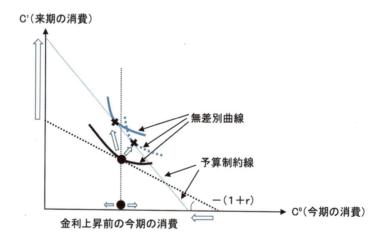

資産を一旦時価評価し、また先々得られる所得を金利で割引現在価値に引き直して、それを今

---

21) M.フリードマンの提唱した「恒常所得」は、そのような概念と考えることができる。

期の所得とすればよい訳である。また、将来の毎期の所得についても割引現在価値に換算して、資産と同様に扱うことができる。また、そうした所得は、個人の生涯所得[21]という概念で表すことができる。この場合、例えば遺産を計画的に子孫に残すといったこともあろうが、その分は生涯所得から差し引いておくことになる（あるいは遺産それ自体が効用をもたらすという考え方もある）。

（ハ）金利上昇の影響

金利が上昇すると次の二つの効果がある（図表4−18−②）。

a. 代替効果

実質金利の上昇によって、予算制約線の勾配が急になる。つまり、現在の消費を抑制し貯蓄を増やしたうえで、将来消費に繰延べるメリットがより大きくなる。

b. 所得効果

実質金利の上昇によって割引率が上昇するため、現在所得に換算した将来の実質所得と今期の所得の合計額は減少する（逆に将来所得に換算した現在所得は増える）。図表4−18−②で、予算制約線と今期の消費を表すX軸の交点が原点に近づいていることが所得効果である。

これらのいずれもが、消費を現在から将来に相対的なウエイトをシフトさせる方向に作用する[22]。しかし、所得効果の大きさは必ずしも明らかでないので、現在消費の絶対水準が減少するかどうかは分からない。また、ここでの議論は一人の個人を想定しているため、金利の変化がマクロ的にどのような影響を持つかについては、別に検討する必要がある（第九部金融政策を参照）。

なお、将来の物価上昇については、予算制約線の勾配を緩くさせることから現在消費を減らす効果の一方、生涯実質所得を減らすことによる予算制約線の内側へのシフトの効果があるため、現在消費の絶対水準への影響は不明である（図表4−17−②）。しかし、物価上昇が一時

---

22) 図表4−18−②で無差別曲線が現在の消費よりも多いところで予算制約線と接するためには、①インフレ前の黒線の無差別曲線と交差しない（交差するということは、最適な消費配分が不定となる）、②現在の消費水準よりも右側で接することが必要である。

なお、注20のオイラー方程式 $\frac{dU(C^0)}{dC^0} = \frac{1+i}{1+p} \times \frac{dU(C^1)}{dC^1}$

をみると、実質金利の上昇は $\frac{1+i}{1+p}$ を増大させるところ、等号を維持するためには、将来消費の限界効用 $\frac{dU(C^0)}{dC^0}$ が現在消費の限界効用 $\frac{dU(C^1)}{dC^1}$ よりも相対的に小さくなる必要がある。消費の限界効用は消費量の増大とともに低下するので、そのことは将来消費が相対的に増大していることを意味している（本文にもあるように、このことはそれらの数値の絶対値について何も主張していない）。

的であれば、買い急ぎの効果から現在消費を拡大させる可能性が高い。例えば、消費税率の引き上げは一時的な物価上昇をもたらすため、買い急ぎとその後の消費減少のいずれもが大きいと考えられる。

②主体間の異時点間取引モデル

以上、ある単独の個人について、その現在と将来の異時点（2時点）間の消費・貯蓄選択をみた。ポイントは金利と時間選好率が等しくなる現在消費と将来消費の組合せの選択がベストであるということであった。しかし、その選択が実現可能であるためには、その人とは逆の現在消費と将来消費の選択をしてくれる人が存在しなければならない。つまり、ある人の現在の消費超過額を埋め合わせるような貯蓄超過の別の人がいない限り、異時点間の消費配分の最適化は実現できない。もちろん、現代社会においては、市場や金融機関がその仲介機能を果たしているわけであるが、原理的な理解のために単純化して二人の個人が直接取引するケースを想定してみよう。

ミクロ経済学でよく使われるF.Y.エッジワース[23]のボックス・ダイアグラムを応用して、この点をみてみよう。エッジワースのボックス・ダイアグラムは、現在時点での二種類の財・サービスの選択という問題設定であるが、ここでは、同じ財であって消費時点が異なるケース、つまり現在財と将来財の消費の選択問題、つまり交換比率の問題に変形する。将来財と現在財の交換比率とは、ある財を将来（一定期間後に）受け渡しする契約を現在時点で締結した場合に、将来その財をいくら受け取れるかという値である。言い換えると、その財の先物価格である。さらに、その先物価格は（マネーではなく）その財自身で量っているので、先物価格の現在価格に対する比率から1を差し引いた値は、第3章⑧で説明した自己利子率となる。もちろん、対象としている財をマネーと考えることもできる。その場合、マネーの自己利子率、つまり現在時点のマネーを将来時点のマネーに交換する比率が（名目）金利であることは明らかであろう[24]。

そのようなセッティングの下で、二人の個人が取引するとどうなるであろうか。もともとのエッジワースのボックス・ダイアグラムの場合は、現時点での2種類の財の主観的な交換比率（限界代替率）が二人の間で等しくなり、それらが相対価格比とも等しくなるような状況が実現す

---

23) F.Y.エッジワース（1845〜1926年）は、英国の経済学者。効用関数の研究などで知られる。
24) ここでの一連の議論の中で、現在財と将来財の交換比率は物価上昇率ではないかと思うかもしれないが、そうではない。ここでの議論は、将来財の価格を今決めるのであって、将来その財がいくらになっているかという将来物価とは別の議論である。外国為替取引において、先物為替レートと実際にその時点となった場合の為替レートとが別物であるのと同じことである。もっとも、インフレが人々によって予想されていれば、それが金利に織り込まれていくことになる（フィッシャー効果）。

図表4−19　家計の消費と貯蓄　の選択

①二人の個人の異時点間の選択

（前提）
・個人1と2のみが社会に存在。それぞれ初期の状態で今期と来期の所得がある。

（問題）
・それぞれの最適な選択はどのようなものか。

（結論）
・それぞれ、予算制約線（勾配は金利）と無差別曲線（勾配は時間選好率）の接点がベスト（未実現）。

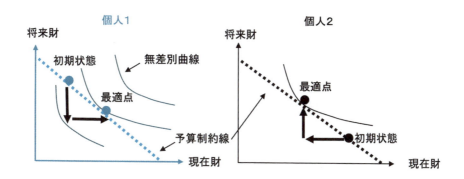

るという結論であった。またその状態で、二つの財の需給が均衡するということであった。その議論から類推すると、（もともと同じ財の）現在財と将来財の各人の時間選好率と等しくなるような自己利子率（マネーの場合は金利）が市場で成立し、現在財と将来財の需給が均衡するということになる。さらに、現在財を渡して将来財を受け取るということの意味を考えると、それは信用供与と捉えることができる。逆に、現在財を借りて将来財を渡すということは、信用供与を受けることになる。つまり、信用の需給が均衡するとみてよいことになる。

図表4−19−①の例では、初期状態において個人1は将来財を現在財に比べ相対的に多く保有している一方、個人2は現在財を多めに持っている。本来は、当初の状態よりも個人1は現在財を多く手に入れ（信用の受け）、一方個人2は一部の現在財を手放すこと（信用供与）が望ましいと思うであろう。金利がゼロであれば、個人2にとって、そこに近づくインセンティブは生じない。しかし、ここで金利がつく、ないし上昇すると、個人1は利息を払っても現在財を手に入れ効用を増大させる一方、個人2は利息を将来の消費に充てることによって効用を、やはり増大させることができる。このようにして、両者の現在と将来の消費パターンが調整され、両者ともに満足度が上がるであろう。金利が未調整の段階では、例えばゼロ金利の場合は、まだ双方が高い効用を実現する余地があった。しかし、金利が調整されて一定の水準まで高くなることによって、どちらかの効用を犠牲にすることでしか、どちらかの効用を増やすことができない、つまり「パレート効率的」[25]な状態が実現する（図表4−19−②）。

さて、ここまで想定してきた現在財、将来財なるものを財・サービスのバスケットと考えれば、

図表4-19　家計の消費と貯蓄の家計の消費と貯蓄の選択

②個人1と2が取引を行った場合
(前提)
- ①と同じ。ただし、現在財と将来財の合計は所与。

(問題)
- どのような取引が成立するか。

(結論)
- 個人1と2のグラフを重ねて検討。
- 金利と個人1、2の各々の時間選好率が等しくなったところがベストな選択。
  そうなるように、金利が調整される。
- この間、そうした異時点間の交換を可能とするのが信用取引あるいはマネーである。

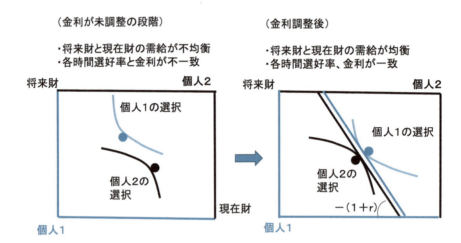

そこで成立している自己利子率は、マネーがないとしたときに成立する利子率、つまり自然利子率となることは明らかであろう。そうした財の市場とは別に、マネーの現在財と将来財を取

---

25) パレート効率的とは、イタリアの経済学者V.パレート（1848〜1923年）が提唱したもので、社会を構成する個人の効用の分布をみたとき、誰かの効用を犠牲にすることによってしか、他の個人の効用を高められない状態にあるという概念である。ただし、パレート効率的という概念は富や所得の分配について何も前提にしていないため、極端な貧富の格差があってもパレート効率的になることがある。この点、米国のノーベル賞経済学者であるJ.ナッシュ（1928〜2015年）が提唱したナッシュ均衡「誰も自分の戦略だけを変えてより有利になることはない状態」よりは、最適性の強い概念である。例えば、有名なゲーム理論の適用例である「囚人のジレンマ」において、「双方とも自白」がナッシュ均衡であって、「双方とも黙秘」がパレート効率的な対応である。本文の例は、ナッシュ均衡であって、かつパレート最適である。
なお、本文でみたような二つの財が制約なく交換されること（競争的な市場の存在）を前提にすると、市場を通じてパレート最適が実現できる。ミクロ経済学では、この主張を「厚生経済学の第1基本定理」と呼んでいる。また、上で述べたようにパレート最適であっても社会的に望ましいとは限らないが、所得の再配分を行うことによって、社会的により望ましい任意のパレート最適を実現できるという主張を「厚生経済学の第2基本定理」と呼んでいる。こうした点については、ミクロ経済学の教科書、例えば神取道宏「ミクロ経済学の力」（日本評論社　2014年）などを参照。

図表4-20　個人間の金融取引の数値例（エッジワードボックスの数値例）

- この場合、生産はなく純粋な交換のみ。
- 数値例は、具体的な効用関数を想定しない、アドホックな例である。

		現在財 （今期の消費）	将来財 （来期の消費）	現在財＋将来財
社会全体 （個人1及び2）の 財の量。	個人 1＋2	50	70	120
初期状態	個人1	20	50	70
	個人2	30	20	50
金利調整後 （初期状態比）	個人1	25（＋5）	43（－7）	68
	個人2	25（－5）	27（＋7）	52
	金利は（40％＝7/5－1.0） 現在財50と将来財70の交換比率は1対1.4となって、金利との整合性が取れている。			

引する市場があるとすると、そこで成立する利子率は、マネーの自己利子率、つまり名目金利となる。そして、マネーを使って財・サービスのバスケットが取引（決済）されるとすると、将来財の需要（供給）とマネーの需要（供給）は、同じ取引の表裏であるので、金利と自然利子率は等しくなる。つまり、決済のためだけにマネーが保有されるとすると、実物的な需給とマネーの需給がそれぞれ同じ利子率で別個に均衡することになる。そこではマネーの初期の存在量が一律的に増減すると、それに伴ってマネーと物価の交換比率もパラレルに増減することになろう。この間、マネーの存在量は財の需給の均衡状態に影響は与えないことになる。つまり、貨幣数量説的な世界となるのである。しかし、マネーが決済以外の目的でも保有されることになると（投資的需要）、自然利子率と（名目）金利が一致する保証はなくなる。

　以上のような極めて単純な思考実験で、個人間の異時点間の消費の選択問題をイメージすることができる。もっとも、実際には多数の個人の資産状況を、一旦金融機関が自らの資産に置き換える形で、仲介している。これが間接金融である（直接金融の場合は、直接取引が行われる）。このような形で、現在財と将来財の交換を円滑に成立させることは、金融の大きな役割である。

　図表4－20は、グラフで示した個人1と個人2の初期状態と最適状態を数値例として示したものである。ここでは、効用曲線のような個人の価値観は明示的には示していない（効用が消費量に単純に比例すると前提している）が、金利の果たす基本的な役割をみることができるだろう。

③金利と設備投資

実質消費に影響をおよぼすのは実質金利であった。では、実質設備投資に影響を及ぼすのも実質金利であろうか。答えは、やはり実質金利である。

(イ) 投資採算の判断基準

非常に簡単な企業モデルからはじめよう。この企業は、全額借入で今期設備投資と原材料の投入を行い、来期はその設備を使って収入が得られるものとしよう。またさらに簡単化のため、来期には設備を売却して通期の損益を確定させることにする。

この企業の入出金を念頭に置きながら、設備投資に関する意思決定のポイントをみていこう（図表４－２１－①を参照）。

今期の（名目）設備投資、原材料投入額の合計（全額借入）；V^0

物価水準；P^0、P^1（ここでは、簡単のため設備もその他の財も同じインフレ率とする）。

　　　…ただし、$P^0 = 1$として、$P^1 = 1 + p$（pはインフレ率）とする。

来期（名目）売上額；S^1

金利；i

来期における債務の元本利息返済後の最終利益：X^1

とすると、

$$X^1 = S^1 - V^0 - iV^0 = S^1 - V^0(1+i)$$

となる。これを当初の投入額V^0で割って得られる最終利益率は

$$\frac{X^1}{V^0} = \frac{S^1}{V^0} - (1+i)$$

となる。ここで$\frac{S^1}{V^0}$は、売上額の投入コストに対する比率であるので、これを１＋売上高収益率（r）とおくと、

最終利益率 ＝ $r - i$

となる。あるいは、上記の式を実質化すると（今期は実質値と名目値は同じ、来期は名目値を$1+p$で除した値が実質値）、

$$\frac{X^1/(1+p)}{V^0} = \frac{S^1/(1+p)}{V^0} - \frac{1+i}{1+p} \qquad \text{…式４－２}$$

実質最終利益率＝実質売上高収益率－実質金利

となる。つまり、設備投資によって得られる利益は、名目値では名目金利、実質では実質金利を使って評価すればよい。その限りでは、設備投資の判断は、名目金利でも、実質金利でもどちらでもよいことになる。しかし企業の場合は通常、売上高は（売上単価上昇＜これがインフレの定義である＞を通じて）インフレに伴って名目的に増大することが多いと考えられる。そ

図表4-21　設備投資と金利

①入出金パターンからみた設備投資プロジェクトの採算

（問題）
- 企業が借入金に全面依存し、設備、原材料の購入（今期）、販売（来期）するときの基本的な収支の状況はどのようになっているか。

（前提）
- 全額借入（B^0）で、設備、原材料合計額V^0を今期投入。
- 設備、原材料価格は今期はP^0、来期はP^1とする。設備は来期に売却。
- 金利はi、インフレ率はpとする。

（結論）
- $\dfrac{S^1}{V^0(1+p)} - \dfrac{1+i}{1+p}$ がプラスである限り、そのプロジェクトを実行することが利益となる。

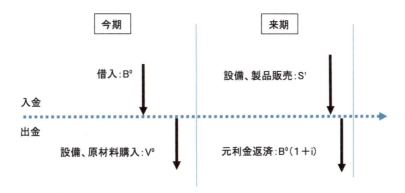

の場合、仮にS^1がインフレ下では（$1+p$）倍に拡大するとみると、式4-2の右辺は、

$$\dfrac{S^1}{V^0} - \dfrac{1+i}{1+p}$$

となって、実質金利が重要ということになる（注26）。

では、設備投資の実行額、つまり最適な設備投資計画はどのようにして決まるのであろうか。それは、上記の実質最終利益率がプラスである限り、その投資を行うことが有利ということに

26）ここでは、投入価格が今期中に確定し、インフレは売上価格にだけ反映すると仮定しているが、現実の経済では売上価格と、コストである設備関係資材のほか原材料や人件費などとの相対的な価格関係が、採算という意味で決定的に重要である。そうした投入価格と売上価格の相対関係は、その企業の競争力などによって左右される。しかし、一般的にインフレ期においては、製造・仕入れと販売の間にタイムラグがあって、その間に物価が上昇していることから、採算が向上する可能性が高い。その意味では本文の売上がインフレ率で拡大するという仮定は許容されるだろう。逆に、デフレ期においては企業の採算は悪化しがちと考えられる。しかし、インフレ期においては、政策的にも金利が引き上げられている公算が高い。その場合には、最終利益率はその分抑えられることになる。その上で、通常はインフレ率とパラレルに金利が上昇するよりは、インフレ率を下回る金利上昇に止まることも少なくない（この点については第九部で検討する）。いずれにせよ、企業の実態的な利益率をみるうえでは、（ここでは捨象した）投入価格、産出価格、名目金利がどのような相対関係にあるかをみることが、本来は重要であることに留意すべきである。

図表4-21　設備投資と金利

②プロジェクト候補からの選択

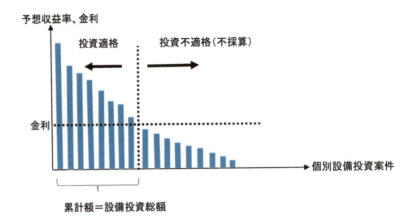

なる。つまり、世の中には沢山のプロジェクト候補があり、それを利益率の高い順に並べたときに、あるプロジェクトの（予想）実質売上高収益率が丁度（予想）実質金利と等しくなったところが損益の分岐点となるので、その手前のプロジェクトまでは実行することが有利ということになる（図表4-21-②）。

　以上は借入を前提に話を進めたが、借入ではなく手元資金で投資したとしても、その資金を使って市場金利以上の（実質）売上高収益率を挙げられるかどうかがポイントとなる。その場合は、式4-2で実質金利をゼロと置いた上で（利払い前ベースで）、売上高収益率と市場で金融商品を購入した場合の利回りを比較することになる。

　ここで検討してきたように、プロジェクトの採算を評価する場合に用いる、投入金額から得られる利益率を特に「内部収益率（IRR、internal rate of return）」と呼んでいる。つまり（簡単のために物価上昇がないとすると）、

$$\frac{売上高}{投入金額} = \frac{S^1}{V^0} = 1+r（売上高収益率）\Leftrightarrow V^0 = \frac{S^1}{1+r}$$

であるので、売上高と投入金額が与えられれば、利益率を計算できる。このrのことを設備投資の判断の文脈では特に内部収益率という訳である。この内部収益率が調達金利ないし他の資産運用による利回りを上回っていれば、その投資は有利と判断できる。

　ここでは、今期と来期のみであったが、期間を延ばして再来期までを想定し、その売上額をS^2とすると、第3章⑥での割引現在価値についての説明（特に図表4-11、4-12、4-13）から、

$$V^0 = \frac{S^1}{1+r} + \frac{S^2}{(1+r)^2}$$

という算式を念頭に、S^1、S^2とV^0が与えられたときには、割引率rが逆算できることは容易に理解できよう。その割引率を設備投資の文脈では内部収益率という訳である。しかし、この逆算によるrの算出は実は問題がある（実際、図表4－12の利息を逆算するケースでもそこで解とした7.47以外にも－207という計算上の答えもある）。特に、設備投資の場合には（毎期プラスの収益のある預金、債券などと異なって）、先々追加投資が必要となってその期としてはマイナスの収益になることがあるが、そのような場合には、複数の解が存在することから内部収益率の計算自体が適切に出来なくなる。

その場合には、内部収益率ではなく先々の収益を適切に仮定した割引率を用いて、割引現在価値を活用することができる。

（ロ）割引現在価値を使った判断

そこで、各期のネット・キャッシュ・フロー（NCF）の割引現在価値（NPV）を使ったアプローチを検討しよう。なお、ここでは引き続き今期と来期の2期間のプロジェクトとするが、コスト面については現実の企業のNCFの実態に近づけるために、今期も来期も設備購入・売却だけでなくその他経費がかかることにしよう。その場合、

今期のNCF…入金（借入）B^0－出金V^0（設備、その他経費。B^0と同額）
 　　　　　 ＝ゼロ
来期のNCF…入金（売上＋設備売却代り金）
 　　　　　 －出金（その他経費＋V^0に係る借入の元利返済）
 　　　　　 ＝元利払い前収益S^1－B^0（1＋i）

割引率…d

である。このことから、

ネット・キャッシュ・フロー（NCF）の割引現在価値＝NPV

$$= B^0 - V^0 + \frac{S^1 - B^0(1+i)}{(1+d)} = \frac{S^1}{(1+d)} - \frac{B^0(1+i)}{(1+d)}$$

となる。ここで、NPVが丁度ゼロになるところが採算、不採算の分岐点なので、先ほどと同様に、

$$S^1 = B^0 (1+i) \Leftrightarrow \frac{S^1}{B^0}(=1+i) = \frac{S^1}{V^0}(=1+r)$$

となって、$r＝i$がやはり分岐点となることが分かる（ただし、損益分岐点だけではなく絶対値としてNPVを算出するためにはdについて、リスク・プレミアムなどを勘案して数値を設定することが必要である）。

この場合も全額借入ではなく、手許にあるマネーでプロジェクトを賄ったとしても、手元資金の運用収益と比較して、それ以上の割引現在価値が得られるかどうかと判断するのと同じことになる（数値例は、図表4－22－②参照）。

図表4-22 設備投資と金利、割引現在価値（数値例、インフレがない場合）

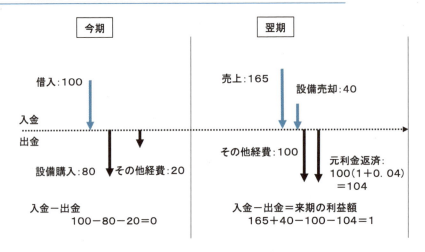

①最終利益率による判断（手元資金ゼロから借入実行）

- 最終利益率＝$\dfrac{1}{100}$＝0.01＝1% ⇔ プラスであればプロジェクト実行が有利

（借入がゼロで全額自己資金で賄うとすれば、その場合の利益率

$\dfrac{105-100＜当初の投入額＞}{100}$＝5%が金利4%を上回っていれば、プロジェクト実行が有利）

②割引現在価値による判断

- 割引現在価値＝$\dfrac{0}{(1+0.04)^0}+\dfrac{1}{(1+0.04)}$＝0.96

が現在時点の手元のマネーの価値＝ゼロ（手元資金ゼロから借入を実行）を上回っているので、プロジェクト実行が有利。

（借入がゼロで全額自己資金で賄うとすれば、その場合の割引現在価値；NPV

$\dfrac{-100}{(1+0.04)^0}+\dfrac{105}{(1+0.04)^1}$＝0.96

がプラスであるので、プロジェクト実行が有利となる）

　ここでは、簡単に説明するために今期と来期の2期間としたが、第3章⑥でみたように、期間が2期以上になっても基本的な概念は変わらない。すなわち来期から第n期までのNCFをそれぞれ$R_1 \cdots R_n$、dを割引率とすると（通常は金利にリスク・プレミアムρを上乗せしてリスクを勘案することが適当であるので、ここではi＋ρ＝d）、
　今期で評価した割引現在価値は、

$$NPV=\dfrac{R_1}{(1+i+\rho)^1}+\dfrac{R_2}{(1+i+\rho)^2}+\dfrac{R_3}{(1+i+\rho)^3}+\cdots\dfrac{R_n}{(1+i+\rho)^n}$$

となる。この設備投資の初期費用が今期においてV⁰とすると、このV⁰が上記の割引現在価値を下回っている限り（V⁰＜NPV）、採算が取れる設備投資計画ということになる。内部収益率による方法との比較では、計画期間中NCFがマイナスとなることも許容できる計算方法となる。さらに、設備投資と金利の関係についても、NCFを任意の期n＝kにおいてdに関して微分すると、

$$d(NCF)/di = d\frac{R_k}{(1+i+\rho)^k}/di = -\frac{k \times R_k}{(1+i+\rho)^{k+1}}$$

となって、R_kがプラスである限りマイナスとなるので、マイナスのNCFとなる期が多くならない限り（マイナスのNCFの期の多い計画はそもそも不採算である）全体としても、微分係数がマイナスとなって、金利と逆相関となる。

(ハ) 設備投資と資本ストック

以上、金利と設備投資の関係についてみてきたが、次の2点に留意する必要がある。

a. ストック市場の存在

以上の金利と設備投資に関する議論は、設備投資だけではなく、製商品在庫など来期に持ち越されるものすべて、つまりストック性の強い財に共通する概念である。すなわち、ストック性が強い場合には、前期までに生産されたものが今期以降も利用可能なため転売されることがある。したがって、今期新たに生産された資本財を購入するのか、あるいは既存ストックを購入するのかという判断が入り込む。もちろん、製造設備などは固有性が強く他に転用するには大きなコストがかかることから、既存設備の売買、活用には大きな制約がある（資本設備には可塑性がない＜第一部注36参照＞）。しかし、汎用的な設備機械や、製商品在庫は、市場が存在しているので、新規の生産か、既存ストックの購入かということは現実的な問題である。逆に、典型的に食料品などの消費財は、基本的に短期で消滅するため、既存のストックを購入する余地は小さい。

なお、既存の設備の売買だけではなく、企業買収によって事実上既存設備を購入することも可能である。この場合は、人材や様々なノウハウ、営業販路なども付随したものである。そしてその価値は被買収企業の株価に反映されると考えてよい。実際、新たな事業分野への進出に当たって、既存企業を買収するのと、自身で最初から事業をスタートする場合との費用を比較するという手法は一般によく用いられている。

b. 新規設備投資と既存ストックの比較

今も述べたように、設備投資に当たっては既存ストックと新規に設備投資を行った場合の費用比較が問題となる。そこで、次に既存ストックの価値がどのように決まるのか、金利・割引

率との関係で検討してみよう。この場合新規にプロジェクトを立ち上げる（新規設備投資）ときと同様、内部収益率や将来のネット・キャッシュ・フロー（NCF）の割引現在価値（NPV）を使って評価することになる。そこで、NCFのNPVを使ったアプローチでこの点をみてみよう。

対象の資本ストックから得られるNCFは基本的に所与であるとしよう。ここでは、簡単にこれまでと同様、2期間のモデルで考えてみよう。すると、NCFは来期の分のみとなる。すなわち、

$$既存資本ストックから得られるNCFの割引現在価値 = \frac{S^1}{(1+d)}$$

ただし、dは割引率である。また、S^1は来期の売上額である。

つまり、ここでの前提では、既存資本ストックの割引現在価値を変えるのは、割引率だけということになる。割引率の主体は金利（ほかにリスクプレミアムの要素）であるので、ここでは簡単のため割引率を金利とすれば、上の式から既存資本ストックの価値、つまり市場価格は金利と逆方向に動くことは明らかである。

金利が上昇し、既存資本ストックの価値が低下すれば、新たな事業展開を考えている企業は自ら新規に設備投資を行うよりも、既存の資本ストックの転売を受けた方が有利になるので、新規の設備投資意欲は減じられる。

上記でみたように、入出金の分析からも金利と設備投資額はもともと逆相関の関係にある。このため、金利と設備投資は二重の意味で逆相関となって、金利変化の影響は設備投資については大きいと考えられる（図表4-23を参照）。こうした議論を展開したのが、第一部でも触れて説明したトービンのq理論である（第一部注24参照）。

なお、金融資産の市場価格と金利も逆相関の関係にある。金利が上昇すれば、NCFの割引現在価値を算出し理論価格を推定する際の（分母にある）割引率が上昇するからである。特に、家計のように固定金利の金融資産を持っているケースでは、金利変動は金融資産の時価を変動させることから、その影響を軽視すべきではない。もちろん、一方で住宅ローンなど負債を持っていることも考慮しなければならないが、ネットで資産超過となっている家計のバランスシートを前提にすると、金利の低下（上昇）は金融資産価値の上昇（低下）をもたらす。

図表4-23　既存資本ストック価格と金利の関係

- 金利と新規設備投資インセンティブは、既存ストック価格の変化を通じて逆相関の関係にある。

（a）既存資本ストックの価値と金利の関係　　（b）新規資本ストック形成のインセンティブ
　　　　　　　　　　　　　　　　　　　　　　　　（資本財ストック価格）と金利の関係

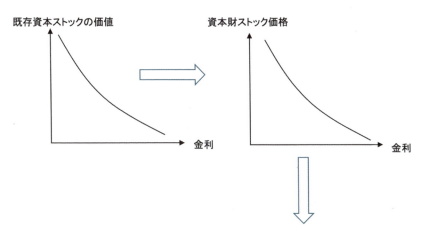

（c）新規設備投資の採算と金利の関係　　　　（d）新規設備投資インセンティブと金利の関係

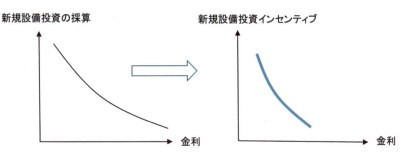

（注）
- 各図上のグラフはイメージであり、その勾配等について、確たることはいえない。
- しかし、(d)の角度は、(c)の角度よりも急勾配であろう。なぜなら、資本ストックの価値・価格への金利の効果も加わるからである。
- なお、資本ストック価格の割引現在価値に対する感応度は、大きいと考えられる。例えば、極端なケースであるが、無限期間の定額NCF（Rとしよう）の割引現在価値（R/r）の金利rに関する微分係数は、$-R/r^2$となって、rは1よりはるかに小さい数値であるため、この計数は大きいと考えられる。

第四部　マネーと金利

第5章
不確実性と金融

　以上の議論は、金利が所与の下で、消費は時間選好率と実質金利が等しいところで最適化が実現すること、設備投資は予想収益率が実質金利を上回っているプロジェクトの設備投資が行われること、あるいは新規設備投資の予想収益率が既存設備ストックの予想収益率を上回っていること、であった。

　この間、将来の所得やNCFについては、不確実性がないとしていた。しかし、現実には将来の所得の大きな不確実性に直面している。むしろ、現実の経済には不確実性のないものはない、あるいはリスクのない活動はないというべきであろう。

①実体経済における不確実性の扱い

　そのような不確実性をどのように扱っていくのか。将来所得については、それを確率的に変動するものと捉え、期待所得という確率的な平均値に置き換えてはどうだろうか。そうすることによって、不確実性はそのバラツキ（分散）と定義することが可能になる。

（イ）期待効用仮説

　そのように不確実性というものにアプローチするとして、次に問題になるのは、将来所得や消費から得られる満足度をどのように評価するかということである。そこが明確にならなければ、先々の消費、投資計画を立てることができない。

　先に時間選好率を説明する過程で、現時点と将来では、同じ消費量でも将来消費の効用が低くなることを説明した。そこでは、先々の消費から得られる効用を時間選好率を使って割引いた「割引効用」という概念を活用した。これは、将来について不確実性がないとしても、将来の消費は現在享受できる満足よりは低いというものであった。とはいえ、暗黙裏に将来の不確実性を前提していたことも確かである。

　しかし、ここではより直接的にアプローチする方法として、「期待効用」という概念を導入しよう。期待効用の考え方は、将来に関して不確実性のある消費量あるいはその源泉である所得

図表4−24　期待効用仮説

①リスク回避型の場合の確実な所得の効用とバラツキのある所得の効用の比較
（イ）将来所得のバラツキが小さいケース

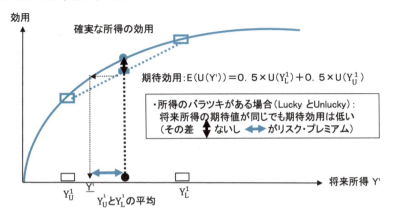

（ロ）将来所得のバラツキが大きいケース

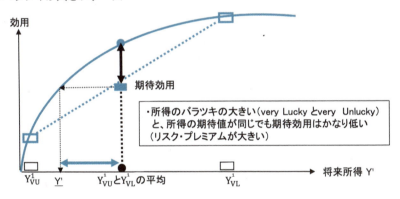

から得られる効用は、将来の所得や消費から得られる効用の分布の期待値（平均）であるというものである。すなわち、来期の所得をY^1、それから（消費を通じて）得られる効用を$U(Y^1)$としたときに、そこから得られる効用はその期待値、$E(U(Y^1))$で計算できるという仮説である。この場合、Y^1が取り得る値が仮に幸運な場合Y^1_L、不運な場合Y^1_Uの二つのケースでそれぞれ確率は0.5とすると、期待効用$E(U(Y^1))$は

$$0.5 \times U(Y^1_L) + 0.5 \times U(Y^1_U)$$

となる。そこで問題は、来期（第1期）について値は同じでも確実な（確率が1.0となる）所得Y^1（アンダーライン付き）から得られる効用と、この式のような期待値ケースでどのような大小関係になるかということである。図表4−24から明らかなように、所得の限界効用が減少し

第四部　マネーと金利

図表4-24　期待効用仮説

②一定の（確実な）効用を維持するための所得の期待値とバラツキの組合せ
（①のようなリスク回避型の場合）

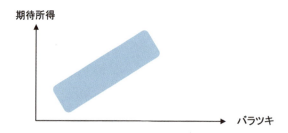

ていく限り効用関数は上に凸となって、任意の2点の効用の平均は、平均所得の効用よりも低い。つまり、同じ水準の所得であってもそれが期待値ではなく確実であるときは、高めになる。その差がリスク・プレミアムと呼ばれるものであって、不確実性の対価である。

ただし、この差は効用水準という観念的な大きさで表現されているため、実際の経済行動に応用していくためには、金額ベースで表現し直す必要がある。それは、「不確実な所得Y_U^1、Y_L^1から得られる期待効用$E(U(Y^1)) = 0.5 \times U(Y_U^1) + 0.5 \times U(Y_L^1)$」と同じ効用をもたらす「確実な所得$\underline{Y}^1$」と、「$Y_U^1$と$Y_L^1$の平均」の差額（図表4-24①において⬌で示される$E(Y^1) - \underline{Y}^1$）によって表わすことができる。

そのようなリスク・プレミアムは、同じ期待値の所得であっても、バラツキが大きい場合にはさらに大きくなる（図表4-24-①において、非常に幸運なケースと非常に不運なケースの差が大きい（ロ）の場合は、それが小さい（イ）の場合よりもリスク・プレミアムが大きい）。

このことから、効用水準が一定となる期待所得とバラツキの関係は正の相関があることが分かる（図表4-24-②）。

（ロ）リスク回避度

以上、所得の水準、バラツキ（リスク）と効用の高低の関係をみた。ところで、このようなリスクに対する感性の違いは、どのようにして形成されるのであろうか？　個人であれば生まれつき、企業であればその企業のカルチャーといったことであろうか。しかし、現実には置かれている環境によるところも大きいと考えられる。例えば、ずっと会社勤務をしているビジネスパーソンと、日々売上の変動に直面している商店主とではリスク感覚が異なってくることは十分考えられる（図表4-25参照）。

そこで、同じ所得バラツキの下で、効用関数の形の違いの意味を検討してみよう。図表4-26-①は同じバラツキの下で、効用関数が上に凸（A）、大きく凸（A'）、直線（B）、下に凸（C）の場合を描き分けている。上に凸であればあるほど、確実な所得から得られる効用と、期待効

図表4-25　将来所得のバラツキ方

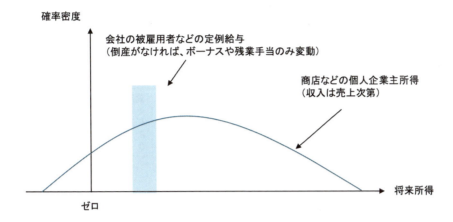

用との差が大きい、つまりリスク回避度が大きいことが分かる（より大きいリスク・プレミアムを求める）。直線の場合は、リスクに対して中立的である。なお、関数の凸の程度（曲率）は、Yから得られる効用をU（Y）、U'を一階微分、U''を二階微分とすると、$\frac{U''}{U'}$に反比例することから、$-\frac{U''}{U'}$をリスク回避度と定義すればよいことが分かる[27]。

　では、そのような異なるリスク回避度を持つ効用関数において、効用水準が一定の場合の、所得の水準とリスクの組合せはどのようになるであろうか（図表4-26-①参照）。

　まず、リスク中立的な選好を持つ者（リスク中立者）は、リスクには関係なく所得水準が高ければ単純に効用が高い（図表4-26-①及び②のうちのBのケース）。

　しかし、通常はリスクを回避することに効用を感じることが多い（図表4-24での右上がりの関係）、つまりリスクが増えるとリターンが向上しなければ、同じ満足度は得られまい。さらに、リスクが非常に高くなると、それまでのリスクと求めるリターンの関係以上に、より高めのリターンを求めるであろう。すなわち、ハイリスク・ハイリターンの場合にはミドルリターン・ミドルリスクのときのリスクとリターンの関係以上に高めのリターンを求める者が多いと考えられる。この場合は同じ効用の点を結んだ等高線、つまり無差別曲線は右上がり、かつ下に凸の曲線になる（図表4-26-①のA、A'のケースのように所得が増えると効用の増え方が逓減

---

[27] 直線の効用関数の場合はU''＝0から、$\frac{U''}{U'}$＝0となる。上に凸度が高い場合には全体の傾きはU'＞0で、かつそれが加速度的に減少するためU''は大きくマイナスになることから、$\frac{U''}{U'}$は大きくマイナスとなる $-\frac{U''}{U'}$は消費、所得水準との対比ではなく、独立的なリスク回避度を示すため、「絶対的危険回避度」と呼ばれる。$-\frac{U''}{U'}$に所得をかけてリスク回避度を相対化した係数を「相対的危険回避度」という。

図表4-26　危険回避度に関する基本的なパターン

①危険回避の３つのパターン
- 将来所得が同じバラツキであっても、効用関数の形によって、危険回避の違いが出現する。
- 効用関数が上に凸であるほど、リスク回避的（凸の程度がリスク回避度を示す）

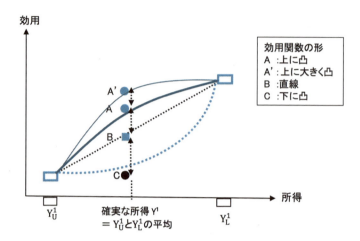

する場合。また、②のAの場合）。

　この間、リスク自体に効用を感じる者、あるいはそのような局面がないとはいえない（図表4-26-①および②のCのケースのように確実な所得よりも同じ水準の予想所得から得られる効用の方が高い場合）。しかし、このようなケースは例外的と考えられる。以上のようなリスクと所得水準の関係は様々な金融商品に対する保有ニーズの分析に有用である。

（アニマルスピリット）

　以下、期待効用を武器に様々な問題について考えていこう。その前に、アニマルスピリットについて触れておこう。

　例えば設備投資を実行するに際しては計算不能な真の不確実性に直面する。株式投資の場合であれば、過去の値動きのデータが蓄積されているため、理論と経験則で一定の合理的な対応ができる。また、商品の組合せによって、より望ましい投資を実現できる。しかし、全く新たな事業、例えば創業時のアマゾンやフェイスブックなどを展開するような場合、第一部第3章②で述べたような真の不確実性に直面する。そうした下で不確実性に挑戦し、大きな利益を得るのが事業家の本来の役割である。それを推進する経営者に対する報酬は、例えば工場の増設といった通常の計算し得る事業リスクに対する報酬とは別次元に高いものである。これは、シ

---

28) J.A.シュンペーター（1883〜1950年）は、オーストリア出身、後に米国で活躍した経済学者。経済発展の原動力としてイノベーション、その源泉として起業家精神を強調したことで知られる。

図表4-26　危険回避度に関する基本的なパターン

②経済主体の危険回避・選好（無差別曲線の比較）

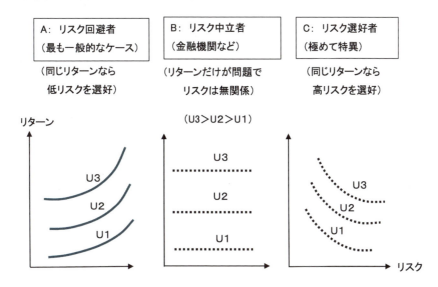

ュンペーター[28]）が経済発展を促す最大の要素と指摘した起業家精神（アントレプレナーシップ entrepreneurship）と呼んだ概念である。さらに、J.M.ケインズが「一般理論」の中で投資の決定要因として最も重要視したアニマルスピリッツ（野心）も同様の考え方である。なお、そのよう場合には、基本的にはデットではなく、経営参加権も含まれたエクイティで資金調達されることが多い。これがエクイティの根本的な役割である（その場合、事業が成功すれば貸出よりもはるかに大きいリターンが得られる）。

このように期待効用のアプローチでは実体に迫れない限界もあることを認識したうえで、期待効用を活用していこう。

②資産選択理論（平均分散アプローチ）の基本

期待効用の理論を使って金融の諸問題にアプローチすることができる。最も直接的な応用は、資産選択理論である。

（イ）資産選択理論とは

資産選択理論（portfolio selection theory）とは、様々な異なる特性（リスク・プロファイル）をもつ金融商品をどのような構成（ポートフォリオ）で保有すれば、リスクを抑えつつ、収益率を高められるかという理論である。

資産選択理論の特徴は、2段階アプローチである。第1段階として客観的にみてベターなポートフォリオの候補を選び、第2段階としてその中から自身のリスクに対する選好を踏まえてベストなポートフォリオを選ぶ2段階アプローチになっているのが大きな特徴である。

　なお、資産選択理論という用語は、資産選択に関する理論一般という意味ではなく、米国の経済学者J.トービンによって研究された特定の理論である。この資産選択理論は、幅広い含意を持つ有用性の高い理論であって、金融論の基礎となる理論体系である。また、J.トービンの問題意識は、リターンを生まないマネーがなぜ保有されるのかというマネー需要に関する基本問題を不確実性下での意思決定という文脈で明らかにするということであった。

　しかし、金融商品の商品性とそれに対する人々の選好のいずれもが、予想収益率の期待値（平均）とそのバラツキの期待値（分散）の二つの要素だけで決まる、しかもそれが事前に分かっているという前提条件を置いているという大きな特徴がある。つまり、バラツキのバラツキとでもいうべき分布の左右の歪みといった要素を排除している。また、前述したようにアニマルスピリットといったイノベーティブな事業展開は想定外である。その意味で、J.トービンの資産選択理論は「平均・分散アプローチ」と呼ばれることも多く、誤解を避けるためにはこの用語の方が適切であろう。

（ロ）資産選択理論の限界

　資産選択理論の問題として、そうした前提が強すぎないかということがよく指摘される。まず、リターンの予想値とそのバラツキだけで商品性を特定できるのかという問題である。

a. リターンの問題

　すべての投資の結果は、最終的には市場価格つまり収益率に反映される。信用リスクが顕現化して返済不能になれば、価格がゼロになるわけであるし、投資元本以上の損失を被る取引もある。しかし、真の意味での不確実性とされる確率分布の想定できないリスクであっても、市場では評価が定まる。例えばベンチャーキャピタルへの出資金は、最終的に毀損するかあるいは高騰するかという形で、価格に反映される。そうである以上、収益率のみをもって金融商品の特性を特定するという前提も非現実的とはいえない。

　また、実際に取引があり、ある程度のデータが蓄積されている金融商品であれば、収益率の平均やバラツキが統計的に明らかになっているという前提も、それほど非現実的とはいえまい。

b. バラツキ＝リスクの問題

　他方、バラツキについての前提は微妙である。一般に金融取引に伴うリスクは、その大小だけでなく、種類、形態、計量化の可否など多様な要素が問題となる。そうしたリスクについて分散というひとつの指標のみで測ることができ、しかも事前に、かつ計量的に分かっていると

いうのはかなり強い仮定である。この点、後述するように将来の収益率の分布について正規分布を前提とすれば、平均と分散が与えられると、確率分布つまり将来のリスクの全容が明らかになるという都合のよい事情がある（正規分布の最大の特徴）。このため、資産選択理論は金融商品の収益率が正規分布（ないしは対数正規分布）に従っていることを前提にしているともいえるわけであり、確かに強い前提ではある。その意味で、資産選択理論を現実の投資判断に活用するには限界があるのは間違いない。実際の金融取引においては、収益率がどのような偏りを持っているのかということは非常に重要である。しかし、金融商品の望ましい組合せについての第一次的な知見を得るには十分正当化できる前提であろう。

c. バラツキの評価の問題

　他方、前提の中でより深刻なのは、効用関数の問題である。最適な商品の組合せという以上、リターンとリスクの兼ね合いについての明確な価値観を前提にする必要がある。前述したこの点に関する一般に受け入れられている期待効用仮説では不確実性のある将来所得、つまり確率変数である将来所得の全体的な状況で決まるというのが基本的な理解であった。そこでは、その将来の分布が詳しく明らかになっている必要があった。例えば、平均や分散（平均的なバラツキ）だけではなく、所得の高いところで不確実性が高いのか、それとも低所得のところで不確実性が高いのかといったことにも依存するわけである。しかし、資産選択理論ではそれよりも強い仮定を置いている。それは、平均的な収益率と平均的なそのバラツキだけで資産を選択する前提である。例えば収益率の上振れには大きな満足を感じる一方、下振れにはあまり大きな不満は感じないといったことがあれば、平均と分散だけでなく、収益率の偏りなども問題にせざるを得なくなるが、そうした可能性を排除している。これらの点については、不備は残るが第一次的なアプローチとしては、人々の不確実性に対する(不)満足度は平均と分散だけで決まるという前提によって見通しのよい考察が得られることを考えると、合理性を持っている[29]。

　なお、以上の議論を踏まえて、資産選択理論では収益率の期待値のことを単に「リターン」（期待リターンとは呼ばない）、分散の期待値のことを単に「リスク」という。

(ハ) 金融商品のリスク・プロファイル

　ここで、金融商品の商品性について整理しておこう。基本的に金融商品の特徴は、その将来のリターンの分布すなわちリスク・プロファイル（risk profile）によって表すことができる。

---

[29] 平均と分散の座標軸のグラフで無差別曲線が描ける、つまり平均と分散だけで決まるような効用関数は、関数の形が収益率の2次関数であるか（それ以上の高次ではないということ）あるいは、そもそも収益率の分布が正規分布であって、平均と分散だけで確率分布の形状が完全に特定できることを前提にしている。このうち前者の効用関数の形については、基本的に効用関数が連続的であることを前提とした議論であって、アニマルスピリットのように非連続な意思決定をする場合はそもそも想定されていないことに留意する必要がある。

図表4-27 様々な金融-商品のリスク・プロファイル

①一般的な確率分布の種類

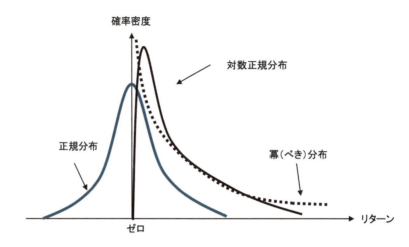

②金融商品の商品性

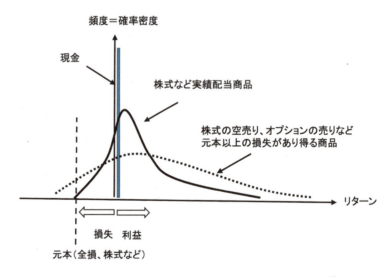

そのような分布として金融でよく現れるのは、正規分布、対数正規分布、冪分布である（図表4-27-①を参照）。

a. 正規分布

この中で、正規分布は、次のような際立った特徴を持っている。

- 左右対称のベル型で、平均と分散ですべての形状が規定される。

- 正規分布の和も正規分布である。その場合、平均はそれらの平均であるが、標準偏差は分散の和の平方根となる。

b. 対数正規分布

　金融の場合には、価格や金利が基本的にはマイナスにならないこと、例えば収益率などについても元本保証があれば下限が決まっていることなどから、左右非対称の分布の方が自然と考えられる。この点を考慮して、よく用いられるのが対数正規分布である（その対数値が正規分布）。対数正規分布は、マイナス領域に入らないこと、右側に足が相応に長く伸びていること（ファット・テール、ロング・テール）など、比較的金融にとって自然な性質を持っている。この場合、正規分布としての上記の基本的な性質は保持されている（ただし、通常の正規分布の場合と異なり、和の分布は元の変数の積の分布となることに留意）。

c. 冪(べき)分布

　冪分布[30]は、地震の頻度などの分布とされる。異常な事態が生じる確率は、正規分布では限りなくゼロとなるが、冪分布では相応に高めの可能性を保持している。金融危機の発生頻度などにも応用される。対数正規分布よりもさらに異常値の確率が無視しえない程度に維持されるファット・テールである。

(二) 金融商品のリターンの分布

　このような一般的な確率分布の例を念頭に、特徴的な金融商品の分布を考えてみよう（図表4-27-②を参照）。まず現金は、収益率はゼロであるが、価格変動が一切ないので、ゼロ収益、ゼロリスクの点で表すことができる（正確には、点であるので＜面積が1であるべき＞分布とはいえない）。株式は、配当が業績によって変動するので幅の広い分布である。しかし、元本以上の損失を負担することはないので、損失に下限がある。他方、株式の空売りなど、当初の投資額を上回る損失が発生する可能性のある金融取引もある。空売りとは、株式を借りてそれを売却し、一定期間後に買い戻すもので、借りた株式の返済は時価で調達することになるので時価が上昇すれば無制限の損失が発生を得る。第五部でみるオプション（金融商品を売る、ない

---

[30] 冪分布は、冪関数によって形状が規定される。冪関数とは、$Y = A^x$（Aは定数）で表わせられる（なお、指数関数は$Y = X^A$となる。冪関数はXY軸とも対数とすると直線となる。指数関数はY軸のみを対数としたときに直線となる）。冪関数は、XとYをそれぞれ定数倍しても関数の形状が保持される、スケールフリーという性質を持っている。他方、ネットワークに関する理論の発展は近年著しい。特に、ネットワークがハブ（例えばGoogle）を中心に成長する（そこに繋がるアドレスの数が増える）スケール・フリー・ネットワークといわれるネットワークが世の中に多く存在することが明らかにされてきた。そうしたネットワークのつながりの分布がスケールフリー（冪分布）となる。つまり、強いものがますます強くなるようなイメージのネットワークである。ハブの代表例が空港、WEB、銀行（メガバンク）などである。

図表4-28　金融商品、取引の確率分布とリスク/リターンの関係

- 現金　　　　　　　　　　　：無利息、無リスク
- 定期預金　　　　　　　　　：低リターン、ほとんどリスクなし
- 債券（満期前売却の場合）　：中リターン、リスクは少ない
- 株式　　　　　　　　　　　：高リターン、リスクは大きい
- 株式の空売りなど　　　　　：非常に高いリターン、リスクは極めて大きい

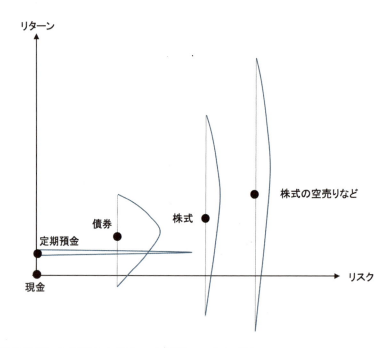

しは買う権利）を売却した場合のも同様のことが起きる。

(ホ) リスク・リターン平面

　横軸にリスク（標準偏差）、縦軸にリターン（平均利益率）を取って、様々な金融商品をそこにプロットしたグラフのことをリスク・リターン平面と呼ぶ。リスク・リターン平面は資産選択理論の基本である。リスクとリターンだけで（確率分布の歪みは無視して）商品性が決まること、さらに人々の資産選択にかかる選好もリスクとリターンのみによって決まると前提することで見通しのよい考察が得られる。

　リスク・リターン平面に上述の金融商品をプロットしたのが図表4－28の●で示した各点である。例えば、現金はリターンもリスクもゼロであって、分布ではなく1点に位置している。定期預金は、リターンは低いがリスクは小さい、細長い分布をしている。債券は定期預金よりもリターンは高いが、市場で日々価格変動しているので、リスクはやや高めであって、分布の形は定期預金よりは幅広である。株式はさらにハイリスク・ハイリターンであり、株式の空売

図表4-29　マネーと各種金融商品の特性

	現金	短期国債、預金など	長期債券など	株式など
名目リターン	ゼロ	低位	中位	高位
名目値の価格変動（信用リスク）	なし	なし	あり	大きい
リスク・プロファイル	「安全資産」		「危険資産」	

りになると、リターンの分布がマイナス領域に容易に入り込んでいく。

　なお、マネーや短期国債などは、ゼロないしローリスク、ゼロないしローリターンであるので、平均分散アプローチでは、「安全資産」と呼ばれている。これに対して、長期債券や株式などは「危険資産」と呼ばれている（図表4-29参照。安全資産や危険資産という表現はややオーバーであるが、用語としては定着している）。

（ヘ）金融商品の組合せ

　以上のように、金融商品は各々異なったリスク・プロファイルを持っている。異なるリスク・プロファイルの商品を同時に保有した場合に、リスクが打ち消し合うこともあれば、同じ方向に動いてリスクが減らないこともある。その場合、何がキーとなるのかというと、Aという金融商品とBという金融商品の間の相関関係である。以下、個々の銘柄の個性の強い株式を念頭にこの点について説明しよう。

　ワインの輸入会社、自動車メーカー、電子機械メーカー、建設会社の4社の株式を例にとってみよう。今、円高になったとすると、ワインの輸入会社は同じ現地通貨建ての価格でも円建てでは安く輸入できるので業績がよくなる。他方、自動車メーカーや電子機械メーカーの場合は円高になると円建ての輸出価格を変えない限り現地通貨建ての価格は引上げざるを得なくなって、売上が減少し業績が悪化する。このように、同じ事象でも、会社の事業内容によって業績は逆方向に動くのである。この間、建設会社の場合は為替相場が直ちには業績に影響しない。

　このような状況で、ワインの輸入会社の株式と自動車メーカーの株式の両方を保有していたとすると、円高という非常に重要な環境変化の影響が反対であるので、リスクを消し合うことになる。しかし自動車メーカーの株式と電子機械メーカーの株式を保有していると円高が同じ方向で業績に影響し株価は同方向に動くので、リスクを消し合うことはなく、同じ種類のリスクを集中的に取っていくことになる。この間、ワインの輸入会社の株式と建設会社の二つの株式を持っていたとすると、円相場の影響が薄まることになる。

　このような様々な金融商品のデータが揃っていたとすると、複数の金融商品を保有していた時のリスク・プロファイルの変化を予測することができる。その際にキーとなるのは、相関係

図表4-30　様々リスク/リターンを持つ商品の比較

- 複数の商品を組み合わせた場合、完全な相関のケースを除いて、変動を消し合うことから、リスクがもとの商品のリスクの加重平均よりも小さくなる。
- 特に、逆相関の場合は(完全な逆相関でなくとも)、もとの商品のどれよりもリスクが小さくなることがある。

	原データ（各商品のリターンの分布）			平均	標準偏差	Aとの共分散（相関係数）
	データ1	データ2	データ3			
商品A	1	3	5	3	1.63	
商品B^1	5	3	1	3	1.63	−2.67 (−1.0)
商品B^2	2	8	14	8	4.90	8.00 (1.0)
商品B^3	6	10	2	6	3.27	−2.67 (−0.50)
商品M	1	1	1	1	0	0 (0.0)
AとB^1半々　○	3	3	3	3	0	
AとB^2半々　◎	1.5	5.5	9.5	5.5	3.27	
AとB^3半々　■	3.5	6.5	3.5	4.5	1.41	
AとM半々　×	1	2	3	2	0.82	

[統計量の定義と数値例]

- 期待値：各データを確率(ここではすべて1/3)で加重平均した計数。
  一般的には、E(X)を確率変数Xに関する期待値のオペレーターとすると、$E(X) = \sum_{i=1}^{n} P_i \cdot X_i$ と定義される
  商品Aのケース； $\frac{1}{3} \times 1 + \frac{1}{3} \times 3 + \frac{1}{3} \times 5 = 3$

- 標準偏差：平均からの距離の2乗の期待値〈分散〉の平方根。
  Xの平均をμ_X、標準偏差をσ_Xとすると、$\sigma_X = \sqrt{E(X-\mu_X)^2}$
  商品Aのケース； $\sqrt{\frac{1}{3} \times (1-3)^2 + \frac{1}{3} \times (3-3)^2 + \frac{1}{3} \times (3-5)^2}$
  $= \sqrt{\frac{1}{3}(0+4+4)} = \sqrt{\frac{8}{3}} = 1.63$

- 共分散：二つの変数の平均からの距離の積の平均。
  X, Yの共分散をσ_{XY}とすると、$\sigma_{XY} = E\{(X-\mu_X)(Y-\mu_Y)\}$
  商品Aと商品B^2のケース； $\frac{1}{3} \times (1-3)(2-8) + \frac{1}{3} \times (3-3)(8-8) + \frac{1}{3} \times (5-3)(14-8)$
  $= \frac{1}{3} \times (12+12) = 8$

- 相関係数：XとYの相関係数をρ_{XY}とすると、$\rho_{XY} = \frac{\sigma_{XY}}{\sigma_X \sigma_Y}$
  商品Aと商品B^2のケース； $\frac{8}{1.63 \times 4.9} = 1.0$

図表4-31 様々な金融商品のリターン、リスク、相関係数の関係

①様々な商品のリスクとリターンの関係（図表4-30のデータから）

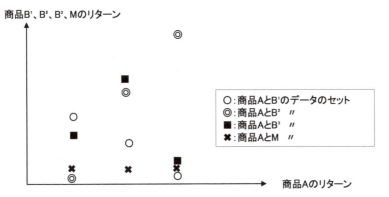

②商品AとB³を半分ずつ組合わせた商品Cのリスクとリターン（図表4-30のデータから）
- 半々の組合せは、もともとの商品のいずれよりも、同じリターンなら小さいリスクを実現している（下図は、C＝AとB³の組み合わせ）。

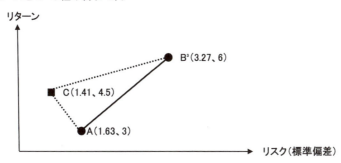

③商品の組合せと相関係数（ρ）
- 複数の金融商品を組合わせると（新しい商品C）、その平均は二つの商品の加重平均（直線上）であるが、標準偏差はρが1.0でない限り直線より左にある。ρがマイナスの場合は、もとのいずれの商品よりも、さらにリスクが小さくなる。

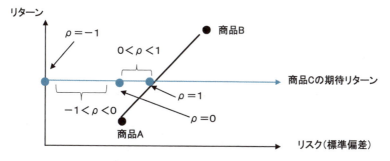

数ないし、共分散である。共分散とは複数の金融商品の間の平均からのブレ（平均より大きいか小さいかによって符号が異なる）を掛け合わせたものの平均である。共分散をそれぞれの標準偏差（分散の平方根）で割ったものが相関係数であって、－1から1の間を取る。1なら完全な相関であり、－1なら完全な逆相関となる。ゼロなら無関係ということになる。これを簡単な数値例でみたのが図表4－30である。

図表4－30の数値例をリスク・リターン平面に表したのが、図表4－31－①である。図表4－31－②あるいは③にあるように、2つの異なる商品AとBを組合せた商品Cは、元のAないしBのリスクとリターンの組合せよりも、左に位置する（同じリターンなら、より低い＜左の＞リスクとなる。相関係数は1を超えることはないので、AとBを組合せて、よりリスクが増える、つまり右に行くことはない。元のリスクの加重平均にとどまるのはその二つの商品性が全く同じ、つまり完全な相関（相関係数が1）の場合、ないしは一方の商品のリスクがゼロとなる場合だけである。

31）この点は、次のように解析的に示すことができる。
- AとBという二つの確率変数があったとしよう（例えば、株式Aと株式Bの収益率）。
  Aの平均が、μ_A、Aの標準偏差がσ_A、Bの平均がμ_B、標準偏差σ_Bとする。
- 全体を1として、Aにaの割合、Bをその残りである1－aの割合で投資するポートフォリオCを考えてみよう。
  Cのポートフォリオは、aA＋(1－a)Bという構造を持ち、次のような性質を持っている。

リターン＝Cの平均＝μ_C＝E(aA＋<1－a>B)＝$a\mu_A$＋$(1-a)\mu_B$ … Eは期待値を取るオペレーター、平均は加重平均

リスク＝Cの標準偏差＝σ_C＝$\sqrt{E[\{(aA+<1-a>B)-(a\mu_A+(1-a)\mu_B)\}^2]}$

＝$\sqrt{a^2 E(A-\mu_A)^2 + <1-a>^2 E(B-\mu_B)^2 + 2a<1-a>E(A-\mu_A)(B-\mu_B)}$

＝$\sqrt{a^2 \sigma_A^2 + <1-a>^2 \sigma_B^2 + 2a<1-a>\sigma_{AB}}$

＝$\sqrt{(a\sigma_A + <1-a>\sigma_B)^2 - 2a<1-a>\sigma_A \sigma_B (1-\rho_{AB})}$ ・・・式（注31）

ここで、σ_{AB}はA、Bの共分散、ρ_{AB}はA、Bの相関係数である。相関係数ρ_{AB}は－1と1の間の数値を取るので、Cの標準偏差は、A、Bの標準偏差の加重平均よりも小さくなる、つまりリスク・リターン平面上でAとBを結ぶ線分の左に位置している（左に凸）であることが分かる。

なお、効率的フロンティアは、解析的には双曲線となる。このあたりの詳細については、例えば池田昌幸著の『金融経済学の基礎』（朝倉書店 2000年）、小林孝雄・芦田敏夫著の『新・証券投資論Ｉ理論編』（日本経済新聞出版社 2009年）などを参考にしていただきたいが、以下に概略を説明する。まず、Cのリターンの式をaについて解くことができるが、それを式注31に代入すると、

$\frac{\sigma_C^2}{\alpha^2} - \frac{(\mu_C - \gamma)^2}{\beta^2} = 1$

α、β、γは、μ_A、μ_B、σ_A、σ_B、σ_{AB}によって表される定数。
となるが、これは（$\sqrt{\alpha^2+\beta^2}$, 0）、（－$\sqrt{\alpha^2+\beta^2}$, 0）の2点を焦点とする二つの曲線の対、つまり双曲線となる。双曲線の基本的な性質は焦点からの距離の差が2αになっていることであって、ここでの議論で意味があるのは、前者の焦点を含む領域の場合である。ここで説明したのは二つの金融商品の場合である。3つ以上の場合は、任意のリターンに関して最もリスクの小さいポートフォリオを選択する最適化作業が必要になるが、その答えも双曲線で得られる。

図表4-32　効率的フロンティア

①効率的フロンティアの生成
- 商品AとBを半々にした組合せCを作り、さらに、そのCと元のBを半々にした組合せを作るといった作業を繰返すと、②のような滑らかな曲線＝「効率的フロンティア」が得られる。

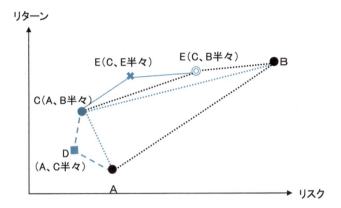

②効率的フロンティアの左側は実現できない。右側はもっと有利な組み合わせがある。式(注31)を参照。

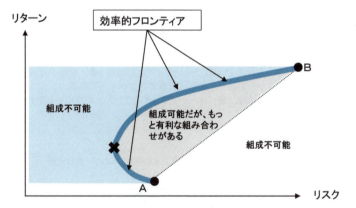

③効率的フロンティア

（イ）効率的フロンティアとは

「効率的フロンティア」とは、上記のようにリスク・プロファイルの異なる様々な金融商品を組み合わせて、なるべくリターンが高くリスクが低くなるよう組成したものである。ベストなものをひとつ特定するのではなく、ベターなリターンとリスクの組合せを選ぶものである。ポイントは、相関係数が1.0（完全な相関）でない限り、複数の金融商品を組合せた「分散投資」を行えば、必ず各々金融商品に「集中投資」するよりもよい結果、つまり同じリターンで低いリスクないしは同じリスクで高いリターンが得られることである[31]。

図表4-33　リターン・リスク平面における、長期債券等、安全資産の追加

- これまでの商品 A,B がすべて株式であったとして、それに長期債券等あるいは安全資産が加わった場合のその位置や効率的フロンティアへの影響を検討。

①株式のほか長期債をカバーするポートフォリオ
- 新たに付け加わった長期債のリスクプロファイル（✕）と元の効率的フロンティア上の任意の点を結んだ線分は実現可能であって、元の効率的フロンティアよりも外側、つまりより効率的であるので、結局青の曲線が新たな効率的フロンティアとなる（投資機会曲線の中で最も左に位置）。

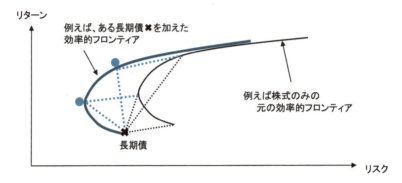

②市場ポートフォリオ
- ①のプロセスにより、すべての危険資産をカバーする効率的フロンティアを構築できる。
- さらに、安全資産を対象に加えると、黒線のような効率的フロンティアを構築できる。
- この効率的フロンティアを特に「資本市場線」と呼ぶ。
  安全資産はリスクがゼロで固定されているため、元の効率的フロンティア上の任意の点と組合わせた新しいポートフォリオは、安全資産（●）と元の効率的フロンティアとの接点（●）を結ぶ直線となる。●よりも右側は不利（同じリターンで大きいリスク）であり、左側は実現できないからである。
- ●と●を結ぶ直線のことを資本市場線、●のポートフォリオのことを、市場ポートフォリオという。

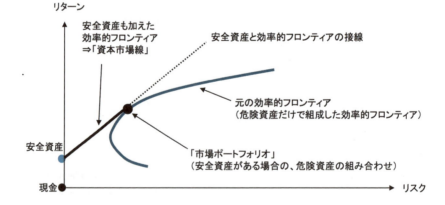

効率的フロンティアは、具体的にAとBという二つの商品を同時に保有した場合のリスク・リターンを、その保有割合を連続的に変えていくことによって得られる曲線である（図表4-32-①）。効率的フロンティアは、リターン・リスクの平面で左に凸な滑らかな曲線になる（図

表4－32－②)。ただし、左端、右端とも折れ曲がってAとBを結んだ線分の右側に入ることはない（相関係数は1と－1の範囲でしか動けないからである）[32]。

(ロ) すべての危険資産を取り込んだ効率的フロンティア

以上の説明は典型的には二つの株式がある場合のポートフォリオであった。ここに、債券等を導入すればどうなるであろうか（図表4－33－①）。新たに付加された商品と既存のポートフォリオを統合すると、リスク・リターン平面では付加された商品と元の効率的フロンティアの任意の点を結んだ線分上の組合せも可能となる。その中で、最も左側に位置する点を結んでできる曲線が新たな効率的フロンティアとなる。このように株式のほか市場に存在するすべての金融商品を対象にした、つまりすべての危険資産を対象にした効率的フロンティアを単に効率的フロンティアと呼んでいる。

(ハ) 安全資産がある場合の効率的フロンティア

さらに安全資産、典型的にマネーが新たに加わるとどのようになるであろうか？

安全資産はリターンは低いが、リスクがゼロであるので、リスク・リターン平面上のY軸上（の下部）に位置していると考えてよい（図表4－33－②の●）。

そこで、リターン・リスク平面に安全資産が導入されれば効率的フロンティアはどのようになるか検討してみよう。上述の通り新たに商品が加わると、その点と元の効率的フロンティア（曲線上）の任意の点を結んだ線分上の組合せで得られる新たな点が既存の効率的フロンティアに加わる。しかも、安全資産は常にリスク＝バラツキがゼロであるので、他の商品との相関がゼロである。このため、組合せによっても線分より左側にシフトできるようなリスクの削減はできず、安全資産を加えた場合の効率的フロンティアは単純に線分となる。その中で最も有利（同じリスクで高いリターン）なのは、その線分が最も左寄りで、かつ危険資産からなる効率的フロンティア上にある、つまり接線の場合である。

ここで、安全資産をMとし、そのリターン＝金利をi_M、またBを危険資産とし、そのリターンをμ_Bとする。さらに、Mをm、Bを1－mの割合で組込んだポートフォリオをCとすると、MとBの組合せで得られる新たな効率的フロンティアは、安全資産（●）を通って危険資産だ

---

[32] もっとも、AとBを結んだ線分の左側で効率的フロンティアの左側の突端（図表4－32－②の✘の点）よりも下の内側に折れ込んだ部分は、突端地点（✘）よりも低いリターンで大きなリスクとなるので選択されないようにみえるが、投資家の考え方次第で、その部分からポートフォリオの一部が選択されることもあり得る。なぜなら、バラツキはリスクであるが、バラツキが大きいということは大きなリターンを得るチャンスもあるからである。そのような組合せの元となる商品のリスク・プロファイルは、極端な場合、（平均）リターンはマイナスだが、リスクが非常に大きい商品である。例えば、後述するオプションを使った商品などがある。もっとも、そのような金融商品を一部組み込んだとしても、そのウエイトは一般には高くないと考えられるので、ポートフォリオ全体として現実に✘よりも下部の地点が選ばれることはない。

けで組成した効率的フロンティアとの接点である●（「市場ポートフォリオ」と呼ぶ）を通る次のような直線として表現できる[33]。

$$Cのリターン = \mu_C = i_M + \frac{\mu_B - i_M}{\sigma_B} \sigma_C \quad (\sigma_C はCのリスク) \quad \cdots 式4-3$$

　この直線のことを投資機会直線と呼んでいる。この投資機会はすべての市場参加者にとって利用可能である。また、市場にある全ての金融商品を視野に入れている。そのことを強調して、「資本市場線」と呼ぶことも多い（先ほど市場ポートフォリオという用語を使ったが、それも同じ発想である）。さらに、元の危険資産だけで組成された効率的フロンティアを単に「効率的フロンティア」と呼ぶことも多い。

　この資本市場線のどこを選択するか、つまり安全資産と危険資産の割合をどうするかは、資産保有主体のリスク回避度によって決定される。しかし、危険資産の中身は、そうしたリスク回避度、つまり効用関数の形とは独立に市場ポートフォリオとして一義的に決まる。言い換えると、無差別曲線とは独立に（分離されて）資本市場線が構築される（この分析を進めたJ.トービンにちなんで、トービンの「分離定理」と呼んでいる）。

　ここで、もうひとつの重要なポイントがある。それは、人々がある程度リスク回避的であれば（典型的に図表4－26－②のA。あるいは後掲図表4－37－①の家計）、すべてを危険資産に投資するのではなく、リターンの低い安全資産も一部保有することを選択することになるということである。そうした事情が、人々がリターンを全く生まないマネーを（決済需要以外の理由で）保有する動機のひとつである。

(ニ) 借入がある場合の効率的フロンティア

　今の議論を延長して、借入を行って危険資産に投資する場合を検討してみよう（図表4－

---

[33] この点を解析的に説明すると次の通りである。
式注31でAをマネー・短期債券としMと読み替え、Bを株式・長期債券とする。Mをm、Bを1－mの割合で組込んだポートフォリオをCとする。i_MをMのリターンとすると、
$Cのリターン = \mu_C = E(mM + \langle 1-m \rangle B) = mi_M + (1-m)\mu_B$
$Cのリスク = \sigma_C = \sqrt{(m\sigma_M + \langle 1-m \rangle \sigma_B)^2 - 2m\langle 1-m \rangle \sigma_M \sigma_B(1-\rho_{AB})}$
であるので、ここで$\sigma_M = 0$とおくと、
$\sigma_C = \sqrt{(1-m)^2 \sigma_B^2} = (1-m)\sigma_B$
となる。σ_Cの式でmについて解いた値をCのリターンの式に導入して、これらの式からmを消去すると、リスク・リターン平面でのポートフォリオCのリスクとリターンの関係（リスク・プロファイル）である、
$リターン = \mu_C = i_M + \frac{(\mu_B - i_M)}{\sigma_B} \sigma_C \quad (リスク) \quad \cdots 式4-3$
が得られる。
これは、リターンが切片i_M、傾き$\frac{(\mu_B - i_M)}{\sigma_B}$の直線であることを示している。

34)。仮に、安全資産と同レベルの金利で借り入れることができるとすれば、資本市場線との接点をさらに延伸した部分[34]が借入を行った場合の効率的フロンティアとなる。借入を行って運用することを「レバレッジを効かせる」という。この延伸部分は、レバレッジを効かせていることになる。

ただし、通常はリスク・プレミアムがあるため、借入金利は安全資産金利よりも高い。したがって、上記のi_Mに代えて、借入金利をi_Lとすると、

上記のCのリターンの式4－3は、

$$\mu_C = i_L + \frac{\mu_B - i_L}{\sigma_B} \sigma_C$$

となる。なお、この式は借入金利を通る直線と効率的ポートフォリオの接点（市場ポートフォリオ）より右側でのみ成立する（左側では借入ではなく運用となるので、金利は元のi_Mとなる）。

以上をまとめると（図表4－34－②）、借入があって、かつその金利が安全資産金利よりも高い場合の効率的フロンティアは、次の3つのパーツを合成して得られる。

- 借入を行わず安全資産と危険資産の組合せで運用（下に位置する線分）
- 同じく借入なしで危険資産のみで運用（双曲線部分）
- 借入を行ってリスク資産に運用（上に位置する線分）

(ホ) 銀行の直面する効率的フロンティア

なお、貸出を危険資産とみれば、図表4－34－②の3つのパーツを繋げたものが銀行の直面している効率的フロンティアと観念することもできる。ただし、銀行のポートフォリオの核となっている貸出は、株式や債券と異なっていくらでも同じ条件で増やすことができるといった性格ではなく、情報の非対称性を基本的な背景として運用を増やしていくにつれて、リスクが増える一方リターンがむしろ減少するといった面を持っている。この点は第6章で検討する。

(ヘ) 効率的フロンティアとリスク回避度

次に資本市場線の各点のうち最終的にどの地点（リスク・プロファイル）を選択するのかみてみよう。前述の通り、資本市場線の一点を選択するのは、個人や企業のリスク・プロファイルに対する選好、つまりリスク・リターン平面上の無差別曲線である（前掲図表4－26を参照）。

そこで、まず家計と企業を対比させながら、無差別曲線の形をみてみよう。一般に、家計は企業に比べリスクに対してより慎重に対処すると考えられる。これには、様々な理由があるが、企業の場合は投資に失敗して債務超過になって存続できなくなっても、基本的にはロスは有限であり株主が損失を被るだけである。しかし、家計の場合は債務超過となれば、自身の日々の

---

[34] 解析的には式注33で、1－mを増やした結果、mがマイナス（負のマネー保有）になる場合に相当する。

図表4−34　借入を含めた効率的フロンティア

①運用金利＝借入金利＝i_Mの場合
- 資本市場線の市場ポートフォリオよりも右上の部分は、借入がないと実現できない。また、市場ポートフォリオをいくらでも相似的に拡大できなければ、実現できない。
- それらの条件が満たされれば、ハイリスク・ハイリターンの運用をいくらでも増やすことができる。

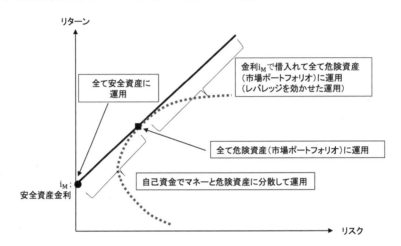

②運用金利（i_M）＜借入金利（i_L）の場合
- 借入金利は安全資産金利よりも高いが、危険資産の運用利回りはさらに高くできる。

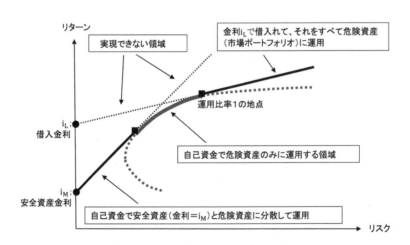

　生活がおぼつかなくなるといった事情がある。
　その結果は図表4−35−①に示す無差別曲線の違いになって現れる。次に、これと資本市場線（両者に共通と仮定）との接点の位置の違いをみておこう（図表4−35−②）。この接点は、資本市場線上にあって、同時に効用が最も高い無差別曲線上にもあるので、資産運用者にとっ

図表4-35　家計と企業のリスク・リターン選好と資産選択

①家計と企業のリスク・リターン選好（無差別曲線の形状）

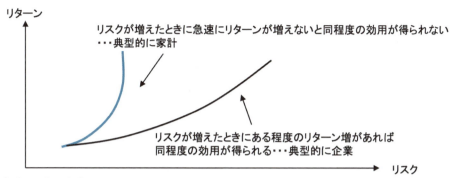

②家計と企業の資産選択（マクロ的にみたリスクの分散）

（A）家計（リスク回避度大：ポートフォリオに安全資産を含む）

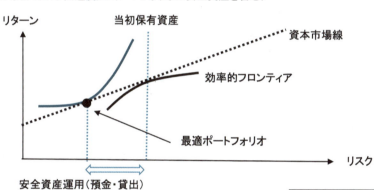

資本市場線、効率的フロンティアは家計、企業共通。両者の ⇔ が等しいところでマクロ的に均衡。

（B）企業（リスク回避度小：ポートフォリオに安全資産を含まない）

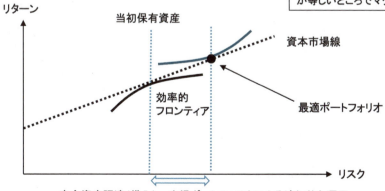

第四部　マネーと金利　287

図表4-36　各主体の想定する確率分布

- 確率分布の左端（好調な場合○）と、右端（不調な場合✕）のリターンを比べると、好調な場合は、リスク回避度の小さい企業の選択が成功するが、不調な場合は、リスク回避度の大きい個人が成功する。

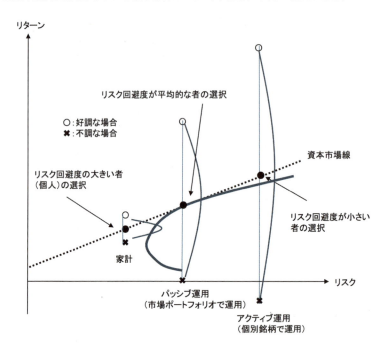

てベストなポートフォリオである。

　典型的にリスク回避的な傾向のある家計の場合は、資産の一部を安全資産で持つであろう。一方企業の場合は典型的には、保有資産を上回る資金を外部（家計）から調達し事業などに投資をするであろう。

　これらの家計や企業をマクロ的に各ひとつしか存在しない代表的存在とすると（銀行の存在も想定していない）、家計の安全資産保有額と企業の資金（安全資産）調達額が一致する点で、マクロ的な均衡が成立すると考えることができる（図表4-35-②）。しかし、こうした資産運用額と資金調達額（⇔）が一致する保証は全くない。また、個人や企業が望ましいポートフォリオとして計画した各株式の需要と、株式や債券の総量（既発行＋新規発行）が一致する保証もない。現実には、そうした金融商品の需給が一致するように株価や債券価格、さらには短期金融商品の利回りが調整されるということになる。言い換えれば、個人や企業の間で異なるリスクに対する選好があり、それが市場で調整され、均衡が成立するということになる。その結果出来上がる市場全体のポートフォリオが「市場ポートフォリオ」なのである。

　そこで想定されている家計や企業の選択したポートフォリオの確率分布をイメージしたのが図表4-36である。なお、この図では企業をさらに二つに分類している。つまり、資産運用ビ

ジネスでよく使われるパッシブ運用（リスク回避的な運用）とアクティブ運用（リスク回避度の低い運用）に分けている。パッシブ運用は基本的に市場ポートフォリオでの運用を目指すが、アクティブ運用の場合は個別の株式等に運用する（期待リターンが資本市場線から下に外れる）イメージである。

④資産選択とリスク・プレミアム

さて、第5章①において、個人の不確実性への選好の問題の文脈で、リスク・プレミアムを定義した。すなわち、リスク・プレミアムとは、将来所得について、「確実な所得から得られる効用」と、「同じ所得水準ではあるが不確実性＝バラツキのある将来所得の期待値から得られる効用」の差分であった。あるいは、その差分を所得換算したものであった。

一方、ここでみている資産選択理論の文脈では、確実な所得はマネーと短期債券などから得られる安全資産からのリターンだけであって、それ以外の所得はすべてリスクがある。

個人に関する先のリスク・プレミアムの議論をここで適用すると、家計や企業の資産選択の中で安全資産と危険資産のリターンの差額がリスク・プレミアムとなる。上述の家計と企業のリスク選好の違いが、各々の求めるリスク・プレミアムの違いとなって現れる。それを明示的に示したのが、図表4－37－①である。

そうした個人や企業などの参加者の総体として、ひとつのポートフォリオ（市場ポートフォリオ）が市場で現実に選択される。その市場ポートフォリオが期待するリターン（市場リターン）は、個人や企業の場合と同様に、安全資産のリターンとリスク・プレミアム（市場リスク・プレミアム）に分解することができる（図表4－37－②）。すなわち、

市場リターン＝安全資産リターン＋市場リスク・プレミアム

である。ここで、

μ_R：市場リターン、

μ_M：安全資産のリターン

σ_C：資本市場線上にあるポートフォリオCのリスク

とし、また市場リスク（σ_R）に対する市場リスク・プレミアムの比率、つまり資本市場リスク1単位当たりの報酬＝単価＝$\frac{\mu_R - \mu_M}{\sigma_R}$を$\alpha$とおくと、

$$\mu_C = \mu_M + \frac{\mu_R - \mu_M}{\sigma_R}\sigma_C = \mu_M + \alpha\sigma_C \qquad \cdots 式4-4$$

となる。

つまり資本市場線上のポートフォリオCのリターンは、安全資産のリターンにリスク・プレミアムを上乗せしたものであって、そのリスク・プレミアムはCのリスクに一定の比率αを乗じたものという構造になっていると理解できる。こうした理解は第五部で取り上げるCAPM（キ

図表4-37 資産選択とリスク・プレミアム

①個々の投資家の求めるリスク・プレミアム

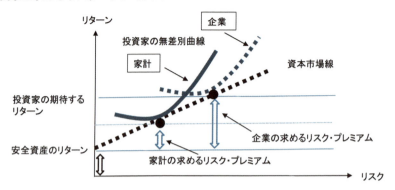

②市場が総体として求めるリスク・プレミアム

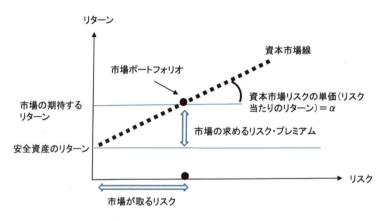

ャップエム；Capital Pricing Model）と呼ばれる手法で使われる β 指標に関連している。

⑤金利変化が資産選択に及ぼす影響

　ここで、金利変化（以下、金利低下の場合を前提に説明）が資産選択に与える影響、特にマネー需要に及ぼす影響をみておこう。金利変化の影響は複雑かつ多岐にわたるが、ここでは非常に単純化して、債券とマネーの資産選択という問題設定にしよう。その理由は、ケインズの流動性選好（金利上昇＝債券価格の値下がりに備えたマネーの投資的保有）のひとつの根拠となるからである。ここでの債券のイメージは中長期債、つまり市場金利の影響を大きく受ける債券である。マネーは現金ないしごく短期の信用リスクのない商品で、金利はゼロに固定されているとしておこう（図表4-38）。

図表4-38　マネーと債券の間の資産選択

（前提）
- 株式を捨象し、債券とマネーの間で資産選択。
- 債券は中期から長期の債券として、リターンが市場金利の影響を直接受ける。
- マネーは、現金ないし、超短期の信用リスクのない資産とし、金利水準はゼロ＝不変とする。

（検討）
- 市場金利＝債券金利が低下したときに、資産選択はどのように変化するか。

（結論）
- リスクティクに関して（左右の動きに関して）、代替効果（下図参照）が所得効果よりも大きい限り（一般的に想定される）、マネー需要が増え、債券に対する需要は減少する。

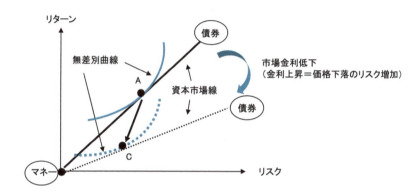

- A→CのうちのA→BとB→Cに分解。
  A→B：同一無差別曲線上の動き＝代替効果
  B→C：無差別曲線の乗換えによる効果＝所得効果

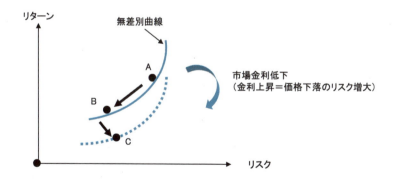

　ここで、市場金利、つまり中長期金利が低下するとどうなるであろうか。まず、リターンの低下によって（株式のない）資本市場線は、時計回りに回転する[35]。また、金利水準が低下することによって今後の金利上昇（債券価格の下落）リスクが高まるとみるべきであろう（自然利子率への復帰と考えてもよい）。したがって、この面からも資本市場線は時計回りに回転（任

意のリターンでリスクが上昇）する。

　債券とマネーに資産を運用しているこの投資家は、自らのリスクに対する選好（無差別曲線上の点）を選択して両者の配分を決める。その場合のポートフォリオの中身の変化は、代替効果（リスク・プロファイルの変化の影響）と所得効果（利息収入低下による影響）の二つに分けられる。このうち代替効果に着目したのが図表4－38の下の図である。代替効果は、資本市場線の角度の変化による同じ無差別曲線上の移動として定義される（図のA→B）。もう一方の所得効果は無差別曲線をまたがる効果（B→C）である。ここで注目しているのは、債券とマネーの配分割合の変更、つまりリスク・リターン平面上の左右の動きである（左へのシフトはマネー保有割合の増大となる）。左右の動きを決定づけるのは、代替効果と考えてよいであろう（所得効果は主として縦の動きであって左右の動きには決定的ではない）。そのように考えると、金利低下は資本市場線上の位置を左にシフト、つまりよりマネー割合と増やす方向と考えられる。

　この推論の意味を考えると、金利低下は同じリターンに対して債券保有のリスクを増大させ、債券の単位リターン当たりのリスク・プレミアム＝報酬単価を低下させる。このためマネーを保有するインセンティブが相対的に増大するということであろう。これが、流動性選好によるマネー需要が金利に対して負の相関となる理由である（単純にマネー保有の機会費用の低下と考えてもよいが、ここではそれ以上に金利低下の先々の債券価格下落リスクを高めるということに着目している）。

⑥インフレの資産選択に及ぼす影響

　インフレがある場合には、実質リターンでみて安全資産は存在しない。マネーは実質ベースではインフレ率で減価するほか、債券つまりデットは基本的にインフレには弱い。もちろんインフレが名目金利の上昇に繋がる可能性は大きいが、それでも一旦購入した後のインフレには無力である。さらにそのようなリスクを反映した金利になる可能性はあるが、なおリスクは残る。他方、株価にはインフレによって企業の販売価格が原材料価格よりも相対的に大きく上昇する可能性が反映され得る。このように、インフレの影響は金融商品によって異なる。このため、インフレを考慮したリスク・プロファイルは図表4－39の矢印のような変化となるであろう。最も大きな変化は、安全資産の存在がなくなって資本市場線が描けなくなるので、分離定理が

35）安全資産と債券の2種類しかないという前提により、効率的フロンティア＝資本市場線となって議論が単純化される。なお、これまでの議論から安全資産金利が与えられれば投資家のリスク選好にかかわらず、市場ポートフォリオの内容が確定する。端的に、長期債と株式との保有割合が与えられる。特に、ここでみたようにマネーの金利をゼロに固定すれば、安全金利資産の金利が固定されるのと同じことになるので、債券、マネー、株式の保有割合、つまり市場ポートフォリオの内容が確定すると想定することもできる。

図表4-39 インフレ下での資産選択のイメージ

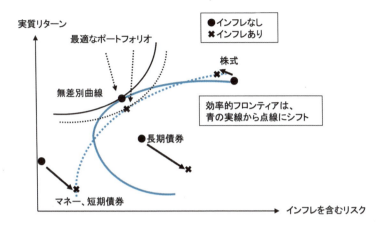

成立しないことである。このため、市場ポートフォリオという概念も成立しなくなる。

第6章
不確実性下でのマネー供給

　本章では、資産選択理論を活用して、借り手の返済能力に関して不確実性がある状況下で、銀行の信用供与がどのように決定されるのかを検討する。第2章でもこのテーマを取り上げたが、そこでは不確実性が考慮されていなかった。ここでは最初に銀行が信用供与を決定する際の一般的なポイントを整理し、その後資産選択理論を応用して不確実性下での信用供与がどのようなメカニズムで決定されるのか検討する（なお、信用供与がマクロ経済にどのような影響を及ぼすのかという点については第九部で検討する）。

①信用供与のコスト

（イ）ベース金利

　銀行は、自らマネーを創り出すことができることから、貸出の媒体であるマネーを調達すること自体に直接的なコストはかからない。ただし、貸出の実行によって創出された預金マネーが他の銀行口座に送金された場合には、最終的に日本銀行に開設している当座預金残高が減少する。その結果として残高が不足する事態が予想される場合には、日本銀行当座預金の需給調整の場であるインターバンク市場で他の金融機関から貸出を受けるか、あるいは日本銀行から信用供与を受ける必要がある。時には、他行と競って預金を獲得する必要がある。それらのコスト、つまり一般的に成立している市場金利がベーシックな信用創造の費用である（以下では、これを「ベース金利」と呼ぶことにしよう）。

　通常の財・サービスの供給においては、供給量の増加とともに限界生産費用が逓増するケースが多いが、銀行貸出の場合、コストであるベース金利は中央銀行によってコントロールされており、調達量を増やしても金利の上昇は限定的である（カウンターパーティ・リスクの観点から、インターバンク市場で同じ先から調達可能な金額に上限はある）。

　他方、銀行による貸出の場合、次のような追加的なコストがかかっている。

(ロ) 信用リスクと審査費用

　貸出が焦げ付いたり、利息ないし元本の一部が回収できないリスク（信用リスク）を調査、評価し、金利や貸出条件（担保、コベナンツ等）を定め、貸出の可否の判断を行うのが「審査」である。そのうえで、一定の比率で貸倒れが生じること（期待損失）はやむを得ないとして、そのコストを予め貸出利息に上乗せしておくことが一般的な銀行の対応である。もちろん審査その他の諸費用も貸出金利に織り込まれる。つまり、

　貸出金利＝ベース金利＋諸費用＋信用コスト（信用スプレッド）

である。信用コストとは、そのようなプロセスで必要となる一連のコストである。信用コストには、期待損失と非期待損失の2種類がある。

a. 期待損失

　過去のデータから予測できる貸倒れ損失のことである。専門の格付け機関[36]による格付情報を参考にすることもある。あるいは上場企業であれば、様々なディスクロージャー資料から事業の状況などについての情報を得ることもできる。銀行は与信判断のために、日頃からそうした情報を集約し、債務者の返済可能性に応じて数段階にランク付けしている（内部格付けという）。格付けランクに応じて、貸出金利を決め、また担保の多寡、内容をみながら与信額を判断し、将来の貸出の焦げ付きリスクに備えている。

　このような作業を通じて推定し得る費用のことを期待損失（expected loss）という。期待損失は、次のように計算できる。

　期待損失 ＝ 与信額×倒産確率×倒産時損失率

与信額とは、現に銀行が取引先に貸出している残高である。当該貸出先の発行した社債や株式を保有している場合には、それらも含める必要がある。また、コミットメント（上限金額＝コミットメント・ラインの範囲内で借り手の裁量で融資を受ける仕組み）については、未使用額も与信額に入れることがある。

　倒産確率とは、貸出先企業が倒産し、事業継続ができなくなる確率である。格付けと連動している（格付けが高いということは倒産確率が低いということ）。会社更生法や民事再生手続きなどによって企業の存続・再建が図られたとしても、貸し手は一定のルールに基づいて債権の放棄を余儀なくされることに留意が必要である。

　倒産時損失率とは、信用供与額から回収見込み額を控除した金額の割合である。一般に与信先の企業が倒産しても、全額がロスになるわけではなく、残余財産に応じて一定の回収は可能

---

[36] 第一部注31を参照。格付け機関は民間の営利を目的とした専門機関である。格付け手数料を発行体から得ている（そのことに対して、公正な判断が阻害されるのではないかという批判はある）。代表的な格付け機関としては、日本格付研究所（日本）、ムーディーズ（米国）、スタンダード・アンド・プアーズ（米国）、格付投資情報センター（日本）、フィッチ（米国）などがある。

である（配当ないし弁済）。また、不動産担保などを換金処分することによって回収できる部分もある（別除権の行使）。そうした回収可能見込み額を信用供与元本から差し引いた金額が倒産時の最終的なロスとなる。そのロス額の信用供与額に対する比率を倒産時損失率と呼んでいる。

　中小企業向け融資や住宅ローン、消費者ローンなどの個人向け貸出においては、ひとつひとつの事例を厳密に審査することは費用面で合理的でないことも多い。そうした場合には、過去の同様の企業に対するデータ（貸倒れ実績率という）を使って期待損失額を計算する。

　期待損失は、基本的に貸出利息に反映される。返済能力の高い借り手には低金利で融資できるが、貸倒れリスクの高い先には、高金利で融資せざるを得ない。高めに設定された金利で得た収入は将来の損失に備えて、貸出残高の一定比率といった形で会計上の引当金を積んでおく（銀行経理上は、個々の債務者に対する「個別貸倒引当金」と、貸出先を特定しない「一般貸倒引当金」がある）。

b. 非期待損失

　貸出が焦げ付いた場合のロスには、予想できない突発的な倒産によるものもある（典型的に天災などである）。あるいは、何らかの想定外の事情で回収が予想以上に困難化することもある。それらを予め個別に予測することはできないので、銀行としては、様々なシミュレーションを行ったうえで、資本という一般的なロス吸収手段の形で備えるしかない。

　なお、このような期待損失、非期待損失といった枠組みは、金融機関の破たん回避のための当局による規制（自己資本比率規制）の土台となっている。この点については改めて政策的な観点から第八部プルーデンス政策で取り上げるが、ここでは銀行が直面する費用という側面から説明する。

（自己資本比率規制）

　貸出の増加は、自己資本規制の枠組みの下でリスク額を増加させ、自己資本比率を引下げる（自己資本比率は、自己資本÷リスク額である。リスク額は、貸出額×リスク・ウエイトとして計算されるため、貸出の増加は、この分母を拡大させる）。直前の自己資本比率が丁度最低ラインであったとすると、それを維持するには、市場から資本を調達するコスト、つまり資本コスト（長期金利＋この銀行のリスク・プレミアム）がかかる。従って、貸出1単位の増加にかかる資本コストは、次のようになる。

　貸出の1単位当たり資本コスト＝最低自己資本比率×リスク・ウエイト×資本調達コスト

通常の貸出は、自己資本比率規制ではリスク・ウエイトが100％（最低自己資本比率＜例えば8％＞そのもの）であるので、貸出1単位の増加はその0.08相当の自己資本を要する。ここで簡単のために、大胆ではあるが資本調達コストを貸出金利と同じと仮定すると、自己資本比率が8％の場合、

貸出の1単位当たり資本コスト＝0.08×貸出金利

つまり、貸出利息の8％分がコストとしてかかることになる（貸出金利が1％であれば、0.08％相当ということになる）。なお、通常銀行は、規制上の最低自己資本比率を余裕をもって上回るだけの自己資本を確保しているので、ここでの計算は最低ラインである（そのように自身の判断で保持する自己資本を「経済資本（economic capital）」、規制クリアーのための最小限の自己資本を「規制資本(regulatory capital)」という）。

（ハ）準備預金、預金保険料

信用創造によって創出された預金が自行に滞留した場合には、銀行が日本銀行に預けている準備預金に金利コストが生じる（準備預金金利が無利息ないしマイナス金利の場合のみ。市場金利並みの金利が付される場合にはコストは生じない)[37]。また、銀行が預金保険機構に収める預金保険料は、預金残高に対する一定比率として算出され、銀行の経費として計上される。

（ニ）金利の上限規制

貸出金利には、法律（利息制限法）で定められた上限（原則として年15％）がある。このため、仮に今述べた様々なコスト要因を積み上げたトータルの貸出コストが15％を上回ったとしてもそれ以上の金利は違法である。つまり、そうした貸出は行えないということになる。もっとも、そうした規制がないとしても極めてリスクの高い貸出は、極端に高い金利となってしまうことから、見送られるであろう。

②信用割当

（イ）信用割当とは

以上の検討から、銀行による信用供与の供給は、

　　貸出金利＝ベース金利＋諸費用＋信用コスト

という構造を基本としつつ、

- 自己資本比率規制、準備預金・預金保険から生じるコスト

---

[37] 近年、日本銀行は量的緩和で当座預金残高を大幅に増やしている。また、当座預金に対して一部マイナス金利を適用している。これは、準備預金に日本銀行が滞留させている巨額の当座預金を引出して、貸出その他の原資とするよう促す措置とみられがちであるがそうではない。貸出を行うのにその原資として準備預金は必要ではなく、個々の銀行が預金マネーを創出すればよいのであって、準備預金を引出しても貸出の原資とはならない。ただし、日本銀行に当座預金を持っている非銀行金融機関に対して信用供与を行う原資としては利用可能である。また、国債を引き受ける場合の原資としては利用できる。さらに、貸出実行と同時に創出される預金マネーにかかる準備預金は追加調達しなくとも、既に潤沢に保有している。こうした意味で貸出を促す効果があるのは事実である。

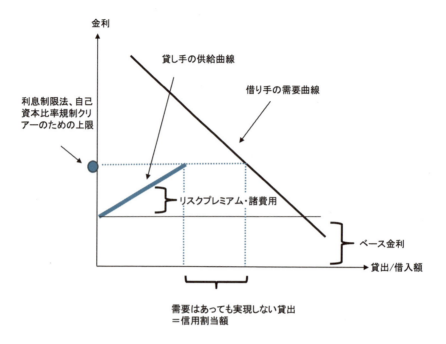

図表4-40 信用供与と金利の上限規制

- 金利の上限規制による制約

を考慮する必要がある。この結果、貸出の需給実態との関係では、ある程度強めの借入需要がある限り、超過需要、つまり信用割当の状況となる（この点を図示したのが、図表4-40）。しかし、銀行による貸出が通常の財・サービスの供給と異なるのはそれだけではない。それは、情報の非対称性から生じる次のような追加的な制約である。

- いかに審査を厳格に実施したとしても、借り手の真の財務状況が分からないことが多いこと（一般的な情報の非対称性）
- 経営状況がよくない借り手ほど資金繰りや赤字補てんのために当面のコストを度外視して生き残りのために高い貸出金利をオファーすることもあること（情報の非対称性による逆選択）。

したがって、一般的な財・サービスの提供と異なり、価格（貸出金利）による需給調整メカニズムに大きな制約がある。この場合、貸出の場合はより強力な信用割当を行わざるを得ず、図

---

38) こうした信用割当の議論を情報の非対称性の観点から明快に分析したのが、米国ノーベル経済学者であるJ.E.スティグリッツと共同研究者のA.ヴァイス、B.グリーンワルドである。そうした業績をまとめたのがスティグリッツとグリーンワルドの共著『新しい金融論』（内藤純一、家森信善訳、2003年東京大学出版会）である。ここでの記述も彼らの論考を参考にしている。ただし、ここでは、情報の非対称性だけではなく金利の法定上限などによって、リスクに見合う貸出金利が取れないことを強調している点でややアプローチが異なる。

図表4−41 情報の非対称下での銀行の貸出行動

- 格付けの低い先には高めの金利で貸出することができるが、信用リスクが高い。
- 低格付け先まで貸出を拡大し、貸出額規模を拡大しても不採算となる。

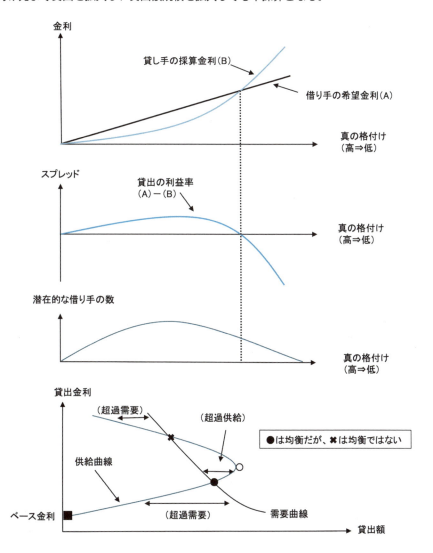

　表4−40の信用割当のグラフは修正せざるを得ない[38]。

　こうした状況を、貸出案件を格付けの高い方から低い順に並べた特殊な供給曲線を使って説明しよう（図表4−41）。銀行の採算からみると、一定の貸出規模あるいは借り手からの希望金利までは格付けの比較的高い（信用リスクの低い）貸出のみを対象とできる。しかし、ある程度の貸出規模を超えると問題のない借り手だけではなく、信用リスクの高めな借り手に貸し

第四部　マネーと金利　　299

図表4-42　資産選択理論を使った信用割当のメカニズムの分析

- 資産選択の理論を応用して、銀行が直面するリスクとリターンの関係を示す「貸出機会曲線」を描くことができる。貸出が少額の段階ではリスクの増大とともに期待リターンも増えていくが、ある一定のラインを超えると優良な借り手がいなくなり、貸出金利の制度的な上限などがあるため、リスクテイクを増やしても期待リターンが却って減少していく。
- こうした貸出の限界点は、②の金利と量のグラフ（〇）の反転部分に対応している。

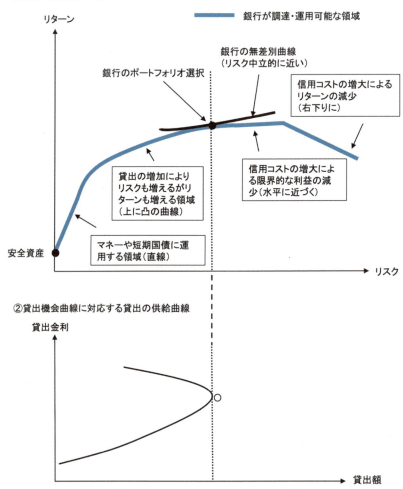

応じて行かない限り貸出の規模は実現できない。しかし、その場合は情報の非対称性からリスクは急速に拡大する。このため、貸出は早晩不採算となって、金利を高く設定できたとしても貸出は抑制するだろう。このような貸出の状況を供給曲線として表すと図表4-41の一番下の図の通り、供給曲線は増加関数からある地点で折り返して減少関数に転じることになる（もち

ろん、その過程の手前で金利の上限規制に抵触すれば、そこで供給曲線は途切れることになる）。

　この間、同図にあるように、需要曲線が2か所で供給曲線と交差することがあり得るが、その場合折り返し点より金利が高いゾーンでは、需要曲線が上から供給曲線を横切るため均衡とはならない[39]ので、供給曲線の折り返し点より上のゾーンは実際には実現しないことになる。

(平均分散アプローチを使った説明)
　以上のような信用割当が発生するメカニズムについて、平均分散アプローチを応用して理解することができる（図表4－42）。
　まず、銀行にとって選択可能なリスク・リターンの組合せ（効率的フロンティア）は、折り返し点をもっている。銀行にとってリスクを取って貸倒れのリスクの大きい先にまで貸出しを増やしていくと、いずれかの地点で情報の非対称性による逆選択の問題に直面する。また銀行は、通常業務としてリスクを取って貸出を実行しているので、そのリスク回避度は小さい（水平に近い右上がりの無差別曲線）と考えられるため、そうした効率的フロンティアの頂点に近い点でのリスク・リターンの組合せを選択するものと考えられる。以上から、同図②のような折り返し点のある貸出供給曲線になるものと考えられる。

(ロ) 金利変化と貸出需給
　以上の検討で得られた折り返しのある特殊な貸出供給曲線と貸出需要との位置関係をケース分けしてみよう。ポイントは、需要が弱めで折り返し点の手前で需要曲線と交差するのか、それとも需要が強めで折り返し点の先に需要曲線があって交差しないのかという点である。需要が弱めな時は、銀行の貸出供給曲線の右上がりの部分で需要曲線と交差するため、信用割当は生じず、通常の財やサービスに対する需給関係と同様となる（図表4－43－①）。しかし貸出の場合は、信用割当が生じないケースは上記の情報の非対称性の事情からみて、それほど一般的ではなく、経済全体が非常に弱い場合に限られると考えられる。
　そこで、ベース金利が変化（ここでは金利低下を例示）した場合の変化を検討してみよう（図表4－43－①、②、③）。ベース金利の低下は供給曲線を下方にシフトさせる。その結果として、供給曲線の需要曲線との基本的位置関係が変化し信用割当の状態に転化する場合には、ベース金利の低下の効果が貸出金利の小幅低下と貸出額の小幅増加にとどまってしまう可能性が高い（図表4－43－③）。一方、信用割当が起きない場合には一定の効果が期待できる（同図表①）。信用割り当ての解消しないケースでは、超過需要の減少に留まる（金利は低下するかもしれな

---

[39] 折り返し点（図の○）より上で需要曲線と交差すると（図の✗）、それより上では超過需要⇒金利上昇となって交差点は実現しない。またそれより下では、超過供給となって金利が低下し、折り返し点より下の部分での交差点（図の●）に寄っていくことになる。

図表4-43 借入需要と信用割当（ベース金利低下＝供給曲線の下方シフトの影響）

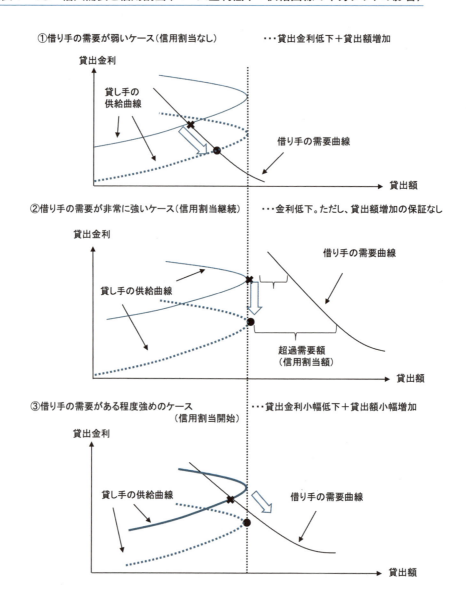

い）。

このように、金融緩和政策によってベース金利の引き下げが行われたとしても、情報の非対称性の制約から、その効果が減殺される可能性がある。特に、金融緩和政策が採用されるのは経済状態が弱く、借り手の業況が悪い時であるので、赤字補填などのいわゆる後ろ向き資金需要が増加する。その場合、信用割り当ての問題が表面化する可能性は現実的に高い。

図表4-44　借入需要と信用割当（需要減少の影響）
— 借り手の需要が弱くなって信用割当が解消されるケース —

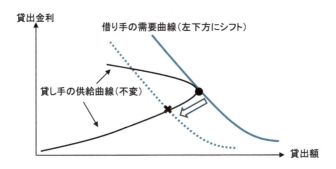

　なお、需要が弱くなった場合（図表4-44）、信用割当が解消されるまでは貸出金利、貸出額への影響は抑制されるが、解消された時点で貸出金利が低下し貸出額は減少する。
　以上はベース金利の低下を例に取って説明したが、準備率の低下もほぼ同様の結果となる。また、銀行の自己資本が増加した場合には（金融危機においては公的資金の投入が行われることが多い）、より大きな信用リスクを取っても破たんすることがないため、金利低下と同様の効果を持つ。特に、金利が既に低位にあって引き下げ幅に限界がある場合には、貸出増加＝マネーストックの増加を図るためには、中央銀行が信用リスクを肩代わりする信用政策が効果を持つことになる。
　この点を図表4-45でみてみよう。まず銀行が直面している損益分布を考えてみよう。平均的にはプラスの利益が出ていないと事業として成立しないので、分布の平均（重心）はY軸よりやや右寄りになっている。大きな損失が発生しても破たんを防ぐ役割を果たしているのが資本である。資本が大きくなれば、損失吸収力が向上し破たんを回避できる可能性が高まる（同図①）。このため、ハイリスク、ハイリターンの貸出を行う選択肢が与えられる。リスク・リターン平面では、銀行の直面する効率的フロンティア（貸出機会曲線）が右上に伸びることになる。銀行のリスク中立的な選好を前提にすれば、銀行の選択する位置は、そのように拡大された貸出機会曲線の右上の地点にシフトするであろう（同図②）。

（ハ）金融危機と信用割当
　以上のような信用割当が広範化するのは、金融危機の時である。金融危機においては、ベース金利だけでは信用供与の需給、貸出金利が定まらない。

a. 需要面
　金融危機の際には、経済活動全体が沈滞するので、新たな事業展開や家計の住宅ローンを含

図表4-45　銀行の自己資本と貸出

①貸出機会曲線のシフト
- 銀行の自己資本が増加すると、銀行が貸し倒れによって破たんする確率が減少する。

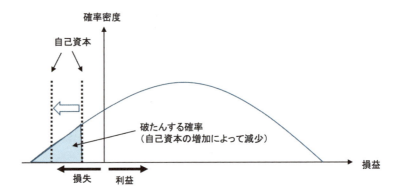

②貸出機会曲線のシフト
- 自身が破たんに至るまでの許容損失額が大きくなることから、より大きいリスクを取ることができるようになるので、貸し手の候補先が増える。右上のように貸出機会直線が伸びる。
- ただし、資本の増加のためには資本コストがかかることから、それによるリターンの向上には限界がある。

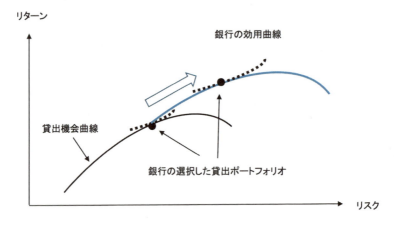

めて全般的に需要が減退する。しかし、他方では多くの借り手企業が収益悪化に直面し手元の流動性が大きく減少している。在庫が積みあがることからそのファイナンスのための借入需要も増大する。極端な場合には、赤字が拡大し従業員の給与など事業継続に不可欠な資金の確保も困難化する。もちろん、入金を予定していた取引先企業が倒産することも増え、この面からも資金ニーズが増大する。端的にいえば、前向きの資金需要は減退するが、後ろ向きの資金需要は大幅に拡大する。

b. 供給面

　金融危機の際には、既存の貸出の返済が滞り、貸出債権の不良債権化が進行する。このため銀行自身の財務体力（自己資本比率）が低下する。自己資本比率に対する規制をクリアーするためには、分子（自己資本）を増やすことが必要になるが、金融システム全体でリスクに敏感になりリスク・プレミアムが大幅に増大していることから、市場での増資などの対応は極めて困難化する（これが、公的資本注入などが必要となる背景である）。さらに、借り手の真の財務状態が分からないという情報の非対称性の問題が先鋭化するため、平時なら前向きに貸し応じたであろう高い金利でも貸出そうとはしなくなる。

　このように、金融危機の際には需給両面で、信用割当の可能性が高まる。

　なお、銀行にとって貸出が不良債権化し元利金が返済されなくなることは大きな痛手であって回収に努めるであろう。しかし、現実には回収は困難化する。このため、貸出金の引当の増加⇒償却によって、帳簿上の残高は減少する（借り手に対する請求権は直ちには減少しない）。他方、不良債権となっても信用創造は既に行われてしまっているため、供給された預金マネーは既に借り手から取引先等に支払われ、どこかで誰かの預金となっているはずである。つまり、貸出債権が焦げ付いたとしても、既存のマネーストックには影響しない。金融危機になればマネーストックが減少するのではなく、新たな信用創造が行われなくなってマネーストックが増えなくなるのである（この点、前掲図表１－８をみると、平成金融危機の過程で貸出が減少する局面が大きく２回あったが、この間預金は減少には至っていないことが分かる）。

第7章
外国為替

　以上では、日本円のみを念頭にマネーについてみてきたが、次に米ドルなど外国通貨、すなわち外貨との取引についてみてみよう。外国為替取引や国際金融においては、マネーのことを通貨ということが多い。これは、2国間の場合はマネーに対する国の権限が問題になることから法律上のマネー、つまり法貨ないし通貨という概念が自然に用いられるからである。

　異なる通貨間の取引としては、円とビットコインの交換といったこともあるが、取引の大きさからもその典型例は、米ドルなどの外貨と円との交換である。また、外貨建ての債券を日本国内で発行するとか、円建ての債券を海外市場で発行するといった取引、さらにはドル建ての預金を国内銀行が取り扱うといったことも珍しくないが、そうしたすべての外貨建ての取引のベースには、通貨と通貨の交換取引、つまり外国為替取引がある。そこで、為替レートがどのように決定されるのかということもみていくことにしよう。

　なお、「(円)建て」という言葉は、計算単位が円であって取引金額が円で表示されていることを示している。また、各々の通貨ごとに金利が成立しているので、円建て取引なら円の金利、米ドル建てなら米ドルの金利で、取引条件が決まることになる。円建てであれば、最終的に日本銀行券や日本銀行当座預金で決済が決了する一方、米ドル建てであれば最終的には米ドル札や米国連邦準備制度（実際には、ニューヨーク連邦準備銀行に各国の金融機関が口座を保有している）において最終的に決済が決了する。

　為替という言葉は、第二部第2章決済システムでも述べた通り元来は隔地間の送金の手続きのために交わされた証文（手形）ないし、それによる送金のことである。内国為替といえば、国内の銀行間の円の送金のことであり、外国為替といえば海外の金融機関やその取引先の口座にマネーを送金することである。しかし、外国為替の場合は単に外国通貨という意味で使われることも少なくない。

①外国為替制度の変遷

　19世紀に英国において金を本位貨幣とし、銀行券を金との兌換券とする制度、つまり金本位

制が確立され、19世紀後半には主要国で金本位制が採用された。金本位制は、金（金貨）という世界共通の貨幣を元にしているので、金本位制は各国の通貨制度であると同時に、世界共通通貨制度でもあった。

しかし、金の供給（発掘）に大きな制限があることから、時として金本位制を一時的に中止するといった事態が繰り返されていた。このため、第二次世界大戦の終戦を前にして新しい国際通貨制度の構築が課題となった[40]。

こうした中で、金本位制と、現在の管理通貨制つまり本位貨幣がなく各国の政府、中央銀行に対する信認を元にした通貨制との中間的な制度として、金と米ドルを基軸通貨とする2通貨体制が確立した。すなわち、1オンス35ドルという金の固定価格と、各国通貨の対ドル固定相場という体制が確立した。この通貨制度は、1944年米国のニューハンプシャー州ブレトンウッズでの会議で取りまとめられたため、ブレトンウッズ体制と呼ばれている。

ブレトンウッズ体制は、1971年8月米国ニクソン大統領が金と米ドルの交換停止を発表、実行した（ニクソン・ショック）ため、制度が一気に揺らいだ。その年の12月には、一旦固定相場レートの見直し（スミソニアン協定）という妥協策が成立したが、それも長くは続かず、1973年には主要国は現在の管理通貨、変動相場制に移行した。

この間、円ドルレートは（図表G）ブレトンウッズ体制下では360円であったが（同図の左端）、スミソニアン協定では308円となり、1973年4月には変動相場制に移行した。その後、米国の対外収支不均衡是正の観点から1985年に合意された、いわゆるプラザ合意で円が急伸し、その後円の相場安定のためのルーブル合意が1987年に成立するといった曲折があったが、その後はそうした人為的な相場水準の合意といった形は取られなくなった（なお、スミソニアン、プラザ、ルーブルといった合意、協定の名称はそれが合意された会議の開催場所や施設名に由来している）。

②外国送金の決済メカニズム

外国送金は、基本的に送金元の国の銀行（仕向銀行という）と、送金先の国の銀行（被仕向銀行という）を経由して実行される（図表4-46）。金額、最終的な受取人情報（名前、口座のある銀行支店名など）は、スイフト（SWIFT）という国際的な銀行間決済情報の取次機関が仲介している。このスイフトの手数料もあって海外送金には数千円以上の手数料がかかる。この軽減が大きな課題となっている。

---

[40] J.M.ケインズは、国際的な貨幣（バンコール）を軸にした革新的な制度を提案したが、採用には至らず、IMF（国債通貨基金）の設立とIMFによる準国際共通貨幣であるSDR（特別引出権：special drawing right）の導入という形になった。

図表4−46　外国為替取引の決済

（前提）
- 日本の輸入業者 a が米国の輸出業者 b に輸入代金として米ドルを1万ドル送金。
- 為替レートは、1ドル120円。

（手順）
①輸入業者 a は、自分の取引先銀行に依頼して、120万円を1万ドルに変換（120万円で1万ドルを購入）。
②輸入業者 a は、1万ドルを輸入業者 b の口座がある米国の B 銀行に送金するよう、A 銀行に依頼。
③A 銀行は、自行の口座のある米国内の B 銀行に自行の口座からの1万ドルの引落＋B 銀行内の b の開設している口座への入金を依頼。
③′A 銀行が B 銀行内に口座を開設していない場合には、中継機能を持つコルレス銀行である C 銀行から b の口座のある B 銀行に送金。この場合、米国内の為替決済として処理される（最終的には NY 連邦準備銀行内の口座振替で処理）。

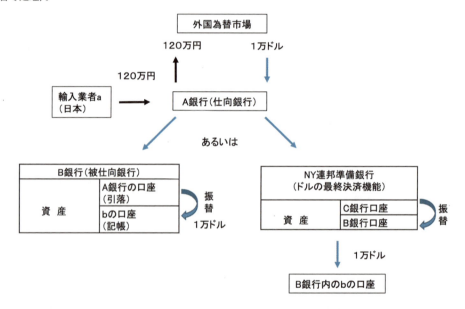

- 上記の図に登場する送金情報は、国際的な銀行間送金システムの運営機関であるスイフト（SWIFT；Society for Worldwide Interbank Financial Telecommunication）によって、A 銀行から B 銀行に送信される。

　なお、銀行間のマネーの最終的な決済は日本国内では日本銀行にある各行の当座預金間の振替で行われるのと同様、米ドルに関してはニューヨーク連邦準備銀行にある各行の口座間の振替で最終決済が行われる。特に、コルレス銀行（送金を中継する送金先の国の銀行で送金元の国の銀行と送金取次契約を結んでいる銀行）に受取人の口座が開設されていない場合には、米国内の内国為替決済の一環として最終的にニューヨーク連邦準備銀行の口座振替で実行される。

③実質為替レート

為替レートは名目的な指標であって、物価変動の影響は直接的には考慮されていない。現実には、例えば日本と米国では物価の上昇率が異なるため、円と米ドルの実質価値は物価上昇率の格差によって変動している。これを調整して実勢を評価するのが実質為替レートである。

実質為替レートとは、実物的な財、サービスの内外の交換比率である。例えば、日米間の貿易が自動車だけという極端に単純化したケースで考えると、実質為替レートとは米国車1台が何台の日本車と交換されるかということである。

具体的に、ある時点において日本で1台200万円の同質の車が米国で2万ドルであったとしよう。その時点では、1ドル100円であったわけである。その後、日本での価格は不変であったが、米国では自動車価格が値上がりし1台4万ドルになったとしよう。この場合、さらにいくつかのケースを考えてみよう。

	当初		その後
日本	200万円/台	⇒	?
米国	2万ドル/台	⇒	4万ドル/台
為替レート	100円/ドル	⇒	?

- 日本車価格、(名目)為替レートとも不変の場合

  日本の車は、200万円で1台購入できる。一方、米国の車は今では4万ドルであって、200万円をドルに替えても200万円では2万ドルにしかならないので、0.5台しか買えない。つまり、米国車1台は日本車の2台と交換される。こうした状態を実質為替レートが100円/ドルから200円/ドルになった（円安）と表現する。

- 日本車も1台400万円に値上がりした場合（為替レートは不変）

  日本車も米国車も2倍に値上がりしたため、引き続き日本車1台は米国車1台と等価であるので、実質為替レートは不変、つまり100円/ドルのままと表現する。

- 日本車価格は不変、(名目)為替レートが200円/ドルになった場合

  日本車は200万円であって、その価額200万円で1万ドルにしか交換できず、4万ドルする米国車は4分の1台分しか買えない。あるいは、米国車1台で日本車が4台買える。つまり、実質為替レートは4分の1の400円/ドル（円安）となる。

- 日本車価格は不変で、(名目)為替レートが50円/ドルになった場合

  この場合は、200万円で4万ドルに交換できるので、4万ドルの米国車をちょうど1台購入できる。つまり、日本車1台で米国車1台購入できるので、実質為替レートは不変の100円/ド

ルとなる。

以上から、実質為替レートを式で表現すると、実質為替レートは国内物価から見た内外物価の比率を名目為替レートに乗じた値、

$$実質為替レート（無名数）＝名目為替レート（円／ドル）\times \frac{米国物価（ドル／台）}{国内物価（円／台）}$$

となる。このうち、米国物価、国内物価を指数表示（無名数となる）にすると、実質為替レートが円／ドル表示される。つまり、

$$実質為替レート（円／ドル）＝名目為替レート（円／ドル）\times \frac{米国物価指数}{国内物価指数}$$

となることが理解できよう。

以上の議論について、次のような疑問を持つかもしれない。

「米国内での価格上昇、日本での価格不変であれば、日本円の方がマネーの価値が上昇しているはずであるのに、なぜ、米国車の価格が上昇すると、実質為替レートが円安になるのか？」

これへの回答は、米国での価格の方が相対的に上昇していること、その分価値の下がった米国ドルに名目為替レートで日本円がリンクしていることから、本来同じ1台としての価値は不変、共通であるはずの日本車の価値が、米国車の市場価格との比較では、相対的に価格が下がってしまう、つまり割安になってしまうということである。

逆に、本来同じ1台の自動車の価値なら市場で成立する価格も同じではないかという疑問があろうが、それは後で述べる「購買力平価」という為替レートのあり方の議論になっていくのである。つまり、日本車が割安になれば、日本でも米国でも日本車がより多く需要されることから、結果として日本車の割安が解消されていくのではないかということである。

ここでは、乗用車というひとつの財を例に取ったが、輸出入になじまない財やサービス、典型的に例えば不動産（賃料）などを除外して貿易可能財だけの物価を対象とする考え方もある。また、現に輸出入された財の物価（輸出物価ないし輸入物価）を用いて算出することもある。

ここでは日米2国間の貿易、為替レートを取り上げたが、多国間の交易を前提に、各国為替レートを交易額で加重平均した合成為替レートである実効為替レートに替え、物価も同様に交易額で加重平均した合成物価指数を用いることが考えられる。そうした為替レートのことを実質実効為替レートと呼んでいる。

④外国為替レートの基本的な決定メカニズム

（イ）実需

国内の居住者を想定すると、ドルに対する需要は海外からの輸入やドル建ての金融商品の購入から発生する。一方海外の居住者の円に対する需要は日本からの輸入（日本から海外への輸出）

や円建ての金融資産の購入から発生する。つまり、ドルに対する需要は、貿易・サービス収支とそれ以外の金融収支などの合計、すなわち経常収支から発生する。経常収支が日本からみて黒字基調の場合には、恒常的に日本の居住者はドルを売って円に換えるインセンティブが強い状態が続き、円高ドル安の傾向が続く。この間、金融商品の売り買い、例えばドル建ての金融商品（米国債など）を購入するには、原資としてのドルが必要である。借入をした場合には、いずれ返済しなければならない。返済しなくてよい原資は、貿易収支の黒字が源泉であるので、貿易・サービス黒字のことを「実需」と呼んでいる。

　1973年の変動相場制移行後、1990年代中頃までの20年以上にわたる円高・ドル安基調の背景には、このようなわが国の対外収支の黒字基調、特に財貨サービスの純輸出の黒字基調があった（主要金融経済指標の図表G、Jを参照）。円ドルレートは、2011年には一旦1ドル75円台という歴史的な円高水準を記録するが、その後は100円から110円台で変動する時代に入る。この間、対外収支の中身は、それまでの円高の下で日本企業が海外現地生産の拡大に努めたこともあって、財貨サービスの純輸出はマイナスに転じる。一方、そうした海外現地企業からの受取配当や海外の金融商品の利息などが大幅に増加し、財貨サービスの純輸出の減少を相殺ないしは、それを上回る増加基調を辿っている。

(ロ) 購買力平価

　では、対外収支はどのようにして決定されるのか。それは、対外競争力である。つまり、日本の製品が海外の製品に比べて安い（競争力がある）かどうかである。この点に着目したのが、購買力平価である。

　先の例で取り上げた日米の自動車価格と為替レートの関係を再度考察してみよう。

　先の例では、米国車価格が2倍になった場合で、日本車価格、名目為替レートが不変のケースでは、実質為替レートが100円/ドルから200円/ドルになることをみた。これは、円という通貨の価値に着目した場合に、実質的な日本円の価値はどうなるかという観点であった。

　そこで、今度は本来あるべき為替レート水準はどうなるのかを考えてみよう。今の例では、日本車を国内で200万円で購入して、米国に200万円÷100＝2万ドルで輸出すると、米国では既に4万ドルまで値上がりしているので、日本車はよく売れるであろう。それは、日本車の米国内での価格が4万ドルに近づくか、あるいは米国車が2万ドルに向けて値下がりするか、あるいは為替レートが円高方向に振れるかのいずれかになるだろう。為替レートに円高圧力が加わるのは、円高になれば米国内での日本車のドル建て価格が値上がりするからである（為替が50円/ドルになれば、200万円の日本車は4万ドルとなるので、米国車の米国での価格と同じ水準になる）。

　このようにやや期間を長く取れば、内外価格の裁定が働いていくことが考えられる。その場合、米国内の自動車生産コストは簡単に変わらないので、日本車の米国での販売価格を引き上げる

か、為替レートが円高方向に振れることが考えられる。しかし、ここでは自動車だけを取り上げたが、実際には多種多様の貿易財があることから、価格調整には時間を要するであろう。その点、為替レートはフレキシブルに変化できることから、内外の物価の裁定が働くように為替レートが調整されることが考えられる。

そうした形で為替レートが決まるというのが、購買力平価（PPP:purchasing power parity）」という考え方である。先ほどの式

$$実質為替レート = 名目為替レート \times \frac{米国物価}{国内物価}$$

において、購買力平価が成立しているということは、円ドル間の実質為替レート、つまり実物的な交換レートが1対1、すなわち実質為替レートが1であることを意味する。したがって、

$$1 = 名目為替レート \times \frac{米国物価}{国内物価}$$

から、

$$名目為替レート（円/ドル）= \frac{国内物価}{米国物価}$$

が得られる。つまり、国内物価が海外の物価に比べて安い、ないし上昇率が低い場合には円高になるのである。

ただし、日米で実際に生産、取引される財やサービスが、すべて貿易の対象となっているわけではない。購買力平価が直接作用するのは貿易の対象となっている財、サービスである。特に、各国で生産、消費する財やサービスの種類、構成さらには価値観が異なっている以上、絶対的な物価水準が均等化するということはあり得ないともいえる。これは、妥当な批判である。ただ、世界的に情報の共有が進み、コミュニケーションが増える中で、各国の人々のライフスタイルは同一化の方向に進んでいる。しかも、アマゾンをはじめとした実質的な個人ベースの海外交易も活発化している。こうしたことからPPPの妥当性は強まっていると考えられる。

また、典型的に交易不能な不動産について考えてみよう。例えば、工場建設の例を取ると、工場自体を輸出入できるわけではない。しかし、日本の自動車メーカーが工場の増設を考えた場合に、どこに工場を建てるのがベストかという判断が為替レートの決定要因として重要である。なぜなら米国に工場を造るとすると、巨額の（円から転換された）米ドルが必要となって、実質的に非常に大きな輸入を行うのと同等（あるいは現地生産に切り替わることによるその後の輸出の減少）ともいえるわけである。同様に農業用地も直接交易はできない。しかし土地の潤沢な米国では農産物の生産コストが低廉で輸出競争力がある。日本は米国の土地を輸入することはできないが、その土地を使って生産したものは輸入することができる。そのことは、不動産についても一定の裁定が働くことを意味している。

以上では、主として日本からの輸出を念頭において、実質為替レートや購買力平価について

述べてきたが、当然ながら実質的に円安（円高）になれば、輸入が減少（増加）する。このことから、実質為替レートが円安（円高）になれば、貿易収支は日本からみて改善（悪化）するということが分かる。この議論を精密に行うには実質為替レートの変化に対する輸出入数量の弾性値を導入する必要がある。こうした議論をまとめたのが、「マーシャル・ラーナー・コンディション」と呼ばれるものである[41]。

　また以上では絶対的な物価の存在を前提に議論を進めてきたが、現実にはそうした各国共通の物価水準を図るのは困難である。それに替えて、2国間の相対的なインフレ率をみて、相対的に高インフレの国の為替レートは安くなる傾向があると考える現実的なアプローチが採用されることも多い。

　こうした内外の物価の格差の実際の推移をみると（主要金融経済指標図表H）、1970年以降一貫して、日本の物価が米国の物価を水準においても、変化率においても下回って推移している。ただ、最近では内外価格差がほぼ横ばいに転じている。こうした状況が2000年代までの一貫した円高基調、その後2012年以降の円高基調の修正にといった変化に繋がっているものとみられる。

　以上のような、貿易・サービス収支やインフレ状況のことを為替レートにとっての基礎的な要因であるという意味で経済の基礎的諸条件（ファンダメンタルズ：fundamentals）と呼んでいる。

(ハ) 金や個別株式の国際取引…購買力平価の外にあるもの

　以上の議論を念頭に、さらに国際金融の理解を深めるために金と個別株式のケースを考えてみよう。結論からいえば、金や一部の株式は、東京では円ベース、ニューヨークではドルベースで同じ質の金、同じ銘柄が取引所で取引されているので、各々完全に裁定が働いている。つまり、為替市場で成立している為替レートで完全に読み替えることができる状態になっている。金や株式は乗用車や他の一般的な財、サービスと異なり実際にモノが動くわけではないので移転コストが極端に低いからである。

　金は、東京の金もニューヨークの金も同質である。しかも、各々東京商品取引所、NY商品取引所（COMEX）で、活発に取引されている。こうした中で、両者の価格、為替レートの関係は、

> 東京の金価格（円/1グラム）× 31.1035
> ＝ NYの金価格（ドル/オンス＜31.1035グラム＞）×為替相場（円/ドル）

---

[41] マーシャル・ラーナー・コンディションとは、実質為替レートが1％変動したときに、輸出や輸入が何％増減するかという比率（それぞれ輸出、輸入の価格弾性値という）の合計が1を超えなければ、為替レートの変動によって貿易収支を改善することができないというものである。

となる。現実に、この式が成立し、東京とニューヨークの間で完全に価格の裁定が働いている。しかも、金は今でもマネーとして機能し得る国際的な通用性を保持している。しかし、そうであるからといって金の日米価格が等しくなるように為替レートが決まっているわけではなく、（取引量の圧倒的に大きい）ニューヨーク商品取引所で決まっている価格を円ベースに引き直した水準に鞘寄せされる形で、東京の金価格が決まっていると考えるべきである。もちろん、日中は各々時間差の関係で取引時間帯が重ならない場合は、各々独自の相場が立っている。

　一方個別株式例えばトヨタ株は、東京証券所に円建てで上場されているが、同時にニューヨーク証券取引所でドル建てで取引されている[42]。もちろん、売買額は東京の方が圧倒的に大きいため東京市場で価格が形成され、それがその時点での為替レートでドルに換算された価格がNYで形成されるということである。

　このように、金や有価証券については東京とニューヨークで価格差が続くことはない。すべての財、サービス、金融商品の価格が両国間で裁定されれば、実質為替レートは名目為替レートと同一になるが、現実にはそうしたことはあり得ない。このため、実質為替レートが1になる、つまり購買力平価が厳密な意味で成立することは困難である。しかし、そのうえで為替レートについてアンカー（anchor；錨）、つまり（変更方向ではなく）その水準について、指針を与えるのは購買力平価しかないのも事実である。

（二）ファンダメンタルズ（fundamentals）を超える要因

　先に述べたような貿易面での対外競争力以外にも、長期的に為替レートに大きな影響を及ぼすファクターがある。それは、地政学的なリスクなど外交的、軍事的リスクや、地震などの自然災害リスクである。その理由は、為替レートは究極的には通貨の選択の問題であるので、長い目でみて安全な国の通貨を持つことが資産の保全に繋がるからである。例えば、北朝鮮の核問題が深刻化した状況の下で、円安に振れる局面があったのは、こうしたリスクが表面化したと考えられる。

　ただし、短期的には例えば、東日本大震災の際に、円高に振れた局面があった。それは、既に海外にドル建ての資産を保有していた日本の居住者が、復興需要など国内円需要の高まりに備えて、ドルを売ったためといわれている。もっとも、日本で自然災害がさらに相次ぐ事態となれば、日本の国力が疲弊し、円に対する信認の低下は避けられまい。

　また、通貨問題を話し合う場であるG7（主要7か国〈日、米、英、仏、伊、加、独〉）の蔵相、中央銀行総裁会議などでは、市場が投機的な動きから大きな変動を示したときには、「ファンダ

---

[42] 正確にはニューヨークでは、株式そのものではなく、ADRが取引されている。 ADR（American depositary receipt）は、米国からみて外国の企業の株式を裏づけとした有価証券である。株式そのものではないが、株式と同じ経済価値を持つ。

メンタルズ」に即した相場展開を促すことが少なくない。この場合の「ファンダメンタルズ」とは、上述の定義よりももう少し狭く、GDP成長率、インフレ率といった基本的なマクロ計数の状況を念頭に置いていることが多い。

（ホ）内外金利差

　以上は、中長期的な為替レートの決定理論であったが、短期的にはそうした中長期的な均衡値（アンカー）から乖離することがある。

　そうした観点から最も重要なファクターは内外の金利である。金利の高い国の通貨は、それを入手し国債や預金に運用することによって、金利の低い国の通貨よりも短期的に高い収益率を実現できる。特にヘッジ（現物買いの先物売りなど）なしの外貨の保有は、外貨の需給に直接影響を与える（逆にヘッジありの外貨保有は、為替相場には中立的である）。

（ヘ）アウトライト、先渡し、裁定取引の違い

　ここで、投機と裁定取引の関係について確認しておこう。以下の取引のうち、為替レートに最も大きな影響を与えるのは、アウトライト(現物、直物ともいう)の外貨取引である。次に先渡し（先物ないし為替予約ともいう）取引も、取引動機次第では為替レートに影響を与える。裁定取引については、基本的に為替レートへの影響はない。

a. アウトライト取引

　将来の円高に強い確信がある場合、単純に（ヘッジなどを行わず）ドルを保有して、ドルが値上がりしたところで売却する。典型的な投機である。もっとも、その間有利子ないし有配当の金融商品を購入、保有しておけば運用収益は得られる。特に低金利の通貨建てで貸出を受け、高金利通貨建ての高利回り商品を購入することをキャリー取引といって、日本が長らく低金利を続けている状況下で、円で借りてドルに替えて（円投あるいはドル転という）運用する、「円キャリー」取引が盛行していた時期がある。

b. 先渡し取引

　先渡し取引（フォワード、先物、為替予約ともいう）とは、将来取引する円ドルレートについて今の段階で合意しておき、将来時点でその価格で円とドルを交換する取引である。輸出業者などが、将来ドルが入金されたときに円に転換する場合、予め為替レートをドルの買い手と合意しておけば為替変動リスク（ドルが入金された時点で、ドル安になっているリスク）を回避できる。また、ドルの入金予定はないが、先渡し取引を使って、今は円マネーの支払いは行わず（つまり資金調達コストなしで）将来ドルが（先渡し価格以上に）値上がりすれば、利益が得られることを狙いとする投機的取引にもなり得る。この場合、期待に反してドルが値下が

りすれば損失を被る（契約時点で元本を調達していないので、利回りとして計算すれば非常に大きなマイナスの利回りになり得る）。

さらに、ドルの入金予定はない場合で、先渡し取引を活用して、リスクなしに利益が得られることもある。具体的には、次の金利裁定取引である。

c. 金利裁定取引

為替の先渡し取引（先物あるいは為替予約ともいう）、借入、安全資産への運用を組み合わせた取引である。これらの取引条件を適切に組み合わせることによって、その期間中の利益を確定することができる。

以下、具体的に次の例を用いて説明しよう。ここでは、以下の前提を置く。また、インフレはないものとする。

> 金利　円：4％、ドル：7％
> 当初（現在）の為替レート：100円/ドル

- **先渡し為替レートが110円の場合**

先渡しレートとは、将来（通常は3か月先などが多いが、ここでは1年後としよう）の円ドル交換レートを当事者の間で予め現時点で合意しておくレートのことである。今、仮にその先渡し為替レートが110円/ドルであったとしよう。

すると、今100円を保有している者は、それを円のまま預金すれば

$$100 \times (1 + 0.04) = 104 円$$

を1年後に手に入れることができる。また、仮にそれをドルに交換してドル預金をすれば、1年後に

$$1 \times (1 + 0.07) = 1.07 ドル$$

を手に入れることができるので、それを先渡し価格で円に戻せば、

$$1.07 ドル \times 110 円/ドル = 117.7 円$$

手に入れることができる。この117.7円は円のまま預金した場合よりも有利である。実際、手元に100円がない場合であっても、それを金利4％で貸出を受けることができたとすると、利息を支払った後でも、

$$117.7 - 104 = 13.7 円$$

の利益を得ることができる。

この例では、金利裁定取引が可能なのである。このような金利裁定取引は、裁定利益の13.7円が生じない状態まで続くことになる。裁定の生じないレートを計算するため、先渡しレートを仮にS円/ドルと置くと、

円のまま預金で運用した場合の
$$100 \times (1 + 0.04) = 104 円$$
と、円をドルに一旦転換して、ドル預金した後、円に戻した場合の
$$1 \times (1 + 0.07) \times S 円/ドル$$
が同額になるSを算出すればよい。すなわち
$$104 = 1.07 \times S \quad から$$
$$S = 97.2 円/ドル$$
となる。ここで、97.2円は、ほぼ日米の金利差である7－4＝3％分、ドルをディスカウント（100－97.2＝2.8円＝2.8％）した金額になっていることに気付くであろう。つまり、
$$1.04/1.07 \fallingdotseq 1 - (0.07 - 0.04)$$
ということである。裁定取引においては、高金利通貨は先物ディスカウントとなる。

- **インフレがある場合**

次に、日米でインフレがある場合を想定して、そのうえで裁定取引がどのように行われるかをみてみよう。

日本のインフレ率：2％、米国のインフレ率：3％

この場合は、以上の計算過程をそのままにして、単に名目金利を実質金利に置き換えればよいだけである。

つまり、円ベースの1年後の実質価値（現在価格で測った金額）は、実質金利が、$(1 + 0.04) \div (1 + 0.02)$であるので、
$$100 円 \times (1 + 0.04) \div (1 + 0.02) = 101.96 円$$
となる。一方、この101.96円と、「一旦ドルに換えて、ドル預金した後、先渡し為替レートS円/ドルで円に戻す取引」で得られる実質元利合計
$$1 \times (1 + 0.07) \div (1 + 0.03) \times S$$
が等しくなるSは、
$$S = 101.96 \times 1.03 \div 1.07 = 98.15 円/ドル$$
となる。この98.15は、ほぼ日米の実質金利差
$$(7\% - 3\%) - (4\% - 2\%) = 2\%$$
だけ、ドルの先渡し価格をディスカウントした値となっている。

ここで、2点留意すべきことがある。
- 金利は今期の時点で確定しているが、インフレ率はあくまでも今期から来期を見通した場合の予想値である。したがって、先ほどのインフレがない場合の金利裁定取引は確定利益が保

証されていたが、実質ベースでは、インフレ予想が実現するかどうか次第ということになる。
- 裁定取引は、既に生じている裁定機会（リスクなしに利益を得る機会）を解消するだけであって、先々の直物の為替レートを決めるものではない。先物はあくまでも先物であって、1年経過した時にどのような為替レートであっても現在の時点で確定するものである。

（ト）マネタリー・アプローチ

マネタリー・アプローチとは金利差ではなく、マネーストックの増加率の差に注目する考え方であって、貨幣数量説をベースにした為替レート決定理論である。アセット、とりわけマネーが財、サービスに比べ貴重ならその通貨は国内的に高くなる、そして対外的にも自国通貨高になるであろう。逆にマネーストックの量が大量に出回っているケースでは、その通貨は安くなるであろうという考え方である。そうした考え方を「為替レート決定へのマネタリー・アプローチ（Monetary Approach to the Exchange Rate）」という。

具体的に、自国のマネーストックをM_d、実質所得をY_d、自国の一般物価水準をP_d、相手国の物価水準をP_f（＝1としよう）、為替レートをe（＝$P_d/P_f＝P_d$）とおくと、マネーの量と物価水準が比例的な関係にある（つまり貨幣数量説が成立する）場合には、

$M_d＝kP_dY_d$ と e＝P_d

から、

e＝M_d/kY_d

となって、マネーストックを自国で物価上昇による需要増以上に増加させると、為替レートは自国通貨安となることが分かる。もちろん、実際には（マネー以外の）金融資産ストックの存在を前提にすると、マネーストックと物価水準が単純にパラレルに動くわけではないことは自明である。しかし、マネーストックの量が多いということは、そのマネーの希少価値が低いことを意味するという基本的なインプリケーションは間違っていないであろう。

⑤外国為替レート決定の複雑さ

外国為替レートに関する説明の締めくくりとして、その決定過程がいかに複雑であって、したがって予測が困難であるかということについて簡単に触れておきたい。

（イ）多国間の調整

以上では、円ドルレートに絞って、議論を進めてきた。つまり日本と米国の2国間の経済、金融情勢を念頭に、それが為替レート形成にどのように作用してきているかという点をみてきた。

しかし、現実には円、米ドル以外にも多くの通貨が存在している。その中にはユーロ、人民

元といった有力な経済、通貨も含まれる（グローバルに広く通用している通貨のことを主要通貨という）。このため、為替レートはその4つの主要通貨だけでみても、6つの異なる為替レートが存在している。当然、裁定が働いてそれらの間の整合性も確保されている。例えば円ドルレートと円ユーロレートから、ドルユーロレートが計算でき（クロスレート）、そのレートは現実に成立しているドルユーロレートと等しい。

　つまり、為替レートは主要国各国の経済、金融情勢が総合されて、2国間の為替レートが決まるのである。このことが、外国為替レートの決定過程を複雑なものにしている。以上に述べた主要国間の内外収支、物価、金利といったファクターがその中の2国間の為替レートに影響する。為替レートの予測は困難だとよくいわれるが、その背景にはこうした事情がある。

（ロ）為替レートの政治性

　為替レートが自国安に振れることは、その経済が大枠として安定している限り、輸出競争力の増大を通じて経済の拡大にプラスになることが多い。特に国際政治の舞台では、そうした前提で時として為替レートが大きな議題となる。その文脈では、中央銀行がコントロールできるとされる金利が為替レートに及ぼす影響が問題視され、景気拡大のための金利の低め誘導なのか、為替レートを自国通貨安にするための政策（「近隣窮乏化政策」といわれることもある）なのかということが問題となることも多い。このため、現実には各国当局はそうした政治的な発言を抑制することが共通の理解になっている。そのうえで、市場では各国要人の発言に時に過敏といえるほどに注目している。

　一方、ある国の政治、経済が脆弱で不安定な場合には、その国の通貨が暴落する場面も少なくない。そうした場面では「通貨防衛」が大きな政治的課題となる。1980年台のメキシコ、ブラジルなど南米諸国の通貨危機、1992年の英ポンド危機、1990年代後半のタイ、インドネシア、韓国などのアジア通貨危機、1998年のロシアルーブル危機などは、規模の大きい深刻な通貨危機であった。そうした場面では、トリプル安といった状況になることも少なくない。トリプル安とは、通貨安、株安、債券相場安（市場金利の高騰）のことである。いわば、悪循環でその3つの要素がスパイラル的に悪化する。

　以上のように、為替レートを巡っては、自国通貨安への誘導と通貨防衛という政治的にも全く異なる様相を示すことが少なくない。しかもその二つの政治的な目標が、時期は違っても、同じ国で生じることも少なくない。為替レートを巡るメカニズムは非常に複雑である。

第五部

企業金融とリスク・マネジメント

Introduction

第五部では、 企業金融、つまり企業の資金調達と、金融取引に関するリスク管理（リスク・マネジメント）について説明する。

　最初に企業の資金調達の様々な手段、その選択について説明する。その中で、大きなポイントは借入（デット）によるのか、株式（エクイティ）によるのかということである。デットは、資金の出し手からみると一般的にはリターンは低めであるが、確定利付きであって優先的に返済を受けることができる。一方、エクイティは投資家からみると、経営に参画しつつ実績に応じて配当を受ける。こうしたデットとエクイティの違いを踏まえ、株式のリターンがどのように決まるのか、また企業価値はどのようにして算定されるのかについて説明していく。この分野での金字塔はモディリアーニ・ミラーの命題であって、それによれば企業価値と資金調達構造は無関係である。

　次に、一株当たりの株式の価格（株価）について、基本的な概念を説明していく。この分野では、資産選択理論を応用した資本資産価格理論（CAPM）をはじめとして様々な指標や価格理論が開発されてきた。

　その後、金融のリスク・マネジメントについて議論を進めていく。リスク・マネジメントとは、投資家が損失耐久力（自己資本）を考慮しながら、リスク回避（リスクヘッジ）したり、適切な範囲で積極的にリスクを取りにいくこと（リスクテイク）で、長い目で見たリターンを上げていくことである。

　続いて、リスク・マネジメントの本質的な部分をよりよく理解するのに役に立つ金融派生取引、なかでもオプションについてやや詳しく説明する。オプション取引の基本を理解すると、様々な金融取引のリスクとリターンの関係をより深く理解することができる。それらを踏まえて、最終的に金融取引に関わるリスクをどのように管理していけばよいのか、デュレーションなどの数値的な方法を含めて説明していく。特に金融機関のリスク・マネジメントについて、VARのほかデュレーションなどALMの具体的な手法についてもみていくことにする。

第1章
企業金融とは

　企業金融（corporate finance）とは、企業、特に金融機関ではない一般事業法人の行う信用取引全般のことである。特に企業が事業を展開する際のマネーの調達、つまり企業の「資金調達」[1]のことを指すことが多い。事業金融ということもある。ファイナンス（finance）には、一般的な金融という意味のほかに、資金調達という意味もある。企業の手元マネーの日々の出入りの管理のことを「資金繰り」というが、コスト・収益性やリスク管理の観点を含めた広い意味での資金繰りの運営が企業金融であると捉えることもできる。ここでは、基本的に資金調達面を中心に包括的に整理する。

①資金調達の基本類型

　資金調達とは、企業が事業活動を継続するのに必要なマネーを調達することである。企業の事業活動に必要なマネーに対する需要のことを資金需要という（銀行サイドからみた場合、資金需要のことを需資という）。
　マネーが必要な一般企業の事業活動としては、大きく分けると、次の3つとなる。
- 起業、長期的な投資（工場の建設など）
- 経常的な事業活動（原材料の仕入れなど）
- 金融商品への投資（財務活動）

　このほかに、経営が悪化し赤字となった場合には、現金も不足していることが多い。つまり資金繰りがきつくなっている場合には（例えば期日に原材料費の支払いができないなど）、企業の存続を図るためにマネーが必要となる。具体的には、一時的な赤字に対しては赤字補てん資金、もう少し事態が深刻化した場合には救済融資が必要となることもある。救済融資は赤字が続き借入が返済できない状況に立ち至った場合に行われる（必ず救済されるということではない）。

---

[1] 企業金融においては、マネーといわずに「資金」ということが多い。マネーの調達や運用のことを「資金」調達、「資金」運用という。

そうした企業の危機時を除き、経常的な資金需要としては、上で述べた3類型に応じて次のような種類がある。

(イ) 起業、設備資金

起業は、エクイティ調達が必要条件となる。起業後も、新分野に進出する、業容を拡大する、あるいは既存の設備の更新を行うために資金（設備資金）が必要となる。設備資金は1〜2年から数年、さらには10年以上の長期にわたって使い続ける設備を入手するために必要な資金である。設備資金はリスクは高いが企業活動の根幹である。恒久的ないし長期となるので、資金繰りの安定確保の観点からエクイティによる調達か長期のデットによる調達が自然である。このような1年以上の（借入・貸出）資金のことを「固定資金」ということもある。

(ロ) 運転資金

企業の経常的な活動に必要な資金、つまり原材料を手当てし、生産し、従業員に給与を支払い、販売する流れの中で、販売による入金よりも経費支出が先行するために生じるマネー需要のことである。言い換えれば、原材料や製商品の在庫を手元に保有するためのマネーである。また、決算が確定した後の法人税などの支払い、あるいは従業員の賞与支払いのための季節的な資金需要もある。これらは、親密先金融機関からの借入のほか、手形の振出によって仕入れ先などへの支払いを3か月先に延ばして行うなどの手段が取られることが多い。特に金融機関からの借入については、予め契約した限度額（融資枠ないしクレジットラインという）の範囲内で弾力的に借入れることのできる手段を取ることもある。また、大企業では自らCP（コマーシャル・ペーパー）と呼ばれる短期無担保社債を活用することもある。

事業が順調に推移している場合には、事業規模が拡大する過程で経費の支払いも増えるため資金需要も増える（増加運転資金。増運資金ともいう）。他方、事業が不調になった場合には、売上による回収が遅れるため、やはり資金が必要になる（在庫資金、赤字補てん資金）。

(ハ) 財務資金

企業は、例えば製造業であっても、本業を利益面で補完するために金融商品に投資し、金融収益の獲得を企図することがある。そうした資金の調達が財務資金調達である。企業の財務運用は、業績が極めて好調で財務体質が良好（典型的には無借金）な企業では、余裕資金（余資という）の運用という自然な形になる。しかし、経営悪化した企業が借入によって金融商品を購入し、財務収益の獲得を狙うといった、失敗すれば経営の根幹が揺るぎかねない投資ないし投機も少なくない。

②資金調達の相手先

　企業が資金を調達する場合には、株式の引受け手や資金の出し手の選択についていくつかの類型がある。その際のポイントは、信用供与は信用リスクを伴うので、債務者の状況を正確に分かっている場合には貸し手にとってリスクは軽減されることから、借り手にとっても円滑な調達が可能なことである。借り手は、相対的に低い金利でマネーの調達ができる。その観点から、マネーの出し手に関して、借り手との関係の強弱を基準にして次のような類型に分けることができる（関係の強い順に並べてある）。関係が強い先からの資金調達を優先するのが、企業金融の基本といえよう。

　なお、企業が自身で余裕資金を保有している場合には、それを事業拡大等に充当することは当然である。時々の利益を手元に残しておき内部に留保しておけば、その資金（利益留保という）は新たな事業活動の原資に使うことができる。また、経営が順調な企業では、設備投資に見合った利益を出しているはずであって、会計処理としては設備の老朽化による損失（減価償却）を定額ないし定率で必要額を算出し、その額をコストとして計上している。しかし、そのコストは会計上のものであり実際には現金として出金していないことから、その分は新たな事業展開の原資として活用できる。こうした利益留保と減価償却の合計を内部資金と呼んで、社外からの資金調達（外部資金）と区分することも多い。特に、平成金融危機以降は、企業の設備投資が低調を続けたため、手元の資金が積み上がり、外部資金に頼らず内部資金で資金需要を賄うケースが増えた。

（イ）グループ内の関係会社

　同一の企業グループの場合、親会社が子会社を含めたグループ全体の資金繰りを把握し必要な対応を取っていることが多い。時には、親会社がマネーの調達を一元的に行うこともある。また、グループ内の会社の事業の性質から、資金繰り面で手元マネーの残高に余裕がある先と、マネーが不足し調達しなければならない先に分かれることも多い。グループ全体としては、マネーの調達と運用の金額がバランスしている場合もある。その場合には、グループ内の各社が個々に金融機関からマネーの調達を行うのではなく、グループ内のマネーのやり取りで完結させるのが合理的である。

　そうしたグループ企業間では、親会社が子会社の株式を保有するほか、兄弟会社相互に株式を持ち合うことも少なくない。

（ロ）経営に深く参画する業務、資本提携先

　企業は同じ企業グループに属するとまではいえなくとも、経営に深く関与する（し合う）関係になることも少なくない。例えば、互いに販売先と仕入れ先といった関係がもともとあって、

さらにそうした関係を超えて販売戦略などで親密な関係を有しているとか、資本提携まで踏み込んだ関係をしているような先では、企業間信用（手形のやり取りを通じた資金の融通）などによって資金面で協力関係となることもある。

(ハ) 日頃から取引関係のある金融機関

　平成金融危機まで、わが国ではメインバンク制といわれる特別な関係が銀行と企業の間で確立されていた。つまり、各企業は、金融機関1先（単独メイン）ないし2先（並行メイン）との間で特別に親しい関係を構築していた。メインバンクでは、決済口座も提供しているため、資金繰りなどを日頃から把握できる立場にある。メインバンクから取引先企業に出資したり、人材を派遣するといったケースも少なくなかった。そのような金融機関は、借り手企業が経営危機になった場合でも救済融資などに応じることも少なくなく、企業からみると資金調達にあたって、まず最初に相談する相手先と位置付けられる。平成金融危機によって、こうした強い形のメインバンク制はかなり解消されたが、依然として各企業は親密先金融機関との関係を維持していることが多い。

(ニ) 完全な外部者

　以上は、濃淡はあるものの日頃から何らかの企業同士の関係が構築されている場合である。しかし、一般的にそうした親密先だけに資金繰りを頼っているわけではない。複数の銀行に貸出の可否の打診をするとか、日頃から取引のある証券会社（主幹事証券会社）に相談して新株や社債などの証券の新規発行に至ることもある。証券発行の場合には、証券会社が発行に至る段取りなどの様々なアレンジを行うが、証券会社が資金を直接供給するわけではなく、信用供与（証券発行）の条件がオープンに公開され、それに応じるかどうかを決定するのはあくまでも個々の資金の出し手＝投資家となる。一般的に情報の深度は浅く、格付けなどの公開情報が活用される。むしろ投資家に公平に情報が均霑されることがより重要となる。

③資金調達手段の選択

　次に、資金調達の具体的な手段について様々な切り口からみてみよう。

(イ) デットかエクイティか

　借入/債券なのか株式なのか、ということである。資金の出し手からみると、株主は株主総会に出席し会社の意思決定に関与するという形で経営に参画する一方、利益から配当を受け、破たんした場合には、出資した範囲でロスの負担を負う（有限責任）。他方、デットは通常固定金利であって株式などよりも優先して返済を受けられる。調達サイドとしても、デットかエク

イティかということは、企業金融における最も重要な判断項目である。次の第2章で、詳しく説明する。

なお、両者の中間ともいえる転換社債、劣後ローンの借入があるので、ここで説明しておこう。実務で転換社債と呼ばれる社債は、正確には「転換社債型新株予約権付社債」で、社債ではあるが予め決められた株式への転換価格（1株に転換するに必要な社債金額）に応じて、かつ予め決められたタイミングで株式に転換されるものである（改めて対価を払い込む必要はない）。類似の社債として「新株予約権（ワラント）付社債」がある。これは、転換社債と同様に株式への転換条件は予め決まっているが、投資家は対価を払い込む必要がある。

劣後債・ローンはデットではあるが、他の貸出に比べ返済の優先順位が低いため、業績が悪化すると他の貸出よりも早い段階でロスが出るタイプの商品である。このため、エクイティに準じる性格を持っているといえる。ただし、元利返済が滞っていない限り直接的な経営への参画はない。

なお、創業から短期間の企業の場合、経営が順調に推移すれば、株式を上場（IPO；initial public offering）することになる。その際に、株式の公開売却によって巨額の創業者利益が実現することが多く、起業の大きなインセンティブとなっている。

（ロ）借入か社債発行か

デットによる調達の中で、基本的な選択肢は借入か社債発行かである。大企業の場合は、長期資金については借入と社債を併用していることが多い。短期の資金需要については借入を活用することが基本である。中小企業の場合は、借入に全面的に依存することが多い。

両者の基本的な相違が明確になるのは、経営が悪化した場合である。借入は相対で条件が決まるものであって原則としては転売されないのに対し、社債は証券会社のアレンジで決めた条件を市場に提示し、それに応じた投資家が購入するものであって、転売されることをむしろ当然のこととしている。そのため、典型的な相違として、仮に当該企業の経営が悪化した際には次のように対照的な事態が生じる。

- 借入の場合は経営悪化への対応が企業と貸出元銀行の間で話し合われる。例えば利息が払えない事態となった場合には、銀行の判断で経営支援のために金利の減免などが講じられる可能性がある。この間、直ちに貸出元本が毀損するわけではない（評価は低下する）。ただし、銀行サイドが期限前の返済を要求するといったことがあり得る。
- 社債の場合は経営悪化により発行者（発行体という）が利息が払えない事態になると、市場で取引される価格が直ちに大幅に下落する。金利の減免といった措置は基本的に取れない。経営支援を個別の社債保有者と相談するわけにもいかない。しかし、繰り上げ償還（早期返済）を求められることはないので、満期まで社債は存続する（借り続けることができる）。

以上の相違をさらに端的にいえば、借入はウエットなものであり、社債はドライであるとい

えよう。もっとも、社債には私募債（原則として50人未満の投資家に購入を依頼する社債）があり、その場合は縁故者が引き受けることが多く、転売禁止とされることも少なくない。ある程度ウエットな性格を帯びる。逆に、借入であっても、貸出銀行が当初からその貸出債権を市場で転売するつもりで貸出を実行することもある（市場型間接金融ともいわれる）。特に近年、銀行に対する自己資本比率規制が厳格化される傾向の中で、これへの対応として規制資本の節約のために（分母対策として）貸出債権のオフバランス化が進展する場面も多くみられた。もっとも、リーマンショックの引き金となったサブプライム・ローンは転売するために貸す（loan to sell）という側面が強くなって審査が過度に緩くなったこと、債権が複数回流動化されるうちに責任関係などが不明確になるといった事態になったことが問題視された。

このほか、借入と社債には次のような相違点がある。

a. 社債は定型かつ、金額が多めで、長期が基本

　社債、特に応募債の場合は市場に広く購入を呼びかけるので金額が多めでかつ1億円単位といった定型的な設定となっている。また、期間について金融の実務では、期間1年で区切って1年以上の期間の取引を長期、1年未満を短期としているが、社債の場合は、通常3年、5年、10年の定型的な期間設定となっている。しかも元本は一括返済である。もっとも、大企業では短期社債と呼ばれるコマーシャル・ペーパーを発行することもある。期間は1か月、3か月といった短期であるが、金額は1億円単位である。

　一方、貸出の場合は金額、期間ともオーダーメイドで、多様な設計が可能である。

　このため、社債を活用する場合は、必要な資金の変動部分に関しては貸出による調整が必要である。

b. 借入は担保付きが基本

　借入の場合は担保、人的保証、コベナンツ（融資継続のための条件）が付されるのが基本である。無担保、無保証は、優良大企業に限定される。一方、社債の場合は、もともと中堅以上の規模の会社の発行を前提にしていることもあって、無担保、無保証がむしろ基本である。

　中小企業にとっては、借入に際して担保が十分に用意できない場合には、保証を活用する。具体的には、経営者による連帯保証と信用保証協会による保証が活用されている。経営者による連帯保証[2]があると、借入が返済できない事態となった場合には、経営者がその損失を補てんすることになる。また、信用保証協会は各都道府県に設けられた公益法人で、申し出があれ

---

[2] 経営者による連帯保証は保証人である経営者が企業の借入に対して自身の債務と同様の責任をもつものであるが、単純保証の場合は主債務者が返済できない場合に限って保証履行の義務を負う。なお、経営者連帯保証のほかに第三者による連帯保証があるが、銀行などの預金取扱金融機関に対してはこれを使わないよう当局が指導している。

ば保証の可否を審査し、保証料を取ったうえで、貸出元の金融機関に対して保証を実行する。仮に返済が行われない場合は、信用保証協会が「代位弁済」（債務者に代わって返済）を行う。このため、金融機関としては財務基盤が十分ではない企業に対しても貸出を行いやすくなる。

なお、担保、保証いずれについても、包括的に担保、保証を入れておいて、実際に借入を実行する際にはその範囲内で簡便に借入を行うことのできる、「根担保」、「根保証」といった方式もある。

c. 社債発行には格付け取得が必要

社債の場合は、担保に代わるものとして、格付け機関（第一部注31、第四部注36を参照）による格付けが求められる。多数の投資家が個々に審査することは不可能であることから、専門機関が公表した格付けを用いるメリットは大きい。格付けは、通常最上位AAA（トリプルA）、AA（ダブルA）、A（シングルA）……C（シングルC）までの9段階に分かれる。一般的にはBBBまでが投資適格とされ社債発行が可能である（BB以下は、投機的格付けといわれる）。発行条件（発行金利）は格付けによって大枠が決められる（最終的には、入札で決定される）。

（ハ）借入の場合の判断項目

a. 長期か短期か

貸出には、長期（1年以上）と短期（1年未満）があり、仕組みが異なる。長期貸出の場合は、その都度金融機関と借入者が交渉し、金利、期間、返済方式などの条件を定め「証書」を作成する（証書貸付）。短期の場合は、基本契約を予め定めておき、その都度、簡単な交渉で貸出が実行されることが多い。典型的に手形貸付（借入人が約束手形を銀行に差入れ）の場合は、予め上限が決まっており、その範囲内であれば、柔軟に貸付に応じる金融機関が多い。

借入期間は、資金繰り状況に合わせるのが基本である。つまり、設備資金は長期で調達し、運転資金は短期で必要な時に必要な金額を調達するのが効率的である。

b.（長期借入に当たって）固定金利か、変動金利か

固定金利とは、契約期間中の金利が金融情勢が変わっても変わらない契約である。一方、変動金利の場合は指標となる短期市場金利（東京銀行間貸借金利；TIBOR＝Tokyo Interbank Offered Rate）に一定の利幅（スプレッド）を上乗せした金利をもって貸出金利とするものである。指標金利の期間は6か月とすることが多い。

一般的には、固定金利の方が不確実性がないので、経営計画が立てやすいメリットがある。他方、変動金利は金融情勢が変化すると借入金利も変わるので、リスクが高いとされる。もっとも、金融情勢は経済の情勢を反映することから、景気がよく返済能力が高い時に金利が上がり、景気が悪く返済能力が低い時に金利は低下する傾向にある。つまり、景気と企業の業績が連動

している場合には、結果的には変動金利の方が有利という側面もある（第四部第3章⑤参照）。

c. 政策金融の活用

　日本政策金融公庫などの政府系金融機関は、民間では対応しにくいリスクの高い案件に公的な見地から貸出を実行する役割を担っている。中小企業にとっては、民間銀行よりも審査基準が政策的に緩和されていることも多いため、利用企業は多い。出資もないわけではないが、貸出が原則である。

（二）事業や資産の流動化（図表5－1）

　外部資金でもなく、既存の内部資金でもない方法として、事業や資産の売却という手段がある。既存の事業の将来性が乏しくなってきたといった状況では、不動産、設備、様々な権利（行政からの免許）などを手放して資金を入手し、新たな事業展開の原資とすることが考えられる。また、事業の将来性があったとしても、部分的に売却し、次の事業展開の原資にすることも多い。特に、近年資産の売却手段の多様化の流れの中で、事業そのものを含め資産を小口、分散化して売却（流動化という）するスキームが普及した。

　そうした事業や資産の流動化のスキームのポイントは、特別目的会社；SPC（special purpose company）といわれる資金調達の「装置」（ヴィークル；vehicleという）を活用することである。SPCはそうした資産流動化の目的のみで設立される。そこが株式や社債を発行し資金調達を行うことによって、事業や資産の元の所有者は事業や資産の売却代わりに金を手に入れることができる。また、元のリスク・プロファイルを、例えばローリスク・ローリターン（典型的にシニア債券）の商品とハイリスク・ハイリターン（エクイティという）の商品、さらにその中間（メザニンという）といった形で新たな複数の商品（トランシェ）に分解（トランチング）することで、個々の投資家のニーズにより的確に合わせることができる。それによって資金調達が容易化する。

図表5−1　事業や資産の流動化（証券化）

①事業流動化のスキーム例

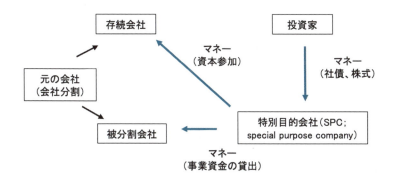

②資産流動化の例
（トランチングの手法も活用）

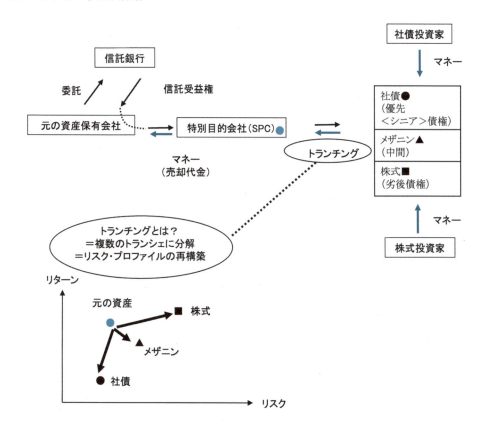

第五部　企業金融とリスクマネジメント

第2章
デットとエクイティ

①デットとエクイティの基本的な性格

　以上のような様々な資金調達手段のうち、企業金融の最も基本的な要素であるエクイティとデットについて、さらに詳しくみていこう。通常、デットとエクイティという並べ方をするが、ここでは起業をイメージして、エクイティから説明しよう。

（イ）エクイティ（株式）の役割

　いうまでもなく、企業にとって本源的な資金調達は、エクイティ＝株式の発行である。株式の発行により、経営資源の根幹である資本が確保され、企業が事業活動を開始、あるいは拡大する。会社を設立するための株式を引受ける主体は、「発起人」といわれる。その後の株式の発行（増資）は、既存株主による追加引受か、公募となる。公募の場合には、証券会社が募集、その後の上場に至る手続きなど様々なアレンジを行う。株主は企業の所有者であるので、その経営を株主総会で選出した取締役に執行を委任している構図となる。この観点からは、株主にとって企業の日々の経営にあたる取締役は代理人（エージェント）と位置付けられる。その場合、株主は依頼主＝プリンシパルとなる。エージェントがプリンシパルの意向を踏まえていかに誠実に行動するかという点は、金融の様々な場面で論点となる。しかし以下の議論においては、そのような問題はなく、企業の経営者が株主の利益を最大とするべく精一杯の努力をしていることを前提にしよう。

　株式は会社の資産の持分権である。株式の所有者である株主が、マネーの提供だけではなく、経営に参画する。このため増資は、企業が成長していくための基本的な設備投資、販売チャネルの構築などの資金調達＝資本調達を目的とする。大きいリスクを伴う目的のための資金調達であって、それが不調に終わった場合には損失を負担、吸収して企業が倒産しないためのバッファーとして機能するのがエクイティである。このため、エクイティによるマネーの調達のことを「リスクマネーの調達」と表現することもある。もちろん企業が倒産すれば、株主は出資した全額を失う。逆に企業の倒産とは、企業経営が悪化し赤字となり、さらに株主の損失負担

をもってしても負債を返済できない状態（債務超過）になることと定義づけることができる。

(ロ) デットの役割と返済順序

　企業金融の文脈でのデットとは、具体的には銀行からの借入、社債の発行あるいは手形の振出（企業間信用）である。基本的に経営への参画を求めない単純なマネーの調達であって、リスクマネーの存在を前提に、それに上乗せしていくイメージである。しかし、株主がまず損失を負担するからといって、貸し手は経営に決して無関心ではない。貸出等にあたってマネーの出し手は、様々な手段を使って経営状況を事前に把握し、かつ事後的にもフォローする。企業金融の最終的なリスクは倒産時の損失負担であって、日頃は意識されないようにみえるが、倒産リスクは金融リスクの最たるものであり、株主はもちろん、銀行など信用取引におけるマネーの出し手は、この点について常に注意を払っている。

(ハ) デットを巡る法的論点

　倒産は、企業の死ともいうべき重大なことであるので、関連法制や規範が整備され、それに基づいた厳格、公正な処理が行われる。その際のポイントは次のようなものである。

a. 破たん法制

　企業の経営が立ちゆかなくなった時の対応には、破産、会社更生、民事再生手続などの法的手続と、私的整理がある（図表5-2）。基本的には、再建の可能性を軸に手続が選択される。再建の可能性が低い場合には、最も厳格な手続である破産手続による破たん処理が行われる（1997年に破たんした山一證券は当初は自主廃業であったが、最終的には破産手続で処理された）。一方事業の再建、継続の可能性が高い場合であって、かつ株式会社である場合には、会社更生手続が選択される（最近の例では2010年に破たんし再建された日本航空の再建[3]）。債権者の数が少なく、現在の経営者の続投（ディップ＝DIP；debtor in possessionという）が望ましい場合には、民事再生手続が適用される（最近の例では2017年に破たんした自動車のエアバッグメーカーのタカタ）。これらの手続は基本的に関係者が裁判所に手続の申請を行い、それが認められた場合に裁判所の管理、監督の下で処理が進められる。なお、事業の継続が無理な場合には破たん（デッド返済不能）の前に廃業といった措置を採る場合もある。

---

3) 日本航空の再建を主導したのは、預金保険機構の子会社として設立された「企業再生支援機構（現在は、地域経済活性化支援機構）」である。著者は、同支援機構の役員として再建に直接関与した。その際のポイントは、抜本的な経営再建のための債務の削減と事業継続の確保という二律背反した目的の同時達成であった。その時に取った手法が「プレパッケージ型会社更生手続」といわれるもので、事前に再建計画を練っておいた上で、会社更生手続を活用し厳格な処理を行うという日本で初めての方式であった。

図表5-2　信用取引の種類と倒産の影響

		株式	無担保社債・貸出	担保付き
法的整理（倒産）	破産（会社の消滅）	最初に無価値化	残余財産を社債保有・貸出額に比例して弁済	別除権（全体の弁済原資とは独立に処理され、他の財産の弁済に充当されない）が有効
	会社更生（解体的な出直し）	〃	〃	別除権となるか不明（更生担保権として協議）
	民事再生（抜本的な経営再建）	原則として最初に無価値化（大幅減資の場合も）	協議によるが、原則として社債保有・貸出額に比例して弁済	原則として有効
私的整理		〃	協議による債権カット	考慮されるが、協議による

（注）法的整理とは、法令に基づき裁判所の管理下で、債権者集会などの手続を経て債権債務関係を整理、改編、確定させて会社を解体的に処理。私的整理は、関係者の合意により、会社を消滅、ないし再建。

b. 債権者平等の原則

債務の全額が返済できなくなった場合には、事前に定められた条件がない限り、全債権者に対して定率（弁済率）で公平、平等に分配される。この原則は法令以前の大原則とでもいうべき重要な考え方である。もっとも、少額債権や労働債権（給料など）については、裁判所の特別な許可を得て、優先弁済されることが多い。

c. 担保

破産手続や民事再生手続が開始されると、担保を債務者から徴求している貸出債権者は、その担保を処分して、（他の債権者の権利とは独立に）返済に充当することができる。この権利を別除権という。別除権があれば、担保を徴求している貸出債権者は高めの回収率を確保することができる。ただし、担保には順位が付されており、後順位の債権者は上位の債権者による回収が終了した後の残りの財産で支払いを受けることになるので、債権回収率は低くなる。なお、担保付きの貸出は、回収可能性が高くなる分、金利は低めとなることが多い。

また銀行は借り手との間で包括的な契約である「銀行取引約定書」を交わしており、その中で倒産前であっても経営が悪化した場合には担保の追加等を求めることができるという条項が含まれている（旧銀行取引約定書ひな型第4条[4]）。

破産手続や民事再生手続では、担保を別除権として認めているが、会社更生法では、特に認めない限り、別除権とすることはできない（更生担保権として全体の更生計画の中で弁済を受ける）。

d. 金融債権の元本と利息の弁済順序

倒産時に、貸出の元本と利息のうち、いずれを優先返済するべきかという論点がある。貸出契約に規定があればそれに沿って優先順位が決められるが、そうした定めがなければ、返済されたマネーは、まず利息に充てられ、それが完了した後元本に充当される。もっとも倒産実務では、残余財産は元本に優先的に配分されることもある。

②デット、エクイティの返済順序

以上を踏まえ、企業経営が立ちゆかなくなった場合に債権がどのような順序、条件で弁済されるかについて整理してみよう。以下は、債権の回収可能性の高い順に並べたもの。

（イ）担保付貸出

優先的に返済されるわけではない。しかし、弁済されない場合に担保を処分してその代り金を元利金の支払いに充当すること、かつその代わり金が他の債権者に対する返済財源としては使われないこと（別除権）が確保されるため、債権者からみると回収可能性が高い。ただし、会社更生法においては別除権が制限される。

（ロ）無担保の貸出、社債

残余資産を処分して得た資金をプールした返済財源（破産の場合、破産財団という）から、返済（配当）を受ける。その際、元の元本のシェアに応じて支払われる。もっとも、倒産前でも経営が悪化した時点で、債権者から期限前返済を求めることができるといった条項（コベナンツ）が貸出契約に含まれていることがある。この場合には、無担保であっても実質的に優先弁済を受けることが可能である。

4）2000年3月末までは、全国銀行協会が「銀行取引約定書」を定め、各銀行はそれに従って、取引先と取引約定書を締結していた。その後各行は独自の約定書を工夫するようになったが、基本的な項目は従前と変わらなかった。その中で多くの銀行は、約定書第4条において担保の項目を設けている。そこでは、延滞等があった場合には担保の追加提供を行うことに加え、銀行側は倒産前であっても担保処分、その代わり金の元利金への充当を実行できることが盛り込まれている。

（ハ）劣後ローン、劣後債

　劣後特約付き貸出、社債であって、他のデットよりも回収可能性が劣後する。債務超過になった場合にその穴埋めに充当されることから、資本性を有している（資本性貸出ともいう）。経営に対する参画権はない代わりに通常の貸出に比べ利率が高い。

（ニ）優先株式

　普通株より優先して破たんした時の残余財産から弁済を受けることができる。普通株主と違って、経営の参画に制限がある（取締役の選任等に対する投票権がない）。一定のルールに従って、普通株主よりも高めに配当率が設定される。

（ホ）普通株式

　破たん時に、最初に損失に充てられる。普通株主は、株主総会での投票権などの経営参画の権利を有している。経営が好調なときは高配当、不調なときは低配当となる。

（ヘ）劣後株式

　事例は少ないが、普通株よりも弁済順序が劣後する株式のことである。

第3章
企業金融と株主利益率

　企業の資金調達には様々なパターンがあるが、基本となるのはデット（借入、債券発行）とエクイティ（株式発行）の間の選択である。ポイントは、経営の順調な平時においてはデットがまず返済され、残余の未処分利益が株主に配当される一方、経営破たん時には、デットが優先的に返済された後、株主には残余財産が配当されることである。そうした状況を数値例で具体的にみていこう。

　そのうえで、個別株式の収益率に関して投資家が求める収益率、すなわち資本コストはどのような考え方で導き出されるのかというところまで分析を進めることにしたい。なお、ここでは企業金融の一般的な用語法に従い、リターンではなく利益率という用語を使う。

①株主利益率の計算

　ある企業が今期設立され、来期には解散するという最も単純なケースにおける株主利益率を計算してみよう。もちろん、実際には企業の存続期間が予め決まっているわけではない。しかし、株主利益率の計算という意味では本質に影響しない。

　具体的に数値を仮定しよう（図表5－3）
（今期）
- 売上：ゼロ
- 株式発行：40、借入実行（金利年4％）：60
- 設備投資：80、その他経費（人件費など）：20

（来期）
- 売上：165
- 設備売却：40
- その他経費（人件費のほか原材料費）：100
- 元利金返済：62.4（元本60＋利息2.4）、

図表5-3　株主利益率の計算例

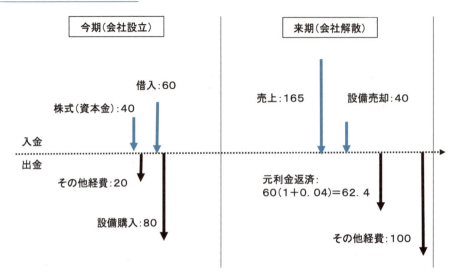

- 株主に帰する利益は、借入返済後の最終利益　42.6
- 出資金は40であったので、42.6÷40＝1.065⇒利益率は6.5%

　この場合、株主が来期末に受け取れる利益（残余財産）はいくらになるか計算してみよう。計算の基準時点は、来期末である（今期末基準なら、割引現在価値で評価する必要があるが、すべて来期末で時点を揃えてあるので、割引く必要はない）。

　来期末の残余財産は、売上と資産売却代り金の合計から諸経費と借入の元利合計を差引いた
　　165＋40－100－62.4＝42.6
となる。

　したがって株主に帰する利益は42.6－40＝2.6、当初の投入金額40に対する比率（利益率）は、6.5%となる。つまり、売上がある程度順調であったため、融資金利4%を上回ることができた。融資なのか、出資なのかという目線でみれば、利益率が借入金利を上回ったことから、融資よりも出資の方が結果的に高い利益率が得られたということになる。

a. 売上の変動と株主の取り分

　以上と同様の方法で様々な売上水準の下での、株主の利益率を試算したのが、図表5-4である。これから明らかなように、株主の利益率は売上の変動に敏感に反応する。一方、貸出は金利が決まっているため、利益率＝金利は一定である。ただし、債務超過（赤字額が大きくなり、

図表5−4　売上の変動と元利返済、配当のパターン

- 貸し手は、利益＋株式から元本の返済と利息を受け取る。一方、（解散時に）株主は利益から元本と配当を受取る。つまり、貸し手は優先的に資金を回収できる。

−出資40、借入60のケース−

売上高	返済前利益	元利金返済 （金利）	株主に帰する利益 （利益率）	備考
210	150	62.4 （4%）	87.6 （＋119%）	
170	110	62.4 （4%）	47.6 （＋19%）	
165	105	62.4 （4%）	42.6 （6.5%）	図表5−3の例と同じ。
160	100	62.4 （4%）	37.6 （−6%）	株式元本一部毀損、無配転落。
120	60	60 （0%）	−40 （−100%）	借入元本返済は可能だが、株式は全損（元本以上の損失はもともとあり得ないので、−100%）。
80	20	20 （−67%）	−40 （−100%）	借入元本が、一部毀損。株式は全損。
70	10	10 （−83%）	−40 （−100%）	借入元本が、一部毀損。株式は全損。
20	−40	0 （−100%）	−40 （−100%）	借入元本、株式とも全損。

債務の返済ができなくなること）の状態になると、貸出の元利金が払えなくなるので、状況は大きく変化する（もちろん、資本＝株式はその前から毀損している）。このような構造をグラフ化したのが、図表5−5である。

b. 資本構成と株主利益率

次に、資本の構成つまり借入と資本の比率を変更し、それぞれのケースについて売上の大小の株主利益率に対する影響をみたのが図表5−6である。これらの試算から次のことが明らかとなる。

- 返済前利益は、借入と資本の構成とは独立に決まる。
- 返済前利益が、借入の元利払い、株式配当の原資となる。

図表5-5 売上・利益と株主の取り分の関係

①売上と株主の取り分の関係

　貸出：利益が変わっても、借入金利、元本とも事後的には変わらないので、元利金返済額は変わらない。
　配当：利益が変わっても資本（元本）は変わらないが、配当は利益増とともに増加。

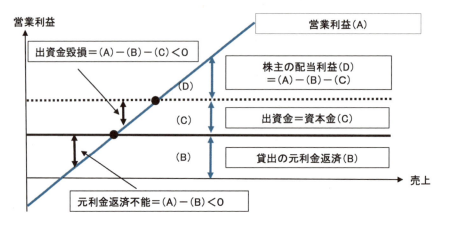

②元利金返済と出資金の関係

・貸出：同じ売上でも、出資金が多ければ返済財源が大きいので、元利返済はより確実となる。

・株主の利益率に着目すると、同じ売上、利益であっても、借入の株式に対する比率（レバレッジという）が高くなると、株式の利益率が高くなる。また、レバレッジが高くなると、売上、利益率の変化に対して、株式の利益率がより敏感に反応する。この状況をグラフ化したのが、図表5-7である。これをみると、同じ利益レベルならレバレッジが高い方が株主の利益率が高くなることが分かる。

図表5-6 レバレッジ（借入/出資比率）と株主利益率の関係

- レバレッジが高いほど、株主利益率は利益の変動に対して感応的になる。

売上 （返済前利益）	借入（株式）	元利金返済 （元利金返済率）	株主の取り分 （利益率）	加重平均 資本コスト
210 (150)	80 (20)	83.2 (100%)	66.8 (+234%)	50% (4×0.8+234×0.2)
	60 (40)	62.4 (100%)	87.6 (+119%)	50% (4×0.6+119×0.4)
	40 (60)	41.6 (100%)	108.4 (+80.7%)	50% (4×0.4+80.7×0.6)
	0 (100)	0	150 (+50%)	50% (50×1)
165 (105)	80 (20)	83.2 (100%)	21.8 (+9%)	5% (4×0.8+9×0.2)
	60 (40)	62.4 (100%)	42.6 (+6.5%)	5% (4×0.6+6.5×0.4)
	40 (60)	41.6 (100%)	63.4 (+5.7%)	5% (4×0.4+5.7×0.6)
	0 (100)	0	105 (+5%)	5% (5×1)
120 (60)	80 (20)	60 (元本毀損−25%)	債務超過： 元本全損−20（−100%）	−40% (−25×0.8−100×0.2)
	60 (40)	60 (元本のみ返済)	債務超過寸前： 元本全損−40（−100%）	−40% (0×0.6−100×0.4)
	40 (60)	41.6 (100%)	18.4 (−69.3%)	−40% (4×0.4−69.3×0.6)
	0 (100)	0	60 (−40%)	−40% (−40×1)
80 (20)	80 (20)	20 (元本毀損−75%)	債務超過： 元本全損−20（−100%）	−80% (−75×0.8−100×0.2)
	60 (40)	20 (元本毀損−67%)	債務超過： 元本全損−40（−100%）	−80% (−67×0.6−100×0.4)
	40 (60)	20 (元本毀損−50%)	債務超過： 元本全損−60（−100%）	−80% (−50×0.4−100×0.6)
	0 (100)	0	債務超過： 元本一部毀損−80（−80%）	−80% (−80×1)

図表5-7 利益配分とレバレッジの関係

- 元利合計額以上の利益が実現したときは、借入の株式に対する比率（レバレッジ）が高いほど、株主の利益率は高くなる。この間、貸し手の利益率（貸出金利）は不変。

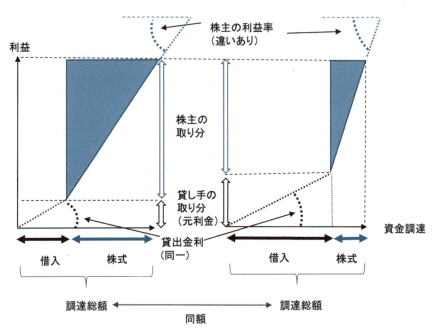

- 貸出の利益率と株式の利益率の加重平均（加重平均資本コストという。図表5-6の右端の列。また、図表5-7の全体の長方形の横と縦の長さの比率）は、レバレッジが変化しても、売上＝利益が変わらない限り、同一水準のままである。
- しかし、レバレッジが高くなると、業績の悪化が債務超過⇒倒産に繋がりやすくなる。倒産に至ると株式の利益率はマイナスとなる。ただし、出資した額以上の損失は被らない（株主の有限責任）ので、100％以上のマイナスとはならない。このため、損失がさらに大きくなっていくと貸出も毀損していくことになる。この点をグラフ化したのが、図表5-5-②である。また、図表5-8では、同様の事情をバランス・シートの変化として表している。

②株式の利益率の解析的な表現

以上の数値例、グラフによる説明を解析的に示してみよう。
r_Aを調達資金全体に対する利益率、r_Dを貸出の利益率（元利返済が行われている限り貸出金

図表5-8 資産内容悪化の影響

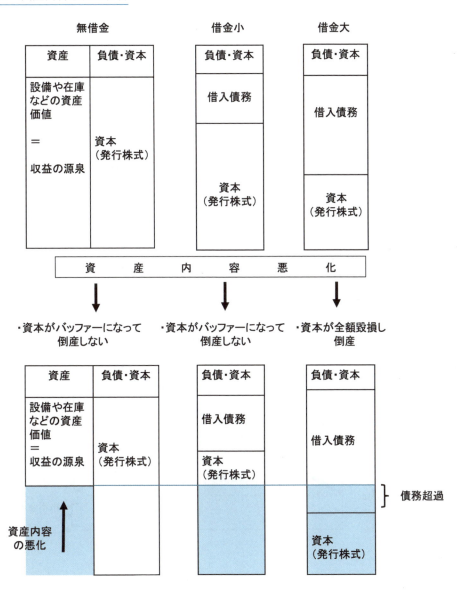

利と同じ)、r_Eを株主の利益率（配当率）とする。

また、

A：調達全体、D：借入、E：株式としたとき、A＝D＋Eであるので、利益率r_Aは、

$$r_A = \left(\frac{D}{D+E}\right) \times r_D + \left(\frac{E}{D+E}\right) \times r_E$$

図表5-9 リスク・プレミアムの構造

①レバレッジと株主の期待利益率の関係

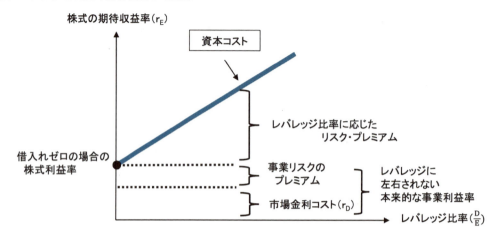

②一般的なリスクとリスク・プレミアムの関係

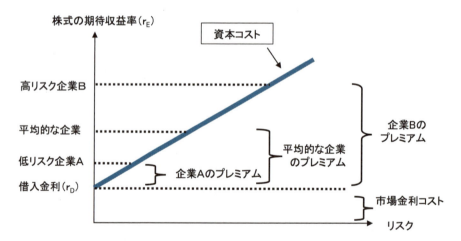

と書ける。これを r_E について解くと

$$r_E = r_A + (r_A - r_D) \times \left(\frac{D}{E}\right) \qquad \cdots 式5-1$$

となる。この式から、株式の利益率 r_E は、全体の利益率 r_A、レバレッジ $\frac{D}{E}$ と正の関係にあることが確認できる。

ところで、このような株主にとっての利益率を先々の予想というように捉え直すと、株主の

要求利回りというべき概念になる。これは、企業からみると株主から要求されている利回りと捉えることができる。そのような利回りを資本コストという。資本コストは、総資金コストr_A、借入の利率r_D及びレバレッジ比率($\frac{D}{E}$)によって決まる。

さらに式5－1の意味を考えてみよう。

- 利益率r_Aは、同じような事業性を持つ企業であれば、同じ水準になるであろう。つまり、一般的な金利にそうした事業が直面するリスクに対するプレミアムを上乗せしたものとなる筋合いのものである。
- 借入利率r_Dは、金利であり、市場で一般的に決まる利子率（市場金利）にプレミアムを上乗せしたものである。
- したがって、個別の企業の株式収益率＝資本コストは、その企業のレバレッジ比率で決まることになる。これを図示すると図表5－9－①のようになる。ところで、先ほどはレバレッジが高くなると倒産リスクが増えることをみた。そこで、横軸を単なるレバレッジとしてだけではなく、リスクと捉えると、5－9－②のように表現できる。

なお、これまでの議論から明らかなように、企業全体の利益率と同じレベルの利益率が得られるプロジェクト（新規設備投資）であれば、それを実行しても利益率に変化はない。したがって、新規の資金調達についても、その利益率は借入によるのか増資によるのかには依存しないということは自明であろう。

③資金調達と企業価値（モディリアーニ・ミラーの命題）

（イ）モディリアーニ・ミラーの命題とは

これまでの議論（特に図表5－6）から、企業が獲得する利益額は、売上だけで決まり、資金調達の構成によらないことは明確であろう。そのような利益の源泉は、バランスシートに計上されている資産である。資産は企業価値とも言い換えることができる。つまり、企業価値＝資産＝借入＋株式であって、それは資金調達方法とは独立である。その結果、加重平均利益率＝加重平均資本コストは、資金調達構造によらないこととなる。

このように企業価値は負債と資本の合計だけで決まり、その構成、つまりレバレッジには影響されないという考え方は、F.モディリアーニとM.ミラー[5]の共著論文で最初に打ち出されたので、モディリアーニ・ミラーの命題と呼ばれている。

また、前出の株式の利益率がレバレッジとは正の相関があること、新規設備投資が既存資産

---

[5] F.モディリアーニ（1918～2003年）、M.ミラー（1923～2000年）は、いずれも米国の経済学者。両者の1958年の共同論文 The Cost of Capital, Corporation Finance and the Theory of Investment (American Economic Review) でこうした議論を展開した。この業績により、両者はノーベル賞を受賞した（各々別の功績もあったため、受賞年は異なる）。

の利益率と同じである限り、その新たな資金調達の構成、つまり限界的なレバレッジと増加した資産の利益率とは独立であることも彼らによって主張された。このため、企業価値に関する彼らの主張をモディリアーニ・ミラー第Ⅰの命題、株式の利益率に関する主張を同じく第Ⅱの命題と呼ぶことが多い。

(ロ) モディリアーニ・ミラーの命題の意義

　以上のように整理をしてみると、モディリアーニ・ミラーの命題はいずれも当然のようにも思える。しかし、かれらの貢献は、そのような至極当然な結論に関して、具体的にそれを実現する取引にまで考えを及ばせたところにある。そのポイントは次の通りである。

　仮に、同じ収益力＝配当力／債務返済力＝企業価値でありながら、株式発行のみで借入（債券発行）のない企業Aと、借入（債券発行）のある企業Bがあったとして、企業Aが相対的に過大評価され、株価がB社株より高めであったとしよう。すると、A社の株式を保有している投資家は、A社株を高値で売却して、安値でB社の株式と社債を（B社の資金調達構成と同じ割合で）を購入することで、より多くのB社の持分権（株数）を入手できるので、リスク・コストなしでより多くの「配当＋社債利息」を得ることができる。

　逆に、B社の株式が過大評価されているとしよう。B社の株式・社債を保有している投資家は、その株式と社債を売却して、A社株式を購入することでより多くのA社の持分権（株式）を入手できるので、リスク・コストなしでより多くのA社の配当を入手できる。

　こうした投資家行動（裁定取引）の結果、A、B両社の企業価値の評価額が等しくなっていく。なお、ここでB社の株式・社債の構成に影響をおよぼすことはしていない（もとの株式・社債の割合で取引）ことが、レバレッジと企業価値の独立性の主張を補強している。

　図表5－10を使って、この点に関する考察を深めてみよう。今、株式の発行と社債の発行（借入）で資金調達している企業と、その株式と社債を保有している家計のバランス・シートを考える。ここで、仮に企業が社債を追加発行し、その代わりに株式を買い入れ消却（減資）したとしよう（つまり、資金調達の内わけが株式から社債にシフト）。そのときに、家計がこの企業の株式を売却し社債を購入すると、企業の取った行動（株式から社債へのシフト）を中立化することができる。つまり、家計はレバレッジの増大により（1株当たり）株価が高くなる利益を享受できる。

　この点は、次のように理解してもよい。企業と家計のバランス・シートを統合すると、企業の実質的な資産と家計の純資産が見合っているという単純な構造となる。これが、負債の多寡に企業価値が左右されないという本質的な理由である。

図表5-10　モディリアーニ・ミラーの命題の意味

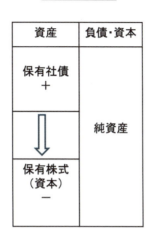

(ハ) モディリアーニ・ミラーの命題とリカードの等価命題の同値性

　以上の議論は、国の財政支出の原資に関して、それを税（ないし増税）で行うか、それとも債務（国債増発）で行うかという問題と本質的に同じ要素を含んでいる。つまりモディリアーニ・ミラーの第Ⅰの命題を国の財政に応用すると、増税は国にとって返済を要しない財源であるので株式による調達と同一視できる。一方、国債の増発は返済を必要とする企業の借入と同じである。こうみると、増税も国債の増発も経済全体にとって影響は同じ、言い換えると国債を増発した資金で財政支出が増加しても人々はそれを将来の増税と同一視することから総需要は増加しないという結論となる。国の資金調達に関する、このような議論を「リカードの等価（あるいは中立性）命題）」と呼ぶ[6]。

④企業価値と負債、資本の割引現在価値

　企業価値について、もう少し分析を深めてみよう。企業価値のうち貸出については、利息を生み出す源泉はいうまでもなく貸出元本である。先の例、つまり売上＝165、株式40、貸出60

[6) D.リカードは19世紀に活躍した英国の経済ジャーナリストであり経済学者であった人物。その主著であるThe Principles of Political Economy and Taxation「経済学及び課税の原理」(1817年) の第8章において、増税と国債の比較について論じている。第一部注38も参照。

図表5-11　割引現在価値でみた企業価値

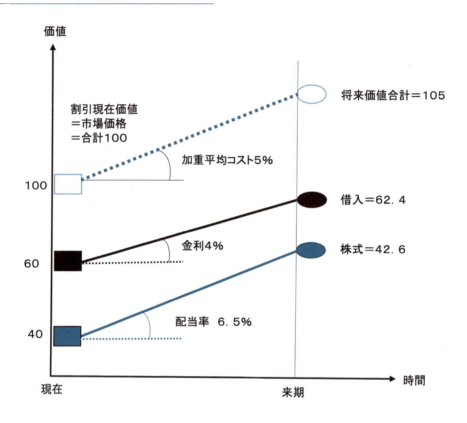

のとき、4%分＝2.4を生み出す元本は60である。次に、株式については株主に配当2.6をもたらした株式の元本は40であった。したがって、売上165、つまり105の利益をもたらしたのは100という負債と資本の合計、すなわちその見合となっている100の資産であった。これらの関係を、改めて割引現在価値の概念を使って再整理することができる（図表5－11）。

　来期における貸出（借入）の元利合計＝貸出の価値62.4を金利4％で割引いて現在価値を計算すると、

$$\frac{62.4}{1.04}=60$$

となって、貸出元本60を得ることができる。一方、株式については、配当率＝利益率6.5％を割引率として、株主の取り分42.6の割引現在価値を計算すると、

$$\frac{42.6}{1.065}=40$$

である。この40が割引現在価値ベースの資本となる。この結果、この企業の現在時点における

価値は60＋40＝100となる。この100は、来期における返済前利益105を加重平均資本コスト5％（図表5－6を参照）で割引いた

$$\frac{105}{1.05}=100$$

と等しいことが分かる。ところで、企業は本来永久に存続する前提である。そこで、この企業が毎年借入返済後の利益5（＝105－100）を継続的に稼ぎ出すことができるとしよう。その場合のこの企業の現在価値はどうなるであろうか？　それは、第四部第3章で紹介した永久債の割引現在価値の公式が応用できる。つまり、ネット・キャッシュ・フローが毎年定額で支払われる債券の割引現在価値は、単純にそのネット・キャッシュ・フローを割引率で割った値となる。この企業については、毎年の利益額5を加重平均資本コスト5％を使って割引いた現在価値が、

$$\frac{5}{0.05}=100$$

となって、現在の企業価値は100、つまり株式と借入の合計に等しいことが分かる。そこで、株式の理論価格について、次の第4章でさらに詳しくみていこう。

第4章
株式の理論価格と指標

第3章では、企業の資金調達という面から企業金融をみてきたが、ここでは金融商品としての株式にポイントを当ててみよう。

①株式の理論価格

まず、アンカーとしての理論価格をおさえておこう[7]。株価の理論価格は、端的には、当該会社の将来収益（税引き後純利益）の流列を、株主の期待する割引率を用いて算出した割引現在価値である。ここで、将来配当ではなく将来利益としたのは、利益を配当に回さない場合は企業の内部留保が積み上がり、それをその会社全体の利益率で運用できる限り、配当がなくとも内部留保が市場で評価され株価の上昇に繋がるからである。

(イ) 配当額一定の場合の株価

最も単純なケースとして、配当額が毎年一定の場合の株式の理論価格をみてみよう。

ここでのポイントは、期間が永久になっていることである。株式会社は基本的に永続的に存在するべくして経営されている。

そこで、今年購入し来年以降、毎年末にD円の配当が得られる株式を想定しよう。割引率として株主の要求する利回りをrとすると、その割引現在価値は、

$$P = \frac{D}{1+r} + \frac{D}{(1+r)^2} + \frac{D}{(1+r)^3} + \cdots + \frac{D}{(1+r)^T} + \cdots$$

であるが、無限等比級数の和の公式（初項α、公比βの無限等比級数の和は、$\alpha/<1-\beta>$）から、

---

[7] 株価の理論価格について説明している文献は多数あるが、手嶋宣之「ファイナンス入門」（ダイヤモンド社 2011年）が簡潔で分かりやすい。ここでの説明もこれを参考にした。

$$P = \frac{D}{r}$$

となるので、この場合の株式の理論価格は割引率の逆数の形となる（コンソル債券と同じ）。なお、rは長期市場金利に投資家の評価するリスク・プレミアムを上乗せしたものである（r＝i+p：pはリスク・プレミアム）[8]。

（ロ）配当が増加する場合

次に配当がコンスタントに増加するケースを考えてみよう。つまり、i期における配当$D_i = (1+g)D_{i-1}$となるケースである。

$$P = \frac{D}{1+r} + \frac{D(1+g)}{(1+r)^2} + \frac{D(1+g)^2}{(1+r)^3} + \cdots + \frac{D(1+g)^{T-1}}{(1+r)^T} + \cdots$$

となって、無限等比級数の和の公式から

$$P = \frac{D}{r-g}$$

となる。

（ハ）利益の一部を配当せず、利益留保し再投資するケース

このケースでは、利益をR、配当性向をdとすると、内部留保額は$R \times (1-d)$となる。それが、毎年一定の利益率$\textcircled{r}$を上げるとすると、来期には前年の内部留保から$R \times (1-d) \times \textcircled{r}$の利益が得られる。

その場合、来期の配当額は配当性向が不変とすると、

$$\{R + R \times (1-d)\textcircled{r}\}d = Rd(1 + \langle 1-d \rangle \textcircled{r})$$

となる。つまり、配当額の割引現在価値は、初項$Rd/(1+r)$、公比$1 + \langle 1-d \rangle \textcircled{r}$を公比とする無限等比級数の和になるので、

$$P = \frac{Rd}{r - \langle 1-d \rangle \textcircled{r}}$$

が得られる。ところで、rは株主の要求する利益率であり、$\textcircled{r}$は再投資利益率であるので、$\textcircled{r}$がrを下回る再投資は適切な経営ではない一方、$\textcircled{r}$がrを上回る再投資の機会は得にくいとすると、

---

[8] ここでは、配当を固定しているが、本来は分子（配当額）は確定していないので、

$$P = \frac{D_1}{1+i} + \frac{D_2}{(1+i)^2} + \frac{D_3}{(1+i)^3} + \cdots + \frac{D_t}{(1+i)^t} + \cdots$$

と書いた上で、その配当の各期の期待値、つまりt期における配当の期待値$E(D_t) = D$ということになる。このため、理論価格の算出に当たっては、厳密には配当のバラツキ、つまり二次の期待値を考慮する必要がある。ここでは、それに代えて、割引率にリスク・プレミアムを加えることで対応している。

r＝⓸とするのが妥当であろう。その場合、上の式は

$$P = \frac{R}{r}$$

となって、再投資しない（成長しない）場合であるg＝0の株価と同じとなる。

②税と倒産リスク

　モディリアーニ・ミラーの命題の前提は、税と倒産がないことであった。この条件の下で、企業価値が資金調達構造と独立に決まるということであった。しかし、現実はもちろんそうではない。

　まず、税である。税法において借入利息と配当では全く扱いが異なる。借入利息は費用として利益から差引くことができるのに対し、株式の配当は最終利益の配分であるので、費用ではなく所得と認識される。このため、税を考慮すると借入が多い方が税引き後利益は高めとなる。

　次に倒産であるが、図表5－6、5－8でもみた通り資金調達に占める株式の比率が低く借入に依存していれば、倒産の危険性は高まる。赤字決算のバッファーとなって一時的に損失を資本の毀損という形で対応できなくなるからである。この点、モディリアーニ・ミラーの命題は平時でのみ成立する命題といえる。

　以上のように、レバレッジは税と倒産に対して逆方向に作用する。言い換えれば、どこかに最適なレバレッジが存在すると考えられる。しかし、税は確定的に対応できるが、倒産リスクについては不確実性を伴う。このため、確定的な最適レバレッジを計量的に算出することは困難である。

　むしろ、様々な将来の不確定な要素が発現しても柔軟に対応できることが現実的には重要である。具体的には、第1章で述べた様々な資金調達チャネルを持っておくこと、それによって予想外に資金繰りが悪化し急に資金が必要になった場合でも、直ちに資金を調達し経営が継続できるようにしておくべきであろう。

③株主利益率とリスク・プレミアム（CAPMとβ）

　第3章①、②では、簡単な数値例から出発して、個別企業について株主の要求利益率、リスク・プレミアムの概念をみてきた。一方、第四部第5章では、平均分散アプローチに基づいて、市場ポートフォリオの構築、そのリスク・プレミアムについてみた。そこで次に、平均分散アプローチを個別株式のプレミアムに応用することを試みてみよう。

　もともと、リスク・プレミアムはある主体の選好によって決まるものであった。第四部第5

図表5-12　個別商品のリスク・プレミアム

①資本市場線と資本市場プレミアム

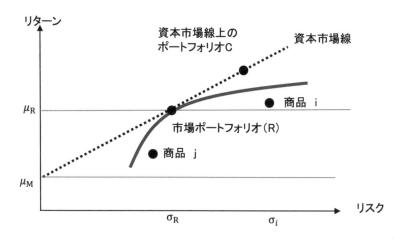

章①でみたように、個人の立場からみたリスク・プレミアムとは、「確実な所得から得られる効用」と「そうなる可能性のある所得の効用をそれが実現する確率で加重平均した効用」の差のことであった。これを個別株式の利益率に援用すると、「収益率の平均値から得られる効用」と「各々の収益率から得られる効用の加重平均」との差である。したがって、個別株式のリスク・プレミアムは個人の選好によるということである。しかし、個別株式とはいっても、その価格は市場で形成されたものであって、そこでは市場で合意されたリスク・プレミアムの値というものがあるはずである。また、第四部第5章③でみたように、分離定理により安全資産と市場ポートフォリオを結んだ直線である資本市場線上の各点が個人の効用とは独立に（分離して）各ポートフォリオのリスク・プレミアムを表しているということであった。

そこで、市場ポートフォリオ（R）の想定するリスク・プレミアムと、市場で成立する個別株式のプレミアムの関係はどのようなものであろうか。第四部第5章④でみた市場ポートフォリオのリターン（市場リターン）と市場ポートフォリオのリスク（市場リスク）、そして資本市場線上の任意の点のポートフォリオCのリターンとリスクの関係を改めて整理しよう（図表5－12－①。併せて、前掲図表4－37－②も参照）。第四部の議論では、Cのリターンは、

μ_R：市場リターン、
μ_M：安全資産のリターン
σ_R：市場リスク
σ_C：資本市場線上のポートフォリオCのリスク
とすると、

図表5-12 個別商品のリスク・プレミアム

②個々の商品（i）と市場ポートフォリオ（R）の関係

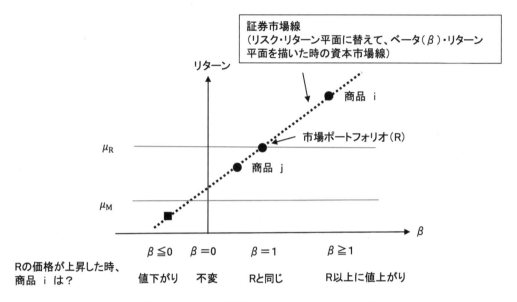

（注）βがマイナスの場合（■）で、仮に平均的なリターンが市場ポートフォリオより不利でも、それを投資家が保有することがある。その投資家のポートフォリオ全体のリスクを減じる方向で動くことがあるためである。

$$\mu_C = \mu_M + \frac{\mu_R - \mu_M}{\sigma_R} \sigma_C \qquad \cdots 式5-2$$

で与えられるというものであった。さらに、市場リスク（σ_R）1単位当たりの市場リスク・プレミアムの比率、つまり市場リスク単価＝$\frac{\mu_R - \mu_M}{\sigma_R}$を$\alpha$とおけば、

$$\mu_C = \mu_M + \alpha \sigma_C \qquad \cdots 式5-3（前掲　式4-4と同じ）$$

となることもみた。つまり、資本市場線上の任意のポートフォリオCのリスク・プレミアムは、リスクに対する報酬単価にリスクをかけたものである。

そこで、個別株式のリスク・プレミアムについても、上記の式5-3から類推して、

個別商品iのリターン$\mu_i = \mu_M$＋個別商品のリスク$\sigma_i \times \alpha$

と表現できそうである。

しかし、ここでひとつ問題がある。市場ポートフォリオと個別商品のリスク・プロファイルを比較する場合には、単にリスク（リターンの標準偏差）の絶対値の大小の比較だけではなく、両者の関係の考慮が必要である。つまり、αに両者の相関係数ρ_{iR}を乗じて修正しなければならない。例えば、両者が完全相関（相関係数＝1）の場合には、αと$\alpha \rho_{iR}$は同一であるが、逆に完全な逆相関の場合には、αの符号をマイナスにしておく必要がある。つまり、市場リター

ンが上昇したときにその商品iのリターンが低下しているのであれば、αは本来－αでなければならない。また、市場リターンと個別商品iの収益率が無相関なのであれば、αは本来0でなければならない。すなわち、

$$\mu_i = \mu_M + \sigma_i \times \alpha \rho_{iR}$$ あるいは前掲式5－2から

$$\mu_i = \mu_M + \sigma_i \frac{\mu_R - \mu_M}{\sigma_R} \rho_{iR} = \mu_M + \frac{\sigma_i \rho_{iR}}{\sigma_R}(\mu_R - \mu_M)$$

と書ける。ここから、左辺の商品iのリターンは、安全資産のリターンに「市場ポートフォリオの単位リスク当たりリターンに相関係数とリスクを乗じたもの」を加えたものであることが分かる。

ところで、相関係数の定義は、$\rho_{iR} = \frac{\sigma_{iR}}{\sigma_i \sigma_R}$ であるので、

$$\mu_i = \mu_M + \frac{\sigma_{iR}}{\sigma_R^2}(\mu_R - \mu_M)$$

とも書ける。ここで、$\frac{\sigma_{iR}}{\sigma_R^2}$をiについてのベータという意味で、$\beta_i$と置くと、

$$\mu_i = \mu_M + \beta_i (\mu_R - \mu_M) \qquad \cdots 式5-4$$

となる[9]。β_iは、個別の株式と市場ポートフォリオの共分散を市場ポートフォリオのリスクで

---

[9] 以上のやや直観的な説明を解析的に説明しよう。前提として、ある個別株式の銘柄Aと市場ポートフォリオBを考えてみよう。
aをAの組み込み比率、bを同じくBの比率とした場合のポートフォリオCのリターンとリスクは、b＝1－aと書くと、一般に次の式で与えられる（第四部注31参照）。
Cのリターン＝$E(aA + bB) = a\mu_A + (1-a)\mu_B$ …式（注9－1）

Cのリスク＝$\sigma_C = \sqrt{a^2 \sigma_A^2 + (1-a)^2 \sigma_B^2 + 2a(1-a)\sigma_{AB}}$ …式（注9－2）

となる。Cは市場ポートフォリオであるので、そのリスク・リターン平面上での傾きは、資本市場線と一致する。また、市場ポートフォリオは、余分な（市場ポートフォリオに含まれる以上の）Aを含んでいないので、そこではa＝0である。
そこで、まず式（注9－1）、式（注9－2）をそれぞれaで微分しその比率を取ると、

$$\frac{d\mu_C}{d\sigma_C} = \frac{\frac{d\mu_C}{da}}{\frac{d\sigma_C}{da}} = \frac{(\mu_A - \mu_B)}{\frac{1}{2} \times \frac{2a\sigma_A^2 - 2(1-a)\sigma_B^2 + 2(1-2a)\sigma_{AB}}{\sqrt{a^2 \sigma_A^2 + (1-a)^2 \sigma_B^2 + 2a(1-a)\sigma_{AB}}}}$$

となるが、市場ポートフォリオではa＝0であるので、

$$\frac{d\mu_C}{d\sigma_C} = \frac{(\mu_A - \mu_B)\sigma_B}{\sigma_{AB} - \sigma_B^2}$$

となる。さらにそれは、資本市場線の傾き$(\mu_B - \mu_M)/\sigma_B$でもあるので、最終的に

$$\mu_A = \mu_M + \frac{\sigma_{AB}}{\sigma_B^2}(\mu_B - \mu_M)$$

となって、$\frac{\sigma_{AB}}{\sigma_B^2}$を$\beta_A$と置くと式5－4を得る（ただし、本文のiをA、RをBとしていることに留意）。

割って標準化したものとみることができる。あるいは、

$$\beta_i = \frac{\sigma_{iR}}{\sigma_R^2} = \frac{\sigma_{iR}}{\sigma_i \sigma_R} \times \frac{\sigma_i}{\sigma_R} = \rho_{iR} \times \frac{\sigma_i}{\sigma_R}$$

とみると、銘柄iのリスクと市場ポートフォリオのリスクの比率に両者のリターンの相関係数をかけたものであると理解できる。つまり、銘柄iのリスクを市場ポートフォリオのリスクを基準に評価し直したものである。

　ここでの一連の議論から導かれた式5－4をCAPM（キャップエム、資本資産評価モデル、capital asset pricing model）という。また、β（ベータ）は、様々な株式の銘柄と日経平均株価のような市場ポートフォリオに擬せられる指数との相関関係を表すものとして、実務でも一般に用いられている。βはそこに相関係数が含まれていることからも明らかなように、正の場合も負の場合もある（実際に日経平均採用銘柄をみると、プラスの10超からマイナスの2～3までの分布となっている）。例えばβの絶対値が大きいということは市場ポートフォリオよりも大きな価格変動をするということであるので、ハイリスク・ハイリターンな銘柄ということになる。

　ところで、CAPMの議論に即して考えてみた場合、基準となる市場ポートフォリオとして具体的にどのようなものがあるだろうか？　特に、そのような市場ポートフォリオの価格（指数）として何を取ればよいのだろうか？　端的な回答は東証株価指数（TOPIX）などの個別株式の時価総額の市場全体の時価総額に対するシェアで加重平均した指数である。また、日経平均は（株式分割などを調整した）株価の平均であって同様の性質を持っている。これらを市場ポートフォリオとみなすのは、実際に存在している株式構成が最も効率的という考え方である。もうひとつの考え方は、時価総額ではなくファクター（株価収益率、営業キャッシュフローなど株価形成の背後にある企業業績＝株価を決める要素）に着目し、それを元に市場で売買されている株式からポートフォリオを再構築した場合の価格指数から算出し直したβである。これをスマートβと呼んでおり、近年よく使われるようになった（なお、ある特定のファンドのパフォーマンス＝収益率が市場ポートフォリオのパフォーマンスをどのくらい上回ったかを示す数値をαと呼ぶことがある。つまり、αとβを投資指標としている）。

④株価の指標

　株式市場は長い歴史を有することから、様々な指標や経験則が市場参加者によって研究され、活用されてきた。いくつか代表的なものを紹介しておこう。

（イ）個別株価の指標
a.PER（株価収益率）

　PERとはprice earnings ratioの略で

株価÷1株当たり当期純利益

と定義される。株価が何年分の収益に相当するのかという指標である。この逆数が益利回りである。益利回りは、発行会社がどのくらいの配当する収益力があるのかということを示す指標となる。

　いずれもどのくらいの水準が適切かということは一概にいえないが、個別株価の割安、割高の比較によく用いられる。日本の場合PERは、10倍から20倍程度のことが多い。例えば将来性の豊かな新興企業は、まだ利益が現実化していないのでPERは高めであるが、将来性が市場で評価されているということになる。

b.PBR（株価純資産倍率）

　PBRとはprice book-value ratioの略で
　バランスシート（貸借対照表）に計上されている自己資本に対する時価総額の比率である。発行会社の成長、将来収益が見込める場合には、帳簿価格を上回る市場評価となるので高くなる。逆に、今解散すれば株主にいくら帰属するかということでもあるので、PBRが低いということは安全な投資であるといえなくもない。健全な企業の場合、通常は1.0を超えている。

c.配当利回り

　公表されている直近年度の予想配当金を株価で割ったものである。投資額に対するリターンを示しているので、金利などとの比較に使用する意味がある。

d.空売り比率

　株式は上場銘柄については、手元に株式を保有していなくても、将来の値下がりを予想して、今売って（空売り、信用売りともいう）将来買い戻すことによって利益を得る手法がある（反対の信用買いと併せて信用取引という）。空売りの残高を売買額（30日ないし90日平均）で割ったものが、空売り比率といわれるものである。空売りが多いということは、株価の先行きについて値下がりを見越している投資家が多いということであるが、半面、空売り分はいずれ買い戻す必要があるので、将来の潜在的な買い需要があることを意味している。

(ロ) チャート（罫線）

　チャートとは、株価の推移をグラフ化したものである。25日といった短期の移動平均線と200日といった長期の移動平均線の関係から、株価の先行きを予想するものである。例えば、短期の移動平均線が下から上に長期の移動平均線をクロスしたときには当分の間株価の上昇が続くことが多いといった見方である。外国為替相場の投資にも使われることが多い。

　また、罫線は一日の値動きをローソク足[10]と呼ばれる手法でグラフ化したもので、相場の転

換点を示すものとして江戸時代の堂島コメ市場などでも使われてきた伝統がある。

　経験則であるが、市場関係者はこれらを活用していることが少なくない。

10）ローソク足とは、例えば日中の値動きを、始値（はじまりね）、終値（おわりね）、日中の最高値、最安値の4つの価格をグラフ化したものである。終値の方が始値よりも高い（低い）場合は陽線（陰線）といって白抜き（黒抜き）の長方形で示し、その上下に最安値、最高値を示す線分（ひげ）を付すことによって日中の値動きを巧妙にグラフ化するものである。なお、1日ではなく、1週間、1か月、1年といった任意の期間についてローソク足を描く。通常は、このローソク足を時系列で繋げていって、値上がりや値下がりなどのサインのパターンを読み取っていく。

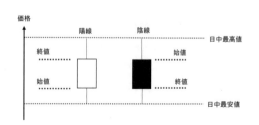

第5章
リスクの取引

　以上、株式など個々の金融商品について、平均・分散アプローチを活用してリスク・プロファイルとリスク・プレミアムをみてきた。

　また、複数の金融商品を組み合わせて保有することによって、異なるリスク・プロファイルを作り出せること、そうした異なる金融商品を組み合わせて複数の全く新たな金融商品に仕立て直して取引する証券化取引などがあることもみてきた（図表5－1の下図などを参照）。

　さらに、同じ金融商品であっても、その受け渡しを将来時点に変更したり（先渡し、先物）、受渡しする権利を取引する（オプション）、あるいは受け渡しをマネーとの交換ではなく別の商品と交換する（スワップ）ことによって、同じ元の金融商品を使いながらも、そのリスク・プロファイルを大きく変える取引もあることは、第二部第4章①、④でも紹介した。

　以上のような一連の商品ないし取引、すなわち証券化商品、先物、オプション、スワップなどを「金融派生商品」あるいは「金融派生取引」と呼んでいる。近年、この分野での進展は著しい。しかし、先物等のほかにも概念的に「金融派生商品」と呼ぶべきものが伝統的な商品の中に実は多く含まれている。この点からみていこう。

①金融派生商品

(イ) 金融派生商品とは

　金融派生商品（デリバティブ：derivativeともいう）は、一般に次のように定義できる。
- ある資産（マネー、金融商品）を元にして、新たに創出（derive）された商品

元の資産のことを原資産という。このように定義づけると、次のように金融商品の多くはマネーを原資産とする派生商品ないしはそれの（二次の）派生商品、さらに高次の派生商品という多層構造になっていることに気づく。

a. 一次派生商品
- 決済性預金（普通預金、当座預金）：現金を将来いつでも手にする権利

- 定期預金：マネー（決済性預金を含む）を予め合意した期日、対価（元本＋利息）で手にする権利
- 貸出、債券：預金と同様、マネーを将来一定の対価で手にする権利。ただし、債券は期日前にペナルティー（中途解約の手数料）なく売却する権利がある。

　以上は、マネーを元に別の金融商品に仕立て直したものである（一次派生商品）が、そのような一次派生商品を元にさらに別の金融商品に仕立て直す次のような取引もある。

b. 二次派生商品
- 信託：受託者にマネーや金融商品の運用を任せるもの。
- 投資信託：債券や株式などの複数の金融商品を組み合わせた商品。
- 証券化商品：貸出債権などを原資産として多数の組み込んで（合成して）創出した証券。あるいは、それを分解し再構成した商品。

c. 狭義の派生商品、高次証券化商品
　さらに、こうした一次、二次派生商品を売買のタイミングを変えて再構成する取引（先渡し・先物）や、売買の権利（オプション）、商品交換（スワップ）、さらには二次派生商品の証券化商品（高次証券化商品）がある。
　通常は、これらの派生商品のうち、先渡し・先物、オプション、スワップなどを金融派生商品と呼んでいる（預金や信託などはあえて派生商品とは呼ばない）。

(ロ) 先渡しと先物

　派生取引の中でも、特に歴史が長く、広く普及しているのは、外国為替、債券、株式の先渡し、ないし先物取引である（図表5－13）。

a. 先渡し取引
　先渡し取引は、フォワード取引ともいう（それに対して、現渡し＝現物＝直物取引はスポット取引という）。契約の締結は現在時点であっても、その実行（売買ないし信用取引のスタート）を、例えば1か月先にすることによって先々の取引を予め固めておくことができる。さらには、1か月先から4か月先までの3か月間という将来の金利を予め合意しておけば、その1か月間に市場で金利変動があってもそれに左右されない計画を立てることができる。通常先渡しまでの期間は短期であるので、リスク・プレミアムが上乗せされることはない。また、外国為替取引において、例えば3か月先に実行するドルと円の交換の際の為替レートを予め決めておけば、ドルの調達サイドにも運用サイドにとっても為替変動リスクを回避することができる。第二部第4章④、第四部第7章④でも述べたように、そのような取引は先渡し取引（フォワード取引）

図表5-13　先渡し取引と先物取引

	先渡し取引	先物取引
取引対象	現に誰かが保有している外貨、金融商品（ドル、国債、株式）	標準化された架空の商品（標準もの、指数） ・国債先物 　＜受渡し時点から、満期10年、金利6％＞ ・日経225指数、TOPIX ・短期金利（100－TIBOR金利）
取引場所	店頭（相対）	証券取引所、金融取引所
契約時点	現在	現在
受渡し（決済時点）	契約で定めた任意の時点。例えば1か月後	規約で予め複数の時点（〇〇年〇月末、限月という）が定められている
値洗い（価格変動の結果生じた評価損失の前払い・追加担保の提供）	なし（ただし、契約による）	あり（一定のルールで算出した証拠金を提供。価格変動によって証拠金の増額を求められることがある）
受渡し方法	現物決済（マネーともの）	差金決済（マネー）…例外的に（国債先物など）標準ものに代替する、予め決められた現物（その時点で初めて保有）
契約から受け渡しまでの金利コスト	実際に見合いとなるマネーないし金融商品を保有しているので、機会費用は生じる。しかし、先々入金予定があって予め運用計画を固めておくといった場合には保有コストは生じない。	実際には何も保有してはいないので、コストはかからない（受渡し時点で初めて保有することになる）。純粋に価格変動リスクを取引（別の取引をヘッジしている場合もある）。

であるが、伝統的に外国為替については、先物あるいは為替予約と呼んでいる。

先渡し理論価格は、次のような算式で計算できる。

先渡し理論価格＝現在の市場価格×（1＋金利）

ただし、金利は契約時点から受渡し時点までの期間（例えば3か月）に応じて調整する（年利

11）経過利息とは、例えば年間10％（額面100円に対して10円）の表面利率に相当する利息が年1回得られるのであれば、年の途中で売買したときに前回利払い以降の日数割りで計算した利息、半年であれば5円＝5％分を得る権利のことである。ただし債券の場合、実際には年2回の利払いが一般的である。

の4分の1）必要がある。その間に現物を保有していることによって債券のクーポンや株式の配当が得られる（正確には経過利息、配当[11]）ので、その分を考慮すると

　先渡し価格＝現物価格×（1＋金利－表面利率ないし配当率）

となる。つまり、表面利率と金利が一致している場合には、先渡し価格＝現渡し価格となる。

b. 先物取引

　先渡し取引の発展形が先物取引であって、取引所で取引されている。具体的には、次のような商品である。

（証券取引所）

　株価指数先物：TOPIXや日経225の指数

　国債先物：長期国債（想定期間10年、想定償還価格100円、想定表面利率6％）

（金融取引所）

　金利先物：金利（実際の取引は＜100－金利・％＞の債券として取引）

（ハ）先物取引の特徴

　先物取引には、次のような特徴がある。

a. 標準物ないし指数を取引する

　先物市場の取引対象は、標準化された金融商品である。債券はひとつの国債（期間10年、表面利率6％）、金利はTIBOR（3ないし6か月）の銀行間短期金利の標準化された商品となっている。指標となる銘柄を取引対象とすることで、取引量が多くなって流動性が向上し、そこで成立する価格の信頼性、安定性が増す。

　こうした中で、債券や銀行間金利、つまりデットの個別の商品のリスク・プロファイルの違いは基本的に信用度の高低のみである。したがって、ある標準的な商品（標準物）があれば、それを基準に信用リスクに応じたプレミアムを上乗せしていくことによって、多くの取引を事実上カバーできる。

　一方、株式つまりエクイティの場合は、もう少し複雑である。日経225（代表的な大手企業の株式）、東証マザーズ（新興企業の取引に特化）といったグループ分けはあるものの、銘柄ごとのリスク・プロファイルが大きく異なるからである。このため、個別株のオプションなどの取引も行われている。しかし、先に説明したβを用いることによって、市場全体の動向と個別株式の価格変動を結びつけることができる。そうした発想によって創設された先物取引が、日経225先物やTOPIX（東証株価指数）先物といった指数の先物取引である。

　なお、標準物や指数の元本は仮想のものであるので、本質的な取引対象は元本ではなく価格変動そのものである。基本的にそれらを受け渡しすることは想定せず、売買損益のみの決済と

図表5-14　原資産のリスクプロファイルと派生商品のリスクプロファイル（イメージ）

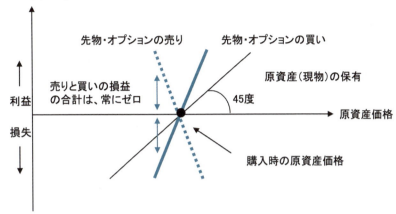

している（ただし、国債の場合は、標準物と個別銘柄の変換テーブルに基づいて、個別銘柄の現物を受け渡しすることが可能となっている）。

b. リターンが価格変動に対して高感応度となる

先物取引のリターンは次の算式で計算できる。

リターン＝将来の原資産価格（現時点で確定せず）－ 当初の原資産価格（現時点で確定）

原資産の取引はその価格が1％上下すれば、損益も元本＝投資金額の1％分上下する。しかし、先物の場合の投資金額は原資産価格ではなく、取引に参加する権利料や事務コストだけであって、原資産価格が1％上下すれば、基本的にその変化幅・額が全額利益ないし損失になる（図表5-14）。

こうした事情を言い換えると、先物取引には元本はなく、あるのは仮想的な元本（想定元本という）のみであるということになる。リターンの計算は、通常の債券であれば、

（売却価格－購入価格）÷購入価格

となるが、先物の場合は想定元本を実際に購入するわけではないので、リターンは

（想定元本の売却時の価格－想定元本の購入時の価格）÷当初手数料

となる。このため、リターンを通常の定義に従って率としてみれば、非常に大きな変動となる（例えば1万円の参加料で、購入した先物の想定元本の価格が1000万円から1010万円に上昇すれば、率としてのリターンは＋900％となる）。

c. ゼロサム取引である

先物は、価格変動によって生じる値上がり幅、値下がり幅を取引している。値上がりは、値

上がりを予想して買った人にとっては利益であるが、値下がりを予想して売った人にとっては同額の損失を被る。つまり、完全なゼロサムゲームとなっている。

d. リスクテイクだけではなく、リスクヘッジにも使える

　以上のように、先物は（オプションやスワップと同様）ハイリスク、ハイリターンな商品ではあるが、典型的に債券、株式などを保有している場合に、先物を売持ち（ネットで売却超になっている状態。買入超は買持ち）しておけば、保有している金融商品から生じる価格変動リスクを回避（ヘッジ）することができる。債券保有者は債券先物を売っておけばよいし、株式保有者は例えば日経225先物を売っておけばよい（その場合元本金額全額を調達する必要はない）。

　なお、個別株式に投資している場合には、先物でヘッジしようとしても先物は多数の株式を人為的に合成した指数（インデックス）であるので、完全なヘッジはできない。前述のβなどの技法と組み合わせることが必要である。

(ニ) オプションなどの派生商品

　先物は原資産のリスク・プロファイルから大きく修正はされているが、本質的には原資産の価格変動をストレートに反映したリスク・プロファイルである。しかし、次のような商品は、原資産のリスク・プロファイルとは全く異なる別のリスク・プロファイルを持つ。

　オプション：将来、原資産を買う、ないしは売る「権利」であって、その条件（価格、期日）が予め契約日に合意されている商品、ないし契約（買えば権利であって、義務ではないが、売った場合には権利ではなく義務となる）。

　スワップ：将来、原資産とは別の商品と交換する取引（義務であって、必ず交換）であって、その条件（価格、期日）が予め契約日に合意されている商品、ないし契約。

　スワップション：将来、原資産とは別の商品と交換する権利であって、その条件（価格、期日）が予め契約日に合意されている商品、ないし契約（オプションと同様に、売れば義務となる）。

　これらの商品は、次のような特徴を持っている。

- 取引の元となる原資産は、移転、売買の対象とならない。原資産は、計算のためのモノ以上ではないことから、その金額は先物と同様に「想定元本」と呼ばれる。しかし、例えばオプションの場合、原資産はあっても、オプション取引から生じる損益は想定元本の値動きとはストレートな関係にないことに留意すべきである（第5章の④を参照）。
- 価格設定（プライシングという）には、将来の原資産の価格変動のバラツキ（確率分布）を想定することが不可欠。
- 原資産とこれらの取引を組み合わせれば、リスクを軽減することができる。逆に、これらの商品から原資産のようなものを新たに創出することができる。

②オプション取引の基本

　金融派生取引の中で、最も純粋なリスクそのものの取引であって、概念的に際立った特徴を持つオプションについて詳しくみていこう。オプションとは、将来のある期日において、現時点で合意された価格で、その将来期日に原資産を買う、ないし売る権利である[12]。その時の価格を「権利行使価格」（ストライク・プライスともいう）、期日を「満期日」という。また、買う権利を「コール・オプション」、売る権利を「プット・オプション」という。取引としては、オプションを売る主体と買う主体があるので、取引の種類としては、

　　満期日に権利行使価格で原資産を
　　買う権利（コール・オプション）の買いと売り
　　売る権利（プット・オプション）の買いと売り

の4種類となる。オプションは、買い手と売り手の損益がゼロサムゲームであって、売り手の利益は、買い手の損失という関係がある。

　この後、上記の4種類の取引のリスク・プロファイルを順にみていく。コール・オプションの買いから始めよう。

(イ) コール・オプションのリスク・プロファイル

　コール・オプションの損益を例示的に計算してみよう。一般的に使われる記号法に従って、原資産価格をS、権利行使価格をKとしよう。また、原資産価格の現時点での価格をS^0、満期日における価格をS^1としよう。このコール・オプションを保有していれば、満期日においてS^1が市場でどのような水準であってもKという価格で原資産を満期日に買うことができる。

（具体例）

　以下の検討に当たって、原資産が何であるかということは本質的な問題ではなく、株式であっても、債券であっても構わないが、差し当たり原資産は国債10年物[13]と想定しておこう。

　次のようなケースを考えてみよう（図表5－15－①、5－16）。

---

[12] オプション取引の歴史として、紀元前15世紀頃既に地中海交易で活躍していたフェニキア人たちは、船荷証券をオプション化し取引していたのではないかと考えられている。古代エジプトの哲学者・数学者のターレス（紀元前6世紀〜7世紀）が、オリーブの豊作を予想し油圧搾機を使用する権利（コール・オプション）を買い占めて大儲けをしたという逸話も残っている。近世になると、17世紀のオランダでのチューリップバブルの際にも、チューリップの先物、オプション取引が行われていたようである。さらに、18世紀初頭までに先物取引が明確に成立していた大阪堂島米市場では、蔵米切手（標準米を有価証券化した金融商品）を買う権利（コール・オプション）を売買、さらには質入れしていたとの記録がある。このように、オプション取引自体は、ニーズに合う自然なものである。

[13] 以下の計算において、厳密に1年後の価格や損益を現時点で評価するには、1年分の利払い（株式の場合は配当）を考慮する必要がある（ないしは、割引現在価値を用いる必要がある）。しかし、ここでは簡単のためこの点を無視し割引現在価値を用いていない（ここでの議論の本質には影響しない）。

現在(契約日)の市場価格：100円

権利行使価格：95円、

満期日における価格：80、90、100、110、120円の値を取り得ると仮定（もちろん、実際には1銭刻みで動いているが、ここでは簡単のために10円刻みに想定）。

オプションの保有者にとっては、満期日における価格が、権利行使価格95円を下回る80円、90円の場合は権利行使すると、それを95円よりも安い市場価格でしか処分できないので、権利行使はしない（このような状態をアウト・オブ・ザ・マネー out of the money という）。一方、満期日の価格が100、110、120円の場合は、権利行使をして転売すれば、各々5円、15円、25円の利益が得られる（このような状態をイン・ザ・マネー in the money という。なお、収支トントンの場合はアット・ザ・マネー at the money という）。

さて、そのようなコール・オプションはいくらの価値があるのだろうか？　つまり、市場価格（「オプション・プレミアム」という）はいくらであろうか？　結論からいえば、そのコール・オプションの期待利益がその価値＝オプション・プレミアムになるであろう。実際に期待利益を計算してみよう。期待利益は、

権利行使した場合の**満期日における価格－権利行使価格＝利益の期待値**

と

権利行使しない場合の**ゼロ利益**

の

加重平均値として計算できる[14]。

具体的に計算するためには、単に満期日における価格の刻みだけではなく、それぞれの価格の実現度、つまり価格の分布についての想定が必要となる（図表5－15、16）。ここでは、仮に満期日の価格のバラツキが次のような分布としよう（左右対称で、平均の辺りの確率が高い山形＝正規分布の荒っぽい表現）。

　　80円となる確率＝5％
　　90円　　〃　　＝20％
　　100円　　〃　　＝50％
　　110円　　〃　　＝20％
　　120円　　〃　　＝5％

ここで権利行使をするのは、価格が100円、110円、120円の場合であるので、

期待利益＝0×0.05＋0×0.20…権利行使しない
　　　　＋5×0.50＋15×0.20＋25×0.05…権利行使する

---

14) 正確な損益を計算するには、オプション取引を開始する際にやり取りされるプレミアムを考慮しなければならない（買いなら支払い、売りなら受取り）が、ここでは捨象している。

図表5-15　簡単なコールオプションの例
－満期日における原資産価格と権利行使価格の関係－

① 権利行使価格（K）＝95円

満期日の原資産価格・円	80	90	100	110	120
その価格となる確率 （バラツキが大きい場合）	0.05 (0.20)	0.20 (0.20)	0.50 (0.20)	0.20 (0.20)	0.05 (0.20)
権利行使	しない	しない	する	する	する
その場合の利益・円	0	0	5	15	25
期待収益＝平均・円 （バラツキが大きい場合）			$5 \times 0.50 + 15 \times 0.20 + 25 \times 0.05 = 6.75$ $(5 \times 0.20 + 15 \times 0.20 + 25 \times 0.20 = 9)$		

② 権利行使価格（K）＝100円

満期日の原資産価格・円	80	90	100	110	120
その価格となる確率 （バラツキが大きい場合）	0.05 (0.20)	0.20 (0.20)	0.50 (0.20)	0.20 (0.20)	0.05 (0.20)
権利行使	しない	しない	する/しない	する	する
その場合の利益・円	0	0	0	10	20
期待収益＝平均・円 （バラツキが大きい場合）			$0 \times 0.50 + 10 \times 0.20 + 20 \times 0.05 = 3$ $(0 \times 0.20 + 10 \times 0.20 + 20 \times 0.20 = 6)$		

③ 権利行使価格（K）＝105円

満期日の原資産価格・円	80	90	100	110	120
その価格となる確率 （バラツキが大きい場合）	0.05 (0.20)	0.20 (0.20)	0.50 (0.20)	0.20 (0.20)	0.05 (0.20)
権利行使	しない	しない	しない	する	する
その場合の利益・円	0	0	0	5	15
期待収益＝平均・円 （バラツキが大きい場合）			$5 \times 0.20 + 15 \times 0.05 = 1.75$ $(5 \times 0.20 + 15 \times 0.20 = 4)$		

＝6.75

となって、この場合の期待利益は6.75円である。このコール・オプションを6.75円で買えば6.75円の利益が期待できる一方、それを売った者にとっては、権利行使されれば、満期日にその時の市場価格で買って相手に95円で渡さなければならない。つまり平均的には6.75円の損

図表5−16　コール・オプションの買いないし売りの場合の損益曲線

・権利行使価格＝95円よりも高い場合には権利行使。
・各価格の実現確率（✖）を考慮すると、このオプションの価値は6.75円。
　しかし、もっとバラツキが多い場合（■）は、9円。
・オプションを売却した場合の損益曲線は、買いの場合の上下をひっくり返したもの

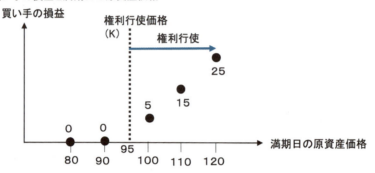

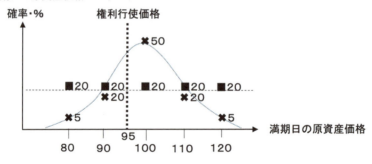

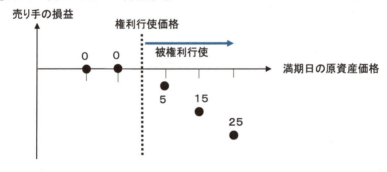

失となる。したがって、このコール・オプションがもともと6.75円で取引されれば両者、損得無し＝裁定取引が生じないということになる。ではなぜこのような損得の発生しない取引が成

立するかというと、例えば次のような背景があり得るからである。

- オプションの売り手

　もともと原資産を保有している場合は、権利行使されることによって、原資産の処分ができる。特に、簿価（買入れ時の価格）が時価（例えば100円）よりも低い（例えば95円）場合、簿価を権利行使価格（95円）とすることによって、ロスを出さないことを確保した売却が自動的にセットできる（プロテクティブ・プットという）。また、オプション・プレミアム6.75円の利益が確実に手に入る。

- オプションの買い手

　オプション・プレミアム6.75円のコストがかかるが、比較的低額のコストで、うまく値上がりすれば、原資産を保有しているのと同様の利益が得られる。また、値下がりによる損失リスクはない。

（ロ）デルタ

　次に権利行使価格や将来価格のバラツキが変われば、コール・オプションの価値がどのように変わるのかみてみよう。そのために、コール・オプションの価値の計算式について少し見方を変えてみよう。

　コール・オプションの価値であるプレミアムは、その期待価値であって、それは、満期日の価格毎に利益額と確率を掛け合わせて合計したもの（加重平均）であった。しかし、この計算は、次のように読み替えることもできる。

　オプション・プレミアムの価値＝（権利行使する確率）×（権利行使した場合の平均利益）
具体的に先の例では、

　　期待利益＝$5 \times 0.5 + 15 \times 0.2 + 25 \times 0.05 = 6.75$

と計算した（図表5－15）が、これは

　　期待利益＝0.75＜権利行使の確率＞

$$\times (\frac{0.5}{0.75} \times 5 + \frac{0.2}{0.75} \times 15 + \frac{0.05}{0.75} \times 25) \text{＜権利行使の場合の平均利益＞}$$

と計算したと考えることもできる。

　記号で書くと、オプションの価値（プレミアム）の理論値Cは、権利行使価格＝K、満期日の市場価格をS、権利行使する確率をPr.(S＞K)、またその条件の下での利益の期待値をE(S－K｜S＞K)とするとき、

　　$C = Pr.(S>K) \times E(S-K \mid S>K)$　　　　　　　　　　　　　　…式5－4

となる（図表5－17）。

図表5-17　現物価格とプレミアム

- 権利行使価格とその時点での原資産価格の位置関係によって、満期日における権利行使の確率、利益が影響される（その時点での原資産価格の周りで将来価格が分布する前提＜マルチンゲール＞）

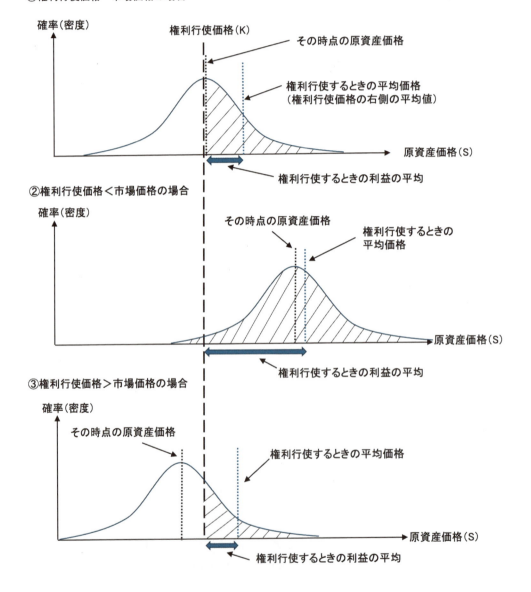

①権利行使価格＝市場価格の場合

②権利行使価格＜市場価格の場合

③権利行使価格＞市場価格の場合

以下、この定式化を念頭に話を進めよう。

これまでの例は権利行使価格95円、満期日の価格の分布が山形の場合のコール・オプション

であった。ここで、権利行使価格を105円に引き上げてみよう（図表5－15－③）。すると、権利行使するのは満期日の原資産価格が110円、120円の場合のみであるので、権利行使する確率は0.25（0.20＋0.05）と先の0.75から大きく低下する。この結果、オプション・プレミアムは1.75まで大幅に低下する。

　次に、権利行使価格が現在の価格と同じ100円の場合についてみてみよう（図表5－15－②）。この場合は、満期日の原資産価格が100円の場合は、権利行使をしてもしなくても利益はゼロである。つまり同等なので、100円での権利行使の確率を0.5の半分の0.25と置いてみると、全体の権利行使確率は0.25＋0.2＋0.05＝0.5となって、ちょうど五分五分となる。つまり、左右対称の分布を想定する限り、満期日で権利行使する確率は0.5となるのである。

　また、図表5－15、5－16にはそこまで明示していないが、満期日直前の原資産価格が権利行使価格よりも非常に高い場合を考えてみる。価格は急には動かないとすると、権利行使の確率は1.0に近いであろう。逆に、満期日直前の原資産価格が非常に低い場合には権利行使をしない（つまり権利行使の確率はゼロに近い）であろう。また、満期日直前の原資産価格が権利行使価格近辺の場合は、市場価格がどちらに振れるか不明とすると、権利行使する確率は五分五分（0.5）前後であろう。

　次にそれらの場合の権利行使によって得られる利益を検討すると、原資産価格が権利行使価格と同じ水準なら、そこから少し、例えば1円上昇すれば権利行使の確率は0.5前後で、権利行使できた場合の利益はそのまま1円増えるであろう。つまり、原資産価格が1円上昇した場合のこのオプションの価値は、0.5増えると推定される。同様に、原資産価格が非常に高い場合には1円、低い場合にはゼロとなる。このことから、原資産価格が1単位＝1円変化した場合のオプションの価値の変化額（「デルタ」という）は、権利行使する確率と同じであると推測できる。それは、市場価格とオプションの価値の関係を示した損益曲線の傾きと同じであることも容易に理解できよう（図表5－18）。

　また、権利行使する確率の意味を考えると、例えば確率が1、つまり必ず権利行使するということはそのオプションの持つリスク・プロファイルは原資産と同等ということになる。仮に、権利行使する確率がほとんどゼロという場合には、原資産との同等性はほぼないということになる。デルタが中間の0.5であるということは、原資産1単位の半分を保有しているのと同じリスク・プロファイルということになる。このようにオプション取引によるリスクは、デルタを使って現物換算できる。

（ハ）ボラティリティ

　次に、満期日の原資産価格の分布が山形ではなく、一様な分布、つまり全くバラバラな場合について考えてみよう。図表5－15の①、②、③それぞれの最下段の行のカッコ内にあるように、実際に計算すると、価格の分布以外は全く同様であっても、オプションの価値が高くなっている。

図表5-18 コールオプション（購入）の損益曲線

（当初払い込んだプレミアムコストは無視している）。

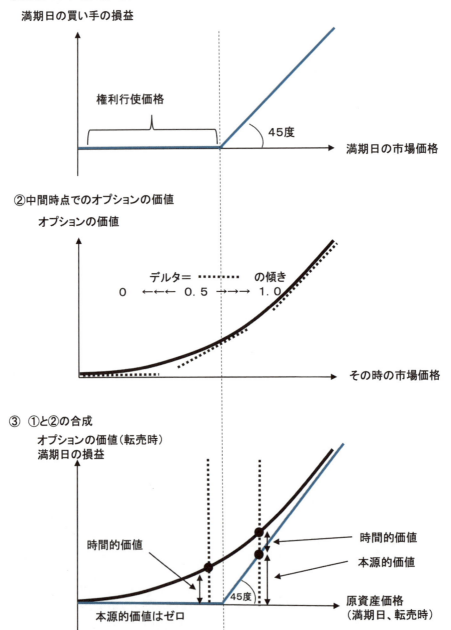

分布が山形ではなく、バラついている場合、つまり分散が大きい場合には、権利行使価格が同じであっても権利行使をする確率が高くなるからである[15]。つまり、ボラティリティーが高いほど、オプションの価値は高いのである[16]。満期日における確率分布のバラツキは、現実には過去のデータから推測するしかない。そのような形で統計的に得られた標準偏差のことを、ヒストリカル・ボラティリティ（historical volatility）と呼んでいる。

　ボラティリティは、期間の長短と関係がある。例えば、ひとつの単位期間中に、ある確率分布に基づいて価格変化があり、次の２期目も１期目末の価格を中心にして同じ分布で価格が同様に変化すると仮定しよう（マルチンゲール、詳細後述）。つまり、１期目の期末の価格がS^1という水準であったとすると、２期目の価格はそこから前後にばらついていくことになる。この結果、１期目と２期目との通期のバラツキは（一般に当初の平均から乖離した地点である）、１期目末の価格水準を平均とした分布になっていて、１期目だけのバラツキよりも大きくなる[17]。すなわち、期間が長くなるとバラツキが大きく（＝ボラティリティが高く）なって、一般にはオプションの価値は高くなるのである。このことは、満期までに時間があるほど、つまり契約直後のオプション価値が高いということになる。

　逆に、満期日に近づくと、オプションの対象としている期間が短くなっていくので、（他の状況が不変とすれば）ボラティリティは低くなって、プレミアムが低下していく。このことを時間経過に伴う減価という意味でタイムディケイ（time decay）と呼んでいる。

　今、もともと満期日までの期間が長いとオプション・プレミアムが増大し、満期日までの期間が短くなると、オプション・プレミアムは減少すると述べたが、それは実はオプション・プレミアムの価値のうちの純粋なオプション部分、つまり時間価値についてのことである。そこで、この点について話を進めよう。

---

[15] 満期日以前であればいつでも権利行使できるオプションのことを「アメリカン・オプション」、ここでみてきた満期日においてのみ権利行使できるものを「ヨーロピアン・オプション」という。典型的なアメリカン・オプションの場合では、契約期間中に「１回でも」有利になるタイミングがあれば権利行使して利益を確定できる。そのようなタイミングが訪れるチャンスは、ボラティリティが大きいほど大きいことは自明であろう。そして、「１回でも」ということは、実は満期日においてそのようなチャンスが１回実現することと同じであるので、ヨーロピアン・オプションの場合でも、ボラティリティが大きいほど権利行使する確率が高くなることは理解できよう。

[16] 実際に市場で成立したオプション取引から、価格理論を使って逆算したボラティリティをインプライド・ボラティリティと呼んでいる。市場が、将来の価格変動の大小をどのようにみているのかという指標になる。

[17] このことは、次のようにも理解できる。当初（１期目）の原資産価格の分布が、平均μ、標準偏差σの分布としよう。次に、２期目の分布は、一期目末の実績値を平均として、同じ形状の分布に従うとしよう。すると、２期目の原資産価格の分布は１期目末の実績値に平均ゼロ、標準偏差σの分布から得られる値を加えたものになる。その分布は、第四部の注31から、

平均$\mu+0$、標準偏差$=\sqrt{2}\sigma$

の分布となることが分かる。つまり、期間が２倍になるとバラツキ（標準偏差）は約1.4倍に増加するのである。

(二) 本源的価値と時間価値

　以上、オプション・プレミアムの決定理論をみてきた。ここからは、さらにオプションの重要な性質である本源的価値と時間的価値についてみていこう（前掲図表5－18）。本源的価値とは、保有しているオプションに関して、権利行使有利な状態、つまりイン・ザ・マネーの場合に、その時の市場価格で直ちに権利行使を行った場合に得られる利益のことである。時間的価値とは、そのときのオプション・プレミアムの総額から、本源的価値を差引いた残り、すなわち、オプション固有の価値である。アウト・オブ・ザ・マネーの場合は、本源的価値はないので、時間的価値だけがオプション価値である。

　つまり時間的価値とは、満期日前の段階にあって、仮に権利行使すれば利益が得られるにもかかわらず、そうしないことで将来得られるであろう平均的な利益である。あるいは、市場価格が権利行使価格よりも低いため、権利行使の意味はないが、将来値上がりしてイン・ザ・マネーになっていったときの平均的な利益である。以下、具体的に計算してみよう。

　コール・オプションの価値Cは、

$$C = \text{Pr.}(S>K) \times E(S-K \mid S>K)$$

であった。その時点での市場価格をTと書くと、

$$T = \text{Pr.}(S>K) \times E(S \mid S>K) + \text{Pr.}(S<K) \times E(S \mid S<K)$$

と書けるので、Kが定数であることを踏まえると、両者から次のように書き換えることができる。

　イン・ザ・マネーの場合の時間的価値
　＝オプション・プレミアムの価値　－本源的価値
　＝$\text{Pr.}(S>K) \times E(S-K \mid S>K) - (T-K)$
　＝$\text{Pr.}(S>K) \times E(S \mid S>K) - \text{Pr.}(S>K) \times K -$
　　$\{\text{Pr.}(S>K) \times E(S \mid S>K) + \text{Pr.}(S<K) \times E(S \mid S<K) - K\}$
　＝$-\text{Pr.}(S<K) \times E(S \mid S<K) + \text{Pr.}(S<K) \times K$
　＝$\text{Pr.}(S<K) \times (K - E(S \mid S<K))$
　＝（満期日において市場価格が権利行使価格を下回る確率）×
　　　　　　　　　　　　　（その時の権利行使価格と市場価格の差額）

となる。この式の意味は売り手の立場から考えると、コール・オプションを売却したものの、権利行使されなかったために支払わずに済むであろう予想金額を示している。そのうえで、買い手の立場に立つと、「ただちに権利行使すれば利益が得られたにも関わらず権利行使をしなかったことから、満期日において市場価格が下がったため補てんされるべき逸失金額」、つまり保険金と考えられる。

　なお、アウト・オブ・ザ・マネーの場合は、単に

　　時間的価値＝$C = \text{Pr.}(S>K) \times E(S-K \mid S>K)$

となる。

(ホ) プット・オプション

　以上、コール・オプションの例をみてきたが、次にプット・オプションをみてみよう。プット・オプションとは、原資産を売る権利である。将来原資産価格が値下がりしても、合意した価格で売ることができる。そのため、値下がりを恐れる投資家にとっては、非常に有効なリスク軽減策となる。

　プット・オプションのプレミアムPは、権利行使をするとき（満期日の市場価格が権利行使価格を下回っているとき）に得られる利益の期待値であるので、

$$P = Pr.(S<K) \times E(K-(S \mid S<K))$$

と書ける。これは、同じ満期日、同じ権利行使価格のコール・オプションの保有者がアウト・オブ・ザ・マネーで、権利行使をしないときのプレミアムと同じである。プット・オプションがイン・ザ・マネーとなっているときは、コール・オプションがアウト・オブ・ザ・マネーであるので、当然である。

　なお、先ほど述べたコール・オプションの時間的価値とも同じ式の形であるが、その場合はイン・ザ・マネーの場合の式であることに留意してほしい。プット・オプションの時間的価値は、プット・オプションがイン・ザ・マネーの場合の権利行使しないときのプレミアム、つまり

$$Pr.(S>K) \times E(S-K \mid S>K)$$

となる。

(ヘ) プット・コール・パリティ

　ところで、コール・オプションの価値Cとプット・オプションの価値Pは、それぞれ

$$C = Pr.(S>K) \times E(S-K \mid S>K)$$
$$P = Pr.(S<K) \times E(K-S \mid S<K))$$

であるので、両者を引き算すると

$$C - P = Pr.(S>K) \times E(S \mid S>K) + Pr.(S<K) \times E(S \mid S<K) - K$$
$$= T - K$$

と確率を含まない一般的な関係式になる。つまり、コール・オプションのプレミアムとプット・オプションのプレミアムの差額は、約定日の市場価格から権利行使価格を差し引いたものとなる。これを、プット・コール・パリティと呼んでいる。

　このことから、市場価格が権利行使価格に等しい場合（アット・ザ・マネー）、コールとプットのオプション・プレミアムは等しくなることが分かる。実は、江戸時代の堂島のコメ先物市場では、先物を売り買いする権利つまりオプションを有価証券化したもの（その年の秋に収穫されるコメを買う権利証文を春に振り出し）が取引されていた。そこでは、もちろん今説明したような理論的なことは分かっていなかったが、プット・コール・パリティが経験則として得られていた可能性はある。

（ト）マルチンゲールと期待形成

実は、以上の計算過程のうち、
$$T = \Pr.(S>K) \times E(S \mid S>K) + \Pr.(S<K) \times E(S \mid S<K)$$
つまり、その時々の市場価格
　　＝（権利行使する確率）×（その時の価格の期待値）
　　　＋（権利行使しない確率）×（その時の価格の期待値）
としたが、これは将来の価格の期待値が、それを予想したとき（約定時）の市場価格と同じということを使った。この仮定の内容は、確率過程論では、マルチンゲールといわれるものである。マルチンゲールとは、例えば債券価格について、来期の価格の期待値（分布の平均）は、今期において実際に市場で成立している価格であるという状態を意味している。つまり、今実際に市場で成立している価格は、様々な関連情報を反映しているものであるので、来期に向けての最良の予測値でもあるということである。このマルチンゲールの仮定は、効率的市場仮説とも関連がある。

効率的市場とは、様々な経済、社会情勢に関する最新の情報が市場全体に共有され、それが常時価格に反映されていくという考え方である[18]。そのように情報が均霑されていれば、情報の格差によって生じる歪みは裁定取引によって常に修正される。したがって、新しい情報が出現しない限り、価格は動く余地がない。現状の価格は、将来価格の最良の予測となる。

なお、第一部で触れた合理的期待形成も、この考え方に類似している。ただし、合理的期待形成の場合は、情報だけではなく、政府を含めたすべての経済主体の行動様式、さらにはそれらの主体の行動が経済全体にどのように影響を及ぼしていくかということについて、一致した見解があり、かつそれが共有されているというさらに強い前提がある。

さらに、確率過程論の基本的な概念にマルコフ連鎖というものがあるが、これも効率的市場仮説や、マルチンゲール、合理的期待形成などの考え方と軌を一にするところがある。マルコフ連鎖とは、過去のすべての情報が現在の状態に反映されており、将来を予測するには現在の情報だけで足りるというものである。もちろん、現在の情報だけで将来を適切に予想できるということと、現在の価格が将来も続くというマルチンゲールや効率的市場仮説は異なる。マルチンゲールはマルコフ連鎖よりも、さらに強い仮定である。さらに、ブラウン運動という確率過程は、現在の値を出発点として、次の展開はランダムな動きをするというものであって、現在の価格が最良の予測といっているわけではないが、現状を重視する考え方といえなくもない。

このように期待に関する議論は多様であるが、ひとつのポイントは、現在の市場価格には様々な情報が含まれているということ、新たな情報が入らない限りそれが変化すると予測すべき合

---

[18] 効率的市場仮説は、様々な経済学者が、情報の共有と市場価格の関係について、理論、実証の両面で研究対象としてきた。中でもE.ファマ（米国のノーベル賞経済学者　1939年〜）は、この仮説の提唱者として著名である。

理的な（あるいは非確率的な）理由はないということであろう。

　いずれにせよ、オプション取引においては、現在の価格の周りで来期の価格が変動するという前提を置いて考えると、オプションの意味が分かりやすくなる。

　そこで、現在価格が将来価格の期待値であるということを活用して、コール・プレミアムの意味をさらに考えてみよう。

　前掲図表5－17は、将来の価格の分布は、現在の価格を平均値とする左右対称の滑らかな分布であるという前提で、価格に応じて既契約の（つまり同じ権利行使価格の）コール・オプションのプレミアムがどのように変化するかをみたものである。

　現在の価格が高くなると（図で、権利行使価格の右側に形を変えずにそのままシフトすると）、権利行使する確率が高くなる。また、その下での将来価格の平均も高くなる。このため、現在の価格が上がれば上がるほど、プレミアムは高くなっていく。ただしその中身をみると、ほぼ確実に権利行使をする下で、価格上昇による権利行使価格との差額が単純に拡大していくことによるものであることが分かる。つまり本源的価値がほとんどで、時間的価値はほとんどない。先ほどの説明を用いると、権利行使しないことによる期待収益は見込めない。逆に、価格が非常に低くなると（図で、権利行使価格の左側にシフトすると）、権利行使される可能性が低くなり、時間的価値のみとなっていくことが分かる。こうした状況を損益曲線の図で示したのが、図表5－18である。

③オプションの様々な活用法

　以上、コール・オプション、プット・オプションの「買い」を例に取ってオプションの様々な性質をみてきたが、次に、コール・オプションおよびプット・オプションの「売り」も含めてみていこう（図表5－19）。ここでは、簡単のため満期日における損益曲線のみで議論を進めることにしよう。

　この間、コールでもプットでも、権利を買うサイドの損益は、当初にオプション・プレミアムを支払う必要があるが、その後市場価格がどのように動いても損失を被ることはない。権利であって、不利なときは行使しなければよいからだ。しかし、オプションの売り手は、コールであってもプットであっても、権利を相手方に売り渡しているので、権利行使を拒むことはできず、市場価格の展開次第では非常に大きな損失を被る。コールの売り場合であれば、価格が上昇すると、権利行使された場合には市場で高値で買って、オプションの保有者に安値で売らなければならない。プットの売り場合は、価格が値下がりした場合、権利行使をされ、高値で買い安値で処分することになる。

　つまり、オプションは権利であるので、購入サイドはいわば保険を買ったのと同じである一方、売り手はリスクを一方的に負うことになるのである。

図表5-19　原資産とオプションの損益曲線（買い持ちと売り持ちの比較）

- 現在の原資産価格（●）を権利行使価格とした場合の損益比較。
- 買い持ちと売り持ちの比較。両者の合計は常にゼロ。

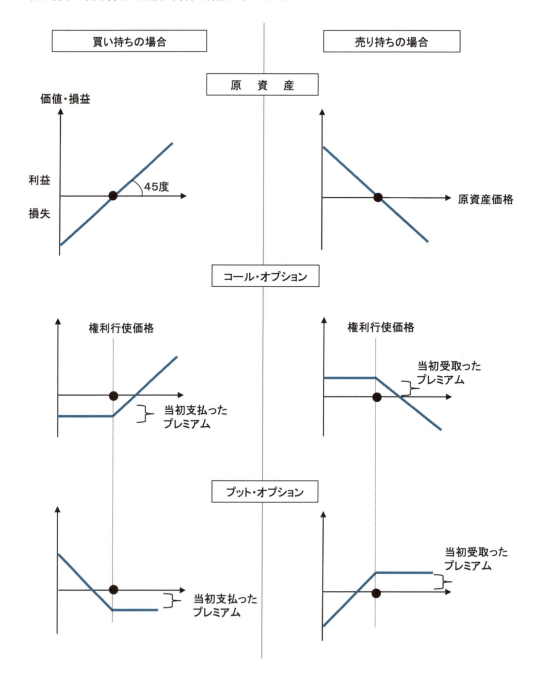

図表5-20　オプションを使ったストラテジーと新たな派生商品

- 実線と点線を組み合わせて、青線に合成。
- ●はその時の市場価格。

①カバード・コール
　・・・現資産の買い持ちとOTMコールの売却
　・・・高値での売却をセット

②プロテクティブ・プット
　・・・原資産の買い持ちとプットの買持ち
　・・・保有している現物の値下がりリスクを回避

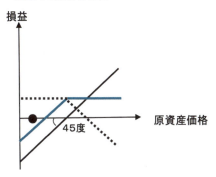
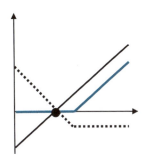

③ターゲット・バイイング
　・・・現資産保有継続とOTMプットの売却
　・・・原資産の押し目買い＋プレミアム獲得

④シンセティック・ロング
　・・・コールの買い持ちとプットの売り持ち
　・・・原資産の買い持ちを人工的に組成

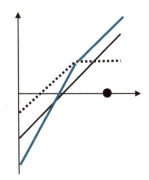
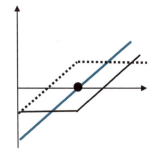

⑤ロング・ストラドル
　・・・コールの買い持ちとプットの買い持ち
　・・・原資産の価格変動を利益に変える(注)

⑥シンセティック・ショート
　・・・プットの買い持ちとコールの売り持ち
　・・・原資産の売り持ちを人工的に組成

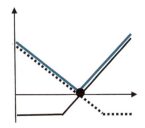
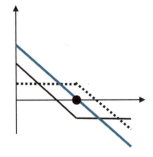

(注)ガンマ・ロングともいう。ガンマとは原資産価格の変化に対するデルタの変化の割合

以上は、オプションだけを買い持ち、ないし売り持ちした場合である。しかし、実際には次のように原資産との関係あるいはコールとプットの組合せにより、どのようなリスク・プロファイルにでも再構成できる。また、原資産の買い持ち（買ったまま保有）、売り持ち（空売り＝原資産を借りてきて、売却、期日に買い戻し）と組合せることを想定しているので、原資産の損益曲線も描いておいた。いくつか典型的な事例を挙げると次の通りである（図表5－20）。

- リスクの解消

  プロテクティブ・プット：プットの購入＋原資産保有 ………………………………②
  …値下がりに強く、値上がり益は確保できる。
  ロングストラドル：コールの買い持ち＋プットの買い持ち ……………………………⑤
  …値下がりしても、値上がりしても利益を得ることができる。

- 積極的なリスクテイク

  カバード・コール：原資産の保有とOTMコールの売却 …………………………………①
  …時価で買って、それよりも高い水準の価格を権利行使価格とするコールを売っておけば、値上がりしたときには権利行使され、保有している（安値で購入した）原資産を売却することができる。
  シンセティック・ロング：コールの買い持ちとプットの売り持ち ……………………④
  …原資産を保有しているのと同じリスク・プロファイルを実現できる（原資産、例えば国債を保有する場合は、デフォールト・リスクはないが、シンセティック・ロングの場合は相手先の契約不履行リスク＜カウンターパーティ・リスク＞を負う点に留意が必要である）。

④オプションの利益率の性質

以上、オプションを活用した様々なストラテジーの利益額の状況をみてきた。では、利益率はどのようになるであろうか。

基本的に、投資額はプレミアム部分のみないしは（売り持ちの場合）マイナスであるので、その額は原資産の元本などと比べると遥かに小さい。一方、損益額は、原資産と同様の幅で変動する。このため、損益額をプレミアムで割った損益率は極めて大きい。

この点をコール・オプションの買いを例に、やや解析的にみてみよう。

コール・オプションの価値（プレミアム）の理論値Cは、権利行使価格＝K、満期日の市場価格をSとすると、

$$C = \Pr.(S > K) \times E(S - K \mid S > K)$$

と書ける。後半は、市場価格が権利行使価格を上回っている条件の下での、利益額の期待値である。

満期日を迎えた時点での利益額は、E(S−K｜S＞K)かゼロなので、コール・オプションの買いの利益率rの期待値は、

$$r = \frac{E(S-K｜S>K)}{Pr.(S>K) \times E(S-K｜S>K)} - 1 \text{か、ゼロ}$$

となって、

$$r = \frac{1-Pr.(S>K)}{Pr.(S>K)} \text{か、ゼロ}$$

と単純な形、つまり確率だけで表現できるのである。

この式から、オプションの買いの利益率の期待値は、権利行使する場合のほぼ無限大から、(権利行使する確率が0.5の場合の）100％を経て、権利行使する確率がゼロの場合のゼロまでの範囲を動くが、常にプラス領域である（保険ということ）。一方、オプションを売却したサイドは、この式の符号を変えた利益率となるので、ゼロかマイナスとなる。なぜ、このような不公平な結果になったかというと、人々はリスク中立的であるという前提を置いて、期待損益のみでオプションの価格付け（プライシング）を行っているからである。逆にいえば、オプション・プレミアムには十分なリスク・プレミアムが支払われていないと思うかもしれない。ただし、先にも述べたように、オプションはそれだけで単独で完結した取引ということではなく、原資産の保有や他のオプションの組合せによるのがむしろ通例であることに留意する必要がある。

なお、ここでの説明は、原資産価格の確率分布について、特段の想定はおいていないが、いわゆるブラック・ショールズ式[19]は、原資産の分布について平均と分散のみで分布の形が一義的に決まる正規分布を想定しているので、現実に応用する場合には注意が必要である（非負を取り込んだ対数正規分布でも同様に限界がある）。

⑤デリバティブを活用した様々な取引

さて、デリバティブ取引の中で、最も原資産とかけ離れたリスク・プロファイルに変換する取引であるオプション取引をみてきた。オプション取引を使うことによって、例えば借入金利が一定以上に高くならない金利キャップ付きの借入や、一定の水準より金利が低くならない金利フロア付きの預金なども設計できる（前掲図表5−20を参照。例えば貸出金利に①のカバード・コールの手法を適用すれば、貸出金利のキャップを作り出すことができる）。当然そうしたリスク削減にはコストを伴うのであって、何らかの形でオプション・プレミアムを支払っている。

---

19) F.ブラック（1938〜1995年）は、米国の経済学者。M.ショールズ（1941年〜）は、米国のノーベル経済学者。1973年に発表された両者の共著論文で初めてオプションの価格理論が打ち立てられた。熱力学で用いられる確率偏微分方程式を応用したもので、ブラック・ショールズ式として知られる（この解説については、著者を含む日本銀行金融市場研究会編著「オプション取引の全て」（1995年　金融財政事情研究会）などを参照）。

こうした取引のほかにも、以下にみるような様々なデリバティブ取引がある。

（イ）金利スワップ（interest swap）

金利スワップとは、同じ期間、例えば5年の契約期間中、6か月ごとにその時々の6か月ものの短期金利、つまり変動金利と、5年間の固定金利を交換する取引である。長期金利は、当事者間で決める。一方、短期金利はTIBOR6か月ものといった形で、市場で成立し、公表されている金利を用いる。

ある借り手が当初は短期ロールオーバー（例えば6か月ごとに金利を見直すが、5年間貸出を受けることは合意済み）で資金調達していたが、先々短期金利が上昇しそうだとみて、途中から残存期間について固定金利に変えたいと考えたときに、金融機関が応じるといったケースが本来のニーズであった。しかし、この市場が拡大するにつれて、金融機関同士の取引が主体になっている。金融機関は、顧客との様々な取引の結果として形成される自身のポートフォリオを最適化すべくポートフォリオの性質を変えたいと思うからである。例えば、ポートフォリオの負債が金利上昇に弱いと思えば、固定金利の負債を増やそうとするし、逆に金利低下に弱いと思えば、短期金利による調達を増やそうとする。そうしたニーズがぶつかって、金利スワップの市場が成立する。ただ、金融機関は基本的に短期調達・長期運用になっていることが多いため（預金の中心が普通預金や3年以内の定期預金が中心であるため）、長期固定金利調達手段のひとつとして、債券発行と同様の感覚で金利スワップを用いることも多い。また、そうした実体的な理由ではなく、単純に金利先行きに対する投資として、債券売買と全く同じ感覚で取引されることも多いのが実態である。

なお、実務では、変動金利による調達を固定金利の調達に変換することを「固定金利の払い（変動金利の受け）」という。逆に固定金利を変動金利に変換することを「（固定金利の受け）変動金利の払い」ということが多い。

（ロ）通貨スワップ

金利スワップは、同一通貨間で金利だけを交換するものであるが、通貨スワップは、取引開始から満期までの期間、例えば円と米ドルの元本および利息を交換するものである[20]。1年以上の長期が多い。米ドルで支払う必要のある例えば日本の輸入企業が、日本円で支払う必要のある米国の輸入企業との間で通貨スワップを行えば、日頃から取引関係のある国内銀行から自国通貨を調達し、それを外貨に換えることができるため、より有利な条件で外貨を入手できる

---

[20]「通貨スワップ」という用語は、特別な意味で使われることがある。それは、通貨危機などの際に、民間銀行が外貨を調達できなくなった際に、中央銀行が自ら外貨を融通するものである。ある国が外貨の入手が困難化した際に、当該外貨を発行している海外中央銀行から直接、通貨の交換によって外貨を入手することができる。

メリットがある（米側企業も同様の取引を米国内で行い得る）。その場合、異なる通貨の変動金利を交換するベーシス・スワップの取引を内包している（固定と変動金利の交換を金利スワップ、変動金利同士の異なる通貨の交換をベーシス・スワップという）。また、満期時の為替レートは当事者間で適宜決めることができるが、取引開始時の為替相場と同じレートを使うこともできる。

なお、類似の取引として為替スワップといわれる取引があるが、これは金利の交換を伴わず、満期時の為替レートで期間中の金利差を調整するものである。通常は1年以内の短期である。

(ハ) クレジット・デフォールト・スワップ（クレジット・デリバティブ）

クレジット・デフォールト・スワップとは、借り手や債券の発行体が返済不能となった場合（クレジット・デフォールト）に貸し手や保有者がロスを回避するニーズに応えるものである。

具体的には、クレジット・デフォールトによる損失と同額の補てん金を受け取る権利のことであって、スワップという名前がついているが、本質的にはオプションである。単にクレジット・デリバティブともいう。もともと、社債がデフォールトした際に優良な債券（国債）とスワップする権利といった形で取引が始まったため、スワップという名前になっている。なお、デフォールトとは、破たんや債務不履行のことで、クレジット・イベントということもある。先にオプション取引の説明として、原資産、例えば社債の価格の変動に備えるため、その原資産を一定の価格で売り買いすることが、オプションであるとした訳であるが、デフォールトになると価格がゼロ、あるいは極端な安値になるので、クレジット・デリバティブは極端な価格変化を想定したオプション取引とも理解できる。

a. 具体例
- ある投資家が、額面1億円のA社発行の社債を保有。
- その投資家が、金融機関と、クレジット・デフォールト・スワップ契約を締結し、金融機関に1％のプレミアムを支払い。
- その社債がデフォールトし無価値となったので、1億円を金融機関から受け取る。

b. 効果と特徴
- ほぼ完全にクレジット・リスクをなくすことができる（契約相手方の業者が破たんするリスク＝カウンターパーティー・リスクは残る）。
- 元本のデフォールト・リスクの取引である。
- 2008年のリーマンショックの直接的な原因となったとされる。実際、破たんした米国のリーマン・ブラザーズ証券やその前に経営危機に陥ったＡＩＧ（米国の保険会社）はクレジット・デリバティブの売り持ちによって巨額の損失を被った。

(ニ) 仕組み預金・仕組み債

仕組み預金の例で説明しよう。ポイントは、外貨オプションを使って、通常の円金利よりも高めの金利を可能とする一方、為替変動リスクを預金者に転嫁することである。以下、典型的な仕組み預金の具体例を示そう。

- 預金者は、120万円を取引先銀行に1年もの定期預金として預け入れ。

  ただし、その時の為替相場120円／ドルであり、円金利2％とする。またその際、満期日に110円／ドル以上の円高（ドル安）になれば、円ではなくドルで1万ドル返すことを契約。

- 銀行は、「預金の満期日＝1年後に110円でドルを売る権利（プット・オプション）」を預金者から買っておく。預金者はそれにより、プレミアムを手に入れる（通常の預金金利よりも利回りが上昇）。

- 満期日に市場で円相場が100円／ドルの円高になったとしよう。

- 銀行は、市場でドルを100円で買う一方、110円でドルを売る権利を預金者に行使（銀行は、100円／ドルになれば、10円の利益。110円ならトントン。120円なら権利行使をしない）。

- 預金者は、110円／ドル以上の円高になれば、銀行からプット・オプションを行使され、（既に安くなった）ドルを持つ。その時点でドルを円に変換すれば、直ちに損失が確定する。また、当座ドルで保有すれば、為替変動リスクを抱える。

- 仕組み預金は、一見利回りが高くなるメリットがあるが、その対価として為替変動リスクを持つことになる。つまり、リスクを利回りで買っているわけである。

(ホ) スワップション

スワップションとは、スワップを原資産とする、オプション取引である。スワップには、固定金利を変動金利の受けに転換するペイヤーズ・スワップションと、逆に変動金利を固定金利の受けに転換するレシーバーズ・スワップションがある。金利情勢をみながら投資家は様々な場面で、これを活用している。典型的には、スワップションの買い手は先々の金利を確定することができる一方、売り手はリスクを負うが、その分の対価＝プレミアムを得ることになるので、利回りを向上させることができる。

(ヘ) 転換社債

転換社債は、一定の条件の下で株式に転換できる権利のついた社債のことである。株式のコール・オプションの買い持ちと社債の組み合わせ商品とみることができる。

第6章
リスク・マネジメント

①バリュー・アット・リスク（VAR）とRAROC

　これまで、リスクというものを保有資産の収益率のバラツキ、すなわちリターンの分散という形で把握してきた。その意味でのリスクは、投資判断を行う上で非常に重要な尺度である。しかし、企業の全体的なマネジメントという観点からは、今保有している資産を維持した場合、今後どのくらいの損失が生じ得るのかということが決定的に重要である。そこが明確になっていないと、倒産という最悪の事態を避けるために必要な資本額が分からないからである。

　そうした問いに対するひとつの答えがバリュー・アット・リスク（value at risk；VAR）といわれる指標である。端的にVARとは一定の信頼度の下で生じ得る損失額のことである。VARが計算できれば、必要資本額も計算できる。このため、金融機関経営において、VARは標準的手法になっている。VARを算出するためには、次の二つが必要である。

- ポートフォリオの価値の平均と分散

　これが分かれば、正規分布を前提として、確率分布全体のかたちが特定できる。確率分布が特定できれば、どれくらいの確率で債務超過になるのか計算できる。正規分布を前提にしない方法もあるが、その場合でも、どれくらいの損失がどれくらいの頻度で生じるのかが把握できている必要がある。

- 信頼度の想定

　10年に1回の確率で生じ得る最大の損失額とするのか、100年に1回しか生じない事態に備えるのかという経営上の判断である。確率論的には、「信頼区間」を何％にするのかということである。通常は99％が目途になっていることが多いが、99.9％とするケースもある。

（イ）VAR計算のロジック

　VARの算出の方法はいくつかある。最も標準的な方法を説明しよう。

　保有資産には、そのリスク・プロファイルを左右する重要な要素（リスク・ファクター）があるはずである。例えばある金融機関が貸出や債券あるいは株式などで構成されるポートフォ

リオを保有しているとする。そのポートフォリオのリスク・ファクターの候補はいくつもあり得るが、例えば、GDPと物価の二つのファクターを考えたとしよう。過去のデータからGDP、物価各々が1％変化した場合に、どのくらいポートフォリオ全体の価値に影響するのかという感応度が算出できる。また、GDPと物価について、その標準偏差や共分散も過去のデータから算出できる。

ところで、AとBという異なる商品ないし商品群から組成された全体的なポートフォリオのCを保有していたとして、Cの中での商品A、Bの組込み比率をa、bとし、A、B、Cのリターンをそのままの記号A、B、Cで表すと、

Cの平均＝a×Aの平均＋b×Bの平均

Cの標準偏差＝ $\sigma_C = \sqrt{a^2 \sigma_A^2 + b^2 \sigma_B^2 + 2ab\sigma_{AB}}$

と書ける（第四部注31）。ここで、AをGDPの変化率（aはその感応度）、Bを物価の変化率（bはその感応度）、Cを損益額（あるいはその変化率）と読み替えると、GDPないし物価が変動したときのポートフォリオ全体への影響度の平均と標準偏差が分かることになる。このような手法で、ある企業が保有している資産全体から生じる損失のバラツキが分かる。特に、Cが正規分布に従うと仮定すれば、Cの確率分布全体が特定できる（図表5－21）。

(ロ) リスクテイクの許容度

Cの確率分布から、リスクテイクの程度を設定することができる（経営陣が設定したリスクテイクの上限をリスク・アピタイトという）。正規分布の標準正規分布表から、信頼区間99％の場合は、標準偏差の2.33倍分平均から左に移動した地点の分散を想定しておけばよい。つまり、100年に1回のまれなリスクが顕現化したときには、標準偏差の2.33倍の損失が生じると分かる。この金額を十分に上回る自己資本が確保されていれば、その金融機関は100年に1度しか顕現化しないリスクにも耐えられることになる。1000年に1回、つまり99.9％信頼区間の場合は3.09の地点とすればよいと分かる。

しかし、現実の損益の分布は、両端で急速にゼロに近づく正規分布のような形ではなく、上下に押しつぶされた形ではないかと考えられる。特に損失のエリア（分布の左側）において、より大きな損失になってもそこそこの確率があるケースがあるとされる（ファット・テール）。その場合には、同じ信頼区間（図の塗りつぶし部分の面積）であっても、最悪のケースとしてもっと額の大きい損失を想定する必要がある（VARが左にシフト）。

(ハ) リスクと投資期間

VARの説明に使った、あるポートフォリオCの標準偏差は、想定する期間の長さにも影響される。注17でみたように期間が長くなれば、バラツキは期間の長さの平方根に比例して拡大する。

図表5-21　VARの概念（信頼区間99％の場合の例）

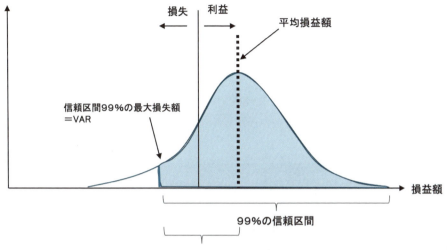

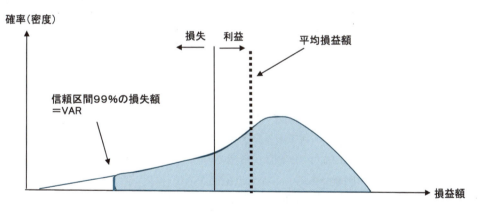

　そのことも踏まえ、信頼区間のほか、どのくらいの期間の長さを想定するのか、リスク・ファクターA、Bに対するCの感応度、A、Bの標準偏差、A、Bの共分散が分かっていれば、具体的にVARを算出できる。VARが得られれば、必要な備え＝資本が分かる。

(ニ) RAROC（risk adjusted return on capital）

このようにして算出された必要資本は、単にリスク・マネジメントだけではなく、企業内の部門別資本の配分においても利用されている。具体的には、全社的に信頼区間を定めたうえで、各部門ごとにVAR控除後の収益を資本で割って算出した資本利益率（RAROC）を使って各部門に資本を配布するのである。

$$RAROC = \frac{予想収益 - VAR}{リスク資本}$$

リスク資本とは、倒産回避のために損失のバッファーとして使える資本のことである。企業のバランス・シートの普通株式と剰余金の合計と考えてよい。

② ALM（asset liability management）

一般的な事業法人であっても、金融機関であっても、すべての取引の結果は、バランス・シート、すなわちアセット＝資産（運用）とライアビリティー＝デット＝負債（調達）、そしてその差額として捉えられる資本に反映される。

これまで取り上げてきたリスク管理の手法のうち平均・分散アプローチ、β；ベータを使った投資銘柄の管理、VARなどは、運用サイドだけをみたリスク管理の手法である。平均分散アプローチは概念的にはインプリケーションが豊かな分析であるが、実際にこれを使ってリスク管理をするには、計算プロセスが複雑になる。また、ベータを使った分析は株式の個別銘柄を選択する際には威力を発揮するが、保有資産全体をカバーすることはできない。VARは計算が容易で、現実にリスク管理の現場で活用されているが、負債サイドの分析には向かない。

他方で、モディリアーニ・ミラーの命題に至る過程で説明した資本・借入の関係に関する様々な分析は、資金の調達のみを捉えており、運用サイドは視野に入れていない。

そこで、バランス・シート全体を捉えて、収益とリスクの管理を行うことが必要である。その手法がALMと呼ばれるものである。しかし、それでも実物資産の管理まで含めた、真の意味でのバランス・シートの分析は困難である。実際問題として、ALMで捉えているのは金融資産と金融負債である。一般事業法人の場合は、資産の内容が実物的な資産が中心であるのでALMの具体的な手法の適用は困難である。しかし金融機関の場合は、金融商品＝金融資産が中心、しかも基本的にデットであるので、現実にも活用できる手法がいくつか工夫されている。以下では、主として金融機関のバランス・シートを念頭に置いて、代表的なALMの手法についてみていこう。

(イ) 金融資産の持ち方

そこで、まず金融取引と金融資産の関係という面から、金融機関が行う取引の種類を整理し

ておこう。

a. 自己勘定取引
　最も一般的な取引形態であって、一般事業法人の借入、銀行の貸出、預金など、行った取引がそのままバランス・シートに反映される。

b. ディーリング
　顧客に売却するために購入し、一時的に保有し、バランス・シートに計上される。例えば、証券会社が国債を在庫として保有する場合である。

c. ブローキング
　売り買い両サイドの顧客の間を取り持つ取引であって、仲介者（ブローカー）のバランス・シートには反映されない。例えば、短資会社が（金融機関同士の取引の場である）コール市場において行っている、取引マッチングなどである。

d. 想定元本
　オプション取引、金利スワップの場合は、取引対象が元本ではなく、利益ないしリスクそのものであって、バランス・シートに計上されるのは、リスクとの対比ではごく少額のオプション・プレミアムや、利息の部分である。観念的には元本を取引していると捉えることができ、そうした観念的な元本を想定元本という。

(ロ) ポジション
　以上のような金融取引とバランス・シートとの関係を念頭に、資産と負債、運用と調達の差額つまりネット資産超ないし運用超の状態を「ポジションを保有している」といい、その額をポジションという。運用超過の状態を解消することを「ポジションを崩す」という。ポジションは最終的には資本と一致するが、資本は損失のバッファーであるのに対し、ポジションは特にALMの観点からどれほどのリスクを取っているかという数値である。
　金融取引のリスクの把握は、ポジションのコントロールから始まる。伝統的な銀行業務である貸出と預金を例に取れば、預金のうちどれだけを貸出に回しているのか、あるいは、（銀行は自身の負債をマネーにして貸出ができるので）貸出のうちどれほどの預金が自行内にとどまっているかということがポジションの意味となる。このような銀行業務において、預金超の状態をローン・ポジションといい、貸出超の状態をマネー・ポジションという。
　しかし、銀行業務の実態をみると、貸出だけでなく、債券運用も増加させてきたこと、デリバティブ取引が増えてきたことから、ポジションの把握だけでは不十分となっている。

図表5-22　ギャップ、デュレーション

銀行のバランス・シート（簡単な例）

資　産		負　債	
変動金利（or O/N）資産	100	変動金利（or O/N）負債	50
固定金利資産（1年）	40	固定金利負債（2年）	80
固定金利資産（5年）	60	固定金利負債（10年）	70

（注）ここでは、簡単のため資本はゼロとしている。

（ハ）ALMの具体的な手法

そこで、様々なALMの手法が考案されてきた。代表的なものを紹介しよう。

a. ギャップ分析

資産・負債を変動金利と固定金利に分けて、金利変化の収益に与える影響をみるものである。

図表5-22の簡単な数値例をみてみよう。ここではリスクのうち金利変動リスクに着目している。その場合に基本となるのは、その資産ないし負債が変動金利なのか固定金利なのかということである。例えば、仮に変動金利で全額調達し、固定金利で全額を運用しているとすると、短期金利が上昇した場合には大きな損失に直面することになる。そこで、変動金利の資産、負債の大小関係をみてみよう。この例では、

変動金利資産－変動金利負債＝100－50＝50

となって、これが金利変化に影響を受けるネット変動金利資産超額（ネット固定金利負債調達額と同じ）である。年利ベースで1％の金利変化があれば、1％×50＝0.5の年間の利益変動がある。1％の金利上昇なら利益が0.5増え、低下すれば0.5利益が減少することは容易に理解できよう。

b. デュレーション；duration

デュレーションとは、先々想定できるすべてのキャッシュ・インフローを獲得するのに要する期間のことである。ギャップ分析は固定資産・負債の年限を無視した簡単な計算方法であった。つまり、10年の長期固定金利運用も、1年の短期固定金利運用の区別がない。しかし、実際には、1％の金利上昇の影響は、その資産の期間（満期までの残存期間）によって異なる。

この点を解析的にみてみよう。例えば、期間T年（利払い回数がT回）、毎年末の利息R円、満期償還額100の金融資産の理論価格（割引現在価値）Pは割引率＝市場金利がiの場合、次のように計算できる（第四部第3章⑦参照）。

$$P = NPV = \frac{R}{(1+i)^1} + \frac{R}{(1+i)^2} + \frac{R}{(1+i)^3} + \cdots \frac{R+100}{(1+i)^T} \qquad \cdots 式5-5$$

これを市場金利iに1を加えた割引ファクター1＋iで微分すると、

$$\frac{dP}{d(1+i)} = -\frac{1}{(1+i)}\left(1\frac{R}{(1+i)^1} + 2\frac{R}{(1+i)^2} + 3\frac{R}{(1+i)^3} \cdots T\frac{R+100}{(1+i)^T}\right) \qquad \cdots 式5-6$$

他方、債券のデュレーション＝D、つまりすべてのキャッシュ・インフローを獲得するのに要する期間を次のように定義しよう。

$$D = \frac{1\frac{R}{(1+i)^1} + 2\frac{R}{(1+i)^2} + 3\frac{R}{(1+i)^3} + \cdots T\frac{R+100}{(1+i)^T}}{P} \qquad \cdots 式5-7$$

この式の意味は、1年目の利息Rの割引現在価値を手に入れるのに1年（今期→来期）、2年目の利息の割引現在価値$\frac{R}{(1+i)^2}$を手に入れるのに2年（今期→再来期）、満期日の年のキャッシュフローの割引現在価値$\frac{R+100}{(1+i)^T}$を手に入れるにT年（今期→T＋1期）かかると考えると、その各年の割引現在価値の債券価格に占める比率を使って年数の加重平均を計算したものである。そこで、式5－6と式5－7を見比べると、

$$\frac{dP}{d(1+i)} = \frac{-1}{(1+i)} DP \text{ から}$$

$$\frac{dP}{P} = \frac{-D}{(1+i)} d(1+i) \text{ となるが、} d(1+i) = di \text{ であるので、}$$

$$\frac{dP}{P} = \frac{-D}{(1+i)} di$$

ここで$\frac{-D}{(1+i)}$を修正デュレーションD′と定義しなおすと、金利が1単位微小に変化（di）すると、それに修正デュレーションを乗じた値で、価格が$\frac{dP}{P}$の比率で変化することが分かる。通常、債券の場合Pは100前後であることを勘案すると、Pの1％は1に相当するので、極めて単純に、金利が1％上昇すると、債券価格はD′円値下がりするとみることができる。あるいは、より正確には、

$$\frac{\frac{dP}{P}}{\frac{d(1+i)}{(1+i)}} = -D$$

であるので、債券価格の金利に対する弾力性はデュレーションそのものであることが分かるのである。

　以上、簡単のために資産の典型的な例である債券を例に取って説明したが、毎年のキャッシュフローが変動する場合も含めて、基本的なロジックはすべての将来キャッシュフローについて成り立つ。なぜなら、各年のキャッシュフローの割引現在価値の資産合計額に対する割合で、

各年の年数を加重平均すれば、キャッシュフロー回収までに要する期間を具体的に計算できるからである。この間、負債サイドについては入金が出金になるだけであるので、符号を変えれば金利の上昇が負債の現在価値に及ぼす影響が試算できる。あるいは、資産と負債のネットのデュレーションを計算すれば、バランス・シート全体の金利に対する感応度が把握できる。

c. デュレーション・ギャップ

　金融機関の実務において、デュレーション・ギャップはごく日常的に使われる標準的な金利変動リスクの把握手段である。ある企業のバランス・シートないしは、借入を行って資産運用を行った場合のポートフォリオの価値（純資産価値）は、資産から負債を差し引いて得られる。つまり、

資産の時価－負債の時価＝純資産価値

である。したがって、デュレーションも

資産のデュレーション－負債のデュレーション＝純資産価値のデュレーション

である。そこで、先の式を拡張して具体的にデュレーション・ギャップを表現してみよう。Aを資産、Lを負債、αを資産に対する負債の相対的な大きさ、Nを純資産とすると

$$\frac{dA}{A} = \frac{-D(A)}{(1+i)} di, \quad \frac{dL}{L} = \frac{-D(L)}{(1+i)} di$$

であるため、純資産Nの価格変動率は、は、次のように書ける。

$$dN = -A(D(A) - \alpha D(L)) \times \frac{di}{(1+i)}$$

ここで、$D(A) - \alpha D(L)$ をデュレーション・ギャップと定義すると、純資産価値の変動率は金利の変動率にデュレーション・ギャップを乗じたものとなることが分かる。

　このことを、先の資産、負債の簡単な例（図表5－22）でみてみよう。

資産の平均残存年数－負債の平均残存年数
＝（0.5×0＋0.2×1＋0.3×5＝1.7年）－（0.25×0＋0.4×2＋0.35×10＝4.3）
＝－2.6年

であるので、金利変化（5％）×2.6＝13　となって、金利が5％上昇（低下）すると13の利益（損失）が出ることが分かる。

　以上から明らかなように、デュレーション・ギャップをゼロにしておくと、金利変動リスクを解消することができる。もっとも、現実には様々な状況に応じて金利見通しを立てて、それに基づいて最適なリスク・リターンのプロファイルの構築を求めていくことになる。また、デュレーション・ギャップを機械的に適用するのではなく、金利が極端に低下してゼロ、ないし

若干のマイナス領域に入ってきた場合には、金利低下リスクよりも金利上昇リスクに備えることが基本となる。

d. コンベクシティー；convexity

以上、ある金利水準でのデュレーションを用いて、金利変動が企業価値ないしポートフォリオの価値にどのような影響を与えるかをみてきた。その場合、現在の金利の近傍ではデュレーションを定数として扱うことができた。しかし、実際には金利が現在の水準から乖離していくにつれて、デュレーションも変化していく。具体的に期間3年（利払い3回）の債券について、デュレーションの金利変動による影響をみていこう。

（例として取り上げる対象債券）
- 投資時の価格：100円
- 残存期間：3年（利払い3回）
- 表面利率：1%（毎期末に1円の利払い）
- 額面（償還価格）：100円
- 市場利回り：3%

• デュレーション等の計算

市場価格 $(P) = \dfrac{1}{1.03} + \dfrac{1}{1.03^2} + \dfrac{1+100}{1.03^3} = 94.34$

デュレーション $(D) = \left\{ 1 \times \dfrac{1}{1.03} + 2 \times \dfrac{1}{1.03^2} + 3 \times \dfrac{1+100}{1.03^3} \right\} \div 100 = 2.80$

• 金利変動の影響の計算

仮に市場金利が2%低下、ないし上昇の場合を算出。
●デュレーションによる推計
$2.80 \times 2 = 5.60$（円）…上昇、低下とも絶対値は同じ
●実際の計算
金利変化の下で、市場価格を改めて算出すると、次の通り。
市場金利が1%に低下（−2%）：

$P = \dfrac{1}{1.01} + \dfrac{1}{1.01^2} + \dfrac{1+100}{1.01^3} = 100.00$（5.66の値上がり）

市場金利が5%に上昇（+2%）：

$\dfrac{1}{1.05} + \dfrac{1}{1.05^2} + \dfrac{1+100}{1.05^3} = 89.10$（5.24の値下がり）

図表5-23　デュレーションとコンベクシティーの概念図

- 通常、金利の変動に対する価格の変動はデュレーションが想定する値よりも保有者に有利である（金利が下落すればより大きい価格上昇、金利が上昇してもより小さい価格の下落）。
- このことを「コンベクシティー」という（原点に対して凸型になっているため）。

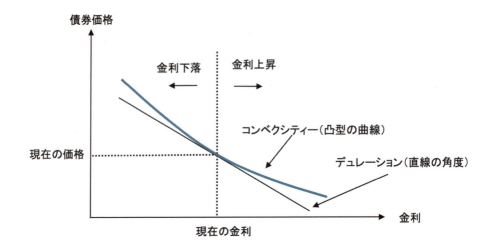

このように、正確に計算していくと、金利の上昇と低下では同じ幅であっても、価格への影響が非対称、つまり金利低下による値上がり益の方が相対的に大きいことが分かる。

このようなデュレーションから推計した値と実際の価格の差のことをコンベクシティーと呼ぶ。金利低下の影響の方が金利上昇の影響よりも大きいため、図表5-23のグラフをみると原点に対して凸（コンベックス＝convex）となるからである。なぜこのようなコンベクシティーが生じるかというと、債券価格Pの理論値（実際の市場価格とみてよい）の産出式において市場金利iが分母に現れる構造、つまりiの逆数に比例する形となっていることによる[21]。

21）この点を明確にするために、次のような債券を考えてみよう。
債券価格：P、残存期間3年、クーポン1円、償還価格100円。この場合、

$$P = \frac{1}{(1+i)^1} + \frac{1}{(1+i)^2} + \frac{1+100}{(1+i)^3}$$

となる。そこで、市場金利iに関してPを微分すると

$$\frac{dP}{di} = \frac{-(i^2+4i+306)}{(1+i)^4} < 0$$

となって、金利価格曲線は右下がりとなることが一般的に確認できる。次に、その傾きが金利の上昇に伴ってどうなるかをみると、

$$\frac{d^2P}{di^2} = \frac{-2(i^2+5i+610)}{(1+i)^5} < 0$$

となって、やはり金利価格曲線の傾きは金利iの上昇とともに小さくなることが確認できる。

資産負債管理（ALM）の実務では、デュレーションだけではなく、コンベクシティーも参照するのが一般的である。

e. 負債の時価評価（IFRS）

金融商品の多くはそれ自体が市場で取引され、価格が明らかになっている、ないしは参考にできる類似の金融商品の価格情報が入手できることが多い。国債のほか社債など市場で活発に取引されている負債も少なくない。社債を発行している企業を念頭に置いた場合、社債発行の後、市場金利が低下（上昇）した場合には、理論価格が上昇（下落）し市場価格も上昇（下落）する。このことは広く認識されている。

社債は発行者にとっては負債であるので、その価値の増加は負債の時価が増加したことを意味する。負債は返済元本や利息額が既に確定していることから、その後市場金利が低下（上昇）し価値が上昇（低下）しても実感としては負債が増加（減少）したとは認識されにくい。しかし、市場金利が低下した時点でなお低下前の高い利率で返済を続けるということは、実物資産を含めた運用利回りとの比較で不利になっていることを意味する。

このように考えると、負債についても金利の変動に応じて時価評価するのが正しい。

なお、近年国際会計基準の見直しが進展している（第二部第5章④）。その中でのひとつの柱がこの負債の時価評価である。特に、生命保険については、提供している商品の期間が長いことから、重要な課題となっている。

f. シナリオ分析（ストレステスト）

以上のような様々なリスク分析の手法があるが、最終的にバランス・シート全体のリスク・プロファイルを間違いなく把握するには、シナリオ・アプローチが有効である。シナリオ・アプローチとは、経済全体の状況を反映する主要なデータ、例えばGDP、物価といったマクロデータ、さらには地震・津波や政治・外交上のリスク要因を想定し、それらが不利な方向に極端に振れた場合（ストレスをかけた場合）、バランス・シートの各項目にどのような影響があるかを現実的にシミュレーションするものである。

特に、最も標準的なリスク管理手法として定着してきたVARの方法では、分布のファット・テールで生じる「頻度は少ないが巨大なリスク」（テール・リスク；tail riskという）を捉えられない。典型的に金融危機になった際には、それまでの危機ではない期間（平時）のデータを基にして係数を算出しているため、楽観的な方向に振れがちである。また、定量的な分析だけでは捉えきれないリスクもある。例えば、大地震の及ぼす影響はデータがないので計数的には捉えにくいが、政府の公表している被害予測など様々な情報を総合して市場や経済活動に及ぼす影響について、ある程度の目途をつけることは可能である。このように企業、特に金融機関では、経営の根幹に関わるリスクを総合的に捉えるようになってきているが、その際に軸とな

る手法がこのシナリオ・アプローチである。
　最近では、こうした手法を用いて、金融機関の監督当局が各金融機関、特に破綻すると影響の大きい世界的な規模の銀行について、その資本が十分かどうかを検証し、過小とみれば資本の強化を命じるといった対応を採っている。

第六部

金融機関と金融商品

Introduction

第六部では、 金融取引の専門業者である金融機関、すなわち銀行などの預金取扱金融機関、証券会社、保険会社といった主力プレーヤーのほか、事業範囲が限定されている貸金業者や決済事業者を含めて、その業務内容について説明する。

　金融機関の業務内容は、法律で厳格に規制されているのが特徴である。すなわち、民商法や通貨法などに加えて「業法」と呼ばれる業態（金融機関の種類）ごとに設けられた法律が、金融機関の組織、業務内容あるいは取扱い可能な商品やサービスを細かく規定している。特に、開業や閉鎖（業務の停止）など、金融機関の経営の根幹にかかわる条件を定めている。また、顧客との関係については、「金融商品取引法」などがかなり厳格に金融機関の顧客に対する説明責任の内容を規定している。金融機関の日々の業務の状況や財務についても、当局（金融庁、日本銀行）がきめ細かくモニタリングし指導している。このような当局の機能あるいは行動のことを、「監督」と呼んでいる。当局によるこうした経営全般にわたる監督は他の産業にはない、金融に特徴的なものである。

　以下では、このような金融機関の業務やその取扱い商品について、幅広く説明していきたい。なお、金融機関の中には、政府が直接業務運営を行っている、「政府系金融機関」という存在もある。そのプレゼンスが大きいのが日本の特徴でもあるので、最後に簡単に説明する（詳細については、金融に対する公的関与という観点から第八部で説明する）。

第1章
金融機関の業態

①業態の区分

　金融機関には、様々な類型がある。その類型のことを「業態」という。業態区分は基本的に法律によって規定されている。業態の種類は、具体的には次の通りである（図表6−1）。

- 預金取扱金融機関
　普通銀行、信用金庫、信用組合、農業・漁業協同組合などにさらに細分化されている。
- 金融商品取引業者
　証券会社など、主として有価証券に関連した業務を行う業者。
- 信託会社
　銀行業務を兼営していない信託会社と銀行業務を兼営している信託会社＜信託銀行＞がある。信託銀行は、ここでは普通銀行に分類。
- 保険会社
　生命保険会社、損害保険会社（再保険[1]を含む）、海外保険会社の在日支店。
- 貸金業者
　消費者金融会社、リース会社、クレジットカード会社など。
- 短資会社
　短期金融市場で資金の仲介を行う業者（金融商品取引法において特別に指定）。
- 前払式支払手段発行者
　プリペイド・カードの発行会社など。
- 資金移動業者
　為替業務（送金など）を行う業者のうち、預金取扱金融機関以外の者（コンビニ、WEBサイトなどで送金業務を行う業者など）。

---

[1] 再保険とは、生命保険会社や損害保険会社が引き受けた保険（元受保険）のリスクを別の保険会社に移転する取引（保険の保険）である。

- 仮想通貨交換業者

  仮想通貨＜ビットコインなど＞と銀行券・預金との交換、仮想通貨の売買、顧客の仮想通貨の管理を行う業者。
- 政府系金融機関

図表6-1　主な金融業態

預金取扱金融機関	銀行	普通銀行	都市銀行 （全国展開している大手銀行）
			地方銀行 （地方銀行協会加盟の普通銀行）
			第二地方銀行 （第二地方銀行協会加盟の普通銀行）
			信託銀行 （信託業務を兼営している普通銀行）
			コンビニATM、インターネット専業銀行など
		ゆうちょ銀行（郵政民営化法に基づいて設立）	
		（外国の法律に基づいて設立された）外国銀行の在日支店	
	協同組織金融機関	系統中央機関	傘下金融機関
		信金中央金庫	信用金庫
		全国信用組合連合会	信用組合
		労働金庫連合会	労働金庫
		農林中央金庫	農業協同組合
			漁業協同組合
金融商品取扱業者（証券会社、ファンド、投資顧問、短資会社）			
保険会社（生命保険会社、損害保険会社、外国保険会社の在日支店）			
金融会社	貸金業者		
	資金移動業者、前払式支払手段発行業者		
	仮想通貨交換業者		
	政府系金融機関		

②業態を規定するもの

これらの各業態の業務の内容は、次の5段階の法的な枠組みで規定されている。ただし、金融商品取引法など、ひとつの法律で複数の業態を同時に規定する法律もある。この中で、実態的に重要なのは、業態の組織や業務を規定している法律、いわゆる「業法（ぎょうほう）」である。

a. 組織の基本を規定する法律
　商法、会社法、信用金庫法、中小企業等協同組合法、農業協同組合法、日本郵便株式会社法など。

b. 一般法として取引や契約に関する基本事項を定める法律
　民法、商法、手形法、小切手法、破産法、民事訴訟法、民事執行法など。

c. 金融の基本事項を定める法律
　通貨の単位および貨幣の発行等に関する法律（通貨法）、日本銀行法など。

d. 金融取引に関する特別法として、金融に関して業態共通の業務を規定する法律（金融商品取引法など、業法の要素も含んでいる法律もある）
　金融商品取引法、信託法、保険法、金融機関の合併及び転換に関する法律（合転法）、預金保険法、犯罪による収益の移転防止に関する法律（犯収法）、資金決済に関する法律（資金決済法）、電子記録債権法、利息制限法など。

e. 業態ごとの組織、業務、監督を規定する法律…「業法」
　銀行法、信用金庫法、協同組合による金融事業に関する法律（協金法）、金融商品取引法、信託業法、保険業法、資金決済法、日本政策金融公庫法など。
　業法の特徴は、次のように業務の内容や行政当局による監督を細かく規定していることである（下部の法令である政令を含む）。各業法に共通の枠組みとして、次のような規定がある。

- **開業・業務停止などの規定**
　金融機関には、開業に当たって当局からの免許（預金取扱金融機関、保険会社）ないし当局への届け出（証券会社など）が義務づけられている。また、監督当局の命令により、業務の改善、あるいは停止（つまり倒産）などを命ずる措置が取られることもある。こうした強い監督権限が法律に規定されているため、金融機関は必ずしも法律に明示されていないことであっても、当局からの指導（行政指導）があれば、これに服する。かつては、口頭による指導も少なくなかったが、近年では細かく明文化される傾向がある。なお、こうした状況は程

度の差はあるが、日本だけではなく、世界各国ほぼ共通である。

- 業務範囲

金融機関には、基本的な業務（本業）の範囲が明確に定められており、それ以外の業務（他業）は禁止されている。代表的な例として、預金業務は銀行などの預金取扱金融機関しかできない（銀行法）。また銀行は有価証券の売買の取次などの証券業を営むことができない（金融商品取引法）。もっとも、本業に関連する業務（付随業務）は行うことができる。例えば、銀行は預金の受入、貸出、為替（送金）などが本業であるが、国債等の取り扱いは付随業務として認められている。

なお、信用金庫、信用組合などの協同組織金融機関の場合は、組合員ではない者との取引に関して量的な制限がある（員外規制）。

また、業務規制との関連で、金融機関、特に預金取扱金融機関は、保有できる子会社に関して、本業と関連の深い事業を営む会社に限定されている。

- 資本

銀行などには、最低資本金が定められている（銀行の場合20億円、信用組合の場合は最低出資金は1000万円と大きく異なる）。また、最低自己資本比率やその具体的な計算方法も預金取扱金融機関や保険会社などについては、細かく定められている。金融機関の資本の充実は、金融システムの安定を確保するための基本的な要素であって、資本不足（債務超過）となれば、早期是正措置や業務停止命令などが出されることになる。

- 決算・ディスクロージャー

預金取扱金融機関や保険会社は、決算期が業法によって4月初めから翌年3月末までと定められており、自由には選択できない。資本の充実度を測るうえで、決算は決定的に重要であるので、決算に関する様々なルール（有価証券の評価方法など）も政令などで細かく定められている。また、決算や資産の内容（リスク管理債権＝不良債権額など）について、広く一般に公表（ディスクロージャー）するよう定められている。

- 営業時間・店舗

預金取扱金融機関については、営業時間や店舗が厳しく規制されてきた。営業時間は、業法に基づく政令により原則として午前9時から午後3時までと定められている。もっとも近年、延長、短縮いずれの方向についても弾力化の方向となっている。店舗についても平成7年頃までは、総数、具体的な設置場所などについて個別認可事項となっていたが、店舗外ATMの容認・増加、ショッピングセンターなどでの店舗の容認、WEB取引の導入・発展などの流れの中で、規制は大きく緩和、撤廃されてきた。

- 役員

預金取扱金融機関、証券会社、保険会社など、金融機関の役員は、犯罪歴などがあっては就任できない。

第2章
預金取扱金融機関

　預金取扱金融機関の主な業務は、預金、貸出、為替の3つである。このうち、為替については、第二部で既にみたので、ここでは預金、貸出についてやや詳しくみていこう。なお、預金取扱金融機関の規模の主な業態別内訳については、図表6－2にまとめた（その在り方を巡って、政治的に問題となりがちな、政府系金融機関の規模も併せてリストした）。

①預金と銀行の定義

　預金を受入れることができる業態のことを預金取扱金融機関（預取、deposit taking financial institution）という。海外でも預金を受け入れることのできる組織は法律で厳格に特定されている。銀行などの預金取扱金融機関は、自身の負債である預金をマネーとして供給するという他の業態には認められていない特別な権利を与えられているからである。預金取扱金融機関は免許制であって、監督当局（金融庁）から免許が与えられていなければ預金の受入・創出はできない。

　預金取扱金融機関の中核は、株式会社である銀行である。銀行を定義づける業法は、「銀行法」であって、同法は協同組織金融機関にもその根幹的な規定が準用されている。銀行法は、第一条で銀行の公共性を謳ったうえで、第二条で銀行業を次のように定義づけている。

　この法律において「銀行業」とは、次に掲げる行為のいずれかを行う営業をいう。
　一　預金又は定期積金の受入れと資金の貸付けまたは手形の割引とを併せ行うこと。
　二　為替取引を行うこと

　ここでのポイントは、預金業務と貸出業務を同時に行うこと、つまり信用創造を行うことを銀行業と位置づけていることである。なお、定期積金とは、主として協同組織金融機関が取り扱っている商品で、やや大雑把にいえば毎月積立て型の預金である。また、「貸付け」と「手形割引」を合わせたものが「貸出」である。

　不思議なことに、関連する法律の中に定期積金の定義はあるが、預金の定義は見当たらない。また、為替業務の内容も規定されていない。

第六部　金融機関と金融商品

図表6-2　主な民間業態と公的金融機関のバランス・シート（2017年度末の総資産額、単位・兆円）

①民間の預金取扱金融機関

都市銀行	654.3
地方銀行	319.4
第二地方銀行	76.4
信託銀行	102.7
信用金庫	154.7
信用組合	23.3
労働金庫	22.4
農漁協	109.8
以上の合計	1463.0

②ゆうちょ銀行・政府系金融機関

ゆうちょ銀行	210.6
商工組合中央金庫	12.0
日本政策投資銀行	17.0
日本政策金融公庫	21.6
住宅金融支援機構	25.9
以上の合計	287.1

(注)
- 資料出所：各金融機関、業態団体のHP。
- 都市銀行は、ここでは三菱UFJ＋三井住友＋みずほ＋りそな（含む埼玉りそな）＋新生＋あおぞら。
- なお、農漁協のみ2016年度末。

　預金は一般的には、同種、同質、同額の金銭を返済することを約束して、金銭を受け取る契約、つまり「消費寄託契約」（民法666条）と解されている。同じ記番号の銀行券を返還する必要はなく、同じ金額であればよいとされ、これが信用創造のひとつの前提条件となっている。同じ記番号の銀行券を返還しなければならないのであれば自らの負債をマネーとして自由に創出することはできないからである（ビットコインなどの仮想通貨には、プロトコルの変更による質の変化という問題がある）。なお、預金については、万一金融機関が破たんしても一定の範囲で預金の返還を公的に保証する「預金保険制度」がある。

　なお、預金のほかに貯金という用語もあるが、これは農協、漁協、ゆうちょ銀行の業法において預金ではなく、貯金という言葉が用いられていることによる。しかし、預金と貯金は民商法的にも、経済機能的にも同一である。

　為替取引は、実態的には預金業務と一体であって、ほとんどの預金取扱金融機関が為替業務を義務づけられている。しかし、信用組合については、業法である「協同組合による金融事業に関する法律」において、貸出、預金業務を本業として、為替業務は付随業務と位置づけられている。信用金庫法においては、預金、貸出、為替の業務を並列的に本業と位置づけている。

②主な預金の種類

　主な預金の種類について、ポイントをみていこう（前掲図表2-4参照）。

(イ) 当座預金

　送金、その受取りなど決済のために主として法人が利用する無利息の預金である。いつでも預入、引き出しができる。手形、小切手を振り出すことができ、そのための手形用紙、小切手帳も交付される。また、残高不足のために手形等の決済ができない場合に、予め契約した金額（極度額）の範囲内で、（無担保で）自動的に不足額の貸出が実行される「当座貸越」制度がある。

　なお、同様の預金のひとつとして、ゆうちょ銀行の「振替口座」（振替貯金ともいう）がある。当座預金と同様に無利息の決済性預金である。法人や事業主は小切手の振出もできるが、当座貸越に当たる制度はない。

(ロ) 普通預金

　個人、法人が利用できる決済性預金である。無利息のものと有利息のものがある。いつでも預入、引出ができる（また、公共料金などの自動引落の特約も付けることができる）。

　無利息の普通預金は、預金保険制度上は、当座預金、振替口座とともに「決済用預金」という位置づけで、預入先の金融機関が破たんしても全額保護の対象となっている。

(ハ) 定期預金

　満期のある預金である。普通預金や当座預金にしてからでないと、決済はできない。満期到来の際に、自動的に延長される「自動継続」の特約が付けられる場合も多い。

　当座貸越制度はないが、定期預金や保護預かりしている国債を担保として差し出しておけば、一定の金額の範囲で残高不足の時に貸出が自動的に実行される「総合口座」という特約がある。

　なお、普通預金、定期預金については、ドルなどの外貨建ての預金、外貨預金もある。第五部第5章⑤で説明した「仕組み預金」も定期預金のひとつである。

(ニ) 貯蓄預金など

　以上のほかに、普通預金と定期預金の中間的な預金もある。「貯蓄預金」は出し入れ自由で振込もできるが、自動引落（公共料金など）や自動受取（給与など）はできない（通常はその分、金利が高めである）。「通知預金」は、引出の前に数日間の事前予告の必要な定期預金である。「納税準備預金」は、納税時にのみ引出し可能な無税の預金である（その他の預金は、特別な場合＜確定拠出型年金の運用としての預金など＞を除き、原則として利息に対して20％の分離課税による税の徴収が行われる）。

(ホ) 譲渡性預金

　以上の預金には契約（預金規定）により、譲渡禁止の特約が付されるのが一般的である。また、金利は基本的には、店頭に表示される金利が適用される。ただし、譲渡禁止特約を付さない預金、

「譲渡性預金（CD、certificate of deposit）」が大手事業法人など向けに用意されている。CDの場合、金利は市場金利をベースに相対で決められる。

③預金保険

預金には、万一預金を受け入れた金融機関が破たんして営業を停止しても、一定の範囲内で、預金などが保護される仕組み、「預金保険制度」がある。

預金保険制度は、預金保険機構という、国、日本銀行、民間金融機関が共同出資して設立した公的な機関によって運営されている。預金保険機構は金融システムの安定を図るためいくつかの業務を行っているが、その中心的な業務が預金保険である。預金保険制度の概要は、以下のような内容となっている。

（イ）保険契約の加入

預金取引を開始した時に、「預金保険法」に基づき、自動的に預金者、預金保険機構、当該金融機関の3者の間で保険契約が成立する。保険料は預金残高に一定の率（預金保険料率）をかけて算出される。なお、ゆうちょ銀行は国が経営に関与している特別な銀行であるが、預金保険制度の対象である。

（ロ）預金の保護範囲

金融機関が破たんし、窓口が閉鎖される事態になっても、預金は預金保険によって保護される。その保護の範囲（付保範囲という）は、決済用預金とその他の預金に分けて、保護範囲が定められている。また、送金関係の保護の措置もある。

- 決済用預金＝無利息であって、いつでも引き出しができる預金（具体的には当座預金と無利息の普通預金）… 全額保護
- 一 般 預 金＝定期預金など、決済用預金以外の預金…預金者1人当たり元本1000万円までの元本とその利息。複数の口座を持っている場合には合算して1000万円の範囲まで。
- 決 済 債 権＝顧客が送金を依頼後、送金完了前に破たんした場合は、その送金にかかるマネーは全額保護（送金は、その途中で破たんしても完了する）。このことは通常「決済債務の全額保護」と呼ばれる。

預金保険制度では、預金を単純に保護するだけではなく、金融機関の業務（貸出、送金など）の継続など、様々な措置が用意されている。それらの措置は、金融システム全体の安定確保などの観点から行われる政策。つまり、プルーデンス政策である（詳細は第八部で述べる）。

第3章
貸出業務

金融機関の行う貸出業務についてみていこう。

①貸出と金融機関

　預金は預金取扱金融機関でないと取り扱えないが、貸出はどのような主体（企業、個人）であっても行うことができる。もちろん、預金取扱金融機関ではない金融機関も貸出を行うことができる。

　ただし、貸出を事業として行うには、貸金業法に基づき当局に登録する必要があるほか、いくつかの法的規制を遵守しなければならない。預金取扱金融機関は、預金取扱金融機関としての免許を当局から得ているので、改めて貸金業法による登録は要しない。

　貸出とは、法律的には借り手が金融機関に対して、同種、同質、同額の金銭を返済することを約束して、金銭を受け取る契約、「金銭消費貸借契約」（民法587条）である。預金（金銭消費寄託）の場合は金銭を提供する側が起動するのに対し、貸出（金銭消費貸借）は、金銭の提供を受ける側が起動する。

　貸出の業務も預金と同様、貸し手と借り手の関係によって、貸出の条件が異なる。しかも、その状況は貸出の実行時と、その後の返済時とでは異なる。貸出を実行するときは金融機関サイドに、どの借り手に貸出を実行するかどうかを選択する権利があるが、実行後は借り手に主導権が移る。例えば経営が苦しくなったときに、借り手が複数の貸手から貸出を受けているとして、どの金融機関に優先的に返済するかは、借り手に選択権がある。このため、個々の貸し手は貸出実行の際に、様々な工夫を行って返済を確実なものにしようとする。もっとも、金融が非常に緩和されている状況では、マネーが潤沢に経済全体に出回っているので、貸出実行の時点から借り手優位となりがちである。

②貸出の種類

　貸出の具体的な形態について、主なものをみていこう。以下の形態のうち、（イ）手形貸付と（ロ）証書貸付は、一般企業も行っているものである。また、（ニ）コミットメント・ライン、（ホ）シンジケート・ローンは預金取扱金融機関以外の主体でも可能であり、実際、商社などが実行している。しかし、（ハ）当座貸越は、預金取扱金融機関に限定される。

（イ）手形貸付

　借入をする者が金融機関に約束手形を振り出して、借金証文とする方法である。期日は手形の券面に記されているが、金利は記されておらず、別途契約を取り交わす必要がある。

　通常短期貸出に使われる。期日に返済されなければ不渡りとなって、短期間（6か月）のうちに2回繰り返すと銀行取引停止処分（どの銀行とも取引できず、倒産となる）の対象となる。そのため、金融機関サイドからすると、返済を促す効果が期待できる。借り手からすると、それを承知で借り入れるので、金融機関の貸出態度がその分緩和される可能性がある。

（ロ）証書貸付

　証書とは、長期の貸出を行うときに、借入者が金融機関との間で交わす書面（貸付証書）のことである。そこには期日、利率などの条件が記されている。ただし、反復、継続的に貸出が実行されるような顧客との間では、基本約定書と都度の条件を記した約定書を分けて利便性を確保することもある。

（ハ）当座貸越

　当座預金を保有している顧客との間で、当座預金残高を上回る手形や小切手の返済が必要になったときに、その不足額を一定の上限額（極度という）の範囲でほぼ自動的に貸出を行うものである。金融機関が当該顧客の信用状態を審査し、当座貸越契約という特約が締結されることによって初めて可能となる。

（ニ）コミットメント・ライン

　金融機関が取引先に対して一定の期間、一定の金額の範囲内で、借入人の意思で借入を繰り返すことのできる契約のことである。コミットメントとは約束、ラインとは限度額のことである。金融機関が審査を経て一定の手数料と引き換えに、その極度額までほぼ自動的に貸出を実行することを約束する契約である。当座貸越と機能は類似しているが、資金使途の形態が当座預金の残高不足を埋めることに限定されない（したがって、預金取扱金融機関に限定されない）。その場合、金融機関は特別の手数料（コミットメント・フィー）を徴求する。

（ホ）シンジケート・ローン

　複数の金融機関が予め融資団（シンジケート）を形成しておいて、同じ条件で一斉に貸出を実行するもので、金額が大きい場合に使われる。通常、幹事役の金融機関（アレンジャー）が、貸出条件などの交渉に当たる。複数の金融機関が相乗りするため、銀行取引約定書（後述）によらず、改めて契約を結ぶことになる。貸出保全のため銀行取引約定書に盛られている貸出の保全措置に代えて、コベナンツなどの措置が採られる。

③銀行取引約定書

　金融機関、特に預金取扱金融機関から貸出を受けるには、その前提として借り手は「銀行取引約定書」と呼ばれる、基本契約を結んでおく必要がある。そこに盛られている項目をみると、次のように貸し手としての資産保全が前面に出ている。なお、かつては銀行協会がひな型を公表し、それに沿った約定書が共通に用いられていたが、各行の裁量を認めるため、2000年に廃止された。

- 増担保（ましたんぽ）条項
　担保価値が下がって担保割れが生じた場合に追加担保の差し入れを求める条項。
- 期限の利益喪失条項
　債務者は通常、期限までは返済を強要されることがないが（期限の利益）、財務状態の極端な悪化などの何らかの信用リスクが増大する事情が認められた場合に、期日前の返済を迫られることがある（期限の利益の喪失）。
- 相殺
　期限の到来した債権（貸出、＜預金＞）と債務（預金、＜貸出＞）を相殺して、債権・債務の同時、同額の消滅を行うものである。実際には、貸出の返済が滞った場合に、金融機関サイドから預金との相殺を実行し、貸し倒れを回避する。もっとも、金融機関が破たんした場合には、預金保全の観点から借り手からの相殺を可能としている。

④信用リスク軽減のための仕組み

　前述の通り、貸出は実行時には貸し手に裁量があるが、一旦貸出が実行された後は、むしろ借り手に裁量が移転する。貸出が実行された後、借り手が真面目に経営に取り組む保証があるわけではない。貸出金が他の事業などに流用されるリスクもある。このため、金融機関は貸出の実行、継続に当たって信用リスクの回避のために様々な仕組みを工夫してきた。第一部第4章④及び第四部第6章①で説明した、格付け、相殺、コベナンツ、担保などである。以下、担保と信用情報の活用について若干補足する。

(イ) 担保

　担保は、貸し倒れが発生したときに、担保物件を処分して債権（被担保債権）回収の原資とするのが基本的な機能である。しかし、そのことを背景に完済の動機づけを行うことにより重要な意義がある。このため、貸し手の立場からすると、単に換金価値が大きい物件等（有価証券など）を担保に取るよりも、その物件がなければ事業継続ができないもの（現に営業に使用している店舗、工場など）を担保に取る方が効果的との考え方もある。

- 不動産担保

　不動産に抵当権を設定し、債務者の継続使用を認めつつ、債務不履行があった場合に、債権者がそれを競売等により処分して返済に充当するものである。特定の貸出に関して債務者と債務者の合意に基づき、債務者が抵当権の設定と登記（法務局への届け出）が行われる。住宅ローンもこの範疇である。

- 動産担保（ABL、asset based lending）

　動産、つまり売掛金、販売用の製商品在庫、動植物などを担保とするものである。通常、譲渡担保[2]設定契約により担保として設定され、登記される。近年、不動産に代わってその活用が進んでいる。活用が進んでいる理由は、不動産は価値の大幅な変動があり得ること、ABLの場合は不動産などの資産を保有していない先の事業支援、特にまだ資産の蓄積に至っていない起業間もない企業に対する支援が可能なことなどである。

- 有価証券（手形、株式、債券）担保

　手形は通常裏書による譲渡担保、株式は株券の引き渡し（質権）ないし、証券保管振替機構の運営するシステムへの質権記録によって、担保として有効となる。債券については、流動性が高い国債や優良社債の場合、借入の担保とするよりも換金して資金繰りに充当することもあり得る。特に国債については、銀行等が一般事業法人から担保として受け入れる場面は少ない。国債が担保としてよく使われるのは、金融機関同士の貸し借りの場であるインターバンク市場において、金融機関がポートフォリオの一環として継続保有するものを一時的に借入担保ないし買い戻し条件付き売却に利用するケースである。

(ロ) 信用情報の活用

　格付けレベル（レーティング）によって異なる貸出金利が適用されることは第四部第6章①で既にみた。そのほか、次のような一般には公表されていない信用情報を使うことも少なくない。

- 民間の信用調査会社の情報

---

2) 譲渡担保とは、貸し手が借り手から担保となるべき物件の譲渡を受け、貸出が返済された場合に、所有権を返還する契約である。民法に基づかない仕組みである。しかし、当該担保の価値が債務の額を上回った場合には債権者がその超過分を債務者に返還する義務（清算義務）があることが判例によって確立されているため、安定した仕組みとなっている。

有料であるが、例えば帝国データバンクや東京商工リサーチといった民間の調査会社が個別企業の財務や営業の状況などの信用情報を提供している。

- 金融機関の業界団体が運営しているデータ・ベース

 全国銀行協会では、個人の債務の返済履歴などの信用情報を個別に収拾し、会員銀行などに提供している（全国銀行個人信用情報センター）。個人債務者だけが対象であるが、カード・ローンなどの審査に活用されている。

- 反社データ・ベース

 警察が収集している暴力団組員など「反社会的勢力」に所属する者のリストをもとに、預金保険機構が預金取扱金融機関の求めに応じて新規貸出取引の際などに、個別の照会に応じている（日本証券業協会は、従前より同様のシステムを運営している）。

 近年マネーロンダリングやテロ資金の移動を阻止するための措置が強化されてきている。典型的には、「犯罪による収益の移転防止に関する法律」（反収法）に盛り込まれた措置である。そこでは、預金口座の開設、信託や保険契約の締結に当たって、当該顧客の素性を公的な書類によって確認し、なりすましなどを防止する「本人確認」が金融機関に義務づけられている。

⑤資産査定

 貸出業務は元本や利息が返済されないリスク（信用リスクあるいはクレジット・リスクと呼ぶ）がある。そのため、第四部第6章①でもみたように金融機関は、新規貸出、あるいは貸増しに当たって債務者の信用状態を調査、判断する「審査」を行う。それに加えて、金融機関は貸出実行後も、信用状態に変化はないかをチェックする「資産査定」を行っている。かつては、資産査定が当局の検査の一環として行われていたため、あえて「自己査定」という表現を使うことが多い。しかし、本来は金融機関が自ら資産査定を行うのは当然のことである。

 自己査定の結果、債務者ごとに通常数段階から10段階くらいのクラス分けが行われる（クラス分けの詳細は各行の裁量）。平成金融危機の過程で、不良債権問題が非常に深刻な事態になったときに、資産査定の正確性と、各金融機関の資産内容の公表による透明性の確保が強く求められた。このことは平成金融危機の過程で有効な方策として打ち出された公的資本注入（国、具体的には預金保険機構による金融機関への資本参加）を適切に行うためにも重要であった。

 自己査定の結果は、それ自体が公表されるほか、銀行法に基づく「リスク管理債権」の枠組みと、平成金融危機の過程で資本注入などの措置を導入する根拠法となった「金融機能の再生のための緊急措置に関する法律（金融再生法）」に基づく「金融再生法開示債権」の3つの開示方式がある。それぞれは、異なった定義に基づいて資産の分類が行われている（図表6−3）。このように、類似した3つの資産査定の定義があるのは、専ら金融危機の際の経緯によるものであり、合理的とはいえない（もっとも、金融再生法はいずれ廃止されることとなっている）。

(イ) 自己査定

　自己査定は、総資産（貸出のほか、有価証券等を含む）を対象に行われる。債務者の経営状況に基づき区分したうえで、担保の状況（優良担保があれば債務者の経営状態にかかわらず不良債権とはならない）を勘案する2段階アプローチとなっている。この方法は、当局の担当者が実地検査に赴いた際の手引書として作成された「金融検査マニュアル」（1999年策定、2019年廃止）によって定められた方法に準拠している。査定結果は自主的に開示されている。当初は同マニュアルに沿って、債務者区分を4段階とする金融機関が多かったが、その後はさらに細分化してクラス分けを行った後に4つのクラスにまとめて公表するケースが増えた。

(ロ) リスク管理債権

　銀行法に基づいて資産内容を情報公開するための恒久的な枠組みである。貸出のみを対象としている。客観性を重視し比較的形式的な基準を適用し、破たん、延滞、条件緩和といった区分としている。担保や引当ての状況を勘案していない。

(ハ) 金融再生法に基づく開示債権

　総与信（貸出のほか、貸付有価証券などを含むが保有有価証券は含まず）を対象としている。リスク管理債権と同様、担保や引当てを考慮していない。公的資本注入などの政策対応を進める過程で導入された。

⑥貸出に関する規制

　貸出については、金利と貸出額について金融機関に対して規制が設けられている（預金については、金利や量の規制はない。もっとも、かつては預金取扱金融機関が受け入れる預金の金利について上限が法律で規制されていた（臨時金利調整法、1947～1994年）。

(イ) 金利規制

　金利規制には次の3つがある。
- 「利息制限法」
　金銭消費貸借契約の金利の上限を契約者が誰であるかを問わずに一般的に規制
- 「出資法」（出資の受入れ、預り金及び金利等の取り締まりに関する法律）
　マネーの受入れ・貸付に関して契約者を問わず規制
- 「貸金業法」
　貸金業者を対象にしている。

図表6-3 資産査定とディスクロージャーの仕組み

① 自己査定
- 債務者の経営状況と担保・保証による保全状況を考慮して、債権を分類
  - Ⅰ. 正常債権
  - Ⅱ. 回収に注意を要する債権（引当を要する）
  - Ⅲ. 回収に重大な懸念のある債権（引当を要する）
  - Ⅳ. 回収不能債権（償却を要する）

② 自己査定を元に金融再生法、銀行法に基づいた計数を算出、開示

	自己査定	金融再生法	リスク管理債権
開始時期	1999年	1999年3月期	1998年3月期
根拠	金融検査マニュアルに基づき算出し、自主的に開示	金融再生法により強制開示	銀行法により強制開示
対象資産	総資産	総与信	総貸出

（資産査定の枠組み）

債務者区分		担保の扱い					
		優良保証・担保あり	一般担保あり		無担・無保証	担保考慮せず	担保考慮せず
			換金可能見込み額	担保割れ見込み額			
破たん先（倒産先）		Ⅰ	Ⅱ	Ⅲ	Ⅳ	破産更生債権及びこれに準ずる債権	破たん先債権
実質破たん先（実質倒産先）		Ⅰ	Ⅱ	Ⅲ	Ⅳ		延滞債権
破たん懸念先（倒産の可能性大の先）		Ⅰ	Ⅱ	Ⅲ	Ⅲ	危険債権	
要注意先	要管理先（返済延滞ないし金利減免先）	Ⅰ	Ⅱ	Ⅱ	Ⅱ	要管理債権（要注意先債権のうち特に管理を要する債権）	3か月以上延滞
	その他の要注意先						貸出条件緩和債権
正常先（問題のない先）		Ⅰ	Ⅰ	Ⅰ	Ⅰ		

以上の法律のうち、利息制限法では、次のように貸出金利の上限が定められている[3]。ただし、罰則はない。

（元本額）	（上限金利＜年利＞）
10万円未満	20%
10万円～100万円未満	18%
100万円以上	15%

　出資法では、金融業者（預金取扱金融機関、貸金業者）は、年利20％、それ以外の者は年109.8％を超える金利の契約をしてはならない。これに違反すると罰則が科される。

　また、貸金業法では、利息制限法上の上限金利（上記）を上回る金利の契約をした業者を行政処分の対象としている。

　こうした規制にもかかわらず、法律に違反する高利の貸出を行ったり、そもそも法律上必要な特局への登録をしないまま営業する「ヤミ金（闇金融業者）」が後を絶たないのが実態である。

　ヤミ金は、当初は緩い条件での貸出を匂わせながら結局高利の貸出に追い込んでいくことが多い。こうしたヤミ金の存在の背景には、利用者サイドの借入に対する対応、知識の問題（金融リタラシー）もある。また、「高利であっても一時的にマネーが必要な場合に、迅速、簡便に貸出を実行する業者の存在が必要」という事情があることは否定できない。このため、規制強化は、ヤミ金を水面下で存命させることになるとの批判もある。

　なお、こうした金利規制の数値は金融政策とは無関係に設定されている。そのため、金融政策遂行上の制約になる可能性がないとはいえない。例えば、激しい資金流出が将来日本で生じたときに、こうした金利規制が障害になる可能性は否定できない点に留意する必要がある。

(ロ) 量的規制その他

　ヤミ金は、一旦返済が滞ると苛烈な回収行為を行う。このことが1990年代にかけて大きな社会問題となった。また、いわゆる多重債務者の問題も時として大きな社会問題となる。このため、政府は貸金業法を改正し、次のような措置を講じた（上述の金利規制とともに2006年に改正法成立、2010年に完全実施）。

　総　量　規　制：借り手の年収の3分の1を超える貸出を原則として禁止（なお、この規制は預金取扱金融機関には適用されない。その理由は、銀行は日頃から業務行為全般について、当局から厳しく監督されているからであろう）。

---

[3] 2010年の法改正以前は、利息制限法（20％等）を上回る金利上限（29.2％）が出資法によって定められる一方、貸金業法はその場合の取り扱いとして任意の契約であるとしていた（異なる上限の間の金利帯を「グレーゾーン金利」と呼んでいた）。しかし、そうした不整合は、最高裁の判例を受けた法律改正により現在では解消している（最高裁の複数の判例＜2004年等＞により任意で支払ったグレーゾーン金利に対応する利息も無効とされたのが、いわゆる「過払い金」である）。

回収行為規制：暴力団による取立てを依頼することを禁止。また、借り手の自殺による生命保険金での弁済禁止など。

⑦銀行の収益構造

銀行は次のような収益構造になっている。

(イ) 貸出利鞘

　銀行は基本的に短期調達、長期運用の構造になっている。預金は、もともと3年定期預金くらいまでしかないことに加え、最近の低金利下で普通預金が増大していることもあって、短期調達となっている。一方、貸出については、住宅ローンや設備投資資金などの長期のものが含まれているからである。このため、イールドカーブがスティープなときには自然と利鞘が大きくなるが、イールドカーブがフラット化すると（2010年代の状況）、利鞘が縮小する。
　この間、貸出に伴って発生する信用コスト（貸出の焦げ付きによる損失に見合うコスト）は、実質的に利鞘の縮小要因となる。このため、予め信用コストを予想し、その分利鞘に織り込んでいる。具体的には、一般貸倒引当金という形で統計的に見込まれている信用コストを予め積立てることで、その費用を前もって計上している。しかし、実際には貸出金を償却（損失計上）したり、不良資産化した（元利払いが滞った）貸出債権を早めに売却し売却損を立てるといったこともある。これらの合計が信用コストを形成している。信用コストは景気などと連動するが、平成金融危機の際には貸出残高に対する比率が3％前後まで拡大したこともあるが、通常は0.5％以内である。

(ロ) 自己勘定（銀行勘定）の運用収益

　銀行をはじめ多くの預金取扱金融機関では、預金によって調達した資金のうち貸出に回す比率（預貸率という）が、貸出需要の低迷などから近年低下している。このため、そうした余剰資金を有価証券等に投資することが増えている。こうした意味での有価証券の保有（銀行勘定）は、顧客との売買に備えた在庫としての保有（トレーディング勘定）とは本質的に性格が異なる。しかし、トレーディング勘定であっても価格変動リスクに直面する点では共通である。このことは、バーゼル規制（国際的な監督者の集まりでまとめている自己資本比率規制）における市場リスクの扱いの中で、議論となることの多い論点である。

(ハ) 決済関係手数料、窓販（マドハン）

　振込の都度徴収される送金手数料などは、銀行にとって本業である預金業務に直結する収入である。このほかに、窓販手数料といわれるものがある。銀行の窓口で投資信託や保険商品を

顧客に販売したときに、その販売を委託した投資信託運用会社や保険会社から支払われるものである。近年、預金以外の株式等を組み込んだ資産運用商品の需要が拡大していること、銀行にとって本来業務である預金・貸出業務から得られる利益が縮小していることから、こうした販売手数料収入（フィービジネスという）への依存度が高まっている。また、こうした収入は基本的にリスクを伴わない。ただし、そうした手数料依存が高まるとともに顧客の立場に立った姿勢（フィデューシャリー・デューティ）が軽視されているのではないかとの批判がある。このため、監督当局（金融庁）はフィデューシャリー・デューティを順守するよう金融機関に対して働きかけている。

第4章
金融機関の種類と業務

　預金取扱金融機関には、銀行と協同組織金融機関がある。銀行は株式会社であり、協同組織金融機関は組合員の出資で設立された組合組織である。銀行、協同組織金融機関はいずれも、明治時代に比較的緩い開業規制の下で、多くの金融機関が設立されたが、昭和初期の金融恐慌、第二次世界大戦の敗戦、平成金融危機の終息の過程で経営統合が繰り返され、金融機関の数は長期的に減少が続いている。

①銀行

　銀行は預金取扱金融機関の中で中核的な存在である。日本では、1872年に「国立銀行条例」によって初めて法律的な根拠が整備された。現在に続く「銀行法」は金融恐慌の後1927年に制定され、その後たびたび改訂されてきている。
　銀行には、「普通銀行」のほか、「ゆうちょ銀行」、「外国銀行」の在日支店の3つの業態がある（図表6-1参照）。
　普通銀行は株式会社であって、その資本金は20億円以上でなければならない。普通銀行には、（単なる）銀行と信託銀行がある。信託銀行は、信託会社あるいは銀行のうち「金融機関の信託業務の兼営等に関する法律（兼営法）」に基づいて当局から兼業の免許を付与された会社である。歴史的には、第二次世界大戦前は信託会社専業、戦後から2004年の信託業法改正までは銀行の兼営会社のみの時代であったが、現在では信託銀行と銀行ではない「信託会社」が併存している。
　ゆうちょ銀行は、元の日本郵政公社が一体的に行っていた郵便事業、貯金事業、保険事業を2007年に分割、民営化した際に、貯金事業を受け継ぐ組織（株式会社）として設立された。ただし、預入限度額が設けられている（2019年4月以降、通常貯金、定期性貯金各々1300万円）ほか、貸出についても個人向けなどに制限されている。送金業務についても、銀行の全銀システムとの相互乗り入れはあるが、基本的に別の体系で運営されている。
　外国銀行の在日支店は、監督当局の免許を受けて日本に進出している銀行であって、業務内

容は普通銀行と変わらない（最低資本金の代わりに、一定額以上の「持込資本」の維持を当局によって義務づけられている）。

なお、平成金融危機以前は、「金融債」と呼ばれた5年もの利付社債の発行を主たる資金調達手段として、長期貸出を行っていた「長期信用銀行」という形態があった[4]。しかし現在は根拠法である「長期信用銀行法」は存在するものの、この法律に基づく銀行は存在しない（かつては3行存在していたが、そのうち日本興業銀行は、元の富士銀行、第一勧業銀行と統合し、みずほ銀行となった。また、日本長期信用銀行、日本債券信用銀行は、平成金融危機の過程で経営破たんし一時国有化され、その後の再民営化で、各々新生銀行、あおぞら銀行となって現在に至っている）。

銀行は、法的には同一であっても、営業基盤や歴史的な経緯、あるいはビジネスモデルの違いから業界団体等の異なる、次のような業態に細分化されている。

（イ）都市銀行

都市銀行とは大都市に本店があって、全国展開をしている業態である。慣行的な呼び名であって、法律的ないし業界団体としての意味はない。日本の金融業態の中で大きなシェアを有する。多くの場合、都市銀行だけではなく、信託銀行や証券会社等を傘下に持つ金融持株会社の子会社となっている。具体的には、次の銀行である。

みずほ銀行（みずほフィナンシャルグループの子会社）
三井住友銀行（三井住友フィナンシャルグループの子会社）
三菱UFJ銀行（三菱UFJフィナンシャルグループの子会社）
…以上3行は、メガバンクと称されることが多い。
りそな、埼玉りそな（りそなホールディングスの子会社）

これら4グループに加え、三井住友フィナンシャルグループの傘下ではない三井住友信託銀行（三井住友トラスト・ホールディングス傘下）を含めて大手5行（りそな2行は1行とカウント）ということもある。なお、長期信用銀行から一時国有化を経て普通銀行となった、新生、あおぞらの2行も地方銀行協会等のメンバーではないため概念的には都市銀行の一角であるが、元は長期信用銀行であったことから一般には都市銀行とは呼ばれない。

---

[4]「長期信用銀行」以外でも、店舗数が少ないいくつかの銀行は、当局（当時の大蔵省）から特別に認可を得て金融債を発行し、主たる資金調達手段としていた。具体的には、戦前の特殊銀行であって外国為替銀行とされた横浜正金銀行を前身とする東京銀行（現、三菱UFJ銀行の前身のひとつ）のほか、農林中央金庫、商工組合中央金庫などが金融債を発行していた。銀行はかつては、社債や3年以上の定期預金が認められていなかった。また、定期預金金利は日本銀行の政策金利と連動した規制金利体系下で固定的であった。これに対して金融債は市場金利に連動していたため、金融情勢にマッチした条件で資金調達できるという大きなメリットがあった。
しかし、預金金利の自由化、銀行による社債発行の解禁などから、金融債の発行は大幅に減少した。なお、金融債を発行する銀行は、預金の受け入れも当然可能である。

(都市銀行の歴史)

　平成金融危機より以前は、長きにわたって13行の都市銀行、3行の長期信用銀行が存在していたが、統合、改組を重ねて現在に至っている。大きく分けると、設立の経緯により次のように分類できる（以下、名称中の「銀行」を省略）。

a. 第二次世界大戦前の財閥系銀行
　　住友＜→三井住友＞
　　大阪野村＜→大和→りそな＞
　　古河＜第一→みずほ＞
　　三井（太陽神戸三井→さくら→三井住友）
　　三菱（三菱東京→三菱東京UFJ→三菱UFJ）
　　安田＜富士→みずほ＞

b. 特殊銀行[5]から普通銀行等に転換
　　日本勧業→第一勧業→みずほ
　　日本興業→みずほ
　　横浜正金→東京→東京三菱→三菱東京UFJ→三菱UFJ
　　北海道拓殖→北洋

c. 地方の銀行統合で成立
・昭和の初めの金融恐慌を踏まえて打ち出された一県一行主義に基づく統合
　　神戸地区の有力7行が統合→神戸→太陽神戸→太陽神戸三井→さくら→三井住友
　　名古屋地区の有力3行が統合→東海→UFJ→三菱東京UFJ→三菱UFJ
・戦時体制下で大手貯蓄銀行を統合
　　日本貯蓄銀行→協和→協和埼玉→あさひ→りそな・埼玉りそな

---

[5] 特殊銀行とは、第二次世界大戦前に、産業振興などのため特別の法律に基づき政府によって設立された銀行。戦後、普通銀行、長期信用銀行に改組されるか、解散、消滅した。具体的には、次の8行である（カッコ内は設立目的）。
　横浜正金（国際金融）→東京
　日本勧業（農工業振興）→普通銀行としての日本勧業
　農工（日本勧業の地方機関、日本勧業に統合）
　日本興業（重工業振興）→長期信用銀行としての日本興業
　北海道拓殖（北海道の産業振興）→普通銀行としての北海道拓殖
　台湾（日本統治時代の台湾の中央銀行）→残余財産を元に日貿信（株式会社）を設立
　朝鮮（日本統治時代の朝鮮の中央銀行）→残余財産を元に日本不動産を設立
　朝鮮殖産（朝鮮の農工業振興）→韓国の政府系金融機関である韓国産業

- 自主的な統合

（大阪地区の有力3行が統合）→三和→UFJ→三菱東京UFJ→三菱UFJ

（ロ）地方銀行

　業界団体である地方銀行協会に加盟している普通銀行である（2018年末時点で64行）。都道府県のひとつを本拠地とし、その地域の金融を担う銀行である。昭和の初めの金融恐慌後、当局（大蔵省、日本銀行）の強い意向により、一県一行主義による統合が行われた。そのため、現在でも基本的に一県一行となっている。さらに最近では、地方銀行間の統合が大きく進展している。地方銀行は、全国銀行協会[6]のメンバーでもある。ただし、地方銀行協会は全国銀行協会のように決済システムの運営などの業務は行っていない。

（ハ）第二地方銀行

　普通銀行であって、第二地方銀行協会に加盟している銀行である（2018年末時点で40行。地方銀行協会と同様に加盟銀行は全国銀行協会にも加盟している）。もともと相互銀行法に基づく相互銀行が、「金融機関の合併及び転換に関する法律」によって一斉に普通銀行に転換した経緯がある（1992年、同法は廃止。また元の相互銀行協会は第二地方銀行協会に変換）。相互銀行は第二次世界大戦前の互助的な金融組織である「無尽会社」と戦後に設立された「殖産会社」を前身としている。相互銀行法では、相互銀行は営業区域の制限があったほか、外国為替業務はできなかった。

（ニ）信託銀行

　「金融機関の信託業務の兼営等に関する法律」（兼営法）に基づいて信託業務を兼営する銀行である。もっとも、りそな銀行（前身の旧大和銀行が信託免許を保有）や三井住友銀行（ソシエテジェネラル信託銀行を買収）も信託免許を保有しているが、一般的には都市銀行に分類されている。また、いくつかの地方銀行も信託免許を保有しているが、一般には地方銀行に分類される。信託銀行には、主に次のような二つのカテゴリーがある。
- 一般個人、法人などを対象に幅広く信託業務を行う信託銀行
- 他の金融機関から受託する信託業務（マスタートラスト）を主体とする信託銀行

　信託業務は銀行でなくても行うことができる。また、信託は、信託銀行や信託会社だけでなく、金融機関の業態を超えて横断的に活用されている有用な仕組みである。そこで、信託一般につ

---

[6] 全国銀行協会は、業界団体としての機能のほか、手形交換所や全銀システムの運営に携わっている社団法人であって、国内の民間銀行（シティバンクなど、日本の現地法人である外国銀行も含む）のほとんどのほか、各地の銀行協会がメンバーになっている（ゆうちょ銀行は特例会員という位置づけ）。

いてみておこう。

a. 信託の基本

信託法では、信託を「特定の者が一定の目的（専らその者の利益を図る目的を除く）に従い財産の管理又は処分及びその他の当該目的の達成のために必要な行為をすべきもの」と定義している。

ここで、登場する主体は、次の3者である。
- **委託者**：（受託者に）信託を行う者
- **受託者**：委託者のために必要な行為を行う義務を負う者
- **受益者**：契約（信託契約）により、信託された財産（信託財産）や受託者に対してある行為を求めることができる権利（信託受益権）を持っている者

ここで、委託者と受益者が同一人であってもよく、実際、多くの信託を活用した金融商品はそのようなものである。

信託は受益者が公正にその業務を遂行することが決定的に重要である。このため、信託法において特に次の義務を明確にしている。
- **善管注意義務**：善良なる管理者の注意義務のことであって、すべての金融機関に当然求められる義務であるが、信託においては敢えて法律で義務を課している。
- **忠 実 義 務**：委託者の利益と受託者の利益が相反することがあり得るが、そのような場合でも受託者は委託者の利益に忠実でなければならないとする義務である。
- **分別管理義務**：受託者は、自己の資産（固有資産）と他の信託財産を区分して経理、管理しなければならない。

以上のような義務及び資産運用の技術、管理事務などの対価として、信託銀行（会社）は、予め決められたルールに基づいて信託財産の残高に比例する手数料（信託報酬）などを得る。

b. 信託の種類

大きく「金銭の信託」と、有価証券などのモノの信託である「金銭以外の信託」に分かれる（図表6-4）。

「金銭以外の信託」には信託の対象物の違いを除き種類はない。一方、「金銭の信託」には、金銭で戻ってくる「金銭信託」とモノで戻ってくる「金銭信託以外の金銭の信託」の2種類に分かれ、それぞれ、指定、特定、無指定の区別がある。また、さらにそれらが複数の委託者の財産を一緒に運用する合同運用と、単独運用の場合とがある。

- **金銭信託**
金銭信託は信託銀行が運用し、信託銀行が販売する金融商品であって、①特定金銭信託、②指定金銭信託、③無指定金銭信託の3つがある。これらは、ａ合同運用とｂ単独運用に分か

図表6-4　信託の種類

金銭の信託（マネーの信託）		金銭以外の信託（モノの信託）
金銭信託（金銭を信託、金銭で受取）	金銭信託以外の金銭の信託（金銭を信託、有価証券などで受取り……信託ではなく、本体で保有する有価証券と帳簿価格が異なるため簿価分離に使えるとされる）	有価証券、不動産、知的財産などを信託

特定金銭信託（投資商品の銘柄、価格、数量などを個別に指定）	指定金銭信託（投資対象のカテゴリーを指定……貸出、国債、株式など）	無指定金銭信託（受託者の全面的な裁量で運用）
受託者による損失補てんはできない	受託者による損失補てんができる。	

合同運用（複数の信託契約をまとめて運用）		単独運用
クローズド・エンド型（満期まで元本固定）	オープン・エンド型（随時追加、払い戻し）	

れる。具体的な商品としては、②指定金銭信託でa合同運用の「ヒット」（1か月据置型で元本保証なし）などがある[7]。

　なお、金銭信託は、資産運用（投資戦略の策定、実行＝投資顧問の機能）と資産管理（信託財産の保管）という二つの異なる要素を併せ持っている。しかし、資産運用ビジネスの全般的な拡大、なかでも年金市場の拡大などを背景に、投資顧問業者や証券会社などによる投資一任業務（運用のみ。管理は信託銀行に委託）が拡大してきたことから、信託銀行においても、資産運用に関して投資一任業務（資産運用）のみを自身で行い、資産管理は他の機関（マスタートラスト業務を行う専業信託銀行）に再信託するという新たなビジネスモデルが導入さ

---

[7] 指定合同運用の金銭信託のタイプの中で、貸出への運用を指定する「貸付信託」（貸付信託法に基づく）が、かつての規制金利下での信託銀行の主力貯蓄商品であった。しかし、金利自由化後は新規募集の停止を経て、既に完全に消滅している。

れ、拡大をみている。

- 投資信託

投資信託とは、特定単独の金銭信託のカテゴリーのひとつであって投資信託委託会社が委託者である。

投資信託においては、運用は運用指図の専門会社である「投資信託委託会社」が行い、管理は信託銀行が行う。信託財産の権利である信託受益権を小口化して、個人などの投資家に幅広く販売する。その受益権は有価証券化され（受益権証券）、証券会社が販売している（ただし、銀行も投信委託会社から受益権証券の供給を受け、窓口で販売している＜投信窓販＞）。投資信託には、株式を組み込まない公社債投資信託と、株式も組み込む株式投資信託に明確に区分されている。投資信託の中には、証券取引所に上場されているもの（ETF）がある。なお、信託ではないが、投資信託と機能的に類似している「投資法人」（かつては会社型投信と呼ばれた）という仕組みもある。投資法人とは、集めたマネーを運用するためにだけ存在する法人（投資法人）の資産を株式という形で小口化して販売するものである。投資法人に対して、信託の仕組みを使ったものを特に「契約型投資信託」と呼ぶこともある。これらの仕組みを活用した代表例として「不動産投資信託（J-REIT、Japan real estate investment trust）」がある。これは、ビルなどの不動産を投資法人の仕組みを使って、不動産から得られる賃料などを小口に分けて分配・販売するものである。J-REITは証券取引所に上場されている。

また、金銭以外の信託の中には、資産流動化スキーム（金融機関などが保有する資産を小口に分割して、多数の投資家に転売）のひとつとして「特定目的信託」というものがある。さらに、信託ではないが投資法人に類似した仕組みとして、資産の保有者がその資産の保有管理だけを目的とした会社を設立し、その株式を小口化して広く投資家に販売する「特定目的会社」という仕組みもある。このように、近年資産運用の手段や担い手が急速に多様化している。

- 年金信託

企業年金や公的年金の運用・管理のほか、加入者や受給権者の管理を行う信託業務である。代表的な年金信託として、厚生年金基金信託がある。これは厚生年金基金法に基づいて、事業主が委託者、信託銀行が受託者、従業員が受益者となるもので、税の優遇措置がある。なお、民間ベースの年金には年金保険（後述）もある。

c. 信託会社の種類

信託業法の下で、信託会社には信託銀行ではない信託会社がある。

- 運用型信託会社

銀行業と兼営ではないが、信託業務全般を行う信託会社であって、信託銀行と同様に免許が

必要である。

- **管理型信託会社**
委託者からの指示に基づくか、信託財産の価値を変えないような業務に制限されているが、免許は不要で登録のみで業務ができる。

（ホ）各種の専業銀行

普通銀行ではあるが、実店舗ではなくインターネット上での取引に特化した銀行（楽天銀行など）のほか、コンビニのATMなどを活用して各銀行の預金を引出すことのできるサービスに特化した銀行（セブン銀行）などが存在する。

②協同組織金融機関

協同組織金融機関とは、銀行と異なり株式会社ではなく会員、または組合員と呼ばれる構成員の相互扶助を理念とする金融機関である。構成員は中小企業、勤労者、農漁業者である。非営利という原則の下で税の優遇がある。また預貯金・貸出の取引相手に関して原則として会員・組合員に限定され、営業地域が一定の地域に限定されている。ガバナンス（企業統治）としては、株主総会に代わるものとして、総代（代表構成員）の集会である総代会がある。ひとつの特色は、各協同組織金融機関の上部団体として、中央機関が存在し、メンバー金融機関の資金運用支援、経営指導などの役割を果たしていることである。

具体的には、信用金庫、信用組合、労働金庫、農漁協の4つの形態がある。

（イ）信用金庫

信用金庫は信用金庫法に基づく金融機関である。構成員（会員）は、指定された営業区域内の中小企業に限定される。預金の受入れに関して制限はないが、貸出については会員以外向け（員外貸出）は、全体の20％を上限としている。中央機関は信金中央金庫（信金中金）である。

（ロ）信用組合

「中小企業等協同組合法」及び「協同組合による金融事業に関する法律」に基づく金融機関である。信用金庫よりもさらに規模の小さい中小企業を構成員（組合員）とし、営業地域も限定されている。また実際には、構成員のパターンとして地域の中小企業（地域信用組合）のほか、同一の会社の従業員（職域組合）、医師などの同一の職業者（業域組合）や韓国や北朝鮮の出身者（民族系組合）などがある。組合員以外との預金、貸出いずれも全体の20％を上限としている。中央機関は、全国信用協同組合連合会（全信組連）である。

(ハ) 労働金庫

労働金庫法を業法とする金融機関である。構成員は、労働組合（組合員は間接構成員）、消費生活協同組合などであって、員外預金・貸出は全体の20％を上限としている。中央機関は労働金庫連合会（労金連）である。

(ニ) 農業協同組合（農協）、漁業協同組合（漁協）

農業協同組合法、水産業協同組合法に基づく協同組織金融機関である。員外取引は原則として20％を上限としているが、漁協については幾分弾力化されている。農漁協は貯金・貸出業務のほか保険業務や経済事業（物品の販売など）も併せ行っている。ただし、金融関係の中央機関は、県レベルの中間団体を経由して、農林中央金庫（農中、貯金・貸出業務）、全国共済農業協同組合連合会（全共連、保険業務）に集約されている。

③貸金業者

(イ) 貸金業とは

貸金業者とは貸出を反復継続している（業としている）者であって、預金取扱金融機関、保険会社、証券金融会社、短資業者、質屋等ではない者である。「ノンバンク」と呼ばれることもある。預金取扱金融機関等は銀行法など各々の業法により厳格な規制が課されているが、それ以外の金融機関、業者については業法が定められていないことから、「貸金業法」により、特に規制を課しているものである。

貸金業法は、業務として貸出あるいは貸出の媒介（紹介しその手数料を得る者）について、当局への登録や法令遵守を担当する「貸金業務取扱主任者」の任命を義務づけ、消費者保護の観点から必要な規制を課している（いわゆる総量規制のほか、金利の上限規制については、第3章⑥を参照）。なお貸金業法では、貸出（手形の割引を含む信用供与一般）のことを「貸付け」と呼んでいる（銀行法では、貸出を貸付けまたは手形の割引と定義している）。

(ロ) 貸金業の種類

貸金業には具体的には次のような業務ないし業態がある。
- 消費者ローン…いわゆるサラ金（サラリーマン金融）。主として短期、無担保の個人向け貸出。
- 商工ローン（中小企業向けの貸出）…商工業者向けの担保付、無担保の貸出。
- ファイナンシング・リース…リースは一般にモノを貸す事業であり、貸金業者ではなく当局への登録も不要である。しかしリースのうちファイナンシング・リースについては、モノの借り手が自ら対象物を決め、リース会社が購入しレンタルするものであるので、機能としては貸金業である（実際には、貸金業務も兼業しているため貸金業登録を行っている）。なお、

リース業者が手持ちのモノを貸すリースをオペレーティング・リースと呼んでいる。
- **ファクタリング**…典型的に売掛債権を販売業者から買い取って、回収するサービスのことであって、貸金業とはみなされていない。しかし実質的に手形割引ないし、債権者に対する売掛債権担保貸出と同じである。

(ハ) 短資会社

　短資会社とは、短期金融市場において金融機関相互の信用取引を仲介する業者である。基本的に自己取引は行わず、マネーの出し手（貸し手）と取り手（借り手）の間の取引をマッチングさせている。もっとも、有担保コール取引や手形売買においては、一旦自己勘定に保有、計上し、それを組み替えるなどして金額や期間を借り手のニーズに合わせて再構成することもある。

　貸金業者ではあるが、その役割が特別なことを踏まえ、貸金業者として登録は免除されている。一方、金融商品取引法に基づき当局によって特に指定され、出資法上の規制対象となっている。

④ 決済事業者

　預金取扱金融機関が貸出とマネーの生成・移転を2本柱とする業態であるのに対し、貸金業者はそのうちのひとつの貸出のみを行う業者である。対照的に、マネー関連の事業者も存在する。マネーの生成は預金取扱金融機関しかできないが、マネーの移転、つまり決済事業を行う業者は幅広く存在している。具体的には、資金移動業者、前払式支払手段発行者と、仮想通貨交換業者である。いずれも「資金決済に関する法律（以下、資金決済法）」による規制がある。

(イ) 資金移動業者

　振込みや送金などの為替業務は、従来預金取扱金融機関以外はできなかったが、2010年の資金決済法の制定により、当局に登録しておけば預金取扱金融機関以外の業者でも取り扱うことができるようになった。そうした業務を、預金取扱金融機関の為替業務として区別して、「資金移動業」という[8]。

　預金取扱金融機関に関しては、為替業務に対して制約は基本的に課されていないが、資金移動業者は、1件100万円以内の送金額という大きな制約がある。その代わり、資金移動業者は（預金取扱金融機関には認められていない）非金融事業との兼業が許されている。例えば、（登録した）コンビニや旅行代理店は、その店頭での取り扱いのほか、WEBなどによるインターネット

---

8) 日本資金決済業協会の調べによると、資金移動業者の2017年度の年間送金件数は8400万件、取扱金額は1兆877億円（平均取扱金額1.2万円）となっている。

送金が可能である。

（ロ）前払式支払手段発行業者

　前払式支払手段とは、プリペイドカード（磁気型、IC型、WEB型）や商品券など、銀行券でもコインでもないが、加盟店といった一定の範囲で決済手段として通用する手段である[9]。裏付けとなっているのは、現金ないし預金であって、現金ないし預金の派生マネーである。これを発行する業者は、当局への登録とともに、発行済み未使用残高の2分の1に相当するマネー（現金、振込み）を供託する必要がある。ただし、入場券や乗車券は対象外である。

　前払式支払手段発行業者には、発行者の店舗等でのみ使用できる自家型のほかに、加盟店で使用できる第三者型がある。後者の第三者型は発行前に当局への登録が必要である（自家型は事後登録）。

（ハ）仮想通貨交換業者

　仮想通貨とは、典型的にビットコインであって、資金決済法で定義されているものである。代表的な仮想通貨であるビットコインはブロックチェーン技術を使ったWEB上の分散管理型マネーであって、そうしたタイプのマネーの一般的な呼称であると同時に、サトシ・ナカモトによって2009年に世界で最初に創出された仮想通貨のひとつの固有名詞でもある（第二部第1章⑦を参照）。

　仮想通貨はWEB上に存在するものであるが、既存のマネー（円の現金、預金マネー、外貨マネー）と両替され利用に供される（もちろん、WEB上に仮想通貨のまま留まり他のマネーと交換されないこともある）。そのような両替業務や顧客から仮想通貨を預かって送金などの代行サービスを行ったり、残高管理等の業務を行う（仮想通貨交換業）には、資金決済法により当局への登録を要する。登録申請があっても、一定の資本金に満たない場合、債務超過の場合など健全性に問題があるときは、登録が拒否される。

⑤保険会社

（イ）保険とは

　保険とは、保険契約者が支払ったマネー（保険料）の対価として、予め定めておいた事象（保険事故）が発生したときに、予め定めておいた補償措置（保険金などの給付やサービスの提供）

---

9) 日本資金決済業協会の調べによると、2018年3月末の発行額20.7兆円のうち、商品券などの紙型0.6兆円、クオカードなどの磁気型0.1兆円、SuicaなどのICカード型12.4兆円、アマゾンギフト券などのサーバー型7.5兆円となっている（アンケート調査によるため、未回答企業が含まれていないことから、実態よりもやや過小評価されている）。

を保険会社（保険者）が提供する契約（保険契約）である。個々の個人や企業としては対応し難い厳しいリスクに対処するという意味で、社会厚生的な側面の強い金融機能ないしは制度である。

　生命保険を例に取って関係者の権利義務をみると、保険者（保険会社）、保険契約者（保険料を支払う人、保険加入者ともいう）、被保険者（その人の生命が保険事故の対象となる）、保険金受取人の4者が関係者となる。保険契約者が保険金受取人とも限らない（親が契約し、親が死亡したときに子供が保険金を受け取る場合などがある）。保険契約に関するこれら4者の関係は、信託の3者の関係（委託者、受託者、受益者）とよく似ているが、生命保険の場合、支払いの原因となる被保険者という概念がさらに加わる。もちろん、一般的には（特に損害保険など）、保険契約者と受取人が同一であることも多い。

　なお、保険会社が提供する保険以外に、共済組合などが運営する保険や、かつては根拠法がないまま営業が行われてきた簡便、少額な保険（「無認可共済」と呼ばれた）を前身とする（保険会社のように免許制ではなく）登録制の少額短期保険業者が提供する保険もある。

　以上のような保険の枠組みは従来商法の一部として法制化されていたが、その部分を独立させた単独の法律（保険法）が2010年4月に施行された。なお、保険会社の業法は、保険業法である。

(ロ) 大数の法則と保険料

　保険という商品は、保険料というマネーの出し手からみると、払い込んだ保険料を上回る保険金の支払いが契約直後から満期までの間、随時行われ得る一方、保険金を受け取らないまま契約期間が終了することもあるという特徴を持っている。この点、元本を預入あるいは貸し出して後日に元本と利息を手に入れるといった一般の信用取引と大きく異なっている（図表6－5）。

　保険契約を結んだ段階では、まだ保険会社の支払うべき保険金債務は発生していない（条件付きの債務である）。将来の保険事故の発生状況によってリターンが決まるという意味では、債券オプション取引などの金融派生取引と類似性がある。いずれも、保険料やオプションプレミアム（オプション価格）が確率論を基礎にして決まる点が大きな特徴である。

　一般的な生命保険の場合、オプションなどとは異なって基本的には確率分布に関する詳しい情報（標準偏差など）は不要であって、保険事故が起きる確率、その場合の損失額が分かっていれば十分である。つまり、「大数の法則」によって、保険料が算出されている。70歳の男性を対象にした生命保険を例に取ると、今後10年の間に契約者の男性が死亡する確率は、これまでに蓄積されてきたデータでかなり正確に予測できる。仮に、10年間の（終身ではなく）定期生命保険の場合、男性で70歳から80歳の間の10年間の死亡率が20％、生命保険金が1000万円とすると、保険料を200万円としておけば、保険金支払額と等しくなるはずである。同様に、自動車保険の場合も、車種やドライバーの年齢から1年間の事故率はかなり正確に予測できる。つまり、資産選択理論でみたようなリターン（平均）とリスク（分散）という観点からは、保

図表6-5　預金と保険の違い

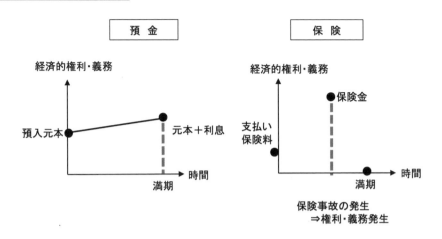

険がない場合、個々の保険契約者や保険金受取人は大きな負担やロスを被るリスクに直面しているが、そうしたリスクを多数の契約者から引き受けた保険会社からみた場合には、リスクをゼロに近づけることができる。そうした意味では、保険は保険契約者等にとってロスをいかにファイナンスするかという金融問題であるとの整理もできる。このため、保険の基本的な機能のことを、「ロスファイナンス」ということもある。

このように将来保険事故が発生し、保険金として支払われると確率的に予測される金額は「期待損失コスト」あるいは「保険金コスト」と呼ばれる。また、それが保険契約者が保険料として支払う金額と見合う保険料のことを「公正保険料（あるいはフェアな保険料）」と呼んでいる（これは生命保険の場合、後で述べる危険保険料に相当するものである）。

では、この保険金コストと同価値の公正保険料が、現実的に正しい保険料かというと、そうではない。保険金コストのほかに次のような要素を考慮する必要がある。

- 資産運用の成果（特に長期の保険の場合、支払われた保険料の、保険金支払いまでの期間の運用益）。
- 保険料の徴収や保険金支払いの事務、引受審査（後述）などの費用（付加保険料）。

実際の保険料算出にあっては、これらが織り込まれている。つまり保険契約者が支払う保険料（営業保険料）は、純保険料と付加保険料から構成され、純保険料は保険金コストのほか、保険料の運用の成果として予め想定される運用益をもとに算出されている。また、「純保険料」は、生命保険の場合、保険事故が発生した場合に支払われる保険金の原資となる「危険（死亡）保険料」と、満期時に満期保険料として支払われる「生存（蓄積ないし貯蓄）保険料」から構成されている。

保険会社は保険業法によって将来の支払いに充てるため、純保険料の中から一定の金額を積

立てておくことが義務づけられている（そうした積立金のことを責任準備金という）。例えば1年といったある期間において、保険会社は保険料収入を得る一方、保険事故があった場合には保険金を支払わなければならない。両者が常に見合っている場合には、将来の支払いのための積み立てを行う必要はない。しかし、特に長期にわたる生命保険などの場合には、平均的な死亡率で計算した保険料を毎年受取っているため、満期に近づくと死亡率＝事故率が高くなるといった要素も考慮しなければならない。また、年金保険や満期日に一定の保険金（満期返戻金）を支払う契約については、その支払いへの備えも必要となる。責任準備金は、将来の保険金、返戻金の支払い予定額から、保険料収入として受け取る予定の金額を差し引いて計算される。

　この責任準備金が不足なく積立てられていることは、保険業務の維持において決定的に重要である。このため、責任準備金の積み立て状況については、保険数理の資格を持つ専門家である保険計理人が確認し、その状況を毎年保険会社の取締役会に報告することになっている（保険業法第121条）。

　しかし、もっと基本的な問題がある。それは、次のような事情から、大数の法則が完全に成立するとは限らないということである。

- 大数の法則が真に成立するのに必要な数の保険契約者と契約できているか（生命保険でいえば、日本人全体を1社でカバーする保険会社が存在すれば死亡保険金については完璧に大数の法則が働くが、そのような保険会社は存在しない）。
- 大数の法則は、あくまでも統計的に正しいだけであって、天災の想定外の集中などによって、保険金の支払額が変動することは避けられない。
- 単純な大数の法則では捉え切れない将来の支払額のトレンド（例えば平均寿命の長期化に関して、予測を上回る長期化など）。

　そうした事情があっても、保険金が支払えるだけの財務的な備えが保険会社に求められる。このため、次のような措置が取られている。

- 様々な想定外のリスクに備えるための個々の保険会社の財務基盤の余裕（ソルベンシー・マージン）。
- 大数の法則の完全性を高めるための、保険契約の集合（再保険）。通常保険会社は、保険会社の保険会社とでもいうべき「再保険会社」に保険金支払いリスクの一部を移転している（保険会社が再保険料を支払い）。
- 保険会社のセイフティーネットである、保険契約者保護機構の維持。そのために最終的には国の負担（税金）によって対応することも可能になっている（ただし、2022年までの時限措置）以上の措置によって、保険の支払いが確実なものとなるように制度設計されている。

(ハ) 予定利率

　保険会社は、積み立てた責任準備金を有価証券や不動産などで運用している。このため、保

険料を算定するに際しては、運用によって得られるリターンを予め織り込んでいる。その利率を予定利率という。実際には、予定利率を割引率とした割引現在価値によって、将来のために今必要な責任準備金を算定している。保険会社の実際の運用利回りが、その予定利率を上回る場合は、その差額は収益として認識され配当金の原資（有配当保険契約の場合）や保険会社の利益となるが、運用利回りが予定利率を下回る場合（いわゆる逆鞘の場合は）は、その差額分を、保険会社が自己勘定から負担する必要がある。

預金と保険はもとより基本的な性格が異なるが、予定利率が事実上金融機関の保証した確定利回りであるという意味では、預金と類似性がある。

（二）保険会社の収益

以上の議論から推察できるように、保険会社の収益は以下の3つの要因によって結果的に変動がある。

a. 保険金支払額

定期付きの（満期のある）生命保険の場合、死亡率が想定よりも低ければ（長生き）、保険金支払額は想定よりも少なくなる（「死差」という）。損害保険は、例えば火災保険の場合、火事の発生が少なくかつ大規模なものがなければ保険金の支払いは少なくなる（保険料に対する保険金支払額の比率を「損害率」という）。

b. 事業費

事業費コストが想定よりも少なく済めば、当然収益は増える。この当初想定額との差を生命保険では「費差」と呼んでいる。損害保険の場合は、その水準自体を事業費率と呼んでいる。

c. 責任準備金の運用益

予定よりも運用実績が好転すれば、利益が増大する。生命保険の場合は「利差」と呼んでいる。損害保険の場合は契約期間が短いため、この点はポイントとならない。

d. 三利源、コンバインドレシオ

生命保険の場合、3つの差の合計を「三利源」と呼んで、重要な収益指標となっている。損害保険の場合は、想定との差ではなくそれ自体の水準を問題にして、a.b.の合計をコンバインドレシオと呼んでいる。コンバインドレシオが100％を下回れば黒字、上回れば赤字となる。もっとも、保険会社が赤字になることは好ましくないため、余裕を持った想定とするのが通例であって、結果的に想定を上回る利益が出た場合に配当などによって契約者に還元している。

(ホ) 相互会社

　保険会社には、株式会社のほかに、保険会社にのみ法律上許された会社の形態、つまり相互会社がある。相互会社は、協同組織金融機関と同様、基本的に相互扶助の理念に基づいて経営されている。このため、保険契約者は社員というステータスとなり（通常の会社の社員に相当するのは職員）、社員総会が株式会社の場合の株主総会の役割を果たしている。もっとも、社員の中から総代と呼ばれる代表者を選出し、総代会をもって株主総会と同様の意思決定を行うこともできる。近年は、財務基盤の強化やガバナンス（企業統治）の強化、さらには海外進出などを意識して、相互会社から通常の株式会社に衣替えするケースも出てきている。

(ヘ) 保険の種類

　保険には、基本的に3つの種類がある。ヒトの生存・死亡に関する保険である生命保険（第一分野という）、何らかの事故により生じた損失額を補償する損害保険（第二分野）、そしてそのどちらにも属さないヒトの病気やケガなどに関連する「傷害・医療（疾病）保険」（第三分野）である（図表6-6）。

　生命保険は、生命保険会社にしかできない一方、損害保険は損害保険会社にしか提供できないが、第三分野は生命保険会社も損害保険会社も提供することができる。生命保険の対象となる保険事故は、原則としては人の生命だけであるが、損害保険は社会の様々なリスクに応じて様々な保険がある。自動車事故、火災・地震保険のほかロケットの打ち上げに関する保険など非常に多様である（英語では、損害保険はproperty and casualtyということが多いが、general insuranceということもある）。なお、生命保険の一環として、公的な年金を補完する個人年金保険もある。これは、保険料を支払って、一定の年齢に達して以降、終身ないし一定の年齢に達するまで年金を受け取れるというものである。なお、現在では、生命保険会社が損害保険子会社を保有すること、また損害保険会社が生命保険子会社を保有することが許容されている。

図表6-6　生命保険と損害保険

	生命保険（第一分野）	損害保険（第二分野）	傷害保険・医療保険など（第三分野）
取扱会社	生命保険会社	損害保険会社	生命保険会社および損害保険会社
保険事故の内容	人の生存・死亡	偶然な事故	傷害・疾病など
保険金額の根拠	事前に契約（定額払い）	事前に上限のみ契約（実損払い）	定額払いおよび実損払い

保険の大きな区分は以上であるが、保険には商品性に関して次のような特徴がある。

(ト) 主契約と特約

　保険商品には、主契約と特約がある。例えば、生命保険（定期、終身、養老〈満期保険金のある保険〉）に、保障内容を追加で充実させるため、病気やケガなどによる入院、通院、手術などを給付の対象とするものなどが多様にある。特約は、主契約がないと契約できないが、非常に多様な組み合わせができるのが特色である。

(チ) モラルハザード防止のための措置

　保険は、保険会社にとって保険契約者との間で情報の非対称性から生じるリスクの大きい金融商品である。
　例えば、医療保険の場合、契約時には再発の可能性のある病歴を申告されない可能性もある。また、自動車保険などの場合は、保険契約があるため事故率が上がる可能性がないわけではない。この点は、預金取扱金融機関や貸金業者が行う貸出について、借り手の業況を正確に把握するため関連情報を収集するとか、借り手にインタビューするといった対応を取るのと似ている。保険会社は以下のような工夫を行っている。
- 生命保険の場合、加入時に病歴の申告を受けるほか、それに不明点が残る場合や、高額契約については、医師による健康状態のチェックを行う（そのうえで、保険契約を締結する行為のことを保険の「引受」と呼んでいる）。
- 損害保険、例えば自動車保険の場合、過去の事故率により保険契約者の等級（業界共通）が決められ、事故が続くと保険料の引き上げが行われる。

(リ) 保険契約者保護機構（生命保険、損害保険各々に設置）

　保険会社の破綻に備えて、契約者保護の観点から、保険業法に基づき、預金保険機構と類似の仕組みが保険会社においても設けられている（生命保険契約者保護機構、損害保険契約者保護機構）。そのための基金が事前に積み立てられており、その財源は保険契約者などから徴収されるのではなく、全保険会社が加入する保険契約者保護機構の財務状況に応じて保険会社から徴収されている。万が一保険会社が破綻した場合は、破綻した保険会社に関わる保険契約の移転や保険金支払いに関する資金援助などの措置が取られることになる。そのうえで、財源が不足した場合に政府からの支援が可能なことは前述の通りである。（詳細は第八部第4章⑧を参照）。

⑥ 金融商品取引法

次に証券会社について説明する。証券会社は、債券や株式などの有価証券に関連する業務を行っている。その特徴は、自ら債権や債務をもつのではなく、他人の発行した有価証券を取引するのが基本的な機能であることである。この点、自ら債権・債務を創出する預金取扱金融機関や保険会社とは役割が大きく異なっている。

そのことを念頭に、有価証券の創出、流通、契約などに関する一般的な規制や、証券会社に関する業法を定めているのが金融商品取引法である[10]。

しかし実際には、証券会社に限らず、ほとんどの金融機関は預金や貸出といった本来業務のほかに、有価証券に関連した業務を付随的に行っている。このため、金融商品取引法は証券会社だけではなく、金融業態全体にとって重要な法律である。そこで、まず金融商品取引法について説明しよう（図表6−7）。

（イ）商品の対象範囲

金融商品取引法でいう「金融商品」とは、「広く取引され」、かつ「投資家にとってリスクがある」金融商品である。具体的には、「有価証券」のほかに「通貨」(外貨)や「デリバティブ取引」も対象としている。

有価証券には、現物ないし原資産だけではなく、その派生商品（デリバティブ）である先物やオプションが含まれている。また、それらを組み込んだ商品である「投資信託」やその運用サービスである信託の受益権も有価証券とみなされている（信託業法で規定）。

また、小口資金をまとめて運用する、集団投資スキームの持ち分も有価証券と位置づけられている。

さらに、金利スワップや天候デリバティブなど、有価証券を原資産としないデリバティブについても、有価証券のデリバティブと同様に、この法律の対象に含めている。デリバティブは、オプションの売りなど元本以上の損失を被ることのあるリスクの高い商品であることから、この法律の趣旨からして対象に加えるべき商品である。

対象商品のうち、まず有価証券については、次のカテゴリーに分けることができる。

a. 現物有価証券

デット（債券）、エクイティ（株式）とその中間形態の転換社債などの現物資産（派生取引の文脈では原資産という）。

---

[10] 制定の経緯としては、以前の「証券取引法」を抜本的に拡充し、名称変更したものである（2006年制定、公布）。背景は、オプションや仕組み預金などの従来の有価証券ではないリスク商品が出現していること。

図表6-7　金融商品取引法の枠組み

①対象となる商品、取引
＝価格変動リスクがあり、流動性の高い金融商品と金融取引
＝有価証券＋有価証券と同等に規制する商品＋デリバティブ取引
＝「金融商品取引業者」の行う業務

(イ) 有価証券、有価証券と同等の商品

	有価証券（この法律の対象）	有価証券と同等に規制する商品 （この法律の対象外であるが、銀行法などの各業法でこの法律と同レベルの規制を課すもの）
デット	国債、地方債、社債、転換社債 コマーシャル・ペーパー	外貨預金、仕組み預金 （手形、小切手は対象外）
エクイティー	普通株式、優先株式	－
信託	信託受益権	指定金銭信託（実績配当型）
集団投資スキーム	不動産ファンド、事業ファンド、商品ファンド等の持ち分	
金融派生商品（先物）	国債、日経225などの金融商品先物	商品先物（貴金属、石油、農産物など）
保険	－	外貨建て保険・年金 変額保険・年金

(ロ) デリバティブ取引
- 有価証券のデリバティブ取引＋有価証券以外のデリバティブ取引
- 有価証券以外のデリバティブ取引＝通貨、金利スワップ、天候デリバティブなど

②対象業務（登録を要する業務）
- 有価証券の販売・勧誘、顧客資産の管理
- 投資助言
- 投資運用
- 資産管理

③金融商品取引業者の分類
- 第一種金融商品取引業
  流動性の高い有価証券の販売・勧誘、顧客資産の管理
  …証券会社、金融商品先物取引業者
- 投資運用業
  …投資信託委託業者（運用会社）や投資顧問業者（投資運用業者）
- 第二種金融商品取引業者
  流動性の低い有価証券の販売・勧誘…自己募集のファンド（自らファンドを組成、運用）
- 投資助言・代理業…投資顧問業者など

④金融商品取引業者への行為規制
- 契約締結前の書面交付義務

- 広告、勧誘における正確性、公正性の確保
- 損失補てんの禁止
- 顧客の知識、財産規模を踏まえた勧誘（適合性の確保）
  …金融機関などの投資のプロに対しては以上の規制を緩和。

⑤有価証券の発行主体に対する規制（上場会社の情報開示）
- 流通性の高い有価証券を発行している会社は、金融庁に各年度、有価証券報告書を提出、公表しなければならない。提出、公表期限は決算期末から3か月以内、すなわち3月末決算企業なら6月末までとなる。特に、上場会社は、四半期ごとに財務状況をまとめた四半期報告書を提出しなければならない。
- 当該会社は、内部統制が機能していることを明らかにした報告書（内部統制報告書）を提出しなければならない。また、これら報告書の正確性を確認した「確認書」を提出しなければならない。
- 対象や目的は異なっているが、会社法においても内部統制に関する類似の仕組みがある。

（金融商品取引法と会社法）

	金融商品取引法における 「内部統制報告書」	会社法における 「事業報告」
目的	市場取引の健全性を念頭においた、財務報告書の正確性の確保	株主の権利保護の観点に立った事業全体に対する事業の適切性の確保
対象企業	有価証券を発行している上場会社など	大会社

　債券の現物について具体的な種類を整理したのが、図表6-8である。債券は、期間、担保の有無、資金使途などが多様なため、それに応じて多くの種類の債券が発行されている。もっとも、圧倒的に発行量が多いのは国債、中でも10年物利付国債である。10年物国債金利は長期金利の指標金利（ベンチマーク）とされ、市場で大きな存在感を持っている。

　一方、株式の現物については、（第五部第2章②でも述べたように）基本的には普通株式と優先株式の2種類に限定される。優先株式は普通株式に比較して、優先的に配当が受けられるほか、万一倒産した場合には優先的な残余財産の分配を受ける権利がある一方、普通株主が有している株主総会での取締役の選任、合併などの承認といった投票権、つまり経営参画権は与えられていない（業績が悪化し、配当が連続してできない場合などには、経営参画権が賦与されることが多い）。このほかに優先株式とは逆に劣後株式（後配株ともいう）があるが、これは業績が悪化した時に経営者などが普通株式の株数を増やさずに（普通株式保有者に不利益を与えないよう）資本基盤を強化するために発行されるものであって発行額は少ない。

b. 有価証券のデリバティブ

　有価証券の現物から派生する商品には、大きく先物とオプションとがある。また、「標準物」と「指数」がある。標準物とは、実際に取引されている現物の有価証券を標準化した仮想的な

図表6-8　主な債券の種類

種類			説明	種類・期間など
国内債	公共債	国債 — 普通国債	国の予算のために国が発行する普通国債	(財源別にみた主な種類) ・建設国債（公共事業など） ・特例国債（赤字補てん） ・借換債（国債の償還財源） (期間別種類) ・長期固定利付債（10、20、30、40年） ・物価連動債（10年） ・変動利付債（15年） ・中期利付債（2、3、5年） ・国庫短期証券（2、3、6か月、1年：割引債） (発行方式) 公募入札（多数の参加者が個々の応札に応じて新規発行債を購入）。ただし、入札円滑化のため、応札義務のある「国債市場特別参加者」制度が設けられている。個人向け国債は、入札結果に準じて募集される。
国内債	公共債	国債 — 財投債	財政融資資金の財源のために国が発行	・長期固定利付債（5、10、30年） ・中期固定利付債（5年） ・物価連動債（10年） ・変動利付債（15年）
国内債	公共債	財投機関債	個々の財投機関が発行。国による元本、利払い保証はない。	・普通社債と資産担保証券がある。 ・4、10、20、30年
国内債	公共債	地方債	地方公共団体が発行する債券	・本来は、赤字補てんのための発行はない。ただし、近年は赤字補てんのための発行の例がある。 ・期間は通常10年。
国内債	民間債	社債	企業が長期事業資金等の調達のために発行	・普通社債（無担保、担保付） ・転換社債型新株予約権付社債、新株予約権付社債 ・金融債（商工組合中央金庫、農林中央金庫、信金中央金庫）
国内債	民間債	コマーシャル・ペーパー（CP）	企業が短期資金繰りのため、銀行、証券会社が引受けて発行（形式的には無担保の約束手形であって、金融商品取引法により有価証券に指定）。	
円建て外債			外国政府、企業が円建てで日本国内で発行（サムライ債）	
ユーロ円債			日本企業が、円建てで海外で発行	
東京外貨建て外債			外国政府、企業が外貨建てで日本国内で発行（ショーグン債）	

第六部　金融機関と金融商品

現物（想定元本）の先渡し商品である。代表的なものとして「国債先物」がある。一方指数については、株式の代表的な指数である「日経225先物指数」、「東証株価指数（TOPIX）先物」などがある（前掲図表5－13参照）。いずれも原則として反対売買（当初売建てしていた場合には買い）により、損益のみ決済（差金決済）する。また、決済日までの価格変動による損益に応じて証拠金を維持（ないし積増し）する必要がある（これを「値洗い」という）。

- 国債先物
  期間10年、表面利率6％の国債を仮想的な現物（標準物）として、その先渡し価格を現時点で合意する取引であって、原則として先渡し時点（限月という）までに反対売買で決済される。大阪取引所で取引されている。なお、国債先物のオプションも取引されている。

- 株価指数先物
  日経225や東証株価指数といった個別株式銘柄から算出される指数を仮想的な現物（インデックス）として、その先物を取引するものである（日経225先物は大阪取引所に上場されている）。国債先物と同様、原則として限月までに反対売買による差金決済で損益が確定する。国債先物、株価指数先物いずれも、限月までの価格変動による損益に応じて所定の証拠金を維持ないし積増さなければならない。
  こうした証拠金を伴う取引は、見方を変えれば証拠金相当額を投資し、原資産の価格変動幅に応じた損益が発生するとみることもできる。つまり、証拠金は先物売買額≒原資産価格の5％などと定められているので、

$$\text{先物取引の利益率} = \frac{\text{価格変動幅}}{\text{先物売買額の5％}} \fallingdotseq \text{原資産価格の変動幅の20倍}$$

となって、ハイリスク・ハイリターンな取引となる。このため、金融商品取引法で販売その他を規制の対象としている。

c. 信託受益権
信託受益権も有価証券とみなされている（みなし有価証券）。

d. 集団投資スキームの持ち分
集団投資スキームには、持分を生成する方法に関して次のようないくつかの異なるパターンがあるが、いずれも金融商品取引法では、有価証券である。
- 民法上の組合契約
- 商法上の匿名組合契約
- 有限責任事業組合契約に関する法律に基づく、有限責任事業組合契約

・投資事業有限責任組合契約に関する法律に基づく、投資事業有限責任組合契約

e. 有価証券以外から派生する商品

　預金など有価証券でないものであっても、外貨預金や仕組み預金などは有価証券と同等の扱いを求められている。逆に民商法では典型的な有価証券とされる手形・小切手などは、コマーシャル・ペーパーを除いて金融証券取引法では有価証券とはされていない。手形・小切手は価格変動リスクがないからである。

（ロ）有価証券それ自体の正当性の確保の重要性

　金融商品取引法は、株式や債券などの有価証券それ自体について、発行企業が公募で発行する場合には、有価証券報告書などによって正確にその商品性を明らかにすること（情報開示）を求めている。有価証券の品質つまり返済可能性は、発行体の財務の健全性や収益力に依存するからである。もっとも勧誘の相手先の数（契約者の数ではない）が50人未満の場合には「私募」と位置づけられ情報開示は義務づけられていない。

　この点、預金という商品の品質が金融機関の財務の健全性に依存しているのと類似性があるが、預金は発行体である預金取扱金融機関自身が販売している点が大きく異なっている。

（ハ）対象業者

　取扱商品、つまり有価証券の品質が発行体の経営状態に依存するとしても、それを実際に顧客と取引する証券会社には、相応の体制整備や資本基盤が必要である。このため、法人、個人などの幅広い層の顧客を相手方として有価証券やデリバティブ取引を行う事業者、つまり証券会社等は当局に予め事業者として登録をしなければならない。その際、一定の要件を満たしていなければ登録を拒否しなければならないと法律が定めている。また、不適切な問題が認められれば、登録の取り消しも行われる。実際、登録が取り消される例も散見される。もっとも、当局の審査を前提とした免許が必要な預金取扱金融機関に比べれば、相対的には参入基準は緩いとはいえる。

（金融商品取扱業者の登録の要件（＜登録拒否要件＞）
・社会的信用
　金融商品は公正に取り扱わなければならないことから、金融商品取引業者は一定の社会的な信用がなければならない。具体的には、当該業者が5年以内に刑事罰を受けていないこと、役員に最近5年間犯罪歴がないことなどである。
・財産的な基盤
　事業遂行に当たって、顧客に対して負債を持つ、あるいは資産を預かることがある場合には（有

価証券の引受、資産預かりなど）一定以上の財務体力が必要である。

　登録後も、当局（金融庁）は、実地に業者を訪問し業務状況を現地でチェック（検査）、大きな問題があれば業務の一時停止や登録の取り消しなどの処分を行うことができる。

（ニ）取引の透明性、適切性の確保
　価格変動リスクを持つ金融取引に投資家が参加するに当たっては、そのリスクの大きさ、性質を事前によく理解していることが必要である。このため、金融商品取引業者に対しては、契約に当たって、顧客への適切な事前説明を求めている。また、顧客の財産に対してリスクが過大な取引を勧めてはならないとしている。もっとも、金融機関など金融商品の取引を業務としている顧客、いわゆる「プロ」投資家（法律上は「特定投資家」。それに対してアマの投資家は「一般投資家という」）については、そうした規制はない[11]。

（ホ）金融商品取引業者の分類
　金融商品取引業者の中核に位置するのは、流動性の高い有価証券を販売する「第一種金融商品取引業者」つまり、一般に「証券会社」と呼ばれる業者である。
　比較的流動性の低い有価証券を取り扱う業者は「第二種金融証券取引業者」と分類される。自らファンドを組成し販売する業者であって、証券会社とは性格が大きく異なる。
　金融商品取引業者には、有価証券の販売を行う業者のほかに、投資信託を運用指図する業者、投資の助言を行う業者などがある。
　この間、預金取扱金融機関は公共債（国債、地方債など）を除いて、顧客との間で有価証券を売買することは原則としてできない（金融商品取引法33条に規定。「銀証分離」と呼ばれる）。これは、1929年に勃発した米国発の世界的な金融危機（大恐慌）の際に、その原因が銀行による株式等への過度の投資であったとの反省を踏まえた措置に遡ることができる。米国や日本では、長らくこの規制により、預金取扱金融機関に対して対顧客債券取引を全般的に認めないこととされていたが、徐々に緩和されてきた。もっとも、2008年のリーマンショックの過程で、やはり銀行等による過度にリスクのある証券取引やデリバティブ取引が危機の背景となったとの反省から、再び規制を強化する動き、あるいはその後さらにその揺り戻しが続いている。このように銀行等による債券投資やデリバティブ取引をどの範囲まで容認するかについては、十分なコンセンサスが得られていないのが実態であって、時代とともに振れている。

11）特定投資家向けのファンドの募集に当たっては、そのファンドの概要のみを当局に報告すればよく、一般投資家向けに求められる販売者の金融商品取引業者としての登録は不要である。

⑦証券会社

（イ）証券会社の基本的な機能

a. 引受

　引受とは、債券や株式を発行体から、発行と同時に一時的に販売用在庫として買取り、保有し、投資家に販売することである。複数の証券会社が共同で引き受けることが多いが、一般に金額が大きいこと、顧客への販売が不調に終わる可能性があることから非常に大きいリスクを負うことになる。引受から販売までの期間が長いわけではないが（通常数日間）、この間に市場環境などが急変することは決して稀ではない。このため、通常大手の証券会社がこの仕事を請け負う。中でも、発行体の事情をよく知り、その発行体の株式を継続的に引き受けている親密先証券会社（主幹事証券会社）が取りまとめ役になることが通例である。

　この業務は預金取扱金融機関の貸出、保険会社の契約締結前の審査（同じく引受という）と類似しているが、証券会社の引受は自ら保有し続けるのではなく、なるべく早く投資家に転売する点で異なる。

　引受と類似した取引として、募集（有価証券が新たに発行されるときにその勧誘を行うこと）や売出（既に発行されている株式などを手持ちしている発行体や大株主が大量に売却する）の際にその勧誘を行うことも、証券会社の重要な業務である。もっともこの場合は、引受と違って証券会社に売れ残りリスクはない。

　なお、天変地異による市場価格の大きな変動については、証券会社と（株式や債券の）発行会社との間で、フォース・マジュール（不可抗力条項）を契約に盛り込んでおくことによって取引を中断して、巨大リスクを回避することが一般的である。

b. マーケット・メイク

　証券会社の業務の中で最も大きなシェアを占めるのが、マーケット・メイク、つまり金融商品の顧客への販売、顧客からの買取りである。自己都合で売り買いするのではなく、市場の流動性を維持するために、市場の需給を均衡させるような価格をみつけて、提示し市場で取引が常時行えるようにすることである。いわば、流通業者が在庫を保持して顧客の注文に素早く応えられるようにしているのと同じである。

　こうした対顧客取引のための一時的保有ではなく、自らの投資行動の一環として金融商品を保有することもある（ディーリング勘定による保有）。形式的にはマーケット・メイクと類似しているが、目的は全く異なる。このような保有を「自己勘定取引」（proprietary trading）という。

c. 取次ぎ

　自身のマネーを使い、自らリスクを取って売り買いするほかに、顧客からの株式や債券の売り買いの注文を受けて、それを証券取引所に取次いで取引を成立させる業務（ブローキング）もある。この場合は、証券会社には基本的に価格変動リスクは生じない。

　また、先にも触れたように、証券会社は発行体が保有している発行体自身の発行した株式（自己株式）を一斉に市場に条件をアナウンスして大量に売却する業務（売出）も行っている。この場合は、売れ残りリスクは発行体企業が負うので、証券会社にはリスクは生じない。

　類似の取引として、最近拡大しているクラウド・ファンディング（crowd funding）[12]、すなわちWEBを活用した非上場会社の株式の募集、発行による小口、分散の資金調達がある。その仲介については、「集団投資スキーム」の一環として、第2種有価証券取引業者としての登録が必要である。また当該業者に情報開示の義務が課せられているが、仲介のみであり引受け行為は含まれていないため、売れ残りリスクはない。

d. 資産預かり

　証券会社は通常、口座と称する顧客からの預かり資産勘定を開設し、顧客の保有する株式、債券、投資信託などの商品を預かっている。預金取扱金融機関の預金と異なって自らの負債ではなく、モノとして預かっているわけであって、流用は原則としてできない。預かった顧客の資産を自己の資産と区分管理することが「分別管理」であって、証券会社の業務の健全性を確保するうえで、極めて重要である（信託銀行への委託など）。分別管理が徹底されていれば、万一証券会社が倒産しても、顧客の資産は巻き込まれることなく悪影響を受けることはない。

(ロ) 証券会社の収益構造

　証券会社は以上のような機能に即して、収益を得ている。基本的には次の3つの収益源がある。

---

[12] クラウド・ファンディングとは、WEBを使って小口資金を多数の個人などから直接調達する資金調達方式のことである。まだ発展途上の取引であって、多様な形態のものが新たに登場しているが、基本的には次のような種類がある。
株式型：非上場株式の発行により、資金を調達。出資者は業績に応じてマネーで配当を受ける。
ファンド型：個別の事業を遂行するための資金を出資の形で調達。取引成立（株式発行）の条件として、予め定めた一定額以上の資金が集まることを条件とすることが多い。配当のほか当該事業が供給する商品などを出資者に還元することもある。
寄付型：災害復興支援や研究開発資金を寄付。
ソーシャル・レンディング：個人や企業に対してデット（貸出）の形で資金供給を行うもの。担保が設定され、安全性が確保されているケースも多い。ただし、貸し手が業として行っているとみなされると、（登録の必要な）貸金業者という位置付けになる可能性がある。

a. 引受手数料

　株式等の証券を発行体が新たに発行したり、投資家が手元に大量に保有している株式を売却したりする場合に、その値付け（プライシング）を行うとともに、売れ残った場合には自ら残額を保有して取引を成立させることになる。非常に大きなリスクを伴うため、高額の手数料となる。

b. トレーディング勘定利鞘

　証券会社のマーケット・メイクから創出される利益である。顧客に対して提示する買取り価格と、売却価格の差（スプレッド）が証券会社のいわば手数料である。単位取引額当たりの収益率は高くはないが、取引額が増えれば、この収入も増える。

c. 自己勘定の運用

　顧客資産ではなく、自らの資金とリスクで運用することである。証券会社は引受やマーケット・メイクが本来業務との認識が一般的であるが、現実には証券会社にとって非常にウエイトの大きい収益源である。対象は有価証券（株式、債券）のほか、デリバティブ取引、商品取引、不動産取引などである。なお、こうした有価証券以外を対象とした取引のことをオールターナティブ（alternative）投資ということが多い。　銀行の銀行勘定における投資と同じ意味合いであって、リスクを取って自己資金を運用するものである（proprietary tradingともいう）。

⑧ 金融商品取引所

　証券会社と並んで有価証券市場において、重要な役割を果たしているのは、金融商品取引所、一般的には証券取引所と呼ばれる機関である。取引所は、証券会社が取次いだ一般顧客からの買い（ビッド；bid）、売り（オファー；offer、あるいはアスク；ask）の注文をマッチングし、取引を成立（約定）させ、その決済（有価証券とマネーの交換）を行う。また、取引の公正性、安定性を確保するために、当局による厳格な規制監督下にあるほか、取引ルールなどについて自主規制の仕組みを維持することが義務づけられている。

　主な金融証券取引所は、次の通りである。
- 東京証券取引所、大阪取引所（いずれも日本取引所グループ傘下）
- 東京金融取引所

　また、証券会社がWEBを活用して売買の仲介を行うPTP(private trading platform)という仕組みもある。この場合、証券会社は認可を受ける必要がある。

⑨投資者保護基金

　証券会社が万一破たんした場合に、個人顧客の預かり資産を1000万円まで保護、補償する仕組みである。金融商品取引法に規定されている。

　証券会社は、顧客から預かった資産（マネー、有価証券）を自己の所有にかかる分と分別管理しているので、原則としては証券会社が破たんしても顧客の資産が毀損することはない（もちろん、価格変動による顧客の損失リスクは別である）。具体的には、預った有価証券が証券保管振替機構というWEBを使った登録機関に記帳されている場合には顧客口という特別の勘定に分別管理されている。それ以外のマネー等の資産は、信託銀行に信託されている。しかし証券会社の倒産といった事態においては、そうした分別管理のルールが順守されていない可能性がある。投資者保護基金は、そのような場合でも、1000万円を限度に個人投資家を保護するものである（第八部　特に図表8－13を参照）。

⑩銀行子会社、持株会社

（イ）銀行からの、及び銀行への出資規制

　金融機関、特に銀行は一般企業に対して強い影響力を有しているとされてきた。このため、銀行が過度の支配力を産業界に及ばすことを回避するという競争政策の観点から、一般事業法人（非金融機関）への持株比率（正確には議決権比率）を原則として5％以内（保険会社は10％）に制限する規制がある（独占禁止法）。なお、銀行持株会社（銀行を子会社とする持株会社）の場合は、親子合算で15％が上限となる。

　一方、一般事業法人が銀行に出資することについては相対的に規制が緩い。具体的には以下の通りである。

- 銀行への議決権割合が5％超…当局への届け出義務
- 　　　〃　　　が20％以上…事前に当局の許可が必要
  　　　　　　　　　　　（当局は銀行業務に悪影響を及ぼさないか、審査）
- 　　　〃　　　が50％以上…過小資本になった場合には当局が増資を求めることができる。

（ロ）銀証分離

　前述の通り、預金取扱金融機関は原則として有価証券業務（有価証券及び有価証券デリバティブの売買、取次ぎなど）を行うことはできない（金融商品取引法33条）。しかし、この銀証分離規制は、実質的にかなり緩和されてきた。

a. 銀行本体による有価証券業務

そもそも銀行は、原則として自己資本額を超える株式の保有は禁止されている（銀行等の株式等の保有の制限等に関する法律）。ただし、銀行が自己勘定で、投資として株式を含め有価証券を保有することは、以前から一貫して規制されていない。また、顧客からの書面による依頼があれば銀行は株式を含め顧客と有価証券の売買ができる（もっとも一般に銀行は自身の営業基盤である預金業務に優先して有価証券を取り扱うことはしない）。

しかし、近年の国債の発行増加や顧客の資産運用ニーズの高まりを受け、公共債（国債、地方債等）については、引受、顧客への販売（いわゆる窓販）、既発債の売買など、（書面による取次ぎに限定されず）全般的に認められているほか、保険、投資信託については顧客への販売（窓販）が認められるようになった。

b. 子会社、兄弟会社方式による銀行グループの証券業務

- 子会社方式による相互参入

1992年の銀行法及び保険業法の改正により、銀行、保険会社は、証券会社を子会社の形態で保有することができるようになった（証券子会社）。また、証券会社は、子会社として銀行を保有することができる。このように、子会社という形では、銀証分離は撤廃されている。

- 兄弟会社による相互参入（金融持株会社、図表6－9）

従来、持株会社（総資産の過半が子会社の株式である会社）は、第二次世界大戦前のような財閥による経済支配の排除という観点から、純粋持株会社（子会社管理のみを業務とする持株会社）は禁止され、事業持株会社のみが許されてきた。しかし、近年の日本経済の国際競争力強化の要請を踏まえ、「事業支配力が過度に集中することとなる」場合を除いて解禁された（1998年の独占禁止法改正）。

つまり、公正取引委員会の認可という条件付きではあるが、様々な業種を持株会社の下で統合的に展開することが可能になった。実際には、公正取引委員会のガイドライン等によって基準が示されている。大雑把にいえば、メガバンクが巨大事業会社と兄弟会社になるとか、メガバンクと大手証券、大手生命保険会社が兄弟会社になるといったケースを除いて、持株会社の下で、銀行、証券、保険が同一グループ内の会社として存立することが許容されている（金融持株会社）。

もっとも、銀行を子会社とする持株会社（銀行持株会社）の設立には金融当局（金融庁）の認可が必要であるほか、大口融資規制など銀行の健全性確保のための規制については、銀行持株会社と銀行を合算したベースで規制が適用される。

c. 銀行と証券会社（銀証間）のファイアウォール

以上のように、企業グループの構造という面では、銀行による証券業務に関する制約が大き

く緩和されてきている。ただし、銀証間にはもともと一体営業等を抑制する様々な規制（ファイアウォール）が設けられていた。例えば、銀証間での役職員の兼業や店舗の共同利用についても、以前はかなり厳格なファイアウォールがあった。しかし、これらについては規制の撤廃ないし緩和が進展している。他方、銀行は自身の融資などにおいて証券子会社に対して特段の有利な条件で取引を行ってはならないというアームズ・レングス・ルール（arm's length rule）については、なお規制が強めに残っている。また、非公開顧客情報の共有については、顧客からの書面による同意などが条件とされている。

⑪政府系金融機関

　政府系金融機関とは、一定の政策目的のために、特別の法律により政府が設立、支配する特殊法人等であって、日本政策投資銀行（政投銀）、日本政策金融公庫などがある。第二部でも説明したように、日本の金融システムの特徴は政府系金融機関のシェアが大きいことである。また、政府系金融機関の詳細については、第八部で説明する（具体的な係数については、前掲図表６－２参照）。

　政府系金融機関のほか、特殊な金融機関としては、ゆうちょ銀行、かんぽ生命がある。ゆうちょ銀行は、長い間世界で最も規模の大きい金融機関であった（現在では、中国工商銀行や三菱ＵＦＪ銀行の方が資産規模は大きい）。

　ゆうちょ銀行やかんぽ生命は、通常は政府系金融機関とは呼ばれない。民間金融機関と概ね同様の事業内容であって、特別な政策目的という色彩が弱めであるからである。また、もうひとつの際立った特徴として、これらは（国の資金調達に依存せず）自ら資金を預金ないし保険料という形で調達しているほか、ゆうちょ銀行においては為替業務を行い、預金保険制度にも加入している。つまり、民間の預金取扱金融機関としての体裁を十分備えている。なお、商工組合中央金庫は政府系金融機関であって、政策的な意図をもって運営されているが、ゆうちょ銀行と同様にほぼ民間金融機関としての体裁を持っている。

　政府系金融機関の在り方については、ゆうちょ銀行を含め民間金融機関サイドからその業務展開を抑制する方向での要望が続いている（郵便貯金と民間銀行との対立の歴史は古く、1938～1939年には地方銀行協会が、当時貯蓄奨励政策の一環として政府が強く打ち出していた郵便貯金の預入限度額の拡大に反対する陳情を大蔵省等に繰り返していた）。

　ゆうちょ銀行に関しては、（例えばJRのような）完全な民営化についても、一時はその方向が打ち出されていたが、その後は展望が不明確になっている（2019年4月時点で、国が過半数の株式を保有している日本郵政が3分の2以上の株式を保有）。このように、ゆうちょ銀行を含めた政府系金融機関のあり方を巡っては、利害、理念の対立が大きく、政治問題として長期化しており、明確な具体的展望がないのが実情である。

図表6-9　金融グループの構造

①メガバンクなど

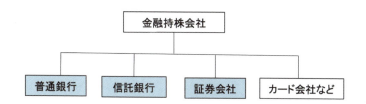

②大手地方銀行など　　　　　　　　③大手証券会社

④事業会社の子会社

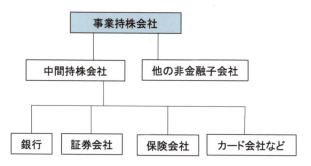

（法律上の定義）
- 持株会社：子会社株式の自身の総資産に占める割合が50％を超える会社
- 金融持株会社：銀行、証券会社、保険会社などの金融機関を子会社とする持株会社
- 事業持株会社：株式所有を主たる業務としていない持株会社
- 子会社：20％以上の出資＋人的支配のある会社

第七部

金融取引と金融市場

Introduction

　第六部では金融機関、すなわち金融取引の仲介を行う「事業者」を切り口に金融商品がどのように創出され、取引されているかをみてきた。

第七部では、やや視点を変えて、金融市場、すなわち異なる主体が取引する「場」を切り口にして金融商品がどのように創出され、取引されているのかをみていこう。つまり、第六部と第七部は同じものを違う角度から見ていくことになる。

　以下、最初に、一次市場（発行市場、プライマリー市場）と二次市場（流通市場、セカンダリー市場）の関係について、概括的に説明する。二次市場が大きな意味を持っているのが、金融市場の大きな特徴である。実際、金利等の条件を決めているのは、二次市場であると言っても過言ではない。その次に、各金融市場の概要についてみていくが、一次市場と二次市場の関係が、それぞれ異なっているのがひとつのポイントである。具体的には、短期金融市場、債券市場、貸出市場、株式市場、外国為替市場の順にみていく。それらの市場の区分は、基本的に取引される商品によっているが、短期金融市場だけはやや特異である。すなわち、短期金融市場では様々な金融商品が取引されているが、個々の商品の違いには意味はなく、商品横断的に金利が形成されることに意味がある。

　市場は金融システムの根幹であって、金融取引の効率性、公正性を確保するうえで、決定的に重要な存在である。その全体像を知っておくことは重要である。

第1章
金融市場とは

　金融市場とは、金融取引が行われる場である。そこでは、金融商品の需給が一致するよう、価格や数量が調整される。その過程で、経済情勢に関するあらゆる情報が瞬時に共有され、それに基づいて期待が刻々修正される。平時においてはそうした機能が経済の安定に寄与する。しかし、時に市場が極端に不安定化したり、流動性が極度に細って、経済を支えられなくなることがある。つまり、時に金融危機の引き金となる。そうした意味でも、金融にとって市場は生命線である。

①金融市場の特徴

　金融の場合、競争的な環境で需要と供給が折り合う場を幅広く金融市場と呼んでいる。多数の参加者間で株式や債券が取引されている証券取引所だけが金融市場ではない。
　例えば、預金、貸出などの取引が行われる金融機関の窓口も、預金市場、貸出市場と呼ばれる。これらは金融機関と顧客の間の相対取引ではあるが、そこで折り合っている条件、つまり預金金利や貸出金利が他の金融機関との競争の中で、決まってくるからである。実際、譲渡性預金や債権流動化市場など、一部ではあるが実際に転売される預金や貸出もある。
　生命保険や損害保険も、相対取引であって、かつ売買されることもない[1]。しかし、商品が定型化され保険料に関して競争原理が働いていることから、保険市場と呼ぶこともある。

②一次市場と二次市場

　金融取引あるいは金融市場の構造という面から重要なのは、二次市場の存在である。つまり、貸出、債券などの金融商品が新たに創出される場である一次市場（プライマリー市場、発行市場と呼ぶこともある）に加えて、深みのある二次市場（セカンダリー市場、流通市場というこ

---

[1] もっとも米国では保険は売買されることがある。

```
債務者・発行体        最初の債権者・保有者      次の債権者・保有者    ……
    (A)        ⇒        (B)        ⇒        (C)      ……
【一次市場＝プライマリー市場＝発行市場】   【二次市場＝セカンダリー市場＝流通市場】
```

ともある）の存在が重要である。この点が、実物的な財の市場との大きな違いでもある。この第七部では、一次市場と二次市場の双方について、両者の関係を意識しながら説明していく。

③金融取引の種類と転売可能性

金融市場で取引されている金融商品やサービスについて、全体像をリストアップしたのが図表７－１である。これらについて、一次市場と二次市場の関係にポイントを当てて、様々な金融商品の性質をさらに分析してみよう。ここでのポイントは、転売の可否の問題である。

(イ) 債券、株式

債券、株式などは、売り手や買い手が誰であるかにかかわらず、発行後は商品性が固定されている。

金融商品取引法などで定める投資家への商品性の説明は必要であるが、一旦売却されれば売り手はその商品とは基本的に関わりが切れる。例えば、ある債券が発行体Aによって新規に発行され、それがある主体Bによって最初に購入されたとしよう。その購入者が別の主体Cに転売したとすると、Bはもはやその債券がデフォルト（元利払い不能）になったとしても、Cに対してなんら責任はない。債券だけではなく、株式、外貨なども同様である。

これらの金融商品の保有者のリスクは、その商品自体が持っている価格変動などのリスクに限定される。つまり、誰から買おうとリスクは変わらない。そこで需給を調整するのは、商品自体の価格（ないしそれに見合う金利）である。こうした事情もあって、債券、株式については、一次市場の規模を遥かに上回る二次市場が存在している（図表７－２）。債権や不動産の流動化に当たって問題となる、真正譲渡（元の所有者が破たんしても、影響がない）かどうかという観点からすると、完璧な真正譲渡である。

(ロ) 貸出

これに対して貸出の場合は、事情が異なる。貸出は指名債権であり、元来は流通が予定されていない。様々な工夫により流通性をある程度備えてきているが、債券や株式と同等の完全な転売可能性を持つことはない。その程度は貸出形態や担保、保証の有無などによって異なってくる。

図表7-1　金融取引、金融市場の全体像（1/2）

①金融商品

市場の種類 D:デット E:エクティー	取引の対象・内容	価格に相当するもの（需給を調整するもの）	二次市場	新たな信用（マクロ的にニューマネー）を創出している（○）か？
短期金融市場（D）	コール、債券現先など様々な種類。目的は、金融機関等の相互の短期資金の貸借	短期金利	（様々な金融商品の一次市場、二次市場が混在）	中央銀行オペレーション分は、○
債券（D）	国債、社債など。期間1年以上の長期ものが多い	長期金利	あり（非常に大きい）	預金取扱金融機関が引受け、ないし二次市場で購入すれば、○
金利スワップ（D）	短期金利と長期金利の交換	長期金利	なし	×
預金（D）	銀行の負債	長短金利	原則としてなし（CD＜譲渡性預金＞はあり）	貸出の見合いで創出された新規預金は○。送金や他の金融商品との交換で得た場合、×
貸出（D、預金取扱金融機関）	預金取扱金融機関の取引先に対する貸出	長短金利	原則としてなし（ローン・パテシペーション、債権流動化スキームあり）	○
貸出（D、預金取扱金融機関以外）	貸金業者等からの貸出	長短金利	原則としてなし（債権流動化スキームあり）	×
株式（E）	株式	株価。その背後には資本コスト（将来配当の割引率）がある	あり（非常に大きい）	預金取扱金融機関が引き受けないし、二次市場で購入すれば、○
先物（D、E）	原資産（マネー、外貨、債券、株式）の先渡し取引を標準化したもの	原資産の将来価格。債券先物の場合、金利も同時決定。	取引所取引は、一次市場と二次市場が一体化	金融機関が満期決済時に現物を入手すれば、○
オプション（D、E）	原資産を将来売買する権利	オプションプレミアム（権利の価格）	取引所取引については、同上。店頭取引は、二次市場あり。	店頭取引は、預金取扱金融機関が権利行使をして原資産を購入すれば、○

図表7-1　金融取引、金融市場の全体像（2/2）

②サービスを含む取引

市場の種類	取引の対象・内容	価格に相当するもの（需給を調整するもの）	二次市場	新たな信用（マクロ的にニューマネー）を創出している（○）か？
信託	一次商品の運用＋関連サービス	予想運用利益率と信託報酬	基本的に存在しない。ただし、受益権証券の転売が可能な場合あり。	×（既存資産の移転・組み換えのみ）
保険	保険契約（生命保険、損害保険、医療保険など）＝一次商品の運用＋関連サービス	予定利回りと保険料率	なし	〃
ファンド	一次商品の運用	予想運用利益率と運用報酬	〃	〃

　貸出の最大の特徴は、最初に貸出を実行した者は、返済が滞りなく行われると判断した責任を負っていることである。もちろん貸出債権は様々な方法で売買できる。これまで金融関係者はその円滑化に努力してきた。しかし、借り手がデフォールトした時に、当初の貸し手が完全に責任を逃れるケースは限定される。その場合リスクの所在は、どのような法的な形式や契約内容（転売の際の条件）で貸出債権が移転されるのかによって個々のケースごとに変わってくる。

（ハ）既存商品の組合わせ商品、デリバティブ

　一次市場で創出された債券、株式、貸出をそのまま二次市場で取引するだけではなく、それらを組合わせて新たな商品として再構成する場合もある。その典型例として集団投資スキームあるいは資産流動化（あるいは証券化）と呼ばれるものがある。いずれも、新たな商品として再構成する点では同じである。なお、債券、株式、貸出の各カテゴリーの中で異なる発行体、債務者銘柄を組み合わせるだけでなく、債券、株式、貸出を横断的に組み合わせたものもある。

　また、先物、オプション、スワップなどのデリバティブ取引は、原資産とは異なるリスク・プロファイルに再構成した金融商品である。単純な転売は可能であるが、さらに再構成して流動化、証券化されることは少ない。

　これらの商品は、再構成前の元の商品や原資産に起因する価格変動リスクだけではなく、それを再構成あるいは派生商品を創出した業者の破たんに伴うリスク（カウンターパーティー・リスク；counterparty risk）も内包する。

　特に、オプションやスワップの場合には、取引業者（売り手や買い手）が破たんした場合には、

図表7－2　債券、株式の一次市場と二次市場の規模

2017年中　単位・兆円

	株式		国債	
	現物	先物 （日経225先物）	現物	先物
・一次市場 　新規発行額（年間）	0.6	－	159.2	－
・二次市場 　東京証券取引所での取引額 　（1日当たり平均）	3.2	3.7	46.7	5.0

資料出所：日本証券業協会、日本取引所グループの各HP。

そこが相手方となっている派生商品は基本的に解除、解約されることになるので、非常に大きなカウンターパーティ・リスクを負っている。そうしたリスクがあるため、債券や株価指数の先物やオプションはカウンターパーティ・リスクのない証券取引所で商品が組成、売買されている。

　組合わせ、再構成された金融商品の場合も同様にカウンターパーティ・リスクがある。リスク・プロファイルが分解、再合成され提供されているので、取扱業者が破たんした場合に、再構成された商品がどのような形で顧客に払い戻されるかは明確ではない。特に、再構成された元の資産の一部がデフォールトし、かつ商品の再構成を行った業者が破たんした場合にその損失を誰がどのように負担するかは明確ではない。実際、このようなことが2008年に勃発した米国のサブプライムローン問題で表面化した。簡単にいえば、（後述の）真正譲渡、倒産隔離を完全に設計するのは困難ということである。

(ニ) 信託（金融商品とサービスの同時提供）

　以上のように、債券や株式はあたかも一般的なモノのように移転できる一方、貸出やリスクを再構成した商品の移転の場合は、効果に限界がある。

　さらに、金融商品の取引パターンにはこれらとも違うパターンもある。それは権利の移転という側面とサービスの提供という二つの要素を同時に持つ取引であって、信託、保険が典型的な例である。信託、保険は、マネーを業者（受託者、保険会社）に払い込むことによって、見合いの金融資産や将来の権利（保険金の受け取りなど）を手に入れることができるが、その金融資産の選択、その後の売買などは業者に委ねられる[2]。つまり、大きなカウンターパーティ・

---

[2] 信託の場合はモノ（不動産、遺言など）の管理を委託するサービスのウエイトも小さくないが、ここでは金銭の信託に限定する。

リスク（取引相手方に関するリスク）がある。

ただし、信託の場合には受託した信託財産は業者自身の財産と分別管理されているので業者が誠実に義務を履行している限りは業者が倒産しても顧客の財産は守られる（倉庫業者が破たんしても、その倉庫の中身に影響しないのと同じである）。ただし、信託の委託者が破たんした場合、その財産に対する取り合いが生じる可能性は、別の問題である。

④二次市場の機能

金融取引のうち、市場で売買量の多い、つまり流動性の高いのは、転売を前提に商品が創出されている債券や株式などである（図表7－2）。それらは、一次市場と二次市場（発行市場と流通市場ともいう）という二つの市場の存在が明確に意識され、二次市場の状況で一次市場の取引が規定されるという特徴がある。

債券や株式市場の大きな特徴は、一次市場に比べて圧倒的に規模の大きい二次市場の存在である。このため、二次市場での金利や価格が、一次市場でのそれらを決めるのであって、一次市場が二次市場での取引状況を左右することは少ない。

債券や株式は買い手にとって、一次市場でも二次市場でも商品性は変わらないという特徴がある。実物的なモノの場合は品質の経年劣化という問題があるが、金融商品の場合はそうした問題はない。金融商品の品質は返済可能性というリスクと、予想収益率というリターンで規定され、それらは製造年月日と関係がない。特に、株式の場合は償還期限がないので、一次市場と二次市場では商品性の違いはない。一方、債券市場の場合は満期が決まっているので、発行後期間が経過すれば満期までの期間が短くなるということはある。しかし例えば10年債で5年経過し満期まで5年の債券と、新たに期間5年で発行された同じ発行体の債券（新規発行債あるいは新発債という）とは、全く同じ商品性である。

したがって、二次市場で成立している価格（債券の場合は金利と等価）がそのまま一次市場でも適用される。例えば、一次市場で二次市場よりも高い価格（低い利回り）で発行されたとすると、一次市場で購入する人はいない。

⑤二次市場と信用創造

ここで視点を変えて、ある取引によって、新たにマネーが創出されるのかどうかという観点から金融市場における取引をみてみよう。それは、取引の原資つまり需要サイドの購入資金が、既存の金融商品を取り崩して得たマネーなのか、それとも新たに創出されたマネーなのかということである。

結論からいうと、中央銀行や預金取扱金融機関（以下、第七部で銀行と呼ぶ）が金融商品（貸

出、債券、株式等）を非銀行（一般企業などのほか、証券会社などの金融機関）から取得すれば、必ず新たなマネーや信用の創出を伴う。一方、それ以外は単なる移転取引であって、マクロ的なマネーストックや信用量に影響を与えることはない。この点は、金融と経済全体の関わりを考えるうえで重要なポイントである。

（イ）新たな信用の供与となる場合

　第四部第2章で強調したように、銀行は、自らの負債をマネーとすることができる。銀行が取引先の企業に新たに貸出を実行したり、取引先企業の発行する社債を銀行が買い取ったりして、その対価として取引先の預金口座にマネーを記帳した瞬間に、新たにマネーが創出される。また、既発行の債券や株式などの有価証券であっても、それが銀行によって買取られた場合には、マネーが新たに創出される。なお、マネーが新たに創出される場合の買い取り対象は金融資産でなくともよい。取引先が保有している不動産や動産を買い取っても、全く同様のことが起きる。

　一方、金融商品の売買が個人や一般事業法人などの非銀行同士で行われる場合には、新たなマネーの創出は行われず、単なる既存預金の所有者の変更にとどまる。このことは、売買の当事者が異なる銀行に預金口座を持ち、その間の送金で行われても同様である。預金マネーが移転するだけで新たな創出は行われないからである。

（ロ）中央銀行口座の振替による決済

　銀行による金融商品の買入れや貸出の相手先が別の銀行の場合も、マネーの新たな創出とはならない。銀行は日本銀行に当座預金を持ち、他の銀行にマネーを移転するときは、その振替で決済を行うので、新たにマネーは創出されない。なお、相手先金融機関が証券会社など銀行ではない先であっても日本銀行当座預金の振替で決済を行う場合は、マネーの創出とはならない[3]。ただし、そうした銀行や証券会社が（他の）銀行に債務等を売却した場合で、その銀行等が当該相手先の銀行に預金口座を持っており、そこで決済する場合には銀行等からの買入れ代金がその口座に記帳されるので新たなマネーの創出となる[4]。

（ハ）中央銀行と金融機関の取引

　次に、中央銀行が取引先銀行（中央銀行に当座預金口座を持っている銀行）との間で、貸出を実行したり、債券を買い取ったりした場合にはどのようになるであろうか。これは、一般の

---

[3] 日本銀行の取引先は、預金取扱金融機関（ただし信用組合を除く）、特に認められた証券会社、証券金融会社、短資会社、国などである。なお、預金取扱金融機関以外の主体が中央銀行に口座を持っている例は世界的にも少ない。
[4] もっとも、一般事業法人であっても金融機関であっても、買入れ資産の対価の決済が既存預金との相殺（預金の減少）の形を取る場合は、新たなマネーの創出とはならない。しかし、貸出の実行については常に預金の増加に、つまり新たなマネーの創出となる。

銀行が顧客に対して貸出を実行したのと同様に、中央銀行マネー（マネタリーベース）が増加する。ただし、中央銀行マネーは一般の個人や企業からは（銀行券を除き）アクセスできないため、その限りでは金融セクター内のマネーの増加にとどまる。非金融セクターにまで新たな信用創出の効果が及ぶためには、マネタリーベースが銀行の貸出や有価証券の買取りの増加に繋がる必要がある。

なお、政府に対して日本銀行が信用供与（国債の引受けなど）を行った場合にも、政府が日本銀行に持っている当座預金（政府預金）口座に記帳される形で、新たにマネーが創出される。

以上のように、マネーが創出されるためには、中央銀行を含め銀行の与信態度が決定的に重要なのである。

ただし、銀行以外であっても、ある主体が自らの負債で貸出を行うといったことができれば、その主体は新たなマネーの創出を行うことができる。しかしながら、現状の法制度の下でそれが許されているのは、銀行のみである。例外的に、ビットコインなどの仮想通貨については、既に決済機能を持ち、かつその創出が一定のルール（プロトコル）の下で行われていることから、新たなマネー創出機能を有している。ただし、今のところそれを預かった取扱業者が自ら創出するのではなく、第三者（マイナー）が創出の役割を担っていること、預かったビットコインの借用証を広く流通させることが行われていないため、マネーの創出機能は極めて限定的である。

第2章
短期金融市場

　次に個別市場について、順にみていこう。例によって、大きくデットとエクイティに分ける。まず、デットの市場からみていこう。デットの市場とは、言い換えると金利の市場である。デット市場は、短期金融市場、債券・金利スワップ、貸出市場から構成されている。

①金利決定ネットワークの構造

　短期金融市場における取引と債券、金利スワップは相互に連関しながら、巨大なひとつの金利市場を形成している。これらは異なる市場であるが、様々な主体、中でも金融機関はその間を自由に行き来できる。このため、例えば短期金融市場で成立している金利よりも低い金利が（同じ残存期間の）債券の市場で成立している場合には、債券市場で資金を調達し（債券の売却）、短期金融市場で運用（コール・ローンの放出）という裁定取引が成立する。最終的に両者の金利が一致するまでそうした取引が行われる。

　もちろん、カウンターパーティの信用度が異なるといった問題はある。しかし、取引期間が同一で、ほぼ同様の信用度の主体が取引に参画するケースでは、世の中に存在する金利は期間ごとにひとつしか存在しない。

　つまり、期間ごとに優良な借り手、発行体の金利がベース金利として決定され、それにリスク・プレミアムが上乗せされて、実際の取引金利が決定される。まずリスクフリーな商品である日本銀行の当座預金や国の債務（国債）の短期金利が決まり、それにリスク・プレミアムが上乗せされて、短期金融市場における金融機関の負債の金利が決まる。同様に、あるいは全般的な経済情勢を背景にして、中期、長期の期間ごとにリスクフリーな金利が決定され、様々な個別事情を踏まえた取引条件（担保、コベナンツ）の調整が行われ、個人、企業を含めた期間ごとの貸出金利が決定されることになる。

　以下、主な金融市場について概要を説明する。短期金融市場から始めよう。

②短期金融市場の機能

すべての金利の出発点は短期金利である。それが決まるのが短期金融市場である。短期金融市場とは、短期（つまり期間1年未満）の信用取引が行われる複数の市場の総称である。市場規模（残高）は、2018年3月末時点で約350兆円である[5]。この規模は、預金・貸出、長期国債等の市場の取引規模と比較すると小さいが、最大の特徴は、そこでの金利が日本銀行の金融調節の影響を強く受けるという点にある。逆に日本銀行にとって短期金融市場で成立する金利をコントロールすることは非常に重要であって、無担保コールのオーバー・ナイト物（一日物、略号O/N）が、日本銀行の金利誘導の最も基本的なターゲット金利になっている。

実際日本銀行は、短期金融市場で自ら直接的に取引を行っている（そうした取引を「オペレーション」という）。また、短期金融市場は銀行を中心に金融機関が多数参加し日々巨額の取引が行われていることから、市場横断的な金利裁定が常に働いている。このため、日本銀行は自ら直接取引を行っていない市場を含めて、短期金融市場全体の金利形成を強力にコントロールすることができる。

短期金融市場のもうひとつの重要な特徴は、金融機関の資金繰りに直結していることである。当日の資金不足に直面した金融機関、特に銀行が短期金融市場でその日に必要な資金を急遽調達することも少なくない。

短期金融市場は別名マネー・マーケットである。短期金融市場の中心的な参加者である銀行間の信用取引はすべて日本銀行の当座預金、つまり中央銀行マネーで決済されるからである。このことは、中央銀行マネーそのものを取引しているともいえる。

短期金融市場は、歴史的には預金を上回る額の貸出を行っている銀行（主として大都市銀行）がその資金不足額を、資金繰りに余裕のある銀行から調達する場であった。このため、短期金融市場は伝統的には「インターバンク市場（銀行間市場）」とも呼ばれている。これに対して、証券会社や保険会社など銀行以外の金融機関、年金などの機関投資家、さらには大手の一般事業法人なども取引に参画する市場のことをオープン市場と呼ぶ。ただし、近年金融市場の自由化、多角化が進展し、両者を行き来する主体が増えてきているため、そうした区分の意義は薄れてきている。

---

[5] 短資会社のひとつであるセントラル短資（株）の集計による2018年3月末の短期市場残高（図表7-3）に、日本銀行「わが国短期金融市場の動向　東京短期金融市場サーベイ（2018/8）の結果」で紹介されている円転市場残高を合計した計数。

③短期金融市場の歴史と金融危機

　短期金融市場の歴史を簡単に振り返っておこう。短期金融市場において最も歴史が古くかつ取引額が大きい中核的な市場はコール市場である。コール市場の歴史は、明治35年（1902年）に遡る[6]。当時、海外特にロンドンの金融市場をモデルとしてわが国の金融市場の近代化を図る努力が行われていた。そうした中で、明治34年（1901年）激しい預金取付け、支払い停止を伴う金融危機が発生し、銀行の資金繰りを安定化する方法が模索された。その結果、日本銀行からの支援貸出とは別に民間銀行間の相互支援の試みとして創設されたのが、ロンドンの銀行間資金市場をモデルとするコール市場であった。ロンドンでは、コール取引を仲介するブローカーがおり、重要な役割を果たしていた。やはりそれをモデルにしたのが、現在の短資会社の源流となったビル・ブローカーという専門業者である。

　コール市場は、度重なる金融危機の都度、変容を遂げながら発展してきた。特に昭和初年の金融恐慌では、経営破たんした台湾銀行が巨額、長期、無担保のコール・マネーに資金調達を依存していたことが問題を大きくした。その後、取引は国債などの優良な担保付き、かつ短期に限ることが関係者の間で合意された。また、基本的に短資会社経由で約定、取引することとされた。これは、取引の公正性を確保するほか、日本銀行が短資会社を通じて市場の状況をモニターしやすくするという狙いもあった[7]。

　その後、第二次世界大戦の戦中ないし戦後まもなくの間、わが国の金融システムは、法律に基づき政府、日本銀行による厳格な金利統制下[8]におかれたが、コール市場はそうした中で市場で需給に応じて自由に金利が形成される例外的な市場であった。もっとも、日本銀行の日々の直接的な介入による金利コントロールが長く続いていたのも事実である。しかし、金融の本格的な自由化が進展する1980年代後半には、そうした直接的な介入は廃止され、短期金融市場金利は完全に日本銀行のオペレーションを含む市場の需給で決まることになった。

　1990年代の平成金融危機において、危機拡大のひとつの契機になったのも短期金融市場であった。危機が本格化の様相を示し始めていた1997年11月、かねて経営不振に直面していた三洋証券はコール市場で借入残高がある段階で会社更生法による法的処理が行われ、戦後初めてコール市場での債務不履行となった。このため、金融機関相互の不信感が一気に高まったこと

---

6) 短期金融市場の歴史に関しては、後藤新一「日本短期金融市場発達史」（日本経済評論社　1986年）が貴重な文献である。ここでの短期金融市場の歴史に関する記述は、基本的にこの文献によっている。
7) コール市場において短資会社は、資金の出し手から一旦自らの計算で資金を集めた後、それを取り手のニーズに合わせて金額の細分化などを行う、いわゆるディーリングを基本としていた。このため、短資会社は資金の取り手（主として大手銀行）に対して大きな存在感を示していた。
8) そうした金利統制の中心的な役割を長く担ったのは「臨時金利調整法」である。そこでは、預金金利が日本銀行の政策金利（公定歩合）と連動する形で、規制されていた。しかし、1994年金融自由化の方針の下で当座預金の付利禁止を除いて規制は廃止された。

図表7-3　短期金融市場の残高規模

各年3月末残高、単位・兆円

		1995年	2000年	2018年
コール		38	26	5
	有担保	11	14	1
	無担保	27	12	4
手形		7	5	0.3
国庫短期証券		14	78	101
債券現先		16	29	40
債券貸借（レポ）		ー	47	129
CP		9	16	14
CD		20	43	32
合計		104	244	322

出所：日本銀行、証券保管振替機構、日本証券業協会のデータを元にセントラル短資(株)にて集計。

から、山一證券（その後自主廃業から破産手続きに移行し消滅した）、北海道拓殖銀行（預金保険制度の下で破たん処理され、北洋銀行に吸収された）といった大手金融機関の連鎖的な破綻の引き金を引くことになった（あくまでも引き金であって、そうした短期金融市場の機能不全がなくとも、そうした金融機関は事実上債務超過に陥っていたため、早晩破たんは免れなかった）。上述の通り短期金融市場は、銀行などの資金繰りに直結しているため、そこでのデフォールトや機能不全は金融システム全体に大きな影響（システミックリスク）を及ぼす。このため、平成金融危機を通して日本銀行は個別金融機関の資金繰り支援を念頭に大量の資金供給を維持することになった。

なお、1965年における証券不況下で山一證券が破たん寸前に追い込まれたのも、同社は巨額の資金を短期金融市場で調達していたところ、報道により経営不振が表ざたになったため、市場で資金調達ができなくなったのが直接的なきっかけであった[9]。

また、2008年の米国リーマン・ブラザーズ証券の法的な破綻処理によって米国の短期金融市

---

9) 日本銀行は、日本銀行法25条（その後の日本銀行法改正により39条に移行）に基づき政府の認可を条件に無担保の融資（日本銀行特別融資という）を行うことができる。山一證券は、当時の田中角栄蔵相のリーダーシップにより日本銀行特別融資の発動によって救済された。

場（フェデラル・ファンズ市場）で債務不履行を引き起こしたことが、市場全体にショックをもたらし（リーマン・ショック）、その後の世界的な金融危機の大きなきっかけとなった。

④短期金融市場の種類

　短期金融市場は、短期資金の信用取引が行われる場であって、コール市場、レポ市場など、いくつかのサブ市場からなっている。以下順次みていこう。なお、前述の通り、市場の規模は円転市場も含めた全体で約350兆円である（市場別の残高は図表7－3を参照）。

（イ）コール市場

　コールとはmoney at callという意味で、迅速に取引が成立する市場であることを示している。資金の供給のことをコール・ローン、調達のことをコール・マネーと呼んでいる。短資会社が資金の出し手のオファー（要求金利）、と借り手のビッド（希望金利）を突き合わせ、両者がマッチした水準で取引が成立する（決済は、後述の有担保コールディーリング方式を除き、出し手と取り手が直接行う）。期間は、日中、O/N(一晩)のほか、1週間、2週間など、1か月以内の期間が大半である。また、オープンエンド物といって借り手、貸し手のどちらかが取引終了を宣言しない限り、期日がロール・オーバー（自動延長）されるものもある。

　コール市場には、無担保と有担保取引がある。それぞれ無担保コール、有担保コールという。有担保コールには、上記のオファー・ビッドを短資会社がマッチングする取引（ブローキング方式）のほかに、短資会社が需給の一致する金利を予想してそれを市場に提示する建値の取引（ディーリング方式）といわれるものもある。両者の規模の比較という意味では、担保国債などの登録事務を省略し効率性を高める観点もあって圧倒的に無担保取引の比率が高いのが現状である。しかし、金融市場が不安定化したときや、信用力が十分でない借り手にとって有担保取引による資金調達手段があることは貴重である。

　市場規模の推移をみると（図表7－3）、このところコール市場の規模が大きく減少している。これは、日本銀行の量的緩和やマイナス金利政策の導入（当座預金残高の一部＜政策金利残高＞にマイナス金利を適用）によって、コール市場での運用を抑制する動きがみられることが基本的な背景である。

（ロ）手形（売買）市場

　かつてはコール市場と並んで、短期金融市場の中核的な存在であったが、現在では市場での取引は行われていない。ただし、現在でも日本銀行の金融調節手段のひとつとして活用されている「共通担保資金供給オペ」は、かつて手形売買市場に日本銀行が参加する形で行われていたものが、日本銀行と銀行等の相対の取引に変化したものである。そこで、手形市場について

概要と経緯をみておこう。

　手形売買とは、金融機関の取引先が振り出した手形を割り引いて購入したものを転売したり、金融機関が手元で保有している国債などの複数の有価証券を取りまとめ、裏付けとして自ら1枚の手形を振り出し（表紙手形という）それを資金の出し手に売却する取引のことである。また、貿易金融において輸入業者がその代金（ただし、円建て）を調達するため銀行が引き受けた手形を転売する円建てBA（bank acceptance：銀行引受けのこと）市場も古くから存在していた。いずれも、期間は2～3か月が中心の市場である。

　このような手形売買取引は、戦前、しかも大正時代には既に存在していたが、1950年代に入っても、取引は極めて低調であった。これは、優良企業が振り出す手形の供給が少なかったうえ、コール市場のみで十分対応できたからである。

　しかし1971年になって日本銀行は、それまでの貸出中心の金融調節手段の幅を広げるため手形売買市場（単に手形市場ともいう）を育成し、そこに参画する形でのオペレーション、つまり手形オペの導入を目指す。日本銀行貸出の場合、基本的に相対取引であるので透明性を欠くうえ、一旦貸出を実行するとその回収には取引先金融機関からの抵抗を伴うが、手形を買い入れた場合には、期限が来れば積極的にアクションを取らなくとも資金の吸収が図れるという動機が大きかった。しかも、本来市場オペレーションの主力の対象となるべき国債は、まだ発行額が少なかった。このため、まず手形売買市場を育成することとして、短資会社等との協議のうえ手形売買市場を改めて創設することとなった。

　その後日本銀行はこの手形オペを市場オペレーションの有力手段とし活用を図ってきた。また、利便性向上の観点から金融機関が有価証券や企業の振り出した手形を適宜組み合わせてそれを担保とする表紙手形を取引する、「共通担保化」を推進してきたが、コール市場の利便性に押される形で手形市場の規模が縮小を続けた。こうした中で、最終的に2006年従来の手形オペを「共通担保資金供給オペ」に改組し、現在に至っている。この間、市場としての手形売買市場は事実上消滅した（図表7－3の手形の項目にあるのは日本銀行の共通担保オペの残高）。

(ハ) 国庫短期証券（T-bill）市場

　国の発行する短期の国債である。発行された後、二次市場（転売のほか、後述の現先取引など）で流通している。信用度が高く、クレジット・リスクがないため日本銀行のオペレーションの対象となっている。

　かつては、日本銀行の引受けを前提に国の一時的な所要資金の調達のために予め決められた金利で発行される政府短期証券（Financing Bond）と、国債の発行と償還の時間差を埋めるために入札で発行される割引短期国庫債券（Treasury Bill）に分かれていたが、2009年に両者が統合発行されることとなり、国庫短期証券という名称になったものである。

　国庫短期証券の期間は2か月、3か月、6か月と1年がある。銀行、証券会社、保険会社など

の金融機関に対して実施する入札で金利が決定される（満期日に100円で償還される証券をそれよりも安い（割引）価格で発行し、その差額が利息となる「割引債方式」で発行されている）。入札参加資格者のうち、市場での一定の売買実績があり、国への情報提供や一定金額以上の応札義務が課される一方、逆に国から様々な情報提供を受けることができる特別な参加者を国が「国債市場特別参加者」[10]として指定して、円滑な国債発行に協力を求めている。なお、この特別参加者は、長期国債とも共通である。

(二) 債券現先、債券貸借（レポ）市場

　債券現先とは、債券を予め合意した将来のある時点で買い戻す条件付きで売却して短期資金を調達（現売り先買い＝現先）、ないしは売り戻す条件付きで買い入れて短期資金を運用（逆現先）する取引である。なお、債券だけではなく、CPなどでも同様の条件付き売買取引が行われている。

　取引の歴史的経緯としては、1970年代に証券会社が自身で保有している有価証券の在庫金融の手段として始めたのが現先取引のスタートである。その場合、売却価格と買戻価格の差額が利息として算出される。実質的な意味としては、債券を担保とする貸出取引と同じである。

　また、経済的には全く同様の取引であるが、1994年にスタートした特にレポ取引と呼ばれる「現金担保付債券貸借取引」がある。もともとは債券の貸借を目的としてスタートした。例えば、ある特定の銘柄の国債を売却する契約を締結したが、実はその国債を手元に持っていない（空売り）場合で、かつ売買日までその銘柄の債券を入手しなければならない状況があったときに、現金を別の相手方に一時的に担保として差し出す代わりに債券を借り入れるといった取引である。その担保現金には当然利息が付される。債券を借り入れして現金を運用する取引をレポと呼び、逆に債券を貸し出して現金を調達する取引をリバース・レポと呼んでいる。もともと、レポとは米国の短期金融市場で活発に行われているrepurchase agreementのカタカナ訳であって、本来現先と全く同じ意味であるが、日本では、取引の元来の狙いに応じて用語を使い分けてきた経緯がある。レポ取引には特定の銘柄の債券を借り入れる取引（SC：special collateral）と銘柄を指定せずに債券を借り入れる取引（GC：general collateral）がある。

　以上の経緯、内容等から現在では、現先取引とレポ取引を合わせて、レポ取引と呼ぶことが多い。

　なお、現先やレポ市場で成立する金利は、裁定行為として債券を借り入れてそれを貸し出して現金担保を運用することができるので、その利回り（レポ・レートという）は、

---

10) 国債市場特別参加者の制度は、米国のプライマリー・ディーラー制度にならったものである。そこでは、米国債の入札に直接参加し、ニューヨーク連邦準備銀行とも直接取引ができる証券会社が20先程度選定され、有力証券会社の証明とされる。

資金取引金利（現金運用）　−　債券貸借料（品借料）

と裁定が働いている。その債券の貸借用の対象銘柄（玉という）が潤沢にあれば債券貸借料がゼロに近くなり、レポ・レートは短期金融市場金利となる。もっとも実際には、銘柄毎に需給を反映した取引価格となって相応の水準の債券貸借料が成立している。

　また、債券の借り手の立場からは、借りた債券の価格が下落した場合には、既に担保として差し出してある現金が多過ぎることになる（担保ではなく事実上の与信となる）。こうした価格変化の影響を中立化するため、生じた差額分（マージン・コールと呼ばれる）を債券の貸し手に要求することができる仕組みとなっている。

（ホ）CP/CD 市場

　社債のひとつとして事業法人などによって手形の形式で発行される、短期の資金調達手段がコマーシャル・ペーパー（CP；commercial paper）である。期間は1年以内であるが、さらにそれを現先形式で短期化して行われる取引もある。また、銀行が短期金融市場の参加者から比較的大きい金額の資金を短期間調達する方法として、譲渡可能な預金の証書（CD；certificate of deposit）を発行する方法がある。CDについても転売や現先取引がかつては行われていたが、その後規制が撤廃されるに伴って、2週間以内のごく短期の発行もできるようになる中で、二次市場はほとんど消滅した。

（ヘ）円転市場

　資金の取り手が、ドルで調達した後、それを売却して円に換える方法である。第五部第5章⑤で説明した通貨スワップ取引のひとつである。外国銀行がドルでの運用ニーズがある場合には、資金の取り手が有利に調達できることがある。逆に、ドルの運用ニーズが弱い場合には、こうした取引は縮小する。なお、市場規模は2018年8月末で約30兆円である。

（ト）全銀協 TIBOR

　以上が短期金融市場の概要であるが、そこで本質的に決まっているのは期間ごとのひとつの金利である。もちろん、有担保と無担保とではクレジットリスクが異なるので、その分金利水準は異なる。また、国債と銀行間取引とでは、同じ無担保であっても金利に格差が生じる。

　こうした中で多用されているのが、全銀協TIBOR（Tokyo Interbank Offered Rate）である。これは、大手銀行間の金利の実勢を対象銀行（リファランス行）が全銀協TIBOR運営機関に報告し、それを平均して基本金利情報として日々公表しているものである。国債のようにリスクフリーではなくクレジット・リスクはあるが、大手銀行が破たんに直面するのは金融危機といった事態に限定され、危機ではない通常の状態（平時）においては、ほぼリスクフリーな金利といえよう。

具体的な算出方法は次のとおりである。全銀協TIBOR運営機関は、各リファレンス行15行から、毎営業日、午前11時時点における1週間物、1か月物、2か月物、3か月物、6か月物、12か月物の市場実勢レートの報告を受け、それぞれ上位2行と下位2行の値を除外して、それ以外の呈示レートを単純平均し公表している。ロンドン市場ではLIBOR（London Interbank Offered Rate）が指標金利として機能し、そこでのユーロ円金利が日本でも市場取引のベースとなってきた。しかし、金利報告に関し不正が報告されたといったこともあって、最近では円金利についてはTIBORを用いることが多い。また、LIBOR事務を引き継いだ米国のインターコンチネンタル取引所（Intercontinental Exchange：ICE）の公表するICE LIBORも使用されている。

第3章
債券市場（長期金利市場）

次に、長期金利形成の場である債券市場についてみていこう。

①債券市場の概要

　債券とは、民間企業や国などの公的機関が長期（原則として1年以上）の資金調達のために発行する債務証書ともいうべき金融商品である。債券はもともと、多数の投資家から資金を集めることに主眼がある。そのため、貸出に比べて、長期かつ巨額の資金調達であることが多い。担保については、有担保の場合と無担保の場合があるが、国債はすべて無担保である。社債については、かつてはすべて担保付きであったが、近年は無担保社債が増えている。ただし、無担保社債の場合は、格付け機関による格付けを取得する必要がある。債券（及び株式）を発行して資金調達する者のことを特に発行体と呼んでいる。

　発行される債券には、発行体の性格や期間、通貨などによって様々な種類がある（前掲図表6－8を参照）。

　日本の債券市場の特徴は、国債のウエイトが大きいことである。新規発行額、発行残高、二次市場の規模いずれについても、社債に比べ国債が圧倒的なシェアを占めている。一般事業法人の資金は基本的に銀行貸出で賄われていること、近年は企業の資金需要自体が低迷していることを背景に社債の発行額は低迷している。これに対して国債は、財政収支の赤字が継続していることを背景に、発行額、残高いずれも拡大を続けている（図表7－4）。

　また、金利決定という意味では、流通市場での金利、つまり流通利回りが決定的に重要である。発行利回りは基本的に流通利回りに準じて決定される。さらにいえば、長期金利は、社債や貸出を含めて、国債の流通市場での金利をベースにリスク・プレミアムが上乗せされる形で決まっている。逆にいえば、社債や貸出については流通市場が国債の流通市場に比べれば極めて小さいため、社債や貸出の流通利回りで、社債の発行利回りや新規の貸出金利が決まっているとはいえない。

　以下では国債の発行、流通市場をまず説明した後、社債についても簡単に触れておこう。

図表7-4 債券の種類別発行状況

単位・兆円

	発行額（年中）		発行残高（年末）		
	2000年	2017年	2000年（A）	2017年（B）	（B）/（A）：倍
国債	106	159	359	944	2.6
うち10年	17	33	130	307	2.4
社債	8	11	50	61	1.2
（参考）預金	－	－	729	1203	1.7

（注）資料出所：日本証券業協会、預金保険機構の各HP。預金は預金保険制度の対象金融機関の年度末総預金残高。

②国債

（イ）概要

国債は、年限や利払いの方式についてのバリエーションが大きい。

国債はその資金使途によって、建設国債（公共事業などの財源）、特例国債（国の予算の赤字補てん）、財投債（財政投融資の財源）、借換債（国債を償還するための財源）などに法律上の発行根拠は分かれているが、金融商品としてみた場合には、全く同じ商品性である。

国債の償還は基本的に60年償還ルールに基づいて、毎年国債発行残高の60分の1相当額を償還に必要な資金として積み立てている（国債整理基金）。しかし、例えば10年債の場合、10年ごとに満期が一旦到来するので、そのための償還資金の確保のために借換債を発行している。このほか、日本銀行が保有している国債は、一部減額の上ロールオーバーされる仕組み（乗換え、乗換債）がある。このように長期的な展望に立って、国債の安定的な発行、着実な償還を図っていくことを「国債管理政策」という。

満期までの期間については、2年、3年、4年、5年、6年、10年、15年、20年、30年、40年といった種類がある。このうち、10年債は単に長期債とも呼ばれ、最も発行額が多く、市場での取引額も大きい中心的な存在である。10年債には、通常の固定金利債のほかに、物価連動債[11]というやや特殊なものもある。15年債は変動金利債である。10年超の年限のものは、超長期国債と呼ばれる。普通債つまり利付債（毎期元本に対して定率の利払いが行われる）のほか、国庫短期証券では割引債もある。

---

[11] 物価連動債とは、物価（CPI）上昇率に応じて元本が変動する債券である。例えばCPIが発行時に比べ上昇した場合には、一定の算式により元本が増加する設計となっている。購入者はインフレになった場合でも、実質的な元本価値が維持されるメリットがある。発行は入札によって行われることから、その状況から国債購入者の将来の物価に対する期待を推測できる。

なお、国債はペーパーレスで発行、流通している。具体的には日本銀行が運営する国債振替決済制度（振決）によって、国債の保有者、そのステイタス（担保が設定されているかどうかなど）がWEB上で登録、管理されている（日本銀行が「国債登録機関」）。なお、当該制度に直接参加しているのは、銀行、証券会社などであって、個人や企業はそうした金融機関の仲介を通して振替機関である日本銀行に売買等の移転情報を登録する。一方、社債や株式などについては、日本銀行ではなく、証券保管振替機構という会社が登録機関として運営する振替制度によって売買、所有情報が記録されている。

(ロ) 発行方式

　国債は、基本的に入札によって、発行利回りが決められている。具体的には、国が期間ごとの発行予定額を定めた後、流通市場での利回りを参考にクーポンを定める。入札参加者は、自身の判断で価格と数量を提示（応札）し、国からみて有利な順に札を決めていく。落札者は自身の提示した価格と数量で、国債を引き受ける（落札者ごとに価格が異なる）。なお、発行価格が償還価格（100円）と同じ価格の場合パー発行、償還書価格を上回った（下回った）場合はオーバー・パー（アンダー・パー）発行という。入札に参加できるのは、第2章④で触れたように、国債市場での実績がある証券会社や銀行などの中から特に選定された金融機関であって、「国債市場特別参加者」（以下特別参加者）と呼ばれる。特別参加者は、米国のプライマリー・ディーラーに範をとった制度で、国債の安定的な発行のための措置である（前掲注10参照）。特別参加者は、一定の応札義務がある一方、発行体（財務省）との意見、情報交換の機会を与えられる。なお、そうした入札による発行以外に、落札平均利回りで量だけを申し込む入札（非価格競争入札という）によって、特別参加者以外にも発行市場への参加の機会が与えられている。しかし、基本的には特別参加者以外の金融機関は、特別参加者から国債の転売を受けることになる。なお、個人向けの国債については、銀行等の窓口で国から直接的に新規発行される形を取っている。

(ハ) 流通市場

　国債の場合は上記のような形で発行された国債（現物）のほかに、第五部第5章①、第六部第4章⑥で述べたように国債先物が取引されている。国債先物は、証券取引所（大阪取引所）で売買の都度、新たに人為的に創出される標準物を取引する。新たに創出されたものとはいえ、基本的に反対売買による決済が前提となっていることから、流通市場での取引である。当然ながら国債先物で国が資金を調達できるわけではない。

　現物も証券取引所に上場され取引されているが、取引の大半は金融機関の店頭（債券売買部門）での取引である。なお、取引所以外に日本相互証券株式会社での取引がある。同社は、証券業界が設立した債券のブローカー同士の売買を取り次ぐ専門の会社でbroker's broker(BB)と称

されている。

③地方債、政府保証債

　国債以外の公共債として、財投債、財投機関債のほか、地方公共団体が発行する債券すなわち地方債がある。地方債の種類としては、市場公募地方債と住民参加型市場公募地方債がある。市場公募地方債は、幅広い投資家から募集するもので、大都市の自治体が発行する個別発行分のほかに、複数の自治体が共同で発行する共同発行分の2種類がある。期間は、2年、3年、5年、7年、12年、15年、20年、30年と多様である。住民参加型市場公募債は、地域住民に対して販売するもので、発行額は僅少である。

　政府保証債は、国の出資等がある特別な機関（公社、公団、独立行政法人、政府系金融機関）が発行する債券に対して、国がその元来払いを保証するものである。政府保証により信用度は国債と同等になるが、流動性が低い等の理由から国債よりも発行利回りが高いことも多い。

④社債

（イ）概要

　社債とは、設備投資などの長期資金をファイナンスするために事業法人が発行するものである。貸出は企業規模に関係なく対象となるのに対し、社債は信用力があって、調達金額の大きい大企業が中心である。[12]

　期間としては、3年、5年、10年といった期間のものが多い。固定利率での利払いが受けられる普通社債（SB: straight bond）のほか、株式に転換することのできる「転換社債（正式名称は転換社債型新株予約権付社債（CB; convertible bond）や新株を購入する権利（ワラント；warrant）の付いた新株予約権付社債、さらには利回りが高めの一方で倒産した時には残余財産の請求権の優先順位が一般社債よりも低い「劣後債」などの種類がある。

　担保については、有担保の種類として、一般担保（general mortgage: 企業の資産全体）と個別の物上担保の2種類がある。一般担保は、当該企業の全資産について優先弁済が付されているもので、電力会社などの特別な法人が発行している。個別の物上担保は、他の債権者に当該資産を提供しないことを誓約する形を採っている。

[12) 社債の発行、流通市場については、大村敬一、俊野雅司『証券論』（有斐閣　2014年）が良書である。ここでの説明に当たっても参考とした。

(ロ) 発行市場

社債の発行方式には、次のようなパターンがある。
- 証券会社が募集引受を請け負うケース　vs　発行体が自ら発行事務を行う
- 公募（幅広い投資家に販売）　vs　私募（親密先企業などに個別に販売）
- 公募の場合で、
募集（証券会社が決めた条件で販売）　vs　入札（発行価格を入札で決定）

一般的には、証券会社が募集引受けを行い、公募することが多い。

社債の発行が自由化されたのは、1990年代前半である。それまでは種々の規制があった。社債発行は銀行からみると、貸出との競合商品である。貸出は自ら業務として行えるが、社債関連業務、特に発行引受業務は、銀証分離の原則の下に、証券会社にしか認められてこなかった。このため、戦後から1980年代までは銀行が影響力を行使して社債の発行を制限してきた面がある。例えば、「適債基準」と「受託会社」である。適債基準は様々な財務指標をもとに返済能力があると認められる企業にのみ社債の発行が許されるという事実上の起債調整である。受託会社とは、社債が最終的に償還されるまで、正当に利払い等が行われるよう監視する役割を担っている。特に、発行体が倒産した場合には残余財産の保全などを行う。また、商法でもかつては社債発行限度額が純資産との対比で設定されていたが、1990年代前半にはそうした上限も撤廃された。

1990年代以降の新しい社債発行システムの下では、有担保原則と適債基準に代えて、格付けによる規律の維持が図られた。特にBBBよりも低い格付けになると、投機的格付け（ジャンク債）となって、社債の発行は極めて困難となる。受託会社については、社債管理会社として改組され、事務的に社債の利払い、償還の事務を行う役割となった。

社債の発行には、証券会社が大きな役割を果たしている。事業会社は通常、一社の主幹事証券会社、複数の幹事証券会社と密接な関係を維持している。社債の発行の方針が固まると、発行体企業は主幹事証券会社と「引受募集契約」を締結する。この契約により、引き受けた証券会社は社債の発行に責任を持つ。具体的には、引受証券会社が発行体の財務状況に基づいて発行条件を仮決めし、投資家に対して発行体とともに説明し、どのくらいの額の社債が円滑に販売できるかを判断し、最終的に発行条件を固め販売を開始する。万一、募残（売残り）が出た場合には、引受証券会社が自ら購入、保有する。

(ハ) 流通市場

社債は、証券取引所と金融機関の店頭で売買される。種類が多いこと、銘柄ごとに主幹事が決まっており需給の情報が主幹事に集まっていることなどから、店頭での売買が中心である。電力債など一部を除いて流通市場で売買されるケースは多くない。

⑤金利スワップ

　金利スワップとは、変動金利（TIBOR 6か月）と固定金利をスワップ（交換）する取引である。この取引はポートフォリオのリスク・プロファイルを変更するのに有効であること、また実際には債券発行と似た感覚で取引されていることを、第五部第5章⑤で述べた。しかし、ここではやや見方を変えてみたい。すなわち、今指摘したいずれの動機であっても、市場での基本的な価格形成の原理は、

　　長期金利＝先々の短期金利の予想の平均値　＋　期間が長期であることのプレミアム
　　　　　　　＋（信用力の格差がある場合）カウンターパーティ・リスク

であることに注目しよう。このことを念頭に、金融機関同士で行われる以下のような典型的な金利スワップの例をみてみよう。

　想定元本　　　１億円
　期間　　　　　現在から２年間
　金利　　　　　固定金利２％
　　　　　　　　変動金利６か月TIBOR

　ここで示されているのは、変動金利と固定金利が等価、つまり先々実現していくであろう短期金利の流れと現時点の２年物金利が等価とである、ということである。したがって金利スワップの固定金利は、長期金利そのものであって、だからこそ（固定の払いは）債券発行の感覚に近いのである。

第4章 貸出市場

①当初貸出

(イ) 貸出を巡る論点

　貸出は基本的に貸し手と借り手の間で、相対で条件が決定される。しかし、貸出は銀行だけではなく、証券会社、保険会社、貸金業者などの広義の金融機関のほか、一般事業法人も付随的な事業として日常的に行っている。借り手からみると、様々な資金調達手段が選択可能であるので、少しでも有利な先から貸出を受けようとする。もちろん、貸し手も優良な借り手には有利な条件を提示して、貸出業務を拡大しようとして競い合っている。また最近では、ソーシャル・レンディングなどの金融機関を経由しない形で信用供与のオファー・ビッドがWEB上で展開されるケースが増加している。ソーシャル・レンディングとは、事業者が自ら出融資者をWEB上で募って、資金調達を行う仕組みであって、企業ではなく個人が直接貸出市場に参入しているともいえる（第六部注12参照）。その意味で個々の貸出は相対で交渉、実行される性格の取引ではあるが、貸出市場という言葉通りに競争的な環境があるのも事実である。

　そのうえで、銀行が貸出市場において、優位に立ついくつかの要素がある。

　第一に、銀行は自らの負債で信用供与を行うことができるという信用創造機能を有しているため、低コストかつ量的な制約の少ない信用供与が可能である。また、一時的に資金繰りがタイト化しても、中央銀行の最後の貸手機能によるサポートがある。この点、他の貸し手は、現に自ら保有するマネーの範囲でしか融資できない。あるいは、預金取扱金融機関からの借入、コマーシャル・ペーパーの発行などによって、追加的コストをかけて資金調達を行う必要がある。

　第二に、銀行は自ら決済システムの運営の一環を担っているので、例えば貸出の実行、回収といった業務をその中で行うことができる。他の貸し手の場合は、預金取扱金融機関を経由して貸出の実行、回収を行う必要がある。

　第三に、銀行は貸金業者に対して課されているような総量規制（個人の借り手についての年収などを考慮した一個人当たりの貸出金額の上限）がない。

　もっとも、最近注目され始めたビットコインを使ったスマート・コントラクト、つまりWEB

上で行われる商取引に関して、一定の条件が満たされれば自動的に仮想通貨建ての貸出が行われるような仕組みが普及した場合には、貸出に関する銀行の優位性は大きく後退する。そこまでいかなくとも、すでにWEB上の販売業者が販売金融に乗り出しているが、販売業者は借り手に関する様々な情報を有しているという優位性を持っている。

(ロ) 貸出金利の決定

　貸出金利の決定に至るメカニズムを簡単にみておこう。短期の貸出については、短期金融市場で成立している金利の中でも指標性の高い「全銀協TIBOR」などがベース金利として使われている（それ自体は、短期の国債などのリスクフリー金利に銀行のリスク・プレミアムが上乗せされたものである）。また、長期貸出については、国債や金利スワップ市場で成立する金利がベース金利として機能している。それらのベース金利に、個々の借り手に応じたリスク・プレミアムが上乗せして決められる。個々の借り手の信用度に対する信頼できる情報がない場合には、利息制限法による金利の上限があるため、十分なリスク・プレミアムを上乗せすることはできない。このような状況下では、貸出金利を引き上げるのではなく、借り手の希望金額よりも少ない貸出額にとどめること、つまり信用割り当てが行われることは、第四部第6章で詳しくみた。こうした一連の流れを整理したのが、図表7－5である。

　また、第一部第6章で述べたように、金利の決定理論については貸出基金説（loanable fund theory）と流動性選好理論が対立してきた経緯がある。貸出基金説は、貸出に対する需要と供給で金利が決定されるという考え方で、D.ロバートソンが著名な提唱者であった。これに対して、J.M.ケインズが主張したのがマネーの流動性選好説であった。金融市場の中で、短期金融市場と貸出（ないしは債券発行）市場は裁定が働いているわけであるから、マネー市場で金利が決まるという主張と、貸出市場で金利が決まるという主張のいずれもが成立することは十分あり得る。そのうえで、真の対立点はケインズの流動性選好説に基づくマネー需要に、投資や消費のプランを実行するための流動性、すなわちfinance demand for moneyを加えるかどうかということである（第一部注47参照）。つまり、信用創造によるマネー供給が銀行行動によって決まるということをどこまで強調すべきかということである。この点、ケインズが一般理論の中で強調し、有名な一般理論の解説であるヒックスのIS・LM曲線（第九部で詳しく説明）にも登場するマネー需給の均衡式、すなわち

　　中央銀行の決めたマネー供給M＝流動性選好L（Y、 i）
　　　　　　　　　　　　　　　　　（Yは所得、iは金利）

では、「マネー供給は中央銀行が自在に決められるものではなく、銀行の与信態度が影響する」ということが十分には考慮されていない。実際には、日本の平成金融危機や2008年以降のグローバル金融危機での経験からも明らかなように、金融危機時には銀行の信用供与スタンスは極端に慎重化する（むしろ回収強化に努め、日本では「貸しはがし」と呼ばれた）。そうした状

況を理解するためには、finance demand for moneyを明示的に考慮する必要があることは明白である。

そうした要素を取り込むためには、マネー供給は中央銀行が自在に決められるという前提を変更し、(中央銀行だけではなく) 貸し手の供給関数を明示的に導入する必要がある。この点は、第九部の金融政策で改めて論じる。

図表7-5　貸出金利決定までの主な経路

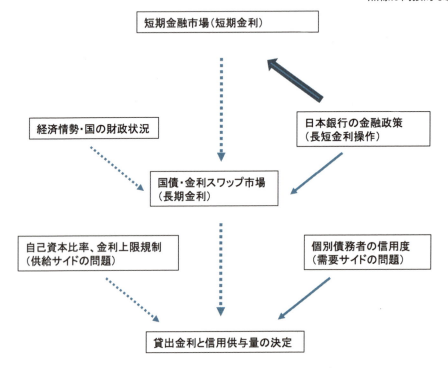

②債権流動化市場

以上のようなプロセスで決定される貸出は、もともと転売=移転することは想定されていなかった。しかし、以下の事情から近年、転売するケースが増えてきた。

- 自己資本比率規制の強化

自己資本比率規制をクリアーするひとつの方法は分母つまりリスクアセットの圧縮である。

貸出債権を転売すれば（オフバランス化）、リスクアセットはその分減少する。

- **不良債権処理の促進**

  不良債権を早めに処理し、オフバランス化することは金融機関の経営の健全性維持の観点からはプラスになる。もちろん、その場合には転売損が発生するが、それでも長い目でみればリスクの軽減につながる。例えば、支援貸出の継続を余儀なくされることを嫌った金融機関がそのリスクを切り離すといったことが行われる。この場合、元利金を受け取る権利は一応移転できるとしても、リスク（信用リスク）が完全に移転するわけではないことに留意する必要があることは前述の通りである（第二部第4章⑤、第七部第1章③参照）。特に、2008年のサブプライムローン危機の際、転売しリスクをオフバランス化したはずであったが、結局元の債権者としての責任を問われることになったことが、不良債権の処理の複雑化、危機拡大の大きな要因となった。そのことに留意しながら、貸出の二次市場についてみていこう。

  貸出の二次市場はいくつかの異なる形態をとっている。大きく分けると、原債権がそのまま単独で移転する場合と、他の債券と組み合わせたうえで市場に転売されるケースとがある。

（イ）原債権がそのまま移転するケース

a. 手形譲渡

原債権がそのまま流通し得る典型例は、手形による貸出、あるいは手形の受け渡しによる企業間信用である。手形は有価証券とされ、Aが振り出してBが受け取った手形は、手形裏面へのBと転売先Cの署名（裏書）によって債権が迅速に譲渡される。その意味では完全な流通性を持っている。しかし、Aがデフォルトしたときにその手形の保有者であるCはBに肩代わりを要求できることになっている。その意味では、手形の移転は債券や株式のような完全な権利の移転とはならない。なお、「でんさいネット」（第二部第2章④参照）を利用した債権の譲渡についても手形と同様である。また、短期金融市場では前述の通り手形がそのまま、ないしまとめて転売される取引がかつては盛んに行われてきたが、最近ではそうした取引はほぼ消滅している。

b. 指名債権譲渡

一方証書貸付けの場合は、指名債権であって原債権者BがCに債権を譲渡するに当たって原債務者Aへ通知[13]しなければ、CはAに対して権利を十分主張できない（第三者への対抗要件を具備していない）。債務者としては知らないうちに債権者が変わると困ることがあるからであ

---

13) 従来は確定日付のある証書による通知が必要であったが、1998年の民法改正（「債権譲渡の対抗要件に関する民法の特例等に関する法律」の制定）で導入された債権譲渡登記制度により、債権譲渡登記所に登記することで簡便に第三者対抗要件を具備することができる。なお、第三者対抗要件とは二重に譲り受けたかもしれない他の債権者等に対して自身の債権の有効性を主張し、確保できることである。

る。もっとも手形のように最初の債権者BがAのデフォールトの際に連帯して対応しなければならないということはない。

指名債権譲渡のひとつとして、法的には移転ではないが、貸出債権から得られる経済的利益(利息、元本)を得る権利のみを移転する、ローン・パーティシペーションという手法が用いられることがある。これは、債務者には知らせないまま移転すること(サイレント)も多い。

c. 抵当証券

不動産担保付き貸出を移転するため、特別な法律(抵当証券法)に基づき、債権者が不動産の抵当権を登記所に申請して抵当証券の発行を受け、その抵当証券と債権をセットにして移転することができる。これは昭和初期の金融恐慌の際に導入されたものであるが、平成金融危機の際にも活用された。

なお、担保付き貸出の場合には、債権が移転された場合には担保権も同時に移転するのが基本である(担保の付従性)。この点は、債券のうち担保付きのものについても同様である。

(ロ) 複数の債権を組み合わせて移転するケース

一般に債権の「流動化」とか「証券化」といわれる取引である。このうち証券化には、債権の転売というよりも、有価証券を含め小口の資金を幅広く投資家から募って、それをまとめて効率的かつ高度な投資手法を活用する「集団投資スキーム」(第六部第4章⑥参照)とみる切り口もあるが、ここでは債権の二次市場という観点に絞って流動化、証券化を取り上げることにする。債権の流動化、証券化には、かなり広範な法的、実務的、手続き的な論点がある[14]。これまで様々な特別立法によって、対応しやすくなってきたが、それでも例えば原債権者がサービサー(債権の取り立て役)の機能も同時に担っているといったことから生じる様々な問題があり得る。以下、主な論点と対応を紹介しよう。

なお、債権の流動化の文脈では、原債権者のことを「オリジネーター」、原債権の直接の譲受人となる特別目的会社や信託のことをヴィークル(vehicle:乗り物)という。最終的、実態的な譲受人はヴィークルに対する所有権を特別目的会社の株式などの形で安全に獲得することを求める。

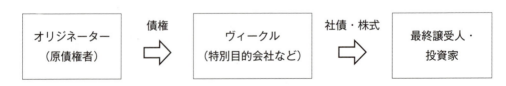

[14] 債権の流動化等についての基本的な文献は、西村あさひ法律事務所編「資産・債券の流動化・証券化(第二版)」(金融財政事情研究会 2010年)である。ここでの記述に当たっても参考にした。

a. 移転の効果

債権を譲渡した場合に、それが完全に移転したかどうかということが問題になる。具体的には次の3点である。

- 真正譲渡：

文字通り完全に債権が移転したかどうかという論点である（言い換えれば、「売買ではなく担保付き貸出である」とされないことである）。真正売買でないと、オリジネーターが倒産した場合に、ヴィークルに対する権利が他の債権者とぶつかることがあり得る。

- 倒産隔離：

オリジネーターあるいはヴィークルが倒産したときに、当該オリジネーターの債権者が譲渡対象債権に対する権利を主張できないようにして、最終投資家の権利の保護を図ることである。この点は、法律ではなく契約（コベナンツ）により対処している。

- 指名債権譲渡に関する対抗要件：

譲渡を受けたはずの債権に関して、第三者から思わぬ形で債権者としての権利を主張されることがあり得る。その場合でもこうした第三者に対する対抗要件を確保するため、「動産債権譲渡法」による公告、ないしは債権譲渡登記（注13参照）が必要である。なお、でんさいネットでは、電子記録債権としてオリジネートされた債権についてWEB上の処理で債権が有効に譲渡される仕組みも組み込まれている。

b. 債権回収（サービサー業務）：

債権回収を業務として請け負うことができるのは、従来は弁護士に限定されてきた（弁護士法）。それでは債権流動化の規模に限界が生じるため、1996年サービサー法（債権管理回収業法）が制定され、一定の範囲の債権については弁護士以外の者が業務として行うことが容認された。

c. 信用補完、流動性補完

原債務者が返済不能に陥ると、当該流動化スキームが円滑に機能しなくなる。このため、米国で多用され日本でも活用されているのが、ヴィークルの元利払いの優先劣後構造（トランチング）の導入である（前掲図表5－1参照）。元利払いの優先順位は、区分（トランシェ）に分割され、優先順位の高い方から、シニア（優先弁済）、メザニン（中間）、エクイティ（劣後弁済）などと呼ばれる。安全性を好む投資家は、シニア債を買えばよい。ひとつの債権が複数の契約に分割されるわけではないが、元利払い、つまりキャッシュフローが分割されるので、事実上の分割譲渡である。また、オリジネーターが引き続き流動性支援を行ったり、債務保証を行うといったサポートを行うこともある。

これらの措置は流動化の円滑化にプラスとはいえ、実は権利関係を複雑化するリスクをはらんでいる。基本的に、貸出の場合には原債権者と原債務者の間の関係を完全に断ち切ることは

困難であると認識するのが妥当である。この点が、当初から転売を前提に設計されている債券と大きく異なるところである。端的に、オリジネーターは本来、当該借り手の資金繰り等をモニターし、時に経営支援もしながら確実な事業の遂行と利益確保を図り、結果として利払いを問題なく受けるという基本的なメカニズムが債権流動化商品には働かない。この点が、2008年のグローバル金融危機の背景となった2006年以降の米国サブプライムローン問題の基本的な原因である。

d. 様々な原資産

　以上のような問題点を含みつつも、債権流動化市場は日本でも相応に定着してきている。その理由は、オリジネーターにとって先ほど述べたようなニーズがあるほか、投資家からみるとオリジネーターは金融機関であり多様な投資行動を行っているのに対し、ヴィークルはその資産だけから構成された存在であるので、一般には格付けが高めになることがあげられる。

　具体的に、債権流動化商品をみてみよう。原資産の種類によってネーミングされている。

- 不動産ローン債権（MBS：mortgage backed security）：
  不動産担保付きローンを原資産とする流動化商品であり、住宅ローンを対象にしたRMBS (residential mortgage backed security) と事業用不動産を原資産とするCMBS (commercial mortgage backed security) とがある。その中で特に有力なスキームとして、住宅金融支援機構が提携先の銀行等から信託受益権化された住宅ローンを買入し、それを担保に社債を発行する形式のものがある。なお、CMBSと類似した商品としてJ-REIT（Japan real estate investment trust）があるが、これは貸出債権ではなく不動産から得られる賃料そのものを投資家に分配するものである。数十の銘柄のREITが取引所に上場され、株式と同様に市場で売買されている。

- 債権一般（CDO：collateralized debt obligation）：
  社債を含めて様々なタイプのデット商品を集めて証券化したものである。ローンのみを対象にしたCLO（collateralized loan obligation）と社債のみを組み込んだCBO（collateralized bond obligation）がある。

- 資産一般（ABS：asset backed security）：
  資産担保証券は、本来は不動産、不動産ローン、その他の貸出債権一般を含めた様々な資産を原資産として証券化したものを意味している。しかし、その中で特にリース債権、消費者ローン債権、ショッピング・クレジット債権などを裏付け資産として証券化したものを、資産担保証券（ABS）ということが多い。

第5章
株式市場

　株式市場は、資本主義経済ないし、（中国のような独自のスタイルを含め）市場経済において中核的な重要性を持つ市場である。市場経済を担うのは企業であり、その多くは株式会社である。各々の株式会社の経営状況が株価に反映されることによって、市場からの監視が効果的に行われる。

　その意味で、株価が公正に形成されることは非常に重要である。インサイダー取引規制、ディスクロージャーの義務付けなどは、そのための方策である。

①上場、増資のプロセス

　まず、会社が上場に至るプロセスを簡単にみておこう。

```
株式会社設立　⇒　株式の公開（売買制限の解除）　＝　取引所への上場
                                              ⇒　増資
```

　株式会社が公開され上場されると、誰でもがその企業の株主になれる。その意味で、上場企業は一般に民間企業ではあるが、社会的に認知された公的要素を持つ存在となる。そのため、上場会社には相応の責任と負担が生じる。なお、株式の流通市場にはいくつかの種類があり、そのどこに上場されるかは、取引所の基準、審査に基づいて決定される（図表7-6）。株式公開のことを一般的には、IPO (initial public offering) と呼ぶ。

　なお、最近ICO（initial coin offering）取引が世界的にも増加している。ICOでは、事業を始めようとする者がその成果物を提供するのと引き換えに開業資金を調達する。その際、成果物あるいは利益の配当を将来入手する権利（トークン；token）、投資家が提供するマネーのいずれもがWEB上で取引されるのが特徴である。マネーについては、仮想通貨が使われることが多い。トークンは株式と同様の意味を持つことから、有価証券として規制の対象になる可能性があるが、現時点では明確ではない。

図表7-6 株式流通市場の種類

	審査基準 (高⇒低)	会社数 (2018年12月)	概要	経緯等
東証第一部	高 ↑	2130	上場基準を高度に満たしている企業(第二部等から昇格する)	1872年の東京株式取引所(東京証券取引所<東証>の前身)の創設とともに開始
東証第二部		494	上場基準(株主数、流通株式数、時価総額など)を満たしている企業	新興企業向けに1961年創設
東証マザーズ		276	一部や二部を目指す新興企業	東証が創設
JASDAQ(注) (スタンダード)		689	一定の事業規模と実績を有し、事業の拡大が見込まれる企業	大証が創設(証券業協会の店頭市場から改組)
JASDAQ (グロース)	低	37	特色ある技術やビジネスモデルを有し、将来の成長可能性に富んだ企業	大証が創設(証券業協会の店頭市場から改組)

(注) JASDAQとは、米国の新興企業市場 NASDAQ (National Association of Securities Dealers Automated Quotations) の日本版という意味である。

(イ) 株式公開

通常は、引受証券会社が指名され、そこが公開に向けての準備を行う。最も重要なのは、公開価格すなわち最初の取引価格の決定である。

以下の3つの方法がある。

- 固定価格

引受証券会社が投資家へのヒアリング等による感触を踏まえて価格を決定する方式。

- 入札

申込価格と数量を投資家からの入札で決める方式。落札者は、基本的に申し込んだ価格と数量を取得する。

- ブックビルディング：

最も一般的な方法である。引受証券会社が、仮の発行条件を投資家に示して、投資家からの事前の仮申し込みを受ける。引受証券会社が、最終的に公募価格を決定し、数量の申し込み

を受けて、投資家に割り当てる。

（ロ）増資

上場会社は、市場で追加的な株式の募集を行うことができる。引受け手の選択と価格設定の組み合わせで具体的な方法が決まる。

- **引受け手の選択**：

  株主割当…既存の株主に新規発行株式を割り当て

  第三者割当…会社役員、関係会社、メイン銀行などに新規発行株式を割り当て

  公募…不特定多数の投資家に条件を提示して新規発行株式を割り当て

  転換社債、ワラントからの転換…予め決められた価格、株数の株式に社債から転換ないし権利行使によって新規発行

- **価格の決定**：

  時価…最も一般的な値決め方式。流通市場の価格を援用して新規に発行。もっとも、安定株主の確保などのため、投資家に有利な価格（時価より低めの価格）で発行する（有利発行）こともある。

- **発行に至るプロセス**：引受証券会社は円滑な増資実現のため、株価安定操作（公募価格を下回らないように買い支え）を行うことがある。また、売れ残った場合には、引受証券会社が残額を引き受ける。

  なお、増資によって株数が増えると、企業価値をより多くの株式数で割った持ち分となるので、株価が下がるとの見方が少なくないが、理論的には増資によって得た資金が望ましい利益率の期待できるプロジェクトに投資されるかどうかによる。優良プロジェクトに投資されれば企業価値が維持される、ないしは向上するため、株価が下がるとはいえない。

②流通市場

（イ）証券取引所での取引概要

株式の流通市場で圧倒的なシェアを持つのは証券取引所である。1998年までは証券会社は顧客から受けた株式の売り買いの注文を証券取引所に繋ぐことを義務づけられていた（市場集中義務）。市場集中義務は既に廃止されているが、圧倒的な流動性、つまり売買を即座に成約できる取引量の多さや取引効率の高さから、実際には今でも大半が取引所で取引されている。現在の取引所取引の成約はすべて東証の電子処理ステムである（東証）アローヘッドで行われているが、その処理能力は、1日あたり最大で2億7000万件、注文の処理速度は500マイクロ秒未満（マイクロは100万分の1）と高速化されている。これは、証券会社がシステムに市場の状況をプログラム的に判断させ、売買の注文を自動的に送信する超高速取引（HFT；high frequency trading）が世界的に増えていることに対応するものである。HFTは取引所間のわずかな価格差を利用した鞘取り取引に用いられることも多い。このような人間の能力や感性を遥かに超えたHFTが本当に市場の公正性、効率性にとってプラスになるのか懐疑的な見方もあるが、米国では現実にそうしたHFTが市場取引の大きなシェアを占めるといった事態になっており、それに対応できない取引所はシェアをなくすのが実情である。

東京市場の取引時間は午前9時から11時半までと、午後12時半から3時までの二場制となっている。午前の取引を前場（ぜんば）、午後の取引を後場（ごば）、それぞれの初値を寄り付き、最後に成立した価格を引けという。日中を通しての価格について、寄り付きを始値（はじまりね）、引けを終値（おわりね）という。始値（および後場の寄り付き）と終値については、買い注文の価格（売呼値）と売り注文の価格（買呼値）を突き合わせながら順次価格と数量を決めていく、「板寄せ」という方法で売り買いをマッチングさせている。一方の日中の取引（ザラ場ともいう。ザラにある場というのが語源とされる）では、価格優先、時間優先の方式で行われている（板寄せは、時間は同時として処理される）。なお、約定後4日目に決済（マネーと証券の受渡し）が行われる。

証券取引所に顧客の注文を取り次ぐことができるのは株式の場合、証券会社のみである。また、取引所は国内に5か所（札幌、東京、名古屋、大阪、福岡）あるが、そのうち大阪は東京証券取引所と同じ親会社である株式会社日本取引所グループの傘下であって、株式の現物は取引しておらず、先物、オプションといったデリバティブ取引に特化している。

(ロ) 証券取引所の決済プロセス

証券取引所で約定された取引は、次のようなプロセスで処理されている。

約定（売買成立）
　　＠証券取引所
⇒ 清算（証券会社ごと、銘柄ごとの売りと買いを整理、ネッティングし、各社と清算機関との間の取引に組換え）
　　＠清算機関＝日本証券クリアリング機構（日本証券業協会、東京証券取引所等の共同出資会社）
⇒ 決済（資金と株式の受渡し）
　　資金＠日本銀行ないし指定銀行
　　株式＠証券保管振替機構（株式登録機関：金融機関等の共同出資会社）

ここでのポイントは、証券各社間の取引が、すべて清算機関と各社の取引に読み替えられ、清算機関と各社が決済することである（これを中央清算機関、CCP：central counterpartyという）。これにより、各社は取引の相手方が倒産し取引が決了できなくなるというリスクを回避

(ハ) 信用取引

　信用取引とは、いわゆる「カラ売り」、「カラ買い」のことであって、株券を借りて売却したり、資金を借りて株式を購入することをいう。ただし、そうした取引を各主体が都度組成するのではなく、標準化された仕組みによって、効率的に行えるようになっている。高リスクの投機的な取引である半面、価格形成上のモノやマネーの制約がなくなる分、価格の需給一致機能が高まるとされている。

　信用取引には制度信用取引と一般信用取引がある。制度信用取引に関するルール（対象銘柄、期間、品貸料など）は証券取引所が定めている。一般信用取引については、顧客と証券会社の間で決める。また、制度信用取引について証券会社は、証券金融会社という特別のステイタスの会社から、株式や資金の借入を行うことができる。顧客が信用取引を行うには、確実な決済の履行を図るため、保証金（当初は、通常約定価格の30％相当）を証券会社に差し入れなければならない。また、株式の借入については、一定の品借料のほか品薄の場合には追加的に高率の品借料（逆日歩）を支払う必要がある。

第6章
外国為替市場

①外国為替市場とは

　外国為替市場は、いうまでもなく円と外国通貨あるいは外国通貨同士を交換する場であるが、基本的に店頭市場である。金融機関が例えばドルの売値と買値を提示し、それに応じた顧客と取引が成立する。もちろん、金融機関同士も取引を行う。国債や株式と比べてもその規模が大きく、あらゆる金融市場の中で取引額は最大級である（東京市場での取引額は1日当たり数十兆円に上る）。

　そうした取引は実際には、電話やWEB（電子取引仲介システムの端末）で行われている。電話での取引には専門の仲介業者（ブローカー）が介在することもある。そこでの相場情報は刻々ロイター、ブルームバーグなどの専門的な金融情報配信業者から提供されており、それらの画面をみながら取引が行われる。

　金融取引の背後にはほぼすべての経済主体があるが、特にヘッジファンドと呼ばれる、投資家から資金を集めて債券や株式に投資する投資主体は、時に巨額の外国為替取引を行うことで知られている。

②取引の概要

　実需取引、キャリー、金利裁定などをはじめ様々な動機、仕法による取引があるが（第四部第7章④を参照）、そうした中で、外国為替市場に特有な取引は政府や中央銀行などの公的当局による「為替介入」である。日本では、原資として政府の資金（外国為替資金特別会計）と日本銀行の資金があるが、基本的には政府の資金を使って、日本銀行が実務（取引の注文など）を行っている。介入には、例えば日本が単独で介入する単独介入と、主要国が協調して行う協調介入の二つのケースがある。かつては、かなりの規模、頻度で為替介入が行われていたが、最近ではあまり例がない。各国の要人が為替相場の水準について何らかの言及を行った場合に為替相場に影響が生じるのは、この為替介入の可能性があるからである。

なお、介入に限らず通常は約定日の2日後に受渡し（円とドルの交換＝円の引落しとドルの入金など）が行われる。これを直物取引ないしスポットという。為替レートの公表は金融機関から顧客への売り（TTS；telegraphic transfer selling）と顧客からの買い（TTB；telegraphic transfer buying）の二本建てで行われる。その差額が金融機関の手数料となる。TTSとTTBの真ん中の数値（仲値）で公表されることもある。

外国為替取引のもうひとつの特徴は、当然ながら国際的な取引であって、日本円の場合も東京のほか、香港、ロンドン、ニューヨークなどの各国市場で行われている。他方、各国の市場が開いている時間には時差があるため、時間の経過とともに取引市場が例えば東京から香港へと動いていく。

③ジャパン・プレミアム

基本的な為替相場の水準とは別の次元であるが、現実の為替取引に影響を与える事象がある。それは、日本の金融機関の信用力が低下した場合には、ドルの信用取引において、例えば米銀からみると貸したドルがきちんと返済されないリスクがあると思われ、そのリスクに見合うプレミアムを他の国の金融機関よりも高めに要求される。これがかつて1990年代にみられたジャパン・プレミアムという現象である。なお、そのような金融機関の返済能力とは別に、供給制約（例えば米銀の外貨建て資産保有に関する規制など）から、ドルにプレミアムがつくこともある。

第八部

金融システムに関する公的関与

Introduction

第八部では、政府や日本銀行が担っている金融に関する政策のうち、マクロ金融政策（第九部のテーマ）以外の政策について説明する。金融に関して政府や日本銀行が取っている政策を、マクロ金融政策を含めリストアップしてみると、次のとおりである。

- 財政投融資（政府系金融機関・官民ファンド）
- 金融規制（金融機関や市場に対する規制）
- 決済政策（決済システムに関する政策）
- プルーデンス政策（金融システムの安定に関する政策）
- マクロ金融政策（中央銀行の行う金利政策や量的緩和政策）

このうち、財政投融資、金融規制は政府が一元的に行っている一方、マクロ金融政策は日本銀行が独立性を持って遂行している。財政投融資は政府が直接行う金融事業であって、財政政策と一体的に運営されるのが本来の趣旨であるが、実際には公的金融として、民間金融機関とほぼ同様の業務を行っている場合も少なくない。決済政策やプルーデンス政策については、政府、日本銀行が連携している。また、プルーデンス政策については、預金保険機構が金融機関の破たん処理や資本注入（過小資本となった金融機関に対する資本参加）などの具体的な執行を担っている。このうち、決済政策は効率性と安全性を理念としている。また、プルーデンス政策の基本は、金融危機の回避である。繰り返す金融危機をみると人類はなお金融システムの安定確保のための十分な知見を得ているとはいい難いが、それでも人々は手を拱いて来たわけではない。その辺の取組みについて、その困難さの理由とこれまでの経緯をやや詳しく説明しよう。

以下では、財政投融資、金融規制、決済政策、プルーデンス政策について順に取り上げる。

第1章
公的金融機関と財政投融資

　公的金融機関とは、貸出や出資などの信用供与機能を有する機関であって、国からの出資や資金支援のある先のことである。

①財政投融資の枠組み

　公的な金融機関の範疇には、日本銀行、ゆうちょ銀行なども含まれ得るが、その中で、特に「政府系金融機関」と呼ばれるカテゴリーの金融機関がある（前掲図表6－2）。

　政府系金融機関とは、国の関与のある金融機関のことであるが、別の表現をすれば、「財政投融資」の枠組みの中にある公的金融機関である。財政投融資とは、国が調達した資金を使って国の政策として行うにふさわしい事業や事業者に対して、貸出、出資などの資金支援を行う枠組みのことである。資金調達は、次のような手段によって行われている（図表8－1）。

- 国が直接発行する「財投債」
- NTT、JTなど政府が株式を保有している会社から受け取った配当金
- 政府系金融機関が個別に発行する「財投機関債」
- 政府によって元利払いが保証される「政府保証」を活用した民間金融機関からの借入、起債

　2013年に財政投融資改革（財投改革）が実施されるまでは、資金調達は、郵便貯金、公的年金の資金が当時の大蔵省資金運用部に集中され、その運用という形で政府系金融機関の資金が調達されていたが、その後は今述べた形に変わった。

　「財政投融資」は、政策的には、通常の財政支出、つまり一般会計と一体的、相互補完的に運営されている。特に中小企業支援、震災復興支援などにおいては、強い一体感の下で運営されている。

　ただし、資金面では大きく異なる。すなわち、一般会計は基本的に税収を原資とした支出であるのに対し、財政投融資は債券発行や借入という形で資金調達を行い、資金が返済されることを大前提とした資金運用、つまり金融である。その意味で、財政投融資は直接税金を使っているわけではない。しかし、資金運用には元本毀損のリスクがある（その場合には一般会計か

図表8−1　財政投融資の構造

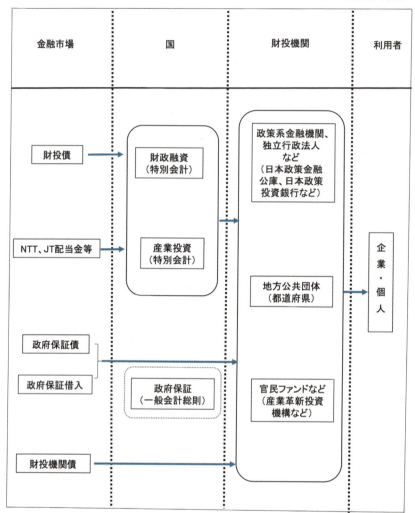

らの補てんが必要となる恐れがある）。また、そもそも目的が公共的なものであることから、財政投融資の年間の事業計画である「財政投融資計画」は、毎年の通常国会において特別会計予算の添付資料として国会に提出されている[1]。財政投融資の機能は次の3つ、すなわち
・財政融資（貸出の機能）

---

1) 財政投融資については、財務省のホームページが最良の情報源である。ここでの説明も基本的に、そこからの情報に基づいて記述している。

- 産業投資（リスクの高い事業に対して出資等を行う機能）
- 政府保証（政府機関等の資金調達に対して国が元本保証を行うことによって、当該機関が有利な条件で資金調達できる）

に大別できるが、それぞれ次のような形で国の予算に盛り込まれている。
- 財政融資→特別会計予算総則における長期運用予定額
- 産業投資→財政投融資特別会計投資勘定における歳出予算額
- 政府保証→一般会計予算総則における債務保証契約の限度額

要するに、金融とはいっても、国会の議決を経て計画が予算化されているわけである。

②主な政府系金融機関

　政府系金融機関は、伝統的な定義では、銀行の貸出機能と類似の機能を基本とする、国の出資のある恒久的な機関とされている。しかし、出資機能を基本とするいわゆる官民ファンドも近年役割が増大しているので、それも含めて捉えることにしよう。官民ファンドとは、国の資金単独あるいは民間資金と共同で設立された認可法人であって、代表的なものとして、地域経済活性化支援機構（預金保険機構の子会社）、成長分野の企業を支援する産業革新投資機構などがある。これらの機構では、企業の再生、育成あるいは地域の全面的な活性化のために官民の資金を共同で投資し、必要に応じ経営にも参画している。基本的には、存続期間は恒久ではなく、時限がある（上記の2機構も時限がある）。

　なお、日本銀行は、政府からの一定の独立性を保証された中央銀行であって、財政投融資の枠組みの外であるので、公的金融機関ではあっても「政府系金融機関」ではない。しかし、民間金融機関における特定の分野の貸出を促すための政府系金融機関と類似した業務も手掛けていることは留意すべきである。最初にこの点をみておこう。

（イ）日本銀行による特定目的貸出

　近年日本銀行は、民間銀行による特定の分野あるいは特定の信用供与のルートを強化するための、民間銀行向け低利かつ長期の貸出スキームを導入してきている。これは、マクロ的な金融政策とは一線を画したもので、金融機関向けであるという点を除けば、政府系金融機関の施策と類似性の強いものである。具体的には、「貸出支援基金」という枠組みの下での「成長基盤強化を支援するための資金供給」（2010年～）、「貸出増加を支援するための資金供給」（2014年～）のほか、東日本大震災（2011年）や熊本地震（2016年）の復興支援のための被災地に所在する金融機関に対する特別な貸出スキームである。

　なお、日本銀行がマクロ的な目的ではなく、特定の分野をターゲットにした貸出支援のスキームを設置することはかつては珍しいことではなかった。例えば、輸出産業の振興のための低

利融資は、第一次世界大戦の前も後も行われてきた。逆に、1973年の石油危機後の「狂乱物価」といわれた時期においては、特定の分野をターゲットに民間銀行からの貸出を抑制する指導が行われた。

(ロ) 従来型の政府系金融機関

次に代表的な政府系金融機関をみていこう（資産規模については、図表6-2を参照）。

a. 日本政策金融公庫（特殊会社[2]）

中小企業者向けを中心として事業金融の支援を行う機関。かつては、国民生活金融公庫（個人事業者向け）、中小企業金融公庫（中小企業向け）、農林漁業金融公庫（農林漁業事業者向け）、中小企業信用保険公庫（中小企業に対する民間融資の信用保証）などに分かれていたが、2008年から実行に移された「政策金融改革」の中で、これらが統合され「日本政策金融公庫」となった。なお、2008年以降のグローバル金融危機によって経営悪化に直面した企業を支援するための「危機対応円滑化業務」が追加された。

b. 国際協力銀行（特殊会社）

対外経済協力を金融面から担当する機関。かつては日本輸出入銀行と呼ばれたが、その後政策金融改革の中で、2008年に一旦日本政策金融公庫と統合されたが、その後再分離され国際協力銀行となって現在に至っている。

c. 日本政策投資銀行（特殊会社）

大規模プロジェクトなどを通じた産業の育成を目的とした機関であって、かつての日本開発銀行（特殊法人）を100％政府出資の株式会社に改組して現在に至っている。政府保有株式の売却による完全民営化の方針が一旦決定していたが、現在では完全民営化の具体的な計画はない。

d. 住宅金融支援機構（国から業務運営の目標について指示を受けている独立行政法人＝「中期目標管理独立行政法人」）

民間金融機関と提携し、住宅取得資金の援助を行う。基本的には、直接施主に住宅ローンを

---

2) 公的な法人組織としては、特殊会社（法人）、認可法人、独立行政法人の3つがある。「特殊会社」とは、特別の法律に基づいて国によって直接設立された会社（法人）、「認可法人」とは、特別の法律に基づいて国の認可を得て設立された法人、「独立行政法人」とは、かつては国の直営事業であったもののうち、国が直接運営主体になる必然性まではないものの、民間に委ねた場合には、そうした事業が行われない可能性がある事業を行うために国が設立した法人とされている。独立行政法人には資金調達の面で国が直接支援することは政府保証を除けば少ないが、特殊会社、認可法人については、本文にあるような広範な支援措置がある。

提供することはせず、民間金融機関が実行した住宅ローン債権の譲渡を受け、その住宅ローン債権を証券化した資産担保証券であるMBS（mortgage backed security）を発行し、それを投資家に販売して住宅ローンのリファイナンスを行っている。

e. 商工組合中央金庫（特殊会社）

　中小企業向けの事業金融を行う機関。他の政府系金融機関が信用供与（貸出、出資）に特化しているのに対し、預金、送金サービスなども行っており、民間銀行に近い機能を有する。もともと政府と中小企業団体が出資する協同組織金融機関として出発したが、民営化を前提に2008年に官民が出資する株式会社に変更された。もっとも、現在民営化の具体的な目途はない。

　これらの政府系金融機関は、各々変遷しているが、公的金融制度として長年にわたって定着してきた恒久機関である。

(ハ) 新しいタイプの政府系金融機関

　認可法人等であって、企業再生や、新興企業の支援を目的とすることが多い。従来型の政府系金融機関のように単に貸出や出資による資金支援だけでなく、経営にも直接関与するプライベート・エクイティ・ファンド[3]の手法を活用する場合もある。

a. 整理回収機構（認可法人である預金保険機構の子会社）

　新規の信用供与は基本的に行わず、破たん金融機関の不良債権のほか、通常の方法では回収することが困難な暴力団向け貸出債権を民間の銀行等から買い取って（その限りでは貸出行為と同じ）、資金回収を行うといった事業を行っている。これらは、基本的に預金保険機構からの委託業務である。もともとは、平成金融危機の背景のひとつである住宅金融専門会社の破たん処理の受け皿として国の資金で設立された認可法人である住宅金融債権管理機構と、平成金融危機の初期に破たん金融機関の業務を継続するための受け皿金融機関として設立された東京共同銀行（その後整理回収銀行に名称変更）の両者が統合して設立された経緯がある。預金保険機構の破たん処理を共同して行う機能も有している恒久的な組織である。

b. 地域経済活性化支援機構（認可法人、預金保険機構の子会社）

　地域経済の再生のために、一定のキャッシュフローを生む実力がありながらも過剰債務などから、苦境に陥っている企業の再生を支援する官民ファンドである。地方銀行等と共同でファ

---

[3] 集団投資スキーム（第六部第4章⑥を参照）のひとつの類型である投資ファンドの一種で、事業会社などの未公開株式に投資（経営にも関与）し、その後市場への売却で利益を得るタイプのもの。

ンドを設立し対象企業に出資し、経営に直接参画するといった手法を中心に活動している。平成金融危機の終盤において、不良債権の最終処理と企業再生を狙いとして設立された時限的な特殊会社の産業再生機構（預金保険機構の子会社）をモデルに、リーマンショック後の2009年に設立され、日本航空の再生などを手掛けた企業再生支援機構を前身としている。この間、存続期間の延長が繰り返されており、現在では支援の決定は2023年まで、組織の存続期間は2028年までとなっている。

c. 東日本大震災事業者再生支援機構（認可法人、預金保険機構の子会社）

　被災地域内にある金融機関の体力を増強し、震災復興をサポートするとともに、震災による貸出債権の不良化からの破たんを回避するという趣旨で設立された機関である。支援の決定は2021年までとされている時限的な組織である。

d. 預金保険機構（認可法人）

　1971年に、国、日本銀行、民間金融機関の共同出資により設立された、預金取扱金融機関のセイフティーネットの機能を基本とする機関であるが、2008年のグローバル金融危機を契機に市場型の金融危機（預金取付けではなく市場の流動性の枯渇から生じる金融危機）に対応するため、預金取扱金融機関だけではなく、証券会社、保険会社、証券金融会社、短資会社などが過小資本となった場合にも資本支援ができるほか、従来日本銀行のみが行っていた破たんに瀕した金融機関に対する最後の貸し手機能を有することとなった。詳細は、第4章プルーデンス政策のところで述べる。

第2章
金融規制

　金融は他の分野と比較して、規制が厳格、かつ広範に及ぶ。第六部第1章などでも説明したように、日々の規制の実行も細部に及びかつ強力である。こうした規制の実行のことを「監督（supervision）」と呼んでいる。特に預金取扱金融機関に対する監督が強力であるため、「銀行監督」という言葉もよく用いられる。ここでは、金融におけるそうした規制、監督の特徴をみたうえで、具体的にどのような規制が課されているのかをみていこう。

①金融規制の特徴

　金融に関する規制、監督を行うメインの主体は政府、わが国では金融庁である（このため、金融の規制、監督のことを金融行政ともいう）。金融庁以外にも、各分野の担当官庁が金融に関しても規制に関わっている。例えば、公正取引委員会は金融グループの持株会社などの構造や合併の認可などを行っている。警察庁は、犯罪から得られた収益の移転に関する規制、例えばマネーロンダリングの防止などの規制を行っている。

　そうした中で、金融庁が行っている規制が最も根幹に位置する。金融機関の存続に関わる規制、すなわち開業免許の付与から始まり、経営破たんの認定に至る規制、監督を行っている[4]。どのような業種の企業であっても経営の安定確保が決定的に重要であることはいうまでもない。しかし、金融機関、なかでも預金取扱金融機関の場合は経営の健全性の確保、つまり破たん回避ということが決定的な意味を持っている。それには以下の背景がある。

- 金融機関の経営の健全性はマネーの供給に直結していること

　金融システムの根幹に位置しているのはマネーであって、マネーは現金と普通預金等の預金通貨である。預金通貨は金融機関の負債であるので、金融機関の健全性が確保されないと負

---

[4] 日本銀行も、当座預金口座の開設という金融機関にとって重要な機能を提供している。とりわけ銀行にとって、日本銀行と取引ができなければ、業務の遂行はできないと言っても言い過ぎではない。しかし、金融庁の免許付与がなければ金融機関はそもそも開業できないが、日本銀行との取引がないからといって直ちに業務ができなくなるとまではいえない。

債を返済、つまり預金を払い戻せなくなって、マネーが供給できなくなる。
- 金融商品の品質は経営の健全性そのものであること

  預金取扱金融機関の提供する商品である預金の品質も、負債の返済可能性、つまり経営の健全性に直接依存している。この点、例えば自動車メーカーや鉄道会社の場合でも、経営の安定は重要であることはいうまでもない。しかし、経営の健全性が、車の性能や鉄道輸送のサービスの質、つまり品質に直接関係するわけではない。この点が、金融機関と他の産業の企業の決定的な違いである。行政の役割という意味でも、例えば航空会社や鉄道会社などの場合は、安全性に目を光らせているが、経営の健全性を直接的に規制、監督しているわけではない。しかし、金融庁は金融機関の経営の健全性の確保を重要なポイントとしている。
- 金融機関の経営の健全性が損なわれると、金融危機を招くこと

  金融機関の機能の根幹である信用の供与は、他の財と違って物理的な供給制約が少なく、それ故に膨張しやすい特徴がある。このことが、長い歴史の中で金融危機が繰返されてきた基本的な背景である。金融危機になると、その後は信用の極端な収縮を招くということも過去繰返されてきた。そうした変動を抑制する最も重要な要素は、金融機関の自己規律であるが、それを外部からチェックしておくことが金融規制、監督の重要な役割である。

　本来金融危機にならないように経済全体の信用の膨張をコントロールするのは、中央銀行の金融政策の役割である。しかし、これまで金融政策は金融危機の前は緩和の長期化の傾向があり、金融危機の後は緩和が遅れ気味になるという失敗もあった。時には危機からの回復を十分確認しないまま、金融の引締めを急ぐことも少なくない（平成金融危機の後半、2000年以降の日本銀行の政策など）。このため、個々の金融機関行動において、経済環境が変化しても変わらない最小限のルールを維持しておくことが重要である。ここに、金融監督の意義がある。

　こうした金融危機にならないようにするための規制、監督のことを、「プルーデンス政策（prudential policy）」という。このうち、個々の金融機関、あるいは各金融機関に共通する健全性に関する規制、監督のことをミクロ・プルーデンス政策、金融システム全体を視野に入れた対応のことをマクロ・プルーデンス政策と呼んでいる（金融庁には、マクロ・プルーデンスを冠した組織も設置されている）。

　しかし、政策の実効性という意味では、マクロ・プルーデンス政策は、ミクロ・プルーデンス政策に依存している。また、上述の通りマクロ・プルーデンスの観点からの政策対応は、中央銀行による金融政策がもともと目指しているものであることに留意する必要がある。

　ただし、過去平成金融危機のひとつのきっかけとなったとされる、不動産業向け貸出に関する行政指導（総量規制）や、バーゼルⅢで導入されたカウンターシクリカル・バッファー（図表8－7参照）は、マクロ・プルーデンス政策を実践しようとするものと言える。今後、この分野は、金融政策を補完するものとして、さらに進化していくことが期待される。

②金融行政

　金融に関する政策は、大きく分けて今述べたプルーデンス政策をはじめとする行政的な対応（金融行政）と中央銀行による金融政策に大別できる。ここでは、金融行政について一通りみた後、プルーデンス政策について詳しく説明する。

（イ）制度の設計（特に通貨制度）

　金融行政の出発点は、法体系の整備による金融システムの設計である。銀行、証券会社、保険会社、信託会社といった各業態の業務範囲はもちろん、中央銀行（日本銀行）制度の設計も金融行政の役割である。こうした中でのひとつの根幹は、中央銀行制度も含めた通貨制度の設計であろう（金融行政は金融庁の所管であるが、通貨制度に関しては、国際通貨制度を含めて金融庁ではなく、財務省が主として担当している）。

　通貨制度とは、法的にマネーとして認定する範囲を定めるものである。通貨法や日本銀行法で通貨の単位、種類、通用性などを定めている。

　ビットコインなど、私的、分散型で中央発行機関を持たない、しかし一定の現実的な通用力を持つケースもある。このようなビットコインに法的に強制力を持たせることはないと考えられるが、それと現実的な通用性は別の問題である。そこでビットコインへの対応に焦点を当てると、資金決済法においては、仮想通貨という新たに定義された法定通貨ではない決済手段の存在を認めたうえで、円との交換や、保管を業務とする業者に関して登録制、当局による検査権限を導入した（2016年資金決済法改正による）。なお、税についても法定通貨（現金とその寄託物である預金）の移転・譲渡には消費税は課されないという原則がある。従来ビットコインについては通貨性が認められてこなかったため消費税が課されてきた。しかし、その後仮想通貨として法的に一定の通貨性が認められたため、消費税が課されないこととなった。これにより、仮想通貨のマネーとして限定的ながら一定の公的な認知が与えられたともいえる（2017年）。このようにビットコインを巡っては、金融行政の対応が重要である。

　また、法定通貨でも仮想通貨でもないが、その派生商品である預金取引を規定する銀行法などの業法、さらに小切手法、手形法なども通貨制度を事実上規定する重要な法律である。

（ロ）規制、監督制度

　前述の通り、わが国では政府の一部である金融庁が、預金取扱金融機関、証券会社、保険会社などすべての業態に関して、一元的に金融の規制、監督を行っているが、海外では政府以外の機関、例えば中央銀行、独立の委員会組織などで担当している例も少なくない。あるいは、業態により政府、自治体、中央銀行、預金保険機関などに規制、監督権限が分散されているケースも多い。

例えば米国では、財務省の一部である連邦通貨庁（OCC；Office of the Comptroller of the Currency）、連邦準備制度（FRS；Federal Reserve System）、証券取引委員会（SEC；Security & Exchange Commission）、連邦預金保険公社（FDIC；Federal Deposit Insurance Corporation）、各州政府が銀行、銀行持株会社、中小金融機関、保険会社などに対して、分散的、重畳的に規制、監督を行っている。そして、金融危機への対応、つまりマクロ・プルーデンス政策は、そうした関係機関を構成員とする横断的な委員会（「金融安定監視評議会」（FSOC；Financial Stability Oversight Council）が対応している。

　この間、英国など中央銀行が規制、監督機能を担っているケースも多い。これは、中央銀行は（規制、監督権限があってもなくとも）その性格上から金融機関との接点がもともとあるという親和性や効率性の観点のほか、金融が時々の政治的支配者に個別にコントロールされることは望ましくないとの立場から、政府から一定の独立性を持っている中央銀行が担当する方がよいとの考え方に基づいている。

　わが国では、かつては大蔵省（現在の財務省）の中に、銀行局（銀行局内組織として保険部）、証券局などの金融規制、監督機能が置かれていたが、1998年に総理府の外局である金融監督庁として独立し、また金融再生委員会（いわゆる3条委員会[5]）が設立され、その傘下に入った。その後、2000年に金融庁（内閣府の外局）として設立され現在に至っている。このように金融の規制、監督が財政当局から切り離されたのは、平成金融危機への対応に関して不十分だったとの批判があり、その背景として金融が財政に従属していたという指摘があったためである。もっとも、為替介入などの国際金融関係の権限は財務省に存置されている（日本銀行に対する監督は財務省と金融庁の共管であるが、金融庁の権限は日本銀行の国内業務に限定されている）。

(ハ) 金融機関の業際規制

　金融行政の中で、各業態の業務範囲を定めるいわゆる業際規制は、金融機関にとって非常に重要な規制である。具体的な内容は既に第六部第4章⑩で述べたところであるが、業際問題は時に外交問題や政治問題になる。

　例えば、銀行の証券業務については、第二次世界大戦敗戦後、米国の例に倣って銀行による証券業務の原則禁止という規制が長く続いたが、その撤廃を求める銀行界とその存続を求める証券業界の間で対立が続き、時に政治を巻き込んだ争いとなってきた。この点、現在では公共債についてはほぼ証券会社と同様の業務が銀行に許容されているほか、子会社の設立や金融持株会社方式による、銀行と証券会社の相互参入が認められている。

---

[5] 3条委員会とは、国家行政組織法第3条に基づいて設置される、独立性をもつ行政権限の遂行主体である（原子力規制委員会など）。類似の委員会として8条委員会があるが、これは基本的に合議制の調査機関であって、金融関係では、証券取引等監視委員会（内閣府）が事実上金融庁の機能の一部として存在している。

決済業務については、従来預金取扱金融機関しか行えないこととされてきたが、これを利用者の利便性の観点から送金などの為替業務が預金取扱金融機関でなくとも、資金移動業者という範疇の下に許容されるようになったことも第六部第4章④で説明した通りである。

　また、従来は生命保険と損害保険は業務範囲が明確に分けられ、その中間に属する医療保険など（いわゆる「第三分野」）については取り扱いが許容されてこなかった。しかし、1974年米国の保険会社の強い要請により、外国保険会社による医療保険の取り扱いが容認され、その後は逆に1996年の保険業法の改正により法律上は生命保険会社、損害保険会社いずれもが取り扱いが認められたにもかかわらず、実際には外国保険会社のみに医療保険が認められるという変則的な事態となっていた。こうした事態が解消したのは2001年になってからのことであった。

　また、2007年に実施された「郵政民営化」により従来郵便局が郵便事業と一体的に行ってきた貯金業務や保険業務について、それぞれゆうちょ銀行、かんぽ生命という独立の会社が設立された。その結果、形式的には民間の銀行や生命保険会社などと同じ組織形態となった。しかし株主構成をみると、親会社の日本郵政がいずれも3分の2以上を保有している。日本郵政の株式の過半数は政府が保有しているので、ゆうちょ銀行、かんぽ生命については法的には国の元本保証などはないが、事実上国有されているため、倒産の可能性がないと暗黙にみなされている。このため、民間金融機関とのバランスの観点から、業務の拡大については、有識者をメンバーとする「郵政民営化委員会」での議論を踏まえた政府の認可が必要である。これまでの経過をみると、民間金融機関からの反対論（民業圧迫論）を背景に、段階的に実施されてきている。2019年4月現在、ゆうちょ銀行には預入限度額（通常貯金、定期性貯金各々、1300万円）や貸出業務の範囲（住宅ローンや企業向け貸出はできない）などについて制限が課されている。また、かんぽ生命については、契約限度額は基本的に2000万円となっている。

(二) 利用者保護

　利用者保護は、金融に限らずすべての行政分野において基本的なテーマである。その具体的な内容は、財やサービスの品質や安全性に関わるものが中心である。既に述べたように、金融においてもその点は全く同様である。金融の場合は、金融機関の経営の健全性の問題は、金融危機といった事態にも繋がり得る重要なものである。その具体的な内容は第4章プルーデンス政策で詳しく説明する。ここでは、利用者保護のうち安全性以外の面についての諸施策について述べる。

a. 利用者保護の基本的な理念

　金融業務において最も基本的な理念は、第二部第5章④で述べたフィデューシャリー・デューティーである。フィデューシャリー・デューティーは、単に顧客との契約を誠実に履行する

のにとどまらない。また、便利な商品やサービスを提供して顧客の満足を達成するだけでもない。金融機関が利用者の置かれている状況も踏まえて対応しているかという「適合性」の観点も含まれている。そうした視点の背後には次の2点がある。

- 一般家計等にとって、金融商品は時に複雑で、リスクが分かりにくいこと

  金融の基礎的な知見、いわゆる金融リテラシーの問題である。日本の金融リテラシーは諸外国に比較して不十分であるとの見方が多い。このため、金融庁や日本銀行では金融リテラシー向上のため、様々な金融教育の場面を増やしているところである。また、金融機関が顧客に対して、金融商品のリスク・プロファイルなどについて誠実で分かりやすい説明をすべきことはいうまでもない。

- 金融は差し当たり信用供与によって問題を先送りする効果が強いこと

  例えば、消費者ローンの多重債務者は新たな借入先が出現すれば、差し当たり問題を先送りすることができるが、結果的には債務の過剰を作り出すことになる。金利についても、高利で借りると先々負担が過大になると分かっていても、借入を増やすインセンティブが働く。金融機関が信用供与を行うに当たっては、そうした事情も考慮すべきというのが「適合性」の原則である。

b. 利用者保護のための諸施策

利用者保護は金融行政の重要な目的である。具体的には次のような施策がある。

- 金融商品取引法上の説明責任

  元本割れの恐れのある金融商品やデリバティブ取引については、顧客に十分な説明が法的に義務づけられている。複雑な商品の内容を理解しないまま顧客がリスクの大きい取引を行わないようにするためである（第六部第4章⑥を参照）。

- 金利上限

  貸出金利については、金額帯ごとに上限が設けられている。多重債務、過大債務を防止する狙いである（第六部第3章⑥を参照）。

- 総量規制

  貸金業法において次のように規定されている。すなわち、個人が借り手の場合には、貸金業者は、源泉徴収票等による年収の把握や指定信用情報機関の信用情報による返済能力調査が義務づけられている。それに基づき、借入残高が年収の3分の1を超える貸付けなど、返済能力を超えた貸付けを原則禁止としている。例外としては、個人事業主の場合のほか、住宅ローンや自動車ローン、医療費など緊急のニーズ、借り手にとって明らかに有利となる借換えなどがある。

- ADR；裁判外紛争解決手続 Alternative Dispute Resolution

  ADRとは、例えば金融機関と顧客の間に生じた紛争を解決するための簡便、低コストの手段

である。裁判によって判決を得る方法と、当事者間で交渉し合意する方法の中間的な形態と位置づけることができる。

具体的には、紛争を解決したい人がADR指定機関と呼ばれる第三者機関に申し出て、あっせん（あくまでも当事者で合意に至る）、調停（調停人が自主的な合意形成を促し、合意に至る）、仲裁（調停人の合意提案を受け入れる前提で合意に至る）の方法により、紛争を解決する。ADR指定機関は、当事者ではない中立的な第三者であってかつ必要な知見を有する者として特に認定を受けた機関である。金融機関と顧客の間の紛争、例えば説明を十分に受けないまま大きな損害を被ったなどの事案については、全国銀行協会、生命保険協会、日本損害保険協会、日本貸金業協会、証券・金融商品斡旋相談センターなどの各業界団体が指名され、紛争解決に当たっている。

（ホ）犯罪の抑止

金融あるいは金融機関を使った犯罪は、広範かつ後を絶たないのが現実である。特に近年は、暴力団の排除のほか、国際的なテロなども視野に入れた犯罪収益の移転（マネーロンダリング）の防止に対して、様々な対応が取られてきている。この関係の基本的な法律は、「暴力団員による不当な行為の防止等に関する法律（暴対法）」と「犯罪による収益の移転防止に関する法律（犯収法）」である。

暴対法は、暴力団のうち特に問題のある組織を「指定暴力団」として認定し、そこに対しては威圧的な債権の取り立てなどの「不当な行為」の禁止を定めたものである。また、条例ではあるが、事実上全国の都道府県でほぼ統一的に制定され、高い有効性を持つと評価されているいわゆる「暴排条例」がある。この条例には、金融機関が暴力団員と預金、融資取引を行うことを禁じる（具体的には、預金、融資約款において「顧客が暴力団でないことを表明し、それが事実でない場合には取引を解消する」と規定）といったことが盛り込まれている。

犯収法は、犯罪収益を次々と他の口座に送金するなどして、元の資金源を分からなくする、いわゆるマネーロンダリングを防止するため、口座開設等に当たって金融機関が本人確認（犯罪に関わりのある人物ではないこと）を徹底するとともに、金融機関が送金等の取引をモニターする中で犯罪に関連する可能性のある取引、「疑わしい取引」が見受けられた場合には、それを金融庁を通じて警察に報告するという仕組みを構築している。この分野ではテロリスクの高まりを踏まえ、主要国の間で構築している国際機関（FATF〈ファトフ〉; Financial Action Task Force）が設置されており、そこが各国に対して、テロ資金対策の具体的な方策に関する勧告、その実施状況の監視などを行っている。疑わしい取引の報告義務も、もともとFATFの勧告を踏まえたものであるが、日本はこれまで勧告を十分に履行できていないと批判を受けている。

この間、暴力団関係については次の仕組みが構築されている。

- 反社データベース

　金融機関は貸出の依頼を受けると本人確認を行うが、その際に当該申し込み人が暴力団員等（総会屋などを含む広義の概念である「反社会的勢力」）でないことを確認するため、各金融機関は預金保険機構が収集、構築している暴力団員に関するデータベースに含まれていないことを確認することができる。

- 整理回収機構による反社債権の買取り

　結果的に暴力団員に対して貸出債権を持つことになってしまった金融機関は、通常の方法では債権回収が困難である。回収担当者は、様々な危険にさらされることになり得る。そのような場合、金融機関は預金保険機構に対して債権の買取りを依頼することできる（実際の買取、回収実務は整理回収機構が行う）。これらの仕組みにより、暴力団員の数自体が大幅に減少するなど、大きな効果が出ている。

- 振り込め詐欺

　なお、金融犯罪の中で特に社会問題化している「振り込め詐欺」については、金融機関と警察、預金保険機構が次のような協力体制を構築している。

(ⅰ) 金融機関が、詐欺被害の発生に気づいた場合には、警察に連絡の上、直ちに振込先の口座を凍結。

(ⅱ) その口座が正当なものでない（犯罪に使用されている）ことを確認できた段階で、口座に残高がある場合には、それを預金保険機構に移管し、被害者に返還（最終的に被害者が返還を求めてこない場合にはその残額を奨学金等の社会事業に活用。金額は年数十億円）。

- 休眠預金

　また、犯罪関係ではないが、類似の方法を活用したものとして「休眠預金」を預金保険機構に移管し、同機構が恒久的に管理し名義人が判明した場合には返還する仕組みが構築されている。休眠預金とは10年以上の期間、取引が行われていない預金口座のことであるが、従来は最終的に金融機関の収益に計上されていた。これを名義人が現れない場合に、社会事業に活用するものである（その金額は年間数百億円に達すると見込まれている）。

(ヘ) 時々の政策課題への取組み

　金融行政当局は、金融機関に対して業務開始の認可、届け出のほか、問題が生じた際の実地調査（検査という）など、金融機関に対して強力な監督権限を持っている。これを背景に、直接的な法律的権限ではなく「説得」、「指導」によって、その時々の経済問題への対応に関して、金融機関に対して協力を要請する場面が少なくない。法律の改正を行って具体的な措置を法制化することも可能ではあるが、緊急性や柔軟性の面から行政指導によることが多いのが実情である。また、金融行政当局の機能は、政府系金融機関や日本銀行のように自らは資金を使うことはないため、民間金融機関への指導という形を取らざるを得ない。

金融行政当局による時々の政策課題への取組み事例としては、次のようなものがある。
- **総量規制**
  不動産バブルが最高潮に達したとみられる1990年、不動産バブルの抑制のため当時の大蔵省銀行局が発出した通達（行政指導）で、不動産業、建設業、ノンバンク向けの貸出の前年対比伸び率を総貸出の伸び率以下とする内容であった。背景にあったのは、例えば1週間に同じ不動産を対象に、複数回所有者が変更し（不動産転がし）、それを担保とする銀行融資の極度設定額も複数回増加する事例がみられるなど、典型的な投機的不動産融資バブルであった。実際には、既にそれ以前から、不動産融資バブルの象徴とされた住宅金融専門会社の融資抑制や個別金融機関に対する直接的な牽制（特別ヒアリング）などが行われていた。しかし、不動産バブルを早急に抑え込むべきとの政治的な主張の高まりを背景に直接的な貸出抑制となった。このため、金融機関は貸出の抑制に急激に舵を切り、一気に不動産価格が暴落、株価も急落した。つまり、バブルが崩壊し、オーバーキルの状態になった。
- **地方活性化**
  2014年政府は地方創生に関する総合的な対策の強化に乗り出した。これを金融面から支援するため、特に地方銀行に対して積極的な役割を果たすよう、金融当局から各銀行に対して直接的、かつ強力な行政指導が行われてきている。例えば、2017年度の金融庁の監督についての基本的な方針の中では、金融機関の取引先に対して金融庁が直接ヒアリングを実施し、金融機関の貸出態度を検証すること、ベンチマークと呼ばれる金融機関の地方創生に対する貢献度のスコアリングを作成すること、などを通じて地方銀行等に対する強力な指導が行われている。
- **コーポレート・ガバナンス・コード、スチュアードシップ・コード**
  かねて日本経済の弱点のひとつは、企業のガバナンス（統治）の弱さにあると指摘されてきた。2014年、政府は、この問題に本腰を入れ始めた。例えば、取締役の選任、経営計画の策定、フォローなどについて十分な規律が働いていないのではないかとの指摘である。このため、金融当局は関係者や有識者を集めて議論を進め、そこでの意見を集約し、東京証券取引所と共同で2015年に「上場企業の企業統治の指針（コーポレート・ガバナンス・コード）」を打ち出した。その内容は独立取締役の増加による取締役会の機能向上などである。この指針に法的強制力はないが、東京証券取引所が上場企業に求める要件の中に、その指針の実施、ないしはそれを実施しない理由の公表（comply or explain）を義務づけ、強く指針の実施を求めた。一方、スチュワードシップ・コードとは、コーポレート・ガバナンス・コードの順守を投資家（株主）、特に機関投資家の立場から求めていくことを促す指針であって、「責任ある投資家の諸原則」という形で金融庁から発表された。これも法的拘束力はないが、機関投資家の多くは、信託銀行、生命保険会社など金融庁の監督下にある金融機関であるため、実質的に強い効力を伴っている。

第3章
決済政策

決済政策とは、安全で効率的な決済システムを構築し、かつ必要な改善を行っていくことである[6]。

①決済の重要性

第二部第2章で述べたように、金融の根幹にはマネーとそのデリバリーシステムである決済システムがある。本来、決済（財・サービスの対価の支払いなど）は、債務不履行のリスクがあってはならない。また、多くの金融、経済活動は様々なリスクを敢えて取りながら収益の最適化を目指すものであるが、決済はそうした取引を履行、完結するためのものであって、それ自体にリスクがあると、経済取引全般にとって想定外の不安定要因となるからである。

特に巨額のマネーを日々動かしている銀行は、資金繰りつまり入金と出金の予定を綿密に計画している。そこでは、入金をあてにして出金の計画を作っているため、入金が予定に反して行われないことになると、マネーを受け取るはずであった銀行は資金繰りが破たんし、今度はその銀行が他の銀行に対して予定通りの入金ができなくなる。そのような決済不能の連鎖は古典的かつ典型的なシステミック・リスクである。金融機関の資金繰りの破たんは、その銀行の取引先である借り手にとっても予定していた資金の融通が行われないことになり得る。そうすると、金融システムだけではなく、経済システム全体に悪影響が及ぶ。それは、より重大なシステミック・リスクが顕現化した状況となる。

このように決済が結了しないということはあってはならないことである。しかしながら、現実には決済が結了しないリスクがある。

一方で、決済は単にリスクがないだけではなく、効率的に行われなければならない。経済全体の取引の効率性を損なうからである。

---

[6] 決済システム、特に中央銀行の当座預金を核とする大口の決済システムについては、中島真志、宿輪純一「決済システムのすべて（第3版）」（東洋経済新報社　2013年）が総括的に解説した基本的な文献である。

②決済リスク

　このような問題を考えるに当たって、まず決済の基本的な構造を整理しておこう。一方的な贈与の場合を除き、一般にはマネーの移転の見返りに財、サービス、金融商品、異なるマネー（外貨）、債権・債務などが移転ないし提供される。マネーが想定通り移転されたとしても財、サービスなどが契約通りに移転等されないリスクもある。つまり、一般に決済の段階で生じるリスクは次の2種類がある。
- マネーが契約通りに移転されないリスク：
　マネーを受け取る予定の主体（財、サービス等の提供者）が直面するリスクである。
- マネーの見返りとなるべき財、サービスなどが移転、提供されないリスク：
　財、サービス等を受け取る予定の主体（財、サービスの需要者）が直面するリスクである。

　こうした決済に関わるリスクは、現金と財・サービスの同時交換による決済の場合は、問題が生じる余地がない。しかし、現実には同時交換はできず、マネーの移転と財などの移転の間に時間差があるのが一般的である。つまり、次のような大きさの決済に関わるリスク（決済リスク）がある。

　決済に関わるリスク（時間差から生じるリスク）＝　決済金額　×　時間差

決済リスクの大きさは、これに尽きているが、さらに詳細にみていくと、マネーの決済が多段階決済の方式を取っていることに伴うリスクを内包していることが分かる。マネーの決済は預金の移転で行われるが、預金の移転は次のようなプロセスで行われることがあるからである。すなわち、送金について日本銀行当座預金の振替ではなく、全銀システムで決済が行われる場合には、次のような多段階決済となる（全銀システムの概要は第二部第2章①参照）。

　顧客A（a銀行の口座）から顧客B（b銀行の口座）への預金の移転（送金）
　⇒a銀行からb銀行に送金情報（金額、受取人名など）を送信
　　（銀行間決済の開始、ペイメント：payment）
　⇒他の送金と合わせて銀行間決済に整理
　　（決済のための前準備、クリアリング：clearing）
　⇒銀行間の決済の実行
　　（決済の結了、セトルメント：settlement）

　経済取引は多数の取引からなっている。このため、送金も多数の送金の件数があることから、銀行間では互いに自行の顧客から他行の顧客への送金と、その逆の自行の顧客への送金が入り混じっている。それを整理し、銀行間のネット要送金額を算出し、日本銀行当座預金での振替で最終決済するという段階的な処理をしている。このため、顧客としては送金済みと思ってい

ても、実は決済が決了しないというケースが起こり得る。

このため、決済リスクの大きさは次のように書き換える必要がある。

　　　決済リスクの大きさ　＝　未決済残高　×　決済の結了までに要する時間

未決済残高とは、決済すべき取引のうち、なお結了に至っていない未処理の残高である。この残高は、処理が早期に進められると、減少していく。このようにみると、決済リスクを削減するためには、二つの意味で（右辺の二つの項目いずれも）決済の結了に至る時間を短縮することがポイントであることが分かる。

ところで、現金の授受による決済や日本銀行当座預金による振替であれば、直ちに資金決済は結了し、マネーサイドの決済に関しては最終化（finalize）される。このような決済のことをファイナリティー（finality）のある決済と呼ぶ。現金決済の大きな特徴は、匿名性（後から追跡することができない）であって、このことは完全なファイナリティーがあることを意味してもいる。

③決済の効率性

決済システムにとって効率的に処理が進むことも重要である。効率性とは具体的に何かというと、第一にコストの削減である。例えば、銀行券を大量にやり取りすることは、搬送費のほか、警備ないし保険料がかかるかもしれない（こうした、現金の受け渡しコストのことを「ハンドリング・コスト：handling cost」と呼ぶ）。一方、現金の受け渡しによる決済を預金マネーの送金に変えれば、ハンドリング・コストは飛躍的に低下する。もちろん、預金の送金の連絡（指図という）を紙ではなく、通信網を使えばさらに効率性が高まる。

効率性のもうひとつの要素は、決済に要する処理時間を短縮することであろう。ところで、決済リスクの削減のためには決済処理までの時間を短縮することが重要であった。つまり、先に述べたように決済結了までに要する時間の短縮は、効率性の向上とリスクの削減の両方にとって重要なテーマなのである。

さらなる効率化の方法は、マネーの反対側、つまり決済の対価となっている財・サービス等の提供・移転と関連づけて、マネーの決済と一体化して行うことである。これにより、典型的に取引の決済に必要な複数の情報の入力を1回で済ませることができる（このような1回の入力で、あとは一連の作業が自動的に進行していく処理方式をSTP〈straight through processing〉という）。例えば、EDI（electronic data interchange）と呼ばれるデータのやり取りの手法を

7）EDIを本格的に活用するためには、送金などの際に送受信される電文の情報量を拡大する必要がある。現在送金に使われている固定長の電文に代えて、既に様々な場面で活用されているXML（extensible markup language）といった言語を活用すれば、そうしたことが可能である。

取引情報（受注明細など）及び送金情報の双方について適用すると、財・サービスの受け渡しとマネーの受け渡しを一体的に処理、管理できる[7]。そうすれば、企業の会計システムなどと連動することによって企業などの経理事務を大きく効率化できる。現在このような仕組みについて、全国銀行協会などにおいて実現に向けて検討中である。さらに、将来的にはスマート・コントラクト（smart contract）と呼ばれるブロックチェーン技術を応用したWEB上での停止条件付取引契約を応用すれば、財・サービス等とマネーの受け渡しの時間差をなくすことが可能となる（⑤で述べるように、金融機関間の国債売買取引においては国債の登録と決済用の当座預金いずれもが日本銀行のシステム内にあることを活用した同時決済がかねてより実現している〈DVP；delivery versus payment〉）。

このように、決済リスクの削減と決済の効率性の向上は、実は時間差の削減、財・サービスの受け渡しとの連動処理という二つの方法によって同時に実現できるのである。

④決済システムの改善

以上のような視点に立って、改めて決済システムの構造を考えると、次のように整理できる。
- マネーの決済システム（資金決済システム）：日本銀行当座預金（日銀ネット）、全銀システム、手形交換
- 一般的な財、サービスの受渡しシステム：典型的に「商流」、「物流」
- 金融商品の決済システム（証券決済システム）：債券や株式の決済システム

この中で、金融システムの内側にあるのは資金決済システムと証券決済システムである。それぞれの運営者は、先に述べた観点に立って様々な改善を図ってきた。今ではそうした努力により、決済システムの不能といったことからシステミック・リスクが顕現化することはほぼなくなっている。そうした努力の主なものを順にみていこう。

（イ）資金決済システム
a. 日銀ネット

従来、日本銀行当座預金における資金振替は、即時決済と時点決済に分かれ、さらに時点決済は交換尻時点（手形交換の決済時点）、為決時点（全銀システムの為替決済時点）、最終（日末）などに分かれていた。即時決済とは文字通り直ちに資金の引落し・入金を行うのであるが、時点決済の場合は決まった時刻である時点まで未決済残高がプールされ、指定時点で多数の取引を一気に処理をする。この場合、未決済残高が膨らむことになるので、決済リスクが高い。具体的には、あるひとつの参加主体が資金不足から決済資金を用意できない（引落とすとマイナスの残高になる）事態となると、すべての取引が止まることになる。当該参加者（金融機関）が健全性に本来問題はないが一時的に残高が不足している場合（これをsolvent but illiquidと

いう）には、日本銀行が担保を徴求し貸出を実行することによって事態は解決できる（最後の貸し手機能；LLR；lender of last resort）。しかし、当該銀行が担保も用意できず、実は債務超過といった事態になっていると、LLR機能を活用できず、決済全体が止まることになる。そうした事態を避けるためには、決済のRTGS化が有効である。

RTGS（real time gross settlement）とは、即時グロス決済のことであって、時点決済をすべて即時決済化することであると考えてよい。時点決済では、出金額と入金額を相殺（ネッティング）した後の差額の引落し、ないし入金となる。一方、即時決済の場合はネッティングの余地はない。

日本銀行は1980年代からRTGS決済への移行を模索していた（日本銀行当座預金システムである日銀ネットには1988年の導入当初からRTGS決済も可能な作りとしていた）。しかし、RTGSを円滑に実行するためには、随時必要なマネー残高が用意できていなければならない。例えば、ある銀行が1兆円の入金と1兆円の出金がある場合、全体としては決済に問題はないが、出金からスタートするとまず1兆円を用意する必要があるが、それは1兆円の入金をあてにしていると考えられる。逆に相手方はその銀行からの入金をあてにしているかもしれない。このように決済順序を巡ってすくみ状態になることが考えられる。それを回避するための有効な手段は日本銀行が予め担保をとっておいてその範囲で随時貸出を実行すること（日中当座貸越）である。実際に日本銀行はRTGS化に合わせて、日中当座貸越の制度を導入した。

なお、日本銀行では利便性向上の観点から、その後キューシステム（予め各行は提出した決済の待ちリストに従って決済可能な取引からRTGSを実行）や流動性節約機能（連続的な事実上のオブリゲーション・ネッティング[8]）などの仕組みを導入している。これによって、次に述べる内国為替の銀行間決済が時点決済から大口決済分の日中の連続的なオブリゲーション・ネッティング決済への移行が実現した。

b. 全銀システム

日本の内国為替制度は、全銀システムが担っている。もっとも、第二部でもみた通り、1件1億円以上の大口送金は日銀ネット、また1億円未満の小口送金は全銀システムという分担が行われている（当初の段階で一旦全銀システムが送金指図を受けた後振り分けを行っている）。このような分担になっているのは、日銀ネットはRTGS化された安全性の高いシステムであるので大口分はそこで処理するのが適切との判断である。一方全銀システムでは、毎日1回のクリアリング（清算）、セトルメント（最終決済）となっている。しかしながら、全銀システムも様々なリスク削減策を講じてきている。その概要は次の通りである。

---

[8] ネッティングには、単に計算上のネッティングと債権債務関係自体のネッティングの2種類がある。後者をオブリゲーション・ネッティングと呼んでいる。

- 仕向超過額管理制度

 為替送金についてリスクに直面しているのは、送金元（仕向）の金融機関ではなく、送金先（被仕向）の金融機関である。被仕向金融機関からみると、仕向金融機関から指図があった段階で顧客には入金記帳をしているが、まだその原資は日本銀行の被仕向金融機関の口座に入金されていないからである。このため、一定のルールに基づいて仕向超過額の限度を設け、それに見合った担保を差し入れることが義務づけられている。それ以上のネット送金額とならないようにコントロールされている。

- 2行同時破綻対策

 ネット負債額が大きい順に2行が仮に同時破たんしても、遅滞なく為替決済ができるような仕組みを設けることが国際基準[9]となっており、それに沿った仕組みが構築されている。具体的には、流動性供給銀行と呼ばれる大手銀行が、各システム参加金融機関が差し出している仕向超過額管理用の担保を引当てにして、破たん金融機関の支払いを肩代わりすることになっている。

- 全銀ネットのCCP化

 内国為替の運営主体である全銀ネットが各参加金融機関との間で仕向（送金元）、被仕向（送金先）の取引を金融機関ごとのネット入金超（勝ちという）ないし出金超（負けという）の金額としてとりまとめ、それを全銀ネットとの勝ち負けに組み換えて決済している（前掲図表2－9参照）。これによって、信用力の高い全銀ネットとの取引に置き換えられるので、カウンターパーティー・リスクが基本的になくなる（図表8－2）。ここでの全銀ネットとの役割を果たす機関を資金決済法では「中央清算機関」（CCP ; central counterparty）と名付けて、当局による一定の規制、監督の下に置いている。

 なお、手形交換についてはもともと手形自体に日付けの概念しかなく、日中時間の概念がないことから1日1回の決済となっている。このため、時点決済しか行いようがない。そのうえで、カウンターパーティー・リスクを軽減するため、各地の手形交換所は自ら清算機関となって、参加金融機関との間での勝ち負け金額を日本銀行当座預金口座で決済している。

（ロ）証券決済

 証券（債券、株式、投信）の決済についても、以下のように様々な改善が行われてきている。

---

[9] 1990年にBISのCPSS（支払い決済システム委員会）で取りまとめた決済システムが備えるべき基準は、当時の議長の名前からランファルシー基準と呼ばれ、事実上国際基準となっている。その後、2012年にはCPSS（BIS支払決済システム委員会）と証券監督者国際機構（IOSCO）が共同で資金と金融商品の両方を組み込んだ国際基準「金融市場インフラ（Financial Market Infrastructure〈FMI〉）のための原則」を制定し、これが現在の決済システムに関する国際的な指針となっている。

図表8-2　CCP（中央清算機関）の役割

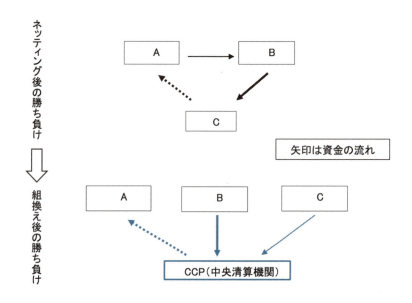

a. 決済までの日数の縮減

取引所で売買される株式については、従来からの約定日から4日目（T＋3という）の決済慣行が継続している。一方、国債については以前は月に2回程度（毎月20日、月末）の特定の日にちにまとめて決済していたが、その後短縮化かつローリング決済化（固定日ではなく成約日の一定期間後の決済）が行われ、現在ではT＋2となっている。さらに、現在T＋1への移行準備が進められている。

b. CCPの導入

資金決済における全銀ネットと同様、各種取引所等で売買される金融商品についても、CCP（中央清算機関）が導入されている。

すなわち、上場株式、上場デリバティブのほか国債（取引所および相対取引分）についても、日本取引所グループの「日本証券クリアリング機構」が中央清算機関となっている。また、相対で売買された株式、社債については、証券保管振替機構の子会社である「ほふりクリアリング」が、さらに「東京金融取引所」で売買される上場金利先物については「東京金融取引所」自身がCCP（中央清算機関）となっている。

c. DVP化

　DVP（delivery versus payment）とは、証券の引渡しと資金の支払いの同時履行の仕組みである。

　国債については、国債の登録機関（現物証券に代わる帳簿への記帳業務を行う機関）、資金決済機関いずれもが、日銀ネットの中に存在している（前者を国債系、後者を当預系という）ことから、そうした仕組みを構築しやすいという面があった。このため1994年の段階で既にDVP取引が導入されていた。

　また、2003年以降になると、前述のCCP（中央清算機関）の開業とともに、国債以外の証券についてもDVPが実現している。

　なお、証券の決済に当たって、証券が手元にないまま証券の引渡し期日が到来すると、その証券の出し手は決済不能＝証券のデフォールトということになる。証券のデフォールトが生じると資金決済の不能の連鎖と同様、次々と引渡し決済の不能が伝播していくことになる。こうした事態を回避するため、市場慣行としてフェイルという仕組みが定着している。フェイルとは、証券決済特に国債に関し、当初の決済予定日が経過した時点で証券の受渡しが行われていなくても、そのことのみをもってデフォールトとはしない市場慣行のことである。もともと、RTGSのもとで、市場流動性の確保や決済の円滑化のためには一定のフェイル発生もやむを得ないという考え方が背景にある。ただし、そのフェイルが金融機関の全体的な健全性には問題がない中でたまたま証券の手当てができなかったという場合に限定され、その金融機関が破たんしているということになれば、そうしたフェイルは当然認められないことになる。

（ハ）外為決済

　米ドルなどの円との交換取引、つまり外国為替取引も外貨を金融商品とみなせば、同様の決済リスクがある。すなわち

　　外貨決済リスク＝未決済取引残高×時間差

である。その中で、例えば米ドルは最終的にはニューヨーク連邦準備銀行の当座預金を使って振替が行われるのに対し、円は日本銀行当座預金の振替で行われる。このため時差の関係で必ず決済の時間差が生じることとなっていた。つまり、邦銀（日本の銀行）からみると、円は支払ったのに、まだドルは受け取っていない状態が数時間続くことになる。その間に、仮にドルを支払うはずの銀行が破たんすると、その支払いは結了できない。その場合は、邦銀がロスを被ることになる。

　こうしたことは1974年にドイツの中堅クラスの銀行であったヘルシュタット銀行が破たんした時に現実の事態となり、そのリスクが金融界で広く認識された。その時にはニューヨークに本店のある米銀がマルクをドルに変換しようとして、既にマルクはドイツで支払ったがNYではドルを入手しないままに同行は破たんしてしまった。以後、この問題は「ヘルシュタット・

リスク」と呼ばれることになった。また、解決の基本的な理念である、異通貨の同時交換は、DVPにちなんでPVP（payment versus payment）と呼ばれるようになった。

その後、この問題の解決が二つの方法で実現した。

a. 中央銀行の営業時間の延長（図表8－3）

中央銀行の営業時間は、現地時間の各々午前9時から午後3時が原則である。つまり、日本銀行の営業時間は、例えばニューヨーク時間では午後7時から午前1時に相当する。この場合、重なる営業時間帯はない。しかし、現在では日本銀行は午前8時30分から午後9時まで日銀ネットを開局している一方、米国のニューヨーク連邦準備銀行は前日の午後9時（日本時間午前11時）から当日の午後6時半（同翌日午前8時半）まで日銀ネットに相当するFedwireを稼働している。この結果、日本の午前11時から午後9時までに相当する10時間は、ニューヨーク時間の午後9時から午前7時までに相当し、双方の営業時間が重なることとなった。つまり、日本円の決済と米ドルの決済を同時に行うことが可能となったのである。

図表8－3　各国の銀行間決済システムの営業時間帯

（現地時間における営業時間帯）

国・地域	決済システム	
日本	日銀ネット	8：30～21：00
欧州	TARGET2： Trans-European Automated Real-Time Gross settlement 欧州中央銀行が事実上運営するユーロ圏のRTGSシステム	7：00～18：00
米国	Fedwire： 連邦準備制度の決済システム	前日21：00～当日18：30

（営業時間帯 ▢ の重なり状況：欧米は冬時間）

日本時間	1時	2	3	4	5	6	7	8	8:30	9	10	11	12	13	14	15	16	17	18	19	20	21	22	23	24時
日本									■	■	■	■	■	■	■	■	■	■	■	■	■	■			
EU																■	■	■	■	■	■	■	■	■	
米国	■	■	■	■	■	■	■					■	■	■	■	■	■	■	■	■	■	■	■	■	■

b. CLS銀行の設立

　CLS銀行は、民間銀行ではあるが主要国の中央銀行の肝いりで設立された、特別な銀行である（CLSは、continuous linked settlementの略）。同行は、米国ニューヨークに本拠を置いているが、対象通貨の本拠地の中央銀行ごとに自ら口座を開設し、自行の勘定システムの中で各国民間銀行から依頼を受けた外貨の交換を（日米欧の中央銀行の営業時間帯の重なり、つまり日本時間の午後3時から9時までの6時間を利用して）同時に行うことによって、ヘルシュタット・リスクを削減している。もちろん、CLS銀行自身が破たんすると、そうした仕組みが無意味となるので各国中央銀行はCLS銀行の経営状態を厳しく監視している。

(二) 預金保険制度による対応

　日本では1億円未満の送金額の為替は全銀システムによって処理され、一部の参加銀行が顧客からの送金依頼を受けたあと、被仕向け銀行に資金が届くまでの間に破たんしたとしても、被仕向け銀行は仕向け銀行から受け取るべき資金を取りはぐれることなく、ロスから免れ銀行間決済は結了するように設計、運営されている。

　しかし、その仕組みだけで顧客が保護されるかというとそうではない。つまり、ある顧客が送金依頼した銀行が送金結了前に破たんしても、その送金が結了するかというと、そうとはならない。送金依頼を受け付けた銀行には多数の債権者が存在し、破たん処理の過程では債権者平等の原則に基づいてその送金債務も一部カットされるからである。このため、預金保険制度では、顧客からの送金については全額保護し（決済債務の全額保護）、送金依頼人を保護するとともに決済システムへの混乱を回避している[10]。

　なお、銀行間の決済がこれによりすべて保護されるわけではない。預金保険制度は金融機関については保護の対象外であるからである。既に金融機関間の決済はRTGSにより決済リスクがなくなっているうえ、仮に破たんした先が金融システムの安定にとって不可欠な銀行（後述のGSIB）である場合には、預金保険制度の特例によって一時国有化などの措置が選択肢として想定されており、その場合にはすべての債権が保護され決済債務も当然に保護される。

(ホ) リテール決済

　以上、決済システム改善に向けての様々な取組みをみてきたが、これらは主として銀行間ないし大口の資金決済および証券の決済であった。一方、経済全体をみるとそれ以外の様々な決済形態があることは第二部でもみた通りである。関係者がよく用いる用語は、銀行間決済などを大口決済ないしホールセール決済と呼び、それ以外の個人、企業間の資金決済を小口決済な

---

10) ただし、こうした保護の仕組みの対象となるのは円貨の送金のみであって、米ドルなどの外貨は対象外である。この点は、預金保険の対象となる預金が円貨の預金に限定されていることと整合的になっている。

いしリテール決済と呼ぶことである。この場合、リテール決済とは、具体的には銀行窓口等での小口送金に加えて、プリペイド・カード、電子マネー、クレジット・カード、コンビニでの送金や宅配業者による集金など銀行窓口以外での決済のことを総称する。

ホールセール決済の場合は、効率性もさることながら決済不能の連鎖を回避する、つまりシステミック・リスクの回避が大きな課題であった。一方、リテール決済の場合は、資金を受取るはずであった受取人にとっては大きな問題ではあるが、ひとつのデフォールトが決済システム全体を揺るがすことは考えにくい。このため、リテール決済の分野では、一定の安全性を確保しつつも、利便性の向上に重点を置いた対応が重ねられてきたのが実態である。ただしビットコインのような仮想通貨については、両替保管業者が経営破たんすると通常の円貨にとって銀行の破綻に類似した悪影響を及ぼすリスクがあることから、利用者保護の観点も重視されている。こうした状況のうち最近の主な取組みについて以下簡単に整理しておこう。

a. プリペイド・カード等についての規制

プリペイド・カードなどは、法律上は前払式支払手段と呼ばれる。前払いされたマネーを必要に応じて引出して使用する支払い手段であって、紙、磁気カード、WEB上の権利などの形態がある。法律（資金決済法）において、様々な形態のものを容認する一方、利用者保護の仕組みも同時に導入している。具体的には、前払式支払手段には、自家型（他社等では使用できないタイプ）と、第三者型（他社等でも使用できるタイプ）とがあるが、前者は当局への届け出、後者は事前に当局への登録が必要である。また、未使用残高が1000万円を超えた場合には、その二分の一以上の保証金（銀行からの債務保証、信託など）を維持する必要がある。

b. 資金移動業者による為替業務の解禁

従来為替業務は銀行などの預金取扱金融機関しかできなかったが、事前に登録した業者については、1回100万円以内の為替業務を行うことが2010年以降可能となった。このためコンビニなどの商店が送金業務を兼営することが可能となった。簡便、安価に利用できるメリットがあるが、マネーロンダリングに関する規制は適用される一方、預金保険制度による保護はない。

c. 仮想通貨両替業者の登録制

仮想通貨とは、第二部第1章⑦でみたように、ビットコインなど、決済手段として使用できるWEB上の財産的価値であって、WEB上で移転することができるものである。従来法律上の定義がなく、両替、保管業者に対する規制もなかったが、2017年に「仮想通貨」ないし、「仮想通貨交換業」という法律上の正式概念を導入し、その業者に対して登録を義務づけるとともに一定の財産的な基盤があることを登録受理の要件とした。また、当局に対して実地検査を行う権限を付与した。

第4章
プルーデンス政策

プルーデンス政策とは、金融機関の財務の健全性を維持、確保する政策である。その目的、手段、効果と限界などについて説明する。

①プルーデンス政策とは

プルーデンス（prudence）とは、一般的な意味としては健全さとか慎重さといったことである。しかし、金融システムとの関連では、金融機関ないし金融システム全体の財務の健全性の維持という意味で使われている。つまり、プルーデンス政策とは、個々の金融機関が破たんしないように日頃から注意しておくこと、そして仮に、ある金融機関が破たんしたとしても、他行や市場全体に悪影響が連鎖的に広がって金融システム全体の機能不全に陥ること（システミック・リスクの顕現）がないように備えておくことである。言い換えれば、金融危機にならないようにすることなのである。

これまでの金融危機の様相や、金融危機に至る背景、それが深刻化する事情などについては第三部第3章で詳しく述べた。ここでは、危機に直面した場合の実際の政策的な対応の仕組みに焦点を当てて説明しよう。それに先立ち、プルーデンス政策でポイントとなる個別の破たんとシステムワイドな危機の関係を整理しておこう。

図表8－4は個別の破たんが金融システム全体に波及しシステミック・リスクが顕現化するプロセスを示したものである。もちろん、個別行の破たんが危機に繋がるとは限らない。個別の破たんが拡散していくのが危機である。順にみていこう。

- ある銀行が倒産といった事態になると、当然そこからは預金の払い戻しができなくなるほか、短期金融市場（インターバンク市場）では他行からの借入を返済できなくなる。預金者は他の銀行も同様の状況にあるのではないかと恐れ、別の健全な銀行からも引出しを急ぐ。これが極端になると、預金の引出しを競って行う、いわゆる「預金取付け」となる。また、相互不信からインターバンク市場の取引が成立しなくなり、一時的な資金繰りの悪化への対応も困難化する。これが、システミック・リスクの始まりである。

図表8-4　個別行の破たんとシステミック・リスク

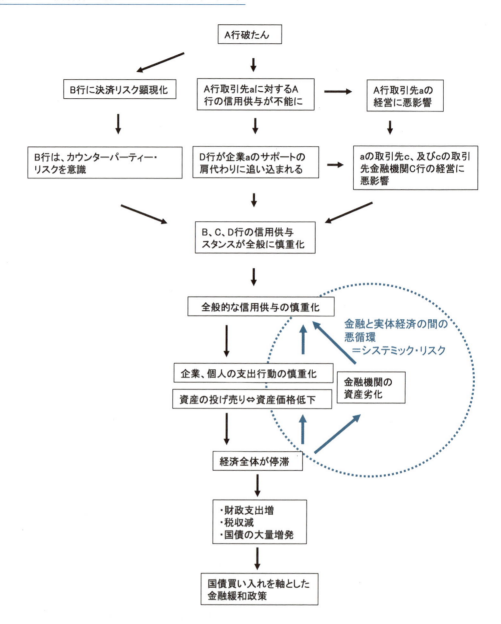

- そのような場合でも健全性に問題のない銀行は担保を差し出して日本銀行から借入を行って急場を凌ぐことができる。一時的に流動性に窮している銀行＝solvent but illiquidな銀行に対する貸出は最後の貸し手（LLR）機能といわれ、中央銀行の基本的な役割である。しかし、問題は債務超過などの事態に陥っている銀行には日本銀行によるマネー供給では対応ができ

ないことである。つまり、一時的な資金不足や担保不足の場合は、無担保を含めた特別な資金繰り支援（日本銀行法38条に基づく、いわゆる日本銀行特別融資〈日銀特融〉）で対応できるが、債務超過に陥っているinsolventな銀行にはマネーを供給しても債務超過の事態は変えられない。さらに、solvent but illiquidなケースであっても、それが一時的ではなく、かつ個別金融機関に限定されずに多数の銀行に拡散していく状態になると、そうした個別の資金繰り面での支援では大きな限界に直面する。人々はパニックになっており、パニックを収めるには個別の資金繰り支援では限界がある。

- 日本銀行がマネーをいくら供給しても、銀行の資金繰り悪化が先行するため、銀行の与信態度も収縮し、負のスパイラルに入っていく。そのうちに、多くの銀行の資産の投げ売りが始まり、資産市場では資産価値の急激な低下に見舞われる。この結果、債務超過になる銀行が増えていく。
- そうした金融機関の信用供与スタンスの慎重化は企業や個人の経済活動を萎縮させる。それが、また金融機関の経営を悪化させ、さらに信用供与の慎重化に繋がってしまう。これが本格的なシステミック・リスクである。
- 一旦システミック・リスクが顕現化してしまうと、公的部門（政府、日本銀行、預金保険機構）しか、それに歯止めをかけられなくなる。このため、極端な金融緩和や財政支出の増加を行わざるを得なくなる。さらにそのことは長期的にみた政策対応の余地を少なくさせ、経済全体の立て直しを遅らせる。財政バランスの悪化にも歯止めがかからなくなる。この間、資産価格は低迷を続ける。これが、金融危機の帰結である。

したがって、金融危機を回避する、少なくとも初期の段階で食い止めることは極めて重要である。しかし、それが困難であることは、繰り返し述べている通り歴史が証明している。個人の行動原理の面からの分析は、第三部第3章（④金融危機はなぜ繰り返すのか）で説明した。ここでは、専ら政策当局の対応という面からみていく。

②プルーデンス政策の問題点

まず、プルーデンス政策が本質的に持っている困難さについて述べておこう。具体的な対応の中身については、後述する。

（イ）時間的整合性

問題の第一は、時間的整合性（time consistency）である。逆に、時間的に不整合（inconsistency）とは、危機ではない状態、つまり平時における政策的な枠組みと、危機時における枠組みが異なるということである。平時においては、危機にならないようにするためにも、金融機関の経営が規律を持って行われることが重要である。一方、危機に直面してしまった段階では規律の

確保よりも金融システムが機能不全にならないようにすることの方がより重要である。つまり規律よりも支援の方が優先する。既に発生してしまっている火事の最中に、火の用心を唱えたり、火事の原因を追究する意味がないからである。しかし、日頃から火の用心を怠らないことは非常に重要である。

　しかし、ここで問題がさらに発生する。それは、危機になれば政策当局がそうした寛大な措置を講じるということが知れ渡ってしまうと、平時における規律自体が緩み（モラル・ハザード）、次の危機の可能性が高まるからである。

　このため、当局はこれまで次のような対応を取ってきた。

a. 建設的曖昧さから透明性ある処理へ

　金融政策や最後の貸し手機能の発揮に当たって、伝統的にイングランド銀行（英国の中央銀行）などが採用した政策は、建設的な曖昧さ（constructive ambiguity）である。つまり、運用のルールを明示するとそれが前提となってモラル・ハザードをもたらす危険性が大きくなること、また、ルールを開示すると様々な事態に弾力的に対応できないこと、この二つの理由から、ルールを敢えて（建設的に）開示しないことが望ましいとの立場である。

　建設的な曖昧さにメリットがあることは確かである。しかし、曖昧さを維持しようとしても所詮当局の手の内は読まれるであろう。また、税金の投入にまで至る場合には、当然説明責任と透明性が要求される。このため、近年は時間的整合性が確保できる（税金投入しない）前提で運用ルールも明示する方向に大きく変化してきている。典型的に、影響が大きすぎて一般的には破たんさせられず、特別に設計された円滑な処理方式の対象となる金融機関の個別名の特定、公表と、そこへの特別に高めの自己資本比率規制などの適用、さらには基本的な破たん処理の枠組みの事前公表である。すでに金融庁は3メガ銀行グループと野村証券グループをそのような対象にすることを表明している。

b. 危機対応措置の発動要件、プロセスの明確化

　金融政策であれば、例えばCPIの前年比上昇率を目途にするといった具体的な数値目標を立てること自体は困難ではない。しかし、金融システムの安定に関して、どのような段階になれば危機モードに変更するのかということを数値的に明示することはできない。このため数値基準ではないにしてもなるべく基準を明確化するとともに、危機モードへの変更の意思決定プロセスを明示する努力が払われている。

　このため、近年では政府当局（金融庁）や日本銀行が、リアルタイムで金融システム全体の安定性の評価を行い、それを公表するようになってきている（日本銀行の「金融システムレポート」など）。

　また、日本の預金保険法では危機対応のために特別な措置を取ることができるように予め規

定されている（後掲図表8－12－①、②参照）。その要件を（破綻している金融機関の措置に関して、当該措置を取らなければ）「我が国または当該金融機関が業務を行っている地域の信用秩序の維持に極めて重大な支障が生じる」とか「我が国の金融市場その他の金融システムの著しい混乱が生ずるおそれがある」と明文化している。また、そうした措置は最終的には国の予算を必要とする可能性を否定できないことから、決定に当たっては高度な政治的な判断が必要である。このため、日本では最高行政責任者である総理大臣が個別に危機の認定及びその処理方式（資本注入による救済を含む）の決定を行う仕組みにしている。

c. 財源の事前的な確保

　金融危機の際に当局が直面する最大の問題は、対応に巨額の資金が必要であって、事前に金融機関から徴収し積立てた財源（預金保険基金）だけでは不足することである。このため、国民からみると突然税金の投入といったことになって受け入れがたいこととなりかねない。そのことが、危機対応をより不透明かつ平時と不整合なものとしている。このため、当局では次のような対応を図っている。

- 預金保険基金の事前的な充実

　日本の預金保険機構は既に中堅以上の金融機関の預金量に相当する3兆円を上回る基金（責任準備金）を確保し、さらに充実を図っている。また、結果的に基金が不足した場合には、借入（政府による債務保証付き）で当座の資金を確保したうえで、保険料を事後徴収する仕組みがある[11]。実際、平成金融危機の際には預金保険機構自体が4兆円以上の債務超過になっていたが、その後返済し、プラスの基金を確保している。

- 個別金融機関自身における破たん処理財源の確保

　特に2008年のグローバル金融危機以降、各国は個別金融機関の普通株等の資本強化に加えて、巨大銀行などについては、高めの最低自己資本比率や経営が困難化した際に資本に転換されロス埋め⇒業務継続に使用できるような特別な資金の調達を義務づけている（後述のTLAC）。

d. 破たん回避のための規制強化

　危機の再発防止のために規制が強化されることは常である。これも危機前の規制緩和⇒危機後の規制強化という典型的な時間的不整合である。この点についての、本質的な解決策は見いだされていない。実際、1930年前後の日本の金融恐慌、1990年代の平成金融危機前後もそう

---

[11] もっとも、こうした後払い方式が望ましいわけではない。健全経営を維持して破たんしない金融機関が、経営に失敗した破たん金融機関の預金者等を保護するための資金を提供（survivors pay）するからである。しかし、健全な金融機関が根拠のない噂で預金取付けに見舞われるリスクが減るというメリットはある。

であった。特に2008年以降のグローバル金融危機においては、規制緩和を続けていた主要国の当局は自己資本比率規制、流動性規制などの強化を一気に進めた。このため、非常に重い広範囲の規制となって、金融機関の収益性を阻害し過ぎるといった批判が増えて、米国では揺り戻し的な規制の再緩和が行われている。

(ロ) 当局の対応の遅れ

金融危機の直前ないし初期の段階では、金融当局は、次のような対応を採りがちである。

a. 金融政策の対応の遅れ

マクロ的な金融政策は物価の安定を目標としているため、資産価格が高騰しても物価が安定している限り、早めの引き締めといった対応は取りにくい。政治的にも、金融は引き締めよりも緩和が好まれる傾向が存在する。さらに多くの経済学者も、重要なのは物価であって資産価格ではないと主張してきている。このため、金融危機、とりわけ先進国での金融危機は資産バブルの生成と崩壊によることが通例であるにもかかわらず、物価が安定している場合には対応が遅れがちである。1980年代後半の日本、2000年初頭の米国の資産バブルはいずれも一般物価が安定している下で生じた。そしてその崩壊が金融危機を生んだ。そのような政策の失敗は、金融取引の膨張の問題に対する軽視が背景にある。

他方で、金融危機ぼっ発後の対応についても金融政策の発動は、小規模かつ遅れがちである。理由としては、緩和の行き過ぎ⇒金融引締め⇒危機というプロセスの中で、すぐさま思い切った緩和を行うことへの躊躇があるかもしれない。また仮にそうした大胆な政策対応が採られた場合でも、その正常化をどのように進めるのかを見極めるのが困難であって、大きなリスクを伴うからであろう。もっとも、金融政策面の更なる対応が必要なことは、危機局面に突入後それほど時間が経過しないうちに明らかになる。

b. 金融監督当局の対応の遅れ

金融危機は、直接的には民間金融機関の投機的な事業展開から生じるが、背後にはそれを抑止できなかった金融政策と監督がある。ごく少数の金融機関ではなく多くの金融機関が同様の行動を取っているからである。政策の失敗とみなされることを恐れ、当局は金融危機が決定的になるまでの間は、危機対応を表明したり、それへの対策を具体化する決定を先延ばしにしがちである。

また、これまでの金融危機は、毎回背景や様相を異にしてきた。例えば、2008年以降のグローバル金融危機は、金融派生商品市場の機能不全が問題を大きくした。金融派生商品の市場性に対する過信があった。1990年代の日本では、専ら不動産投機によるバブルの生成と崩壊によ

る資産価格全般の高騰と暴落が危機の基本的な背景となった。日本の経済的な地位の向上に対する過信がさらにその背後にあった。その後のアジア危機では、アジア諸国の経済勃興に対する過度の期待とその剥落が、海外資本の過剰な流入と大量の流出に繋がった。

このため、危機の都度新たな発想や制度的枠組みを導入しながら対応することにならざるを得ない。そうした対応には、少なくともこれまでのところ、巨額の公的資金を必要としてきたため、国民的な反発が生じた。ひとつには金融が普段はその機能の必要性があまり強く意識されないこと、また金融機関、特に大手銀行の役職員は概して厚遇を受けているという受け止め方もある。逆に、そうした批判が起きることを知っている当局は、できるだけ抜本的な措置の導入は避けたいという希望があるため、対応が遅れがちになる。この段階で当局が恐れる事態のひとつは、危機の自己実現である。つまり、金融当局が悲観的な見通し（実は客観的、中立的であっても）に基づいて、事態を公表し対策を先回りして発表すると、「事態はそこまで深刻なのか」と受け止められ、結果として当局自身が危機を演出しかねないからである。

また、これまでの危機では、一定の段階を超えると危機の進行が加速する展開が多かった。日々刻々に事態が進行し始めると（いわゆるクライマックスの状態）、事態の把握、目先の対応に時間を取られて、本格的な政策対応を検討すること自体が難しくなることも少なくない（米国の2008年のリーマンショックの例については図表8−5を参照。日本の平成金融危機については、本章の⑦−（イ）を参照）。

以上のような問題があるからこそ、日頃から危機に備えてプルーデンス政策をよく練っておくことは重要である。そうしたプルーデンス政策の枠組みについて、ミクロ・プルーデンス政策とマクロ・プルーデンス政策に分けて議論されることが増えている。

③ミクロ・プルーデンスとマクロ・プルーデンス

第2章①でもみたように、ミクロ・プルーデンスとは個々の金融機関の経営の健全性の問題であり、マクロ・プルーデンスとは金融システム全体を見渡した場合の健全性の問題とされている。監督面でいえば、ミクロ・プルーデンスは個別金融機関に対する検査や指導のことを指し、マクロ・プルーデンスは状況に応じた自己資本比率規制の見直し、破たん処理の枠組みの整備などを指す。さらに、破たん処理の側面では、ミクロ・プルーデンスは個別金融機関の破たん処理のことであり、マクロ・プルーデンスは金融システムがバブル経済の崩壊などにより多くの金融機関が経営悪化に直面した場合に資本注入を行うことや、株価下落リスクを引き受けるために金融機関保有株式を公的機関（日本銀行など）が買い取るといった措置のことを指すことが多い。

両者を一旦分けて検討することは基本的に重要である。しかし、両者は切り離せないし、バラバラに政策対応を検討すべきではないことも明らかである。個別金融機関の経営破たんから、

図表8-5　リーマンショック前後の状況（2008年中の米国での展開）

1月11日：米バンク・オブ・アメリカが住宅ローン大手カントリーワイド・フィナンシャルを40億ドルで買収。
2月17日：資金調達が困難となって預金取付けに見舞われた英中堅銀行ノーザン・ロックの国有化。
3月16-17日：米ベアー・スターンズ証券がJPモルガン・チェース銀行に1株当たり2ドルで身売り。米連邦準備理事会（FRB）が最大290億ドルの損失リスクを負う特融を決定。
7月13日：米財務省と連邦準備理事会（FRB）が、政府系住宅金融機関（GSE）である、連邦住宅抵当公庫（ファニー・メイ）と連邦住宅金融抵当公庫（フレディ・マック）の支援策を表明。
9月15日：米国株式市場が急落、2001年9月11日の米同時多発攻撃後に市場が取引を再開して以来の大幅下落に。リーマン・ブラザーズ証券が経営破たん（日本法人は民事再生手続きを申請）。
9月16日：緊張緩和と世界金融システムの凍結回避に向け、日米欧の中央銀行が大量資金供給。
　　　　米保険大手AIGの株価が急落。FRBはAIGに最大850億ドルの融資を実施する一方で、約80％の株式取得権を得ると発表。
9月17日：英銀行大手ロイズTSBが、住宅金融最大手HBOSを買収。
9月24日：ブッシュ米大統領が国民向けテレビ演説で、米国は深刻な金融危機にあるとし、7000億ドルの金融安定化策を支持するよう訴える。
9月25日：米当局がワシントン・ミューチュアル銀行を閉鎖し、同社の一部資産をJPモルガン・チェース銀行に19億ドルで売却。
9月29日：米シティ・グループが、米連邦預金保険公社（FDIC）の支援（ロス・プロフィット・シェア）を受けて全米第4位の規模のワコビアの銀行事業を買収することで合意。
10月4日：米国で経済安定化法が成立（政府による不良資産の買い取り、預金保険の上限の引き上げなど。その後金融機関への公的資本注入も可能と説明）。
　　　　シティ・グループに代わって、ウェルズファーゴがワコビアの受け皿となることを発表。その後、係争を経て、ワコビアが受け皿になることが決定（FDICによるコスト審査の結果）。
　　　　…この前後、英国、デンマーク、ベルギーなど多くの国々で銀行の国有化実施。
　　　　また、インドなどで預金取付けが生じたほか、ロシアなどでも多数の銀行破たん。
　　　　各国株価はこの1週間程度の間に25％ないし、それ以上の暴落となった。
10月10日：G7でコミュニケを合意、公表。
　　　　（コミュニケのポイント）
　　　　G7は本日、現下の状況は緊急かつ例外的な行動を必要としていることに同意する。金融市場を安定化させ、信用の流れを回復するために共同して作業を続けることにコミットする。我々は、以下のことに同意する。
　　　　　1．システム上の重要性を有する金融機関を支援し、その破綻を避けるため、断固たるアクションを取り、あらゆる利用可能な手段を活用する。
　　　　　2．信用市場及び短期金融市場の機能を回復し、銀行及びその他の金融機関が流動性と調達資金に広汎なアクセスを有していることを確保するため、すべての必要な手段を講じる。
　　　　　3．銀行やその他の主要な金融仲介機関が、信認を再構築し、家計や企業への貸出を継続することを可能にするに十分な量で、必要に応じ、公的資金、そして民間資金の双方により資本を増強することができるよう確保する。

システミック・リスクが始まるからである。例えば2008年のリーマンショックからグローバル金融危機が始まったが、それは直前に行われたベア・スターンズ証券の救済措置が批判を浴びたため、リーマン・ブラザーズ証券の破たん処理を厳格な法的破たんによらざるを得なかったからであるとの指摘もある。また、日本でも1997年に金融危機は最初のクライマックスを迎え、一時国有化などの措置に繋がっていったが、その引き金となったのは三洋証券の破たん処理に当たって法的処理を採用したため、インターバンク市場での未決済取引が返済不能となったことであった。インターバンク市場の急激な収縮と金融機関のマインドの委縮を招いたからである。このように、個別の破たん処理と金融システム全体の対応は、表裏の関係にある。

そこで、以下では金融危機に先立って、ないしは平時が維持できている場合を含め、個別金融機関がロスの発生に直面した時に、どのような形でロスを吸収するのかという観点から整理しておこう。

④平時の対応

プルーデンス政策のミクロとマクロのほか、もうひとつの概念整理は、平時と危機の区別である。平時の対応からみていこう。

(イ) 個別金融機関のロスの処理

個別金融機関にとって、リスクの状況は、ある程度は統計的に予想できるもの（期待損失）から、具体的なデータ等がなくリスクの規模を予想しがたいもの（非期待損失）まで幅がある。金融機関に限らず企業は一般に、期待損失には（貸出）利鞘、引当てなどで対応する。つまり、小さな損失なら利益の中で吸収し、大きめの損失には引当金を取り崩して倒産に至らないようにする。また、想定を超える損失の発生があっても、それが資本の範囲内であれば、債務超過は回避して企業を存続することができる。さらに損失が大きくなると債務を全額は返済できなくなり、企業は倒産する。

こうした状況をロスの発生確率のグラフと重ねたのが図表8−6である（図表5−21 VARの概念図を拡張し、損失への備えの部分を詳しくみたもの。ただし、X軸は損失を表示）。

倒産した場合でも預金者に損失が及びにくいようにする手段として、金融機関の場合は他の債務に劣後する資金調達を行うことが通例である。つまり、普段は債務であるが、倒産時には資本としての機能を果たして、預金者保護の機能を持つことになる。しかし、それでも預金を払い戻せない事態にまで至ると預金保険の出番となる。つまり、外部からの資金支援で預金を払い戻すことになる。

このように、個々の金融機関からみれば、ロスの拡大に伴って連続的に預金者保護のためのバッファーが次々と登場してくるのである。そこで、まずは平時における対応からみていこう。

図表8-6　銀行が直面するロスへの備え

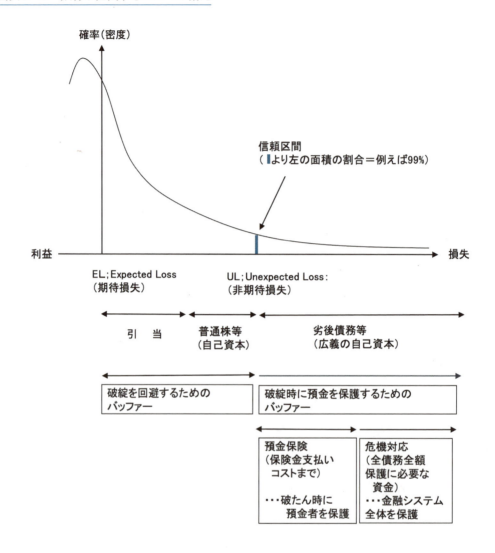

（ロ）適切なリスク管理体制

　平時の対応には、自主的な対応と、行政的な規制の両方がある。

　金融機関は、一般の会社と同様に様々なリスクに対して適切に予防する体制を構築することが求められている（内部統制）。

　金融機関の場合は、信用リスクのほか、金利変動や株式市場の変動から生じる市場リスクの管理が重要である。信用リスクへの備えである貸倒引当金については、個々の信用供与先の経営が悪化した場合の個別引当金に加え、債務者を特定しない一般貸倒引当金についても過去の

データ（貸倒実績率）を使って十分な引当金を確保するよう当局からも求められている。なお、相手が金融機関である場合には、金額が大きくなることからカウンターパーティー・リスクの管理が必要であって、通常は一定金額以上の信用供与は行わないよう厳格に上限管理を行っている。

金利変動などから生じる市場リスクについては、VAR（図表5－21参照）として算出した一定の信頼度の下でのリスク量に見合う資本（経済資本：economic capital）を振り向けるといった管理を行っている。

近年の傾向としては、GDPなどについて急激に悪化し信用リスクや市場リスクが増大した場合でも、資本基盤が維持できるかどうかをテストする、シナリオテストが重要視されている。シナリオテストは、様々な状況を想定して多様なリスクの顕現に備えることができることから、一般的なリスク管理手法として定着している。自主的なものに加え、当局が前提条件等を決めてチェックすることも多い（第五部第6章リスク・マネジメント参照）。

（ハ）自己資本に関連する規制

市場リスクやクレジットリスクから生じるロスの発生に備えて、金融機関が資本基盤を充実しておくことは、破たん回避のために決定的に重要である。

2008年以降のリーマンショックに端を発したグローバル金融危機において、主要国経済の急激な落ち込みに伴って、日本企業も大きな需要減に見舞われ業績は極端に悪化した。しかし、日本の金融機関は2000年代初頭までにバランスシートをクリーンアップし、自己資本比率が大きく改善していたため、実体経済が落ち込んだにもかかわらず、金融機関の破たんはなかった（2010年に日本振興銀行が破たんしたが、これはグローバル金融危機とは関係のない破たんであって、波及は全く見られなかった）。

特に銀行については、多面的な規制が課されている。具体的には、最低資本金規制（銀行の場合20億円）、大口融資規制（同一企業グループに対して自己資本の25％以上の信用供与を行ってはならない）、取引先企業との株式の持合いの制限（銀行は事業法人の株式の5％以上の株式を保有できない）などがあるが、決定的に重要なのは自己資本比率規制である。なお、自主的にリスクに備えて保有する資本を経済資本（economic capital）と呼ぶのに対して規制上クリアーすべき資本のことを規制資本（regulatory capital）という。

銀行の自己資本比率規制は、信用リスク（貸倒れ）、マーケットリスク（価格変動から生じる損失）のほか、オペレーションリスク（事務ミス、係争などから生じる損失）に対して十分な資本的な備えを求めるものである。具体的には、一定の信頼度（例えば、統計的に99％、つまり100年のうち99年は問題のない状態）を前提に確率論的に得られるリスク量を一定の方法により算出し、それに対して一定量以上の資本を確保することを義務づけている（内容については、図表8－7を参照）。

図表8-7　銀行の自己資本比率規制（バーゼルⅢ）の概要（2022年適用開始）

①海外営業拠点（海外支店又は海外現地法人）を有する預金取扱金融機関

- ●（普通株式等Tier1＋その他Tier1＋Tier2）÷リスク・アセット＝自己資本比率≧8%
  また、同時に
- ●（普通株式等Tier1＋その他Tier1）÷リスク・アセット＝Tier1比率≧6%
- ●普通株式等Tier1÷リスク・アセット＝普通株式等Tier1比率≧4.5%

- 普通株式等Tier1＝最も損失吸収力の高い資本（普通株式、内部留保等）
- その他Tier1＝優先株式等
- Tier2＝劣後債、劣後ローン等及び一般貸倒引当金（信用リスク・アセットの1.25%が算入上限）
- リスク・アセット＝資産の各項目にそれぞれのリスク・ウエイトを乗じて得た額の合計額（信用リスク）
  　　　　　　　　　＋資産の市場変動リスク相当額（マーケット・リスク）
  　　　　　　　　　＋種々の事故リスク相当額（オペレーショナル・リスク）
- リスク・ウエイトの例（邦銀の場合）
  　　　　　　日本国債、地方債、現金等＝0%、
  　　　　　　中小企業・個人向け貸出＝75%、
  　　　　　　一般の事業法人＝原則100%
- リスク・アセットを自行で算出する（内部モデルという）こともできるが、その場合には、上記の仕法（標準的手法）で計算した必要自己資本の72.5%相当分を下回ってはならない。

また、次の上乗せが課される。

- ●資本保全バッファー＝普通株式等Tier1対比2.5%……追加的な資本の余裕
  　　　　　　　　　　（満たしていない場合は配当抑制など）
- ●カウンターシクリカル・バッファー＝　〃　最大2.5%……危機への備えが必要と判断された場合に適用
- ●G-SIFIsサーチャージ＝　〃　最大2.5%……GSIFIに個別に適用される（邦銀の場合　0.5～0.75%）

結局、資本保全バッファーを含めれば、最低10.5%の自己資本比率が求められる。

さらに、二重チェックの意味から、リスクウエイトを用いない自己資本比率である、次のレバレッジ比率をクリアーの必要

- ●レバレッジ比率＝Tier1÷エクスポージャー（オンバランス項目＋オフバランス項目）≧3%
  なお、GSIBに対しては、より高い比率をバッファーとして設ける。

②海外営業拠点を有しない預金取扱金融機関（邦銀の場合）

- ●コア資本自己資本比率＝コア資本÷リスク・アセット≧4%

- コア自己資本＝普通株式＋内部留保＋強制転換型優先株式
  　　　　　　　＋一般貸倒引当金（信用リスク・アセットの1.25%が算入上限）

この規制は、海外に営業拠点のある銀行（国際基準行）と、そうした海外展開を行っていない国内銀行（国内基準行）に対する規制の二本建てとなっている。国際基準については、バーゼル銀行監督委員会[12]での合意に基づきいわゆるBIS規制が課されている。国内基準は国際基準をやや緩めたものとなっている。

　もともと自己資本比率規制が国際合意の対象となったのは、国際的に活動している銀行の場合、日、米、欧の各地でグローバルに営業を展開し、各々の市場に参加していることから、そうした金融機関が破たんした場合には、単にその金融機関の母体の所在地（home country）だけではなく、進出国（host country）に悪影響が及ぶことから、国際的に共通する基準が必要と考えられたものである。

　2008年以降は、さらにこの考え方が強化されGSIFI（global systemically important financial institutions 銀行の場合はGSIB: 同じくimportant banks）の指定という形で規制の強化が図られた。日本の場合、2018年末の時点で、GSIBとしてメガバンク3行（三菱UFJ、三井住友、みずほの各銀行グループ）が指定され追加的な資本賦課の対象となっている。保険会社については銀行と同様国際的に重要な保険会社がGSIIS（global systemically important insurers）として指定されているが、日本の保険会社でGSIFIに指定されている先はない。証券会社については、ヘッジファンドなどと合わせて、非銀行非保険機関 non-bank non-insurers というカテゴリーの下で同様の対応が検討されているが、まだ指定には至っていない。以上の枠組みに加えて、日本では国内のシステム上重要な銀行（DSIB；domestic systemically important bank）として、三井住友トラスト・ホールディングス、農林中央金庫、大和グループ本社、野村ホールディングスが指定され、追加的な資本賦課が行われている。このうち、野村ホールディングスについては、事実上GSIBと同等の位置づけ、規制対象となっており、次に述べるTLACも適用されている。TLACは、もともと巨大銀行を対象にしたものであって、野村ホールディングスは銀行を中核会社とするものではないが、国際的な合意に基づき、TLACを含めて対応すべき特別な金融機関と位置づけられている（三井住友トラストホールディングス、大和証券グループ本社、農林中央金庫は、DSIBに指定されているが、TLACの対象にはされていない）。その意味では、日本の自己資本比率規制は、銀行については4区分（GSIB、DISB、その他国際基準行、その他国内基準行）、証券会社については3区分（野村ホールディングス、大和証券本社、その他の国内基準証券社）となっている（保険会社は国内基準のみ）。

---

[12] バーゼル銀行監督委員会は、かつては各国の中央銀行総裁の集まりである国際決済銀行（BIS：Bank for International Settlement）の中央銀行総裁会議の下の協議機関であったが、グローバル金融危機の後は、G20の下に設けられた金融安定理事会（FSB；Financial Stability Board）の下部機関という位置づけになっている。同委員会のほか同じ下部機関として、証券監督の国際機構である証券監督者国際機構（IOSCO；International Organization of Securities Commissions）や保険会社の監督者の集まりである保険監督者国際機構（IAIS；International Association of Insurance Supervisors）がある。また、それらの横断的な委員会もある。

(TLAC)

　こうした自己資本比率規制を補完するという位置づけで、FSBによってTLAC（total loss-absorbing capacity）という追加的な資本賦加が導入された（2019年から施行）。これは、GSIBについてはグローバルな連結企業グループ（MUFGフィナンシャルグループなど）としてとらえたうえで、破綻した場合に単に預金者を保護するだけではなく、市場や経済に与える影響を回避するため、重要な業務の継続あるいは、重要なグループ内のローカル・エンティティ（各国に所在する子銀行など）の存続を可能とするための措置である。背景としては、巨大銀行が破たんした場合には、金融システム全体の機能不全を回避するために結局税金投入を余儀なくされてきたこれまでの事態を打開しようという狙いがある。対象となる債務には、保護されるべき預金なども加えられるほか、経営継続に必要となる資本水準の確保も意識されている。また、追加資本の内容としては、普通株等のほかに、デット債務であっても破たんした場合には資本に転換される特殊な債務などが加えられた。この間、日本を含め十分な預金保険基金が事前に積み立てられ、それを業務継続のための原資（資本注入など）として使える場合には、一定の範囲でそれも算入できることになっている。

　このように、2008年の世界金融危機以降、自己資本面の危機への備えは格段に強化された。

(バーゼル合意の経緯)

　銀行の自己資本比率に関するこうした国際合意は、1998年に初めて導入され、以下の通り現在はバーゼルⅢという位置づけになっている。

- 1988年：バーゼルⅠ公表
- 1992年度末：バーゼルⅠ実施
　……バーゼルⅠは、初めての国際合意として、所要自己資本比率を8％と定めた。このころは、邦銀の海外進出が目覚ましく、それへの欧米からの対抗措置という側面もあった。
- 2004年：バーゼルⅡ公表
- 2006年度末：バーゼルⅡ実施
　……バーゼルⅠを精緻化したもの。所要自己資本比率に加え、当局との対話による当該所要自己資本比率の検証、市場へのディスクロージャーという3本の柱という構成を設けた。
- 2013年〜2019年：バーゼルⅢを段階的に導入（内容は、図表8−7参照）
　……また、ＴＬＡＣや安定的な流動性の確保を義務づける流動性規制[13]を導入。

　なお、国際的な動向を踏まえて、日本国内でも証券会社については自己資本規制比率が、保険会社についてはソルベンシー・マージン規制が課されている（図表8−8）。

---

13) 具体的には、流動性カバレッジ比率（ストレスがかかった市場状態における必要な流動性に対する保有流動資産の比率）と安定調達比率（安定的な資金調達額の所要安定資金調達額に対する割合）を導入。

図表8-9　自己資本比率規制の業態別比較

	銀行 （自己資本比率規制）	証券会社 （自己資本規制比率）	保険会社 （ソルベンシー・マージン規制）
リスクのバッファー ＝分子（A）	・Tier I（基本的項目） ・普通株式等Tier I ・Tier II（補完的項目）	・固定化されていない自己資本	・支払い余力（マージン） ＝自己資本＋準備金
リスク ＝分母（B）	・リスクアセット ・資産の種類に応じてリスク度（リスクウエイト）を適用 ・信用リスク、市場リスク、オペレーショナルリスクを対象	・リスク相当額＝市場リスク相当額＋取引先リスク相当額＋基礎的リスク相当額	・リスクの総額の2分の1 ・リスク＝保険金の支払いが増加するリスク＋運用リスク（種類別資産×リスク計数）
リスクに対するバッファーの比率 ＝(A/B)の最低水準	・原則8％ （図表8－7を参照）	・120％	・200％ …(A/B)×2
最低基準を下回った場合	・下回る程度に応じて早期是正措置を当局が発動（業務改善命令＝資本充実命令等） ・自己資本がマイナスになると、破たん（業務停止命令。破たん処理が開始される）		

⑤平成金融危機の展開

　平時における危機回避の備えについて説明したが、次に金融危機への実際の対応についてみていこう。金融危機の問題を考える際には、時間的な展開を念頭に置いておく必要がある。そこで、まず最近の経験として、平成金融危機の展開について時間を追って説明しよう（図表8－9）。

　平成金融危機はバブルの生成と崩壊によって生じた典型的な金融危機である。全体として、1991年から2003年までの約12年間に及ぶ。こうした金融危機の展開には、起承転結、序破急とでもいうべき展開の普遍性、つまり「転」や「破」という急展開のフェイズがある。

（イ）初期段階（1991～92年度）

　地方の中小金融機関を中心に散発的に破たんが始まった。既にバブルは崩壊し始めていたが、この時点ではその後の激しいバブル崩壊⇒大量の金融機関の破たんは展望されていなかった。ただし、この頃既に当局では過去の金融危機の対応などの研究が開始されていた（日本銀行は1990年に金融システムの安定を担当する部署として、信用機構局を新設した。同局は2005年に廃止された）。

（ロ）破たんの拡大（1994～96年度）

　1994年の都内の二つの信用組合の破たんは、規模の小さい信用組合の破たんであったが、そ

図表8-9　平成金融危機の展開

年度	金融機関破たん数	政策金利（年度末水準・%/年）	主な展開
1987		2.5	・円高傾向鮮明に（150円/ドルを切る） ・公定歩合過去最低の2.5％に引下げ ・世界的な株価の暴落（暗黒の月曜日）
1988		→	・日経平均初めて3万円を突破
1989		↑5.25	・1989年12月末の日経平均株価既往ピーク（38,915円）
1990		↑6.0	・大蔵省（現財務省）、総量規制実施（不動産向け融資を総貸出の伸び以下に抑制、1991年に解除）。不動産バブルが一気に崩壊
1991	1	↓4.5	・初の預金保険発動（東邦相互銀行破たん）
1992	1	↓2.5	・有効求人倍率1.0を切る（2000年末まで）
1993	2	↓1.75	・不良債権の本格開示開始（その後、段階的に強化）
1994	4	→	・東京協和、安全の都内2信組同時破たん。東京共同銀行設立（公的受け皿銀行。後の整理回収機構）
1995	6	↓0.5	・ジャパンプレミアム深刻化
1996	5	→	・税金6850億円を投じて住宅金融専門会社を処理（住宅金融債権管理機構＝後の整理回収機構を設立） ・日本版ビッグバン開始 ・破たん金融機関の預金等全額保護、法制化（2000年度末まで） ・預金保険機構の体制強化（日本銀行から独立） ・日本債券信用銀行に対する資本支援（日本銀行＋民間銀行）
1997	17	→	・11月の1か月の間に、大手証券会社の山一證券、主要行の一角である北海道拓殖銀行、中規模銀行の徳陽シティ銀行が相次いで破たん ・金融機関の融資姿勢、極端に慎重化（貸し渋り） ・公的資本注入（18行　1.8兆円）
1998	30	→	・早期是正措置（破たん認定の明確化）の導入 ・預金保険機構による不良債権買取り開始 ・初めて税金を破綻処理に投入（交付国債7兆円。その後、政府保証枠と合わせて70兆円に拡大） ・主要行の日本長期信用銀行、日本債券信用銀行相が引き続き破たんし、一時国有化 ・旧大蔵省から金融監督部門を分離、金融再生委員会、金融監督庁発足 ・公的資本注入（15行　7.5兆円）
1999	44	→	・第一勧業、富士、日本興業銀行統合発表（みずほグループ）
2000	14	↓0.25	・預金保険法を改正し、決済債務の全額保護、危機対応措置を恒久化（資本注入、全債務全額保護による破たん処理、一時国有化） ・金融庁発足
2001	56	↓0.1	・さくら、住友銀行合併（三井住友銀行）
2002	11	→	・三和、東海銀行合併（UFJ銀行） ・政府による金融再生プログラム発表（2004年度末までに大手銀行の不良債権比率を2001年度末8.4％〈既往ピーク〉から半減する目標を設定）
2003	1	→	・日経平均最安値（4月28日終値　7607円） ・りそな銀行に公的資本注入、足利銀行を一時国有化 ・産業再生機構発足（経営不振の借り手企業の再生）

（注）
・資料出所：預金保険機構その他のHP。
・政策金利は、2001年1月までは、いわゆる公定歩合。それ以降は日本銀行の基準割引率/貸付利率。

の背景として、不動産融資の膨張とバブル崩壊に伴う急激な資産内容の悪化というマクロ的な様相が明確であった。また、散発的に地方の金融機関も破たんし始めた。その後の大量破たんの可能性が、当局によって強く意識され始めた。

破たん処理のインフラ作りが急いで開始された（昭和初年の金融恐慌の際に活用された公的受け皿銀行である昭和銀行に範を取って東京共同銀行を設立。平成銀行という行名の案もあったが、民間銀行の合併後の行名として浮上したため回避）。

また、ノンバンクではあったが大手銀行の子会社として不動産融資専業であった住宅金融専門会社（住専。もっとも住宅ローンには限定されておらず、不動産融資全般が業務範囲）の破たん処理を公的な枠組み（住宅金融債権管理機構）によって実行した。「住専＝Jusen」は、そのままローマ字で通用するくらいに海外主要国の当局者の間では既に大きなイシューとして認識されていた。しかし、預金を取り扱っていない金融業者に税金を投入したことに対する世論の反発は大きかった。このため、最も重要な預金取扱金融機関に対する公的資金投入が却って遅れる結果となった。

(ハ) 本格危機の始まり（1997年度）

大手金融機関の破たんが始まった。後述するように1997年11月の1か月の間にそうした破たんが相次ぐ事態となり、最初の本格危機の様相に直面した。このころから、公的資金（税金）を使った危機深化の回避の議論が国会でも始まったが、税金投入に対する世論の反発を恐れ、仕組みの設計は遅れた。政党間でも、対応についての考え方が分かれた。結局、危機回避に必要な規模の公的資本注入は行われなかった（1998年3月末に大手行に対してほぼ一律の資本注入計1兆8000億円が投入されるにとどまった）。

(ニ) 危機の頂点（1998年度）

金融システム全体が大きく動揺した。

地方の有力銀行を含めて、数多くの中小金融機関の破たんが続発し始めた。また、金融市場で大きなプレゼンスを持っていた日本長期信用銀行、日本債券信用銀行が破たんの事態に直面した。このため政府は「金融再生法」を制定した（措置の内容により時限を設置。最終的な措置の終了期限は今後決定）。そこでは、すべての債務を全額保護することを前提に、破たん処理円滑化のための承継銀行（破綻金融機関の受け皿）を預金保険機構の子会社として設立するほか、巨大銀行の破たん処理のための一時国有化、破たん回避のための資本注入などの措置が盛り込まれた。実際に、日本長期信用銀行と日本債券信用銀行は一時国有化（公的管理銀行）されたほか、1999年3月末には大手銀行15行に対して7兆5000億円弱の資本注入が行われた。このため、金融システムに対する安心感がひとまず醸成され、山場は超えた。

（ホ）危機の長期化（1999～2002年）

多数の実質債務超過の体力の弱い金融機関について、破たん処理が迅速、円滑に実施されたことから、金融システムの不安定要因は徐々に取り除かれていった。しかし、不動産価格、株価の下落が続き、金融機関の体力の低下に歯止めがかからなかった。このため、債務者の支援のための措置（産業再生機構）が本格的に開始された。また、大手銀行の経営効率化と安定化のための経営統合が相次いで発表された。しかし全体としては、中小金融機関を中心に破たんが続いた。

（ヘ）危機の終息（2003年）

経営危機にあえいでいたりそな銀行に対して巨額の公的資本が注入されたほか、地方銀行である足利銀行の破たん処理のため一時国有化という大仕掛けの対応が採られた。こうした対応が徐々に金融市場の低迷脱出の糸口となって、全体的に状況が改善し始めた。日経平均株価は4月の最安値から3,000円程度上昇し、年末には10676円となった。これ以降、平成バブル崩壊による金融機関の破たんはなかった。

この過程で（1991年以降）、全国銀行ベースでみて約100兆円の不良債権処理コスト、預金保険からの支出20兆円（うち、税金投入約10.4兆円）のコストを要した。

⑥危機初期の対応

以上が平成金融危機の展開の状況である。この展開を念頭に置きながら、危機対応として一般的に想定されている姿について、説明しよう。

（イ）危機の前兆と単発的な破たんの違い

危機の当初は小規模な金融機関の散発的な破綻から始まる。もちろん、小規模な金融機関の破たんが生じたからといって危機になるとは限らない。単発的な破綻にとどまるのは、その原因が個別的な原因によるもので、マクロ的ないし金融システムに共通する要因がない場合である。例えば、日本振興銀行が破たんしたのは2010年のことであり、世界的には金融危機の最中であることから、その意味で危機に繋がり得る破たんであったかもしれない。また、大和生命も破たんしたのは、リーマンショック直後の2008年10月であった。

しかし、日本振興銀行の場合は著名な経済評論家なども揃えた経営陣の下で、極めてずさんな経営と貸出管理体制が作り出した特異な破たんであったということが世間的に広く知られていたため、他に波及することがなかった。また、リーマンショックの直後に破たんした大和生命の場合も、実質的に保険会社としての機能はなく実態は不動産管理会社といった状況であったため、他の保険会社に経営不安が波及するということは一切なかった。

このように、外部環境の面でネガティブなショックがあったとしても、当該金融機関に固有の事情から破たんに至ったということが明白な場合には、他に波及するといったことはない。なお、その場合金融システム全体の状況について、信頼感のあるディスクロージャーが行われることが有益である。

(ロ) 危機の進化の特徴的な様相
　単発ないし散発的な金融機関の破たんが危機の状態になるのは、基本的に同じマクロ的な背景による破たんが続く様相を示した場合である。典型的には資産バブルの崩壊による不良債権比率の上昇が止まらないといった状況の中で体力の弱めな金融機関の破たんが散発的に続くような場合である。
　そうした段階での政策的な対応のあり方について、平成金融危機の著者の経験を踏まえて整理すると次のようになろう。
　まず、判断の分かれ目は散発的な破たんの段階である。その背景に資産バブルの崩壊が止まらないといった状況があるのであれば、破たんは続くとみて、例えば預金の一部カットを伴うような破たん処理はすべきではない。理由は、それが引き金となって他の金融機関への取付けといった連鎖的な預金者の行動を惹起する可能性があることと、いずれ危機が本格化しシステミック・リスクに直面した段階では、破たん処理に当たって預金を含めて全債務全額保護に踏み切らなければ、危機の深化が避けられず、初期の破たん金融機関の預金者との間で不公平が生じるからである。あるいは、そのことがある種の制約要因となって大胆な措置が取れなくなるからである。
　ただしその段階では、体力が比較的強めな大手金融機関の破たんは生じていないことが多いことから、破たん防止のための直接的な手段、例えば資本注入といった措置に踏み切るかどうかは微妙なところである。当然、金融機関の自己資本比率は低下していることから、当局による資本充実命令などが出されている金融機関も増えているはずである。しかし、まだこの段階では、金融機関の自助努力による対応を求めないという選択は困難であろう。危機下での破たんといえども、やはり経営の失敗という側面があるわけであり、それにもかかわらずすべての金融機関を破たんさせないという、一般企業と明らかに異なる対応を取ることは企業の公平感からいっても許容されまい。また、この段階では借り手の親密先金融機関が破たんしても、当該借り手の経営に大きな不安がなければ他の金融機関が貸出に応じる可能性もあろう。
　もちろん、政策当局としては既に最悪の事態を想定しているので、様々な政策手段の検討などに入っているが、先に述べたように、当局の対応は遅めとなりがちなことは留意すべきである。

(ハ) 本格危機直前の状況
　そうした中間的な状況から金融危機になる過程で、状況は大きく動く。まず、この頃になると、

金融機関の格付けも大きく低下し始めていることが多い。そのときの典型的な症状はインターバンク市場の流動性の低下である。互いにカウンターパーティー・リスクを強く意識し始めるからである。

また、預金者もまさか自身が長く取引してきた金融機関が破たんすると思っていない状態から、徐々に金融機関に対するリスクを現実のものとして認識し始める。

この段階までの、個別破たん処理のスキームは典型的に次のようなものである。

a. 破たん処理の開始

預金取扱金融機関の場合、一般企業の資金繰り破たんに相当する「預金の払戻し停止」（保険事故）のほかに、債務超過の認定、預金の払い戻しができなくなる恐れなどを事由とした当局（金融庁）による破たんの認定、つまり行政措置による破たん（業務停止命令）がある。さらに、不正行為などがあった場合や、逆に廃業、解散等によって消滅した場合の地域経済等への影響が過大な場合には、当該金融機関に対して特別な管財人（金融整理管財人という）を任命して、当局の管理下に置くことができる。認定の後、破たん処理を実際に遂行するのは、預金保険機構である。金融整理管財人には、通常は預金保険機構が任命される。なお、預金保険機関が世界で初めて設立されたのは米国である。それを受けて日本では1971年に制度が導入された（そ

図表8-10 預金保険制度の成立と強化（米国および日本）

1907年	米	恐慌（銀行の破たん多発……1907年恐慌と呼ばれている）
1908	米	州単位の預金保証制度の成立 ・オクラホマ（1908～1923） ・ネブラスカ（1911～1930）…… （その後、州単位預金保証制度自体が破綻）
1913	米	連邦準備制度成立
1927	日	金融恐慌（預金保険制度創設が議論の対象に。実現せず）
1929		世界大恐慌
1934	米	FDIC（連邦預金保険公社）設立
1945	日	太平洋戦争敗戦　GHQ 預金保険制度の創設を提案（実現せず）
1971	日	預金保険制度成立（世界で第10番目の設立） （1972年の対内投資自由化による外国金融機関の進出等に備えたもの）
1996	日	平成金融危機の高まり。危機対応措置（一時国有化等）の本格導入
2008		リーマン・ショック　⇒　グローバル金融危機
2010	米	ドッド・フランク法成立 （市場型金融危機への対処：証券、保険を含む危機対応、GSIFIの導入）
2013	日	ドッド・フランク型の証券、保険を含む危機対応措置を導入

うした経緯については、図表8－10を参照)。

b. 預金カットを伴う破たん処理

　本来の預金保険の機能は、破たんした金融機関を閉鎖し、保険金として保護される預金と同額の保険金を支払うものである（保険金支払い方式という）。その場合、保護される預金は、決済用預金（無利息の決済性預金）、決済債務（未結了の送金依頼）の全額と、複数の口座合算（名寄せ）後、1人当たり1000万円までの元本と経過利息である（定額保護）。しかし、その場合は給与振り込みを含めて預金の決済機能が維持できないほか、借り手からすると破産管財人等の下で、返済（回収）を求められるばかりで新たな借入はできないこととなる。このため、現実には保険金支払い方式による破たん処理を行うことは回避すべきである。預金や貸出、送金などの基本的な金融機能を既存ないし新規に設立した受け皿金融機関に事業譲渡して、そうした業務を継続することが原則となる。その場合、保護すべき預金はそのまま預金として維持し、払戻しにも応じる。貸出についても通常の金融機関と同様新規貸出にも応じることができる。

　そうした方法（資金援助方式）を採用した場合には、受け皿金融機関に対し預金保険で保護される預金は額面で移転する一方、貸出は時価で移転するため、その差額分を預金保険機構から支払う必要がある[14]。ただし、それらの金額について上述の保険金支払い方式を取った場合のコスト（保険金支払いコスト）を計算しその範囲内での差額支払い（資金援助）にとどめることとしている（図表8－11）。

　具体的に想定されている典型的な破たん処理の流れは、次の通りである（このような週末を利用した基本的な破たん処理スキームを金月処理と呼んでいる）。

- 金曜日：
　　破たん処理の方針の公表
- 週末中：
　　金融整理管財人[15]の選任と民事再生手続きの裁判所への申し立て
　　名寄せなど、保護すべき預金と他の債権の峻別
- 週明け月曜日：
　　上記の手続きが完了したところで、営業（預金の受払など）を再開

---

14) また、このような受け皿に移転された預金の保有者に比べ、預金保険の対象とならないために預金が移転されずに破たん金融機関に存置された預金やその他の債権の保有者が、（不良債権ではない）良質な資産を受け皿に移転された結果、見合いとなる資産が不当に価値の低いものとならないよう、破たん処理の大原則である債権者間の公平を確保するための資金援助も必要となる（衡平資金援助）。
15) 金融整理管財人とは、金融庁が任命する破たん処理の実務を行う者であって次の機能を有する。
・旧経営陣に代わって破綻金融機関の業務を運営すること
・受け皿となる金融機関を選定し、円滑な事業の譲渡などを図ること
・旧経営陣等の責任追及を行うこと

図表8-11　金融機関の破綻処理の枠組み（1/2）

① 通常の状態
- 金融機関は預金を負債として預かり、その資金を貸出等に運用。
- 預金の内訳として、付保預金60、非付保預金40のケースを想定。

資　産		負　債	
債権（貸出等）	110	付保預金	60
		非付保預金	40
		資本	10

｝決済用預金の全額とその他の預金の（名寄せ後1人当たり）1000万円まで

② 金融機関の資産内容が悪化した状態
- 資産の劣化（＝不良債権化）によって、資産の価値が目減り。
- もともと100の価値があった債権が減価して70の価値しかなくなった状態を想定。

資　産		負　債	
正常債権	50	付保預金	60
不良債権	20	非付保預金	40
		資本	10

｝資産査定により、50の正常債権と20の不良債権に減価

③ 保険金支払（ペイオフの実行）
- この金融機関を清算し、付保預金の保険金支払（ペイオフ）を行ったと想定。

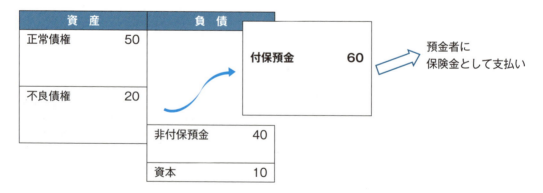

預金者に保険金として支払い

図表8-11　金融機関の破綻処理の枠組み（2/2）

④　資金援助の場合
・資金援助による破綻処理を行う場合、破綻した金融機関の付保預金と正常債権は受皿金融機関に事業譲渡。

資　産		負　債	
正常債権	50	付保預金	60
不良債権	20	非付保預金	40
		資本	10

 受皿金融機関

●付保預金と正常債権の差額（10）は資金援助する必要がある。（ただし、仮に③保険金支払方式によった場合の処理コスト＜保険金支払いコスト＞の範囲内）

なお、預金については保護される預金は破たん前と同様に引き出しが可能である一方、一部カット対象の預金は凍結されて引出せない。この場合、まだ受け皿金融機関には事業譲渡はされていないが、ブリッジバンクと呼ばれる預金保険機構の子銀行を仮の（預金保険対象の預金、良質な貸出債権の）事業譲渡先と位置づけて、そこで事業を継続することが公表される（この時点で、破たん金融機関の株式や出資金が無価値となることが事実上確定する）。

- 数か月以内、なるべく早期に：

最終的な（ブリッジバンクではない）受け皿となる金融機関を選定し、そこに事業を譲渡（不良債権、保護されない預金などについては、事業譲渡せずに破たん金融機関に存置し、その金融機関は破産手続き等の倒産法を適用して消滅させる）。

c. 全債務全額保護下での破たん処理

以上は、預金カットを伴う破たん処理の場合であるが、実際には、預金取付けの波及などによって危機につながる恐れがある場合には、資本（株式）のみを棄損させ、デット債務については、預金を含めすべて債務の全額返済に応じることを選択することが想定されている（ただし、前述の金融危機対応会議の開催＋総理の判断といった重い手続きとなる）。全債務全額保護の場合は[16]、法的手続きではなく私的整理などとなる。基本的にロスを被る債権者はいないからで

---

16) 預金だけを全額保護するのではなく、すべての債権を保護するのは、破たん処理の大原則である債権者平等の原則を尊重していること、そのことにより事業譲渡などに関して他の債権者から異議を申し立てられないようにするためである。

ある（株主は原則として保有株式は全損となる）。つまり、受け皿となる金融機関に対して通常の民間同士の契約による事業譲渡を行う処理となる（受け皿が見当たらない場合は先々も存続する受け皿金融機関を新規に設立する必要がある）。

⑦危機の頂点（クライマックス）での対応

（イ）危機時の様相

　金融危機の典型的な状況は、疑心暗鬼と悪循環である。危機の過程では極端に市場の緊張感が高まる段階が出現する。1回とは限らないが何度もあるわけではない。2008年のリーマンショックなら10月には一気に海外市場も含めて危機が伝播した（前掲図表8－5参照）。また、日本の平成金融危機の場合、最初の危機のピークというべき1997年の11月は、次のような急展開であった。

11月3日：
- 三洋証券の会社更生法の申請という形での法的処理の開始
- その際、インターバンク市場でデフォルト発生

16日：
- 北海道拓殖銀行の破たん（預金の全額保護＋中央信託銀行と北洋銀行を受け皿として業務継続の形での破たん処理方針の発表）

24日：
- 山一證券による自主廃業の発表

26日：
- 徳陽シティ銀行の破たん（預金の全額保護の下での仙台銀行などを受け皿とする破たん処理方針の発表）

このように1か月の間に破たんが相次ぐ事態となる。これらの破たん処理については、三洋証券を除き山一證券のほか北海道拓殖銀行、徳陽シティ銀行についても債権者は預金者を含めすべて保護された（すべてのケースで株主は全損を被った）。こうした預金者保護の方針について、政府、日本銀行の首脳が繰り返し強調したにもかかわらず、全国各地で預金取付けが生じた。預金者は自身の預金の安全性の疑問を持ち始めているので、ちょっとした悪い情報でも敏感に反応するようになる。実際にあった例として、ある地方の金融機関が破たんした時に全く別の

17）too big to fail という表現は、必ずしも正確ではない。単に規模の問題ではなく、影響の広がりが問題であるからである。このため、too complicated to fail（複雑すぎて破たんさせられない）とか、too connected to fail（繋がりが多すぎて破たんさせられない）といった表現が使われることもある。WEBでいえばGoogleやFacebookなどのいわゆるハブ（hub）として機能しているサイトをダウンさせると、その影響は広くWEB全体に広がってしまうのと同じことである。ハブを守らないと、システム全体がバラバラになって全体が機能不全となるのである。

地方の無関係の金融機関ではあるが、名前の一部が共通しているというだけで疑心暗鬼から、その金融機関からの預金の引出しが急増するということがあった。

(ロ) 特別危機管理等

　以上の事態を踏まえ、金融システムの機能不全、崩壊といった事態を回避するため、思い切った手段を取ることになる。もちろん、規模の大きくない金融機関であって、その破たんによって金融システム全体が揺らぐことがない金融機関は、全債務全額保護までの措置により預金者、借り手を保護する前提で破たん処理を行うことになる。

　しかし、一般に too big to fail[17] である（破綻すると金融システム全体、ないしその地域の金融システムに大きな悪影響を及ぼすことが避けられない）金融機関については、全債務全額保護であっても破たん処理は困難となる。なぜなら、破たん処理となると別の金融機関に事業譲渡を行わざるを得ないため、手続きに時間を要するほか、金融機能の維持という意味では断絶が生じざるを得ない。このため、国（実際には預金保険機構）が既存株主から事実上強制的に株式の譲渡を受け、経営を完全に管理下において業務を継続し、事業の洗い直しと業務体制の見直しができた時点で、株式を市場に売却し再民営化する仕組みを活用することにならざるを得ない。こうした一時国有化の措置は、日本長期信用銀行（現新生銀行）、日本債券信用銀行（現あおぞら銀行）の2行に対して、金融再生法（預金保険法の改正前の時限立法）による「特別公的管理」という形で適用された。また、そうした一時国有化を恒久化した現在の預金保険法の「特別危機管理」措置が、足利銀行（現在も足利銀行）に適用された。

　なお、平成金融危機の際には、事態の急展開に対応するため、時限的な措置として資本注入、預金を含む全債務全額保護、一時国有化といった措置が時限的な立法によって設けられた。その後、2000年にこれらの措置の恒久化と手続きの厳格化を盛り込んだ法律（預金保険法）の改正が行われた。手続きの厳格化の柱は、総理が主催し金融庁や日本銀行などが参加する金融危機対応会議での議論を経たうえで、総理の権限で危機の認定と必要な措置の決定を行うというプロセスの導入である（図表8−12−①参照）。

(ハ) 特定措置（米国ドッド・フランク法に準じるタイプの破たん処理〈秩序ある処理〉）

　平成金融危機が一段落し日本の金融システムが安定を取り戻した2008年9月、米国リーマン・ブラザーズ証券の破たん（リーマン・ショック）に端を発するグローバル金融危機が勃発した。この金融危機はそれまでの金融危機とはやや様相を異にしていた。それは、個々の金融機関の破たんが他行への預金取付けなどを通じて金融システム全体を揺るがすというよりも、金融市場でのカウンターパーティー・リスクが強く意識され市場取引が円滑に行われなくなる状況である。これによって、市場の流動性が失われ金融市場の機能が大きく低下する側面が強かった（市場型金融危機）。このため、預金取扱金融機関だけでなく、金融市場に参加している証券会社や

図表8−12　金融危機の際の特別な対応

①預金取扱金融機関に対する特別な措置
（措置を取らなければ信用秩序に極めて重大な支障を生じることが条件）

	対象金融機関	措置の内容	備考
第一号措置	破綻していない金融機関 …金融機関のうち、第二号措置の対象金融機関を除く	預金保険機構による株式等の引受け等（資本注入）	・りそな銀行（2003年、総額約2兆円）の例がある。
第二号措置	破綻金融機関 …資金繰り破綻または債務超過の金融機関	保険金支払いコストを超える資金援助（預金等の全額保護）	・金融整理管財人（預金保険機構）による管理を命ずる処分が行われる。 ・多くの金融機関の破たん処理はこの方式（ただし、現在の預金保険法成立前の旧法における「特別資金援助」方式）で実施されてきた。
第三号措置	破綻金融機関のうち、債務超過の銀行	預金保険機構による株式の全部取得（特別危機管理＝一時国有化）	・第二号措置では信用秩序の維持ができない場合でなければ行うことができない。 ・足利銀行（2003年、総資産約5兆円）の例がある。

②金融機関（銀行のほか、証券会社、保険会社などを含む）に対する特定措置
（措置が講じられなければ、金融市場その他の金融システムの著しい混乱が生ずるおそれがあることが条件）

	対象金融機関	措置の内容	備考
特定第一号措置	破たんしていない金融機関	①預金保険機構による特別監視 ②預金保険機構による株式等の引受け等（資本注入） ③預金保険機構による貸出、資産買取り	預金保険機構が、従来日本銀行しか行ってこなかった、金融機関救済のための融資を行う。
特定第二号措置	破たん金融機関 …資金繰り破綻または債務超過の金融機関	上記①、③のほか、受け皿金融機関への事業譲渡、株式譲渡を支援するための保険金支払いコストを超える資金援助	事業譲渡等の結果、残存するエンティティは法的に倒産。

保険会社も破たんに瀕した。米国政府は大手証券会社や保険会社、さらには自動車メーカーなどを含めて巨額の資本支援を行って危機の拡大を回避に努めた。しかし、この過程では巨額の税金が投入され、それらが巨額の損失リスクにさらされた（実際には、投入した資本の価値が回復し、現時点でロスは出ていないようである）。

こうした市場型の金融危機に対処するため、米国では業態区分（銀行、証券、保険など）を超えて、市場取引において大きなプレゼンスを持っている金融機関を広く対象とし、しかも市場での既契約分の大量の解約・債務不履行に繋がらないような措置を2010年に法制化した（ド

ッド・フランク法。正式名称は、ドッド・フランク・ウォール街改革・消費者保護法）。ポイントは金融機関が破たんした場合でも一定の重要な事業を継続するための資本（上述のTLACなど）を自ら用意しておき[18]、実際に破たんした場合にはそれを活用して公的な資金を使わずに、「秩序ある処理；orderly resolution」ができるようにしたことである（そのような計画は遺言；living willと呼ばれている）。こうした中で、市場において既契約の取引が一斉に解約されることをストップする措置（stayという）なども導入された。

こうした観点からの議論は、米国内だけではなく、G20あるいはその下部組織である金融安定理事会（FSB；Financial Stability Board）において並行して精力的に続けられてきた。

そうした状況の中で、日本でも「秩序ある処理」を導入すべく、預金保険法の改正が2013年に行われた。銀行に限らず証券会社、保険会社を含め金融市場や金融システムの中で大きなプレゼンスを持っている金融機関ないしその親会社・子会社（金融グループ）を対象に、資本が過小になっている場合の資本注入（特定第一号措置）、債務超過となった場合でも迅速に業務をブリッジ会社に移転して業務を継続できるような仕組み（特定第二号措置＝秩序ある処理）を導入した（図表8－12－②）。この場合、証券、保険会社など預金取扱金融機関以外の業態についても、預金保険機構が、資本注入などの措置のほか、当該金融グループの経営管理を含めて担当することになっている。

なお、日本の場合は特定（一号、二号）措置についても、特別危機管理などと同様に、最終的に民間金融機関が総体としても財務が脆弱化している場合には、国による支援が可能な仕組みとなっている。

(ニ) FSBとGSIFI（global systemically important financial institutions）

今も触れたように、世界金融危機後の国際的な対応をリードしたのは、G20の下に設けられたFSBである。FSBが打ち出し、2008年のグローバル金融危機後の対応の柱となったのは既に述べたGSIFIの導入である。GSIFIとはFSBによって指定された世界で数十程度の巨大金融機関グループである。そのうち、銀行主体の先GSIBは30先程度（日本からは3メガ銀行）が指定されている。ほかに保険会社10社程度がGSIIs（global systemically important insurers）に指定されているが、日本の保険会社はリストに含まれていない。FSBは、毎年その時点のGSIFIのリストを更新・公表し、そこに対しては特別な規制と破たんに瀕した場合の特別の措置を予め決めておくことになっている。このように、当局が金融機関を個別に特定し、特別の規制を課すということは、破たんさせない金融機関を事前に決めておくという意味で、これまでの方法とは大きく異なった直截な対応である。

---

[18] このような自らの資金で破たん処理を行うことをベイル・イン（bail in）とよんでいる。これは、ベイル・アウト（bail out；公的資金などによる救済）と対比させた表現である。

リストにある個別のGSIFI、特にGSIBについては、前述のTLAC（重要業務の継続のためのロス吸収資金）を財源とする次のような処理を事前に確定しておく仕組みがある。

- 経営回復計画（Recovery Plan）
  当該金融機関が自ら策定し、母国当局と進出国当局との間で合意した計画（例えば、存続すべき業務ないしエンティティの特定）。
- 秩序ある処理計画（Resolution Plan）
  当該金融機関から提出された情報に基づき、母国当局と進出国当局が策定した計画。

　これらの内容は、極めて個別性が高く、実践的なものになっているとされる。その際に問題となるのが、処理方式の二つのパターンからの選択である（GSIFIは基本的に持ち株会社ないし親子関係会社によるグループ化が行われている）。

a. 持ち株・親会社処理方式

　子銀行等で発生したロス（持ち株会社はマネジメントのみで通常、営業は行っていない）を吸収する特殊な債務等を親会社が発行しておき、経営危機に直面した場合には、それを活用して子銀行等を救済する方式。具体的には、子銀行等で生じたロスを持ち株会社のロスとして認識し（移転し）、処理する方式である。持ち株会社のところの一点で対応するため、single point of entry（SPE）と呼ばれている。金融庁では、GSIBである3メガ銀行や野村證券グループが万一、経営危機に瀕した場合には、このSPEを採用する方向性を既に明らかにしている。

b. 子会社処理方式

　子銀行等の個別の金融機関を破綻処理する方式。事前的にその金融機関がロス吸収手段を確保している必要がある。multiple point of entry（MPE）と呼ばれている。SPEに比べると処理が複雑化する可能性が高い。いずれにせよ、これらの措置をどのように活用していくかは、関係当局（日本では、金融庁、日本銀行、預金保険機構）の大きな課題である。

（ホ）借り手企業の経営改善を通じる不良債権問題の本格解決

　銀行の資産の主体は一般企業への貸出である。その借り手の経営が悪化し、返済能力が低下した状態が銀行資産の不良化である。不良資産が増えていくと、キャッシュフローが減少し、利益が出せなくなって、破たんに至る。平成金融危機においては、本業は黒字であるにもかかわらず、追加的な利益を狙って投資した株式や不動産の値下がりから苦境に陥った企業が少なくなかった。従って、不良債権の問題を本格的に解決するためには、再生可能な借り手企業に

---

19) 日本銀行による特別融資への損失補てんを政府が行う法案の審議中に、法案を通すために、結果的に破たんしなかった金融機関の名称に言及し、預金取付けを招いたとされる事件（第三部注7参照）。

ついての再生を最大限図っていく必要がある。特に危機時においては事業の再生のリスクを取る者が少なく、事業再生のコストがどうしても高くなる。その問題を解決するため、預金保険機構の子会社として設立されたのが平成金融危機時の「産業再生機構」であり、その後の「企業再生支援機構（現在は地方再生のための機関として衣替えされ地域経済活性化支援機構となっている）」である。

今後とも、危機対応の一環として重要な柱となるべき対応である。

（ヘ）モラル・ハザードの問題

経営が行き詰まった金融機関に対して資本注入などによって破たんを回避することは、（マクロ的な見地から不可欠とはいえ）モラル・ハザードの問題を惹起する。

特に、税金を原資とした場合には、納税者の反発は大きい。このため、国会審議が難航し、対応が遅れるという面もある（昭和の初めの金融恐慌の引き金となったとされる当時の片岡蔵相の失言も、そうした場面で生じた[19]）。仮に税金を使わなかったとしても、預金保険の原資は直接的には金融機関の経費から支払われているが、ミクロ経済学的な見地からすると、当該金融機関の株主や役職員（配当や賞与などが減る可能性）だけではなく、借り手や預金者も利息の中から一定の負担をしているはずである（消費税を納めるのは販売業者であるが、実際の負担は消費者が行っているのと類似性がある）。

こうした見地から特に日本で取られてきた対応のひとつが、経営責任のある役員に対する責任追及である。具体的には、民事（損害賠償請求）、刑事（特別背任、有価証券報告書虚偽記載〈債務超過であるにもかかわらず資産超過と報告する〉など）両面での訴訟提起や告訴である。預金保険機構には、実際にそうした責任追及を行うためのスタッフとして、警察関係者や検察関係者が派遣されている。

⑧証券会社、保険会社のセイフティー・ネット

以上は、基本的に銀行（預金取扱金融機関）を念頭に平時、危機時の対応を説明した。次に証券、保険会社のセイフティー・ネットを説明しよう（図表8－13）。

平成金融危機においては、預金取扱金融機関だけでなく、三洋証券、山一證券などの証券会社のほか、保険会社も経営破たんした（生命保険会社の破たんは、日産生命、東邦生命など7社。損害保険会社の破たんは第一火災、大成火災の2社）。

証券会社の場合は、預金に相当する顧客からの預かり資産は基本的に区分経理されていることから、破たんによってそれらが毀損することはない。このため、受皿会社に資産や契約を移転するといった方式は取っていない。ただし、そうした分別管理が正当に行われていないために顧客財産が毀損するケースは生じるであろう。これに対応するため、預金保険制度と類似の

図表8-13　セイフティー・ネットの業態別比較

①平時の対応

	銀行（預金取扱金融機関）	証券会社	保険会社
制度の運営者	預金保険機構	日本投資者保護基金	保険契約者保護機構（生保、損保別）
対象とならない利用者	金融機関	金融機関、国、地方公共団体	国、地方公共団体など
対象債務等	預金、決済債務	義務に反して分別されなかった顧客勘定（本来は分別されている）	責任準備金
対象のうち量的範囲	・決済用預金、決済債務は全額保護 ・その他は、名寄せ後1000万円	名寄せ後1000万円	・保障性の高い（貯蓄性の低い）主要な保険について90% ・損害保険のうち火災保険等については破たん後3か月は全額保護
コストの直接的な負担者（保険料の支払人）	預金取扱金融機関（原則として事前徴収）	証券会社（事前＋事後徴収）	保険会社（事前＋事後徴収）

②危機対応（秩序ある処理）

業態横断的な特例措置		グループの金融持株会社、各子会社を状況に応じて破たん、救済。
	コストの直接的な負担者	事後的に金融機関から徴収＋必要な際は国の支援

セイフティー・ネットが維持、運営されている。

　一方、保険会社の場合は、支払い済みの保険料の積立金があるほか、先々の保険金支払いの義務があることから、破たん処理方式としては、受皿保険会社に保険契約と優良資産を移転する方式を採用している。保護の範囲は基本的には、多数存在する保険契約者に対する保険金の支払いのために積み立てられた基金（責任準備金）の90%に相当する部分である。保険は預金と違って、保険会社は契約者に対して保険事故が起こったときに保険金を支払う義務はあるが、契約時点では必ずしも保険金支払い債務の金額が確定しているわけではなく、保険事故が生じた段階で具体的に発生し確定する。このため、基金に対する保護という形でしか制度設計ができないという事情がある。また、保険は将来のリスクに備えるものであるので、既に支払った保険料の保全もさることながら、保険契約を先々維持することこそが保険契約者にとって重要である（新たに審査を受けるなどの必要が生じる。生命保険の場合、年齢が経過すると平均余命が短くなるので保険料も変わってくる）。特に契約期間が比較的短期の損害保険の場合、保険契約者としては事故に備えて早めにほかの健全な保険会社に契約を移転することが有効と考え

られており、受け皿への保険契約の移転が重視されている。

　具体的な破たん処理の方式としては、保険会社については、銀行の場合の金融整理管財人に相当する保険管理人が当局によって任命され、保険契約者保護機構から受け皿保険会社（ブリッジ保険会社を含む）に事業の移転を行い、それに必要な資金援助を行うことになっている（法的な枠組みとしては一般の会社更生法を金融機関に適用した更生特例法）。なお、契約だけを契約者保護機構が承継する方法も用意されている（銀行の場合は、預金だけを預金保険機構が引き受けることは、法律上は可能であるが、実際問題として適用される可能性は低い）。

　この間、一般に保険は預金にくらべ「取付けの連鎖」といった事態は生じにくいと考えられている。これは、預金は既に支払ったマネーを預けているのに対して、保険は支払ったマネー以上の保険金を期待して、保険料を払っているという事情があるからであろう。実際に、保険会社については、体力の弱い保険会社において契約解除が増加することはあるが、預金取付けのようなパニック的な保険契約の解約殺到といったケースは例外的と考えられる（もっとも、保険の要素が少なく貯蓄の要素の強い貯蓄性の保険商品の場合は、解約が殺到する事態はあり得る）。

　なお、市場型の金融危機における規模の大きい証券会社や保険会社の破たんへの対応（秩序ある処理）については、前述の通り預金保険機構が特定措置を活用して対処することになっている。このうち、証券会社の破たんについては、かつての4大証券会社の一角であった山一證券が破たんした際に、廃業が打ち出されていたにもかかわらず、市場への影響を回避するため、日本銀行による特別融資⇒日本銀行における債権の取りはぐれロスの発生という変則的な形でしか対応できなかった。このことも、日本において秩序ある処理が導入された理由のひとつである（預金取扱金融機関については、1998年に施行された金融再生法の中で既に特別危機管理〈当時は特別公的管理という名称〉などの危機対応措置の導入が行われていたが、証券会社の破たんにはそのような仕組みはなかった）。

第九部

金融政策

Introduction

第九部では、中央銀行の政策、つまりマクロ金融政策を説明する。

米国の著名なノーベル賞経済学者であるM.フリードマンは、1968年のアメリカ経済学会での会長講演において、「金融政策は実体経済に対して、長期的には全く効果を持たない」と強調した。A.シュワルツとの米国金融史に関する共著では、1929年以降の大恐慌の原因はマネーストックの縮小を招いた金融政策の失敗であると糾弾し、そうした大失敗をしないためには、マネーストックの安定的な増加（ｋ％ルール）こそが望ましいと主張した。M.フリードマンの流れをくむJ.ルーカスは、2003年の同じくアメリカの経済学会の会長講演において、「米国の過去50年の経済の安定確保に成功してきた経験に照らせば、長期的な供給サイドの問題に取り組む方が、安定化政策（つまりマクロ経済政策）をはるかに上回る意味がある」と主張した[1]。

長期的な供給面の取り組みは重要である。しかし、それだけでは経済の安定的な発展はできない。J.ルーカスの講演の数年後、米国は住宅バブルの崩壊、リーマン・ブラザーズ証券の破たんを経て、大恐慌以来の金融危機に見舞われ、安定化政策、なかでも金融政策をフルに動員することになった。

日本では1980年代の後半、長期化した金融緩和が巨大な資産バブルを生成した。資産バブルの是正を図るため、金融政策の引締めへの急激な転換と政府による不動産融資の総量規制がバブルを一気に崩壊させ、多くの金融機関が破たんし、典型的な金融危機、その後の長期停滞に見舞われた。日本銀行は危機の直後こそやや緩和に及び腰との批判が特に海外からあったが、その後は米国の強力な緩和措置を上回る規模の国債、株式などのリスク資産の買入、さらにはマイナス金利までも導入し、強力な金融緩和を続けている。しかし、その間の政策の手戻りとも言える曲折もあって思うような効果は出ていない。

---

[1] この主張の背景には、伸縮的な価格形成と合理的期待形成を前提にすれば、短期的なマクロ安定化政策は（例えばマネーストックの増加）は、一般物価水準の上昇の効果しかないという考え方がある（後掲図表9–13参照）。

第三部でみたように、金融の内外の歴史を振り返ってみると、金融システムというものが成立して以来、金融の過度な引緩みと、その後の反動による金融危機を繰り返してきた。中央銀行の設立自体が、通貨の混乱や金融危機の収拾ということを目標にしたものでもあったが、その後の歴史をみると、少なくとも日本銀行が設立された1882年以降、日本において金融がほぼ安定していたといえるのは、第二次世界大戦後で平成金融危機が勃発するのまでの40年ほどの期間だけかもしれない。その期間の中でも、1965年にはバブル的な証券金融の崩壊による証券不況、1973年には銀行貸出の膨張と石油危機が重なって生じた狂乱物価があったことを考えると、金融が安定している時期はかなり限定的である。

　他方で、ベース金利やマネタリーベースのコントロールについては、中央銀行は非常に強力である。それにもかかわらず、金融の安定を維持し続けることは、上述の通り非常に困難である。M.フリードマンが主張するように、定率でマネーストックを拡大していくことが実現できれば、資産バブルの生成と崩壊は回避できる可能性が高い。しかし、そのようにマネーストックの成長を一定にすること自体が中央銀行にとって非常に難度の高い課題である。マネーの供給源である銀行の貸出を思うようにはコントロールできないからである。そして、「資産価格の上昇が資産の実質的な価値の増大によるものなのか、不均衡で維持できない上昇＝バブルなのか見極めることはできないし、見極められたとしてもバブルが崩壊してバブルであったことが確認できるまではマクロ的な安定政策は取るべきではない」（A.グリーンスパン米国連邦準備制度理事会議長＜中央銀行総裁に当たる＞）といった諦観にも似た主張すら少なくない。

　つまり、物価や雇用といったマクロ経済の安定を確保し続けるための知見は、まだ人類は得ていない。このことが、繰り返す金融危機の背後にある。

　こうした認識を根底に持ちつつ、第九部では金融政策や中央銀行の機能について、ひと通り標準的で、かつ実情にもある程度は即していると思われる理解や理論を説明する。以下最初にマクロ金融政策一般について説明した後、中央銀行の設立経緯、機能などについてみていく。そのあと、簡単なモデルを使って中央銀行の政策の波及メカニズムを整理していく。

第1章
マクロ経済政策

金融政策の中身に入る前にマクロ経済政策の一般的な議論をしておこう。

①金融政策と財政政策

(イ) 政策の概要

マクロ経済政策、つまりGDP、物価、為替レートなど経済システム全体、ないしはすべての経済主体に影響しうる経済政策には、金融政策と財政政策がある。具体的な手段という面から大まかに分類すると、それぞれ次のような種類がある。両者は、経済の現状や目標について共有し、具体的な政策の実施に当たっても密に協調していなければならない。ただし現実的には、例えば金融引締めと財政支出の拡大といった芸術的なポリシーミックスが実現することは少なく、その時点で対応余力の大きい方、ないしはより効果的と思われる方が前に出ていくというのが実情である。

a. 金融政策

金融政策とは、中央銀行が行う次のような政策のことであって、手段はいずれも貸出や市場オペレーション（有価証券の売買など）である（具体的な内容は追って説明する）。
- **金利政策**：市場金利を操作すること
- **量的政策**：マネタリーベースを操作すること
- **信用政策**：民間金融機関のリスクを肩代わりすること

なお、物価安定などのマクロ的な政策目標は、金融システムの安定を直接ターゲットにしたものではないが、金融システムの安定にとっても当然重要な意味がある。一方、第八部で述べた金融システムの安定のための政策（プルーデンス政策）は、その適切な運営が、特に銀行の適切な信用供給態度を通じてマクロ経済の安定に繋がることはいうまでもない。

b. 財政政策：
　財政政策とは、国（中央政府）が行う次のような政策のことである。
・財政支出：国の予算で、公共事業その他の支出を選択的に行うこと
・租税政策：税によって、経済主体の行動に影響を与えること

(ロ) 金融政策と財政政策の比較
a. 金融政策と財政政策の特徴
　中央銀行は民間金融機関と国に当座預金口座を提供し、銀行券を発行している。当然、それらの当座預金残高を少なくとも全体としてプラスに維持すること、つまり最低限の金融調節が必要となる。なぜなら、それができないと中央銀行に民間金融機関が開設している当座預金が全体として残高不足となって、どこかの金融機関は資金繰り破たん（当座預金残高がマイナス）することになるからである。そのような最低限の責任に加えて、政策目的に沿った金融調節を行うのが金融政策である。つまり、金融政策は中央銀行の必然的な機能の延長に位置している。
　また、金融政策の手段はマネーの貸借ないし金融商品の売買であって、税のような強制的な徴収や財政支出のような贈与、つまり所得の強制的な再配分機能はない。財政政策と異なり政策の発動に当たって事前の国会の議決は不要であるのも、こうした背景がある。国会の議決を経ずに機動的な政策の変更、発動が可能なことが金融政策の大きな特徴であり、経済へのショックに直ちに対応できることが大きなメリットでもある。一方財政政策は、金融政策とは対照的に所得の再分配機能を持っていることを基本的な背景として、政策の変更には国会の議決が必要である。

b. 金融政策と財政政策の中間領域
　中間的な領域として、国の行う次のようなマクロ金融的な政策がある。
・為替政策
　為替政策とは、為替レートに働きかける政策である。最も代表的な政策は、例えば市場で米ドルを買って円を売ることによって円安方向に誘導するといった、為替介入である。他国との協調による対応（協調介入）と単独で介入する場合がある。為替レートは単に金融的な事情だけではなく、外交、軍事面からの影響もある。こうしたことも理由となって、日本では為替介入は財務省の権限とされ、同省の指示により、日本銀行が国の資金を使って行っている。つまり、日本では財務省に為替政策の権限が付与され、国の資金（外国為替資金特別会計）を使って介入が行われている。これに対し、米国では財務省と連邦準備制度理事会の双方、EUでは中央銀行（ECB）のみに権限と勘定が属している。
　もっとも日本でも、財務省と日本銀行は為替政策について常時情報、意見交換している。これは、介入は外貨と円の交換であるため事実上金融調節に影響するうえ、例えば円売りドル

買い介入の後、日本銀行が金利を引上げれば両者の効果が相殺されるといった事情があるからである。このため、為替に関する国際協調を議論する場であるG7会合などには財務大臣と日本銀行総裁が参加している。

- 財政金融投資と政府系金融機関

  第八部で述べた通り、政府系金融機関などを通じて、国も金融事業を行っている。ただし、これらは基本的にはマクロ政策ではなく、ミクロ的な観点から実施されている。

②金融政策発動の場面

金融政策は何の目的のために運営されるのであろうか。基本的な目的は、マネーを適切に供給して、経済全体の安定的な発展を維持、確保することであることはいうまでもない。しかし現実には、様々なショックが発生し、それへの対応に追われている。つまり、経済は均衡から乖離しているのが常であって、望ましい均衡への回復を目指すのがマクロ金融政策であるといえよう。具体的には、次のような場面で金融政策が発動されている。このうち、国内金融危機の発生は、それ自体が金融政策の失敗から生じていることが多く、危機対応は自らの失敗の後始末という側面が強いが、金融危機は金融政策にとって最も重大なショックであることは事実である。

（イ）外性的なショックへの対応

これまで日本において現実に日本銀行が直面し、対処してきた外生的なショックとして主なものは次のようなものがある。これをみると金融政策は外的なショックへの対応に追われ続けていることが理解できる。

- 石油危機

  1973年（第一次）、1979年（第二次）において原油価格が高騰し、日本経済は貿易収支の悪化、インフレの高進、成長の鈍化に見舞われた。第一次石油危機の際は、その直前の金融緩和の影響もあって、「狂乱物価」といわれる事態になった（賃金上昇率は1974年には30％を超えた）。もっとも、第二次石油危機の際には早めの金融引締めが奏功し、インフレ率は最小限に収まったとされる（CPIは上昇したが、国内需要の物価指数であるGDP内需デフレーターは、上昇しなかった。）。

- 海外の金融危機

  2008年のリーマン・ブラザーズ証券の破たんに端を発した世界金融危機は、日本の金融システムには波及しなかったが、各国の経済の落ち込みから輸出が大幅に減少し、日本経済は停滞した。日本銀行は、平成金融危機への対応として取っていた、ゼロ金利政策や量的緩和政策を一段と強化することになった。

これに先立ち、1990年代には韓国、タイなどの東南アジア諸国が、通貨危機に見舞われるという事態もあった。このときには、日本は平成金融危機の最中であり、アジア通貨危機が日本の危機を深めたとの指摘もある。もっとも、このアジア危機は日本における金融緩和の行き過ぎが遠因になっている、つまり、日本からの影響による危機である。というキンドルバーガーなどによる批判がある（第二部注12参照）。

- 海外市場の混乱

1987年10月19日（月曜日）、ニューヨーク証券取引所で株価（NYダウ30種平均）が1日で22.6％暴落した。1日の下げ幅としては、1929年の暗黒の木曜日（下落率12.8％）を上回ったため暗黒の月曜日（ブラック・マンデー）と呼ばれることとなった。この下落が、世界の市場に波及し、東京市場でも日経平均株価は、その日は3836円安、率にして14.9％と現在までで過去最大の暴落となった（その次の大幅な下げは、バブル崩壊初期1990年4月2日の1,978円、前日比マイナス6.6％）。

この暴落の原因は特定されていないが、一般的には世界的な金利上昇懸念（直前に米国、当時の西ドイツが利上げ）、コンピュータで裁定取引を自動的に行う、いわゆるプログラム売買による売りの加速などが指摘される。しかし、この暴落が当時のA.グリーンスパン米連銀理事会議長就任直後であったことから、その後のグリーンスパン議長の引締めに関する慎重な態度を生み出す原因となったとの見方も多い。また、日本でも既にバブル的な様相を示しており、日本銀行は金融引締めへの転換を模索しつつあったが、この暴落によりむしろ市場に流動性を大量に供給することになり、利上げも見送られた。このために金融政策の転換が遅れたことが、その後のバブルのさらなる拡大、反動的なバブル崩壊を招いたとされる。

- 大震災

2011年3月11日に起こった東日本大震災は、経済全体に大きなマイナスのインパクトを及ぼすおそれがあった。既に金融は大幅に緩和されていたが、日本銀行は直ちに市場への資金供給を実施（1日の供給規模は21.8兆円とリーマンショック直後の供給額の約3倍に）するとともに、直後の3月14日の金融政策決定会合でリスク資産の買い入れ額の増額（35兆円→40兆円）による金融緩和の強化を打ち出した。

さらに、3月17日には、80円/ドルを割り込む水準にまで円高が進行している事態を警戒したG7財務大臣・中央銀行総裁が「日本とともに為替市場における協調介入に参加する」との声明を発表した。なお、震災が円高に作用する理由としては、震災からの復興財源確保のために日本が保有するドル資産を売却するのではないかとの市場の見方があるとされる。

(ロ) 内生的なショック（資産バブル崩壊）への対応

1980年代に金融緩和の長期化などを背景に、資産価格の大幅な上昇が続いたが、金融の引締めへの転換、政府による不動産融資に関する「総量規制」などから、資産バブルが崩壊し、金

融機関や一般事業法人の経営が大きく悪化した。最終的に平成金融危機に発展し、その克服が大きな課題となった。

　もちろん、資産バブルが生成される前に適切な対応によって、資産バブルの膨張を回避するのが基本であるべきだが、A.グリーンスパン元米連銀理事会議長を含め多くのエコノミストは資産バブルの判定をリアルタイムで行うのは困難だと指摘している。A.グリーンスパンは現職の議長時代の2002年に、カンザスシティー連銀が主催する各国中銀首脳、著名エコノミストが集まる有名なコンファレンスで、「バブルがはじける前にバブルと認知するのは困難（very difficult）」と強調した。確かに、容易ではないとは言えるだろう。その理由として次のことが考えられる。

- 経済の通常の拡大も資産価格の上昇を伴うため、どの時点までは単なる経済の拡大で、どの時点からバブルなのかを判断するのは困難なこと。
- 多くの資産バブルの場合、資産価格の上昇にもかかわらず、物価は落ち着いていること。マネーが資産に向かって、財・サービスに向かわないからである。
- 資産価格ではなく一般物価の安定が中央銀行の基本的な目的とされているため、金融の早期引締めなどへの転換は説明が困難であること。

　このため、経済学者からも資産価格の上昇に対して金融の早期引締めで対応すべきではなく、一般物価が上昇し始めた時点で早めに引締めに転じるべきという意見が少なくない（典型的にA.グリーンスパン、B.バーナンキ、M.ガートラーなど）。例えばA.グリーンスパンは先ほど紹介した同じコンファレンスで、仮に早めにバブルを認識できたとしても、少しくらい金融を引締めたところでバブルの成長を抑えることはできず、本当にバブルを防ぐとすれば経済全体を萎縮させる－それは決して適切ではない－くらいの引締めが必要だとしたうえで、「（1990年代のITバブルを防ぎ得た方法として）段階的、計画的な引締めの進行があったと考えるのは、ほぼ間違いなく幻想である（almost surely an illusion）」と述べた。そして、中央銀行の役割は、バブル崩壊後のダメージを極力少なくするための金融緩和措置であると結論づけた。

　つまり、A.グリーンスパンは金融政策でバブルを回避することについて、極めて懐疑的であった。しかし、政策当局者のそうした懐疑的な見方が一般的となって、金融政策面の対応が結果として対応が遅れ、資産価格の反落が大幅なものとなり、金融機関の破たんが続発し、例えば平成金融危機などの危機に繋がることを受け入れることはできない。

　まず、バブルの早い段階での認識という意味でいえば、例えばR.シラー[2]は2005年の時点で2007年以降のサブプライム問題について住宅市場の過熱に絡めて警鐘を鳴らしていたことはよく知られている。日本の平成金融危機においても、危機に先立つ資産バブルについて、著

---

2) R.シラー（1946～）は米国のノーベル経済学者。人々の行動を心理学も応用しながら分析する行動経済学の分野で知られる。また、精密に設計された住宅価格指数（ケース・シラー住宅価格指数）の開発でも知られる。

者が直接見聞きした範囲内でも、バブル崩壊前の1987年の時点で「ある特定の不動産について、1週間のうちに複数回所有者が変更され、その都度銀行からの当該不動産を担保とした貸出極度額が引き上げられる」といったケースが都内で散見されていた。こうした事態を異常と判断することは難しくないであろう。おそらく、データ、知見の蓄積によって、バブルの予兆は把握できるであろう。

　また、第一部でも説明したように、金融活動からの収益は、実体経済活動からの所得を持続的に上回ることはできない。しかし、バブル生成初期の段階では、両者の関係が逆転し、金融所得が実体経済活動から得られる所得を上回る状態となる（前掲図表1－8）。こうした点を総合的にモニターしていけば、資産バブルの発生を認識することはできるであろう。

　そこで問題は、どのようにしてバブルの生成を初期の段階で火消しするかということである。通常の金融政策では、A.グリーンスパンが指摘する通り極めて困難であろう。しかし、ひとつの考え方は、プルーデンス政策との組合せである。個別金融機関のリスクマネジメントの監視、警告と早めの金融政策の転換がバブル生成の抑制につながる可能性はある。その意味では、金融政策と、マクロプルーデンス、ミクロプルーデンス政策との協業が必要であろう。例えば、バーゼルⅢのカウンターシクリカル・バッファー規制（図表8－7参照）のダイナミックな活用などが考えられる。この点は、今後の広義の金融政策の重要な課題である。

第2章
中央銀行設立の経緯とガバナンス

　ここでは、中央銀行の成り立ちとその後の経緯を中央銀行の政策決定の仕組みと併せて簡単にみておこう。成り立ちや経緯をみると、中央銀行の役割や立場がよく理解できるからである。また、現在確立されている意思決定プロセス、つまりガバナンスについての理解を深めることもできよう。

①日本銀行

（イ）日本銀行の設立

　日本銀行は、その設立の経緯についてHPで公式に次のように説明している。
「明治維新以降、わが国は積極的な殖産興業政策を展開していましたが、財政的基盤のまだ固まっていない政府は、その資金の調達を不換紙幣の発行に依存せざるを得ませんでした。そうした中、明治10年（1877年）2月に西南戦争が勃発し、大量の不換政府紙幣、不換国立銀行紙幣が発行されたことから、激しいインフレーションが発生してしまいました。そこで、明治14年（1881年）大蔵卿（現在の財務大臣）に就任した松方正義は、不換紙幣の整理をはかるため、正貨兌換の銀行券を発行する中央銀行を創立し、通貨価値の安定を図るとともに、中央銀行を中核とした銀行制度を整備し、近代的信用制度を確立することが不可欠であると提議しました。こうして、明治15年（1882年）6月、日本銀行条例が制定され、同年10月10日、日本銀行が業務を開始するに至りました。」
　つまり、混乱し激しいインフレの原因となった紙幣（マネー）の整理のために設立されたのが、日本銀行である（なお、国立銀行は条例に基づく民間銀行）。

（ロ）太平洋戦時下における日本銀行法の制定

　日本銀行条例は太平洋戦争の最中、1942年2月に「日本銀行法」に改組された。そこでは、まず目的を「通貨ノ調節、金融ノ調整及信用制度ノ保持育成」と明確化したうえで、日本銀行の基本業務について次のように列挙された。つまり、発券銀行、銀行の銀行、政府の銀行とい

う機能が明示された。
- 銀行券の発行
- 手形の割引及び手形、国債、金地金、商品を担保とする貸付
- 預り金（当座預金）
- 内国為替
- 外国為替の売買（必要ある場合に限定。当時の外国為替専門銀行であった横浜正金銀行との役割分担を念頭において、為替介入などに限定したもの）
- 手形、債券、金地金の売買
- 政府に対する無担保貸付け

以上が基本的な業務であるが、戦時下での経済統制の強化との関連業務や、アジア進出の進行を背景にした「大東亜経済圏の中央銀行」としての機能も付加された。

全体的な特色を整理すると、次の通りである。

a. 日本銀行に対する国家管理の強化

「国家経済総力ノ適切ナル発揮ヲ図ル為国家ノ政策ニ即シ」（第1条）「専ラ国家目的ノ達成ヲ使命トシテ」（第2条）、運営されるべきとしたうえで、役員の解任権を含めて広範な監督権限を大蔵省（日本銀行監理官）に付与した。

b. 日本銀行を通じる国家管理の強化

第1条において、国家経済総力ノ適切ナル発揮を日本銀行の目的として規定したうえで、大蔵大臣の認可を得れば、日本銀行法本文に規定されていない業務であっても、「信用制度ノ保持育成ノ為必要ナル業務」（現在の日本銀行法第39条に相当するもので、いわゆる日本銀行特別融資〈無担保の救済融資〉もこれを根拠にしていた）のほか、「日本銀行ノ目的達成上必要アル場合」の業務を行うことができる。さらに、大蔵大臣は「銀行其ノ他ノ金融機関ニ対シ日本銀行ノ業務ニ協力セシムル」ため命令できることとされた。

c. 管理通貨制度の明示的な採用

日本の通貨制度は、昭和6年（1931年）12月における金輸出再禁止、銀行券の金兌換停止による金本位の事実上の廃止と、銀行券保証発行限度制度の弾力的な運用から、事実上は既に管理通貨制に移行していた。しかし、この法律改訂により初めて恒久的発券制度として管理通貨制度が導入された。すなわち、日本銀行が銀行券（兌換券と謳われていない）を発行すること、日本銀行券は「公私一切ノ取引ニ無制限ニ通用」するものとされた。

d. 国際業務の拡充

日本銀行は、大蔵大臣の認可を受け、「外国金融機関ニ対シ出資ヲ為シ若ハ資金ヲ融通」できることとされた。この規定は日本が植民地化した地域における銀行（中央銀行を含む）に対する日本銀行による関与を謳ったものと理解される。

（ハ）太平洋戦争敗戦後の日本銀行法改訂

終戦直後から、GHQ（連合国軍総司令部）の「経済民主化」の方針の下、日本銀行、大蔵省（現在の財務省）などの関係者が日本の金融制度のあり方について議論を重ねた。その中には、日本銀行内に「金融庁」と名付けられた政府の金融行政部門を置く案のほか、金融行政と金融政策を一体的に所掌するバンキング・ボードを総理大臣の直轄下に置くといった議論もあった。しかし、民間金融機関の再生が急務であったこと、こうした議論をリードすべき人材の多くが公職追放により職を全うできなかったといった事情から、結局日本銀行の内部に役員組織とは別に政策委員会を設置する以外に大きな変更は行われなかった。実際に日本銀行法が改訂され政策委員会が設置されたのは1949年6月のことであった。

（ニ）平成金融危機を踏まえた日本銀行の改正

平成金融危機は、日本経済や日本社会に非常に大きいダメージを与えた。この反省を踏まえ、かつて大蔵省（現在の財務省）が持っていた金融に関する行政的権限を新たに設置した金融庁に分離した[3]。また、日本銀行についても日本銀行法の改正が行われた（1997年6月に公布され、翌年の1998年4月に施行された）。同法改正によって組織形態自体は変わらなかったが、政府からの独立性の確保と透明性の向上を軸に運営のあり方が大きく見直された。特に、日本銀行は政府ではなく直接国会に対する説明責任を負うとの考え方が色濃く反映された。具体的な変更内容は次の通りである。

a. 目的規定の見直し

日本銀行の目的については、次の2点とされた。

第1に、銀行券を発行するとともに通貨及び金融の調節を行うこと、その際物価の安定を通じて国民経済の健全な発展に資することが理念とされた（第1条）。

第2に、金融機関の間で行われる資金決済の円滑の確保を図り、もって信用秩序の維持に資することとされた（第2条）。

---

[3] その過程では、1998年にまず「金融監督庁」が、大蔵省から独立した組織として一旦総理府の外局の形で設置され、その直後に設置された金融再生委員会の事務局として位置付けられた。2000年になって金融監督庁は、金融システムの企画立案機能（それまで大蔵省に存置）も持つ総合的な金融所管官庁である「金融庁」として改組された。さらに2001年に内閣府の外局とされ、現在に至っている。

このうち、第2の資金決済の円滑、つまり決済システムの安定を日本銀行の目的規定に入れたことは平成金融危機の反省を踏まえたものであると同時に、政府の金融監督権限との調和を図る狙いがあったと考えられる。つまり、(他の主要国では金融監督は政府ではなく中央銀行が監督権限を付与されているケースも少なくないが)日本においては、政府に属するものとされてきた。一方、日本銀行にも一定の金融システムの安定に対する一定の責務を明示的に負うべきとの考え方も強かった。こうした事情から中央銀行に強い親和性のある決済システムに着目したものといえる。また、政府には金融機関への立ち入り検査権限が付与されている一方、日本銀行は昭和初期の金融恐慌以降取引先金融機関との契約に基づき実地調査(考査と呼んでいる)を行ってきた。今回、それを日本銀行法の中で明示的に認知するとともにその根拠を特別融資などに備えるものとして位置付けたのも同様の考えであろう。

　なお、物価の安定として、通貨価値の安定としなかったのは次の理由によるものと思われる。
- 通貨価値の安定というと、対外的な通貨価値、つまり為替レートの安定も意味するが、通貨外交、あるいは為替介入は政府の役割であり、実際介入は政府の勘定で行われていること。
- 通貨価値の安定というと、貴金属や美術品などそれ自体は過去に生産されたものであって、現時点での付加価値の増加をもたらさないものや、株式など金融資産を含むことになるが、これらの価格の安定は経済政策の目標となりにくいこと。また不動産については、家賃などが物価指数に算入されていること。もっとも、不動産については、金融危機との関係で重要であって、単純に切り捨てることはできないであろう。

　また、物価安定を「目的」とせず、やや間接的に、「理念」としているのは政府の仕事でもあるからと考えられる。

b. 政策委員会の強化

　従来から日本銀行には政策委員会が設置され、公定歩合(基本的な政策金利。現在の基準割引率、貸付利率に相当)の変更など政策決定を担ってきた。しかし、日本銀行の実際の政策決定プロセスでは、日本銀行の執行サイドが政策委員会を軽視してきたとの批判があった。このため、政策委員会の権限を金融調節方針、経済情勢の判断といった金融政策の実際的な運用にまで拡大するとともに、従来あった政府代表委員の議決参加権は付与しないことにした。なお、総裁、副総裁の任命は旧法では内閣の決定事項で国会同意が不要であったが、これを見直して国会同意を義務付けた(他の政策委員は、従来から国会同意人事)。

　政策委員会は、近年の会社のガバナンス体系に即していえば、経営方針の決定と執行の分離を理念として社外取締役を過半数とする取締役会になぞらえることができる。なお、日本銀行は財務省所管の認可法人であって、政府の出資比率は55%超とされている(逆にいえば45%は市場で取引することが可能である)。政策委員会の政策決定会合には、財務省、金融庁の代表者が出席している。日本銀行の正副総裁の任命は内閣が行うが、理事については財務大臣が行う。

c. 独立性の強化と国会等への説明責任の強化

　政策委員会の権限を強化するとともに、旧日本銀行法にあった政府による日本銀行に対する監督権限（役員の解任権、業務命令権）を大幅に削減し、基本的に法令順守状況のチェックに限定した。なお、日本銀行の経費予算（政策関連を除く支出）については引き続き政府の認可事項とされたが、認可しない場合にはその理由を明らかにすることとされた。

　他方、日本銀行の運営をチェックするため、国会への業務報告書の提出、国会から求めがあった場合の出席義務の法制化などが行われた。また、政策委員会の議事要旨のタイムリーな公表、詳細な議事録の一定期間後の公表なども定められた。なお、総裁、副総裁、政策委員会委員（審議委員）の任期は5年であり、これは衆議院議員より1年長く、参議院議員よりも1年短い。

(ホ) 中央銀行と政府、国会との関係

　中央銀行の目的や機能あるいはガバナンスについて、様々な議論が真剣に行われる背景には次のような事情がある。

　中央銀行は、無制限の通用力のある銀行券を発行し、市場金利を誘導し、場合によっては巨額の金融商品を市場から購入することができる大きな財務的権限をもつ組織体である。一方、中央銀行の意思決定は国会の同意を得た政府の任命によるとはいえ、直接選挙で選ばれた政治家などがトップに立つ組織ではない。これは、中央銀行の政策、業務運営に当たって専門的な知見を重視するためであるが、両者の不均衡をどのように調和させるかは、大きな問題である。

　このため、上述の通り日本銀行法においても各所に両者のバランスを取るための仕組みが組み込まれている。

(ヘ) 政策決定の仕組み

　政策を決定するのは、総裁、副総裁（2名）の執行役員のほか、非執行の役員である審議員6名からなる政策委員会の特別な会合（政策決定会合）で、多数決で決定される。概ね年8回開催され、日程は年間の予定が1年以上前に予め公表される（日米欧の政策決定の枠組みについては、図表9－1を参照）。

　そこで決定されるのは、経済情勢についての判断（「経済物価情勢の展望」文書の決定と公表）、政策の長期的目標（現在は、2％のインフレ目標）、具体的な市場誘導目標（金利の誘導目標、マネタリーベース、各種金融商品の買い入れ額など）などである。

②米国連邦準備制度

　米国でも中央銀行制度の確立と通貨の混乱の収拾とは深く関連している。米国では、中央銀行制度が確立したのは1913年で日本よりも後のことであり、それまで紆余曲折を辿った[4]。

図表9-1　中央銀行の政策決定（日米欧比較）

	日本銀行	連邦準備制度理事会（FRB）	欧州中央銀行（ECB）
政策の理念	（日本銀行法）物価の安定を通じて国民経済の健全な発展に資すること	（連邦準備法） ・物価の安定 ・雇用の最大化 ・長期金利の変動の抑制（moderate long-term interest rates）	（欧州条約及び欧州の機能に関する条約） ・ECBの独立性を阻害しない限りでのEUの一般的な政策のサポート
決定機関	政策委員会（政策決定会合）	連邦公開市場委員会（FOMC）	政策理事会（Governing Council）
メンバー	正副総裁、審議委員（計9名）	理事会議長を含め12名	総裁含め25名
会合頻度	年8回	年8回	毎月2回（通常初回の会合で政策を決定）
決定内容	・金融経済情勢の判断 ・政策目標の設定（現状2％インフレ率） ・具体的な政策手段とその運営方針の決定（O/N金利、長期金利、マネタリーベースなど）	・物価安定の定量的目標の設定（現状2％インフレ率） ・具体的な政策手段とその運営方針の決定（FFレートの誘導目標、資産買い入れ額の目途など） （なお、準備率、基準割引率はFOMCではなくFRBの決定事項）	・物価安定の定量的目標の設定（現状「2％程度で、2％は超えない」インフレ率） ・物価安定目標達成に当たってのリスク評価（経済情勢と金融情勢の両面アプローチ） ・主要政策金利その他の政策手段の決定
主な政策手段	・国債（短期、長期）の売買 ・準備預金の金利設定 ・ETFなどエクイティの買入	（公開市場操作） ・財務省証券（国債）の売戻し条件付き短期買入（レポ）＝政策金利による国債担保付貸出…リーマンショック後金利入札による買入も開始 ・財務省証券（国債）買入	・1週間程度の短期資金供給 ・準備預金の金利設定 ・資産買い入れ
フォワードガイダンス	・CPI2％上昇が達成された後も、緩和を継続する旨、コミット	・FOMCメンバーのO/N金利の将来見通しを公表	

4）ここでの説明は、連邦準備制度のHPによっている。

（イ）連邦準備制度の確立過程

a. 合衆国銀行

独立戦争の戦費を調達するため、国の予算を統括する米国議会は1775年米国で最初の紙幣を発行した。しかし大量発行の結果、紙幣の価値は著しく低下した。これに対処するため、1791年最初の中央銀行の試みである第一合衆国銀行（First Bank of the United States）が設立されたが、通貨発行権を過度に大きな権力とみる世論から、当初の存続期間である20年が経過した時点で廃止された。中央銀行のない時代が暫く続いたが、1816年再び中央銀行（第2合衆国銀行）が設立された。しかし、この銀行も20年の存続期間が切れた時点で廃止された。

b. サフォーク・システム

この後約30年間州法銀行（州の法律で設立された銀行）や州法に基づかない純粋の私的銀行が各々の銀行券（正貨の兌換券）を発行する形が維持された。その中で特にボストン周辺地域で形成された民間銀行による紙幣発行システム、サフォーク・システムが有名である。サフォーク・システムとは、ボストンに拠点を置くサフォーク銀行（The Suffolk Bank）を中心とする民間紙幣供給システムである。比喩的にいえば同行に手形交換所と中央銀行機能を併せ持たせたものといえる。すなわち、ボストン周辺の銀行が発行し、他行が受け取った銀行券（銀行振出の小切手）をサフォーク銀行に持ち寄って（サフォーク銀行による買取り）、ネット決済（勝ち負けの整理）を行うが、ネット支払い超額（負け額）についてはしばらくの間猶予される。その間、サフォーク銀行は負け銀行に信用供与をしているわけである。ただし、準備に比べて過大な銀行券発行額となった銀行には銀行券の買い戻しを迫るなどして、銀行券の発行額を管理していた。このシステムはよく機能し、1819年〜1858年の約40年間維持された。銀行券を必ずしも国の信用をバックにせずとも機能させることができるという、「貨幣発行自由化論」（F.A.ハイエクなど）のひとつの根拠とされる。

c. 1907年恐慌と連邦準備制度の誕生

その後、州法銀行に対峙する形で国法銀行制度が整備され、各々の国法銀行が発行する紙幣が流通し始めたが、信用不安から取付けが頻繁に生じた。特に、1907年恐慌と呼ばれる金融危機は極めて深刻なものであった。このため、中央銀行制度の再導入に向けての議論が活発化したが、中央集権的な中央銀行制度導入への慎重論も根強く、最終的に1913年に地域ごとの準備銀行を容認する連邦準備法が成立した（連邦準備制度；FRS＜Federal Reserve System＞、連邦準備制度理事会；FRB〈Federal Reserve Board of Governors〉の誕生）。そして翌1914年、12の連邦準備銀行（地区連銀；FRB〈Federal Reserve bank〉）が設立された。

d. 連邦準備制度の独立性の強化

　1929年以降の大恐慌の過程で、中央銀行制度の強化の議論が高まり、1935年には連邦準備制度とは別組織であって金融政策を決定する連邦公開市場委員会（The Federal Open Market Committee〈FOMC〉）が創設されるとともに、連邦準備制度理事会から政府代表者を排除し、理事の任期を14年と定めた。これに先立ち1933年には、銀行券の裏づけとして国債を認めるとともに銀行持株会社に対する検査、監督権限を付与した（この年に連邦預金保険公社も設立された）。

　そして、第二次世界大戦後の1956年には連邦準備制度の目的に雇用の最大化が追加され、ほぼ現在の連邦準備制度の体制が整った。

(ロ) 連邦準備制度の目的規定

　連邦準備制度の根拠法である連邦準備法は、目的について第2A条において、次のように定めている。

「連邦準備制度理事会及び連邦公開市場委員会は、長期的な通貨・信用量の増加と経済の長期的な潜在成長率を調和（commensurate）させ、雇用の最大化、物価の安定、長期金利の過度の変動の抑制（moderate long-term interest rates）の実現を図るものとする」

　ここで特徴的なのは、長期金利の過度の変動の抑制という項目である。長期金利を直接コントロールできない（すべきではない）という前提の下で、しかし長期金利の安定が望ましいという規定を置いているわけである。

　このほか、連邦準備制度は金融機関の監督や決済システムの運営なども行っている。

(ハ) 連邦準備制度の構造

　米国の中央銀行制度の特徴は12の地区連銀に執行権限が分散されていることである。中央の意思決定機関としては、連邦準備制度理事会（基準割引率、預金準備率、当座預金への付利水準などの決定）、連邦公開市場委員会（FOMC；Federal Open Market Committee、短期市場金利の誘導目標など市場オペレーションを決定）があるが、それと並ぶ形で地区連銀が位置付けられている。すなわち、基準割引率については各地区連銀が各理事会で決定する（その際に連邦準備制度理事会の承認を得る条件が付されている）。

　この中で、最も金融政策について重要な役割を担っているのはFOMCであって、メンバーは12名で構成されている（連邦準備理事会議長をはじめ7名の同理事、ニューヨーク連邦準備銀行総裁、4名の地区連銀総裁）。わが国の政策委員会と異なり、全員が別途中央銀行（地区連銀）業務の執行機能を持っている役員である。わが国と同様、年8回開催され、その開催日は予め公表されている。最も重要な運用目標は短期金利（FFレート：Federal Funds rate）である。

③欧州中央銀行

（イ）構成

　1993年マーストリヒト条約によって誕生した欧州連合（EU）の中央銀行制度は、次のような枠組みで構成されている（図表9－2参照）。

- **欧州中央銀行制度（ESCB：European System of Central Banks）**：共通通貨ユーロを採用している国（ユーロ圏：19か国）かどうかを問わず、EU域内（28か国）のすべての中央銀行で構成されている。
- **欧州中央銀行（ECB：European Central Bank）**：ユーロ圏の金融政策を一元的に所管しているほか、単一金融監督機関として各国金融監督機関とともにユーロ圏及び非ユーロ圏（参画国のみ）の金融監督機能を有している。
- **ユーロシステム（The Eurosystem）**：ECBとユーロ圏の中央銀行が一体となった組織で、金融政策運営とともに金融監督も行っている。

　ECBはユーロシステムのコアである。各国政府の指示を受けてはならないと定められており、強い独立性が付与されている。通貨としてのユーロは、現金として物理的に導入されたのは2002年であるが、それに先立ち1999年に決済用の計算単位のための通貨として仮想的に導入

図表9－2　欧州中央銀行制度（ESCBの構造；下図全体）

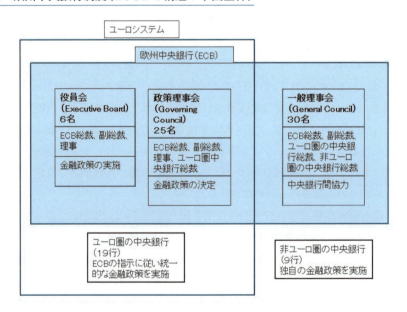

出所：外務省HP

された。この間、ECBは1998年に設立され1999年からはユーロ圏各国の中央銀行から金融政策権限の移管を受けた。

(ロ) ECBの目的、政策決定プロセス

　ECBの様々な業務運営は金融政策の決定を含め、19か国のユーロ圏の中央銀行総裁および6名の役員、合計25名からなる政策理事会（Governing Council）で決定される。そこでの決定に従って金融政策の具体的な実行は役員会（Executive Board：メンバーは、総裁、副総裁のほか4人の運営委員）で行う。この間、政策理事会メンバーに非ユーロ圏の中央銀行（9行）の代表を加えた一般理事会（General Council）では、中央銀行間の協力に関わることが決定される。

第 3 章
中央銀行制度の論点と変遷

　前章では、日米欧の中央銀行成立の経緯や目的規定、意思決定プロセスなどについて概観した。中央銀行の目的や機能が各国固有の歴史的事情に基づいて形成され、また変遷してきたこと、他方で、中央銀行の目的や機能、さらにそのガバナンスについても各国に共通するところが多いことを説明した。このような中央銀行制度の歴史的な変遷は日米欧に限らないところであって、他の主要あるいは歴史のある中央銀行、例えば英国のイングランド銀行やスウェーデン中央銀行などでも同様である。また、新興の国々や社会主義国から市場経済体制に移行した国々を含めても、中央銀行制度がひとつの共通の姿に収斂してきた。

　このように中央銀行制度が世界標準化してきた理由が、金融システム自体が世界的に共通化してきたことにあることは明らかであろう。中でも民間銀行の信用供与機能を中核とした「競争的信用マネー供給システム」とでもいうべき通貨・金融システムに収斂してきたことがポイントであろう。また金融市場や金融取引が世界的に連結、連動性を強めたことも、その背後にあろう。

　そこで、中央銀行制度を巡る重要な論点について、歴史的な流れも念頭におきつつ、みていこう。

①金融調節から金融政策へ

　もともと中央銀行の根源的な機能は、銀行券の独占的発行である[5]。銀行券は日本銀行当座預金から引き出されて供給される。ここから、中央銀行は金融調節の役割を持つことになる。第四部第2章②やこの第九部の第1章①でもみたように、金融調節とは本来中央銀行にある民間金融機関の当座預金口座の残高が全行トータルとしてゼロを下回らないようにすることであ

---

5) 銀行券が大量に流通しているかどうかは実は重要ではない。無制限の通用力を持っていることが重要である。理念的には、1枚の銀行券さえあれば、それを入手できる権利（派生マネー）である当座預金のやり取りによって、世の中のすべての決済を実行できる。

る。民間銀行合計での当座預金残高は、銀行券の発行と財政収支で決まるが、いずれも個々の民間金融機関が操作することはできない。このため、中央銀行はマクロ的に（銀行トータルで）当座預金残高をプラスに維持することは最低限の責務である。なお、このことは人為的に当座預金の一定の残高維持を求める準備預金制度があってもなくても同じである（準備預金制度は人為的に当座預金への需要を創り出して短期金利のコントロールを円滑化するために必要な手段であると解説されることがあるが、それは必ずしも正確ではない。実際スウェーデン中央銀行など準備預金制度を持たない中央銀行もある）。

　このように、金融調節は中央銀行にとって必然的に必要となる業務である。しかし、金融調節をどのように行うかによって、短期金利を誘導することができる。例えば資金供給を貸出（割引や貸付）で行うとして、その時の条件特に金利を上げ下げすれば市場での金利を誘導できる。市場での貸し借りとの比較で有利な方を選ぶ「金利裁定」が働くからである。

　また、手形や国債などの有価証券の売買（オペレーション）の量の大小、そのタイミングを選べば市場での需給に変化を与え、そのことによって市場金利を誘導することができる。歴史的には、金本位制の下での国内のマネーストック量を維持するため、海外流出が激しい際には金利を引上げて国内に金を還流させることが中央銀行の最も重要な役割であった。実際、1960年代の日本の高度成長期においても、固定相場制度の下で国内の景気が過熱すると国際収支が悪化し円相場を維持することが難しくなる、ないしは決済通貨であるドルの手当てが困難化すること（「国際収支の天井」と呼ばれた）を回避するため、金利の引上げを行うことが少なくなかった。

　さらに、金融危機の際など市場での売買が行いにくい状況になったときには、個別行に対して貸出を行って資金繰り支援を行う「最後の貸し手機能（LLR：lender of last resort）」やオペレーションの増額を通じて市場にマネーを多めに供給することも自然と行われるようになった。特に金融市場が発展を遂げていた19世紀末において英国の中央銀行であるイングランド銀行は、当時頻発していた金融危機の際に、健全だが一時的に流動性の問題に直面している（solvent but illiquid）民間銀行をサポートするLLR機能を活用した（この点は、W.バジョットの「ロンバード街」[6]（1873）に詳しく解説されている）。また、米国の連邦準備制度において公開市場操作が開始されたのは、第一次世界大戦後の不況期（1923年）において、市場での流動性を増やすため、大量の国債を買い入れたのが最初であった。

　こうした経緯から中央銀行の業務は必然的に金融調節から金融政策に変貌していくことになる。近年多くの主要国中央銀行が採用した量的緩和政策では、準備預金制度の必要額を大きく超える当座預金残高が維持されており、こうした流れを象徴している。

　また日本銀行のオペレーションの中身も、かつての民間債務（商業手形など）中心、短期の

---

[6] 岩波文庫に宇野弘蔵訳「ロンバード街」（1941年）がある。

国債指向といった時代から、量的緩和の推進あるいはその後の長期金利のコントロール政策遂行のため長期国債もターゲットとした買入れへと変化している。今では国債は巨額の残高となっているが、長期国債は、もともと日本では建設国債の発行が1965年までは行われず、赤字国債も1975年になって初めて発行されるなど国債の発行残高自体が少なかった。なお、財政法により日本銀行による国債の引受けが原則として禁止されている[7]。米国でもかつては（1950年代）、短期国債のみを国債オペレーションの対象とするという原則（ビルズ・オンリー・ドクトリン；Bills Only Doctrine）が採用されていたこともあったが、その後は日本と同様に長期国債の買入れも行っている。

②中央銀行の独立性の強化

このようにして金融政策は、一国全体の経済動向に大きな影響力を持つことになる。

この間、もうひとつのマクロ経済政策である財政政策には、次のような問題がある。すなわち、財政政策のコアである支出予算や税は、変更する手続が迅速に行えない。国会の議決が必要であって、国会の議決は基本的に年1回、あるいは都度招集される臨時国会の機会しかない。このため、経済情勢の状況の急変への対応に限界がある。

これに対して、中央銀行の金融政策変更は都度国会の議決が必要ということはなく、機動的な政策対応が可能である[8]。このため、政府は日本銀行に緩和的な政策を求めることが少なくない。物価の安定という見地からは、こうした政府からの圧力から日本銀行の政策決定は自由であることが望ましい。この点、1998年の日本銀行法改正に先立ち内閣に設置された有識者会議「中央銀行研究会」の報告書は、概要次のように説明している。

…「インフレ的な経済運営を求める外部からの圧力を排し、物価の安定を達成するためには、中央銀行に独立性を付与する必要がある。日本銀行の独立性と憲法との関係については、金融政策という専門的判断を要する分野においては、政府からの独立性を認める相当の理由があり、人事権等を通じた政府のコントロールが留保されていれば、日本銀行に内閣から独立した行政的色彩を有する機能を付与したとしても、違憲とはいえない。日本銀行は同時に、透明な政策運営を通じ、国民・国会に対して説明責任を負っており、これらをあわせて考え

---

[7] もっとも、国会で議決されれば日本銀行による国債引受も可能である（財政法第5条）。実際、日本銀行は一時的な資金繰りのために発行される政府短期証券のほか、長期国債の借り換えのために発行される割引短期国債も引き受けている。なお、政府短期証券と割引短期国債は、「国庫短期証券」として市場には2009年以降統合して発行されているが、法令上の違いを根拠に日本銀行では別に扱っている。

[8] 日本の場合、日本銀行法で予め想定されていない業務（例えば無担保のLLR貸出や株式の買入れ）についても、個別に政府（金融担当大臣と財務大臣）の認可を得て、ないしは政府の要請を受けて行うことができるなど、極めて弾力的な対応が可能である。

ると、日本銀行に望まれるのは、透明性を伴った独立性、すなわち「開かれた独立性」というべきである」…

つまり、法律上無制限に通用する銀行券の独占的発行権を持っている以上、その価値を維持することが最も基本的な責務であるのは当然なのであるが、さらに通貨価値の安定の手段を金融政策と捉え、その運営について専門性と独立性を認めたものであって、通貨発行主体としての責任と権限を越えるものがある。もっとも、こうした考え方は、近年海外でもほぼ一様に採用されており、世界標準となっている。ただし、人事権を通じた政府のコントロールの意思は当然ながら強い[9]。

③物価の安定へのコミットの強化とインフレ・ターゲットの導入

次に、やや具体的に中央銀行の役割について述べる。先に述べたように中央銀行はもともと通貨の混乱回避という目的で設立されたことが多く、その出自からして物価安定にコミットする主体であることは言うまでもない。しかし、そうした理念を超えて近年、各国の中央銀行は、法律的にも現実の政治の力学の中でも物価安定を目的とすることが一段と明確化されるようになってきた。

ひとつには、先に述べたように金融調節という受け身的な対応から金融政策という積極的な政策を運営する主体に進化していくに際して、組織の目的と目標を改めて明示する必要があったことである。つまり、経済運営に対して全般的な責任を負う政府との対比で、中央銀行という特別な主体の存在意義を明示することが必要になったからである。両者の役割分担の明確化という意味から、中央銀行については改めて物価の安定を組織の目的として明示する必要があった。特に1970年〜80年代の石油価格の高騰などを背景としたインフレ期において、物価の安定が改めて大きな課題になってきたという現実がある。また、2008年のリーマンショック後は逆にインフレ率が大幅に低下、ことに日本ではマイナスになるといった状況の下で、デフレ回避のため、むしろ小幅のインフレ率を維持することが課題となってきた。また、グローバル金融危機を経験する中で、「バブルが生じないように金融政策がもっと早めに引締めに転じるべきだった」、あるいは「バブル崩壊後は逆にもっと早く緩和を進めるべきであった」という考え方が共有されてきた。その場合、中央銀行自身が一定のインフレ目標を表明すべきといった主張が出るのは当然である。

そうした中で、主要国中央銀行では、具体的かつ透明性のある形で物価安定の内容を規定し

9）日本銀行の正副総裁及び政策委員会審議委員は、行政官に準じるものとして国会（両院）の同意が必要である。なお、三権のひとつである最高裁判所判事の人事は、政府の任命（国会同意は不要）と国民審査による事後審査の組み合わせとなっている。

た「インフレ・ターゲット」という枠組みが次のような形で定着してきた。最初に明示的なインフレ目標を導入したのはインフレが高進していた1980年代末のニュージーランドであったが、その後カナダ、スウェーデンが続き、英米のほか各国に広がっていった。幾つかの論点を以下に整理する。

（イ）対象物価指数＝消費者物価指数（CPI）

　CPIのほかGDPデフレーターなども候補になり得るが、GDPには設備投資などの中間的な需要の物価が含まれているため、各国中央銀行は最終的な財、サービスを対象とするCPIを採用している。すべての財、サービスを対象にするCPI総合のほか、天候などに左右され振れの大きい生鮮食品などを除いて、より実勢を反映するコアCPI、さらにエネルギーも除外したコアコアCPIなどが選択肢となる。実際に各国で物価指数の詳細は異なる。中にはCPI総合から住宅ローン利息を控除する例（英国）もある。日本銀行はコアCPIを基本としている。

　こうした中で金融危機との関連で、CPIなどのいわゆるフローの物価（そのときに生産された財やサービスの価格）に加えて、不動産、株式、美術品などのストックの価格（資産価格ともいう）も重視すべきであるとの考え方もある。しかし、ストック価格は既に生産された財の価格であることから需要サイドの事情だけで価格が激しく変動する性質を持っているため、それを目標にして金融政策を運営すると急激な引締めと急激な緩和を繰り返すことになって望ましくないという考え方が一般的である[10]。この点は、A.グリーンスパンの発言を引き合いに出しつつ既に説明した点と共通している。いずれにせよ、資産価格を金融政策運営上どのように位置付けるべきかという問題は未解決の重要な課題といえる。

（ロ）目標インフレ率＝2％

　主要国では、CPI前年比上昇率2％を目標とすることがほぼ共通となっている。ただし、1～3％、2±1％といった目標を掲げるケースもある。中には3％を目標とする例もある。いずれにせよ多くの国で物価安定の目標として、ゼロではなく2％程度としている。理由は、物価指数の上方バイアス（実勢よりも高めに出る傾向）があることが最も重要であるが、低めの目標とすると下に振れたときにゼロを下回るリスクが多いことなども指摘されている。

　この点ECBでは、形式的にはインフレ・ターゲットとは呼ばずに、物価安定の定義という形で、

10）こうした考え方を強く主張しているのが、多くの共著論文のあるB.バーナンキとM.ガートラーの二人の米国経済学者（バーナンキはその後連邦準備制度理事を経て、同理事会の議長に就任〈2006～2014年〉）。彼らは、信用の供給が少し変化（特に減少）しただけで設備投資などの実体経済活動に加速度的に大きい影響を及ぼすという考え方（フィナンシャル・アクセラレーター；financial accelerator）の提唱者としても知られる。そうした考え方から、金融政策が資産価格上昇の初期の時点で過度に反応することは避け、事後的に思い切った緩和を行うことで対応することが望ましいという考え方に至ったものと考えられる。

中期的に「2%以下だが2%に近い」インフレ率となっていることを目標としている。

また、米国の連邦準備制度では、FOMCの合意として長期的な（long run）目標（原文ではtarget よりもやや抽象的な表現であるgoal）として2%を設定している。

わが国では、2006年に日本銀行が、「中期的な物価安定の理解」という枠組みの中で、CPI前年比＋0〜2%の幅の中で＋1%を中心とする、という形で初めて導入された。2012年には「物価安定の目途」としてCPI前年比2%以下のプラスで中心は1%程度とする方針が公表された。2013年には「物価安定の目標」として、CPI前年比＋2%が明確化された。

このように各国中央銀行は考え方に若干の幅はあるが、基本的にCPIの前年比2%の上昇を中長期的な目標として設定している。

(ハ) 達成までの目標期間＝基本的に恒久

CPI前年比＋2%といったインフレ・ターゲットの具体的な内容が各国で幅があるように、目標期間についても幅がある。例えば、5年ごとのターゲットとなるインフレ率の見直し、1〜2年先の見通しとのセットでの2%程度のインフレ率へのコミット、といった表現である。また現に目標から外れているときには、中央銀行は「なるべく早く」、「2年以内に」、「中期的に」といった表現で達成までの期間をコミットすることがある。

日本では2013年に「これをできるだけ早期に実現する」とコミットしつつ、物価の見通しという形で間接的に実現時期を示唆してきているが、その後の状況をみると、早期の実現には成功していない。

なお、インフレ・ターゲット導入の前の段階では、マネーストックの増加率を目標（最終目標という位置付けではないので、正確には中間目標）にすることが主要国中央銀行の主流であった。しかし、インフレ・ターゲットの導入の流れと軌を一にして、マネーストックの中間目標としての位置付けはせいぜいモニタリング対象といったところにまで後退している。

(ニ) インフレ・ターゲットに対するコミットメントの強さ

例えば、英国（イングランド銀行）では、2%のインフレ・ターゲットを達成できなかった場合には中央銀行総裁が政府に対して書面でその理由、対応等を説明する法的義務を負っている。一方、ECBでは上述の通り（ECBが法律で求められている）物価安定の具体的な定義として2%という数値を位置付けているにとどまる。このように国ごとに幅はあるが、インフレ・ターゲットの目標値を公表し、併せて当面の見通しや政策対応も明らかにしていることを踏まえると、各国中央銀行はインフレ目標に対して明確にコミットしているといえる。そのうえで、中央銀行の思い通りにインフレ率をコントロールすることは現実問題として困難であること、配慮すべき他の経済情勢（金融システムの安定状態など）もあることなどから、一定の柔軟性を持った目標としているのも事実である。

また、目標とそのときの実際のCPI前年比との関係については、実際の数値が目標に近づいたとき、目標を達成したとき、さらに目標を超えて推移しているとき、といったケースがあり得る。その際の政策スタンスとして、目標達成に近づいた時点で政策転換を行う、目標を達成しても暫く様子をみて対応するなど、様々な対応があり得る。実際に、連邦準備制度理事会では早めの対応を示唆したこともある一方、日本銀行は目標を達成しても暫くの間は緩和スタンスを変えないこと（オーバーシュート型コミットメントという）を表明している。これらは、その時々の情勢次第という面があるほか、基本的には後述する市場との対話や期待のコントロールといった観点からの議論が必要である。

　金融政策の運営についてはほかにも様々な要素がある。それらについては、⑤以下で説明する。

④決済システムへの関与

　中央銀行は、もともと銀行券という最もベーシックな決済手段を発行、流通させる主体として誕生した。中央銀行が各地に支店を展開している大きな理由も銀行券を円滑に供給することにあるといっても過言ではない。また、中央銀行の当座預金は、その振替によって銀行をはじめとする金融機関の間の決済手段を提供してきた。このように中央銀行にとって、決済システムの運営は昔も今も基本的な業務である。

　もちろん、中央銀行だけで世の中の決済システムを運営できるわけではない。民間金融機関、特に銀行と連携してその運営に当たってきた。銀行券も実際に経済主体の手に渡るのは銀行を通じてである。また、手形交換や内国為替などについても銀行と協力して運営に当たってきたことは第二部でも述べた通りである。

　また、その具体的な形態は、情報通信技術の発展とともに変化してきた。特に当座預金振替の機能は、電子化、ネットワーク化され日本（日銀ネット）、米（Fedwire）、欧（TARGET2）をはじめとして各国の中央銀行の当座預金の振替依頼やその処理は電子化されている。

　そうした中で、近年中央銀行の決済システムへの関与が一段と強化されている。例えば、日本の為替決済は大口（1億円以上）分については日本銀行の当座預金振替（付記電文付き）で1件ごと直接決済されている。また、証券決済についても国債については日本では日本銀行の日銀ネット国債系を用いて資金決済と一体化した形（DVP）で処理されており、ますますその重要性が高まっている。かつては、日本銀行による決済へのそうした関与は民業を圧迫するのではないかという議論もあったが、近年はそうした懸念は大きく後退している。それは、金融取引がますます巨額化し、それが円滑に遂行されないと市場全体に大きな混乱をもたらす懸念が強まったこと、平成金融危機やグローバル金融危機を通じて大手の金融機関も破たんすることがあることを経験し、それによるリスクを避けることが望ましいという考え方が共有されてきたことが挙げられる。こうした経験を踏まえ、前述の通り日本では1998年の日本銀行法改正

の際には、目的規定の中に金融機関間の円滑な決済が盛り込まれることになった。

そのうえで、ごく最近の動向をみると、改めて中央銀行の決済についての関与のあり方が大きなテーマになっている。具体的には、次の通りである。

- 世界的にQRコードやスマホ決済のほか、デビット・カードの急速な普及にみられるように、小口決済の電子化、ネットワーク化が進展している。これらは、あくまでも中央銀行マネーの二次派生マネー（銀行券の派生マネーである預金マネーの派生マネー）であって、今のマネーシステムを本質的に代替するものではない。しかし、現金としての銀行券の需要を減少させることは間違いない。日本では2017年度末時点において銀行券発行高のGDPに対する比率は19.0％であるが、これは世界的にみて突出している。多くの主要国では10％に満たない。特にスウェーデンでは銀行自身が銀行券の扱いを取りやめるケースが増えているため、その比率は1.7％にまで低下している[11]。また、欧州では犯罪収益の移転を防ぐため銀行券による決済に上限を設けている。
- また、量販店やクレジットカード会社が発行する「ポイント」も、今のところそれが転々と流通する事態には、少なくとも日本ではなっていない（その限りでは、資金決済法に規定する「前払式支払手段」を超える手段でもない）。しかし、ポイント自体がやり取りされ、転々と流通していく事態になると、銀行券需要だけではなく、預金マネーに対する需要の減少にもつながる。
- さらにビットコインなど仮想通貨が相応に流通性を持ち始めている。仮想通貨は、中央の発行主体を持たないマネーであって、中央銀行などの信用を必要としていない。つまり、現在のマネーシステムとは根本的に別のものである。

こうした状況がさらに進展していくと、中央銀行の発行する銀行券が利用されなくなり、中央銀行の立場からは、次のような問題が生じる。

- 金融政策運営が困難化する。後で述べるように中央銀行の金利コントロールの最大の拠り所は中央銀行におかれている当座預金の増減を調整する能力（金融調節）であって、それは銀行券や当座預金の無制限の通用性とそれを背景とした決済需要を根拠にしている。それらの通用性が事実上弱くなれば、当座預金は世の中の決済と切り離されることになる。もちろん準備預金制度を維持することにより一定の規模の需要を人為的に創出することはできるが、不自然なものとなる。
- 銀行券が流通すること、当座預金が決済に使用されることで、中央銀行はそれを使って（当座預金の付利を除けば）国債その他の金融商品をほぼゼロ・コストで購入できる。その運用

---

[11] 日本銀行決済機構局「BIS決済統計からみた日本のリテール・大口資金決済システムの特徴」（2017年2月）による。

益のことを通貨発行益（シニョーレッジ）というが、それは巨額である。実際、通貨発行益は、国にとって税収を補完する貴重な収入源となっている（日本銀行の政府に対する納付金〈国庫納付金〉は、1990年代では1兆円を超えていた。その後数百億円に減少することもあったが、2017年度では約7,265億円となっている）。

　このため、各国中央銀行は銀行券に代わる新たな中央銀行マネーの創出の検討を開始している。特に銀行券の普及率の低下が顕著なスウェーデンでは、中央銀行自らがWEB上のマネーを発行することを検討し始めている（第一部注12、13を参照）。

⑤金融危機対策、プルーデンス政策面での役割の強化

　主要国では2008年以降のグローバル金融危機への反省から、中央銀行や政府の監督当局は、いわゆるマクロ・プルーデンス政策を強化している。マクロ・プルーデンス政策とは、金融システム全体としての健全性や安定性を評価し必要な措置を取るものである。ツールとしては自己資本比率規制上の基準を上げ下げするといったことが考えられる。実際、バーゼルⅢの自己資本比率規制の中には、金融システム全体へのリスク対応の観点から、カウンターシクリカル・バッファーが導入された（前掲図表8-7）。カウンターシクリカル・バッファーとは、最低自己資本比率に2.5％を上限として上乗せするものであって、総貸出額のGDPに対する比率などを参考に、設定されることになっている。実際に、スウェーデン、ノルウェー、英国のほか、香港が上乗せ率を設定している。また、EUではその必要性について、四半期ごとに検討し、公表している[12]。しかし、日本では今のところ、上乗せ率の設定は行われておらず、主としてモニタリングを強化している段階である。

　そうした金融システム全体の健全性をモニターするには、個々の金融機関の資本や収益性だけではなく、金融市場全般のほかマクロ経済動向や資産価格の動向をフォローすることが不可欠である。そうした観点からは、中央銀行が日々の業務運営の中で自然な形で入手できる情報は有用である。この点では、政府の監督当局よりも優位な立場にある。このため、世界的な流れとしては、中央銀行が金融監督、とりわけマクロ・プルーデンス政策の分野でより大きな役割を果たすようになってきている。もっとも、日本ではこの分野でも、政府の金融監督当局の役割が非常に大きいが、日本銀行との連携は強化されてきている。

---

12) 日本証券経済研究所佐志田氏の「各国のカウンター・シクリカル・バッファー運営状況」（2017年）による。

第4章
金融政策のツール

①日本における政策の枠組みの変遷

（イ）規制金利と窓口指導

　金利の自由化が進展する1980年代までにおいては、日本銀行の政策金利である公定歩合（現在の基準割引率/貸付利率に相当する政策金利）をベースに、各種の預金金利、貸出金利が体系的に規制されるないし業界で取り決められていた（典型的に預金金利は臨時金利調整法によって日本銀行政策委員会で決定されていた。また短期貸出金利については優良企業向け金利〈最優遇金利〉である短期プライムレートが主要銀行の間で調整、決定されていた。長期プライムレートも5年物金融債の発行利回りに0.9％を上乗せするといった慣行が定着していた）。

　こうした規制金利体系を補完し、時に公定歩合操作を先取りする形で機能したのが「窓口指導」と呼ばれる独特の政策手段であった。すなわち、1950年代から1973年までの日本の高度成長期においては、資金需要が常に旺盛で信用割当の状態が継続していた。また、金融市場が未発達であり、金利も上述の通りほぼ完全に規制されていた。こうした状況において、「窓口指導」と呼ばれる、日本銀行による民間銀行の貸出に対する直接的な量的規制が極めて有効に作用した。この施策は主要銀行について、各行の4半期ごとの貸出の増加額の上限を規制する（窓口指導「枠」の設定）ものであった。日本銀行サイドでは時々の経済金融情勢に整合的な貸出枠の検討が行われ、それが民間銀行の貸出計画と突合、調整された。実際には様々な抜け道はあったが（例えば、手形決済の時間差を利用した期末の一時的な貸出の減少）、各銀行は支店ごとに貸出額を割り振るといった徹底的な管理を行ったため、非常に有効に機能した。しかも、当時の最も正統的な政策手段であった公定歩合（現在の基準割引率/貸付利率に相当）の決定は、郵便貯金金利との調整などを背景に事実上政府との交渉が行われていたため機動性を欠いていた。これに対して窓口指導は日本銀行の裁量の余地が非常に大きいという特徴があった。

　窓口指導は、信用割当が強まる引締め期だけではなく緩和期にも有効に機能した。民間銀行は窓口指導枠の上限に達していないと次回の引締め時に大幅な枠のカットが行われることを恐れて、上限までの貸出実行を図ったためである。

このような窓口指導は1990年代初頭までに完全に廃止された。背景には、金利ないし金融業務全般の自由化が進展し、直接的な政策手段に依存する理由がなくなったことがあった。加えて、バーゼル銀行監督委員会による国際的な自己資本比率規制が導入されたことで、民間銀行からすると二重規制になるという問題も影響していた。いずれにせよ、1973年の第一次石油危機による成長率の下方屈折とともに、常態化していた信用割り当て状態は大幅に緩和されて、窓口指導の有効性は低下していた。

金利規制と窓口指導の組み合わせによる政策体系から金利自由化の下での政策の枠組みを模索する動きが日本銀行でも続いていた。そのひとつの柱は「マネーサプライ（現在のマネーストック）」、あるいはマネタリーベースを重要視する考え方の導入である。1970年代から1980年代の2度にわたる石油危機や、その間の国内の景気刺激的な財政政策の継続による「狂乱物価」、そしてその後のインフレ下で景気停滞（スタッグフレーション＝スタグネーション〈停滞〉とインフレーションの合成造語）の下での、金融政策のあり方として、マネーストックやマネタリーベースを注視すべきとの考え方であった。米国では連邦準備制度（FRS）が、金利形成を市場に委ねマネタリーベースのみに着目するという強力な（引締め）措置が実際に講じられた。しかし、日本ではそこまで踏み込むことはなかった。

このような窓口指導は現代的にいえばマクロ・プルーデンス政策と位置付けることもできる。実際、マクロ的な状況を踏まえて自己資本比率規制を変動させるバーゼルⅢのカウンター・シクリカル・バッファーと理念において共通する面もある。ただし、その設定方法は透明性が不十分だった。この点、カウンター・シクリカル・バッファーは、高い透明性とグローバルな監督インフラとしての位置付けが確保されている点が決定的に異なるといえる。

(ロ) O/N金利を軸とした金利政策

1980年代に入り、日米の貿易摩擦問題の深刻化を背景に米国金融機関の日本進出拡大の容認が不可避となることを念頭に、日本の当局は金融規制の緩和、撤廃を急速に進めた。特に金利については、1980年代中にほぼ完全に自由化された。また、国債の大量発行が始まり証券市場も拡大を続けた。

1980年代後半になると、金利自由化が大きく進展する中で、新たな政策体系の構築が課題となった。この間、インターバンク市場の閉鎖性が問題視されるということもあった。すなわち、インターバンク市場金利はかつて日本銀行の意向を受け短資会社が市場金利のプライシングを行っていた。もっとも、短期金利、中でもO/N（オーバーナイト）金利は、民間銀行にとって当日の中央銀行当座預金の残高を維持するためにどうしても必要なコストであるので、どのような手法を採用するかにかかわらず、中央銀行が強くコントロールできる性格のものである。しかし、金利自由化の進展の中で短資会社を通じるコントロールは透明性の観点から見直され、オペレーションによる金利の誘導というスタイルに変更されていった。

もっともO/Nより長い期間の金利については、期間が長いほど相対的に日本銀行のコントロールが及びにくい。このため、中央銀行がコントロールすべき金利は短期金利、中でもO/N金利であるという考え方が主要国中央銀行間で共通の認識となっていった。また、中央銀行の中には金利は本来市場の自由な取引の中で決まるものであって、中央銀行が直接誘導すべきではないという考え方も強かった。特に、長期金利は政府の資金調達金利でもあることから、それを直接誘導することは政府の利益の観点に立った政策であって、独立性の確保された中央銀行が行うべき政策ではないとの強い考え方もあった。1950年代の米国の連邦準備制度はそうした考え方を明確にしていた。この点を、米国連邦準備制度のHPによる解説に基づいて説明すると次の通りである。

「連邦準備制度は1942年第二次世界大戦への参戦とともに国債金利の低位安定にコミットした。これは米国政府が戦費を安く調達したいという財務省からの要請に基づくものであった。長期金利の低位安定を図るため連邦準備制度はバランスシートの大きさをコントロールすることを放棄せざるを得なくなった。1950年朝鮮戦争が勃発した際に、財務省が連邦準備制度に対して長期金利の低め誘導を指示したことを契機に本件に関する意見の対立は先鋭化した。この背景には次のような意見の対立があった。当時のトルーマン大統領とスナイダー財務長官は、戦費調達のために国債を愛国的に購入した人々に（金利の上昇＝国債価格の下落によって）損失を被らせないのは政府の義務と考えていた。一方、連邦準備制度は朝鮮戦争の激化に伴ってインフレ圧力が増すのを食い止めることに焦点を当てていた。多くの連邦準備制度の理事は、国債金利の低位安定維持政策は過度の金融緩和によるインフレをもたらすと考えていた。そうした激しい意見対立は最終的に財務省と連邦準備制度の間の合意（アコード）という形で決着をみた。これにより、連邦準備制度は政府の赤字を一定の価格/金利で買い支える義務から開放され、現在に続く連邦準備制度の独立性とその下での金融政策運営の礎となった」

　なお、連邦準備制度はその後1953年には「ビルズ・オンリー・ドクトリン」を表明し、実際のオペレーションに当たって、長期債ではなく短期の国債の売買によるということを表明した。

　また、長期金利の動向は経済全体の状態を反映することから、長期金利の形成を市場の自由な需給に委ねることが、中央銀行としてもマクロ経済や人々の経済に対する見方に関する貴重な判断材料ないし情報源になるとの考え方もある。

　このように中央銀行には、伝統的に長期金利を政策的に低位にコントロールすることは避けるべきとの考え方が共有されてきた（少なくともリーマンショック以降のグローバル金融危機への対応以前は、そうした考え方が維持されてきた）。

　日本では、1994年に当座預金の付利禁止を除いて金利の自由化が完成したことから、日本銀行は1995年には、公定歩合による貸出ではなくオペレーションのみによって短期金利、なかでもO/N金利を誘導するようになった。特に、1998年以降の金融市場調節方針では、「無担保

図表9-3　日本銀行の金融政策の展開（1998年の日本銀行法改正以降の主な政策変更）

時期	金利政策	量的政策	信用政策
1998年9月	・無担保コールレート（O/N）の誘導目標の公表開始		
1999年2月	・ゼロ金利政策（同年4月にはデフレ懸念の払拭が展望できるまで継続すると表明）		
2000年8月	・ゼロ金利政策解除		
2001年2月	・ロンバート型貸出制度創設（市場金利の上限設定） ・政策金利引下げ		
〃 3月		・目標を金利から量に変更、かつ当座預金残高目標を明示（量的緩和政策） ・そうした方式を、CPI（生鮮食品を除く）前年比が安定的にゼロ以上になるまで継続すると表明	
2002年1月			・オペ対象資産の拡大（ABCP、ABSの適格化）
〃 9月			・金融機関保有株式の買入れ
2006年3月	・ゼロ金利政策の再開 ・中長期的な物価安定の理解（1％のインフレ率）を公表。それに基づき政策を先々展開することを表明。	・量的緩和政策を解除	
〃 7月	・ゼロ金利政策の解除		
2008年10月	・金利の低め誘導に転換 ・当座預金への付利開始（補完当座預金制度の導入）		
2009年2月			・株式の買入れ再開
2010年10月	・ゼロ金利政策の再開（「包括的な金融緩和政策」の導入）		・「資産買入基金」の創設（国債、CP、ETF、J-REIT）
2012年2月			・資産買入の増額と合わせ、「中長期的な物価安定の目途」として1％を提示
2013年1月			・資産買入の増額と合わせ、「中長期的な物価安定の目標」として2％を提示
〃 4月	・O/N金利目標からイールドカーブ全体の低下に変更（「量的質的金融緩和」の実施）	・操作目標をマネタリーベースに変更	
2016年1月	・マイナス金利の導入（当座預金残高の一部にマイナス金利を適用）		
〃 9月	・長短金利操作の導入（イールドカーブ・コントロール）	・オーバーシュート型コミットメントを導入	

コールレート（オーバーナイト物）を、平均的にみて○○％前後で推移するよう促す」などと、誘導目標を具体的に定めるようになった（日本銀行HPによる説明）。なお、日本銀行のこの後の政策展開については、図表9-3を参照。

　米国でも1990年代に入るとマネタリーベースやマネーストックのコントロールを主眼とした方針から日本の無担保コールレートに相当するフェデラルファンズ（FF）レートのコントロールにシフトした。具体的には、1995年にはFOMCの直後に公表される声明の中でFFレートの誘導目標水準が明示されるようになった。逆にそれまで明示公表されていたマネーストックの許容レンジは、2000年以降は公表されていない。このように、2000年代にはFFレートの誘導をベースとする金融政策運営が確立された。

（ハ）ゼロ金利

　1999年2月に日本銀行は、無担保コールO/N金利の誘導目標を「当面0.15％とし、その後市場の状況を踏まえながら、徐々に一層の低下を促す」として、いわゆる「ゼロ金利政策」を導入した。

　その前の段階でも、金融危機が深刻化し長期停滞の様相を示す中で、日本銀行は「コールレートの誘導目標にかかわらず潤沢な資金供給を行う」金融調節を続けてきた。そこでは、量的な面で金融機関の資金繰りをサポートすることも強く意識されていた。しかし、金融機関の資金繰りは財務状態の弱めな金融機関を中心にタイト化しがちであった。また、長期金利は必ずしも安定した推移を辿らず、時に上昇することもあった。こうしたことから、金利の一層の低下とその安定を図る為に導入されたのが、ゼロ金利政策である。

（ニ）時間軸効果とフォワード・ガイダンス

　しかし、その時点ではゼロ金利をいつまで継続するのかは明確にされていなかった。そのことが、上述したような金融緩和政策の効果が今ひとつ浸透しない状況を生んでいるとの判断から、ゼロ金利政策を導入した翌々月である1999年4月には、「デフレ懸念の払拭が展望できるような情勢になるまで、オーバーナイト金利ゼロ％を維持」する方針を表明した。これは、金融緩和が相当長期にわたって継続することを明確化することによって、長期金利の一段の低下を促し、かつ低位での安定を図るための措置であって、当時は「時間軸効果」（低金利が継続すると人々に確信させる効果）と呼ばれていた。この時間軸効果は、近年「フォワード・ガイダンス」と呼ばれるようになった政策ツールの典型的な例のひとつである。

　一般に、フォワード・ガイダンスとは、金利やマネタリーベースなどに関する現在の政策スタンスの継続条件、換言すれば先々の政策変更の条件を予め明示するものであって、それによって期待形成の安定化を図ることで、長期金利の安定などを図る効果を狙うものである。2008年の世界金融危機後において、各国の中央銀行が採用し、現在では標準的な政策ツールのひと

つとなっている。特に、後で述べる合理的期待形成が行われる状況の下で有効性が高いとされる。日本銀行のホームページの解説では、その具体的なパターンについて、①政策の継続に関する具体的な期間や条件を明示しないオープン・エンド方式、②期間を明示したカレンダー方式、③特定の経済指標に基づく条件を明示した状態依存（state contingent）方式に分類している。また、フォワード・ガイダンスの内容という意味では、特に③の場合どこまで裁量の余地がない形でコミットするかという点がポイントとなる。

　もちろん、2％の物価目標も、それが達成されるまでは現行の金融政策の基本を維持することを表明しているという意味で、上記の③に分類されるフォワード・ガイダンスのひとつである。特に2016年9月に日本銀行が表明したオーバーシュート型コミットメント、すなわち「消費者物価上昇率の実績値が安定的に2％の『物価安定の目標』を超えるまで、マネタリーベースの拡大方針を継続する」との方針は、次の意味で非常に強いコミットメントである。

・予測ベースではなく、実績を条件としていること（予測値のような裁量がないこと）。
・「安定的」という表現に加え、2％ではなく「2％を超える」という文言にすることによって、緩和を見直す条件を厳格化していること。

　重要な問題は、本当にこのようなコミットメントを無条件に順守することができるのかどうかということである。とりわけ、総裁はじめ金融政策決定会合で議決権を有する役員の交代などがあっても、本当にそのコミットメントを守ることができるのかどうかという問題、つまり時間的な整合性の問題がある。コミットメントが具体的で強力なものであればあるほど、それを順守し続けることは困難である。一方、そうしたコミットメントが万一反故にされるようなことがあると（時間的不整合が生じると）、政策運営に対する信頼が後退し、その後の政策の期待に働きかける効果は弱くなるおそれがある。

（ホ）量的緩和の導入とゼロ金利政策への復帰

　以上のように、日本銀行の金融政策はO/N金利の誘導を軸とする運営スタイルが定着し、その究極的な形ともいえるゼロ金利政策が1999年2月に導入されたが、「デフレ懸念は払しょくされた」として、2000年8月には政治サイドを含めた強い反対論を押し切る形で解除された。しかし、その後ITバブルの崩壊などから、2001年2月には早くも政策金利の引き下げが行われた。そして、翌3月には量的緩和政策が導入された。

　こうした経緯をみると、2001年2〜3月の政策展開は、単に金利の引下げだけでは政策対応としては不十分と考えられた可能性がある。日本銀行の金利政策に対する信認が低下してしまったからである。このため、日本銀行が新たに政策手段として導入したのが量的緩和政策である。量的緩和政策とは、金融調節上の主たる操作目標を金利からマネタリーベース、特に日本銀行当座預金の増加額に変更したものである。その場合には、ゼロ金利を実現するのに必要な範囲のマネタリーベースの増加を超えたマネタリーベースの増加を図ることになる。

このように窮余の策として導入された面が否定できない経緯があるにせよ、この量的緩和政策は、世界の主要国中央銀行として初めて本格的に採用した政策的枠組みである。
　しかしながら、この量的緩和政策は2006年3月に解除され、金融調節の操作目標は再びO/N金利、つまりゼロ金利政策に戻ることになる。ただし、そこではインフレ・ターゲット政策の前段階ともいえる「概ね1％程度のインフレ率をもって物価安定と理解する」という声明が付け加えられ、量的緩和解除のマイナスのインパクトを打ち消す対応が打ち出された。もっとも、2006年7月には、ゼロ金利が再び解除されるに至った。
　そうした中で2008年9月にはその後のグローバル金融危機に繋がるリーマンブラザーズ証券の破たんが起きる。そして、翌10月以降O/N金利の誘導目標が再び引き下げられることになった。ここでもおそらく単に金利を引き下げただけでは政策対応として不十分との判断から、CP・社債のほか株式の買入れ再開など、企業金融やクレジットマーケットの緩和を図る「信用政策」が導入、強化された。そうした信用政策の拡大を図りつつ金融のさらなる緩和傾向が維持されるという状況が続いていたが、2010年10月になると、景気の減速が一段と明確になったことから、ゼロ金利に加え、「中長期的な物価安定の理解（1％インフレ）に基づくインフレ率が展望できる状態になるまでそれを続ける」という時間軸（フォワードガイダンス）、資産買入等の基金（資産買入基金）の創設による信用政策の拡充を内容とする「包括的な金融緩和政策」が打ち出された。その後、インフレ目標に関して、1％のインフレ率を「物価安定の理解」から、「物価安定の目途」という形で位置づけが強化され（2012年2月）、また資産買入基金の規模の拡大が逐次図られるという経過を辿った。そして、2013年1月には物価安定の目標（インフレターゲット）としてCPI前年比上昇率2％という方針を打ち出すに至る。

(ヘ) 量的・質的金融緩和からマイナス金利、長短金利操作へ

　2013年4月日本銀行は、「量・質ともに次元の違う金融緩和」と銘打って、大規模な緩和政策＝「量的・質的緩和」を打ち出した。その内容は、次のような「2」という数字を強調する異例の政策である。
・CPI上昇率2％の「物価安定の目標」を、2年程度の期間を念頭に置いて、できるだけ早期に実現
・金融調節の操作目標のO/N金利から、マネタリーベースへの変更とその大幅な拡大（2年間で2倍）
・長期国債の買入額の大幅増額と対象国債の残存期間の長期化（2年間で保有額を2倍。また、買入国債の平均残存期間を2倍に拡大）
・信用政策の一層の拡大（ETFの買入れを2年間で2倍に拡大）
・以上の量的・質的緩和を物価目標である2％のインフレが実現するまで継続
　このように、量的・質的緩和はマネタリーベースに着目した政策ではあるが、当然ながらO/

N金利は低位に維持されることになる。

　その後2016年1月には、政策効果を強化するため、マイナス金利を導入しつつ、量的・質的緩和を継続する措置が取られた。

　2016年9月になると、日本銀行は従来の措置に追加して、長短金利操作（イールドカーブ・コントロール）を導入した。既にO/N金利はマイナス水準に維持されている中で、長期金利とりわけ10年もの国債の金利をゼロ近傍にコントロールすることが新たに加わった。

　以上のように、日本銀行は金利から量、量から金利へと操作目標をシフトさせつつ政策運営を展開してきた経緯がある。以下、その背後にある金融調節の枠組み、効果について体系的にみていくこととする。

②当座預金残高と金利のコントロール

（イ）準備預金（日本銀行当座預金）の需給

　日本銀行を含め中央銀行が確実に実行できることは、金融調節による当座預金[13]の量とその取引金利であるインターバンク市場でのO/Nコールレートの誘導である。

　まずそのメカニズムをみてみよう。図表9－4は準備預金制度を示したものである。準備預金制度とは、「準備」という名称が付されている通り歴史的には、銀行が預金を受け入れた際に、将来の引き出しに備えその一定割合を中央銀行に預金することを課したものである。しかし、現在では現実にはそのような意味合いは極めて薄い。日本では金融調節に必要な銀行による日本銀行当座預金残高に対する需要を人為的に創出するものと位置付けられている（準備預金制度に関する法律の第一条の目的規定では、「通貨調節手段としての準備預金制度を確立し」としている）。仮に準備預金制度がない場合でも、各銀行は当座預金残高をマイナスにはできない（マイナスになると破たんとなる）ことから、金融調節は可能であろう（その場合、各銀行は自発的にワーキングバランスとして必要な規模の当座預金をキープすることになる）。また、オペレーションの満期日＝エンド日を適宜操作することによって、予め準備預金に対する人為的な需要を創出することができるからである。ただ、準備預金制度があることで、金融調節がより円滑かつ強力に行えるのも事実である。日々の需給のコントロールだけでなく、準備預金の積立（単に「積み」という）の開始日から積み最終日までの期間中（1か月）の当座預金需要をより円滑、かつ人為的にコントロールできるからである。各種のオペレーションは、個々のオペレーションのベースでみれば基本的に市場で成立している金利を用いており、金利を直接的に決めてい

---

[13] 日本銀行は金融機関に口座を提供し当座預金を受入れている。その中で準備預金制度の対象となっている金融機関（預金取扱金融機関）から受け入れている当座預金を特に準備預金と呼んでいる。逆に証券会社など日本銀行に当座預金口座を開設しているが、準備預金制度の対象外の金融機関の預金は準備預金とは呼ばない。

図表9-4　準備預金の量と金利の決定

①準備預金の積みの進捗による金利誘導
- 準備預金とは、準備預金制度の対象となっている金融機関が日本銀行当座預金として保有している資金のことである。「準備預金制度に関する法律」により、預金取扱金融機関は、毎月16日から翌月の15日までの間に一定額（前月の預金の平均残高×準備率）以上の積数金額を確保することが義務付けられている。2018年末時点で、準備率は預金種類等に応じて0.05～1.3％となっている。
- 積み立て（単に「積み」という）の進捗が当初遅くなる金融調節を行うと、早めに調達しようとするマインドが醸成され、金利上昇圧力がかかる。進捗が最初から早いと、金利に低下圧力がかかる。

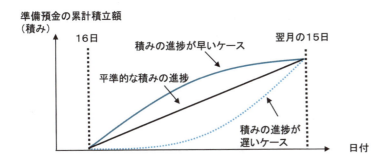

②ある日の準備預金残高に対する需給
- 需要と供給のいずれも、日本銀行は強力にコントロールできる。
- 結果として、O/N金利は、ほぼ完全にコントロールできる。

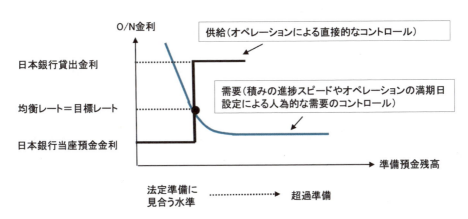

るわけではなく、マネタリーベースの量をコントロールすることによって、間接的、最終的に市場金利を誘導しているのである。

（ロ）金利の上下限を画するファシリティー

このような市場に対するオペレーションに加えて、次のような固定金利のファシリティーに

より金利の上下限をセットすることができる。

a. 日本銀行貸付け（市場金利の上限）

　日本銀行は、必要な当座預金残高を市場で調達できなかった銀行に対して、基準貸付利率（2018年末時点で0.3％）による貸付けを弾力的に実施している（いわゆるロンバート型の貸出）。したがって、市場で必要な資金を調達できなかった銀行は、日本銀行からこの金利で借入れることができるため、市場取引金利の上限を画することになる。

　かつては、日本銀行の金融調節手段として貸出がメインの手段であった。その場合には、民間金融機関の都合で貸し出すのではなく金融調節の一環として行われていることから、貸出金利は市場金利よりも低く設定されていた（信用割当）。また、その金利は（現在の基準貸付利率ではなく）公定歩合と呼ばれ、すべての金利の中で最優遇（最低）レートであって、それに一定のスプレッドを上乗せする形で民間銀行から取引先への貸出金利の基準となる金利（プライムレート）が定められていた。しかし、1994年の金利自由化の完成を機に、このような公定歩合制度は廃止された。

　もっとも、民間銀行による貸出を積極化させる手段として、銀行の貸出状況に応じて低利の資金を供給する政策が2010年に導入された。そこでの金利は、O/N金利の誘導目標水準と同レベルとされたが、期間が1年以上の長期であるため（通常はイールドカーブが右上がりで長期金利の方が短期金利よりも高い）、実質的には市場金利を下回る金利水準で貸出が行われることになる。

b. 準備預金の付利金利（市場金利の下限）

　日本銀行が取引先金融機関から受け入れている準備預金は原則として無利息であるが、政策手段としてプラスないしはマイナスの金利を付すことがある。プラスの金利であってもマイナス金利の場合でも、市場金利よりも高いときには、インターバンク市場で他の民間金融機関に貸出などを行うよりも、当座預金に運用した方が有利となる。このため、当座預金の金利は市場金利の下限を画することになる。

　実際の政策をみると、2008年以降日本銀行は、法律によって求められている準備預金残高（法定準備）を上回る部分（超過準備）に対して金利を付す措置（補完当座預金制度）を導入した（この措置は準備預金制度の対象ではない証券会社等にも適用された。そうした金融機関にとっては、当座預金残高の全額が付利対象となる）。また、2016年には限界的な当座預金の増加額に対してマイナス金利を付す、いわゆるマイナス金利政策を導入した。こうしたプラス金利、ゼロ金利、マイナス金利の3層構造の当座預金の付利体系においては、限界的な部分に適用され

14）実際には、個々の金融機関の準備預金の残高の3層構造の中身によって、ゼロ金利以下の金利水準であれば資金調達するインセンティブが生じることもある。こうした点を含めて、詳細については日本銀行金融市場局が毎年公表しているレポートを参照。最近のものとしては、「2017年度の金融市場調節」（2018年5月）がある。

る金利（マイナス金利）が支配的な金利となる。このためマイナス金利が市場金利の下限となり、そこまでは低下することがあり得ることとなった[14]。

（対象当座預金の階層と付利される金利水準、カッコ内は2018年末残高・兆円）

- 「基礎残高」：＋0.1％（208）
  「2015年中の当座預金平残（基準平残）」－「所要準備額」≒ 超過準備残高
- 「マクロ加算残高」：0.0％（139）
  「所要準備額」をベースに貸出支援基金等の平均残高等を加算した残高。適宜、裁量的な見直しがある。
- 「政策金利残高」：マイナス0.1％（23）
  当座預金残高のうちa.とb.を上回る金額。金利は政策的に決定される。

③金利政策

以上のようなオペレーションやファシリティーを活用して、日本銀行当座預金の量と金利（特にO/N金利）をコントロールできる。また実際にコントロールしている。そのことを踏まえた上で、金融政策の具体的な運営をみてみよう。まず、金利政策から始めよう。

図表9-5　中央銀行の金融調節の選択肢

①中央銀行の金融調節のツール

各種の操作対象	ツール番号（②への適用）
短期金利（短期金融商品の売買、貸出）	Ⅰ
長期金利（長期債券の売買）	Ⅱ
マネタリーベース（≒当座預金残高）	Ⅲ
リスク商品の購入（株式等の購入）	Ⅳ

②金融調節のツールの典型的な組合せ

ツールの組合せ	政策の内容	事例など
Ⅰ、Ⅱ、Ⅲ、Ⅳ	長短金利コントロール、マネタリーベース目標、リスク商品の購入目標	日本銀行が2016年以降実行した長短金利コントロール付き量的・質的緩和
Ⅰ、Ⅱ	長短金利コントロール（イールドカーブのコントロール）	1960年代初頭の米国において経常収支の改善と景気回復を実現するため、高めの短期金利の維持と低めの長期金利実現を狙った債券売買を実施（「オペレーションツイスト」といわれる）
Ⅰ	短期金利（特にO/N）の誘導	緩和時、引締め時いずれにも適用可能な基本的な金融調節で、長期金利は市場に委ねるとの考え方
Ⅲ	量的コントロール	1980年代初頭において1970年代の2桁インフレを抑え込むため当時の米国連邦準備制度理事会ボルカー議長によって遂行された、「新金融調節方式」。短期金利は10％を超える上昇となり、かなり強引な引締め策とされる

（イ）中央銀行にとっての選択肢

選択肢は一般に次のようなものである（図表9－5）。

- **ターゲット金利もマネタリーベースの目標も持たない**

  通常このようなことはないが、仮に経済が自立的に完全雇用を維持し得ており、外的なショックもない場合には、つまり自然利子率と市場金利が自律的に一致している場合には、このようなケースもあり得る。この場合でも、準備預金残高を維持するための金融調節は必要となるが、受け身の調節、つまり市場金利による必要最小限のマネタリーベースを供給すれば足りる。

- **短期金利のみコントロール**

  確実にコントロールできる短期金利（特にO/N）のみをコントロールするとともに、長期金利については、市場での金利形成に委ねるとの考え方である。最も標準的な中央銀行の政策運営である。

  そうした考え方の背景には、長期金利は経済全体の状況（成長率、インフレ率など）を反映するものであって、長期金利を重要な「指標」とする思考がある。

- **長期金利もコントロール**

  短期金利に加え、長期金利のコントロールも図るというものである。準備預金に対する需要を人為的にコントロールできる短期金融市場での金利（短期金利）のコントロールほどには、長期金利はコントロールできない。現物債券だけではなく、金利スワップ市場などの存在から、短期市場に比べ市場規模が大きいこともある。しかし、巨額の長期国債などの買入れを続ければ、ある程度コントロールできる。問題は、巨額の長期債券を購入し続けた場合には、保存有価証券の償還までの期間が長期に及ぶため、状況が変わって金融緩和政策を中立化するとしたときに、中央銀行の調達金利である当座預金金利との逆鞘ないし、（償還前に売却したときには）巨額の売買ロスが発生することである（いわゆる「出口問題」のひとつのポイント）。その問題の大きさは、買い取った国債の利回り・金額・残存期間による。

  ここでいう短期金利や長期金利はリスクプレミアムのない金利、つまり短期金利はO/Nコールレート、長期金利は国債の流通利回りである。リスクフリーレート＝ベース金利であって、つまり貸出金利ではないことに留意する必要がある。さらに金融危機などで信用割当状態になれば、金利政策の効果は減殺されることも見落としてはならない。

- **マネタリーベースのみをコントロール**

  金利のコントロールを敢えて放棄し、マネタリーベースのみをコントロールする方法である。実際、1979年8月にボルカー議長の下で米国連邦準備制度理事会は、当時の2桁インフレを抑制するための措置として、金利のコントロールを放棄し（金利の急上昇を放置し）マネーストックやマネタリーベースのみをコントロールする金融調節（「新金融調節方式」）を導入した。この政策は約3年半にわたって続けられ、その結果としてインフレ率は1桁台の前半

まで落ち着きを取り戻したが、経済活動は大きく落ち込んだ。この政策は、金利が乱高下することを容認する中での、高金利政策と位置付けることができる。そのように考えると、高金利とはいえ一定のコントロールを行うべきであったと思われるが、金利の上昇を市場のメカニズムに求めるという形で金利引き上げに対する反発をかわそうとする政治的狙いがあったと考えられる。

以下、まずベース金利をコントロールする、金利政策からみていこう。

(ロ) ターゲット金利の設定

金利についてターゲットを設ける場合、具体的にどの水準にセットするかは、決定的に重要な問題である。この問題に指針を与えるのは自然利子率である。自然利子率はインフレが生じない金利であるので、ゼロインフレの時の均衡利子率を示している。しかし、実際にはゼロインフレが最適とは限らない。様々な事情を考慮し、近年の日米欧の中央銀行は、2%のインフレ率を目標としている。その場合でも、自然利子率を基準値（アンカーという）として最適な利子率を求めることができる。すなわち、

ターゲット金利＝自然利子率＋目標インフレ率

とすれば、中央銀行は目標インフレ率と完全雇用の維持のいずれとも整合的な「最適金利」を算出できる。したがって、この最適金利をターゲットとすればよいということになる。もっとも、ここで短期と長期の問題を考慮する必要がある。

自然利子率とは完全雇用の状態と整合的な利子率であって、市場金利がそれと等しい場合に物価（ないし翌期の物価＝インフレ率）[15] が安定するというものである。そして、資本や人口の変動を織り込んだ長期の自然利子率と、資本などが所与であって、様々な外的ショックによって変動する短期の自然利子率とがある。したがって、自然利子率をアンカーとするターゲット金利についても、短期と長期の二つが存在する。もっとも、短期金利はほぼ完全に中央銀行がコントロールできる一方、長期金利はそこまでのコントロールができないことは前述の通りである。そこで、一般にはターゲット金利は短期金利、特にO/N金利を採用している（近年の日本銀行の長短金利コントロールは例外的である）。

---

[15] インフレとは連続的な物価上昇であって、1回限りの物価上昇（例えば消費税率の引き上げによる物価上昇）は、インフレとは呼ばない。その意味では、インフレと物価上昇は明確に区別すべきである。
そのうえで、教科書的なモデルについてこの点をどのように前提しているかをみておくと、まず最も典型的なマクロモデルであるIS・LMモデルにおいては、名目物価水準を一定としている。その後一般的に用いられているAS・AD（総需要・総供給）モデルにおいては、物価水準を明示的に取り入れている。さらに、最近の標準的なマクロ経済モデルとして頻繁に用いられるフィリップス・カーブを前提としたニューケインジアン的なモデルにおいては、インフレ率、ないしは予想インフレ率を用いている。しかし、単純な理論モデルのレベルで、今期と来期といった限定された時間概念（time horizon）では、翌期の物価水準と今期から翌期にかけてのインフレ率を区別する意味はない。

(ハ) テーラー・ルール

以上のようなターゲット金利の設定に関して、指針となるのがテーラー・ルールである。

a. テーラー・ルールとは

ターゲット金利と市場金利が一致していれば、現状の金利を維持すればよい。しかし、現実には一般に市場金利とターゲット金利が乖離している。そのような場合にどう対応すべきかという問題がある。それに対して答えを出したのが、1993年に米国の経済学者J.テーラー[16]が提案したルールである。これは、テーラー・ルールと呼ばれ、今や多くの中央銀行の金利政策の指針となっている。J.テーラーは（マクロ経済、金融情勢が好ましい状況に近かったとされる）1980年代中頃から1992年までの米国の金融政策を検証したところ、次のようなルールで連邦準備制度が金融政策を運営していたと理解すれば、実際の短期金利（FFレート）の動きをよく説明できるとした。

$i_T = r_n + p_T + 0.5x + 0.5(p - p_T)$

ここで、i_Tはターゲット金利、p_Tは目標インフレ率、xはその期の需給ギャップ（現実のGDP成長率－潜在成長率）、pはその期の現実のインフレ率である。

この式の右辺の前半（$r_n + p_T$）は、上述した自然利子率に目標インフレ率を加えた最適利子率である。しかし、それに潜在成長率と目標インフレ率との乖離に応じた調整項目が追加されている。この調整項目は、端的にいえばターゲット金利を最適金利に対してオーバーシュートさせることによって、結果的に最適金利に誘導できるという観察である。J.テーラーが計測に使ったこの時期は、比較的金融政策が円滑に行われていたとの評価のある時期であったことから、このルール、しかも0.5といった具体的な計数も含め、これに即して短期金利をコントロールしていけばマクロ経済を適切にコントロールできるという規範的な要素を持つことになった。もちろん、こうした計数は国や時代によって異なるものであり、自国のケースについて各国中央銀行をはじめエコノミストが計測し、結果を公表している。

b. テーラー・ルールの特徴

このようなテーラー・ルールの特徴は、次のようにまとめることができる。

- 金利誘導の目標値を示していること。マネーストックなどの量的な指標を用いていないこと。
- 物価、成長率、金利等の関係について想定を置かずに、実証的に係数等を算出していること。また、物価、成長率に関してはその変動に着目していること[17]。なお、簡単なIS・LMモデルを念頭に置いた場合、IS曲線が安定的かどうかによって、取るべき政策が異なることにつ

---

[16] J.テーラー（1946年～）は、現在も活躍する米国の経済学者。ニューケインジアンモデルといわれる、合理的期待形成と粘着的な価格変動の下での、経済政策の有効性を主張したことで知られる。ここで紹介するテーラー・ルールは、1993年に発表されたもので、彼の代表的な業績として知られる。

いては、後述する。
- インフレ率の変動と人々の期待形成に関して、適合型期待形成を前提としていること。

　ターゲット金利を最適金利に対してオーバーシュートさせるという考え方は、テーラー・プリンシプルと呼ばれている。テーラー・プリンシプルは、「政策ターゲット（物価、成長率などの目標）と現実値の間に乖離がある場合、ターゲット金利は最適金利をオーバーシュートしないと経済に十分な影響を与えられない」と主張する。この主張の妥当性は直感的には明らかであるが、本章⑥で述べる適合的期待形成の考え方が背後にあるとみることもできる。つまり、時々の需給に応じてそれが均衡するように価格が迅速に調整される場合には、何らかの外部性を持つ経済政策が発動されれば、それに瞬時に反応して政策効果が出るはずであるが、テーラー・プリンシプルは、そうではなく期待の修正や、経済行動の適応に一定の時間を要することを前提にしている。

④量的政策

（イ）量的政策とは

　量的政策とは、金利のターゲットの有無にかかわらず、マネーストックの量に注目して政策を運営することである。特にマネタリーベース、中でも中央銀行のコントロールが及ぶ当座預金残高を（金融調節上必要な残高を維持する条件の下で）政策的に操作することによって、金融市場、ひいては経済全体に好ましい影響を及ぼそうとするものである。

　量的政策の中でも、近年、日本銀行が取り組んでいる「量的緩和政策」は、次に述べる信用政策とは異なり、当座預金の量だけに注目することから、典型的には信用リスクのない金融商品、具体的には国債などの公共債、ないしは高格付けの社債の買入れ、ないしはそれらを担保とする貸出を実行することになる。

　量的政策の最も素朴な考え方は、マネタリーベースの増減⇒マネーストックの増減⇒一般物価の増減という図式である。しかし、そのような単純な関係にないことは、第一部でも述べてきた通りである。有名なフリードマンのk％ルール、つまり中央銀行は毎年一定の増加率で通貨を増やすことに専念すべきであるという考え方がある。そこでは、

---

17) この点を明示的に示したのが、テーラー・カーブである。テーラー・カーブはインフレ率と成長率のブレをプロットすると逆相関の関係にあることを示したものである（例えば、X軸をインフレ率の標準偏差、Y軸を成長率の標準偏差としたグラフ上で、右下がりのカーブとなること）。両者の関係は、基本的にはその時の経済がX軸を実質GDP、Y軸を物価水準とした場合の右上がりの総供給曲線のどの位置にあるのかに依存している。インフレ率のブレが少ない状況というのは、一般的には潜在GDPよりもかなり低い位置にあるとき、つまり総供給曲線がフラットな（価格が少し上昇すれば、GDPが増加する）部分に位置している。このため、多少のGDPのブレではインフレ率の上下動に繋がらない。これに対し、潜在GDPに接近ないしそれを一時的に超えている場合には、少しのGDPのブレが大きなインフレ率の増大などに繋がる。

$$M = k \times PY$$

M：マネーストック、k：マーシャルのk、P：一般物価水準、Y：実質GDP

において、Mをコントロールできること、kは安定していることを前提に、

$$\text{名目GDPの増加率} = \left(\frac{1}{k}\right) \times \text{Mの増加率}$$

から、Mの増加率をkに固定すれば、安定的な名目GDPの成長が可能ということである。マネーストックの増加率をk%にというのは、単純でたやすくみえるが、実際には非常に困難である。敢えて、そのような政策を実現しようとすれば、かつて日本銀行がメインの政策手段としていた窓口指導（金融機関の貸出増加額に対する直接的な指示）などの対応が必要になる。

ところで、中央銀行はマネーと引換えに金融資産（債券のほか、株式、不動産などを証券化した金融資産も含む）は買うことができるが、財・サービスをマクロ需要拡大のために直接買い入れることは当然ながら想定していない（それは金融政策ではなく、銀行券の強制通用力の濫用である）。このため、金融資産の価格に対しては直接影響を与えることができるが、財・サービスの価格、つまり一般物価に直接影響を与えることはできない。そこで問題は、金融資産に向かっていくマネタリーベースの増加が、どのような経路でマネーストックの増加、さらには一般物価の対象としている財・サービスに向かい得るかということである。では、量的政策が相応の効果を発揮するための政策の波及経路、あるいは必要な条件は何だろうか。

(ロ) 量的政策の効果

a. 金融機関その他の経済主体のポートフォリオ・リバランス効果

日本銀行が取引先金融機関から国債等を買い入れると、金融機関の資産の中味としては日本銀行当座預金残高が増加し、国債が減少することになる。一方負債サイドは、預金者からの預金の受入れなどであって、少なくとも短期的には不変である。このため、金融機関は、リターン確保のため日本銀行当座預金を使って、貸出を新たに実行する、ないしは貸出需要が弱い場合には、市場でつまり他の金融機関やそれ以外の機関投資家などから国債だけでなく、社債等の金融商品を買い入れることになる。中央銀行の国債の買入れによって民間経済主体の負債に対する需要が拡大し、それが民間経済主体の実体経済活動をサポートすることが期待されるわけである。

b. 市場流動性増加の効果

日本銀行当座預金残高の増大によって、金融機関の資金繰りに余裕が生じ、金融市場においてカウンターパーティ・リスクが低下する。このため、市場取引が円滑に行われる。特に金融危機においては、市場流動性が低下する中で、手元資金を多めに確保するため保有有価証券などを市場で安値売却する動きが強まるが、そうした動きを抑止できる。

c. 時間軸効果

一旦国債等を大量に買入れ、中央銀行のバランスシートに組み込むと、それを急激に縮小することは市場に大きなショックを与えることから、通常は徐々に残高を減らしていくテーパリング（tapering）を行うと想定される。このため、大規模の量的緩和政策が採用されている場合には、先々相当の長期間にわたって金融の緩和された状態が続くと市場では予想されるであろう。このため、長期金利が低位に維持されることとなる。

d. トービンのq効果

第一部、第四部で、マネー需要に関して、次のような議論を展開した（78ページ式1−8）。
$$MV = PQ + P_S Q_S + P_D Q_D + P_E Q_E$$
M；マネーの量（ストック）、V；マネーの流通速度（期間中の利用回数）、P；物価水準、Q；取引量（中間取引を含む）。このうち、P、Qは、添え字なしの場合、P；一般物価水準、Q；実質GDP。また、添え字は、Sは実物ストック、Dはデット、Eはエクイティ。

ここで、Mが量的緩和政策の狙い通りに増加したとすると、その増分の行き先は新たに生産される財・サービス、実物ストック、デット、エクイティのいずれかの価格ないしは数量となる。

仮に、財・サービスの需要が低迷し、またデットがゼロ金利政策の下で需要に限界があるとすると、実物ストック、エクイティに向かうことになる。差し当たり、取引が迅速、低コストで可能なエクイティに向かうことは大いにあり得る。実際、最近の日本銀行の量的緩和政策の拡大によって最も明確に反応したのは株価であった。株価の上昇は、企業の既存事業の市場価値の上昇であるから、トービンのq理論によれば同様の事業を相似拡大的に増加させることになる。つまり、最終的には新規設備投資の増加に繋がると期待できるかもしれない。

一方、問題点は次の通りである。

（ハ）効果の限界、問題点

次のような限界がある。また、そもそも量的政策の効果について、市場流動性が低下した場合を除いて、学者や専門家の間でポジティブな評価が確立しているわけではない。

a. 公示性の弱さ

公示性が弱く各経済主体の行動への影響が不確定であるため、金利政策と比べ、いわば政策効率が低い。金利はすべての人が日々の経済活動の中で認知できる変数であるが、日本銀行の当座預金の量はそうではなく、観念的にしか認知されない。このため、大幅な金融緩和のためには、インパクトのある巨額の国債等の買入れが必要となる。

b. 財政規律の喪失

　国債は、政府の財源調達の面で、税収の不足を補完する大きな役割を持っている。中央銀行による直接的な引受けでなくとも、流通市場で品薄状態が維持され、国債の新規発行の円滑性が保証されることから、政府の財政規律が引き緩む懸念がある。仮に財政当局が健全な財政を指向していても、政治的には拡張的な財政支出への選好を否定できない。

c. エグジット（出口）の過程での中央銀行の財務の悪化

　前述の通り、量的緩和は必然的に規模の巨額化を招くことになる。他方、そうした量的緩和から撤退する場合には、市場金利が上昇していることから、日本銀行は期間収益の悪化（国債保有に伴うマイナスのリターンの一方、ゼロないしプラスの当座預金調達コスト）あるいは、国債を売却する場合には売却ロスが生じる。極端な場合には、体力を上回る損失の発生があり得る。その場合には、国からの資本支援などが必要となるかもしれない。通常の金利政策にはこのような問題はない。

（二）金利政策と量的政策の比較

　ここで量的政策と金利政策を改めて比較してみよう。

- 金利は公示性が強い。またすべての経済主体に直接および（預金、ローンなど）影響力がある。
- （例えば）金利の引き下げが物価を上方に押し上げることが期待できる場合には（この点についての理論的な検討は第5章を参照）名目金利の低下を上回る実質金利の低下が可能となる。引き上げの際には、逆に二重の意味での金利の上昇となる。このため、金利政策は大きな有効性を持っている。
- ただし、基本的にマイナスにはならない（ごくわずかなマイナス金利は可能）ため、金利がある程度低くなると、追加的な効果が乏しい（ケインズの「流動性のわな」）という根本的な問題がある。
- なお、量（的政策）と金利（政策）の両方を同時にターゲットとして表明するときには、より公示性の高い金利の許容変動幅が量の許容変動額より相対的に厳格なターゲットとして受け止められる可能性がある。このことが、ときとして（金融緩和の場合）「中央銀行はターゲット金利を維持するため、どこまでも量を拡大する」と受け止められるリスクを生じることがある（実際に、市場では量的質的緩和の下で、日本銀行が国債市場に無料のプットオプションを手渡しているのと同じと受け止められたことがある）。

⑤信用政策

　金利でも量でもなく、金融機関や金融市場の信用供給に直接働きかける政策である。中央銀

行が信用リスクを取って、市場に資本性資金を供給することである。具体的には個別株式、ETF（上場〈株式〉投資信託）、J-REIT（不動産投資信託）の買入などである。また、財務体力が弱めの金融機関に預金保険機構が資本参加する資本増強政策は、本来はプルーデンス政策と位置付けられるが、マクロ金融政策としての効果も持つ。純粋な量的緩和の場合は、中央銀行は金利変動リスクのみを取るが、信用政策の場合には信用リスクとともに価格変動リスクも取ることになる。

伝統的に中央銀行は、国債や信用力の高い債務者の発行した手形や社債などの信用リスクのない有価証券を対象にして買取りを行ってきた。また、償還価格のある金融商品を買入れ対象としてきた。しかし、例えば株式（ETF）は償還価格がないため、大きな価格変動リスクを負う（第一部第5章④参照）。近年特に日本銀行では金融機関のリスクテイクを促すため、この政策を活用している。

この政策が機能すれば、貸出曲線のリスクプレミアムを低下させて、市場金利が下限に到達していても、貸出金利を引き下げることができる。

もっとも、このような信用政策はまだ十分に効果の検証が行われておらず、金融政策の柱として位置付けられるには至っていない。

⑥期待に働きかける政策

以上、金融政策の具体的な運営とその効果をみてきたが、政策効果にはもうひとつ別の次元の対応がある。それは、金利政策、量的政策、さらには信用政策にいずれにも共通し得る、「期待に働きかける政策」と呼ばれるものである。

それを具体的な政策ルール、ないしはツールとして仕立てたのが、量的緩和の時間軸効果、オーバシュート型コミットメントを典型例とするフォワード・ガイダンスなどである。これらについてはすでに説明したが、ここではその前提となる期待形式について類型化して説明しよう。ところで、期待とは先々の変数、例えば物価、金利やマネーストックなどに関する予測である。予測値は誤差があるため、予測値の平均を通常、単に期待値と呼んでいる。その期待値がそれまでの実績とどのような関係にあるかという観点から、次のように分類できる。

（イ）定常的期待

来期の予測値が一定値との素朴な見方である。これは、一定の定常状態を念頭に、各期で変動はあるものの中心値は変わらないという考え方である。トレンドがある場合には、トレンドを考慮して、そのトレンドに復帰する期待とすることが適当な場合もある。

(ロ) マルチンゲール期待

マルチンゲール（Martingale）とは、もともとフェアなギャンブルを前提とした場合の必勝法という意味があったようである。来期の最良の予想は今期の実績値そのものであるとする考え方で、オプションの理論価格を導出する際にも用いた概念である。一見すると定常的期待と同様の考え方と思えるが、確率過程論を背景に持つ考え方である。つまり、効率的市場仮説が成立していると、すべての情報は今期の価格や金利などに反映されているはずである。その場合、ある計数の来期に関する（今期の情報を所与とした条件付き）期待値は、今期の実績値となる、すなわち、マルチンゲールが成立しているというものである。

なお、マルチンゲールの重要な例はブラウン運動であって、来期の予測は今期の実績値を平均としてその周りで正規分布としてばらついている、しかも前期と今期の計数は独立（規則だった相関がない）というものであって、外国為替相場などについて多くの実証研究がある。

(ハ) 合理的期待

各主体は、政策当局の行動原理を含めて経済全体の構造を熟知しており、何らかのショック（政策変更を含む）があった場合には、その結果を瞬時に計算し、その下での自らの最適行動を選択するというものである。期待理論として、他の理論と異なるのは次の2点である。

- 各経済主体が、真の経済モデルを知っていること。特に、政策当局ともそのモデルを共有していること。さらに、政策当局の行動が変化した場合には、それをモデルに取り込んで修正したモデルをもとに行動すること[18]。
- 各経済主体は、単に予想を的中させるだけではなく、その最良予想に基づいた「最適行動」をとっていること。

合理的期待形成は、もともとJ.ミュースが1961年の論文で提唱した考え方で、米国の豚肉市場において価格が波状に変動する原理として、常に一期遅れの価格情報で生産が行われるという古典的な考え方に対する批判として登場した。その後、T.J.サージェント＆・N.ウォーレ

---

[18] R.ルーカスは、1975年前後に、それまで政策決定の参考に使われていた既往のデータから推計したマクロ計量モデルに対する批判を展開した。この批判は、「ルーカス批判」と呼ばれている。ルーカスは、政策が変更されれば、人々は政策ルールが変わった可能性を認識するはずであって、そのことによって、政策の効果は減殺される（つまり、期待を取り込まないモデルは意味がない）とした。また、C.グッドハート（1936年～。英国の経済学者、BOEの政策委員にも就任）も同時期に英国でのマネーストック目標が混乱を招いたという批判を展開する際に「金融政策を統計的な目標（例えばマネーストックの成長率をk％など）に基づいて行うと、人々はそれを見越して行動原理を変えるので有効ではない」としてほぼ同様の主張を行った。こうした考え方は実際にマクロ経済モデルを使って、政策変更の前後を比較する形で行われた。比喩としては、「泥棒に入られない状態が続いているという理由で警備を緩めると、それまで諦めていた泥棒が窃盗する」というものである。こうしたグッドハートの主張はグッドハートの法則として知られている。グッドハートの法則によると、金融政策は金利やマネーストックといった統計的な目標を持たずに、最終目標（例えば2％のインフレターゲット）をアナウンスすべきだとした。これに基づくと、テーラー・ルールを中央銀行が自ら公表することは疑問があることになる。

ス[19]などによって、マクロモデルに応用されるようになり、さらにR.ルーカス[20]らによって精緻化される経緯をたどった。合理的期待形成の提唱者、信奉者は当初M.フリードマンを代表とする新古典派マネタリストに偏っていたため、合理的期待形成はマネタリズムと同一視されることが多かった。新古典派マネタリズムとは、価格の伸縮性を前提に実質GDPは金融政策などのマクロ政策によっては変えられず、例えば緩和的な金融政策を取ったとしても、物価の上昇という結果しか得られないというものである。

　この点を敷衍すると、価格がすべて伸縮的であれば、すべての財、サービスのほか生産要素である設備（使用権）、労働が最適に活用され、そこからは動きようがなくなる。さらにはマネーの将来価格と現在価格の相対価格である金利も（中央銀行のコントロールが及ばず）伸縮的に動けば、将来財を含めすべての生産、所得、分配が最適化されて、そこから乖離する余地がなくなる。ただし、マネーの供給だけは中央銀行に委ねられているとすると、そのマネーの供給が予想外に増加した場合には（そのときにのみ）、相対価格の情報の共有にゆがみが生じ、時には生産が潜在的な上限を超えて増える。逆にマネー供給が予想外に減少すると、生産が一時的に完全雇用水準から下振れる。しかし、そうした情報の歪みは中央銀行の政策対応についての考え方が判明するにつれ、効果は消滅してしまう。結果としてマネーストックの供給に応じた一般的な物価水準だけが変動することになる。つまり、合理的期待形成と伸縮的な価格変動の両方が成立したときには金融政策の持続的な効果はなくなる。なお、このことは税体系の変更や国債の発行による財政支出の増大についても同様であって、いずれも持続的な効果はないことになる。

　合理的期待形成については、それが現実に妥当する程度（例えば情報の均霑の速度、経済のメカニズムへの理解など）には議論の余地があるとしても、基本的な考え方としては、否定しようがない。少なくとも一般的には前提として敢えて不合理な期待形成を正当化する理由がないからである。

　もっとも、価格の伸縮性については事情が異なる。例えば、賃金は少なくとも正規雇用者の給与については年に1回程度の頻度でしか変更されない。不動産の賃料は数年単位の期間の長期契約が一般的である。このように実際問題として価格が伸縮的でない例は枚挙に暇がない。価格を日々見直すことは費用対効果の面で合理的でないからである。

19）サージェント・ウォーレスのモデルでは、価格がすべてフレキシブルに動くことから中央銀行がマネーサプライを増やせば価格が上がることを知っている労働者は自らの賃金が上昇しても相対価格の上昇ではないと見抜くため供給を変えない。したがって金融政策の効果がないという結論になる。なお、財政政策についても合理的期待の下では、有効性を持たないと主張するリカード・バーローの中立性命題といわれるものがある（もともと古典派経済学者のD.リカードが主張していたものをR.J.バーロー〈米経済学者、1944〜〉が改めて取り上げた）。
20）R.ルーカスは、人々が金融政策で行動を変えるとすれば、情報が十分ではないか、名目価格の粘着性が原因とした。また名目価格の粘着性は人々が合理的であれば長続きしないと考えた。このため、サプライズ（のみ）が有効というインプリケーションを持った。

そのような思考を経て、「価格は粘着的であってマクロ政策の効果のすべてが価格の上昇に吸収されてしまうというわけではない」といういわゆるケインジアンの立場から、合理的期待形成を受け入れつつ、短期的にはマクロ政策によって様々な外的ショックから変動するGDPを安定化させることができるというNew Keynsian（ニュー・ケインジアン）といわれる人たちが登場してきた。彼らの考え方は今では学会だけでなく各国中央銀行の政策企画の実務において重要性を増しているといえよう。そうしたニュー・ケインジアン的な立場から金融政策のあり方を端的に示したのが、テーラー・ルールといえる。

（二）適合的期待

　適合的期待とは、ある変数例えば物価や生産量について、特定のモデルを前提とせず、過去の経験から今期の状況を予想するという期待形成である。物価予想を例に説明しよう。予想対象となる今期（t）の物価をP_t、その1期前 $t-1$ 期の実績値をP_{t-1}、それに対して1期前の $t-2$ 期に立てた予想をP_{t-1}^{t-2}としよう。上に添字がないPは実績値である。その場合、適合的期待形成に基づくt期の価格についての予想 P_t^{t-1} は、次の式で与えられる。

$$P_t^{t-1} = P_{t-1}^{t-2} + \alpha (P_{t-1} - P_{t-1}^{t-2})$$

つまり、今期の予想価格は、前期の予想を前期の予想誤差、つまりの実績値との乖離を織り込んで連続的、部分的に（適合的に）修正していくとみるわけである。ここで、$\alpha < 1$に注意して、整理すると、

$$P_t^{t-1} = \alpha P_{t-1} + (1 - \alpha) P_{t-1}^{t-2}$$

つまり、今期の価格予想は、前期の実績と前期のもともとの予測値の加重平均となることが分かる。これをさらに入れ子のように遡っていくと、

$$P_t^{t-1} = \alpha P_{t-1} + \alpha (1 - \alpha) P_{t-2} + \alpha (1 - \alpha)^2 P_{t-3} \cdots$$

となって、適合的期待とは、すべての過去を引きずった予測の方法であることが分かる。

　これは、今期の予想が前期の実績値そのものであるマルチンゲール予想や過去に一切とらわれずにモデルによって予測を都度最初から立てていく合理的期待とは、本質的に異なっている。

　一方、価格の期待形成がどのように行われるかということと、現実に価格がどのように形成されるかということは別の問題である。実際には、期待には制約がないが、取り得る行動には制約があるからである。例えば、先に述べたように正規雇用者の賃金は年1回しか通常は変わらないし、家賃は多くの場合2〜3年間は変わらない。調整コストがあるからである。調整コストが存在する限り、実際の価格の動きは粘着的であると考えることには妥当性がある。

第5章
簡単なモデルを使った政策対応の整理

　これまで、金融取引、金融市場さらには金利誘導をはじめとする金融政策について説明してきた。第5章では、シンプルなマクロ経済モデル、つまりごく少数の変数と式を使って、これまでに学んだ諸概念、特に金融政策の効果について改めてみていく。

①標準的な IS・LM モデル[21]

（イ）モデルの前提
　最初に最も標準的かつ多くの教科書に登場する物価を固定した需要分析、つまりIS・LM分析を導入したうえで、手順を踏んで売れ残り在庫（生産≠所得＝支出）などの不均衡、物価変動（名目金利と実質金利の峻別）、マネー供給関数、さらには期待（予想インフレ率の導入）や対外取引（輸出入のほか外国為替取引）を明示的に追加的に導入し、IS・LMモデルの拡充を試みる。

　最初に説明するIS・LMモデルのほか、そのあとで説明する試論的な修正モデルを含め、ここでは実際のマクロ経済の構造やメカニズムを踏まえつつ、いくつかの重要な前提を置いているので、その点を明確にしておこう。

a. 財・サービス市場と金融市場の捉え方（図表9－6）
　まず、モデルが前提としている経済の枠組みである。家計は、所得を得て消費と貯蓄に振り向ける。企業は、原材料や労働力を調達して生産を行う一方、将来に備えて設備投資を行う。銀行は、貸出や債券・株式の引受などによってマネー（現金及び預金）の供給を行う。中央銀行は、マネーストックの量や金利をコントロールする。

---

21) ISとは投資（Investment）・貯蓄（Saving）バランス、LMとは流動性選好（Liquidity）・Moneyバランスのことである。IS・LMモデルは、ケインズと同時代の英国の経済学者 J.ヒックス（第一部注7参照）によって書かれた論文「ケインズ氏と古典派」（1937年4月）によって示された（もっとも、J.ヒックスはIS、LLカーブと表現していた）。その後、ケインズの一般理論の標準的かつ簡明な説明として多くの教科書で採用されている。

図表9-6　経済循環の構造

①対象取引と経済主体
　・実物的な財・サービスの取引（フロー）

		家計		企業		銀行	
		支払	受取	支払	受取	支払	受取
生産（Y）					Y（付加価値の創出）		
支出（Y）	消費	C			C		
	投資			I	I		
（総所得＝総支出）		総支出＝C（消費）＋I（投資）＝W（賃金）＋R（企業収益）＝総所得 在庫変動がなければ、総生産＝総支出＝総所得					
所得（Y）	賃金等		W	W			
	利益（配当）		R	R			

　・IS・LMモデルでは（国民所得計算も同様）、在庫はすべて投資として処理している。しかし、本来は生産しても売れ残れば、所得とならないし、賃金等への分配もできないことに留意する必要がある（当座は、原材料や賃金を支払えたとしても、いずれ払えなくなる）。

②対象取引と経済主体（ストック）
　・金融資産、マネーの取引（期中のフロー取引は膨大となるが、期初と期末のストックでみるのが効率的な捉え方）

	家計		企業		銀行		中央銀行	
	資産	負債	資産	負債	資産	負債	資産	負債
現金	H							H
預金	D					D		
貸出・債券				L	L			
株式	E			E				
総資産（A）	A＝H＋D＋L＋E							

　・標準的なIS・LMモデルでは、現金＋預金をM＝マネーとしている。また、その供給は、あたかも中央銀行が直接的に供給するものとしている（銀行の信用創造が明示的に扱われていない）。
　・最終的には、債券、株式は捨象しマネーの需給が均衡していれば金融市場全体が均衡していると仮定している。

　取引が行われる市場には、財・サービスが売買される実物市場とマネーや金融商品が取引される金融市場がある。実物市場は、財やサービスが一定の期間に一定の量が供給され、需要されるフロー市場である。一方、金融市場ではマネー、債券・貸出、株式そして外国為替が取引される。これらのマネーや金融商品は一定期間内に一定の量の取引が行われるという意味ではフローの取引であるが、その目的は財・サービスを購入するために事前にストックとして手元

に確保しておくほか、資産運用手段としてストックとして保有することに目的がある。

以上を踏まえて、ここでは財・サービスの市場（フロー）とマネーおよび金融商品（ストック）の二つに大きく分ける。財・サービスの市場はひとつの市場としよう（財・サービスのバスケットが取引されるイメージ）。

金融市場では、マネー、貸出・債券、株式の市場がある。それぞれ、需給が均衡するところで価格・金利と量が決定される。もちろん、金融商品には無数ともいえる様々な商品があるが、リスクプロファイルの典型的な個性（決済・価値保蔵機能をもつマネー、固定金利の貸出・債券、実績配当の株式）を考えれば、マネー、貸出・債券、株式の3つで十分であろう。マネーは、現金のほか、リスクなしに現金に転換できる預金等である（つまり資産選択理論における安全資産のうち金利変化のない、典型的にゼロ金利のものである）。

ところで、金融商品は個々に取引されるが、ストック全体としては所与の金融資産の配分、つまり

　　A（総資産）＝M（マネー）＋B（債券・貸出）＋E（株式）

であって、M、B、Eのうち二つが決まれば、残りのひとつの商品の需給も均衡しているはずである。資産選択理論における議論から、安全資産の収益率（ここでは単純化して無利息としよう）が与えられれば、BとEの組合せは市場ポートフォリオとして一義的に決定される。なぜなら、資産選択理論で用いたリスク・リターン平面上で原点（ゼロリスク・ゼロリターン）と効率的フロンティアを結ぶ接点（市場ポートフォリオ）が確定するからである（第四部第5章③を参照）。つまり債券と株式は一定の比率で資産選択される。そこで、以下では株式を捨象し、マネーと債券の二つの金融資産しかないものとしよう。

b. 経済循環の時間イメージ

ここでの経済循環の時間的なイメージは、図表9－7のようなものである。この中で、2点留意すべきことがある。

まず、この図表にあるのは、期間の区分：前期と今期を念頭に、上記の消費、設備投資、GDP、貯蓄などの各変数はいずれも今期の期初から期末にかけての期間中に定まっていく経済活動を表現したものである。また、基本的な経済循環の流れは、生産⇒所得⇒支出であるが、このうち前半の生産と所得の関係については、生産しても売れ残れば、所得化されないことがあり得る（賃金や原材料の未払いといった事態になる）。また、前期からの在庫の持越しがあれば、生産以上の売上があった場合でも、在庫の取り崩しで所得を実現することができる。しかし、ここでのモデル分析の前半、つまり標準的なIS・LM曲線の分析の段階では、この点を単純化して、生産＝所得＝支出とみて説明する（後半の修正モデルでは、この点を明示的に意識する）。

次に、金融取引については、期間をまたがる概念であることに留意しよう。つまり、マネー、金融商品いずれも来期のための残高を今期のうちに用意する。その供給と調達は、今期中に調整、

図表9-7　モデルが想定する経済活動の時間イメージ

- モデルでは、期ごとに以下のような経済活動が計画され、それが予定調和的に実現することをイメージしている。あるいは、毎期同じような生産・所得・支出活動と価格・金利形成が繰り返される定常的な状態をイメージしている。

	前期末	今期 期初	今期 期中	今期 期末
財・サービスの生産、所得、支出	・貯蓄・投資の実行	・貯蓄残高を前期から持越し	・生産、所得、支出活動の実行＝消費、貯蓄、投資の決定 ・財・サービス価格の決定	・貯蓄・投資の実行
マネーの調達	・今期用のマネー残高の調達	・マネー残高を前期から持越し ・その分の利払い実行	・マネーの使用 ・来季に向けてのマネーの調達（供給）の計画決定・契約 ・金利決定	・来期用のマネー残高の調達
金融商品の売買	・金融商品のストックの今期への持越し	・金融商品残高を前期から持越し ・利息、配当の受け渡し	・金融商品の売買の契約の締結・実行 ・金融商品の売買計画の決定・契約	・金融商品のストックの来期への持越し

契約され、金利や金融商品の価格が決定される。その元本の返済や利払いは、来期初に行われる。この間、マネー需要のうち決済需要に見合う部分は、今期中に実現（残高はいったん減少）した後、来期に向けてのマネーの調達（供給）が今期中に計画、契約されるというフローの需要が重要である。しかし、その場合でも、来期に向けての需要、供給が今期中に決定されなければならないことに変わりはない[22]。

---

22) 本来、マネーを期中に使用し、あるいは期末残高として保有するためには、前期の貯蓄と今期の銀行借入を原資にするしかない（この点を強調するのが、キャッシュ・イン・アドバンス（cash in advance）ないし、ファイナンスディマンド・フォー・マネーの考え方である）。すなわち、期中のマネーフローを考えると、
今期中のマネー供給＝前期の貯蓄＋今期の新規貸出
今期中のマネー需要＝予想決済需要（実物取引の決済需要＋金融商品の決済需要）＋期末に保有すべき投資的需要の増加分
となる。しかし、前期末の段階でストックベースの均衡が実現しているはずであるので、ここでみている期中のフローの需給均衡も、期末のストック均衡も同じことを意味している（金融取引は価格伸縮的であるため売れ残り在庫などはない。金利、株価などですべての需給が調整される）。ただし、不良資産化して回収が焦げ付いている貸出は、ストックとして前期末に需給が均衡していたとはいえない。しかし、貸出債権が二次市場で自由に転売できるとすれば、前期末段階で需給が均衡していたと簡単化しても許されるであろう。また、上記の式にあるように、期初の段階では、決済需要は予想所得や予想金融商品購入額に基づくしかないところ、ここでみているようなIS・LMモデルでは、期中に予想と実績の乖離の調整が連続的に行われる、ないし予想が常に実現することを前提にしている。

c. 期間の具体的な長さ

　短期、中期、長期といった区分については、様々な文献でそれぞれの分析のコンテクストに応じて設定されており、必ずしも固定的な定義はない。ここでは、標準的と思われる区分、すなわち産出物価は伸縮的だが、投入価格（賃金、原材料）は概ね固定している1年以内程度を短期、賃金等を含め物価全般がかなり伸縮する2～3年を中期、資本ストック、労働人口、技術水準などが有意に変化する3年以上を長期といった形でイメージしておこう。

　そのうえで、ここで取り上げるモデルでは、短期を想定している。

d. 金利のイメージ

　マネーの調達期間は、1年程度としておこう。日本銀行の調査[23]によれば、貸出などの資金調達において金利更改のサイクルは「1～2年がはっきりと大きく、年限が長くなるにつれて小さくなる」ことから、この程度の期間の金利を念頭に置くことは根拠がある。

　もっとも、こうした1年もの金利については、「長期金利は先々の短期金利の予想値の平均」という基本的な性格から、ある程度コントロール可能とはいえ、O/N金利のようにピンポイントでのコントロールはできない。中でも、マネーの供給量と直結する、銀行貸出の金利は、オペレーションの対象である国債の金利以上に中央銀行が直接アプローチすることは困難である。

　しかし、以下のモデル分析では、差当りひとつの金利に集約している。つまり、長短金利差がなく、貸出金利や社債の発行金利といった企業の資金調達金利（＝銀行の信用供与金利）、預金金利をはじめ、すべて同じ水準と単純化している。

e. マネー

　上述のように決済手段に使うことのできる現金と無利息預金マネーとしよう（日本銀行の統計でいえば、概ねM1ということになる）。銀行の信用創造、つまり貸出（および有価証券の買取など）によって供給される。

f. 一般物価

　消費者物価指数をイメージしておこう（インフレ率は1年間の物価上昇率）。

（ロ）標準的な IS・LM モデルの構築

　以上を念頭において、多くの教科書で紹介されている標準的な IS・LM モデルを導出しよう。ここでの重要な前提は、物価水準が一定ということである。つまり、以下の記号はすべて実質

---

[23] 日本銀行「『量的・質的金融緩和』導入以降の経済・物価動向と 政策効果についての総括的な検証」2016年9月による。

値であり名目値でもある。この点はマネー供給Mについても同様であるが、ここでは敢えて名目値ということを強調しておこう。シンプルなIS・LMモデルでは、マネーストック量は中央銀行や銀行システムが随意に決定し固定できると前提しているが、そのようなマネーストックの量は名目と考えられるからである。また、名目金利iは差当り物価一定の前提の下で、実質金利と同じである（もっとも現実には、中央銀行が操作できるのは名目金利、つまり$r+p=i$であって実質金利ではないことに留意しておこう）。また、生産＝所得＝Y（つまりGDP）とし、売れ残りはなく在庫はないものとする（あるいは、在庫はすべて前向きな投資＝設備投資とみなす）。

そのうえで、記号の定義は次の通りとしよう。
C：消費支出、S：貯蓄、I：設備投資、Y：所得＝支出
M：マネーストックの供給、i：金利、L：マネー需要
P：今期の一般物価水準

以下、IS曲線とLM曲線を順にみていこう。

a. IS 曲線

まず、財・サービス市場の需給が均衡するiとYの関係（IS曲線）を考えてみよう。財・サービス市場の均衡条件は、所得Yと支出総額つまりCとIの合計が一致することであって、次の式が成立することである。

$Y=C+I=C+S$　したがって、$Y-C=I=S$　　…投資（I）貯蓄（S）バランス

ところで、実質消費支出は実質所得と正の相関があることから、

$C=C(Y) \Leftrightarrow S=S(Y)$　　ただし、$\dfrac{dC}{dY}>0$、$\dfrac{dS}{dY}>0$

と書くことができる。

一方、設備投資は第四部でも述べた通り、コストないし比較対象となる（実質）金利と逆相関の関係にあることから、

$I=I(i)$　　　ただし、$\dfrac{dI}{di}<0$

となるが、財・サービス市場での均衡条件は、利回りの高い順に並べた設備投資案件のうち、採算の取れる案件の総量は投資利回りが市場金利を上回る案件すべてとなる（前掲図表4−21−②、図表9−8−①）。以上から、財・サービス市場で需給均衡の条件は

$I(i)=S(Y)$

である。これが成立するYとiの組合せ（IS曲線）は、図9−8−③の第1象限の青線のように右下がりの曲線となる。

IS曲線は、財政支出の増加や（所得水準に依存しない）独立的な設備投資の増額があると、

図表9-8　IS曲線の導出

①設備投資と金利の関係
- 所得と正の相関もあるが、全体としては金利の影響が大きいと考える。

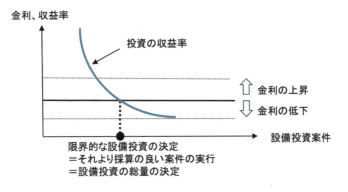

②消費支出とGDPの関係
- 正の相関がある。
- なお、金利と消費や貯蓄の関係は所得効果と代替効果の相対的な大小により決定され、必ずしも確定しないので、IS曲線では無視している（一般的には代替効果が大きい）。

③IS曲線
- ①、②から財・サービスの需給が均衡する金利とGDPの組合わせの曲線が得られる。

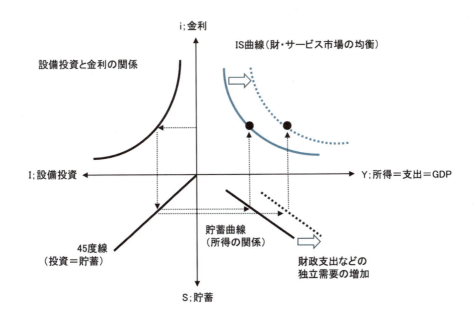

任意のiに対して所得＝支出が増えるので、右にシフトする（所得が増加する）。

b. LM曲線（図表9－9、9－10）

　LM曲線とは金融市場の均衡条件を示すものである。後ほどやや詳しく検討を加えるが、まず単純な想定を置いて始めよう。すなわち、マネーストックが所与であって、それに応じた金融市場の均衡は次のような形で得られると考えてみよう。つまり、名目マネー残高に対する需要（L）は、決済需要と投資的需要（流動性選好）の合計、

　　$L = L_1$（決済需要）$+ L_2$（投資的需要）

である（図表9－9－①）。ただし、決済需要は所得と正の相関にある。投資的需要は、金利が上昇すると、債券投資による期待収益率が上昇（マネー保有の機会費用が増大）し、マネー需要が減少するため、金利と負の相関にあるので、

　　$L_1 = L_1(Y)$　　ただし、$\dfrac{dL_1}{dY} > 0$

　　$L_2 = L_2(i)$　　ただし、$\dfrac{dL_2}{di} < 0$

と書ける。

　一方、マネーストックの供給残高Mは、中央銀行が政策的に設定した量が民間金融機関による貸出＝マネー供給システムによって創出され任意の水準<u>M</u>に固定できるものとしよう[24]。すると、金融市場全体の均衡条件は、金融商品がマネーと債券（国債のほか、社債など）の2種類しかないと単純化した場合には、マネーか債券のどちらかの需給が一致していれば、それ以外つまり債券ないしマネー需給も均衡していることになる。

　そこで、<u>M</u>が中央銀行と民間金融機関によるマネー供給システムにより与えられると、その供給量<u>M</u>と需要量Lが均衡する金利＝iと所得＝支出＝Yの組合せ、つまりLM曲線が得られる（図表9－9－②）。

　LM曲線はマネーストックの供給量<u>M</u>が引上げられると、任意の金利iに対して右にシフトする（図表9－9－②）。マネーストックが増加すれば、それに見合うマネー需要の増大が実現するためには任意の金利水準に対してYが増大する必要があるからである。

　ここで、マネーに対する需要については、次のような3つの状態に分けて考えることが有益である。

---

24) 現実には、マネーは銀行システムの信用創造で生成、供給されるので中央銀行がマネーストックを直接的にコントロールすることはできない。つまりマネーの供給は中央銀行が決定する短期金利、当座預金残高、および信用政策が与えられると、それを前提に金融機関は自身の貸出を通じてマネーを供給する。なお、銀行券などの現金は需要に見合った供給が受動的に行われる。こうしたマネーの需給を踏まえたマネー供給関数やLM曲線については、後述する。しかし結果的には、マネー供給が中央銀行によってピンポイントで決められるという、ここでの前提の下での政策効果のインプリケーションを大きく変えるものではない。

図表9-9　LM曲線の導出

- マネー残高に対する需要は決済需要と投資需要の合計
- 決済需要はGDPと正の相関、投資需要は金利と逆の相関
- マネー残高の供給量が与えられれば、需給が均衡する金利と所得の組合せが得られる

①M、Y、iが与えらえたときの、投資需要と決済需要の配分

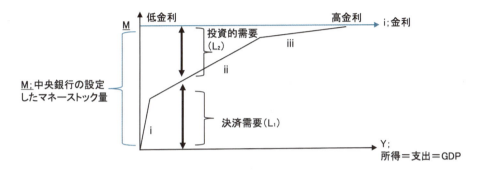

②LM曲線の導出

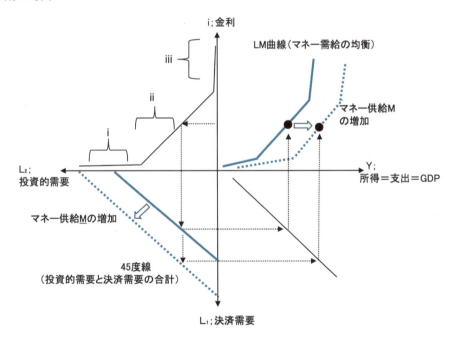

(LM曲線の3つの状態〈図表9-9-②〉)

ⅰ：金利が低水準にあり、金利が低下すれば、金利上昇（債券価格の下落）に対する警戒が一段と強まるため、いくらでもマネーに対する投資的需要が増える状態。逆に金利が上昇すれ

ばマネーに対する投資的需要が大きく減少する状態。この状態では、マネーの供給を増やしても金利が低下しないまま投資的需要の増大に吸収されてしまって、決済需要の増加には振り向けられないことになる。

ⅱ：金利が中位にあり、決済需要と投資的需要が拮抗しているため、決済需要の増加があれば、ある程度投資的需要のマネーを手放す状態。逆に、投資的需要の増加があれば、ある程度決済需要のためのマネーを手放す状態。

この場合は、マネー総量Mを増やせば、一部は投資的需要に、一部は決済需要に振り向けられる状態であって、マネー供給の増大が一定の金利低下につながることになる。

ⅲ：金利が既に高位にあり、金利が多少低下しても投資的需要の増加は限定的である。この場合は、マネー供給を増やせば、金利が大きく低下し、決済需要に充当されるマネーが増加する一方、マネー供給が減少すると金利は大きく上昇することになる。

c．IS・LM 曲線（所得＝支出と金利の決定）

マクロ的な均衡の下でのGDPと金利は、財・サービス市場とマネーの市場での需給が一致する地点、つまりIS曲線とLM曲線の交点で金利iとGDP＝Yが決定される（図表9－10－③）。

ここで、マネーMの増加があれば、その下でのマネー需要Lにおける金利iとGDPの組合せは、同じ金利iならより大きなGDPとの組合せになる。このため、LM曲線は右にシフトし、IS曲線との交点は右下に移動する（図表9－9－②及び9－10－③）。つまりマネー供給Mを増加させる金融緩和政策は、GDPの増加と金利の低下を同時に実現させる。また、GDPの動きと独立的な需要、すなわち設備投資や（ここでは差当り捨象した）財政支出の増加は、IS曲線の右へのシフトによってGDPの増加と金利の上昇をもたらす。これらが金融、財政政策の基本的な効果とされる。

もっとも、LM曲線のどの部分、つまりⅰ、ⅱ、ⅲのうちどこでIS曲線と交差するかによって、金融政策（ここではMの増加）の効果が大きく異なる（図表9－10－③）。

- ⅰで交差する場合

市場金利が既に低水準にあり、マネーの増加が金利の低下、GDPの増加にあまり寄与しない。この場合、金利、マネーを操作する通常の金融政策は効果を喪失することになる一方、財政政策（財政支出の増加）が大きな効果を持つ。この状態は、J.M.ケインズによって「流動性のわな（liquidity trap）」と呼ばれた。なお、近年こうした状況下で各国中央銀行は、準備預金にマイナス金利を付す「マイナス金利政策」や金利の誘導を超えてマネタリーベースを増やす「量的緩和」、さらにはリスクマネーを供給する「信用政策」を試みている。

- ⅱで交差する場合

市場金利が中位の水準にあり、マネー、金利のいずれの操作によっても金融政策が効果を持ち得る状態。

図表9-10　LM曲線の形状と金融政策の効果（操作変数の選択）

①マネー需要曲線の形状

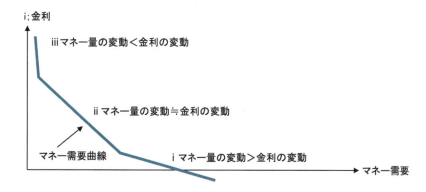

②Y（所得＝支出）と金利の関係（金利の水準による違い）

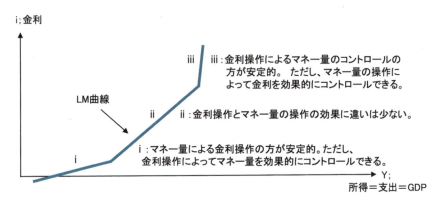

③IS・LM曲線の交点の位置

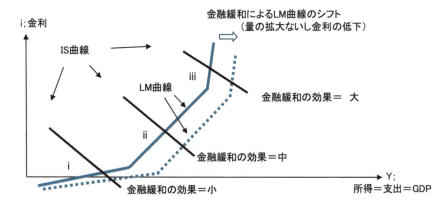

- iiiで交差する場合

  市場金利が高位の水準にあり、金利の更なる引き上げが効果を喪失している一方、量的引締め政策（Mの減少）は効果が期待できる。なお、財政政策はGDPに効果を持たない（金利にのみ大きく影響する）。

  以上の簡単なモデルでも、マクロ経済政策の所得に及ぼす影響についてかなりのインプリケーションを提供してくれるが、物価は不変との前提をおいているため、大きなポイントである物価上昇や下落の影響は分からない。

②総需要・総供給曲線（AD・AS曲線）

そこで、以上でみた標準的なIS・LMモデルに、物価変動を導入しよう。ここでは、前期の物価水準を1、今期がP、その間の物価上昇率、つまりP－1をpで表すことにしよう。

（イ）総需要曲線（AD曲線）

先ほどのIS・LM分析では、基本的にすべての変数（所得・支出、金利、貯蓄、投資など）は実質値であったので、物価を導入しても変数間の関係に変化はない。ただし、例外的にマネーストックの供給Mだけは引続き名目である。その場合、物価の変動を念頭においた実質マネーストックは、

$$\frac{M}{P}$$

である。そして、この実質マネーストックに対する需要を決定する金利は名目金利である（なお、設備投資にかかる金利は実質金利である。第四部第3章⑧、同第4章③を参照）。

そのことを念頭に、IS曲線、LM曲線それぞれについて物価変動を導入した場合についてみていこう。このため、IS・LM曲線を、実質所得＝名目金利平面上に描くこととしよう（図表9-11）。

まず、IS曲線については、もともと金利を含めてすべてが物価変動の影響を除去した実質ベースであるので、物価ないし物価変動を導入しても変数間の関係に変化はないと考えよう。つまり、rを実質金利とすると、

$$I(r) = S(Y)$$

のI、S、Y、r（i－p）はすべて実質値だから、物価Pや物価上昇率pの変動の影響を受けないのである。

もっとも、ここでは物価変動があっても名目金利が物価変動分だけパラレルに変動し、実質金利は変わらない（r＝i－pの定義式で、pと同じ幅でiも上昇）と前提していることに留意しなければならない[25]。後でみるように、現実には特に中央銀行が（実質金利の誘導を目的として）名目金利を固定する政策を取った場合には、名目金利iと実質金利rがパラレルに動くことはないが、ここでは物価変動と金利変動が同じ幅であることを前提においてモデルを簡単化している。

一方、LM曲線については、Mが名目で与えられること、実質マネー残高（M/P）の需要に

図表9-11　総需要(AD)曲線の導出

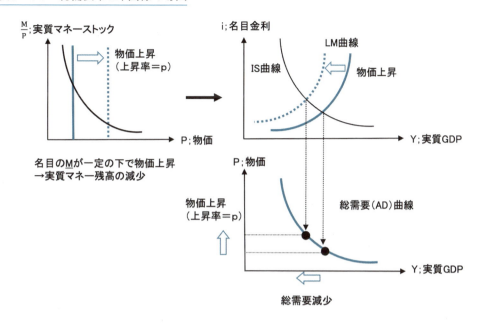

は実質金利ではなく、名目金利が影響することがポイントである。

$$\frac{M}{P} = L_1(Y) + L_2(r+p) \Leftrightarrow \frac{M}{P} = L(Y、r+p=i)$$

この場合、物価上昇（物価変動の具体的ケースとして以下では、上昇の場合を例示）があると、左辺の実質マネー供給残高が減価することから、右辺も減少しなければならない。その場合、任意の実質所得Yについてマネー需給の均衡が維持されるには、名目金利 $r+p=i$ は上昇しなければならない。しかし、IS曲線における物価上昇と金利の関係について置いた前提は、「物価が上昇する場合には名目金利もパラレルに上昇する」ということであったので、まさに名目金利が物価上昇分だけ上昇することになる。したがって、任意のYについて名目金利 i が p だけ上昇することから実質所得Yをx軸、名目金利 i をy軸とする実質所得・名目金利平面上でLM曲線は上方にシフトする。このため、動かないIS曲線と物価上昇で左方にシフトするLM曲線の交点は左上にシフト（Yが減少）していくことになる。

以上の推論から得られる物価Pと実質所得Yの関係は、右下がりの曲線で示される。

---

25) 物価上昇があれば、その分金利、特に長期金利が上昇することは、I.フィッシャーが強く主張したのでフィッシャー効果と呼ばれる。正確には、物価上昇の見通しが共有されれば（インフレ期待が市場で認知されれば）、その分長期金利が上昇するという考え方である。その場合、実質金利は中央銀行がコントロールすることができないということになる。一定の説得力を持っているが、現実にはその効果を確認することは難しい。ここまでのIS・LM分析では、中央銀行が実質金利を（名目金利と同様に）コントロールすることができるということを前提にしているといえる。

(ロ) 総供給曲線（AS曲線）

　ところで、IS・LM曲線の中身は、所得・支出と金利の関係であって、生産活動を明示的には織り込んでいなかった。需要サイドにのみ着目したという意味で、需要曲線を導出していたのである。そこで、生産活動、すなわち供給曲線を明示的に導入しよう。

　個々の企業にとって生産、収益構造は次のようになっている。

　利益額 $R = P_\alpha Q_\alpha - P_\beta Q_\beta = P_\alpha \ f(Q_\beta) - P_\beta Q_\beta$

ここで、Pは今期の価格、Qは今期の生産量、ただし添え字のαは産出価格ないし産出量、βは投入価格、ないし投入量を示している。fは投入と産出の技術的関係を示す関数、つまり生産関数である。ここでは、期間のイメージとして短期を前提にしている。つまり P_α は伸縮するが、P_β は前期までに決定され所与となっている。また、fも一定の技術水準を前提に固定されている。生産関数は、一般的な収穫逓減を前提としておこう。つまり、式で書くと

$$\frac{df}{dQ_\beta} > 0 \qquad \frac{d^2f}{dQ_\beta^2} < 0$$

であり、図表9－12のようになっている。この企業にとって利益Rが最大となるのは、限界的に投入量 Q_β を1単位増やした場合の生産量 Q_α の増加量が算出価格で測った投入価格と等しくなる場合である。

　つまり、

$$\frac{dR}{dQ_\beta} = P_\alpha \frac{df}{dQ_\beta} - P_\beta = 0 \quad \Leftrightarrow \quad \frac{df}{dQ_\beta} = \frac{P_\beta}{P_\alpha}$$

以上は個々の企業についてみたのであるが、多数の企業の全体的な構造をみると、ある企業の産出物は他の企業の投入物となっている。このため、全体を集計すると投入、産出の最初の部分と最後尾の部分（物流の世界でいう川上と川下）だけが残り、あとは相殺されることになる。つまり、中間投入を除いた最終生産＝最終需要と生産要素（資本、労働および海外からの輸入品の投入）が一国の生産量を規定する。ここでは短期の前提として資本を所与としたが、さらに簡単のために輸入を捨象すると、労働のみが生産関数の変数となる。この場合、労働の価格つまり賃金が前期の段階で今期の水準も予め契約され固定されているとすると、産出価格を示す一般物価の上昇に対して生産を増やすことが利益を増大させることから、供給関数は物価の増加関数となる（物価をy軸、実質生産量Qをx軸とする平面で右上がりとなる。実質生産量と実質所得、実質支出が等しいのが通常であることから、所得・物価平面で右上がりの曲線＝総供給曲線＝AS曲線となる）。

(ハ) AS曲線とフィリップス・カーブ

　以上で展開した、右上がりの総供給曲線のエッセンスはフィリップス・カーブと関連している（前掲図表1－16参照）。フィリップス・カーブとはニュージーランド出身で英国で活躍し

図表9-12　総供給曲線

- 投入価格と産出価格の差が単位当たり利益となる。産出価格はその時々の市場価格であって、一般物価と連動するが、投入価格には設備利用料、地代、賃金など長期契約で価格が固定的に決められているものが多いため、一般物価の上昇は供給量を増加させる。このため、供給曲線は右上がりとなる。

①生産関数と費用関数（接線の角度が等しいところで利益＝産出額－投入額が最大となる）

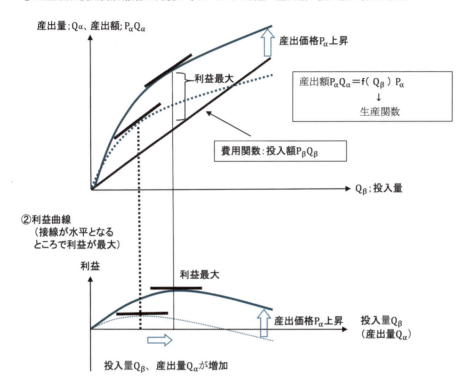

②利益曲線
（接線が水平となるところで利益が最大）

③総供給曲線

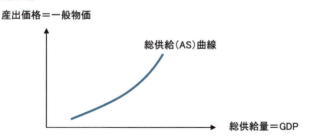

た経済学者A.W.フィリップスが1861年〜1957年の約100年間における英国での失業率と賃金上昇率の関係について統計的に発見した負の相関のことである[26]。現在のマクロ経済学の議

論では、インフレ率と成長率といった形で一般化されることが多い。また、当初は統計的事実という位置付けであったが、その後いわゆるニュー・ケインジアンと呼ばれる人たちによって、価格の伸縮性が完全ではない下での一般物価と生産の正の関係を示すものとして重要視された。

R.ルーカスに代表されるマネタリストによれば、合理的期待形成と伸縮的な価格形成を前提とすれば、金融政策は人々の予想しない（それまでの政策ルールと異なる）金融政策を採用しない限りGDPの水準に影響を与えることができない。すべての予想可能な状況変化は即座に価格メカニズムによって調整され、実物的な変数は元の均衡に戻って、一般物価の上昇だけが残る（図表9－13）。つまり、フィリップス・カーブといわれるものは、実は垂直となる。

これに対して、合理的期待形成を前提としても価格の粘着性がある限り、金融政策の有効性はあるという主張がなされた。こうした主張をする人たちは、ニュー・ケインジアンと呼ばれている。彼らの主張は、物価の上昇率と失業率が負の関係にあることを示したフィリップス・カーブに端的に示されている。このため、フィリップス・カーブの理論的、ミクロ的な根拠を求める研究が精力的に行われてきた。その典型的なものが、ここで取り上げている、賃金などの名目要素価格は伸縮的ではないというものである。価格の硬直性の根拠として、これ以外の代表的な議論を紹介すると、ひとつはメニューコストである。これは、完全競争ではなく寡占的価格の支配力をもつ供給者にとっては、製品価格の改定コスト（メニューコスト）の方が、製品価格の引き上げによる利益増を上回ることがあるため、ある程度価格が上昇するまでは、価格に粘着性が残存するというものである。この場合には、コストがある程度上昇した段階で初めて生産が増大し、製品価格を引き上げる。つまり、右上がりの供給曲線となる。このようなロジックで、ニュー・ケインジアンは、物価と生産の正の関係、つまり右上がりの供給曲線を導出している[27]。

仮にフィリップス・カーブが示すGDPと物価の正の相関が成立せず、（右上がりの供給曲線ではなく）垂直な供給曲線となることの意味をもう少し考えてみよう。現存するすべての生産要素がフルに活用された場合に達成されるGDP水準（潜在GDP）は相対価格によって影響されるが、一般物価によっては影響されない。なぜなら、各生産要素とともに生産された財・サ

---

[26] 'The Relation Between Unemployment and the Rate of Change of Money Wage in the UK, 1861-1957' ("Economica", 1958)

[27] また、マネーストックの増加が、実質GDP（生産）にリアルな影響をもたらすことを示す以下のような議論も行われている。例えば、リタイア世代と現役世代が共存する場合（重複世代モデル）、将来の物価上昇が予想された場合には年金の実質価値を維持するため、現役世代は今期の賃金の引上げを要求する。賃金が引き上げられなければ、現役世代による労働供給は将来の物価上昇がない場合に比べ少ないであろう（非自発的失業の発生）。その被害を受けるのはリタイア世代であり、彼らは自分では生産できないので消費が減少する（有効需要の減少）。ここで、仮に中央銀行がマネーストックを増やすことができれば、そのマネーを使ってリタイア世代は消費を増やすことができる。これにより、有効需要は増え、非自発的失業が減る。つまり、将来の物価上昇が予想される場合には、金融政策を使って、生産の増加を実現できる。しかし、ここで想定されているのは、第一部第6章①で説明したヘリコプター・マネーに近い議論であって現実的に中央銀行がそのようなヘリコプター・マネーを供給することは難しい。

図表9−13　合理的期待形成＋伸縮的な価格形成の下での所得と物価の動き
―拡張的マクロ政策を採用した場合―

- 拡張的な金融政策等により、総需要曲線が右にシフト。
- 当初の予想以上に、物価が上昇、所得も増大。
- 元の予想が修正され、供給者は高めの価格を設定（供給曲線が左にシフト）。
- しかし、所得＝生産水準は潜在GDPを継続的には超えられない。
- 物価の上昇だけが残る

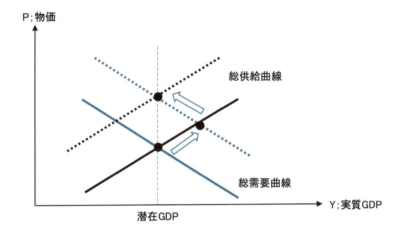

ービスの価格が伸縮的であれば、超過需要のある財・サービスは価格が上昇し、生産が増えるか需要が減少し需給ギャップは解消される。超過供給のある場合は価格の低下によって、需給ギャップが解消する。このような「相対」価格の調整によって、つまり価格メカニズムによって、潜在GDPは必ず実現するはずであって、「一般」物価水準には影響されない。このような立場に立つと、一般物価はマネー残高と生産量の比率として与えられる（$P = MV/Q$ ：一般物価水準、V：マネーの流通速度、Mはマネーストック、Qは生産数量）。結局マネー供給の多寡によって物価を除く実体的な経済の状況に変化がなく、マネーが過剰供給されている場合は、インフレをもたらすだけに終わるという主張となる。また、マネーが過小供給されている場合には、一般物価の下落のみをもたらし、GDPは潜在GDPの水準にとどまるという主張になるはずである。しかし、第九部の冒頭で紹介したように、M.フリードマンは大恐慌の原因としてFRSによるマネーの過小供給がマネーに対する超過需要を通じて預金取付けを惹起し、経済全体の縮小を招いたと主張している。マネーの過大供給はインフレをもたらすのみだが、過小供給はデフレだけではなくGDPの低下をもたらすという主張は、その限りでは論理的には整合的ではない。いずれにせよ、マネタリストの立場は、いわゆる二分法を主張しているが、マネーの存在が重要ではないと主張しているわけではない。むしろ、中央銀行はマネーの供給について恣意的にコントロールするべきではなく、一定の増加率でのマネー供給を維持すべきであるというのが

マネタリストの人たちの基本的な考え方である。

(ニ) GDPと物価の決定

　議論を元に戻して、価格と正の相関のある総供給曲線を前提に議論を進めよう。この場合、総需要曲線と総供給曲線の交点はひとつに定まって、総需要と総供給の一致する実質GDP（所得＝支出）と物価の水準の組合せが得られる（図表9－14－①）。なお、ここで得られた実質GDPと物価の均衡点は短期的なものであることに改めて留意してほしい。つまり、産出物価は伸縮的であるが、投入物価は粘着的であって、中期的に賃金などの投入物価が需給に応じて伸縮する場合に得られる均衡とは一般的には異なるのである。しかも、この段階では政策の発動を前提にしていないため、得られる均衡が完全雇用の望ましい状態とは限らない。

　そこで、次に政策の効果をみていくことにしよう。最初に意識すべきは、金融政策や財政政策などのマクロ政策は短期的には需要サイドのみ可能であるということである。長期的には税制、インフラ整備、規制改革、技術開発支援などを通じて企業の生産関数に影響を及ぼすことができようが、短期的には企業の生産活動に政策的な影響を及ぼすことはできない。

　短期的に実現している生産＝所得＝支出（実質GDP）と物価の均衡が同図の①において✖で与えられているが、その状況が望ましい位置にあるとは限らない。完全雇用から乖離しているかもしれないし、物価の水準（ないしは前期からの上昇率、ないしは来期の予測）が高過ぎたり低過ぎたりして先々の経済がインフレ的であったり、デフレ的であったりするかもしれない。

　具体的には同図で、✖のような現状の場合には、より高めの物価、より大きいGDP水準に誘導することが望ましい。その場合には、金融緩和（マネーストックの増大）や財政支出の増加などによって、総需要曲線ADを右にシフトさせて、総供給曲線ASの上を●の位置に近づけることができる（同図②）。つまり、IS・LM曲線の具体的な形を計量的に把握することができれば、どのくらいマネー供給を増やしたり、財政支出を増やしたりすれば、供給曲線上を移動して望ましい位置に持っていくかが把握でき、適切なマクロ政策を展開することができる。

　しかし、供給曲線は直接的に短期のマクロ需要政策によっては形状を変えられないため、仮に所得・支出・生産については望ましい位置に持っていけたとしても、物価水準については望ましい水準にシフトできるかどうかは確かではない。逆に物価は目標に近づけることができたとしても、所得面を望ましい状況に誘導できるかどうかはわからない。短期の政策で対応できるのは総需要サイドだけであるので、取り得るGDPと物価の組合せは総供給曲線の上に限られる。つまり、実際には短期的に望ましい状況を実現することは困難かもしれない。中長期的にインフラ整備、技術開発支援といった形で生産関数を変化（右方にシフト）するよう政策展開をしていくしかない。

図表9-14 総需要(AD)曲線と総供給(AS)曲線

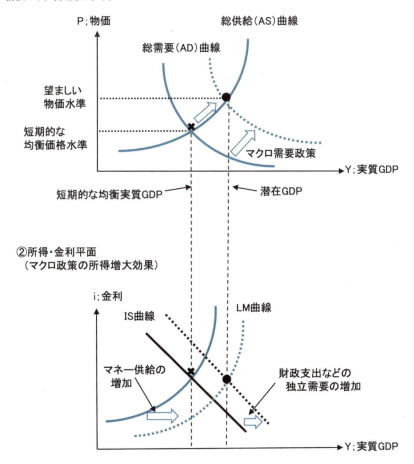

③修正IS・LM曲線

以上のような物価を取り込んだ標準的なIS・LM曲線の議論は、単純な枠組みから政策的含意を引出すことのできる便利な分析であるが、いくつかの点で再検討を要する。

(イ) 名目金利と実質金利

これまで、物価を固定した場合の金融政策の効果を標準的なIS・LM曲線を使って分析した。そのうえで、物価を導入して総需要曲線を導出した。そこでの前提は、名目金利 i と実質金利 r

はパラレルに動くというものであった。

しかし、実質金利rと名目金利iは本当にパラレルに動くのであろうか？　もともと実質金利rの定義は、名目金利iから物価上昇率pを差し引いたものであった。I.フィッシャーの実質金利を巡る議論では、pが上昇するときには、市場で形成される名目金利はその分上昇し、実質金利は変わらない（フィッシャー効果）というものであった（注25参照）。しかし、名目金利が伸縮的ではなく粘着的であって、物価上昇の場合、実質金利は下がるのではないだろうか。つまり、本来IS曲線の式は、

$$I(i-p) = S(Y)$$

であって、名目金利iとインフレ率pは別個に動くように表現しなければならない。その場合、IS・LM曲線からAD曲線を導出する際に用いたロジック、つまりIS曲線は物価の影響を受けず、物価の影響はLM曲線だけに生じるという考え方は変更され、物価の変動に伴ってIS曲線とLM曲線の双方がシフトすることになる。この結果、物価とGDPの関係を需要面から示す総需要曲線は単純な右下がりの曲線ではなくなる。すなわち、IS曲線は不変ではなく、物価上昇により所得・名目金利平面において右側にシフトする。物価上昇により左辺の設備投資が増加するため、それに見合った所得が増加するからである。この結果、物価上昇によって既に左方にシフトしているLM曲線との交点（所得と名目金利の組合せ）が、もとの所得より増えるかどうかは、先験的には断定できない（図表9－15参照）。なお、金利はIS・LM両曲線とも上方にシフトしているため上昇する。具体的に総需要関数の形を特定し、政策の効果などについての結論を得るためには、実際のデータに基づき実証的に検討する必要がある。

以下この点について、さらに分析を進めるが、その前にこのように名目金利iと実質金利rを明確に区分して分析することの意味について問うておこう。

（自然利子率）

ひとつの答えは、第一部第6章⑥で述べた自然利子率の考え方である。AD・AS曲線の交点で得られる物価とGDPが完全雇用のGDPと一致していれば、その背後にある実質利子率は自然利子率と一致している。その場合には、物価上昇があれば名目市場金利はほぼパラレルに上昇し、実質金利の変動は限定的であろう。しかし、完全雇用ではなく経済が停滞している場合には、インフレ下での名目市場金利の上昇は限定的なものとなり、実質金利は低下するであろう。

（政策対応）

もうひとつの答えは、今の議論からも明らかなように、金融政策運営にある。つまり、金利形成を市場の需給のみに委ねるのではなく、Y（実質GDP）やP（物価）の状況に対応して、政策的に名目金利を操作することが金融政策である。敢えていえば、名目金利と実質金利の間に格差を設けることが金利政策といえなくもない。実際、テーラー・ルールが想定している金融政策もこのようなものである。テーラー・ルールは、経済状態が思わしくなく、GDPや物価が目標値に対して停滞している場合には政策金利である名目金利を大きく引下げる方向を示唆

図表9-15　修正IS・LM曲線の下での総需要（AD）曲線

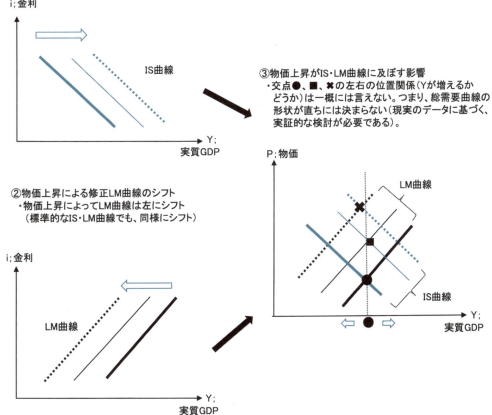

する。この結果、実質金利は名目金利とパラレルに動くのではなく、低下する。それが設備投資を刺激し需要を拡大させ、経済を望ましい方向に近づけることになるのである。

（ロ）マネー供給と金利

　実質金利と名目金利の関係のほか、もうひとつの重要な修正を加える。それは、マネーの供給について単純にMとして政策的、外生的に与えられるのではなく、銀行システムの信用供与によって行われることを明示するため、マネーの供給関数を導入することである。
　第一のポイントは、マネーの供給関数はすべて名目ベースだということである。なぜなら、貸し手銀行にとってコントロールできるのは（実質ではなく）名目の貸出額である。また、貸

出した名目マネーに名目利息を上乗せして名目ベースで回収することによって利益を得るのであるから、名目の貸出額を決めるのは名目金利である。つまり、インフレがあっても銀行の最適化行動は変わらないのである。一方、マネーの需要サイドでは、典型的に企業はその名目マネーを使って現時点の価格で実物的な財を購入（投資）し、将来それから得られる売上はその将来時点の価格で決定される売り上げを返済財源にしている。このため、その間の価格変動を考慮する必要がある。つまり、名目マネー需要は、実質金利で考える必要がある。言い換えれば、借り手のマネー需要は実質ベースのマネーであって、そのコストは名目金利である。以上を整理すると、マネーの需給は、次の式で表すことができる。

$$\frac{M(?)}{P} = L(Y、i)$$

では、具体的に供給関数はどのようなものであろうか？　特に政策金利であるベース金利、つまり短期の市場金利は貸出に対してどのような影響をもつのであろうか？

（マネー供給）

この章の①でみたように、LS・LM分析では金利はひとつの金利、つまり世の中の標準となるような典型的な期間、典型的なクレジットリスクの下での金利に集約している。この場合は、（典型的に当座預金金利はゼロで固定されているため）貸し手は金利が上昇すれば限界的な貸出採算が向上し、金利が低下すれば採算が悪化する。つまり、金利とマネー供給の関係は、マネー供給・金利平面上で単純な右上がりのマネー供給曲線として表すことができる。

また、マネーの供給サイドでは、貸出金利以外にもいくつかの重要な要素があることは、第四部第6章でも述べた通りである。つまり、貸出金利やGDPのレベルといった条件が同じであれば、銀行貸出のコストとなる短期市場金利（ベース金利）、準備預金残高（マネタリーベース）、自己資本比率、借り手の信用力（事業の収益性やモラルなどのクレジットリスク）の状況などによってマネー供給は影響を受ける。これらの変数をここでは一括してHという変数で示すことにすると、マネーストックの供給Mは、最終的に次の式で表すことができる（図表9－16。なお、符号の意味としてベース金利の低下はHの増加となる）。ただし、Mはiおよび Hの増加関数である。なお、ここでは金融政策について何も前提を置かないで検討しているが、実際には後でみるように、中央銀行はHに関して政策的に介入している。Hを固定すると、貸出金利の低下（上昇）は信用供与＝マネー供給の減少（増加）をもたらす。

　　M＝M（i、H）　ただしMはiおよびHに関して増加関数

したがって、LM曲線の式は任意のHに対して、

　　LM曲線：$\frac{M(i)}{P}$＝L（i、Y）　ただしLはiに関して減少関数、Yに関して増加関数

となる。つまり、政策金利であるベース金利はここでは外生的な変数として表している。これらに先に述べた修正IS曲線

　　I（i－p）＝S（Y）

図表9−16　中央銀行の政策設定
―M＝M（i、H）でHによる対応―

・中央銀行がHを固定すれば、金利とマネーストックの量を同時に設定することになる。

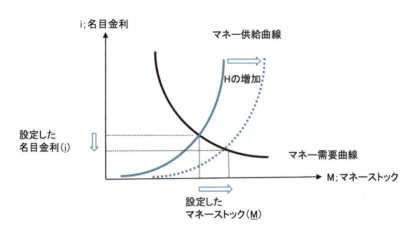

と、（これまでと同様の）総供給曲線

　　Y＝Y（P）

が加わって、モデルが構築される。

（中央銀行による金利とマネーストックのコントロール）

　ここで非常に重要な仮定を置こう。それは、中央銀行は政策変数としてマネーストックのターゲットMか名目金利のターゲットiの少なくともいずれか一方は決定し、かつそこに誘導するということである。実際、マネーストック（あるいはその中間目標としてのマネタリーベース）と金利のいずれについても誘導目標を持たない中央銀行は想定し難い。標準的なIS・LM曲線の議論では、単にMがMとして所与となっていたが、ここでは明示的に中央銀行がこれを決定するものとしよう。そこで問題は、マネー供給関数　M＝M（i,H）においてHを固定した場合、Mをある特定の水準のMとすることを政策的に決定すれば、機械的にiが決定されることである。逆に、iが特定の水準のiとして決定されればMが機械的に決定されることである。つまり、標準的なIS・LM曲線と異なり、Mがセットされれば金利iも決まり、iが決まればIS曲線の式I（i－p）＝S（Y）において、Yとpの一対一の関係が決まる。また、LM曲線の式M(i)／P＝L（i、Y）において、YとPの一対一の組合せが決まる。YとP（＝1＋p）という2つの変数に対して、2本の式があるので、YとPの組合せが一つに決まる（以下、その組合せを総需要関数ではなく、総需要均衡点と呼ぶ）。なお、標準的なIS・LM曲線からは、2本の方程式にi、Y、Pの3つの変数があったため、YとPの複数の組合せ＜曲線＞が得られた。それが総需要曲線であった。

これによって、先に問題となった物価と所得の関係、つまり総需要曲線の形が先験的には決まらないという問題が解決する。もちろん、金利を固定する政策とマネーストックを固定する政策の意味は異なるが、この点については後で述べるとして、ここでまず（Hを固定し、単純なマネー供給関数を前提とした）修正IS・LM曲線から得られる総需要・総供給の関係を図で改めて整理してみよう。

（ハ）修正IS・LM曲線の導出（図表9－17）

　以上を前提に、まずIS・LM曲線を標準的な枠組みで用いられる実質GDP（Y）を横軸、名目金利（i）を縦軸とする平面で確認する。次にそこで得られた任意のYに対するiごとにP（ないしp）[28]を動かした時のIS・LM曲線の変化から、所得を横軸、物価を縦軸とする平面にIS・LM曲線を描いてみよう。ここで、設備投資関数を明示的に実質金利の関数とすることにより、標準的なIS曲線の場合は物価の変化に対して不変であったのが、変化することになることが決定的な違いである。

（所得・金利平面上の修正IS・LM曲線）

- IS曲線

　$I(i-p) = S(Y)$ の式をみると、左辺は任意のpに対して金利が低下すると設備投資が増える。その見合いで右辺が増大するためにはYが増大しなければならない。このため、IS曲線は標準的なIS・LM曲線と同様に右下がりの曲線となる。

- LM曲線

　$\frac{M(i)}{P} = L(i, Y)$ の式において、左辺は任意のPに対して金利が低下するとマネー供給が減少する。一方右辺にもiがあって、任意のYに対してiが低下すると右辺が増大する。両辺が均衡するためには、Yが減少しなければならない。このため、LM曲線は標準的なIS・LM曲線と同様に右上がりとなる。

（所得・物価平面上の修正IS・LM曲線）

- IS曲線

　$I(i-p) = S(Y)$ の式をみると、任意の金利i（実際にはすでに金利iは<u>i</u>の水準に政策的に誘導されている。以下同じ）を所与として、左辺は物価が上昇すると実質金利が低下し設備投資Iが増加する。それと右辺の貯蓄が見合うためには、所得が増加し貯蓄が増加しなければ

---

[28] ここでは、一期のモデルを考えているので、インフレ率と物価水準を区別する必要はなく、単純に1＋pがPの水準となるだけである。なお、複数期を念頭において毎期の物価上昇がある場合にも基本的な関係に変化はない。ただし、その場合には毎期の上昇率に変化がない（インフレ率に変化がない）場合には、それが人々の予想に組み込まれてしまうため、インフレ率の予想外の上昇がない限り財・サービスの需給に変化がないという典型的なマネタリストの主張に繋がる。つまりそうした考え方に立たない限りインフレ率を用いても物価水準を用いても、推論に変化はない。

図表9-17　物価・GDP平面上の修正IS・LM曲線の導出
―M＝M（i、H）でHを固定する場合―

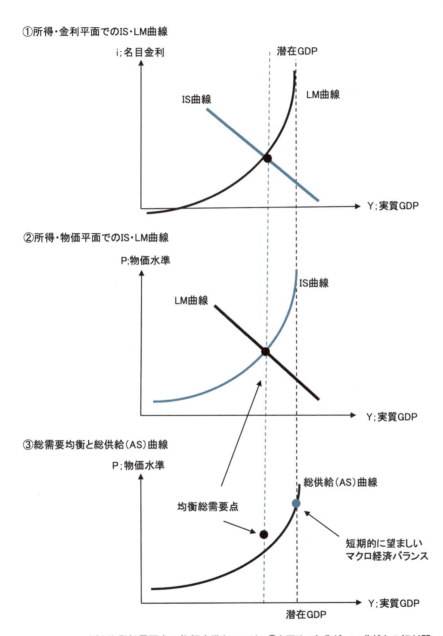

① 所得・金利平面でのIS・LM曲線

② 所得・物価平面でのIS・LM曲線

③ 総需要均衡と総供給（AS）曲線

（注）均衡総需要点の物価水準とGDPは、②と同じであるが、AS曲線との相対関係は、一概に言えない。③で示した●は、その例示。

ならない。したがって、IS曲線は右上がりとなる。

- LM曲線

$\frac{M(i)}{P} = L(i、Y)$ の式をみると、任意の金利iを所与として、左辺は物価の上昇とともに減少する。それに見合って右辺が減少するためにはYは減少しなければならない。したがって、LM曲線は右下がりとなる。

(所得、物価の決定)

　所得・物価平面上で右上りのIS曲線と右下りのLM曲線が交差することから、任意の金利の下で所得と物価を同時に決定する均衡点が与えられる。これは、マネーストックの需給均衡と、所得・支出の均衡が同時に達成される点である。ここでは、生産や供給は配慮されておらず、基本的にマクロ経済の需要サイドの均衡を示している。この均衡点を総需要均衡と呼ぶことにしよう。後でみていくように、ここでの問題は、需要面から決まる物価・所得の組合せが、供給曲線上にあることは保証されていないことである。

　この間、政策効果を検討するためには、M(i)の内容に立ち入る必要がある。つまり、マネー供給に関しては、中央銀行は銀行貸出を軸とするマネー供給に短期金利などを通じて政策的に介入し、量ないし金利あるいはその両方を視野に入れたコントロールを行っている。そこで、金融政策の類型について整理しておこう。

(二) 金融政策の類型

　金融政策には、金利のみ、量(マネーストック量)のみ、金利と量の双方をコントロールないし、誘導目標とする3タイプが概念的にはあり得る。このほかにも、信用政策や期待に働きかける政策があるが、ここでは金利と量に対する政策対応について、マネーストックの供給関数を使いながら確認しておこう(期待に働きかける政策対応については、予想物価上昇率を組み込んだモデルを説明したうえで、後で説明する)。

　金利と量に関する政策対応のベースとなるのは、マネー供給関数のコントロールである。図表9-18の上図にあるように、マネー需要関数を所与として、Hのコントロールを通じてマネー供給関数に働きかければ、均衡点となる金利やマネーストックの量をコントロールできる。

　しかし、マネー需要は金利だけではなく、様々なショックや所得などにも影響され、マネー需要曲線は往々にしてシフトする。その結果、マネー供給との交点で得られる金利と量の組合せは移動する。その場合、中央銀行は短期市場金利(ベース金利)やマネタリーベースなど中央銀行が直接操作可能な変数に働きかけることによって、マネー供給曲線をシフトさせて、均衡の金利や量を望ましい方向にコントロールしようとする。

a. マネーストックの固定(量的政策)

　そうした中央銀行の対応のうち、まず量的政策をみてみよう。なお、ここでいう「量的政策」

図表9-18　マネー供給関数における量と金利の選択問題

- 政策金利であるベース金利（Hの一部であって、IS・LM曲線の中で i としている一般的な金利と異なる）やマネタリーベースの操作によって、マネー供給曲線を左右に動かすことができる（マネー供給関数におけるHの変更）。需要曲線が一定であれば、Hの増加によって、金利の低下と量の拡大が実現する。
- 外的なショックから所得や物価などのマクロ環境が変動し、マネー需要関数がシフトする場合には、それに応じて短期市場金利の誘導やオペレーションなどを行うことによって、Hを操作して（マネー供給関数を通じて）量や金利の水準を維持することができる。

●政策対応（マネー供給関数のシフト）の効果

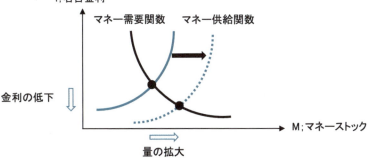

a.量的政策（量の固定）

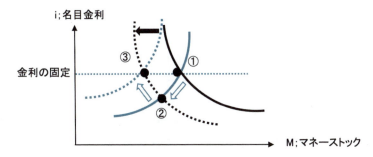

b.金利政策（金利の固定）

第九部　金融政策

は、マネーストックのコントロールを目指す政策であって、マネタリーベースの増加額をターゲットとする「量的緩和」を必ずしも意味していないことに留意してほしい。もちろん、量的政策の有力手段が、マネタリーベースのコントロールであることは事実である。この場合、中央銀行は図表9−18の中図のM−i平面上で、マネー供給を直接コントロールする。この政策は実はこれまで説明してきた標準的なIS・LMモデルの中に取り入れられていたのと同じである。この場合には、Mが一定値に維持されるよう、中央銀行はマネー供給関数（H）に働きかける。仮に、マネーストックの需要関数が左にシフトし、低めの金利、少なめのマネーストックとなった場合でも、垂直線で与えられるマネーストックの供給曲線を維持することで③に均衡が戻る（ただし、金利は低下している）。もちろん、マネーの需要関数が右にシフトしても、垂直線は動かさない。

　実際、1980年代の米国ではインフレに対処するためにマネーストックが目標よりも増加するとマネタリーベースの削減を強行するといった政策運営が行われ、マネーストックの増加に大きく歯止めがかかり、インフレは抑圧された。なお、近年各国の中央銀行がゼロ金利、ないしほぼゼロ金利下で行っている量的緩和、つまりマネタリーベースの大幅な増加も基本的にはここで議論しているようなマネー供給の増加を企図したものであって、銀行のポートフォリオ・リバランス効果なども念頭に置いたものである。この点は、既に第4章④で述べた通りである。

b. 名目金利の固定（金利政策）

　図表9−18の下図で示した水平なマネー供給曲線である。この場合、中央銀行は、マネーストックの供給量を銀行システムや市場での決定に委ねる一方、貸出金利をはじめとする短期ないし中長期の金利については目標水準に誘導する。この場合の有力手段である短期市場金利の誘導水準は、テーラー・ルールから得られる。

c. 金利と量の同時コントロール（現実的な金融政策）

　金利ないしは量のみに着目してコントロールし、他方については全く顧慮しないというのは特殊なケースであって、多くの場合において中央銀行は金利と量の両面で、かつ両者の整合性を確保しながら金融調節を行っている。典型的には、銀行による信用供給やマネーに対する需要が増えれば、マネタリーベースに対する需要も増加する。そのまま放置すれば、市場金利が上昇するが、そうならないように市場金利を直接操作する考え方（いわゆるアコモデイティブ accommodativeな金融政策）のほか、マネタリーベースを増やしてマネーストックの増加を可能な限り促す政策も取られる。いずれにせよ、経済の拡大に応じてマネタリーベースを中立的に増加させることによって金利の安定を図りつつ、成長に必要なマネーを供給し金利の上昇を避けることは中央銀行の金融調節の基本である。このように現実的には、中央銀行は金利と量（マネーストック）の両面をみながら、政策運営を行っている。つまり基本的には金利の誘

導を軸として、マネー供給のコントロールも視野に入れている。

(ホ) 金融政策の類型を前提とした修正 IS・LM 曲線

次に、修正IS・LM曲線、すなわち設備投資関数が明示的に実質金利（i－p）の関数であること、マネー供給関数がM（i、H）という形をしていることを前提に、量的政策ないし金利政策の構造や効果について検討していこう。

先ほど修正IS・LMモデルの場合、マネー供給関数M＝M（i、H）について、第一ステップとして、Hを固定した場合を考察した。この前提の下では、金利とマネーストック量の関係が一対一になることも述べた。その限りでは、量的政策と金利政策を区別する意味はない。しかし、中央銀行はマネー供給関数M＝M（i、H）に対して、マネタリーベースの操作、信用政策による銀行の貸出スタンスへの働きかけによって、Hを操作し影響を与えることができるであろう。また、自己資本比率規制の変更などもHの変化を通じて、銀行のマネー供給のスタンスに影響しよう。

ここでの問題意識は、そのマネー供給関数のHを固定するのではなく、コントロールすることを前提に、量的政策や金利政策の意味についてさらに検討しようというものである。

a. 量的政策

量的政策とは図表9－19の①にあるように金利についての目標値は設定せず、マネーストックのみをコントロールすることである。つまり、マネーストックの量Mをiの如何にかかわらず、Hをコントロールすることによって、一定の値Mに維持することである。この場合、IS曲線の式は変わらないが、LM曲線の式は次のようになってMはiの関数ではなく定数$\underline{M}$となる。つまり標準的なLMモデルに戻る。

IS曲線：I（i－p）＝S（Y）
LM曲線：$\underline{M}$/P＝L（Y、i）

この場合には、先にも述べたように、物価の変動に伴ってLM曲線だけでなく、IS曲線もシフトすることから、所得・物価平面での両曲線の総需要関数について先験的なインプリケーションを得ることは困難であって、データに基づく実証的な検討が必要である。

しかし、借入需要が弱い、ないし銀行の貸出スタンスが極度に弱気化しているといった事情から、信用割当が広範化している場合には、量的緩和が効果的となる可能性がある。また、1980年代の米国ボルカー連邦準備理事会議長が採用したような政策的に敢えてマネーストックを絞り込む場合もある。こうした信用割当のケースは量的政策の純粋型ともいえるものである。そこで、ここでは信用割当のケースについて検討を試みよう。

（信用割当下でのISの・LMモデルの構築）

信用割当とは、貸出を通じるマネー供給に関して、貸出金利以外の要因から超過需要等が発

図表9-19　量的政策（信用割当の場合）

（マネーストックを固定する場合）
- 垂直のマネー供給曲線。右下がりの総需要曲線が得られる。
- ターゲット水準の引上げによって、所得が増え、物価が上昇する。

①マネーストック市場での需給

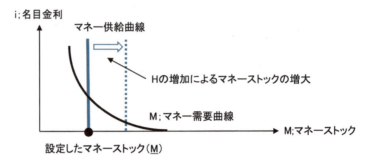

②所得・金利平面でのIS・LM曲線（物価上昇の影響）

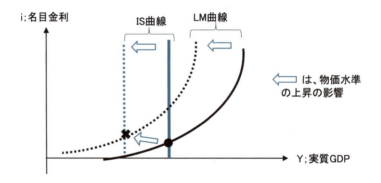

③総需要均衡とAS曲線

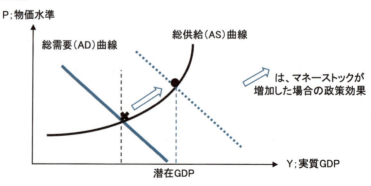

生し、貸出金利がマネーの需給調整メカニズムを喪失することである。その場合、IS曲線が次のような形をしている可能性がある（第四部第6章②を参照）。

　I（M/P）＝ S（Y）

すなわち、左辺の設備投資が（実質）金利によって規定されるのではなく、銀行貸出＝「信用創造によって創出、維持されるマネーストック量」によって規定される。もちろん、その場合のマネー量は実質ベースである。信用創造は基本的にフローの概念である一方、ここではマネーストックを念頭に置いているという問題があるが、マネーは設備投資を行うために事前に用意されていなければならないという点を考えると（cash in advanceあるいはfinance demand for money＜第九部注22及び第一部注47を参照＞）こうした定式化も一定の根拠があるのではないか。

一方、LM曲線は引続き、

　M/P ＝ L（i、Y）

としよう。2本の式に3つの変数i、P、Yがあるので、所得・物価平面で総需要曲線が描ける。また、結論から言うと、この定式化の場合には、（先験的に右下がりの総需要曲線が得られ）、中央銀行はマネー供給関数M＝M(i, H)の中のHに働きかけることによって直接的に所得の増加を図ることができる。手順を追って、図表9－19でみていこう。

　この定式化の基本的な構造からみていこう。マネーストック市場では、マネーストックを一定水準に固定するので、垂直の供給曲線（①の青の実線）となる。金利は需要サイドの要因によって決まる。

　次に、所得・金利平面でIS・LM曲線を描くと、まずIS曲線はI（M/P）＝ S（Y）で、任意の物価水準において、マネーストックMが与えられれば金利水準に関係なく左辺が決まり、それに見合って右辺の所得も決まるため、垂直となる（②の青の実線）。次にLM曲線の式、M/P ＝ L（i、Y）をみると、任意の物価水準においてマネーストックが与えられると左辺が一定となるため、右辺の所得が仮に増加するとそれに応じて金利が上昇しなければマネーの超過需要が発生し両辺が乖離することから、右上がりとなる（②の黒の実線）。

　また、所得・金利平面では、IS曲線I（M/P）＝ S（Y）は物価上昇によって左辺が減少し、それに見合って右辺も減少するためには所得が減少しなければならない（左側へのシフト）。一方、LM曲線はM/P ＝ L（i、Y）において、物価上昇によって左辺が減少すると実質マネーストックが減少する。それに右辺が見合うためには任意の金利水準で所得が減少しなければならないので、やはり左にシフトする。このことから、所得・金利平面で、IS・LM曲線の交点は、物価上昇に伴って左にシフトする。このため、両者の交点を様々な物価水準に対応して描き、繋いでいくと所得・物価平面上で、右下がりの曲線となる。この右下がりの総需要曲線と総供給曲線との交点で、所得と物価水準が決定される。

(信用割当モデル下での政策効果)

　次に、信用割当下での政策効果、具体的には固定しているマネーストックMを増加させた場合の効果についてみていこう。ターゲットであるマネーストックの量が増えると、所得・金利平面でIS・LM曲線が右方にシフトし、その交点も右にシフトする。このため、総需要曲線は右にシフトする（図表9－19－②において物価上昇ではなく、物価水準が低下した場合と同じ効果を持つことになる）。つまり、マネーストックの量を増やすと、総供給曲線と総需要曲線が交差する地点が総供給曲線にそって右上に上昇する。したがって、所得が増え、物価が上昇する。なお、貨幣数量説では、垂直の総供給曲線であるため、マネーストックの増加は物価の上昇のみという結果になるが、ここでは右上がりの総供給曲線であるため、所得も増える。ただし、潜在GDPを超えていくと、物価の上昇のみという局面になることが考えられる。

b. 金利政策

　金利政策とは、金利特に短期金利を政策的に操作、つまり固定することである。ただし、前述の通りここでの簡単なモデル分析では、短期金利と長期金利を区別していないことに留意しておこう。金利政策の場合は、量的政策と異なり、Mは金利iの関数となる。すなわち、次の修正IS・LMモデルの基本式がそのまま適用される（以下の議論では、差し当たり図表9－20の実線部分、つまり政策対応前の状態をみてほしい）。このため、（ハ）修正IS・LM曲線の導出での議論と重複するが、ここでは背後のメカニズムや政策効果にポイントを当てる。

IS曲線：$I(i-p) = S(Y)$

LM曲線：$\dfrac{M(i)}{P} = L(Y、i)$

総供給関数：$Y = Y(P)$

　ここで狭義の金利政策により、名目金利iが固定されるとマネー供給Mも金利の関数であるため、金利iと量Mの両方が固定されることになる。

(所得・金利平面上の修正 IS・LM 曲線)

　まずIS曲線の式では、名目金利iが固定されているため、左辺の任意の物価に対して、ひとつの実質金利が決まる。左辺が決まるとそれに応じて右辺が決まるが、金利が所与であるので、ひとつの所得Yが決まる。

　LM曲線については、任意の物価水準に対して左辺の実質マネー供給が決定される。右辺は金利が所与であるので所得Yが決定する。

　このように、金利を固定する政策の場合は任意の物価水準に対して、ひとつの所得水準が決まる。IS曲線の式から得られる所得Yと、LM曲線の所得Yが一致する保証はない[29]。しかし、

---

29) 2本の式（IS、LM）と2つの変数（P、Y）が与えられ、その解がひとつに決まるので、実はひとつのYに決まる。

図表9-20　金利政策（金利を固定する場合で、金利引下げの効果）

- 金利をコントロール（水平のマネー供給曲線）。
- ターゲット金利引き下げによって、所得・物価平面上で、IS曲線は右にシフト。LM曲線は幾分左にシフトする可能性が高い。この結果、均衡総需要の位置は右下にシフト。政策対応によって、Y（所得）を増やすことは可能であろう。ただし、価格は低下するであろう。

①マネーストック市場での需給

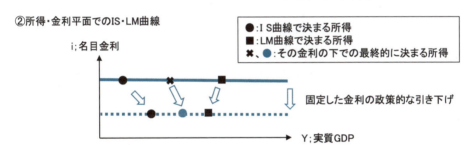

②所得・金利平面でのIS・LM曲線

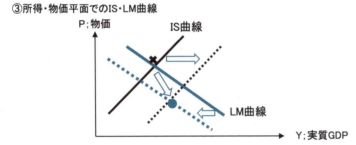

③所得・物価平面でのIS・LM曲線

④所得・物価平面での均衡総需要点

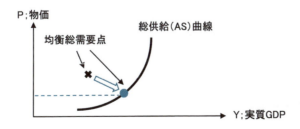

第九部　金融政策

次にみるように、いずれも物価の関数であるので、（上では差し当り所与とした）物価水準が調整役となって両者の折り合いがついていく。つまり、金利のマクロ的な需要調整機能が金利固定政策によって（政策的に）喪失しているため、マクロ的な需要調整はもっぱら物価による需要調整機能に依存することになる。その背後では、第四部第6章「不確実性下でのマネー供給」でみたような、信用割当といった不均衡な状況が生じているはずであるが、いずれにせよ物価と所得が別途決まるので、それに合わせてマネーの需給（LM曲線）と、財・サービスの需要が決定される（財・サービスの供給は総供給曲線で決まる）。

（所得・物価平面上の修正 IS・LM 曲線）

　所得・物価平面上では、IS曲線は物価が上昇すれば左辺Iが増加し、それと見合いにSが増加するためには所得は増加しなければならないことから、右上がりとなる。LM曲線は、物価が上昇すると左辺の実質マネー供給が減少するため、それと見合いに右辺Lが減少するためには所得Yは減少しなければならないので、右下がりとなる。両曲線の交点で、財・サービス市場とマネー市場の両方の均衡をもたらす物価と所得が決まる。

　このように、修正されたIS・LM分析では、金利政策の場合は標準的なIS・LM曲線分析に物価を導入して得られるAD曲線とは異なり、ひとつの金利、物価、GDPの組合せ、つまり均衡総需要が確定する。それと総供給曲線との関係によってマクロ的な需給の均衡する物価とGDPが得られることになる。この場合、大きな問題に直面する。それは、均衡総需要が総供給曲線上に位置するとは限らないことである。

（金利政策の下での総需要、総供給の決定）

　今の点について、もう少し具体的にみてみよう。所得・物価平面上でのIS・LM曲線の交点（総需要均衡点）で一組の物価と所得が一義的に決定される一方、総供給曲線つまり生産曲線は引続き右上がりの曲線となる。ある任意の価格に対して所得＝需要と供給＝生産が一致する保証はなく一般的には不均衡状態となる。では、この不均衡はどのように解消されるのであろうか。この過程を、図表9－21でみてみよう。

　総需要が総供給を上回っている場合、つまり総需要均衡点が総供給曲線の右側にある場合には、超過需要がある。差当たりは、過去に生産した財のストック（在庫）の取崩しで対応するであろう。しかし、サービスについてはストックすることはできない。ストック可能な財であっても、超過需要に対して在庫で対応できる範囲にも限界がある。このため、価格が上昇し、それに伴って生産が総供給曲線に沿って増加することによって超過需要が市場の価格メカニズムの中で解消されよう。逆に総需要が総供給を下回っている場合には、超過供給が発生するので、当座は在庫の増加でつじつまが合うとしても、いずれ価格が低下し、それに伴って生産は減少するであろう。このような形で、価格メカニズムと在庫調整によりマクロ的な需給の均衡が得られる。

　以上は不均衡な状態の解消を市場メカニズムに委ねた場合である。しかし、現実にはそのよ

図表9-21　修正IS・LM曲線の下での価格メカニズムの作用と政策

- 総需要と総供給の間の不均衡がある場合は、次のようなメカニズムで均衡が解消に向かう。
  ① 既存の在庫ストックの取り崩しないし、新規在庫ストックの積みあがりによる量の調整。
  ② 価格の上昇ないし下落による生産量の調整。
  ③ 政策対応による総需要の調整

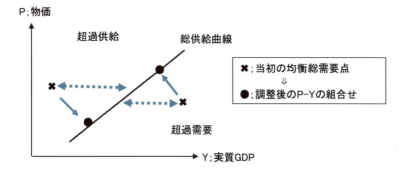

うな超過供給、超過需要の場合には、不均衡の早期解消とその後マクロ経済が同じ問題に再度直面する事態を回避するため、マクロ政策が発動される（総需要均衡点が総供給曲線上に位置しない限りこうしたプロセスが繰り返される。特に、在庫ストックがなくなった時点で、価格メカニズムのみの調整プロセスとなる）。

ここで説明した考え方は、いわゆる合理的期待形成仮説が想定するところと大きく異なる。合理的期待形成の下では、先々の総需要均衡点や総供給曲線の形状が各経済主体によって共有され、総供給曲線の上に総需要均衡点が位置するように予め調整され均衡が保証される。さらに価格メカニズムが伸縮的に機能する前提を加えると、その均衡は潜在GDP、自然利子率、均衡インフレ率などを実現している（厳密にいえば、合理的期待形成の下でも、短期的なフレまでは予測できないが、その平均については正しく予測され共有されるという議論となる）。

（金利固定政策における政策金利引下げの効果）

金利を固定する政策、つまり金利政策の効果を議論する際には、明示的にO/Nなどの中央銀行が完全にコントロールし得る金利と、市場で決まる色彩の強い1～2年以上の金利、とりわけ貸出金利を区別すべきことに留意してほしい。実際、長短金利操作を導入している金融政策の場合には、その間に格差を設けているのが通常である。また、銀行の資金の調達・運用構造をみると短期調達、長期運用となっているため、中央銀行がメインにコントロールするO/Nの低下はもう少し長めの3か月といった期間の短期金利の低下と相まって、銀行の資金調達コストを引下げ、貸出の増加を促すことになる。

そこで、金利引下げのマクロ経済への影響をみてみよう（図表20の点線へのシフトを参照）。IS曲線の式 I (i−p) ＝ S (Y) において、（貸出等の）金利を引下げると左辺の設備投資が増加

するため、その見合いとして貯蓄Sは増加しなければならない。その場合、所得は増えていなければならない。つまり任意の物価水準の下で（所得・金利平面でも、所得・物価平面でも）IS曲線は右にシフトする。

次にLM曲線については、LM曲線の式 $\frac{M(i)}{P} = L(Y、i)$ において、任意の物価水準Pの下で左辺のマネー供給（銀行の貸出）は金利の低下により減少する[30]。その見合いで右辺も減少しなければならないが、金利の引下げはマネーの需要を拡大させるため、所得が左辺、右辺両方の事情から減少しなければならない。つまり、LM曲線は左にシフトする。もっとも、LM曲線が金利の変化によって、どの程度シフトするかは、マネー供給の利子弾力性とマネー需要の利子弾力性の合計の大きさによる。両者の合計が大きければ、金利変化が所得の大きな変化をもたらすため、LM曲線はより大きく左にシフトする。逆に両者の合計が小さい場合には、LM曲線のシフトは小さくなる。マネー供給の利子弾力性は大きいとはいえないこと（一般的に情報の非対称性の問題から信用割り当ての要素は常に存在している）を考慮すると、金利引下げのLM曲線のシフトに与える影響は小さいと考えられる。

以上をまとめると、金利固定政策の場合で、金利が引下げられたときの所得・物価平面上でのIS・LM曲線の交点である均衡総需要の変化は次のようになるであろう。

- IS曲線は右側にシフトする（金利の低下に反応してGDPは増加する）。
- LM曲線は幾分左にシフトする。
- この結果、均衡総需要は金利の引下げによって、右下（所得の増加＋物価の下落）にシフトする。

実際に最適な政策金利を求めるには、実証的な作業が必要となる。つまり、テーラー・ルールにおける係数の最適値を求めなければならない[31]。なお、信用割り当ての状況にあって、もともと金利が全くマネー供給を変化させない場合には、LM曲線の式において右辺のみの変化となるが、金利の引下げによってマネー需要が増えるため、それと見合いに所得は減少しなければならない。つまりLM曲線は金利の低下によってやはり左にシフトする。

---

[30] 第四部で、ベース金利である市場金利が低下すれば、供給曲線が下方にシフトし、需要曲線が変わらない限り、貸出額が増加し貸出金利が低下することをみた。ここでは、貸出その他の金利を一本化してみているため、金利の低下が供給曲線に沿ってマネー・金利平面上で左下に辿っていくことになるので、マネー供給を減少させるとしている。ここでのIS・LMモデルでは、ベース金利を外部変数（Hの一部）として貸出金利を目標にコントロールしている。すなわち、貸出金利の水準が、何らかの形で短期の市場金利と整合性を確保しつつ、低下するような措置が取られていることを想定している。

[31] テーラー・ルールと、ここでの議論はどのように関係しているのであろうか。テーラー・ルールはベース金利の目標値を算出するものであって、その限りでは金利固定政策にみえる。しかし、現実の中央銀行の政策は極端な例外を除いて、金利と量の両方に目配りをしている。このため、テーラー・ルールでは、ここで議論している金利固定政策を前提にしているのではなく、金利の低下と量の増加を両にらみしているような現実的な政策運営を仮定し、その中で金利に着目していると考えられる。ここでの議論は、あえて金利と量に極端な形で特化した政策がどのような効果を持つかということを検討している。

ここでの議論の中で、金利の低下が物価の上昇をもたらさないのは直感に反するかもしれない。物価が金利低下の下で上昇しないのは、名目金利の低下によって仮に物価が上がると、実質金利が低下するが、それは設備投資の増加、GDPの増大をもたらすため、マネー需要が増え金利上昇圧力が生じる。それを打ち消して政策的に金利を低下させるためには実質金利が下がらないことが必要、つまり物価が低下しなければつじつまが合わないためである。

④マクロ経済の状況と政策対応

（イ）金融政策における操作変数の選択

　以上、量的な政策と金利政策について様々なケースを想定し検討してきた。多様なインプリケーションが得られたが、現実の政策運営においては、データに基づく正確な現状把握と、幅広い知見に基づく政策選択が重要であることはいうまでもない。そうした中で、マネー市場と財・サービス市場の両者の安定性の問題について簡単に触れておこう。

　すなわち、これまでIS曲線やLM曲線は安定していると前提してきたが、もちろん実際にはそうではない。例えば、エネルギー供給の変動など外部からの実物的なショックがあってIS曲線が不安定な場合を考えてみよう（図表9－22）。

　例えばエネルギー価格が不安定な状況では、財市場の需給が振れているであろう。その場合、設備投資や消費行動が金利の価格機能によって左右される度合いは少ないであろう。つまり、同じ金利であっても所得や支出が大きく振れているため、IS曲線は不安定、相対的にはLM曲線が安定的といった状況であろう。こうしたケースでは、図表9－22で示したように金利操作で対処するよりも量的な政策で対処する方が、GDPの変動を小さくできる可能性が高い。これは、金利の価格機能が弱まっている中で、無理に金利を固定する政策を採用すると、それを補うために一般物価やGDPの変動で吸収することになるからである。なお、金利固定政策の意味を確認しておくと、図表9－18、9－20にあるように、マネーストックの需要サイドに変化があっても、政策金利である短期市場金利、とりわけO/N金利（前述の修正LM曲線のHの主要要素）の操作によって、IS・LM分析で前提している実物経済に影響の大きい1年程度の期間の金利（ここでiとしてきた金利）が変化しないように誘導する政策である。

　また、バブル崩壊などによって金融市場が動揺している場合には、LM曲線の方が相対的に不安定となる。この場合には、市場の流動性需要を十分吸収し得るだけの量的緩和を実行することになるであろう。実際、2008年以降のグローバル金融危機に対応するため、各国中央銀行が講じたのは市場の流動性を維持するための流動性の供給の増加と結果的に生じた短期市場金利の大幅な低下であった。

　以上、量的政策と金利政策を比較してきた。第4章では、量的政策の問題点を強調し、第5章では量的政策の有効性を示すことになった。これは、IS・LM分析では、マネー供給関数M

図表9-22　IS・LM曲線を使った量的政策と金利政策の効果比較（IS曲線が不安定な場合）

（結論）
- 不安定なIS曲線に対しては、金利を固定する金利政策よりも、Mをコントロールする量的政策が有効（GDPの変動を少なくする）。

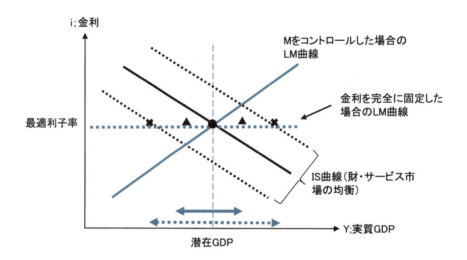

＝M（i、H）において、Hを操作することによって有効かつ安定的にマネーストックMをターゲット水準にコントロールできる、という前提であったからである。実際には、近年の日本の経験からも明らかなように、中央銀行は、マネタリーベースはほぼ完全にコントロールできたとしても、マネーストックの量をコントロールすることは非常に難しい課題である。

他方、金利政策について中央銀行は短期金融市場での金利はほぼ完全にコントロールできるうえ、長期金利についても相当程度コントロールできる。

しかし、問題は金利が経済に及ぼす影響が多様であって（この第5章の章末の図表9-27を参照）、金利政策の効果が複雑なことである。

いずれにせよ、ここでの単純なモデルだけでは、確かなインプリケーションを引き出すことは困難であって、実際には実証的にIS・LM曲線の形状、つまり各種の弾力性を探り当てて、より望ましい政策体系を追求するしかない。

(ロ) マクロ的な均衡の姿

ところで、経済が望ましい状態に達した場合には諸変数はどのような関係になっているのだろうか（図表9-23参照）。まず、望ましい状態とは、次の二つの条件が満たされている状態である。

図表9-23　均衡のとれた経済の姿　―潜在GDP、自然利子率、市場利子率、物価目標の関係―

- 経済が均衡の取れた姿になっているときは、現実のGDPが潜在GDP（★）と一致し、インフレ目標率（2％●）が達成されている。また、市場金利（■）が自然利子率と一致している。
- 現実には、潜在GDPと現実のGDP、物価目標と実際の物価、市場金利と自然利子率の間に乖離がある（例えば✕）。マクロ経済政策によって均衡のとれた状態に接近させ（⇨）、維持することがマクロ経済政策の目標である。

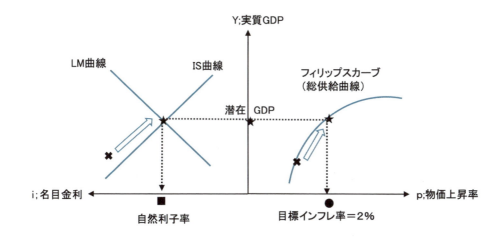

- 現実のGDPが潜在GDPに一致している。
- インフレ率が中央銀行の目標としている2％インフレの状態にある。

　もっともこの2％という水準は、中央銀行が望ましいと判断しているだけであって、潜在GDP（ないしは自然失業率）や自然利子率と真に整合的かどうかは分からない。かりに、潜在GDPなどと整合的なインフレ率を自然インフレ率と呼ぶとすれば、2％のインフレ目標が自然インフレ率である保証はないということになる。

そのような状態が実現しているためには、次のような条件が満たされている必要がある。

- IS・LM曲線の交点で得られる総需要と、総供給曲線（フィリップス・カーブ）から得られる総供給が一致し、かつそれが潜在GDPの水準であること。
- IS・LM曲線の交点で得られる市場金利が自然利子率と一致していること。

　このような条件が整えば、経済は望ましい状態にあると言える。経済政策の目的は、このような状態に近づけ、維持することである。

⑤期待インフレを明示的に導入したIS・LM分析

以上、標準的なIS・LMモデルを導入したうえで、著者独自の修正を加えたバージョンの構

築を試みた。また、これらを使って政策の効果についても検討した。簡単なモデルによる金融政策の分析という意味ではここで一区切りがつくが、さらに2点について簡単な拡張を試みてみよう。

最初に、人々の将来についての予想、つまり期待の明示的な導入を試みてみよう。これも著者独自の定式化であるが、簡単な適応型期待形成を前提にしたモデルを構築し、期待の持つ本質的な意味を検討する。

もうひとつは、海外取引、つまり貿易と資本移動、あるいは為替レートを標準的なIS・LMモデルに導入してみよう。これは、マンデル・フレミングモデルとして知られる国際経済学における標準的なモデルである。

予想物価上昇率を明示的に取り込んだ簡単なモデルの構築から始めよう。これまでのモデルでは、今期の物価水準P（ないし前期からの物価上昇率p。Pとpは一対一の関係）のみを物価としてみてきたが、実際には人々は先々の物価（P^e）ないしその上昇率（p^e）について予想を立てて、行動する。物価が先々上昇しそうなら、今のうちに財・サービスを購入しようとするであろう。また、現在の所得（Y）だけではなく、将来の所得（Y^e）についても見通しを立てたうえで、投資、消費といった支出計画を立てるであろう。その場合にはマネーを早めに手当てしておかなければならない。

要するに将来の状況に対する想定が今期の行動を変えることになる。

具体的に、次のような定式化を考えてみよう。以下の式において、P^eは今期からみた来期の予想物価水準（上昇率はp^e）である。一方、総供給関数に用いたPは引続き今期の物価水準である。今期の総供給関数は目先の物価（つまり今期の物価）に左右される面が強いと考えるからである。

そのうえで、まずIS曲線については、設備投資は、実質利子率の関数であるが、その場合本来の定義に戻って、名目金利から予想物価上昇率p^eを差し引いたものとしよう。設備投資にかかる借入コスト（ないしは設備投資から得られる限界的な収益）は、投資した設備が稼働し収益を生み出すようになったときの物価、つまり来期の物価に依存しているからである。

貯蓄Sについて、これまでは単に所得の関数としてきたが、来期の予想物価上昇率を導入するのであれば、予想物価の上昇⇒買い急ぎ＝貯蓄の減少というメカニズムを導入すべきであろう。したがって、予想物価上昇率p^e、予想所得Y^eを導入したIS曲線は次の式で表すことができよう（第四部第4章で、実質利子率の消費・貯蓄に与える影響をみた通り）。

IS曲線：$I(i-p^e) = S(Y, Y^e, i-p^e)$

次にLM曲線については、マネー需要に関する、本来の想定である「来期の消費に当てるため、また来期の金利上昇リスクに備えるため、今期末＝来期初の時点で既にマネーが手元に用意されていなければならない」との考え方に基づいて、今期末時点で来期に向けて保有すべき実質マネーストックは、次のように表すことができよう（修正IS・LM曲線でマネー供給関数M＝

図表9-24　来期のインフレ予想を明示的に取り込んだ再修正IS・LMモデル

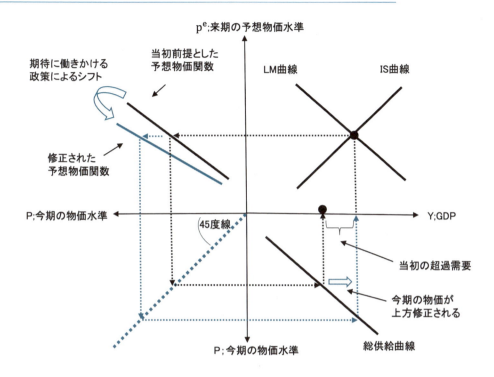

M（i、H）のHを固定し、Mを維持する政策体系を前提としている）。右側のマネー需要関数には、今期および来期の所得（予想値）が含まれている。なお、その保有コストは引き続き今期の名目金利である。また、簡単にするためにここでは標準的なIS・LM分析と同様に、マネーストック供給Mは所与とする（M＝M（i）とはしていない）。

LM曲線：$\dfrac{M}{1+p^e} = L(Y、Y^e、i)$

また、総供給については、上記のように目先の物価水準の関数としておこう。つまり

総供給関数：$Y = Y(P)$

以上の枠組みの下で、どのような物価、所得決定メカニズムが働くのをみていくこととしよう。ただ、所得について明示的に将来所得を導入すると煩瑣になることから、ここでは物価の将来予想に焦点を当てて議論を進めよう。つまり、YとY^eはパラレルな関係にあるとの前提をおくと、以下のような3つの式で経済の枠組みが構成されることになる。

IS曲線：$I(i-p^e) = S(Y、i-p^e)$

LM曲線：$\dfrac{M}{1+p^e} = L(Y、i)$

総供給関数：Y＝Y（P）

　これを図示したのが、図表9－24である。まず所得・予想物価平面（第1象限）では、IS曲線は任意の名目金利に関して、予想物価上昇率p^eが増大すると左辺は実質利子率の低下から増大する。これと右辺が見合うためには、実質金利の低下は貯蓄を減らすことになるので所得Yが増加しなければならない。このため、IS曲線は右上がりとなる。

　LM曲線は、任意の名目金利の下で、物価上昇率が増大すると左辺の実質マネー残高が減少するため、これと右辺が見合うためには、所得が減少しなければならない。したがって、LM曲線は右下がりとなる。このように、IS・LM曲線の形状はその期の物価上昇率を来期の予想物価上昇率に替えても同じ形状となる。IS・LM曲線の交点で均衡所得と予想物価が決定される。

　予想物価水準が決定されると、逆算して今期の物価水準が与えられる。前期の物価は1として、今期の物価をP、来期の物価をP^eとしているが、ここで次のような単純な適応型期待形成を導入しよう。つまり来期の物価は前期の物価と今期の物価の加重平均で与えられるとしよう（本来の適合型期待形成は、前期に関する予測値と実績値の乖離幅を徐々に調整して来期の予想値を決めるのであるが、ここでは単純に実績を将来に引き延ばす方法を採用している）。

　$P^e = \alpha \times 1 \langle 前期の物価 \rangle + \beta \times P \langle 今期の物価 \rangle$

から、

　$P = \dfrac{P^e - \alpha}{\beta}$

となって、来期の物価水準から今期の物価水準を逆算できる（図の第二象限の直線の関係）。

　以上の結果、IS・LM曲線の交点で決まる来期の予想物価水準P^eと今期の物価水準Pが同時に決定される。

　今期の物価水準が得られると、総供給曲線により今期の生産が決定される。この供給水準とIS・LM曲線の交点で得られる総需要均衡点（所得と予想物価の組合せ）の所得水準が一致する保証はない。仮に、当初の物価水準では需要が供給を上回る超過需要があったとしよう。その場合、この不均衡を解消するには二つの方法がある。

- マクロ経済政策による総需要の抑制（財政支出の抑制など。これまでのモデルと同様）。
- 期待に働きかける政策。つまり第二象限に示されている今期の物価と来期の予想物価の関係に働きかけることによって、結果的に今期の物価を引上げ生産を増加させることができるかもしれない。つまり、上記の物価予想の式において、βを小さくすることによって今期の物価が上昇しても来期の物価上昇がマイルドになるようにすることになる（図では黒線から青線にシフト）。デフレマインドが強い近年の日本の場合には、逆にβを引上げて先々のインフレ期待を高めるべく、フォワード・ガイダンスなどを活用していくことになる。

　なお、合理的期待形成と伸縮的な価格メカニズムを前提とする場合には、ここでのモデルの解（P）が期待（P^e）そのものとなって、モデルは最初から均衡状態を示すことになる。

⑥ マンデル・フレミングモデル

　以上で展開してきたIS・LMモデル、修正IS・LMモデル、期待を取り入れたIS・LMモデルは全て国内に閉じた経済（閉鎖経済）を前提としてきた。しかし、実際には各国の経済は孤立して存在しているのではなく、国境を超えた財・サービスの売買つまり貿易があり、マネーや金融商品の売買つまり資本移動もある。そこで、以下では対外取引を明示的に取り込んだモデルを構築していこう。このようなモデルは、1960年代の初頭にカナダのマギル大学の教授であったR.A.マンデルとIMFのエコノミストであったJ.M.フレミングの二人によって相前後して発表されたため、一般にマンデル・フレミングモデルと呼ばれている。単純なIS・LMモデルと同様に、極めて単純な前提の割には豊かなインプリケーションを持つモデルであるので、ここで紹介しておこう。

（イ）マンデル・フレミングモデルの概要

　マンデルやフレミングのモデルでは、IS・LMモデルと共通の前提に加えて次のような仮定を置いている。
- 小国の仮定：対象国は世界市場での金利形成に影響を及ぼすことができない
- 完全な資金移動：対象国は、必要な資金を海外からいくらでも調達できる

　これらから、対象国の国内金利は世界金利と常に一致している。彼らの基本的な視点は、国際通貨制度の問題、つまり固定相場制と変動相場制の比較にあった[32]。そして、「金融政策は固定相場制の下では機能しない。財政政策は変動相場制の下では機能しない」という有名な結論を導き出したのである。そこで以下では、最初にマンデルやフレミングのもともとのモデルに沿って、こうした結論を説明しよう。その後、これまで構築してきた修正IS・LMモデルを使って、小国の仮定を一部緩和し、国内金利が中央銀行によってコントロールされ得る前提で

---

[32] 管理通貨制の下で、固定相場制と変動相場制（フロート〈float〉ともいう）がある。まず、管理通貨制とは、金本位制のように価値や発行量が金などに連動（ペッグという）するのではなく国が裁量的に通貨を発行する。管理通貨制の下では、中央銀行が通貨の発行量や金利をコントロールすることで、また必要に応じ政府ないし中央銀行が外国為替市場に直接介入（外国通貨の売買）することにより、対外的な価値、つまり為替相場の一定の範囲での安定を図る。

　このうち固定相場制の場合には、特定の為替レートから乖離しないよう、中央銀行はそのレートよりも自国通貨が高くなる（安くなる）圧力が生じた場合には、外国為替市場で自国通貨の売り（買い）・他国通貨の買い（売り）を無制限に実行して固定相場の維持を図る。

　変動相場制の場合には、為替相場は市場の需給に委ね、相場水準の維持のための介入は原則として行わない（もっとも、あまりに急激な相場変動の場合には変動を緩やかにする（スムージング）ための市場介入をすることはある。また、国際的な協調体制（G7など）の合意に基づき、各国中央銀行が同じ誘導目標を定めて市場介入を同時的に行うこともある（協調介入）。

　なお、固定相場制は、第二次世界大戦後約25年間続いたが、今では主要国は変動相場制に移行している（中国は中間的な対応（管理フロート制）を取っている）。

現実的な分析を試みよう。

（IS・LM分析の拡張）

　まず、標準的なIS・LMモデルに貿易（輸出入）を追加しよう。すなわち、
輸出から輸入を差し引いた純輸出、つまり貿易黒字額をEと表すことにしよう。Eは実質為替レートε（海外物価P^*を一定とすれば、それを国内価格Pで割った内外の相対価格に名目為替レートeをかけた値）によって決まるものとしよう。実質円高になれば純輸出Eは減少し、実質円安になれば純輸出は増えるため、

　　$E = E(\varepsilon)$　　ただし$\varepsilon = eP^*/P$

で、Eはεの増加関数である。もっとも、マンデル・フレミングモデルでは物価は固定されているため、名目為替レートと実質為替レートの間に差はない（$e = \varepsilon$）。

　一方、国内の所得＝支出の均衡に、貿易黒字額を加えると

　　所得＝$Y = C + I + E = $支出

あるいは、$Y - C = S = I + E$　であるが、それぞれi；金利、Y；GDP、ε；実質為替レートの関数であるので、

　　$S(Y) = I(i) + E(\varepsilon)$　あるいは、$I(i) = S(Y) - E(\varepsilon)$

と表すことができる。つまり、これまで金利iとY所得で表現されてきたIS・LM曲線のうち、IS曲線については、実質為替レートの関数である純輸出が新たな需要項目として加わることになる（ISE曲線と呼ぼう）。なお、輸入は所得が増えると増加するとみられることから、$E = E(Y, \varepsilon)$と置くことも考えられるが、ISE曲線の式においてYの上昇が貯蓄に与える影響の方が大きいとみて、ここでは単純に$E = E(\varepsilon)$と置いている。

　一方LM曲線はこれまでと変わりはなく（為替レートは入ってこない）、

　　$\dfrac{M}{P} = L(Y, i)$

である。ここで、二つの国際通貨制度を導入する。まず変動相場制、そして固定相場制を導入しよう。

（ロ）小国モデル

　小国モデルでは、各国の政策当局によるマクロ需要のコントロールは大きく制限される。まず、小国・変動相場制モデルでは金利が世界金利によって固定されることから、金利を中央銀行がコントロールすることはできない。マネーストックと為替レートがマクロ経済の需給調整のメカニズムを担うことになる。一方、小国・固定相場制モデルでは、金利も為替相場も固定されているので、マネーストックが唯一の調整メカニズムとなる。

a. 変動相場制

まず、変動相場制の下での所得決定メカニズムをみてみよう（図表9－25－①）。同図の第一象限はIS・LM分析で用いた所得・金利平面である。そこでIS曲線に相当するISE曲線は

$$I(i) = S(Y) - E(\varepsilon)$$

である。ここでは、任意の為替相場に関して左辺は金利が低下すれば増加する一方、右辺は所得が増加すれば全体として増加するため、右下がりの曲線となる。しかし、世界金利であるiは固定されているため、任意の物価水準の下で為替レートが与えられれば、所得は一義的に決まってしまう。

一方、LM曲線は

$$\frac{M}{P} = L(Y、i)$$

であって標準的なLM曲線と同じである。つまり、任意のM、Pが与えられると左辺は一定となる一方、右辺のiが低下すればLが増えるため、見合いでYが減少しなければならないため、LM曲線は右上がりとなる。しかし、iは世界金利で固定されているため、所得Yは一義的に決まってしまう。しかも、LM曲線は為替レートに依存しないので、最終的にも所得Yを決定することになる。つまり、ISE曲線から得られる所得とLM曲線から得られる所得が同じとは限らないが、ISE曲線は為替レート次第でシフトするのに対し、LM曲線は為替レート独立であるので、LM曲線と世界金利の交点●で所得が最終的に決まる（ISE曲線はLM曲線と世界金利の交点にシフトする。仮に、点線のようなISE曲線であって世界金利との交点が✗であったとしても、為替レートによる自律的な調整によって●の位置までシフトする。以上から、金利と所得が一義的に決定される。

次に所得・為替レート平面（第四象限）では、ISE曲線

$$I(i) = S(Y) - E(\varepsilon)$$

の左辺は、世界金利が一定であるため固定される一方、任意の物価水準の下で為替レートが上昇（円安）すれば、純輸出Eが増加するため、見合いでS貯蓄は増加、つまりY所得も増加しなければならない。以上から、所得・為替レート平面でISE曲線は正の相関を示す曲線となる。一方、LM曲線は為替レートと無関係であるため任意の為替レートに関して不定、つまり垂直となる。このため、任意の物価水準の下で所得・為替レート平面で所得と為替レートの組合せがひとつ決まる。もちろんそこで決まる所得Yは所得・金利平面で決定された所得と同じ数値でなければならない（そうなるように、第一象限でISE曲線がシフトする）。

この間、第三象限で示した純輸出・資本流出を横軸、為替レートを縦軸とする平面では、以上で決まった為替レートに応じて純輸出が決まることになる。また、第二象限の資金流出・金利平面では、国内金利が世界金利と常に同水準であると仮定されているため、資本流出額がどのような水準であっても金利は不変、つまり水平となっている。

図表9-25　開放経済下でのIS・LMモデル・小国の仮定（1/2）

①小国の仮定＋変動相場制の場合

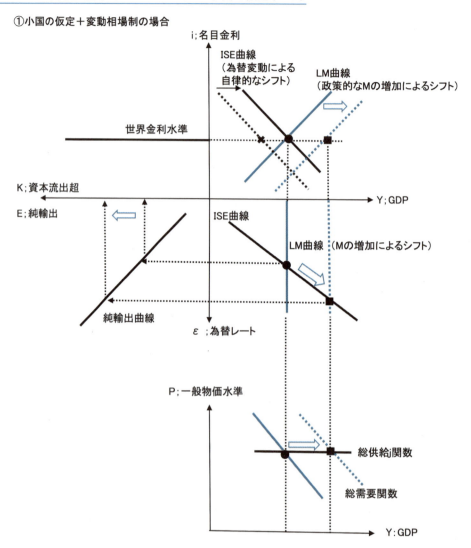

　そこで、次に金融政策の効果をみてみよう。ここでの金融政策とは、金利が世界金利で与えられているため、マネーストックを増減することに限定される。仮に、マネーストックが緩和的な金融政策によって増加したとしよう。その場合、第四象限のLM曲線は右にシフトする（LM曲線の式において、左辺のMが増えれば見合いでYが増加）。また、為替レートの上昇に伴って輸出が増大している。このことが所得・支出の増加をもたらすことになる。

　なお、標準的なIS・LM曲線をAD・AS曲線に引き直したのと同じ手法で、所得・物価平面で総供給曲線（ただし小国の場合、世界物価水準で価格は所与である）と総需要曲線を描くこ

とができる[33]。

　他方、所得水準とは独立的な財政支出の増加の効果をみると、LM曲線のみで所得水準が決定されるため、所得に効果を及ぼすことはできない。つまり、変動相場制の下では、財政政策は効果がないことになる。

b. 固定相場制

　次に、固定相場制の下では、金利 i（世界金利 i^* と同値）、為替相場は一定値 ε^* となる。このように金利や為替レートが固定されていても、資本移動が自由であるので、例えば国内の均衡金利水準が世界金利より高くなる圧力が作用し始めた場合には、海外からマネーが即座に流入し、マネーストックは増加、国内金利は世界金利と同レベルが維持される。つまり、海外からのマネーの流出入によってマネーストックの量が変数となるのである（あるいは、中央銀行ができることは海外からの国内マネーに対する需要に対して完全に受け身になってマネー供給を行うことに限定されると表現することもできる）。

　以上を念頭において、図表9−25−②の所得・金利平面で（第一象限）、ISE曲線、

$$I(i) = S(Y) - E(\varepsilon)$$

は、任意の為替レートにおいて金利の低下が設備投資の増加をもたらし、右辺は所得とともに増加するため右下がりの曲線となるが（標準的なIS・LM曲線）、為替レートが固定されているため純輸出が一定値となることからYも一定となる。一方、LM曲線は任意の物価水準とマネーストックの下で金利と所得Yが正の相関を示すが、金利が世界金利の水準に固定されているため、所得・金利平面上では所得がやはり固定される。両曲線の交点●で、（固定された金利に加え）所得が決まる。この間、両曲線から導かれる所得水準が一致する保証はないが（例えば✕の点）、ISE曲線はすべての変数が固定されているのに対し、LM曲線は海外からのマネーの流出入によりマネーストックが調整変数となって、ISE曲線が示す所得水準に収れんするしかない。

　次に、所得・為替レート平面では、LM曲線には為替レートが登場せず、固定相場であるため水平となる。一方、ISE曲線は一定の金利水準の下で、所得の増加は貯蓄の増加となるため、それとの見合いで純輸出は増加しなければならないことから、為替レートは上昇（円安化）しなければならない。このことから、ISE曲線は第四象限では右下がり（正の相関）となるが、金利が固定され所得水準は一義的に決定されている。この間、為替レートが固定されているため、純輸出は不変である。つまり、固定相場制の下では海外需要は不変であるため、所得の変化は専ら国内需要の変化によるのである。なお第二象限では、変動相場制の時と同じく資金流出額

---

33) 小国の開放経済を前提としたここでのモデル分析においては、生産＝所得・支出が速やかに実現するとみて、総需要曲線と総供給曲線の交点（所得と物価の組合せ）が実現するものと前提している。さらに、小国の仮定の下で総供給曲線は世界物価水準で固定されている。

図表9-25　開放経済下でのIS・LMモデル・小国の仮定(2/2)

②小国の仮定＋固定相場制の場合

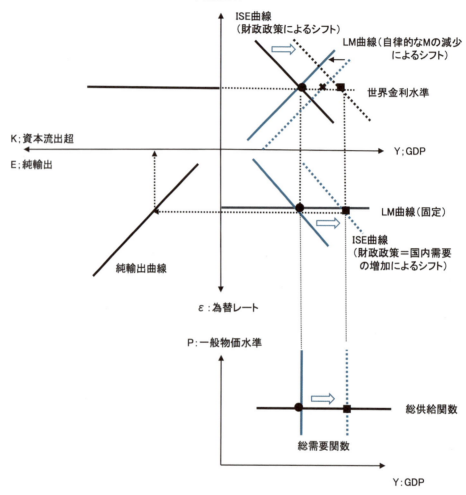

がどのような水準であっても金利が一定であるため水平な直線となる。

　金融政策の効果という観点からは、先にも述べたように金融政策はその国の独自の政策の裁量権を喪失する。このため、金融政策は効果を持ち得ない。では、財政政策はどうであろうか。財政政策は一定の金利、一定の為替レートの下でも国内需要を直接増加することができる（所得・金利平面および所得・為替レート平面においてISE曲線を右方にシフトさせる）。

　このように、固定相場制の下では、変動相場制とは対照的に財政政策のみが有効性を保持している。なお、ここで明らかになった、㋑固定相場制と㋺完全な資金移動は㋩金融政策の独自

性を喪失させることを、「国際金融のトリレンマ」ということがある。このトリレンマの下では、どれかひとつを放棄ないし自由化しなければならない。例えば、金融政策の独自性を維持するためには、変動相場制にするか、資金移動を規制するしかないことになる。例えば、日本は独自の金融政策、自由な資金移動を確保しているが固定相場制は採用していない。中国は独自の金融政策とある程度の固定相場制を維持しているが、資金移動には制限を加えている。また、EUのユーロ圏の諸国（共通通貨ユーロを採用している国）では、金融政策はECBにおいて行われているため独自の金融政策は取れないが、固定相場（ユーロ圏内）、自由な資金移動は確保している。

（ハ）小国の仮定を外したケース

次にこれまでの小国の前提を外して、国内金利が中央銀行の裁量でコントロールできることとしよう。

小国の場合は対外的な不均衡は無視してきた。例えば、固定相場維持のための海外からのマネーの流出入は無制限であり、変動相場制の下でも金利差を反映した海外からのマネーの流出入も無制限であった。

しかし、そうした小国の仮定を外す場合には、対外的な均衡を維持するメカニズムを導入する必要がある。具体的には、純輸出Eは、資本流出額Kと等しくなる必要がある中で、資本流出額は国内金利（世界金利を一定と置いているため）と負の相関関係にある。このため、資本流出額が過大になると金利の上昇圧力が発生し、そのことが資本流出に歯止めをかけることになる。なお、資本流出額K（実質）は実質マネー需要が名目金利で決まっていたのと同様に、名目金利（i）の関数である。

つまり、

$E(e/P) = K(i)$

となる。先ほどの小国のケースと比べると、実質的に第二象限（資本流出と純輸出の均衡）のグラフが加わっている。残余のIS・LM曲線については、修正IS・LMモデルを発展させた開放経済下での修正IS・LMモデルとする（ただし、モデルを複雑化させないため、物価上昇期待は導入しない。また、海外の金利、物価は一定とする）。

つまり、

IS曲線：$I(i-p) = S(Y) - E(e/P)$

LM曲線：$\dfrac{M(i)}{P} = L(Y、i)$

としておこう。また、総供給曲線は引続き物価の増加関数、つまり

$Y = Y(P)$

としておく。ここで、変数はe、P（＝1＋p）、i、Yの4つであり、式も4つであるので均衡の

数値が定まる。

　図表9－26－①で、これまでと同様に、所得・金利平面のIS・LM曲線からみていこう。IS曲線の式の左辺は所与のpに対して、名目金利iが低下すれば、設備投資は増加する。それと見合いで右辺が増加するためには任意のe、Pに対してYが増加しなければならないので右下がりとなる。次にLM曲線の左辺は所与のPに対して、iが低下すれば減少するので、その見合いで右辺が減少するためには金利低下のマネー需要増加効果を上回るYの減少がなければならないので、右上がりとなる。ここでの議論は、標準的なIS・LM曲線の議論と同じである。

　次に、このモデルの最大の特徴である「国内金利の水準で為替レートが決まる」という点をみていこう。まず、第一象限で国内金利が決まると、その金利（内外金利差）で資本流出超が決まることが第二象限に示されている。金利が低下すると資本流出額が増える。資本流出額が増えると、その見合いで純輸出額が増えなければならないが、それを実現する為替レートの水準が第三象限の純輸出曲線で示されている。輸出が増えるためには為替レートが上昇（円安化）しなければならない。そこで決まった為替レートは、第四象限で示されている所得・為替レート平面でISE曲線とLM曲線の交点として別途決まってくる為替レートと整合的なものになっているはずである（そうでなければ、均衡が回復されるように金利と為替レートが市場で調整される）。

　小国の仮定の場合と違って、ここでは次のようなメカニズムが作用している。

・金利と為替レートが密接な関係を持ちつつ、重要な役割を果たしている。小国の仮定では金利や為替レートなどの価格機能よりも、量的な調整によって所得が決まっていたが、小国の仮定を外すことによって価格機能が復活したのである。

　また、閉鎖経済下におけるIS・LMモデル（修正版も含めて）との比較では、次のような特徴を持っている。

・為替レートという新たな重要な経済変数が加わったことで、マクロ経済政策の波及経路が複線化する。つまり、国内均衡と内外均衡の同時達成が必要となったことで、マクロ経済目標の設定が複雑化した一方、ひとつの政策が二つのルートで作用することとなったため政策効果が高まっているとみることもできる。特に金融政策については、金融緩和が国内の設備投

34）先に述べたように、金融政策には金利固定政策と量的政策がある。例えば金利の引下げと量的拡大は基本的に総需要の拡大をもたらす点では同じであるが、一般物価水準に対しては量的政策の方が強めの価格上昇圧力を有するということであった。このため、一般物価の上昇は短期的には実質為替レートの下落（円高）を通じて、純輸出の増加にブレーキをかける可能性がある。一方金利固定政策の下での目標金利の引下げは名目為替レートの上昇（円安化）に加え、物価の下落を通じて実質為替レートの上昇（円安化）を通じた純輸出の増加をもたらす可能性がある。他方で、国内物価の下落はやや長い目でみると購買力平価均等化のメカニズムから為替レートの下落（円高化）を招くかもしれない。いずれにせよ、両者の違いを厳密に検討するには具体的なデータに基づいて判断していくことが不可欠となる。そのことを念頭に、ここでは簡単のため、金利固定政策ではなく、標準的なIS・LMモデルで前提としたような量的な緩和政策をイメージしておくにとどめておこう。

図表9-26　開放経済下でのIS・LMモデル・小国の仮定なし（1/3）

①小国の仮定を外した変動相場制のケース

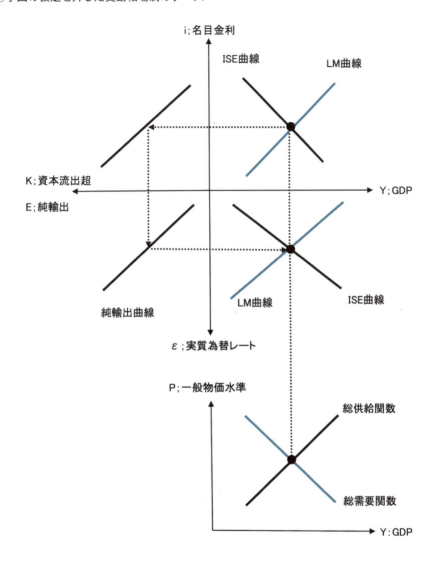

資を刺激することに加え、為替レートの上昇（円安化）を通じて純輸出の増加も促すことから、二重の効果を持つことになる。一方財政政策については国内需要を増加させる一方、マネー需要の増大→金利上昇→為替レートの下落（円高）→純輸出の抑制というルートも作用するため効果はある程度相殺される可能性がある。もっとも、経済政策の目標として対外貿易黒字の削減を掲げている場合には、財政政策の活用は望ましいものとなる。

この点を、具体的に緩和的な金融政策の効果からみていこう[34]。

図表9-26 開放経済下でのIS・LMモデル・小国の仮定なし（2/3）

②小国の仮定を外した変動相場制のケースでの金融緩和政策の効果

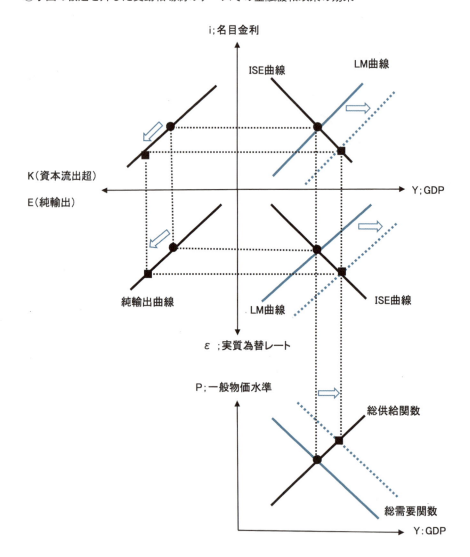

a. 金融政策の効果

　図表9-26-②の所得・金利平面（第一象限）で、緩和的な金融政策の採用はLM曲線を右側にシフトさせる。任意の所得水準に対して金利の低下を伴うからである。金利の低下はさらに資本流出の増大（第二象限）→為替レートの上昇（第三象限、円安化）を通じて純輸出の増加につながる。こうした総需要の拡大によって所得水準は上昇する。他方、所得・金利平面でのLM曲線の右へのシフトは、所得・為替レート平面（第四象限）でもLM曲線の右へのシフト

図表9-26　開放経済下でのIS・LMモデル・小国の仮定なし（3/3）

③小国の仮定を外した変動相場制のケースでの拡大的な財政政策の効果

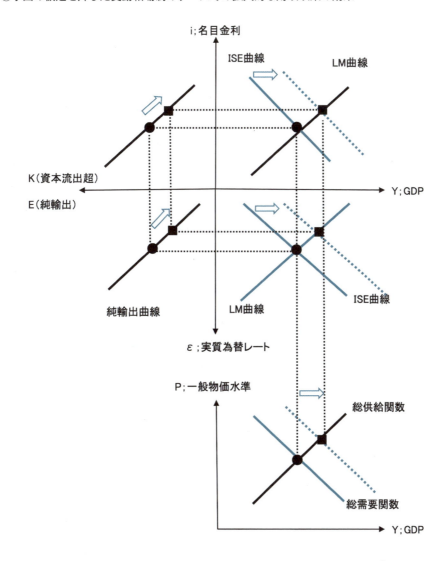

をもたらす。任意の為替レート水準で所得が増加するからである。もちろん、その所得の増加幅は所得・金利平面でのシフト幅と同じになるように全体的な均衡が実現する。このことは生産/所得・物価平面で、総需要曲線を右にシフトさせるため、総供給曲線上での右上への移動（物価の上昇と生産・所得の増大）を実現することになる。こうした物価の上昇は背後で実質為替レートの上昇（円安化）を伴っているはずである。

第九部　金融政策　651

b. 財政政策の効果

次に財政政策の効果をみておこう（図表9－26－③）。財政支出の増加は、所得に連動しない独立的な需要の増加であって、設備投資の増加と同様の性質、効果を持っている。第一象限にあるように、財政支出の増加は所得・金利局面でISE曲線の右へのシフトをもたらす。任意の金利水準に対して需要＝所得の増加を実現するからである。これによって、第二象限の資本流出＝純輸出の減少が生じる。金利、物価などの条件を一定として、内需の増加は純輸出の減少をもたらすからである。この間、為替レートは下落（円高化）する。この第二、第三象限の動きが、先ほどの金融緩和の効果と決定的に異なるところである。所得・物価平面では財政支出の増加によって、総供給曲線に沿って物価の上昇と所得の増加がみられるのは、先ほどの緩和的な金融政策と同様である。

⑦（付）短期金利低下の影響の概念図

第九部の最後に、短期金利の変化（ここでは低下の場合）が経済の全体の支出＝所得にどのような影響を及ぼすかを整理しておこう。ルートが多岐にわたることが理解できるだろう。

ポイントとして、短期金利が低下すると、借り手や債券発行体のマネーの調達コストの低下、実績配当型商品の価格上昇による資産効果、自国通貨の割安化による貿易収支の黒字増大といった効果から、全体として経済全体の支出、所得を増大させることは間違いない。しかし、短期金利の低下に伴ってイールドカーブがフラット化（長期金利のさらなる低下）をもたらす場合には、銀行の貸出し採算の悪化を通じる貸し出し抑制効果があるため、貸出供給が抑制される可能性が高いことには注意を要する。また、物価への影響については、為替円安化など、追加的なルートがある。

いずれにしても、そのような様々な効果の具体的な大きさを図るためには、実証的な検証の積み重ねが必要である。これまで説明してきたIS・LM曲線による分析はあくまでも第一次的なアプローチであることは強調しておきたい。

また、この第5章で説明してきた簡単なモデルは、基本的に平時（金融危機でない状況）における分析であって、金融危機においては極度の信用割当ての状況になっているため、分析の妥当性が低下せざるを得ないことを指摘しておきたい（あえていえば、図表9－19で説明した信用割当て下での量的政策の分析が、ある程度の妥当性を確保し得る）。

図表9-27 平時における金利低下の経済活動への波及（概念図）
― 短期金利低下の短期的な（生産能力が不変の場合の）影響 ―

所得・物価への影響（イメージ）

(A) 長期金利が低下する場合（イールドカーブがフラット化）

要因	⇒	中間効果	=	結果	影響
新規借り入れコストの低下	⇒	設備投資・耐久財消費需要の増加（特に、信用割当がない場合）	=	支出＝所得の増加	＋＋＋
銀行貸出の限界採算の悪化	⇒	銀行貸出の抑制＝マネー供給の慎重化	=	支出＝所得の伸び悩み	－
所得効果（受取利息の減少）	⇒	消費・貯蓄減少	=	支出＝所得の減少	－
代替効果（消費・貯蓄計画の変更）	⇒	消費の前倒し＝貯蓄の減少	=	消費の増加	＋
実績配当型金融商品（株式等）の価値の増加	⇒	実績配当型金融商品の価値の増加（株価上昇）	=	保有者の支出増加（資産効果）	＋＋＋
	⇒	実物資産価格の上昇	=	実物資産投資の増加	＋
固定利息型金融商品の資産＝負債価値の増加	⇒	債務者から債権者への資産移転	=	債権者の需要・支出の増大 VS 債務者の需要＝支出減少	＋＋－

(B) 長期金利が低下しない場合（イールドカーブがスティープ化、ないしフラット化しない）

要因	⇒	中間効果	=	結果	影響
銀行貸出の限界採算の向上	⇒	銀行貸出の底上げ＝マネー供給の増加（特に、信用割当でない場合）	=	支出＝所得の増加	＋＋

(A)、(B) 共通

要因	⇒	中間効果	=	結果	影響
自国通貨の割安化（円安）	⇒	貿易収支の改善	=	（円建て）所得の増加	＋＋

あとがき

　金融は、当局者や学者の間でも何が正しいのかについての意見対立の多い分野である。この本では、客観的な記述に努めたが、締めくくりに著者が強調したかったメッセージとともに、最近の金融についてのいくつかの論点について、主観を含めてコメントしておきたい。

◆ 金融を正しく理解するために

　金融をよく理解するためには、金融の基本的なロジックを知っておくことが重要である。例をあげると、なぜ「名目」マネーストックの保有コストは「実質」金利で、「実質」マネーストックの保有コストが「名目」金利なのか。なぜ、借りた方が得をするマイナス金利は成立するのか。なぜ、長期金利には多めのリスク・プレミアムが上乗せされるのか。なぜ、金利水準は、経済成長率にリスク・プレミアムを加えたものに収斂していくのか。このような「なぜ」を理解することが大事である。今例示したケースでいえば、金利の源泉についてのケインズ議論、すなわち自己利子率が有用である。読者には改めてそういう意識で、この本を土台にして金融の「なぜ」を追求してみてほしい。

　また、長い目で見た金融のあり方を理解する上では、金融危機の問題は決して避けて通れない。この本では、著者の体験にも基づいて金融危機についてかなり詳しく説明した。金融危機は人災であって天災ではないが、あたかも天災のように繰り返し発生する。このことは、金融をコントロールする知見がいくら向上しても変わらないであろう。マネーという万能の決済、価値保蔵手段が、収益性を求める銀行システムによって供給される現代の「競争的信用マネー供給システム」の下では、必ずマネーの供給が過大になる場面がある。そして、どの程度過大なのかを的確に知る知見をまだ人類は持ち合わせていない。このことは、中央銀行総裁にあたる米国連邦準備制度理事会の最近の歴代議長が、「バブルはリアルタイムでは判断できない」、「仮に判断できたとしても、先回りして金融引き締めを行っても効果はない」、「できることは、バブルが崩壊した後に、手早く対応することである」といった趣旨のことを繰り返し述べていることからも明らかである。著者自身は、バブルの予測、リアルタイムでの把握は政策の立案

に供し得るほどには可能であるし、早めの政策対応が望ましいと考えている。少なくともその努力を強化すべきと考えている。しかし、金融政策当局のトップ自身が、危機は回避できないとの見解を持っているという現実がある限り、金融危機を回避できるはずがない。

◆ 最近の金融政策の効果の弱まり

　マイナス金利政策を含めて、近年の日本銀行の極端とも言える果断な政策対応にもかかわらず、(デフレという事態にはなっていないものの) 2％のインフレ目標の実現は大きく後ずれし、当初の狙いは実現できていない（2019年3月時点）。他方、失業率は実質ゼロであって、経済は好ましい状況を実現している。この問題をどのように考えるべきか。
　もちろん、2％のインフレ目標自体が、最適な政策目標の設定ではないという議論もできよう。それにしても、極端な金融緩和を続けているにも関わらず、物価が上昇しないのは、なぜなのか？明確な回答は、政策当局からも学者からも出ていない。著者の考えは次のようなものである。
　まず、日本銀行がコントロールできるのは、短期金利とマネタリーベースだけである。逆にこの二つは日本銀行が確実にコントロールできる。つまり、金融政策の手段はこの二つである。そのうえで、金融政策が所期の目的を達成するためには、その目的と二つの手段の関係が明確でなければならない。現在の金融政策の目標は2％インフレの早期実現であるので、それと二つの手段の関係が明確でなければならない。しかし実態は、二つの手段と政策目標をつなぐ最も有力なルートであるマネーストックについても、二つの手段とマネーストックの関係が明確でないし、マネーストックとインフレ率の関係も明確でない。他方、金利を通じるルートについてみると、短期金利と長期金利の関係はある程度安定的に想定し得るが、(実体経済との関係において短期金利よりも重要な) 長期金利とインフレ率との関係は、余りにも複雑、多様なルートがあって不明確である。
　したがって、少なくとも2％といった精緻な数値目標を思い通りに実現することは無理であろう。そもそも、政策目標の指標である、CPIやGDPといった統計データは本当に頼りになるのだろうか。実は、こうしたデータ自体の安定性、正確性も最近とみに揺らいでいる。このため、仮に金融政策の基本目標を物価の安定と経済の成長と仮置きしたとしても、そうした基本目標とインフレ率や成長率などの数値目標との関係が確実ではない。
　そもそも、C.グッドハートやR.ルーカスが主張するように、インフレ率やマネーストックなどの特定のデータの水準を目標にしても、うまくいかないことが多いであろう。金融政策の有効性が信用されればされるほど、政策目標の数値的な設定を受けて、人々の行動が変化し、そのような政策目標と実体経済活動との関係を変えてしまうからである。

では、金融政策は何を目標にすべきか。

第一に、精緻な個別数値目標ではなく、データを総合的にみて明らかなインフレやデフレを回避することである。その一環として、資産価格ももっと重視すべきである。もちろん、その場合の中央銀行の説明責任は、非常に大きい。

第二に、現代のマネー供給システムである銀行等による競争的信用マネー供給システムの安定的な運営を目指すことである。そのためには、金融機関経営の健全性の確保は重要である。いずれにせよ、金融危機の回避は絶対条件である。さらに、そのためにも第一の目標は重要であり、特に資産価格の動向には、より細心の注意を払うべきである。

◆ なぜ、インフレ率が上昇しないのか

しかし、それにしてもこれだけの金融緩和によっても、なぜインフレ目標が達成できないのか。ネット通販の普及、人々のデフレ・マインドの根強さ（実際、大半の日本人はインフレは当分来ないと思っている）、所得格差の拡大による普及商品の需要の価格弾力性の上昇、各種のシェアリング・エコノミーの拡大などが指摘されている。いずれも、少なくとも部分的には納得できる説明である。また著者としては、ヤフオク、メルカリなどの財の二次市場の隆盛とそれによる需要と生産の乖離、それらを含めた財からサービスへのシフト、つまりサービス経済化の強まりなども強調したい。しかし、さらに別の基本的な理由があるのではないか。おそらく、それは金融のストック化の進展（金融資産のGDPに対する比率の飛躍的な増大）に伴って金融の中心が「マネーの運用」つまり本書でいう「純粋金融取引」へシフトしていること、そのため金融と実体経済の関係が希薄化していることにあるのではないか。マネーの必要な現役世代よりもマネーの運用が重要な老齢世代の割合が増加する日本では、とくにその傾向が強いのはないか。実際、最近の日本の状況をみると金融資産残高は7,000兆円であり、500兆円台のGDPをはるかに超えている。つまり、金融資産のリターンの0.1％の変動はGDP成長率の1％の変動を金額で上回るのである。

だとすれば、金融政策の役割は、実体経済との関係においては、過度に精密な指標に拘泥せず、先に述べたように、骨太な政策目標の追求と、もうひとつは金融それ自体の健全性、安定性の確保にあるのではないか。いずれにせよ、金融に関する人々の知見はDSGE（動的確率的一般均衡）モデルに典型的に示されているように、精緻に計量化されてきているが、新たな金融政策運営に当たって先見性のある指針を与えるものになっているとは言えない。

◆ 金融の分権化

　最近の金融それ自体の構造的な変化を一言でいうとすれば、FinTechを梃子とする「金融の分権化」であろう。具体的には、WEB関連業者をはじめとする広範な一般事業法人部門による信用、決済業務の拡大、ビットコインのある種の定着である。さらには、クラウド・ファンディングやソーシャル・レンディングなどのC2B（consumer to business）とでもいうべき直接金融の拡大である。その意味では、専門業者が専門的に行うのが金融業務であるという前提に立った、「業法」による規制は時代遅れになりつつあるのかもしれない。つまり、誰であれ「行為規制」の枠組みで対応すべき面が強まっている。しかし、他方でマネーというものが、銀行の信用創造によって創出された預金マネー以外にない状態が続いていることも事実である。こうした矛盾の拡大が、何をもたらすのか。おそらく、銀行セクターの担う金融と実体経済の一層の分離であろう。だからこそ、金融の政策的な対応としては上述のように骨太な目標設定と銀行セクター以外も含めた金融活動の健全性の確保ということになるのではないか。その意味で、銀行セクター以外にも直接影響を及ぼすことのできる政策、例えば金利の望ましい水準の特定とそこへの誘導、そして業法から行為規制への行政手法の転換は、これまで以上に重要な課題となっている。

　以上のような筆者の問題提起をこの本によって読者の皆さんにどこまで共有して頂けるかは分からない。しかし、この本が読者にとって金融の本当の意味を少しでもより深く理解する一助となれば幸いである。

（田邉昌徳）

（付属資料）金融史年表

1. 世界の金融史（日本を含む）

時期（年）	カテゴリー	地域	説明
紀元前3000年頃	マネー、金融取引	メソポタミア	• メソポタミアのほか、エジプトでも貴金属がマネーとして使われていた。 • さらにメソポタミアでは、穀物や貴金属の貸し借りが利息付きで行われていた。
紀元前1800年頃	規制、契約	バビロニア	• ハムラビ法典（穀物で年利33.3%の金利上限規制）。 • 契約は文書によると定められた。
紀元前6〜7世紀頃	金融危機	ギリシャ	• 過剰債務問題から経済が混乱。 • 法律（ソロン法）に基づき債務の削減、棚上げが実施された。また、同法では、ハムラビ法と異なり金利の上限規制は設けられなかった。ただし、当時横行していた、債権の担保として人身を取ること（奴隷化）は禁止された。
紀元前450年頃	金融危機	ローマ	• 過剰債務問題から、経済が混乱。 • 経済改革のため、ハムラビ法に基づいた金融規制を導入。
（紀元後） 7世紀後半〜	マネー	日本	• 中国古銭のほか、日本初の貨幣とされる富本銭が用いられた（遺跡からの出土）。
1023年	マネー、金融危機	中国	• この頃までに竹や樹皮を使った紙の生産が本格化。 • 私的な手形を公的な兌換準備手形（世界初の紙幣とされる）に仕立て直す一方、私的な交子（鉄銭預かり証）の発行を禁じた。 • 結果的には、紙幣の増発からインフレを招来。
12世紀半ば	マネー	日本	• 中国から銭貨の流入、普及。

時期（年）	カテゴリー	地域	説明
12世紀後半	銀行	シャンパーニュ、ベネツィア、ジェノヴァなど	・交易の活発化を背景に、両替商（bancherius＜銀行家を意味＞）が振替業務を兼営。
1407年	銀行	ジェノヴァ	・私的振替業者による紙幣の発行の混乱を収拾するため、公的な預金取扱金融機関としてサン・ジョルジュ銀行（世界初の公式に認可された銀行とされる）を設立。
1531	先渡し取引	ベルギー	・アントワープで未到着の胡椒などを取引する取引所が設立された（世界初の先渡し取引所）。
1560	金融危機	英	・貨幣改鋳による高品位貨幣の流出と低品位貨幣の流通による経済混乱。 ・国王の財政顧問Greshamが"Bad money drives out good"（悪貨は良貨を駆逐する）と発言。
1602	会社	オランダ	・世界初の株式会社とされる東インド会社が設立された。
1606	マネー	日本	・江戸幕府、金貨、銀貨、銅貨の三貨制を正式に開始。
1610	マネー	日本	・日本初の（公的な性質のある）紙幣とされる山田羽書が伊勢山田で発行された。
1618～1623	金融危機	神聖ローマ帝国	・金貨改鋳による経済の混乱発生。
1636～1637	金融危機	オランダ	・チューリップ球根を巡ってバブル発生（史上最も典型的なバブルの事例）。ただし、このころは信用仲介機関は未発達であったため影響は個人の損失に限定され、危機の広がりはなかった。
1668	中央銀行	スウェーデン	・1656年、欧州初の公的紙幣発行権を持ったストックホルム銀行が設立されたが、1661年破綻。 ・その後、1668年混乱収拾のため世界初の中央銀行（独占的紙幣発行権を持つ銀行）が設立された。

時期（年）	カテゴリー	地域	説明
1681	損害保険	英	・1666年のロンドン大火の経験を踏まえ、世界初の火災保険会社Fire Officeが設立された。
1690〜1696	中央銀行	英	・貨幣改鋳の失敗により経済混乱。 ・戦費調達の機関として後に中央銀行となるイングランド銀行（Bank of England；BOE）が設立された。
1710	マネー	日本	・萩原重秀による元禄の改鋳。 ・以後、享保、元文、天保、安政などの改鋳が繰り返された。
1720頃	銀行、金融危機	英、仏	・1716年、投機的銀行家として歴史上知られるジョン・ローが私的銀行を設立、その後公的紙幣を発行する仏の王立銀行となるが、破たん。 ・並行して生じていた英の南海会社の株式投機などによる混乱収拾のため、英のBOEがLLR（Lender of Last Resort；最後の貸し手）と類似の機能を発揮。
1730	先物	日本	・1724年に開始した米の先物取引が、大阪堂島において取引所取引の形で幕府により公認された（世界初の先物取引所）。
1762	生命保険	英	・初の近代的な生命保険会社 The Equitable Life Assurance Societyが設立された。
1763	金融危機	オランダ、独、北欧	・手形の相互融通の仕法の濫用により、信用不安。アムステルダムの銀行が破たん、独、北欧に拡大。
1792	金融危機	米	・国債投機の反動による混乱に対応し、国立米国銀行が証券買い入れ（米国政府が事後処理）。
1792	証券市場	米	・ニューヨーク証券取引所（1817年組織化）の前身となる仲買人協定が成立。

時期（年）	カテゴリー	地域	説明
1802	金融危機	オランダ	・1795年の仏革命軍によるアムステルダム制圧などを背景に、当時の欧州を代表する大銀行であったアムステルダム振替銀行（1609年、アムステルダム市が設立）が経営破綻。 ・アムステルダム市当局が公債を発行し、同振替銀行を支援。
1816	マネー	英	・ソブリン金貨と呼ばれる金貨に唯一無制限の法的通用力を付与＝金本位制の導入。 ・金本位制は、その後欧州諸国に拡大、19世紀末までに世界標準の通貨制度として確立。
1825	金融危機	英	・王室を得意先とする有力証券会社ベアリングが経営危機（1995年、経営破たん）。 ・BOEがLLRを実施、救済。1833年には、同行に法貨発行が特認され、金利決定・公債売買の自由なども確保。中央銀行としての体裁がほぼ整った。
1836～1839	金融危機	英、米、仏	・綿花投機のバブル崩壊などから、波状的に英国の民間銀行が経営危機に。BOEも苦境に。 ・フランス銀行、ハンブルク銀行がBOEを支援。 ・BOEが十分な投機抑制機能を果たせなかったことなどから、1844年銀行法を制定（規制強化）。
1848年	金融危機	欧、米	・鉄道株、不動産バブルの崩壊。 ・BOEがフランス銀行など支援。 ・英1844年銀行法の停止（銀行券の発行制限を停止）。
1857	金融危機	欧	・クリミア戦争の終結による商品、株式の暴落。 ・英1844年銀行法の停止（銀行券発行制限の停止）。
1864～1866	金融危機	仏、伊、英	・船舶投機バブルの崩壊によって銀行の経営が悪化、預金取付の発生。 ・英1844年銀行法の一時停止（銀行券発行制限の停止）。

時期（年）	カテゴリー	地域	説明
1868	投資信託	英	• The Foreign and Colonial Government Trustが、分散投資を基本とする投資信託を世界で初めて募集。
1871	マネー	日本	• 明治維新直後は、両単位の不換紙幣である太政官札を大量発行。この結果インフレが高進。 • 事態収拾のため、明治政府は「新貨条例」を公布し、円を導入（1両＝1円）。 • 正貨は金貨とされたという意味で、金本位制の正式な導入（ただし、金の海外流出による金不足のため1875年には銀本位制に変更）。
1873	金融危機	欧、米	• 不動産、商品、証券の投機 • バブルの崩壊。 • 米国NY証券取引所を一時閉鎖。
1875	金融制度	日本	• 郵便局の設立と同時に、貯金、為替業務を兼業。
1882	中央銀行	日本	• 西南の役による財政支出を賄うため巨額の不換紙幣を発行、これを背景にインフレが高進。 • 対策として日本銀行条例を公布し、兌換銀行券を発行する日本銀行を設立。
1882	金融危機	仏	• 銀行設立ブームの行過ぎなどから信用不安。 • 大規模行を含めて破たん。このため、フランス銀行が支援。
1890	金融危機	英、米、日	• 南米への投機の破たん。 • 対策として、中央銀行による金融緩和などが実施された。
1907	金融危機	英、仏、日、伊	• 商品投機などの失敗（イタリア銀行など各国が対応）。 • 市場の混乱が主要国に波及し、各国経済が影響を受けた。20〜21世紀型の国際的な金融危機の最初。

時期（年）	カテゴリー	地域	説明
1914	マネー	主要国	・第一次世界大戦の勃発により、日本を含め、金本位制を中断、管理通貨制に移行。 ・1919年に米国を皮切りに金本位制に復帰。 ・1929年の大恐慌により1937年までにすべての国で金本位制から撤退。 ・わが国は、1930年に復帰後、1931年再び撤退。
1920～1921	金融危機	英、米、日	・証券、船舶、商品相場などに対する投機のバブル崩壊。第一次世界大戦後のブームの反動。
1923	マネー	独	・第一大戦敗戦を契機に勃発したインフレ、通貨安を受け、超高額紙幣の発行に追い込まれた。 ・最終的に新通貨レンテンマルクを旧通貨の1兆分の1の通貨単位で発行、インフレは沈静化（「レンテンマルクの奇跡」と呼ばれる）。
1927（昭和2年）	金融危機（「金融恐慌」）	日本	・第一次世界大戦下での好況の反動から、経済が停滞。銀行は巨額の不良債権を抱えた。 ・1923年の関東大震災復興のための措置（日本銀行による震災手形の巨額買入れ）を巡って国会審議中（1927年3月14日）に蔵相の失言（破たんしていない銀行を破たんした銀行として公表）をきっかけに一気に信用不安が全国に拡大。各地で銀行の預金取り付けが発生し、休業に追い込まれる銀行も多数に上った。 ・巨額の銀行券が流出し、製造が間に合わないため片面印刷（裏白）券も発行。 ・日本銀行は、無担保で巨額の資金を銀行に融資する「特別融資（日本銀行特融）」などで対処したが、波状的に信用不安が勃発。 ・恐慌の再発を防ぐため、政府は銀行条例を改訂し「銀行法」を制定、最低資本金、実地検査などを導入。

時期（年）	カテゴリー	地域	説明
1929	金融危機	（世界） 米国発。世界の主要国に拡大。 一般に、「大恐慌」と呼ばれる。	（米国） • 1920年代前半からフロリダなどで、不動産、鉄道建設バブル。1926年、ハリケーンの被害などが契機となり、バブルが崩壊。 • しかし、NY株式の活況が継続（1928年ゴールドマン・サックス設立）。 • FRS（Federal Reserve System）の警告引締めに対して、対抗融資を明言する銀行頭取も。 • 1929年10月24日NY株価、暴落（前日比12.8%、ピーク比89%の下落。「暗黒の木曜日」）。各国の株価も急落、経済活動全体が停滞。特に、米国内の多くの銀行に取付が発生。休業、破綻も多数。 • 休業銀行の預金は一部切り捨て。 • 当初の株式暴落、銀行破綻の次の段階として、信用仲介機能の低下を通じて経済全体が落ち込み。これへの対策と危機の再発防止のための対策が講じられた。 • Reconstruction Finance Corporation（RFC）を設立、銀行を含む企業に巨額の資本注入（優先株式の引受け）。 • Federal Deposit Insurance Corporation（連邦預金保険公社）を設立…世界初の恒久的な預金保険制度の導入。 • 銀行による証券業務の兼業禁止、金利上限規制など、規制を体系的に強化（グラス・スティーガル法）。
		（日本） 日本では、「昭和恐慌」と呼ばれる	（日本） • 米欧の株価下落、経済停滞の影響が波及。国内も深刻な不況に。 • 第一次世界大戦により停止されていた金本位制に旧レート（円高）で復帰した。このタイミングが世界恐慌の最中の1930年1月であったため国内景気がさらに落込み。 • 日本銀行による国債引受を活用した財政拡大、いわゆる「高橋財政」により、景気は回復に向かった。

時期（年）	カテゴリー	地域	説明
1945	マネー	世界	・国際通貨基金（IMF）設立。 ・金1オンス＝35米ドルの固定価格で兌換性を米ドルに付与したうえで、各国通貨の為替レートを対米ドルで固定（間接的な金本位制＝金為替本位制）。
1946	マネー	日本	・新円切り替え（敗戦によるインフレ防止のため、旧円は流通を停止し、新円を発行）
1950	マネー	米	・世界初の多目的クレジットカード（ダイナース・カード）が発行された（当初の素材は紙）。
1967	マネー	英	・世界初の銀行ATM（現金自動受払機）がバークレーズ銀行によって設置された。その後1968年米国、1970年日本で導入。
1971	マネー	米	・金と米ドルの兌換性を停止（金本位制からの完全な離脱＝管理通貨制への移行。いわゆる「ニクソン・ショック」）。
1973	金融商品	米	・F.ブラックとM.ショールズによって、オプションの理論価格の算出方法が解明された。 ・1983年にシカゴ・マーカンタイル（商品）取引所で、債券先物オプションが世界で初めて上場された。
1973〜1974	金融危機	英	・不動産バブルの崩壊から幾つかの中小金融機関が経営危機に。 ・BOEによる特別融資による秩序だった清算を実施（Lifeboat措置）。
1974	金融危機	独、欧	・独ヘルシュタット銀行が破たんし、ドル決済とマルク決済の時間差から、取引先銀行が、外貨を取りはぐれるリスク（ヘルシュタット・リスク）が表面化。 ・これを機に自己資本比率規制強化、銀行間決済のリスク削減についての検討が始まる。

時期（年）	カテゴリー	地域	説明
1982	先物	米	・シカゴ・マーカンタイル取引所がS&P 500による指数先物取引を開始。
1983	銀行	バングラデシュ	・世界初のマイクロファイナンス（同じコミュニティーの中での少額無担保融資を専門に扱う）機関としてグラミン銀行が発足。
1984〜1992	金融危機	米	・Savings & Loan危機（住宅ローン中心の地域型の中小金融機関が金融自由化の下で、長期預金増大、貸出伸長によるミスマッチから破たん続出）。 ・大手銀行の一角であるコンチネンタル・イリノイ銀行破たん、公的資本注入により救済、預金等は全額保護（1984年）。
1980〜1990年代	金融危機	南米（メキシコ、ブラジル、アルゼンチンなど）	・対外債務の債務不履行。 ・IMF調停などによる国際的なリスケ計画を策定（返済猶予スキーム）。 ・固定相場から変動相場制へ移行。 ・ブラジルでは、ハイパーインフレーションに対応するため、最終的に2兆7500億分の1のデノミを実施。 ・メキシコ、ブラジル、アルゼンチンでは、銀行の一時国有化、預金の債券転換を実施。
1987	金融危機	主要国	・株価の一時的な大暴落（10月19日 暗黒の月曜日、NYでは1日で22.6%下落）。 ・市場過熱による自然な調整とされているが、「ポートフォリオ・インシュランス（コンピュータによるプログラム売買）」が一因との見方も。
1988	通信技術	米	・商用インターネット開始。
1988	金融規制	G10+スイス	・自己資本規制に関する国際合意

時期（年）	カテゴリー	地域	説明
1987～1992	金融危機	北欧（ノルウェー、フィンランド、スウェーデン）	・金融自由化、金融緩和長期化、外資流入増などから、不動産バブル発生、不良債権が増加、大手金融機関が軒並み破たん。 ・一時国有化、不良債権切り離し（個別バッド・バンクの設立、買取機関の設立など）…法律に基づく明示的、本格的な一時国有化の初めてのケース。
1995	銀行	米	・世界初のインターネット専業銀行（Security First Network Bank）設立。
1997	金融危機	アジア	・外貨資金の流出による通貨危機（タイ、97年7月デフォールト＝債務不履行）。 ・韓国では、不良資産の著増もあって、大手の金融機関が破たん、IMF指導のもとで巨額の公的資本注入（実質的な国有化、その後外資等に売却）。
1997	マネー	香港	・ソニーの非接触型カード技術（FeliCa）を採用したICカード型マネーを発行。 ・日本のSuicaは2001年から。
1998	金融危機	ロシア、米	（ロシア） ・貿易不振などによる対外債務不履行。IMFが緊急支援。 ・原油価格の再上昇などから回復。 （米） ・大手ヘッジファンド（LTCM）が破たん、NY連銀が大手銀行等の協力を求めて救済。同時に金融緩和し市場の動揺を緩和。
1999	マネー	欧州	・1998年、ECB（欧州中央銀行）設立。 ・1999年、共通通貨単位としてのユーロの導入。 ・2002年、現金通貨かつ法貨としてユーロを発行開始。

時期（年）	カテゴリー	地域	説明
1990年代後半	金融混乱 （ITバブル）	米、欧、日	・IT産業に対する期待感の短期的な行き過ぎによる株価の上昇、急落。 ・金融緩和もあって、金融危機には繋がらなかった。
2000	金融危機、マネー	ジンバブエ	・経済失政（性急な農地解放、外資の排除、無理な価格統制）からハイパーインフレーション。 ・年率数百垓＜兆、京の上の位＞の物価上昇。 ・100兆ドル紙幣の発行。 ・銀行の破たん、取引所の閉鎖など。
2007〜2008	金融危機	米、欧	・米国サブ・プライム住宅ローン、その証券化商品の焦付き問題。 ・市場流動性の枯渇、株価暴落などから、欧州の一部金融機関が資金繰り破たん（英国ノーザン・ロック銀行＜英での150年振りの取付け、一時国有化＞など） ・預金保険制度の一時的な拡充などで対処。
2008年9月15日〜2009年	金融危機	米欧から世界各国へ	・米リーマン・ブラザーズ証券の破綻を契機に、サブプライムローン問題の影響が拡大。世界規模の銀行、証券会社、一般事業法人（GMなど）に破たんが波及（リーマン・ショックからグローバル金融危機へ）。 ・各国中央銀行による金融の大幅緩和、特別融資など。 ・欧州、アジア、オセアニア各国で、預金保険制度の一時的な拡充により預金等を全額保護。 ・巨額の公的資金の投入（米国を中心に金融機関等への資本注入、不良資産の買取など）。
2009	マネー	米（WEB上）	・サトシ・ナカモトなる人物が初めてP2Pのネットワーク上でのマネーの候補となり得るビットコインを生成。その後一定の通用力を獲得。

時期（年）	カテゴリー	地域	説明
2010	金融危機	ギリシャ	・ギリシャにおける財政統計の虚偽が発覚。 ・財政悪化に伴う国債の暴落により金融機関の資産内容が悪化。一部の大手欧州系銀行が破綻（ベルギー、フランスを営業基盤とするデクシア銀行を新銀行方式〈受皿銀行を新設〉で救済）。 ・EU等がギリシャ政府支援。 ・破綻状態のギリシャの国内銀行に対して、ギリシャ国債と欧州金融安定ファシリティー（EFSF）債を交換。

（注）この表の作成に当たっては、F.アレン、Gヤーゴ「金融は人類に何をもたらしたか」（藤野直明監訳　空閑裕美子訳　東洋経済新報社　2014年）、K.セガール「貨幣の新世界史（小坂恵理訳　早川書房　原著2015年）」、C.イーグルトン、J.ウィリアムズ"Money A History"（The British Museum Press 1997 邦訳なし）、C.P.キンドルバーガー「熱狂、恐慌、崩壊（金融恐慌の歴史）」のほか、各種のWEBサイトを参考にした。

2. 日本の金融の歩み（第二次世界大戦中〜日本版金融ビッグバン）
　－これ以前は、1920年代の金融恐慌を含め　1．世界の金融史を参照－

時期(年)	措置等の内容	背景等
1943	・内国為替取引を集中決済方式（日本銀行口座振替による銀行間決済）に移行	・戦時下での事務効率化（兵員確保のための男子雇用の節約）が目的。
1946	・新円切り替え	・敗戦によるインフレ防止のため、旧円は流通を停止し、新円を発行。
1953	・「財政投融資」体系の確立	・大蔵省資金運用部が設置され、郵便貯金で集めた資金を政府系金融機関などが貸出などで運用する体制を確立。
1964	・IMF8条国に移行。OECD加盟 ・東京オリンピック開催	・日本の国際経済社会への本格復帰。
1965	・証券不況	・株価の暴落から、山一證券その他の証券会社が経営困難に直面。 ・日本銀行が山一證券を（無担保無制限の）特融により救済。
1968	・相互銀行法、信金法改正。金融機関の合併および転換に関する法律制定	・金融再編への法整備。
1969	・三菱銀行と第一銀行の合併合意（その後破棄）	・銀行統合の動きが始まる。
1970	・日本銀行、BIS＜国際決済銀行＞に再び出資（戦前は出資国） ・政府、第3次資本自由化措置。これにより、銀行業について50％まで資本参加を自由化 ・アジア開発銀行、戦後初の円建て債券の発行	・監督当局の国際社会への復帰。 ・外国金融機関の進出本格化。 ・資本市場の国際化進展。
1971	・外国証券会社の対内進出容認 ・預金保険制度発足（世界で7番目） ・米国、金とドルの交換停止。これを契機に、最終的に1973年2月、変動相場制に移行 ・第一、日本勧業銀行合併	・自由化、金融機関の整理淘汰への備え。 ・戦後初の大型銀行合併。
1972	・沖縄、日本に復帰 ・居住者外貨預金開始	・預金金利自由化、金融国際化の開始。
1975	・全国銀行協会、信託協会、相互銀行協会、生保協会、損保協会が、短期貸出金利の自主金利規制を廃止	・貸出金利の自由化開始。

時期(年)	措置等の内容	背景等
1976	・大蔵省、現先取引の容認	・短期金融市場の金利自由化の開始。
1977	・日本銀行、短期プライムレートの公定歩合追随要請を廃止	・貸出金利の規制撤廃。 ・1989年からは市場金利と経費率を勘案して、各行が自主決定する形にさらに変更。
1979	・コール市場の金利自由化 ・完全無担保社債（シアーズローバック）発行 ・CD（譲渡性預金）創設	・社債の多様化の開始（その後1981年の商法改正によるワラント債の開始など）。 ・（大口）預金金利自由化の開始。
1980	・電気事業通信法制定（国内VAN業務の自由化） ・プッシュホン・キャプテン端末による口座振替開始 ・外為法改正	・金融のネットワーク化開始。 ・原則禁止から原則自由へ基本的な考え方を転換。
1981	・邦銀SWIFT加盟	・銀行業務のグローバル化進展。
1982	・銀行法全面改正（銀行の証券業務の範囲明確化等）	・銀行、証券のいわゆる業際問題への取り組みの本格化。
1983	・銀行による公共債の窓販開始	
1984	・富士銀行（現みずほ銀行）、米国大手ノンバンク買収 ・「日米円ドル委員会」開催 ・為替先物の実需原則撤廃。居住者によるユーロ円債発行解禁。円建て外債発行を全面自由化 ・銀行による公共債ディーリング解禁	・銀行の海外子会社保有による国際業務展開が本格化。 ・「外圧」による本格的かつ、全般的な金融自由化の開始。 ・内外の資金交流による金融の国際化の大幅な進展。
1985	・市場金利連動型定期預金取扱い開始 ・無担保コール取引開始 ・大口定期預金（自由金利）取扱い開始（預金金利自由化の本格化） ・東京証券取引所において、債券先物取引開始（金利先物の開始）	・小口預金金利自由化の開始。 ・短期金融市場の自由化進展。
1986	・東証会員権を外国証券会社に開放 ・オフショア市場創設	・この頃、日本が世界最大の純債権国となる。
1987	・債券の空売り容認 ・CP市場の創設	

時期(年)	措置等の内容	背景等
1988	・金融機関の海外現物オプション（通貨、債券、株式、株価指数）取扱い解禁 ・東京・大阪証券取引所において、株価指数先物取引開始 ・住宅ローン債権の流動化開始 ・BIS国際統一基準（信用リスクに係る自己資本比率規制）の導入	・オプション取引の開始。 ・債権の流通市場の創設。 ・銀行監督の国際協調開始。
1989	・長期国債の入札発行開始 ・東京金融先物取引所開設 ・東京証券取引所、株価指数先物オプション取扱い開始 ・プリペイド・カード法成立	
1990	・適債基準から格付基準に一本化	・社債発行の自由化完成。
1992～2005	（平成金融危機の勃発） ・典型的な資産（株式、不動産）バブルの崩壊による金融危機 ・多数の銀行・信金・信組、証券会社、保険会社が破たん ・銀行・信金・信組は危機前に約1000先あったのが、181先破たんしたほか、合併もあって約600先まで減少 ・大和銀行NY事件（個人の債券ディーラーの巨額損失隠ぺい事件）を契機にジャパン・プレミアムが発生	（原因） ・長期にわたる金融の行過ぎた緩和（金融政策の失敗）。 ・バブル崩壊後の経済全体への悪影響を過小評価したため、様々な対応、特に金融政策の対応が遅れた、ないし不十分だった。 ・金融監督当局の金融機関経営に関する監視体制や金融機関のリスク管理体制の未整備も問題であった。 （対策） ・危機対応と恒久措置の両面で対応。多額の公費（税金約10兆円）を投入。 危機対応としては、 ①全債務全額保護、②公的資本注入、③一時国有化、④産業再生機構の設立。 恒久措置としては、 ①預金保険制度の整備、②監督体制の強化（大蔵省からの金融庁の分離など） ・日本版金融ビッグバンの開始。 （後遺症） ・Japanization（日本化）とも言われるその後の長期経済停滞を招いた。 ・ただし、2008年のグローバル金融危機の発生後はJapanizationとは言われなくなった。

時期(年)	措 置 等 の 内 容	背 景 等
1993	・長期信用銀行（2行）、農林中金の証券子会社、営業開始 ・証券大手4社（野村、大和、日興、山一）の信託銀行子会社、営業開始	・業態別子会社方式による銀行、証券の本格的な相互乗入れ開始。（1998年には、金融持ち株会社の設立が解禁され、大手の金融機関グループでは持株会社への移行、その下での子会社形態での異業種参入が本格化した）。
1994	・固定金利長期預金の期間自由化 ・臨時金利調整法に基づく告示の中で、 　①定期預金金利の上限を設定しない、 　②（流動性預金のうち）当座預金のみは無利息を継続する、 　旨を規定	・預金商品設計の自由化。 ・預金金利自由化の完成。
1996	・橋本首相、「我が国金融システム改革～2001年東京市場の再生に向けて～」と題する金融改革案を関係閣僚に指示	・日本版「金融ビッグバン」の開始。

・この表の作成に当たっては、日本銀行、金融機関のほか各機関のHPなどを参考にした。

3. 日本版金融ビッグバン開始後の金融システム改革

時期(年)	項目	狙い等
1997	・証券総合口座（銀行の普通預金口座に頼らず、安全性が高く、1円単位で出入れ自由な投資信託を使って証券投資の利便性を向上させた口座）の導入	・証券会社への実質的な一部決済機能の付与。
	・銀行・生保において投信窓販（取次ぎ）を開始	・銀行における取扱い商品の多様化。
1998	・新日本銀行法施行	・日本銀行による金融政策の独立性強化とガバナンス、透明性の向上。
	・新外為法施行	・有事規制を除き、外為規制の全面的撤廃（外国為替公認銀行制度の廃止、海外預金の自由化、証券会社を経由しない対外証券取引の解禁、両替業務の参入自由化等）。
	・早期是正措置の導入	・自己資本比率の状況に応じた業務改善命令の発出等による、金融行政の透明化（事前的な調整から事後チェック型への転換）。
	・金融監督庁の発足	・財政当局と金融当局の分離。2000年には、監督だけはなく、政策企画部門も擁する「金融庁」に改組。
	・火災・自動車保険の保険料率の自由化	・従来の料率算定会による一律的な料金設定を廃止（価格の自由化）。
	・銀行本体による投信販売解禁	・銀行の取扱商品の多様化。
	・会社型投信や私募投信の解禁	・投信（投資信託）の商品設計の自由化。
	・証券会社の免許制から登録制への移行	・参入規制の緩和による証券業の活性化。
	・投資者保護基金の創設	・証券会社の破綻の際、顧客からの預り金等を保護。
	・保険契約者保護機構の創設	・保険会社が破綻した場合の契約者保護のため、預金保険制度に類似の制度を導入。
	・債権流通市場の創設	・ABS（資産担保証券）等の流動化。
	・取引所集中義務の撤廃	・証券取引所を通さない取引の容認によるインターネット証券業務の導入等。

時期(年)	項　目	狙　い　等
1998 (続)	・証券デリバティブの全面解禁（個別株式オプションは1997年開始）	・賭博罪（刑法）との関連で制約されてきた証券デリバティブ市場の活性化。
	・ノンバンクの資金調達方法の多様化（社債、CP）	・資本市場の活性化と非銀行会社による貸出業務の基盤強化。
	・金融持株会社の活用	・銀行（普通銀行、長期信用銀行、信託銀行）、証券、保険業務の相互乗り入れの推進。
1999	・株式売買委託手数料の完全自由化	・競争原理の強化による株式売買の活性化。
	・有価証券取引税・取引所税の廃止	・国際的な競争力の強化。
2000	・金融サービス法の制定方針決定	・業態別の業務規制が緩和された場合の最低限のルール（取引者保護等）を設定。 ・行政指導の撤廃による行政の効率化、透明性向上のほか、新規業種を阻害せず、かつ必要な規制を課するための方策。 ・最終的に、証券取引法を全面改組し、「金商品取引法」を制定（2006年公布、2007年施行）。
2001	・医療保険の生保、損保からの参入容認（いわゆる第三分野）	・米系の保険会社には特別に医療保険が早期（1974年）に解禁されていた。
	・預金保険の特例措置（全額保護）終了⇒恒久措置の制定へ	・自己責任原則の徹底による金融システムの健全性の向上。
2005	・郵政（郵便、郵便貯金、簡易保険）民営化決定	・これに先立ち2001年「財投改革」により、政府系金融機関の運用原資が郵便貯金から特別の国債＝財投債の発行に変更された。

（注）この表の作成に当たっては、日本銀行、金融機関のほか各機関のWEB資料を参考にした。

項目索引

欧文

【A】
ABS（asset backed secuirities；資産担保証券） ……………… 480
ADR（alternative dispute resolution；裁判外紛争解決手続） ……… 502
Alipay ……………………………… 117
ALM（asset liability management） ……………………………… 388

【B】
BIS（Bank for International Settlement） ……………………………… 153
BIS ビュー ……………………… 153

【C】
CAPM（capital asset pricing model） ……………………………… 352
CBO（collateralized bond obligation；社債担保証券） ……………… 480
CCP（central counterparty；中央清算機関） ……………………… 512
CD（certificate of deposit；譲渡性預金） ……………… 109、406
CDO（collateralized debt obligation；債務担保証券） ……………… 480
CLO（collateralized loan obligaiton；ローン担保証券） ……………… 480
CLS（continuous linked settlement） ……………………………… 515
CMBS（commercial mortgage backed security；商業不動産担保証券） ……………………………… 480
CP（commercial paper；コマーシャルペーパー） ……………… 466
CP/CD（市場） …………………… 466
CPI（consumer price index；消費者物価指数） ……… 71、572
…コア CPI ……………………… 572
…コアコア CPI ………………… 572
CPSS（BIS 支払い決済システム委員会） ……………………… 511

【D】
derivative …………………… 359
DIP（debtor in possession） …… 333
DSIB（domestic systemically important bank） ……………… 529
DVP（delivery versus payment） …………………… 32、513

【E】
ECB（Europian Central Bank） …………………… 164、566
EDI（electronic data interchange） …………………………… 508
EEC（Europian Economic Community） ……………………… 163
ERISA法（Employ Retirement Income Security Act） ……… 144
ESCB（Europian Sysyem of Centaral Bnaks） ……………… 566
ESG（environmental, social, governance）投資 ……… 60、140
ETF（exchange-traded fund；上場投資信託） ……… 423、595
EU（European Union） ………… 163

【F】
FATF（Financial Action Task Force） ……………………… 503
FDIC（Federal Deposit Insurance Corporation；連邦預金保険公社） ……… 147、180、524
Fedwire ……………… 514、574
FED ビュー …………………… 152
Felica …………………………… 170
FF（Federal Funds）レート …… 565
FMI（financial market infrastructure；金融市場インフラ） …… 511
FOMC（Federal Open Market Committee；連邦公開市場委員会） ……… 565
FRB（Federal Reserve Board of Governors；連邦準備制度理事会） ……………………… 564
FRS（Federal Reserve System；連邦準備制度） ……… 500、565

FSB（Financial Stability Board；金融安定理事会） ……… 529、543
FSOC（Financial Stability Oversight Council；金融安定監視評議会） …………………… 500

【G】
GC（general collateral） ……… 465
GDP（gross domestic product；国内総生産） ………………… 75
GDP デフレーター ………… 71、572
GSIB（Global Systemically Important Banks） ……… 529、543
GSIFI（Global Systemically Important Financial Institutions） … 529、543
GSIIs（Global Systemically Inportant Insurers） ……… 529、543

【H】
HFT（high frequency trading；高頻度取引） …………………… 483

【I】
IAIS（International Association of Insurance Supervisors；保険監督者国際機構） ………… 529
IASB（International Accouting Standards Board；国際会計基準委員会） … 142
ICE LIBOR（Intercontinental Exchange LIBOR） ……………… 467
ICO（initial coin offering） …… 481
IFRS（International Financial Reporting Standards；国際財務報告基準） … 142
IMF（International Monetary Fund；国際通貨基金） …………… 162
IOSCO（International Organization of Securities Commissions；証券監督者国際機構） ……… 511、529
IPO（initial public offering） …… 327
IS・LM モデル/分析/曲線 …… 599

【J】
J-REIT（Japan-real estate investment trust；日本版不動産投資信託） ……………… 423、480

676

【K】
k%ルール ……………… *92、592*

【L】
LIBOR (Loondon Interbank Offered Rate) ……………………… *467*
LLR (lender of last resort) ……………………… *147、518、569*

【M】
M1、M2、M3 ……………… *118、119*
MBS (mortgage backed security) ……………………… *480、495*
MOF担 ……………………… *155*
Multiple Point of Entry (MPE) ……………………… *544*

【O】
OCC (Offfice of the Comptroller of the Currency；〈米国〉通貨監督庁) ……………… *157、500*
OTC (over the counter) ……… *126*

【P】
PBR (price book-value ratio；株価純資産倍率) ……………… *357*
PER (price earnings ratio；株価収益率) ……………………… *356*
PTP (private trading platform) ……………………… *443*
PVP (payment versus payment) ……………………… *514*

【Q】
QRコード決済 ……………… *117*

【R】
RAROC (risk adjusted rate of return) ……………… *388*
RMBS (residential mortgage backed security；住宅ローン債権担保証券) ……………… *480*
RTGS (real time gross settlement；即時グロス決済) ……………… *510*

【S】
SC (special collateral) ……… *465*
SDR (special drawing rights；IMF特別引出権) ………… *106、307*
SEC (Securities and Exchange Commission；米国証券取引委員会) ……………………… *500*
Single Point of Entry (SPE) … *544*
SPC (special purpose company) ……………………… *330*
stay ……………………… *543*
STP (straight through processing) ……………………… *508*
SWIFT (Society for Worldwide Interbank Financial Telecommunication) …… *307*

【T】
TARGET2 ……………… *514、574*
TIBOR (Tokyo Interbank Offered Rate) ……………… *329、466*
TLAC (total loss-absorbing capacity) ……………………… *530*
too big to fail ………… *146、541*
TTS (telegraphic transfer selling)、TTB (telegraphic transfer buying) ……………………… *487*

【V】
VAR (value at risk；バリュー・アット・リスク) ……………… *385*
vehicle ……………… *330、478*

【W】
WeChatPay ……………… *117*

【X】
XML (extensible markup language) ……………………… *508*

和文

【あ】
アームズ・レングス・ルール …… *446*
相対取引 ……………………… *126*
アウト・オブ・ザ・マネー ……… *366*
アウトライト (現物、直物) ……… *315*
あおぞら銀行 ……………… *418*
赤字補てん資金 ……………… *324*
悪貨 (は良貨を駆逐する) ……… *171*
アクティブ運用 ……………… *289*
アクワイアラー ……………… *111*
アコード ……………………… *579*
アジア (通貨) 危機 …………… *555*
足利銀行 ……………………… *541*
アット・ザ・マネー ……………… *366*
アップサイド …………………… *57*
アニマルスピリット ……………… *270*
アルトコイン …………………… *113*
(東証) アローヘッド …………… *483*
暗号資産 ……………………… *113*
暗黒の月曜日 (Black Monday) ……………………… *178、532*
暗黒の木曜日 (Black Thursday) ……………………… *178*
安全資産 ……………………… *277*
アンダー・パー ……………… *231、470*
アントレプレナーシップ (entrepreneurship) ………… *271*
アンバンドル …………………… *138*

【い】
イールドカーブ (利回り曲線) …… *224*
イールドカーブ・コントロール (長短金利操作) ………………… *584*
イスラム金融 ………………… *132*
委託者 ………………………… *421*
板寄せ ………………………… *484*
一次市場 (プライマリー市場、発行市場) ……………… *216、451*
一時国有化 (銀行) …………… *541*
一県一行主義 ……………… *182、420*
一般会計予算総則 …………… *493*
一般担保 ……………………… *471*
一般投資家 …………………… *440*
イン・ザ・マネー ……………… *366*
インカム ……………………… *52*
イングランド銀行 ……………… *174*
インサイダー取引 ………… *69、143*
インターバンク市場 …………… *460*
インデックス ………………… *438*
インプライド・フォワード・レート (implied forward rate) …… *224*
インフレ ……………………… *589*
インフレ・ターゲット ………… *571*
インフレ率 ……………… *71、589*

【う】

ヴィークル（vehicle） ……… *330*、*478*
ヴィクセルの累積過程 ………… *96*
疑わしい取引 ……………………… *503*
裏書 ………………………………… *477*
売出 ………………………………… *441*
売持ち ……………………………… *364*
運転資金 …………………………… *324*
運用型信託会社 …………………… *424*

【え】

益利回り …………………………… *357*
エクイティ（equity） … *135*、*326*、*332*
エグジット（金融政策） ………… *594*
エコシステム ……………………… *168*
M1、M2、M3 …………… *118*、*119*
円キャリー ………………………… *315*
円建て BA 市場 …………………… *464*
円建て外債 ………………………… *437*
円転（市場） ……………………… *466*
円投 ………………………………… *315*

【お】

オイラー方程式 …………………… *251*
欧州中央銀行（ECB）/ 欧州中央銀
　行制度（ESCB） ……… *164*、*566*
大蔵省（現財務省） … *500*、*532*、*560*
大阪取引所 ………………………… *443*
オーバーシュート型コミットメント
　……………………………………… *582*
オーバーナイト（O/N）金利 …… *578*
オーバー・パー ………… *231*、*470*
オープン市場 ……………………… *460*
オプション（option） …… *135*、*365*
…アメリカン・オプション（American
　option） ………………………… *373*
…コール・オプション（call option）
　……………………………………… *365*
…プット・オプション（put option）
　………………………… *365*、*375*
…ヨーロピアン・オプション（Europian
　option） ………………………… *373*
オプション・プレミアム（option
　premium） ……………………… *366*
オブリゲーション・ネッティング … *510*
オペレーション …………………… *202*
オリジネーター（originator） …… *138*
終値 ……………………… *358*、*484*

【か】

外圧 ………………………………… *187*
外国為替レート …………………… *309*
…実質為替レート ………………… *309*
…実質実効為替レート …………… *310*
外国為替資金特別会計 …………… *553*
外国為替制度 ……………………… *306*
外国銀行 …………………………… *417*
外国送金 …………………………… *307*
会社更生 …………………………… *333*
外部資金 …………………………… *325*
買持ち ……………………………… *364*
カウンターシクリカル・バッファー
　………………………… *528*、*576*
カウンターパーティ・リスク
　……………………… *57*、*127*、*454*
価格革命 …………………………… *84*
価格変動リスク …………………… *57*
格付け（機関） ………… *66*、*295*
格付投資情報センター … *66*、*295*
確定利回り（利付） ……… *53*、*134*
貸金業者 …… *130*、*399*、*414*、*425*
貸金業法 ………… *407*、*414*、*425*
貸出 ……………… *28*、*403*、*412*
（日本銀行）貸出 ………………… *203*
貸出支援資金（日本銀行）
　………………………… *203*、*493*
貸出増加支援資金（日本銀行）
　………………………… *203*、*493*
貸付け ……………………… *28*、*403*
貸付基金説 ……………… *98*、*475*
貸付信託 …………………………… *422*
加重平均資本コスト ……………… *342*
仮想元本 …………………………… *363*
仮想通貨 … *18*、*106*、*113*、*516*、*575*
仮想通貨交換業者
　…………… *115*、*130*、*400*、*427*、*516*
片岡失言 …………………………… *181*
価値の保蔵（マネー） …………… *20*
価値表示基準（マネー） ………… *19*
合衆国銀行 ………………………… *564*
合併転換法（金融機関の合併及び
　転換に関する法律） …………… *401*
カバード・コール ………………… *379*
過払い金 …………………………… *414*
株価指数先物 ……………………… *438*
株価収益率（PER） ……………… *356*
株価純資産倍率（PBR） ………… *357*

株式公開 …………………………… *481*
株式の持ち合い …………………… *156*
株主利益率 ………………………… *337*
貨幣 ……………………… *19*、*106*
貨幣錯覚 …………………………… *86*
貨幣数量説 ……………… *82*、*86*
空売比率 …………………………… *357*
借換債 ……………………………… *437*
為替介入（単独 / 協調） … *486*、*553*
為替業務 …………………………… *404*
為替スワップ ……………………… *383*
為替政策 …………………………… *553*
為替手形 …………………………… *112*
為替予約 …………………………… *315*
為替レート（外国為替レート） … *309*
…実質為替レート ………………… *309*
…実質実効為替レート …………… *310*
簡易保険 …………………………… *165*
間接金融 ………………… *39*、*127*
監督（当局、行政）
　………………… *129*、*131*、*175*、*497*
（契約の）完備性 ………………… *68*
かんぽ生命 ……………… *446*、*501*
ガンマ ……………………………… *379*
官民ファンド ……………………… *493*
管理型信託会社 …………………… *424*
管理通貨制（管理通貨制度）
　………………………… *307*、*559*

【き】

企業間信用 ……………… *210*、*326*
企業金融（corporate finance）
　……………………………………… *323*
企業再生支援機構 ……… *495*、*545*
危険回避度（絶対的危険回避度、
　相対的危険回避度） …………… *269*
危険資産 …………………………… *277*
期限の利益喪失 …………………… *409*
資産査定 …………………………… *411*
基準割引率 / 貸付利率
　………………………… *51*、*532*、*577*
規制金利体系 ……………………… *577*
規制資本 ………………… *297*、*527*
基礎的諸条件（ファンダメンタルズ）
　………………………… *313*、*315*
期待 ………………………………… *595*
…合理的期待 ……………………… *596*
…定常的期待 ……………………… *595*

…適合的期待 …………………… 598
…マルチンゲール期待 ………… 596
期待効用 ……………………… 266
期待損失 ……………… 295、525
期待に働きかける政策 ………… 595
逆選択 …………………………… 66
キャッシュ・イン・アドバンス
　…………………………… 245、602
キャップ（金利）………… 225、381
CAPM (capital asset pricing model；
　キャップエム) ………………… 352
ギャップ分析 ………………… 390
キャピタル・ゲイン ……………… 52
キャリー（円キャリー）取引 …… 315
休眠預金 ……………………… 504
恐慌 ……………………………… 17
業者間取引 …………………… 131
競争的信用マネー供給システム
　…………… 101、171、175、656
業態 …………………………… 399
共通担保資金供給オペ ……… 463
協同組合による金融事業に関する
　法律 ………………………… 424
協同組織金融機関 …… 400、424
共分散 ………………………… 278
業法 …………………… 131、401
業務停止命令／業務改善命令
　………………………… 531、536
漁業協同組合 ………………… 425
金（貨幣用金）………………… 106
金為替本位制 ………………… 173
銀行 …………… 400、403、417
…外国銀行 …………………… 417
…信託銀行 …………………… 420
…第二地方銀行 ……………… 420
…地方銀行 …………………… 420
…長期信用銀行 ……………… 418
…都市銀行 …………………… 418
…普通銀行 …………………… 417
…ゆうちょ銀行 ……………… 417
銀行危機 ……………………… 176
銀行券（日本銀行券）
　………………………… 18、106、107
（兌換）銀行券 ………………… 108
銀行券ルール ………………… 174
銀行主義 ……………………… 174
銀行取引停止 …………… 111、408
銀行取引約定書 ……… 334、409

銀行法 ………………… 401、403
銀行持株会社 ………………… 444
銀証分離 ……………………… 440
金銭消費貸借契約 …………… 407
金本位制 ……………… 173、306
金融監督庁 …………… 500、560
金融危機 ………………… 17、175
…銀行危機 …………………… 176
…債務危機 …………………… 177
…通貨危機 …………………… 176
金融恐慌 ………………… 17、181
金融行政 ……………………… 499
金融検査マニュアル ………… 412
（米国）金融安定監視評議会（FSOC）
　………………………………… 500
金融債 ………………………… 418
金融再生委員会 ……… 500、560
金融再生法 …………………… 411
…金融再生法に基づく開示債権
　………………………………… 412
金融システム ………………… 125
金融システムレポート ………… 520
金融乗数 (financial accelerator)
　…………………………………… 98
金融商品 ………………………… 30
金融商品取引業者 … 129、399、439
金融商品取引所 ……………… 443
金融商品取引法 ………… 69、434
金融整理管財人 ……………… 536
金融庁 ………… 188、500、560
金融調節 ……………… 203、568
金融取引 ………………………… 33
金融派生商品／金融派生取引
　………………………………… 359
（日本版）金融ビッグバン …… 2、189
金融膨張論 ……………………… 99
金融持株会社 ………………… 445
金融リテラシー ………… 414、502
金利 …………………………… 213
…貸出金利 …………… 214、215
…固定金利 …… 221、225、329
…市場金利 …………………… 214
…実質金利 …………… 214、251
…短期金利 …………… 214、221
…長期金利 …………… 214、221
…変動金利 …… 219、225、329
…ベース金利 ………………… 215
…リスク調整後金利 ………… 214

金利裁定取引（外国為替）…… 316
金利スワップ ………………… 382
金利政策 ……………… 552、587
（長期）金利の期間構造 ……… 224
近隣窮乏化政策 ……………… 319

【く】
グッドハートの法則 …………… 596
組合契約（民法）……………… 439
クラウド・ファンディング
　………………… 37、61、442、658、
グラス・スティーガル法 …… 157、180
グラミン銀行 …………………… 61
グラム・リーチ・ブライリー法 … 157
クリアリング …………………… 507
グレーゾーン金利 …………… 414
クレジット・カード ……… 106、110
クレジット・デフォルト・スワップ
　………………………… 58、383
クレジット・デリバティブ ……… 383
カード会社 …………………… 110
グローバル金融危機 …… 151、180
クロスレート ………………… 319
軍票 …………………………… 172

【け】
経過利息 ……………… 362、537
経済資本 (economic capital)
　……………………… 297、527
経済政策 ……………………… 552
罫線 …………………………… 357
契約型投資信託 ……………… 423
ケインジアン ………………… 4、87
ケインズ政策 …………………… 88
k%ルール ……………… 92、592
決済 ……………………… 17、506
…決済システム ……………… 120
…決済事業者 ………………… 426
決済機能（マネー）……………… 20
決済債務（の全額保護）……… 406
決済需要（マネー）… 21、193、194
決済性預金 …………………… 106
決済用預金 …………………… 406
決済リスク …………………… 507
兼営法（金融機関の信託業務の兼
　営等に関する法律）………… 420
限界代替率 …………………… 245
減価償却 ……………………… 325

索引　679

現金 ……………………… 26
現金事前手当モデル ………… 245
現金担保付債券貸借取引 …… 465
限月 ……………………… 438
検査（大蔵省、金融庁）… 175、412
原資産 …………… 137、359、364
建設的曖昧さ ………………… 520
現物 ……………… 136、315、360
ケンブリッジ方程式 …………… 76
権利行使価格（ストライク・プライス）
　…………………………… 365
現渡し（現物、直物取引）…… 360

【こ】

硬貨 ……………… 18、108、201
公共債 …………………… 437、440
広義流動性 …………………… 119
考査（日本銀行）……………… 175
恒常所得 …………… 87、92、252
厚生経済学の基本定理（第1、第2）
　…………………………… 256
更生担保権 …………………… 335
公正取引委員会 …………… 445、497
厚生年金基金 ………………… 423
公正保険料 …………………… 429
公定歩合 …………… 51、532、577
（公的）資本注入 ……… 533、542
購買力平価 …………………… 311
衡平資金援助 ………………… 537
公募（社債） ………………… 472
効用関数 ……………… 243、268
効率的フロンティア ………… 281
効率的市場仮説 ……… 91、376
合理的期待形成 ……… 91、376
コーポレート・ガバナンス・コード（上場企業の企業統治の指針）… 505
コール市場 …………… 461、463
…無担保コール ……………… 463
…有担保コール ……………… 463
コール・オプション（call option）
　…………………………… 365
コール・マネー／ローン …… 463
小切手 ………………………… 112
国債 ………………… 437、469
…借換債 …………………… 437、469
…建設国債 ………………… 437、469
…財投債 …………………… 437、469
…特例国債 ………………… 437、469

…普通国債 …………… 437、469
国債登録機関 ………………… 470
国債管理政策 ………………… 469
国際協力銀行 ………………… 494
国債先物 ………… 361、362、438
国債市場特別参加者 …… 465、470
国際収支の天井 ……………… 569
国債整理基金 ………………… 469
国債振替決済制度 …………… 470
国内債 ………………………… 437
国民生活金融公庫 …………… 494
国立銀行 ……………… 417、558
個人消費 ……………………… 249
護送船団方式 ………………… 155
国庫短期証券 ………………… 464
国庫納付金（日本銀行）……… 576
固定相場（外国為替）…… 307、645
固定金利 ………… 221、225、329
固定資金 ……………………… 324
古典派 ………………………… 4、85
コベナンツ ………… 67、335、479
コミットメント（ライン）… 295、408
コルレス銀行 ………………… 308
コンソル ………………… 219、232
コンバインド・レシオ ……… 431
コンプライアンス …………… 143
コンベクシティー …………… 393

【さ】

サーチモデル ………………… 245
サービサー …………… 478、479
債券 …………………………… 437
債券現先 ……………………… 465
債権者平等の原則 …………… 334
債権譲渡登記 ………… 477、479
債券貸借（レポ）……………… 465
債権の証券化 ………………… 478
債権の流動化 ………………… 478
最後の貸し手（lender of last resort）
　………………… 147、510、518、569
財投融資（財投）……… 165、492
財政法 ………………………… 570
財政融資 ……………………… 492
裁定取引（アービトラージ）… 54、68
…金利裁定 …………………… 316
最適通貨圏 ……………… 116、164
財投改革 ……………………… 165
財投機関債 …………………… 437

財投債 ………………………… 437
再保険 ………………………… 399
債務危機 ……………………… 177
財務資金 ……………………… 324
債務マネー …………… 26、116
先物（一般）…………… 136、362
先物（外国為替）……………… 315
先渡し（フォワード）… 136、316、360
差金決済 ……………………… 438
サトシ・ナカモト（Satoshi Nakamato）
　…………………………… 113
サフォーク・システム ……… 564
サブプライム・ローン … 4、138、180
サムライ債 …………………… 437
ザラバ ………………………… 484
産業再生機構 …… 495、534、545
産業投資 ……………………… 493
三利源 ………………………… 431

【し】

シェンゲン協定 ……………… 163
時価会計 ……………………… 142
時間価値 ……………………… 374
時間軸効果 …………………… 581
時間選好率 ……………… 214、245
時間的整合性（時間的不整合）
　……………………… 92、519
直物（現物、アウトライト）… 315、360
事業報告 ……………………… 436
資金移動業者 ……… 399、426、516
資金運用部（大蔵省）………… 165
資金援助（方式）……………… 537
資金過不足 …………………… 202
資金決済業者 ………………… 130
資金決済に関する法律（資金決済法）
　………………………… 18、426
資金需給 ……………………… 202
資金需要 ……………………… 323
仕組み預金／仕組み債 ……… 384
自己勘定（証券会社）
　………………… 389、441、443
自己査定 ……………… 411、412
自己資本規制比率 …………… 531
自己資本比率規制 … 296、527、531
自己利子率 ……………… 213、234
死差 …………………………… 431
資産選択（理論）；portfolio selection (theory) ……………… 65、271

資産流動化 331	主契約 433	新生銀行 418
市場型間接金融 128、328	需資 323	真正譲渡（売買） 452、479
市場取引 126	受託者 421	シンセティック・ロング／ショート 379
市場ポートフォリオ 284、288	受託者責任（フィデューシャリー・デューティ） 68	信託 421
市場リスク 58	出資法（出資の受入れ、預り金及び金利等の取締まりに関する法律） 412	…金銭信託 422
指数（取引） 362		…金銭信託以外の金銭の信託 422
指数割引 246		…金銭以外の信託 422
システミック・リスク 141、145、506	純粋金融取引 35	…合同運用信託 422
自然失業率 90、589	準通貨 110	…指定金銭信託 422
自然利子率 96、214	準備預金（制度） 203、206、297、584	…単独運用信託 422
実質為替レート 309		…特定金銭信託 422
実質実効為替レート 310	純保険料 429	…無指定金銭信託 422
実績配当 53、134	少額短期保険業者 428	…金銭の信託 422
実体経済取引 36	償還 217	信託会社（運用型、管理型） 399、417、423
実物取引 38	償還差益／差損 220	
時点決済 509	証券取引所 483	信託法／信託業法 420、424
シナリオ分析 395	証券会社 129、441	信託財産 421
シニア（債権） 331	証券・金融商品斡旋相談センター 503	信託受益権 421、435、438
ジニー・メイ 157		信託報酬 421
シニョーレッジ（通貨発行益） 575	証券取引等監視委員会 69、500	信用 25
支払い手段（マネー） 19	証券不況 462	信用金庫 424
紙幣 107	証券保管振替機構 470	信用組合 424
私募（債） 328、439	商工ローン 425	信用コスト 415
資本コスト 345	商工組合中央金庫 404	信用政策 552、583
資本資産価格理論（CAPM） 59、356	証拠金 438	信用創造 16、205
	小国の仮定 641	信用調査会社 410
資本市場線 284	上場（株式） 481	信用取引（一般） 30、127
資本注入（公的資本注入） 533、541	証書貸付 408	信用取引（株式） 357、485
	譲渡性預金 109、405	信用補完 479
仕向銀行 120、307	譲渡担保 410	信用保証協会 328
指名債権 136、452、477、479	消費寄託契約 404	信用マネー 26
社会の共通資本 140	消費者物価指数（CPI） 71	信用リスク 56、295
社債 327、437、471	消費者ローン 425	信用割当 297
…普通社債 437、471	商品券 427	新株予約権付社債 327、437
…新株予約権付社債 327、437、471	情報の非対称性 66	
	情報開示義務 67	**【す】**
…転換社債型新株予約権付社債 327、437、471	昭和銀行 182、533	スイカ（Suica） 110
	ショーグン債 437	スイフト（SWIFT） 308
ジャパン・プレミアム 487	殖産会社 420	スケール・フリー・ネットワーク 275
住宅金融債権管理機構 495、533	所得効果 253	
住宅金融支援機構 494	ジョン・ロー 176	鈴木商店 181
住宅金融専門会社（住専） 183、495、533	新株予約権付社債 327、437	スタグフレーション 578
	信金中央金庫 424	スタンダード＆プアーズ 66、295
集団投資スキーム 137、438、454、478	新古典派 87、94	スタンプマネー 24、132、236
シューマン宣言 163	審査 57、295	スチュアードシップ・コード（責任ある投資家の諸原則） 505
受益者 421	震災手形 181	
主幹事証券会社 326、441	シンジケート・ローン 409	

ストーンマネー（フェイ）………… 23
ストレステスト ………………… 395
スポット・レート ……………… 223
スポット（取引）………… 136、360
スマート・コントラクト ……… 509
スミソニアン協定 ……………… 307
スワップ（swap）……… 135、382
スワップション（swaption）
　……………………………… 135、384

【せ】
正規分布 ………………………… 274
（日本銀行政策委員会）政策決定会合
　………………………………… 562
清算機関 ………………………… 484
成長基盤強化支援資金（日本銀行）
　…………………………… 203、493
政府系金融機関
　……… 130、156、330、400、446
政府短期証券 …………………… 464
セイフティー・ネット ……… 141、545
政府抵当金庫（ジニー・メイ）… 157
政府保証 ………………………… 493
政府保証債 ……………………… 471
生命保険／生命保険会社 ……… 432
生命保険協会 …………………… 503
整理回収機構 …………………… 495
世界銀行 ………………………… 162
セカンダリー市場（二次市場、流通
　市場）…………………… 217、451
責任準備金 ………………… 430、521
責任追及 ………………………… 545
設備資金 ………………………… 324
設備投資 ………………………… 258
セトルメント …………………… 507
ゼロ金利政策 ……………… 183、581
ゼロサム ………………………… 363
（全債務）全額保護 ……… 539、541
善管注意義務 …………………… 421
全国共済農業協同組合連合会 … 425
全銀センター ……………… 121、130
全国銀行協会 ……………… 420、503
全国銀行資金決済ネットワーク（全
　銀ネット）…………………… 121
全国銀行データ通信システム（全銀
　システム）……………… 121、510
全国銀行内国為替制度 ………… 121
全国信用協同組合連合会 ……… 425

【そ】
増加運転資金（増運資金）…… 324
相関係数 ………………………… 278
早期是正措置 …………………… 531
双曲割引 ………………………… 246
相互会社（保険会社）………… 432
相互銀行 ………………………… 420
相殺 ……………………………… 409
増資 ………………………… 481、483
…公募増資 ……………………… 483
…第三者割当増資 ……………… 483
総代会 …………………………… 424
相対価格 ………………………… 70
想定元本 ………………… 363、389
総量規制（個人に対するローン・年
　収規制）……………………… 414
総量規制（不動産向け融資規制）
　………………………… 182、505、556
ソーシャル・レンディング
　……………… 37、61、442、474
即時決済 ………………………… 509
素材マネー ……………………… 26
ソブリンリスク ………………… 57
ソルベンシー・マージン … 430、531
損害保険／損害保険会社 ……… 432
（日本）損害保険協会 ………… 503

【た】
ターゲット金利 ………………… 589
ターゲット・バイイング ……… 379
第一分野（保険）……………… 432
代位弁済 ………………………… 329
大恐慌 …………………………… 178
対顧客取引 ……………………… 131
第三者に対する対抗要件
　………………………… 477、479
第三分野（保険）………… 432、501
対数正規分布 …………………… 274
大数の法則 ………………… 55、428
代替効果 ………………………… 252
第二地方銀行 …………………… 420
第二分野（保険）……………… 432
タイムスタンプ …………… 25、114
タイムディケイ ………………… 373
台湾銀行 …………………… 181、419
兌換券（兌換銀行券）………… 108
短期 ……………………… 329、603
短期金融市場 …………………… 459

短期金利 ………………………… 221
短期プライムレート ……… 155、577
短資会社 ………… 399、426、461
担保 ………………… 67、328、334
…譲渡担保 ……………………… 410
…動産担保 ……………………… 410
…不動産担保 …………………… 410
担保の付従性 …………………… 478
単利 ……………………………… 219

【ち】
地域経済活性化支援機構
　…………………………… 495、545
秩序ある処理 …………………… 541
地方銀行 ………………………… 420
地方活性化 ……………………… 505
地方債 ……………………… 437、471
中央機関 ………………………… 424
中央清算機関 ……… 131、511、512
中期目標管理独立行政法人 …… 494
忠実義務 ………………………… 421
中小企業金融公庫 ……………… 494
中小企業信用保険公庫 ………… 494
中小企業等協同組合法 ………… 424
中立性（マネー）……………… 86
中立利子率 ……………………… 214
チューリップ・バブル …… 150、175
超過準備 …………………… 203、586
長期 ……………………………… 329
長期金利 ………………………… 221
長期信用銀行 …………………… 418
長期プライムレート ……… 155、577
超高速取引（HFT）…………… 483
朝鮮銀行 ………………………… 419
長短金利操作（イールドカーブ・コ
　ントロール）………………… 584
重複世代モデル …………… 29、245
貯金 ……………………………… 404
直接金融 …………………… 39、127
貯蓄預金 …………………… 109、405

【つ】
通貨 ……………………………… 18
通貨危機 …………………… 176、319
通貨主義 ………………………… 173
通貨スワップ …………………… 382
通貨発行益（シニョーレッジ）… 575
通貨法（通貨の単位及び貨幣の発

行等に関する法律) ………… 18
通貨防衛 ………………………… 319
通知預金 ………………………… 405

【て】

ディーリング ………………… 389
定額保護 (預金保険) ………… 537
定期積金 ………………………… 403
定期預金 ………………… 109、405
適合性の原則 ………………… 502
ディスカウント・キャッシュフロー (貸出)
　……………………………… 234
ディスクロージャー …………… 142
抵当証券 ………………………… 478
テール・リスク ………………… 395
テーパリング …………………… 593
テーラー・プリンシプル ……… 591
テーラー・ルール ……… 95、590
手形 ……………………… 106、111
…約束手形 ……………………… 112
…為替手形 ……………………… 112
手形貸付 ………………… 329、408
手形交換 (手形交換所)
　………………… 122、130、509
手形市場 ………………………… 463
手仕舞い ………………………… 217
デット (debt) ……… 135、326、333
デビット・カード ……… 106、110
デフォルト・リスク …………… 56
デュレーション／デュレーション・ギャップ
　………………………… 390、392
デルタ …………………… 369、371
転換社債 ………………………… 327
転換社債型新株予約権付社債
　………………………… 327、437
でんさいネット ………………… 123
店頭市場 (OTC) ……………… 126
店舗行政 ………………… 129、155

【と】

動学的確率的一般均衡モデル
　(DSGEモデル) ……………… 95
投機的格付け …………………… 472
投機的取引 ……………………… 54
投機的動機 ……………………… 21
東京外貨建て外債 ……………… 437
東京共同銀行 …………… 495、533
東京金融取引所 ………………… 443

東京証券取引所 ………………… 443
当座貸越 ………………… 405、408
当座預金 ………………… 109、405
倒産隔離 ………………… 137、479
倒産確率 ………………………… 295
倒産時損失率 …………………… 295
動産担保 ………………………… 410
投資一任業務 …………………… 422
投資機会直線 …………………… 284
投資事業有限責任組合 ………… 439
投資者保護基金／日本投資者保護
　基金 …………………… 444、546
投資信託 ………………… 137、423
投資適格 ………………………… 329
投資的需要 (マネー) … 21、193、197
投資的取引 ……………………… 54
投資ファンド …………………… 137
投資法人 (会社型投信) ……… 423
トークン ………………………… 481
トービンのq (理論) … 45、81、264
特殊会社 ………………………… 494
特殊銀行 ………………………… 419
特定措置 (一号、二号) ……… 543
特定投資家 ……………………… 440
特定目的信託 …………………… 423
特別危機管理 …………… 541、542
特別公的管理 …………………… 541
特別目的会社 …………… 330、478
匿名組合契約 (商法) ………… 439
特約 (保険) …………………… 433
徳陽シティ銀行 ………………… 540
独立行政法人 …………………… 494
独立性 (中央銀行) … 562、565、570
ドッド・フランク法 …… 536、541
トランシェ／トランチング … 330、479
取次ぎ …………………………… 442
取付け (預金) …… 145、147、181
取引動機 (マネー) …………… 21
取引法 …………………………… 131
トリフィンのジレンマ … 163、172
トレーディング勘定 …………… 415

【な】

内部格付け ……………………… 295
内部資金 ………………………… 325
内部収益率 ……………………… 260
内部統制報告書 ………………… 436
ナッシュ均衡 …………………… 256

ナンス …………………………… 114

【に】

ニクソン・ショック …… 162、307
二次市場 (セカンダリー市場、流通
　市場) ……………… 44、217、451
日銀ネット (日本銀行金融ネットワー
　クシステム) … 121、122、509、574
日米円ドル委員会 ………… 2、187
日中当座貸越 (日本銀行) …… 510
二分法 (マネーと実物経済) … 85
日本開発銀行 …………………… 494
日本格付研究所 ………… 66、295
日本貸金業協会 ………………… 503
日本銀行 ………………………… 558
…日本銀行券 …………… 107、201
…日本銀行条例 ………………… 558
…日本銀行政策委員会 … 560、561
…日本銀行当座預金
　……………… 106、201、202、509
…日本銀行特別融資 …… 182、462
…日本銀行の独立性 …………… 562
…日本銀行法 …………… 174、558
日本債券信用銀行 ……… 165、541
日本証券クリアリング機構
　………………………… 484、512
日本振興銀行 …………………… 534
日本政策金融公庫 … 404、446、494
日本政策投資銀行 … 404、446、494
日本相互証券 …………………… 470
日本長期信用銀行 ……… 165、541
日本輸出入銀行 ………………… 494
ニュー・ケインジアン …… 93、598
ニューヨーク (NY) 連邦準備銀行
　………………………… 308、565
認可法人 ………………………… 494

【ね】

ネガティブ・プレッジ ………… 67
根担保 …………………………… 329
ネット・キャッシュ・フロー (NCF)
　…………………………… 38、218
根保証 …………………………… 329
年金信託 ………………………… 423

【の】

農業協同組合 …………………… 425
納税準備預金 …………………… 405

農林漁業金融公庫·················· 494
農林中央金庫·························· 425
乗換債··································· 469
ノンバンク···························· 425

【は】
パーシェ型物価指数················ 72
バーゼル合意（バーゼルⅠ、Ⅱ、Ⅲ）
······································ 530
バーゼル銀行監督委員会········ 529
配当利回り···························· 357
ハイパーインフレーション······· 71
ハイパワード・マネー············ 206
配当（実績配当）····················· 53
破産····································· 333
始値····························· 358、484
派生金融取引·························· 33
派生的預金···························· 206
派生マネー····························· 26
発行市場（一次市場、プライマリー
市場）·························· 216、451
発行体································· 327
パッシブ運用························ 289
ハッシュ（関数）···················· 114
ハブ····································· 146
バブル··························· 50、150
ハムラビ法典························ 161
バランスシート問題················ 71
バリュー・アット・リスク（VAR）
································ 59、385
パレート最適························ 256
バンコール···························· 307
藩札····································· 172
反社データ・ベース······ 411、504
反収法（犯罪による収益の移転防
止に関する法律）········ 411、503
バンドリング/アンバンドリング··· 65

【ひ】
ピール条例···························· 173
東日本大震災事業者再生支援機構
······································ 496
引受（債券）·························· 441
引受（保険）·························· 433
非期待損失···················· 296、525
引け（値）····························· 484
費差····································· 431
被仕向銀行····················· 120、307

（金融）ビッグバン············ 2、189
ビットコイン（bitcoin）
·················· 1、18、106、113、516、575
非二分法································ 96
被保険者······························· 428
標準偏差······························· 278
標準物······························ 362、438
表面利率（クーポン）·············· 215
ビルズ・オンリー············ 570、579

【ふ】
ファイアウォール·················· 445
ファイナリティ············ 108、508
ファイナンスディマンド・フォー・マ
ネー··························· 97、602
ファクタリング····················· 426
ファット・テール···· 275、386、395
ファニー・メイ····················· 157
ファンダメンタルズ··············· 313
ファンド······························· 137
フィービジネス····················· 416
フィクスト・インカム············· 53
フィッシャーの交換方程式······ 76
フィッシャー効果·················· 611
フィッチ····················· 66、295
フィデューシャリー・デューティー
······························· 143、501
フィリップス・カーブ·············· 89
フィンテック（FinTech）········ 167
フェイル······························· 513
フォーク（分岐）···················· 115
フォース・マジュール···· 148、441
フォワード（先渡し）··· 136、315、360
フォワード・ガイダンス········ 581
フォワード・レート··············· 223
不確実性（タイプ1、2、真の不確
実性）································ 55
付加保険料··························· 429
複利····························· 132、219
普通銀行······························· 417
普通預金······················ 109、405
物価（指数）···························· 70
－一般物価···························· 70
物価連動債···························· 469
復興金融公庫························ 165
物上担保······························· 471
プット・コール・パリティー······· 375
プット・オプション（put option）

·································· 365、375
不動産担保···························· 410
不動産投資信託（J-REIT）······ 423
不動産ローン債権·················· 480
プライベート・エクイティファンド
······································ 495
プライマリー市場（一次市場、発行
市場）·························· 216、451
プライマリー・ディーラー······ 465
ブラウン運動························ 376
プラザ合意···························· 307
ブラック・ショールズ式（オプション）
······································ 381
ブラック・スワン·················· 186
ブラックリスト························ 57
振替口座······························· 405
振り込め詐欺························ 504
ブリッジバンク····················· 539
プリペイド・カード······· 106、110
不良債権······························· 495
プリンシパル＝エージェント問題
································ 68、143
プルーデンス政策············ 93、517
プルーフ・オブ・ワーク········· 115
フレディ・マック·················· 157
ブレトンウッズ体制······ 162、307
フロアー（金利）···················· 225
ブローキング························ 389
ブロック・チェーン··············· 115
プロテクティブ・プット··· 369、379
不渡り··························· 111、408
分散型台帳（ブロック・チェーン）··· 115
分別管理義務························ 421
分離定理（トービン）·············· 284

【へ】
平均・分散アプローチ··········· 272
平成金融危機······· 182、188、531
ペイメント···························· 507
ベーシス・スワップ··············· 383
ベース金利···················· 215、294
β（ベータ）················· 233、357
…スマートβ························ 357
冪分布··································· 274
別除権··························· 296、334
ヘリコプター・マネー·············· 87
ヘルシュタット・リスク········ 513
変動相場制···························· 307

変動金利 …… 219、221、225、329

【ほ】
ポイント ………………………… 575
法域 (jurisdiction) …………… 141
包括的な金融緩和 ……………… 583
暴対法 (暴力団員による不当な行為
　の防止等に関する法律) …… 503
法定準備 ………………… 203、586
暴排条例 ………………………… 503
ポートフォリオ・リバランス効果
　………………………………… 592
補完当座預金制度 ……………… 586
保険 ……………………… 134、428
…生命保険 …………………… 432
…損害保険 …………………… 432
保険会社 ………… 130、399、428
保険管理人 ……………………… 547
保険法 / 保険業法 ……… 428、432
保険金 …………………………… 429
保険金受取人 …………………… 428
保険金支払方式 (ペイオフ) …… 537
保険金支払コスト ……………… 537
保険契約者 ……………………… 428
保険契約者保護機構 …… 430、433
保険料 …………………………… 428
ポジション ……………………… 389
募集 ……………………………… 441
保証 ……………………………… 328
北海道拓殖銀行 …… 165、419、540
発起人 …………………………… 332
ボックス・ダイアグラム (エッジワース)
　………………………………… 254
ほふりクリアリング …………… 512
ボラティリティ (ヒストリカル / イン
　プライド) …………………… 371
本源的価値 ……………………… 374
本源的証券 ………………………… 39
本源的預金 ……………………… 206
ポンジー金融 …………………… 100
本人確認 ………………………… 411

【ま】
マーケット・メイク …………… 441
マーシャル・ラーナー・コンディション
　………………………………… 313
マーシャルの k ………………… 79
マージン・コール ……………… 466

マーストリヒト条約 …… 164、566
マーケット・リスク …… 58、527
マイクロ・ファイナンス ………… 61
マイナス金利 …………… 1、234
マイナス金利政策 ……………… 586
マイニング ……………………… 115
前払式支払手段 (発行者)
　………………… 399、426、516
マクロ経済政策 ………………… 552
マクロ・プルーデンス … 498、523
増担保条項 ……………………… 409
マスタートラスト ……………… 423
窓口指導 ………… 129、155、577
窓販 ……………………………… 415
マネー …… 18、106、167、193、201、599
…債務マネー ………………… 26
…信用マネー ………………… 26
…素材マネー ………………… 26
…派生マネー ………………… 26
マネーの機能 …………………… 19
マネーの保有動機 ……………… 21
マネーストック ………………… 118
マネーマーケット ……………… 460
マネーロンダリング …………… 503
マネタリー・アプローチ ……… 318
マネタリーベース (ベースマネー)
　………………………… 119、201
マネタリスト …………………… 89
マネタリズム …………………… 89
マルコフ連鎖 …………………… 376
マルチンゲール … 370、373、376、596
マンデル・フレミング・モデル … 641

【み】
ミクロ・プルーデンス … 498、523
みずほ銀行 / みずほフィナンシャル
　グループ ……………………… 418
三井住友銀行 / 三井住友フィナン
　シャルグループ ……………… 418
三井住友信託銀行 / 三井住友トラ
　ストホールディングス ……… 420
三菱 UFJ 銀行 / 三菱 UFJ フィナン
　シャルグループ ……………… 418
みなし有価証券 ………………… 438
民事再生 ………………………… 333
ミンスキー・モーメント ……… 100

【む】
ムーディーズ …………… 66、295
無差別曲線 ……………… 246、285
無尽会社 ………………………… 420
無担保コール (O/N) …… 460、463
無認可共済 ……………………… 428

【め】
メイン・バンク ………… 156、326
メガバンク ……………… 418、447
メザニン ………………… 138、331
メニューコスト ………………… 93

【も】
持株会社 ………………… 445、447
…金融持株会社 …………… 447
…銀行持株会社 …… 445、447
…事業持株会社 …………… 447
持込資本金 ……………………… 418
持分権 …………………………… 135
モディリアーニ・ミラーの命題 … 345
モラルハザード ………………… 67

【や】
約束手形 ………………………… 112
ヤップ島 (フェイ) ……………… 23
山一證券 ………………… 540、547
ヤミ金 …………………………… 414

【ゆ】
有価証券 ………… 136、434、439
有価証券報告書 ………………… 439
有限責任事業組合 ……………… 439
郵政改革 (民営化) …… 164、501
優先株式 ………………………… 336
ゆうちょ銀行 …… 404、417、501
郵便貯金 ………………………… 165
有利発行 ………………………… 483
ユーロ …………………………… 163
ユーロ円債 ……………………… 437
ユーロシステム ………………… 566

【よ】
陽線 (陰線) …………………… 358
預金 ……………………… 109、403
…決済性預金 ……… 106、109
…決済用預金 ……… 109、405
…仕組み預金 ………………… 384

索　引　　685

…譲渡性預金（CD）……… 109、405
…貯蓄預金………………… 109、405
…通知預金………………………… 405
…定期預金……… 109、110、405
…当座預金………………… 109、405
…納税準備預金…………………… 405
…普通預金………………… 109、405
…流動性預金……………………… 109
預金取扱金融機関… 129、399、403
預金保険機構…… 406、496、542
預金保険（制度）……… 297、406
預金保険法……………… 406、541
預金マネー……………… 109、204
予算制約線……………………… 250
与信額…………………………… 295
預貸率…………………………… 415
予定利率（保険）……………… 431
予備的動機………… 21、194、198
寄り付き………………………… 484

【ら】
ラグ（認知、政策）……………… 92
ラスパイレス型物価指数………… 72
ランファルシー基準…………… 511

【り】
リアル・ビジネス・サイクル……… 94
（オペレーティング／ファイナンシング）リース……………………… 426
リーマンブラザーズ証券破たん（リーマン・ショック）……………… 541
利益留保………………… 38、325
リカードの等価命題…………… 347
リカード・バーローの中立性命題
…………………………………… 597
利差……………………………… 431
利子率…………………………… 213
リスク……………………………… 55
…オペレーショナル・リスク…… 527
…カウンターパーティ・リスク
…………………………… 57、127
…価格変動リスク（市場リスク、マーケットリスク）………… 58、527
…システミック・リスク…… 141、145
…信用リスク………… 56、295、527
…ソブリンリスク………………… 57
…流動性リスク…………………… 58
…レピュテーション・リスク…… 149

リスク・アピタイト……… 59、386
リスク回避者…………………… 271
リスク管理債権………… 411、412
リスク選好者…………………… 271
リスク中立者…………………… 271
リスク調整後利益率（RAROC）… 388
リスク・テイク…………… 59、386
リスク・ファクター…………… 385
リスク・フリー・レート……… 229
リスク・プレミアム…… 58、215、229
リスク・プロファイル…………… 63
リスク・ヘッジ………………… 364
リスクマネー…………………… 332
リスク・マネジメント………… 385
利息制限法……………… 297、412
りそな銀行／りそなホールディングス
…………………………………… 418
リターン………… 49、52、218、272
レバース・レポ………………… 465
リバンドル……………………… 138
利回り（リターン）…………… 218
…最終利回り…………………… 218
…保有期間（所有期間）利回り
…………………………………… 218
…利回り曲線（イールド・カーブ）
…………………………………… 224
流通市場（二次市場、セカンダリー市場）………………… 217、451
流動性リスク…………………… 58
流動性補完……………………… 479
流動性規制……………………… 530
流動性選好……… 21、236、475
流動性のわな（liquidity trap）
…………………………… 230、608
利用者保護……………………… 501
量的緩和政策…………… 183、582
量的質的緩和政策……………… 583
量の政策………………… 552、591
臨時金利調整法………… 461、577

【る】
ルーカス批判…………… 91、596
ルーブル合意…………………… 307

【れ】
劣後ローン／劣後債
………………… 327、336、471
レバレッジ……………… 285、340

レピュテーション・リスク……… 149
レポ市場………………………… 465
連邦公開市場委員会（FOMC）… 565
連邦住宅金融抵当公庫（フレディー・マック）…………………… 157
連邦住宅抵当公庫（ファニー・メイ）
…………………………………… 157
連邦準備銀行（地区連銀、FRB；Fderal Reserve Bank）…… 564
連邦準備制度（FRS）………… 564
連邦準備制度理事会（FRB；Federal Reserve Board of Governors）
…………………………………… 564
連邦預金保険公社（FDIC；Federal Deposit Insurance Corporation）
………………… 147、180、524

【ろ】
労働金庫………………………… 425
労働金庫連合会………………… 425
ローソク足……………………… 357
ローマ法大全…………………… 161
ローン・パーティシペーション
………………………… 137、478
ロング・ストラドル…………… 379
ロング・テール………………… 275
ロンバート型の貸出（日本銀行）
…………………………………… 586

【わ】
ワラント………………………… 327
割引……………………… 28、403
割引現在価値…………………… 225
割引効用………………………… 246
割引短期国庫債券……………… 464
割引率…………… 58、214、225

人名索引

【あ】
G. アカロフ …………………… 66

【い】
M. イネス ……………………… 25

【う】
A. ヴァイス …………………… 298
K. ヴィクセル ……………… 19、96
N. ウォーレス ………………… 596
宇沢 弘文 …………………… 140

【え】
G. エインズリー ……………… 185
F.Y. エッジワース …………… 254

【お】
荻原 重秀 …………………… 172
オバマ大統領 ………………… 148
小渕総理大臣 ………………… 148

【か】
M. ガートラー …………… 98、556
J.G. ガーレイ＆E.S. ショー …… 39

【き】
F. キッドランド ……………… 90
C.P. キンドルバーガー ……… 151

【く】
C. グッドハート ………… 596、656
A. グリーンスパン … 151、180、556
B. グリーンワルド …………… 298

【け】
J.M. ケインズ … 21、88、132、307、475
S. ゲゼル ………………… 24、132

【こ】
小泉総理大臣 ………………… 166

【さ】
T.J. サージェント …………… 596
P. サミュエルソン …………… 245

【し】
M. シドロスキー ……………… 243
A. シュバルツ ………………… 90
J.A. シュンペーター ………… 270

M. ショールズ ………………… 381
J. ロビンソン ………………… 94
R. シラー ……………… 152、556
R. シリア ……………………… 25
G. ジンメル …………………… 22

【す】
J.E. スティグリッツ ………… 298
A. スミス ………………… 60、85

【せ】
K. セガール …………………… 25

【た】
N.N. タレブ …………………… 185

【て】
J. テーラー …………… 95、590

【と】
J. トービン …… 46、81、195、272
A. トフラー …………………… 168
R. トリフィン ………………… 163

【な】
F. ナイト ……………………… 56
サトシ・ナカモト …………… 113
J. ナッシュ …………………… 256

【の】
J.F. ノイマン ………………… 243

【は】
B. バーナンキ …………… 98、556
R.J. バーロー ………………… 597
F.A. ハイエク ………… 172、564
W. バジェット ………………… 569
V. パレト ……………………… 256

【ひ】
J. ヒックス ……………… 21、599
D. ヒューム …………………… 82

【ふ】
E. ファマ ………………… 91、376
I. フィッシャー … 76、86、178、611
A.W. フィリップス …………… 89
F. ブラック …………………… 381

M. フリードマン
 ……………… 3、25、87、90、92、597
E. プレスコット ……………… 90

【ほ】
E. ボーゲル …………………… 2
S. ホーマー …………………… 25
W. ボーモル …………………… 195
P. ボルカー …………………… 588
E. ホワイト …………………… 177

【ま】
A. マーシャル …………… 79、85
F. マーティン ………………… 25
前島 密 ……………………… 165
R. マンデル …………………… 164

【み】
J. ミュース ……………… 91、596
F. ミシュキン ………………… 177
I.S. ミル ……………………… 85
H. ミンスキー …… 99、152、185

【も】
O. モルゲンシュテルン ……… 243

【ゆ】
ムハマド・ユヌス ……………… 61

【ら】
C.M. ラインハート …………… 185
R. ラザフォード ……………… 20
R.G. ラジャン ………………… 185
F. ラムゼイ …………………… 95

【り】
D. リカード ……… 85、347、597

【る】
R. ルーカス …… 90、91、597、656
ルーズベルト大統領 ……… 147、180

【ろ】
ジョン・ロー ………………… 176
K.S. ロゴフ …………………… 185
D.H. ロバートソン …… 86、98、475
J. ロビンソン ………………… 94

索 引　687

著者紹介　田邉昌徳（たなべ まさのり）

1952年生まれ。東京大学経済学部卒業、米国コーネル大学経済学修士。日本銀行信用機構局長、預金保険機構理事長、企業再生支援機構取締役企業再生委員、アクサ生命保険・アクサ損害保険・アクサインベストメントマネージャーズ株式会社取締役会長等を経て、2019年4月から農林中央金庫経営管理委員。この間、2015年から武蔵野大学客員教授（金融論）を兼務。
著作は、「オプション取引の全て」（共著 1995年 金融財政事情研究会）、「金融資産市場論Ⅱ」（共著 2010年 慶応大学出版会）のほか、「金融システムの構造と頑健性」（2009年 武蔵野大学政治経済研究所年報第一号）、「ナカモトは『優しい独裁者』になれるか？」（2017年 '現代思想' 2月号）など。

装丁・本文デザイン◎長尾 優（ロゴス・デザイン）

令和金融論講座 〜ビットコインからマイナス金利まで〜

発行日　2019年6月21日　初版第1刷

著　者　田邉昌徳
発　行　武蔵野大学出版会
　　　　〒202-8585 東京都西東京市新町1-1-20
　　　　武蔵野大学構内
　　　　Tel. 042-468-3003　Fax. 042-468-3004

印刷　株式会社ルナテック
©Masanori Tanabe 2019 Printed in Japan
ISBN978-4-903281-42-1

武蔵野大学出版会ホームページ
http://mubs.jp/shuppan/

主な記号と式

<記号本体>

M；マネーストックの供給（名目）． L：マネーストックに対する需要（名目）．
P；一般物価水準． p；物価上昇率、リスクプレミアム． V；貨幣の流通速度．
Q；生産・販売数量． k；マーシャルのk． i；名目金利．
r；実質金利（i－p）、割引率、リターン． ρ；時間選好率．
Y；実質GDP． S；貯蓄（実質）、原資産（債券等）の市場価格． I；設備投資（実質）．
C；消費支出（実質）、銀行の手持ち現金、オプションプレミアム． K；権利行使価格．
b；1回当たりの預金引出コスト． D；預金残高． NPV；割引現在価値
R；準備預金（添え字のmは法定準備、eは超過準備）、先々のキャッシュフロー．
B；マネタリーベース． e；名目為替レート（円/ドル）． ε；実質為替レート．
P*；海外物価． E；純輸出（輸出－輸入）．

<添え字>

（0、1、2…、n…）は、何期先の期なのかを示す（0は今期）
S；実物ストック． E；エクイティー（株式）． D；デット（借入）． A；調達額全体．
M；安全資産． R；危険資産、市場ポートフォリオ． A、B、C；個別金融商品の銘柄．

<演算記号>

d；微分
$E(X)$；Xの期待値（平均）． μ_A；Aの平均． $Pr.(S>K)$；S＞Kとなる確率
σ_A；Aの標準偏差． σ_{AB}；AとBの共分散． ρ_{AB}；AとBの相関係数
$U(X)$；Xの所得や消費から得られる効用．

<主な計算式、理論値>

- フィッシャーの交換方程式 $\qquad MV = PQ$
- ケンブリッジ方程式 $\qquad M = kPY$
- 金融商品、実物ストックを含む交換方程式 $\qquad MV = PQ + P_S Q_S + P_D Q_D + P_E Q_E$
- トービン・ボーモルモデル $\qquad$ 最適現金保有額 $= \sqrt{\dfrac{Cb}{2i}}$
- 信用乗数 $\qquad M = B \times \dfrac{\dfrac{C}{D}+1}{\dfrac{C}{D}+\dfrac{R_m}{D}+\dfrac{R_e}{D}}$
- 3期間のキャッシュフローの割引現在価値 $\qquad NPV = R^0 + \dfrac{R^1}{(1+i+p)} + \dfrac{R^2}{(1+i+p)^2}$